Beijing Ditie Shaluanshi Liyan Diceng Zonghe Gongcheng Jishu

北京地铁砂卵石砾岩地层综合工程技术

潘秀明　雷崇红　等著

人民交通出版社

内 容 提 要

本书以北京地铁9号线土建工程为案例，系统介绍了砂卵石及砾岩地层土建施工关键技术，全书共分五篇30章，包括砂卵石及砾岩地层勘察技术及成果集成、砂卵石及砾岩地层钻孔灌注桩成孔关键技术、砂卵石砾岩地层盾构施工关键技术、砂卵石及砾岩地层矿山法施工关键技术、大直径环形板半盖挖逆作法修建换乘车站设计施工关键技术等内容。本书内容对于国内外类似地下工程的设计和施工具有非常重要的参考和借鉴意义。

本书可供地铁工程设计、施工技术人员、科研人员以及相关专业高等院校师生参考使用。

图书在版编目(CIP)数据

北京地铁砂卵石砾岩地层综合工程技术/潘秀明，雷崇红等著. —北京：人民交通出版社，2012.12

ISBN 978-7-114-10273-8

Ⅰ.①北… Ⅱ.①潘…②雷 Ⅲ.①地下铁道—砂土—地层—工程施工—北京市②地下铁道—卵石—地层—工程施工—北京市 Ⅳ.①U455.53

中国版本图书馆CIP数据核字(2012)第303878号

书　　名：北京地铁砂卵石砾岩地层综合工程技术
著 作 者：潘秀明　雷崇红　等
责任编辑：陈志敏　王　霞
出版发行：人民交通出版社
地　　址：(100011)北京市朝阳区安定门外外馆斜街3号
网　　址：http://www.ccpress.com.cn
销售电话：(010)59757973
总 经 销：人民交通出版社发行部
经　　销：各地新华书店
印　　刷：中国电影出版社印刷厂
开　　本：787×1092　1/16
印　　张：27.5
字　　数：630千
版　　次：2012年12月　第1版
印　　次：2012年12月　第1次印刷
书　　号：ISBN 978-7-114-10273-8
定　　价：150.00元
(有印刷、装订质量问题的图书由本社负责调换)

北京地铁砂卵石砾岩地层综合工程技术

序

北京地铁9号线全线位于永定河冲洪积扇的西部，线路所穿越地层在西客站以南部分以卵石地层为主，西客站以北以第三系砾岩为主。沿线砂卵石地层卵石含量高（粒径大于20mm颗粒含量为50%～80%），级配差，粒径大（揭示卵石直径达1.7m）；强度高（卵石最大单轴抗压强度值为205MPa），结构松散（无胶结），对施工扰动反应灵敏，是一种典型的力学结构不稳定地层。砾岩层岩面起伏较大，松散胶结。

以砂卵石砾岩地层为主要特性的9号线工程在北京地铁建设史上创造了诸多第一次：第一次在大粒径、高含量、高强度砂卵石地层中施工地铁车站和区间；第一次穿越大面积水域（玉渊潭东湖及永定河引水渠）；第一次穿越铁路编组站（12股道编组）；第一次采用环形板半盖挖逆作法施工直径达80m的换乘车站；第一次采用铺盖法体系。

在9号线建设过程中，先后开展了砂卵石及砾岩地层勘察方法研究、砂卵石及砾岩地层空间分布规律研究、砂卵石地层钻孔灌注桩成孔工艺技术研究、砂卵石及砾岩地层矿山法施工关键技术研究、砂卵石及砾岩地层盾构施工关键技术研究、大直径环形板半盖挖逆作法换乘车站设计施工综合技术和砂卵石及砾岩地层变形规律研究。本书作者都是第一线的建设者，技术资料来自现场，真实、可靠，并结合工程实践进行了重大创新，整个工程在周边环境地面沉降的控制方面均有良好成效。对上述研究成果进行了系统总结和提炼，这种精神是十分可贵的，对砂卵石砾岩地层地铁设计、施工技术的发展做出了很大贡献。

本书对地下工程的规划、设计和施工具有很强的指导作用，我愿将此书推荐给大家，特别是地下工程行业的工程技术人员和大中专院校师生。

2012年11月

前　言

北京地铁9号线是贯穿北京市南北方向的交通骨干线路，全线长16.5km，全部为地下线，共设地下车站13座，其中换乘站9座，由南到北纵贯丰台、海淀，经过丰台科技园、六里桥客运交通枢纽、北京西站、中华世纪坛(含玉渊潭公园)以及白石桥等主要区域，沿线周边环境复杂，下穿房屋、道路桥梁和市政管线众多，先后穿越南四环、丰台火车站编组站、西三环、既有地铁1号线和玉渊潭等重大风险点。

全线位于永定河冲洪积扇的中上部，线路所穿越的地层在西客站以南部分以卵石地层为主，西客站以北部分以第三系砾岩和卵石层为主。沿线砂卵石地层卵石含量高、级配差，经常夹杂大粒径的卵石、漂石，结构松散、无胶结、对施工扰动反应灵敏；砾岩为强风化～中风化，岩性主要为花岗岩、石英岩等，松散胶结、岩面起伏较大，局部夹砂岩(泥岩)薄层，易崩解破碎，耐久性和水稳性极差。砾岩之上的卵石层赋存一层潜水，水位埋深随岩层起伏而变化，主要接受大气降水补给和侧向径流补给，含水层渗透系数大，疏、排、堵难度大。

在这种地质及环境条件下采用明挖法、矿山法和盾构法施工难度极大，有许多关键技术需要解决和突破。为此，在9号线建设过程中，开展了砂卵石及砾岩地层土建施工综合技术研究，研究中采用技术调研、理论分析、数值模拟、现场跟踪试验和归纳总结等手段，针对在砂卵石及砾岩地层进行勘察、明挖法、矿山法和盾构法施工的关键技术进行了深入研究，获得了“砂卵石及砾岩地层勘察技术和成果集成”、“砂卵石及砾岩地层钻孔灌注桩成孔关键技术”、“砂卵石地层盾构施工关键技术”、“砂卵石及砾岩地层矿山法施工关键技术”、“大直径环形板半盖挖逆作法修建换乘车站设计、施工关键技术”等一系列技术成果。这些技术成果的研究成功及在施工中的应用，为北京地铁9号线土建工程安全、快速、高效、优质地完成发挥了非常重要的作用，为9号线在北京地铁建设史上创造了诸多第一次：第一次在“大粒径、高含量、高强度”砂卵石地层中施工全线地铁车站和区间、第一次穿越大面积水域(玉渊潭东湖及永定河引水渠)、第一次穿越铁路编组站(12股道编组)、第一次采用环形板半盖挖逆作法施工直径80米换乘车站、第一次采用铺盖法体系；同时，也为国内外类似地铁工程、地下工程的设计与施工提供了非常有价值的参考和借鉴。

本书以北京地铁9号线土建工程为案例，结合科研和工程实践，系统介绍了砂卵石及砾岩地层土建施工的关键技术，全书主体内容分为五篇30章，力求做到理论与实践结合，突出实用性。北京地铁9号线各参建单位均提供了部分基础资料，在本书的编写过程中还参考了有关单位和学者的技术资料，并引用了其中部分内容、试验数据和图表，在此一并表示感谢！

本书由潘秀明、雷崇红、王贵和、江玉生、贺少辉、刘永勤、高辛财著，其他参与本著作编写的还有：高爱林、吴精义、曹伍富、刘鑫、王毅宏、陆群、艾菁菁、陈浩、杨宇友、韩云哲、赵光泉、范长春、刘魁刚、谢保良、曾根平、韩会民、江华、雷安定、陈南凤、马福利、张建海、金淮、刘瑞、陈鹤、李凤豹、吴江滨、米献芳、刘卫丰、李国保、张云生、杨智勇、王宏斌、刘家平、周友良、叶成诚、刘新建、贾苍琴、邹翠荣、毛立坤、石司然、韩江波、冯振鲁、丛欣江、王文正、张奉超 、商啸敏、刘仁柱、靳兆豪。

鉴于作者的水平及认识的局限性，书中难免有不妥之处，恳请读者批评指正。

作　者

2012年11月于北京

目　录

第一篇　砂卵石及砾岩地层勘察技术及成果集成

第二篇 砂卵石及砾岩地层钻孔灌注桩成孔技术

第三篇　砂卵石砾岩地层盾构施工关键技术

第四篇　砂卵石及砾岩地层矿山法施工关键技术

第五篇　大直径环形板半盖挖逆作法修建换乘车站设计、施工关键技术

第一篇

砂卵石及砾岩地层
勘察技术及成果集成

第1章　砂卵石及砾岩地层勘察技术

1.1　概　　述

在北京市区，第四纪沉积地层的厚度由西向东逐渐增大，岩相分布由山地向平原具有明显过渡的特征，即市区西部的第四纪古河流形成的冲洪积扇顶部、中上部的地层以厚层砂土、卵砾石层为主，向东过渡为冲洪积扇的中部和中下部，第四纪地层为黏性土、粉土与砂土、卵砾石交互沉积层。

北京地铁9号线工程场区位于平原区西部，永定河洪冲积扇的中上部，存在大量砂卵石及砾岩层。针对该区地层环境复杂、困难的特点，综合采用钻探、探井、原位测试、微动探测、面波、浅层地震、室内试验等地层勘探技术，对沿线地层进行了详细的勘探。工程勘察结果表明，多种技术手段的应用，很好地掌握了工程沿线砂卵石和砾岩的工程特性和空间分布规律，正确认识了工程沿线的地质风险，为工程设计、施工等后续工作的开展打下了良好的基础。

1.2　勘察技术的应用

1.2.1　钻探

钻探的目的：用于鉴别岩性、划分地层，查明岩土的性质和分布；观测地下水静止水位；采取岩土试样与水样；为原位测试、波速测试等提供条件。

鉴于北京地铁9号线所处特殊的地层条件(存在较厚的砂卵石层和第三系岩层，且卵砾石粒径较大)和复杂的现场条件(钻孔多位于重要的市政道路上和公园内，且部分钻孔位于玉渊潭东湖中)，外业钻探时根据钻探深度及钻探地层的不同，主要使用国产SH30型孔内锤击钻机、DPP100型车载回转钻机及XY-100型落地回转钻机。

(1)SH30型孔内锤击钻机

SH30型孔内锤击钻机利用穿心锤冲击钻头将钻孔内的土样取出。其优点是钻机本身轻巧灵活，钻探成本低，适应性强，采用套管护壁，钻探过程中一般不需要提供用水，可较准确地查明地层情况及地下水的分布；缺点是钻探深度较浅，无法取到质量较高的土样，对于较硬岩石则无法钻探，且由于钻孔直径的限制，无法查明大粒径卵砾石的分布情况，因此不适用于大

图 1-1-1　SH30 型钻机钻探现场

粒径卵石及基岩地区钻探。北京地铁 9 号线工程勘察过程中主要使用此种钻机钻探深度较小，孔深范围内没有或仅有很薄的基岩，场地狭小的钻孔。图 1-1-1 是 SH30 型钻机钻探现场。

（2）DPP100 型车载回转钻机

DPP100 型车载回转钻机属重型取样钻机，利用泥浆泵将清水或泥浆通过高压软管及钻杆柱中心孔输送到钻孔内进行钻头冷却和维护孔壁，具有移动方便、适应性强、钻探深度大、钻进速度快、取岩芯较完整的优点。但由于钻进中采用泥浆护壁，若不洗孔则无法在钻孔内准确量测地下水位，需要另外布置水位量测孔进行水位量测。受钻孔直径限制，也无法查明大粒径卵砾石的分布及粒径情况。此外，DPP100 型车载旋转钻机现场施工场地要求较高，钻探成本也较高。图 1-1-2 是 DPP100 型钻机钻探现场。

（3）XY-100 型回转钻机

XY-100 型回转钻机与 DPP100 型车载回转钻机工作原理及特点相似，但在场地宽敞的情况下，XY-100 型钻机的搬运和就位没有 DPP100 型钻机灵活，且钻进速度相对要慢一些，尤其是对于钻探过程中需较大钻压的卵砾石地层。在场地狭小的位置进行钻探作业相比车载旋转钻机具有一定优势。图 1-1-3 是 XY-100 型钻机钻探现场。

图 1-1-2　DPP100 型钻机钻探现场

图 1-1-3　XY-100 型钻机钻探现场

上述常规钻探手段均无法查明北京地铁 9 号线工程典型的大粒径卵砾石的分布情况，勘察单位根据工程建设的需要，采用了人工开挖探井、既有基坑调查、周边资料搜集整理及施工阶段配合调查等综合手段，基本查清了大粒径卵砾石的分布情况，满足本工程的建设需要。

（4）水上钻探

对于玉渊潭东湖段，需进行水上钻进，则对钻探手段提出了更高的要求。勘察期间采取 XY-100 型回转钻机和 SH30 型孔内锤击钻机相结合进行东湖段的钻探工作。XY-100 型回转钻机主要用以查明深部地层情况，SH30 型孔内锤击钻机主要用以查明浅部土层及地下水分布情况，此两种钻机均具有自重轻，易于拆卸、搬运的优点，只需要在水面上打设简易平台即可满足施工要求。图 1-1-4 为玉渊潭东湖水上钻探现场。

1.2.2 探井

北京地铁9号线沿线横跨永定河冲积扇，穿越古漯水故道和古金沟河故道，第四系冲洪积卵石、漂石层发育。颗粒物最大粒径、成分、强度等指标对地铁的设计和施工影响较大，而常规钻探方法由于受钻具和工艺的限制无法获得准确资料。因此，北京地铁9号线工程勘察采用了探井的勘探方法，通过现场量测、采取扰动土样进行颗粒筛分、抗压强度试验和矿物分析的方法来获取颗粒物的物理力学指标和矿物成分。

图1-1-4 玉渊潭东湖水上钻探现场

(1)探井布置及工作量

①探井布置原则:采用循序渐进的探井布置方法，根据沿线地质调查的情况布置人工探井，如果在沿线地质调查的基础上，一个人工探井能够查明卵石地层分布特性，就不再布置第二个探井。

②探井工作量:共布置13个人工探井，探井直径(不包括护壁)为1.0m，深度21～27m。

(2)探井主要技术要求

①土层描述要求:分层描述颗粒级配、颗粒形状、颗粒排列、最大粒径、母岩成分、风化程度、卵漂石颗粒裂面风化壳厚度、充填物的性质和充填程度等。

②取样要求:

a.对于上部填土层只进行描述、拍照，不取样。

b.对于砂卵石土层，统计每一回次的长轴粒径在100～200mm、200～300mm、300～400mm、400～500mm和大于500mm范围内的颗粒的个数和总质量。

c.对于颗粒在200～300mm的卵石进行现场称重，测量粒径范围和最大粒径，整体编号、拍照，不带回试验室。

d.对于颗粒大于300mm的漂石逐个进行现场称重，测量三轴尺寸，单独编号，拍照，不带回试验室。

e.每一大层按照四分法取1件扰动样，带回试验室做试验。

f.每一大层取8块粒径在40～100mm和1～2块300～500mm的卵石带回实验室，300～500mm的大粒径卵石至少能够套取3个单轴抗压强度试验标准试件。

③试验要求:

a.将扰动试样做筛分试验。

b.对取回的粒径40～100mm的卵石块进行点荷载试验，粒径300～500mm的卵石进行单轴抗压强度试验。

(3)探井施工

具体施工可执行人工挖孔桩施工相关规定，详见本书第二篇关于人工挖孔桩施工关键技术的相关章节，此处不再赘述。

(4)探井回填

探井验收后应及时回填。回填按取土顺序自下而上依次回填，恢复原来地层，不得人为变更次序;地下 5m 以内分步回填并捣实直至井口。

1.2.3 原位测试

北京地铁 9 号线工程野外勘探时进行的原位测试试验主要包括标准贯入试验、重型动力触探试验及孔内波速测试。

(1)标准贯入试验

标准贯入试验(Standard Penetration Test,SPT)是一种广泛应用于岩土工程勘察的原位测试手段,设备主要由标准贯入器、触探杆和穿心锤三部分组成。触探杆一般用直径为 42mm 的钻杆,穿心锤重 63.5kg。标准贯入试验中使用穿心锤将钻杆底部的对开管式贯入器打入钻孔孔底的土中,并取得扰动土样,贯入 30cm 的锤击数为标准贯入试验锤击数N。

标准贯入试验的目的是用以评价粉(砂)土的密实度,计算天然地基承载力,估算地基土变形参数、基床系数,评价成桩可能性;判定饱和粉土或砂土地震液化可能性及液化等级。

(2)重型动力触探试验

动力触探试验(Dynamic Penetration Test,DPT)简称动探,是利用一定质量的重锤,将与探杆相连接的标准规格的探头打入土中,根据探头贯入土中 30cm 时所需要的锤击数,判断土的力学特性。根据穿心锤质量和提升高度的不同,动力触探试验一般分为轻型、重型、超重型动力触探。

地铁 9 号线工程野外原位测试针对卵砾石层、第三系砾岩、泥岩地层,一般使用的为重型动力触探试验(穿心锤重 63.5kg)和超重型动力触探试验(穿心锤重 120kg),设备主要由触探头、触探杆和穿心锤 3 部分组成。重型动力触探试验探头直径为 74mm,触探杆一般用直径 42mm 的钻杆,通过穿心锤将钻杆底部的触探头打入钻孔孔底的碎石土或岩层中,落距为 76cm,每贯入 10cm 的锤击数为 $N_{63.5}$。超重型动力触探试验探头直径也为 74mm,触探杆一般用直径为 50～60mm 的钻杆,通过穿心锤将钻杆底部的触探头打入钻孔孔底的碎石土或岩层中,落距为 100cm,每贯入 10cm 的锤击数为 N_{120}。

因地铁 9 号线工程深部卵石层及砾岩层中含有大粒径卵砾石,重型动力触探的数据一般都偏大,故应结合其他测试手段(如孔内波速测试)对卵石、砾岩层的工程性质进行综合评价。

(3)孔内波速测试

地铁 9 号线工程进行波速测试主要采用单孔法测试钻孔内一定深度处剪切波和压缩波的波速值,用于划分场地土类型,提供地震反应分析所需的场地土动力参数;辅助判别地基土液化可能性;计算结构物与地基土共同作用所需的动力参数;判别碎石土的密实度、岩石的风化程度;划分围岩类别,并初步确定围岩的稳定程度。

图 1-1-5 钻孔波速测试现场

波速测试的主要设备为 CE-9201 岩土工程质量检测仪,通过放在孔口的敲击板激振源,在钻孔内一定深度处放置拾振器检测水平的剪切波、压缩波的波速,而后通过波速计算获得一定深度处的等效剪切、压缩波速。图 1-1-5 是钻孔波速测试现场。

1.2.4 微动探测

(1)微动探测原理

地球表层时刻存在着的非地震引起的微弱振动称为微动。微动没有特定的震源,主要来自于自然现象和人类活动,微动信号属于天然源信号,振动波来自观测点的四面八方,携带有丰富的地球内部信息。微动探测技术就是通过特有的检波器,通过特定的观测台阵来获取这种天然的微动信号,通过数据处理与分析手段提取面波信号,然后反演获得地下横波速度结构,以探查地质构造的地球物理勘探新技术。

早在20世纪80年代末至90年代初我国就对长周期微动开展过一些研究,近几年来有不少研究者把微动探测技术运用于煤矿采区陷落柱的勘探、地热钻孔井位选址,均取得了良好效果。

(2)数据处理方法

微动是一种由体波(P波和S波)和面波(瑞利波和拉夫波)组成的复杂振动,并且面波的能量占信号总能量的70%以上。尽管微动信号的振幅和频率随时空变化而变化,但在一定时空范围内具有统计稳定性,可用时间和空间上的平稳随机过程描述。微动勘探方法就是以平稳随机过程理论为依据,从微动信号中提取面波(Rayleigh波)的频散曲线,通过对频散曲线的反演,获得地下介质的横波速度结构,达到勘探目的的一种地球物理探测方法。微动探测可用图1-1-6所示流程表示。从微动信号的垂直分量中提取瑞雷(Rayleigh)波频散曲线的方法通常采用空间自相关(SPAC)法。

视勘探目的不同,微动探测分为单点(测深)和剖面探测两种方式,前者工作原理如图1-1-6所示。采用空间自相关法——SPAC法从微动记录中提取面波(瑞雷波)并计算各台阵的瑞雷波频散曲线,用个体群探索分歧型遗传算法(FGA),由相速度频散曲线反演测点下方的S波速度结构。反演计算前先给定初始模型,即层数以及各层S波速度及层厚的范围(上限和下限),再从给定的范围中求得S波速度结构的最优解。

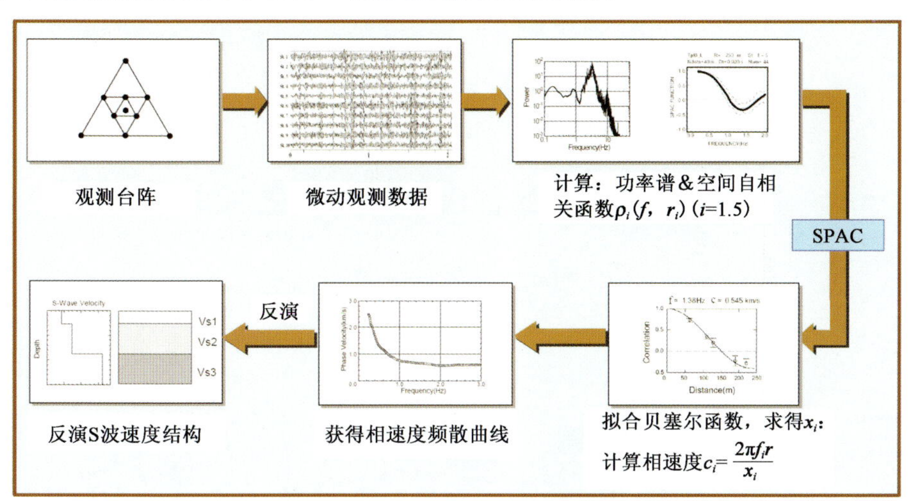

图1-1-6 SPAC法反演S波速度结构流程图

微动剖面探测原理如图1-1-7所示。获得各微动中心点的面波频散曲线后,用式(1-1-1)直接计算v_x,可将相速度频散曲线(v_r-f曲线)转换成视S波,速度v_x随深度的变化曲线(v_x-

H 曲线)，再通过插值、光滑计算，最终可获得视 S 波速度彩色剖面。

$$v_{x,i} = \left(\frac{t_i \cdot v_{r,i}^4 - t_{i-1} \cdot v_{r,i-1}^4}{t_i - t_{i-1}}\right)^{1/4} \tag{1-1-1}$$

式中：v_r——瑞雷波速度；

t_i——周期。

视 S 波速度 v_x 是既不同于相速度 v_r 也不同于 S 波速度 v_s 的面波物性参数，具有速度量纲。因为避免了反演过程中设置初始模型、反演结果选取等人为因素的影响，微动剖面结果能更客观、直观地反映地层岩性及构造变化。

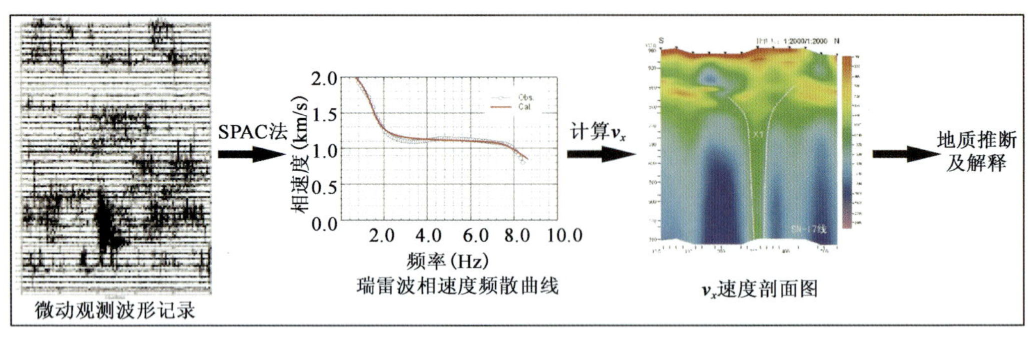

图 1-1-7 微动剖面探测数据处理流程

(3)数据采集仪器及性能指标

采用日本 MTKV-1C 型微动勘察仪系统，如图 1-1-8 所示，其主要性能指标见表 1-1-1。微动观测采用各点独立观测方式进行，如图 1-1-9 所示时间校正由记录仪内置 GPS 自动完成。观测台阵如图 1-1-10、图 1-1-11 所示。

a)拾震仪

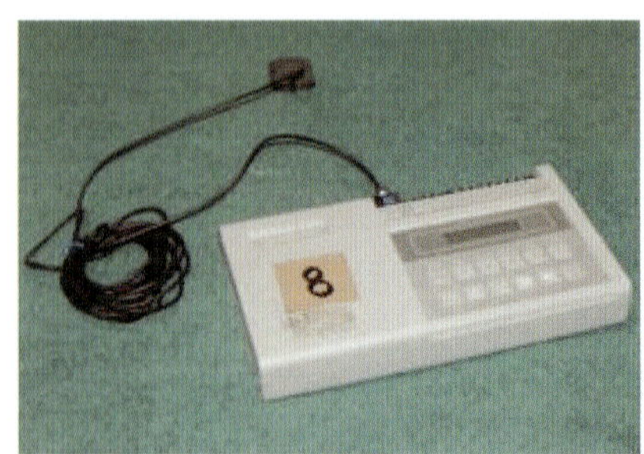

b)记录仪

图 1-1-8 微动观测仪器

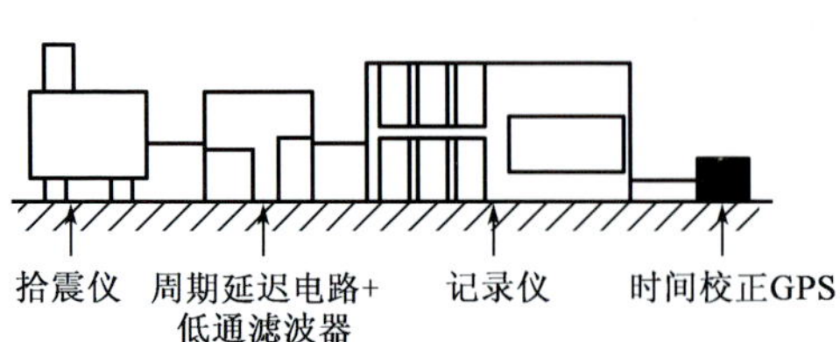

图 1-1-9 独立式微动观测方式示意图

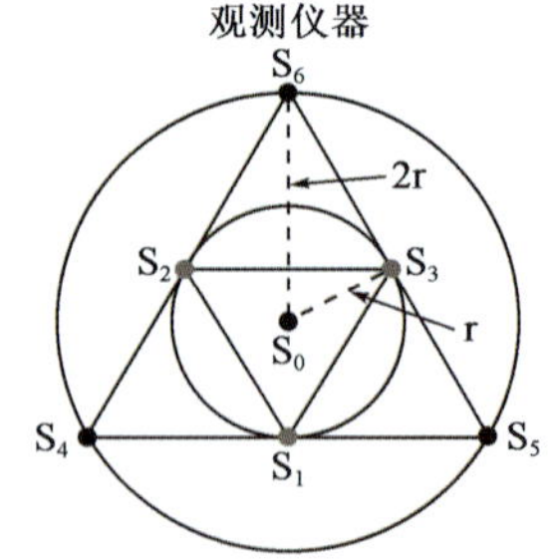

图 1-1-10 单点观测台阵示意图

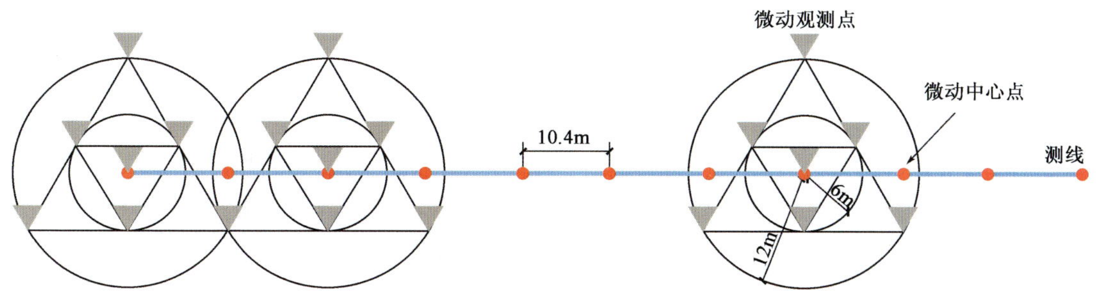

图 1-1-11 剖面观测台阵示意图

微动勘察仪的主要性能指标

表 1-1-1

仪 器	型 号	主要性能指标	数 量
拾震仪	MTKV-1C	速度型垂直分量 固有周期:1s	15 台
记录仪	LS-8000	记录通道数:4 道	10 台
		AD 转换:16 位	
		采样频率(Hz):1,2,5,10,20,50,100,200,500	
		记录容量:20MB	
		时间校正:GPS 自动校正	
		电源:干电池 9V	
周期延振电路		拾震仪的固有周期从 1s 延迟至 5～7s 低通滤波频率(Hz):3,1,0.3	10 台

(4)微动探测在地铁 9 号线工程的应用情况

微动探测在北京地铁 9 号线工程的应用主要包括两个方面:一方面是对西部卵石地层中的漂石探测,经过在丰台东大街站附近探测试验,该方法对成层的漂石探测效果较好,值得推广应用;另一方面是对地下人防空洞的探测,主要用于军事博物馆站的人防通道探测,通过探测能够较详细地确定地下人防的埋置深度、断面尺寸等基本信息。

1.2.5 面波

面波勘探主要采用二维反射波地震勘探方法。

(1)地震勘探试验及结论

为了取得高信噪比的野外采集资料,针对本区不同类型的地形地质条件和地层的地球物理特征,施工前在认真分析研究的基础上,进行了充分的试验工作,为野外资料采集确定了适合本区特点的合理的采集参数。

①激发因素试验。由于本区激发点地表为沥青路面和绿化带第四系覆盖层,而沥青路面弹性较好,因此采用了一些措施来提高激发质量。但是由于路面下的地层条件变化较大,因此需要边试验边采集。对激发条件不好的地点,改变激发位置,进行重新采集,如图 1-1-12 所示。同时,进行了不同排列长度的试验,图 1-1-13 为单边激发,48 道接收的排列,发现远道能量较弱,因此选择在中间激发。

②地震波接收试验。在地震勘探中，影响地震波接收质量的因素主要有检波器的频率及其埋置效果、偏移距参数的设计等。

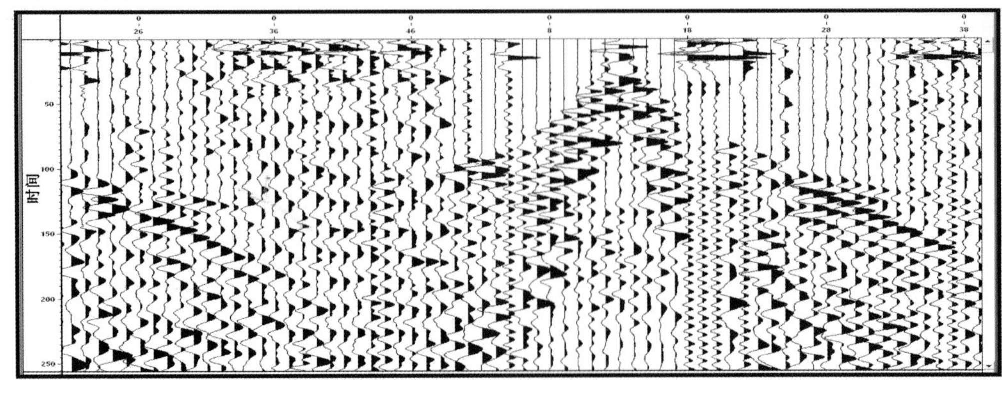

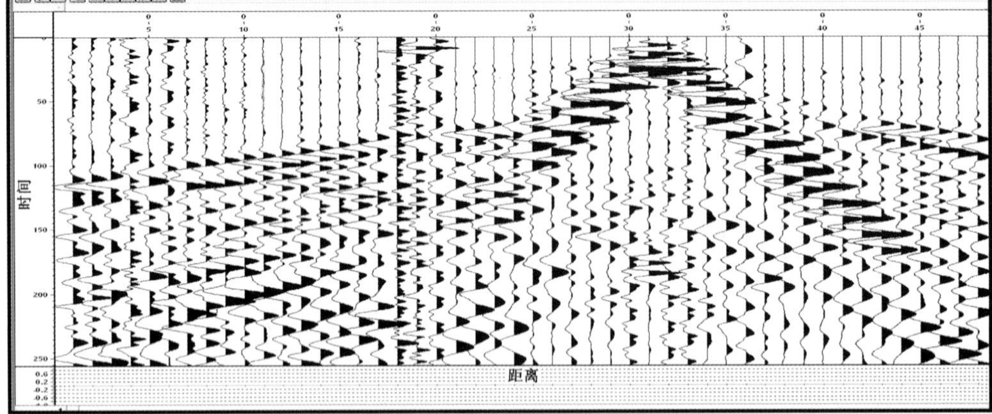

图 1-1-12　不同激发点试验记录对比

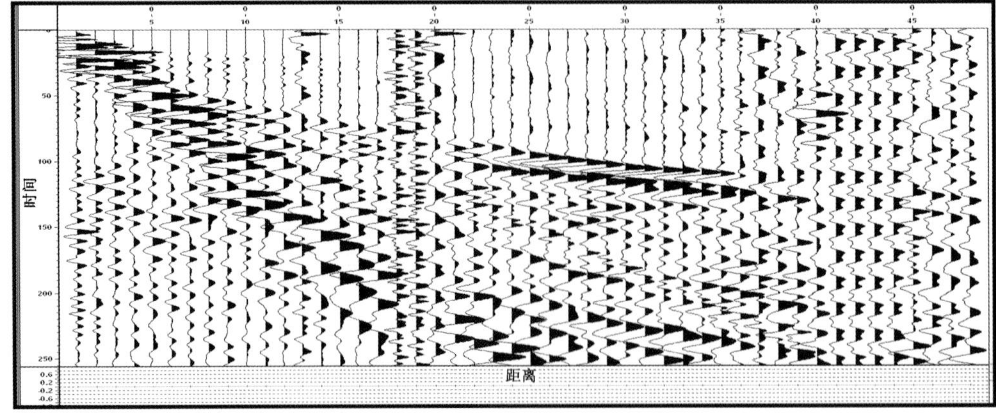

图 1-1-13　单边激发试验记录

a. 检波器试验

检波器一致性试验和检波器的埋置条件的试验。经试验确认，本次地震勘探的检波器具有良好的一致性（图 1-1-14）。

b. 偏移距参数的试验

为了保证接收排列在最佳“时窗”内，分离干扰波的影响，在试验中分别选择了 5m、1m 等多种偏移距以及中间激发进行了试验，试验中采用 48 道检波器进行数据采集。

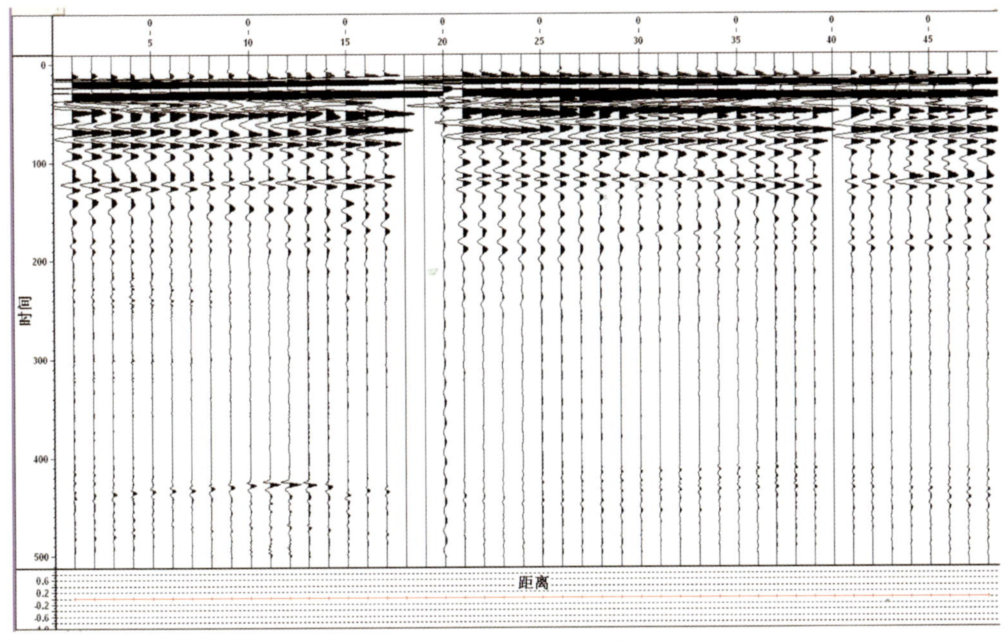

图 1-1-14　检波器一致性试验记录

试验结果表明，由于道距较小，排列较短，为了削弱声波、面波等干扰波的影响，偏移距应较大，但考虑到远道能量的衰减及拉伸畸变等因素，偏移距不宜过大。由试验的对比可知：单边放炮远道能量明显不足并且远道有拉伸畸变和折射波干扰，中间放炮有效波清晰，能量充足，故采用 1m 偏移距的中间激发的方式。

(2)野外施工方法

①观测系统及参数。根据工作目的和场地条件，以及地形和地质条件的不同，本次隧道地震勘探分别采了用单边放炮和中间放炮激发，48 道接收，道间距 2m，炮间距为 8m，6 次覆盖的观测系统(图 1-1-15)，观测系统主要参数见表 1-1-2。

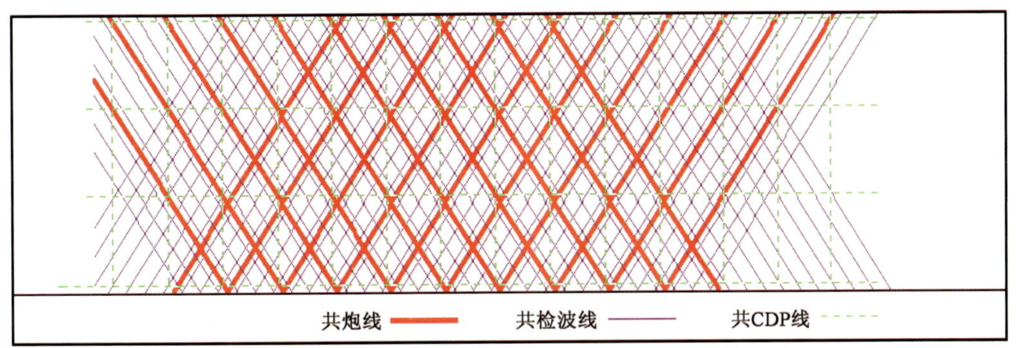

图 1-1-15　地震勘探观测系统图

②仪器参数。采用 R48 型数字地震仪，仪器参数如下：

a. 记录长度：256ms。

b. 记录格式：SEG-2。

c. 前放增益：18dB。

d. 采样间隔：125μs。

e. 采集频带：25～250Hz。

地震勘探观测系统主要参数表 表 1-1-2

名　　称	参　　数
观测系统类型	二维，中间放炮激发
接收道数	48
道间距(m)	2
炮间距(m)	8
偏移距(m)	1
叠加次数	6
CDP 间距(m)	1

(3)数据采集及质量控制

隧道二维反射波地震勘探采用浅层地震反射方法，共布设 3 条测线，沿万丰路东侧、西侧及中间绿化隔离带各布设了一条测线，每条测线长 340m。在沥青路面不能插检波器处使用石膏进行黏结固定，确保耦合良好。

采集过程中首先对记录进行初评，对不合格记录及时纠正，寻找原因，重新激发接收。为确保工程质量，室内处理前再次进行复评。本次二维反射波原始采集数据记录共 162 张，合格率达 92%。

(4)地震勘探的数据资料分析和处理

资料处理是在 Sun Ultra 80 工作站上进行的，采用法国地球物理公司的地震数据处理软件 Geovectur Plus 和美国 Green V 版本的绿山初至折射静校正软件进行。

工作区浅表层地层组合条件复杂，地形起伏剧烈，且测线不成网，可参考的地质资料较少，给数据的处理解释带来较大困难。由于高程起伏的剧烈变化，因而静校正为地震数据处理的重点，确保处理成果的高保真性。在数据资料分析的基础上，设计合理的处理流程，精选各类处理参数，边处理、边解释，处理与解释工作交互进行，从而保证资料处理的顺利完成。

①数据的试处理及其措施。由于本区地形起伏多变，现场工作条件复杂，为了提高数据处理的准确性，在正式数据处理之前需对原始数据进行试验性处理，选定合理的处理参数和处理方法，以提高处理结果的可靠性和工作效率。

a. 质量控制。认真检查野外炮、检点位置，保证准确无误，认真核对班报和输入的电子文件，保证电子文件准确无误。

b. 叠前去噪。叠前各种规则或随机噪声的去除对后续流程有很大影响，如反褶积子波统计产生误差，会影响同相叠加的效果。叠前去噪有剔道和去除规则噪音两个具体措施。剔道就是剔除坏炮坏道和不正常振幅值；去除规则噪声就是从原始资料可以看到单炮记录面波发育，去除这些干扰波对剖面品质有直接影响。本次处理在时空域采用逐点多道识别、单道计算的方法识别各种倾角的规则噪声，并采用中值滤波对检测到的规则噪声进行压制，去除面波干扰，在不损害有效波的前提下使干扰波得到很好的去除。

c. 精确速度分析与多次迭代求取剩余静校正量。速度分析的精确程度是叠加成像的关键，为了提高速度谱分析的精度，速度分析间隔选用 20ms，并在动校正大道集上确定动校拉伸范围，选择恰当的动校正参数。剖面经过迭代处理品质得到提高。

d. 精细叠后处理和精确偏移归位。为了得到准确可靠的偏移结果，提高叠加剖面的信噪比，去除随机噪声干扰十分必要，这样可以保证目的层在没有干扰的情形下准确归位，为此进行了精细叠后处理和精确偏移归位处理。经过上述试处理资料的对比分析，确定了本区资料处理的工作流程及处理参数。

②数据处理质量评价。通过采用合理的处理流程和数据处理技术，克服了处理工作中的技术难点，在数据处理中紧紧抓住叠加前去噪、基准面选择、精密速度分析等关键环节，合理地确定了处理参数，从而获得质量较好的二维时间剖面。

(5)数据资料的分析解释以及地震勘探成果

①解释工作在迭加时间剖面上进行。具体步骤如下：

a. 利用剖面上反射波特征、振幅强度、频率变化等进行综合对比，确定地质构造的大致形态，利用现有资料，结合区域地质规律对构造进行确认，确定主要反射波所对应的地质层位及构造形态。对于原始资料差、构造复杂地段，则遵循先易后难、先整体后局部的原则，分区、分块进行层位追踪。

b. 在初步解释的基础上对所有时间剖面进行对比解释，提高构造解释成果的准确性和精度，不断调整和改进直至最终确定整体解释方案。

②通过结合已有的地质资料对三条地震探测剖面成果图进行分析，可以得到具体结论。

1.2.6　浅层地震

(1)工作原理及仪器设备

浅层地层勘探主要采用电阻率成像法，是 20 世纪 80 年代国际上兴起的一种电法勘探方法，其基本原理与常规的电阻率法完全相同。图 1-1-16 是电阻率成像法工作原理示意图，在探测剖面上同时布置多道电极(60 或 120 道)，由人工控制向地下发送电流，使地下形成稳定的电流场，通过自动控制转换装置对所布设的剖面进行自动观测和记录的一种物探方法。可进行二维地电断面测量，兼具剖面法和测深法的功能，是进行地层划分、探测隐伏断层构造、岩溶空洞以及地质滑坡体等的一种有效手段。相对而言，电阻率成像具有测点密度大、信息量大、工作效率高等特点，测量过程中，通过转换装置控制电极间的不同排列组合，能够实现直流电法勘探中的各种装置形式的探测，可以提供更多的地电断面信息，有利于对比分析，因此充分发挥了物探技术在勘察中的优势。

本次电阻率成像法勘探数据采集选用的仪器为重庆奔腾数控研究所研制的 WDZJ-3 型电阻率成像探测系统。该仪器性能稳定，是同类产品中的佼佼者，其特点有如下几个方面：

①发射、接收一体化，仪器体积小，质量轻，结构紧凑。

②操作方法更加灵活、方便、快速，测量、计算、显示、存储整个过程自动化。

③采用多级滤波及信号增强技术和数字滤波，抗干扰能力强，测量精度高。

④自动进行自然电位、飘移及电极极化补偿。

⑤实时显示电极接地电阻大小，确定电极供电状态。

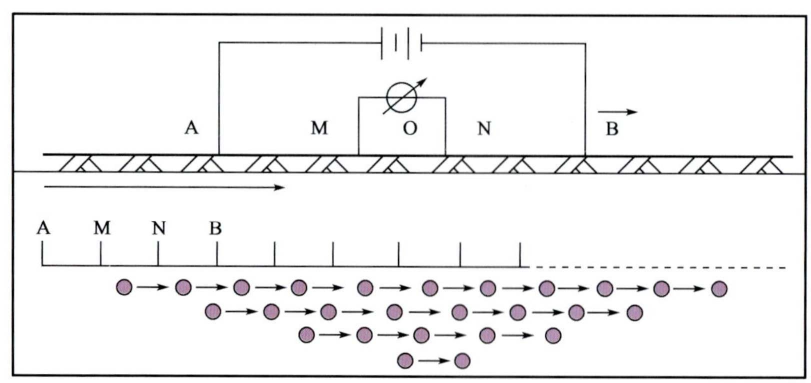

图 1-1-16　电阻率成像法工作原理图

(2)测线布置及工作方法

①测线布置。本次高密度电法勘探共布设 3 条测线，沿万丰路东侧、西侧及中间绿化隔离带各布设了一条测线，每条测线长 240m，电极极距 2.5m。

②工作方法。本次电阻率成像勘探均采用温纳装置，又称 α 排列。该装置受地表不均匀、旁侧干扰等因素影响较小，效果也比较理想。在采集过程中，我们根据拟建场区的实际情况对仪器进行了不同的参数设置。

(3)数据处理

数据处理主要采用 M. H. Loke 博士设计的 RES2DINV 电阻率成像数据二维反演软件对数据进行处理。数据处理主要包括两部大部分，即数据预处理和数据反演处理。

①数据预处理。数据预处理主要包括：

a. 编辑视电阻率值，对突变点和噪声引起的畸变数据进行剔除，如图 1-1-17 所示。

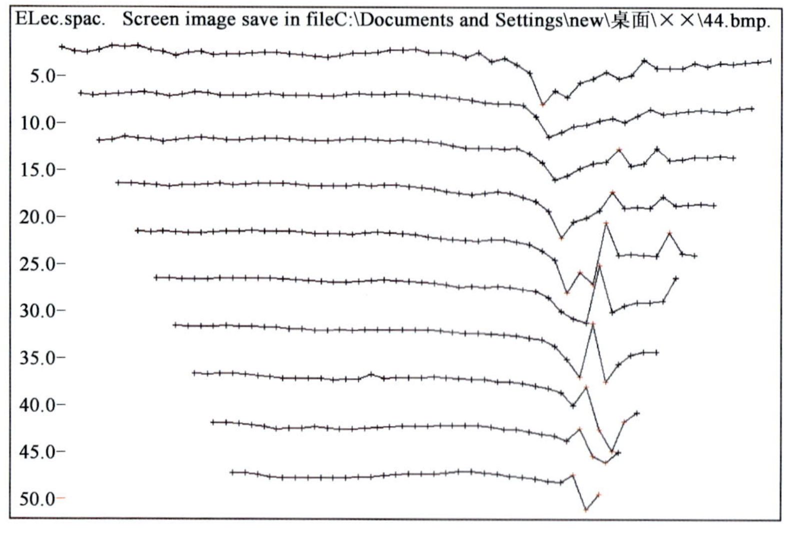

图 1-1-17　畸变数据剔除

b. 对由多个测量断面组成的剖面进行拼接。

c. 把各道电极所对应的平面坐标添加到数据文件中。

d. 对于地形起伏较大的剖面，把高程坐标添加到数据文件中，以备反演处理时进行地形校正处理。

②反演处理。野外采集的数据经过反演计算，转换为深度—电阻率的关系，以获得地下地电断面的特征。反演处理主要包括：根据地质调查资料建立初始的二维地电模型，反演参数的选择(阻尼系数、迭代次数、收敛极限)等，然后采用最小二乘法进行反演计算，查看反演结果，最后获得最终的地下地电断面，用于地质解释。

(4)成果解释

结合勘察资料，对电阻率成像法探测的反演结果进行分析，由电性差异可划分地层。

1.3 室内试验

北京地铁9号线工程勘察时对所采取的原状土样、岩样进行了常规物理力学性质试验，对部分土样进行了静三轴压缩试验、静止侧压力系数、无侧限抗压强度、回弹模量、基床系数等特殊指标试验，选择代表性土样进行热物理指标试验，对扰动土样进行了颗粒分析试验；对岩样进行耐崩解性、膨胀性等水理性质试验；对地下水进行了水质分析试验。具体的室内土工试验的种类、所要求取的试验结果及主要使用的试验仪器参见表1-1-3及图1-1-18。

室内试验一览表 表1-1-3

<table>
<tr><th>试验项目</th><th>主要设备仪器</th><th>提供的指标</th><th colspan="2">试验项目</th><th>主要设备仪器</th><th>提供的指标</th></tr>
<tr><td>天然含水率</td><td rowspan="6">天平、干燥箱</td><td rowspan="13">土的天然含水率、天然密度、干密度、饱和度、孔隙比、液限、塑限、液性指数、塑性指数、颗粒级配、水腐蚀性评价；岩石含水率、天然密度、饱和密度、颗粒组成、吸水率、自由膨胀率、蒙脱石含量</td><td>土的固结—压缩试验</td><td>固结试验</td><td>三联固结仪</td><td>压缩模量 E_s</td></tr>
<tr><td>天然密度</td><td rowspan="2">土的抗剪强度试验</td><td>直接剪切</td><td>四联直剪仪</td><td>黏聚力 c、内摩擦角 φ</td></tr>
<tr><td>岩石饱水密度</td><td>三轴压缩(CIU)</td><td>三轴仪</td><td>c_{cu}、φ_{cu}、c'、φ'</td></tr>
<tr><td>岩石干密度</td><td rowspan="3">土的特殊指标试验</td><td>静止侧压力系数</td><td>K_0 试验仪</td><td>静止侧压力系数 K_0</td></tr>
<tr><td>岩石干燥饱和吸水率</td><td>无侧限抗压强度</td><td>无侧限抗压仪</td><td>无侧限抗压强度 q_u</td></tr>
<tr><td>岩石自由膨胀率</td><td>基床系数</td><td>应力、应变三轴仪</td><td>垂直、水平基床系数</td></tr>
<tr><td>液限</td><td rowspan="2">液塑限联合测定仪</td><td rowspan="2">岩石的力学指标试验</td><td>天然单轴抗压强度</td><td rowspan="2">压力机</td><td>天然单轴抗压强度</td></tr>
<tr><td>塑限</td><td>饱水单轴抗压强度</td><td>饱水单轴抗压强度</td></tr>
<tr><td>岩石耐崩解性</td><td>—</td><td colspan="4"></td></tr>
<tr><td>颗粒级配</td><td rowspan="2">颗粒分析自控吸液仪</td><td colspan="4"></td></tr>
<tr><td>黏粒分析</td><td colspan="4"></td></tr>
<tr><td>渗透系数</td><td>渗透仪</td><td colspan="4"></td></tr>
<tr><td>地下水腐蚀性</td><td>—</td><td colspan="4"></td></tr>
</table>

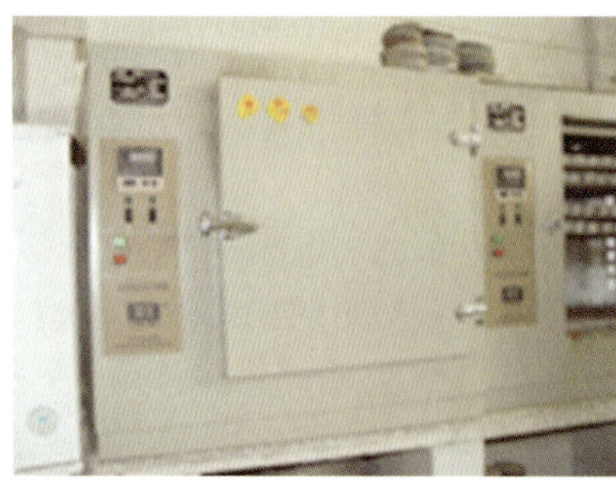

a)电热鼓风干燥箱

b)四联直剪仪

c)台式三轴仪

d)中、低压固结仪

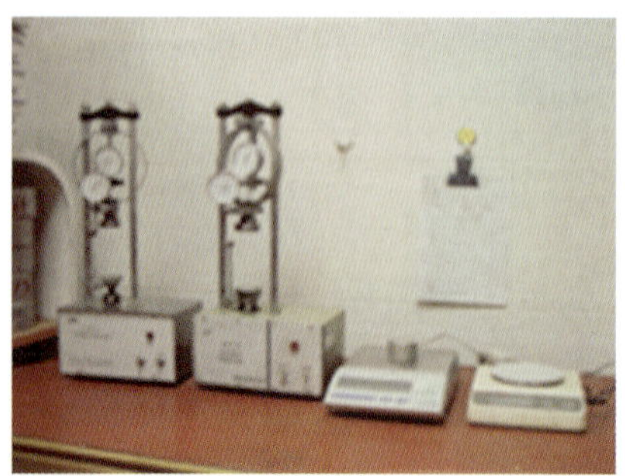

e)PY-3应变控制式无侧限压缩仪

f)水试试验设备

g)K_0固结仪

h)岩石压力机

图 1-1-18　主要试验设备

1.4　施工过程中的跟踪及验证

北京地铁9号线工程勘察过程中采用了多种勘察技术，但由于其地质条件的复杂性仍不能保证勘察成果的准确性和完整性。为了全面掌握地铁9号线沿线地质情况，为后续勘察提供指导，本次勘察增加了施工过程的跟踪和验证。下面以丰台北路站为例进行说明。

1.4.1　招标阶段勘察报告中提供的地质水文条件

(1)工程地质条件

表1-1-4是根据岩土工程勘察报告(详勘阶段)《2006地铁详勘9-12》中第12页3.2场地工程地质条件中提取。

丰台北路站详勘报告地质情况　表1-1-4

岩性名称	层底深度(m)	层底高程(m)	投标勘察报告地质说明
杂填土	1.1	45.40	杂色，以房渣土为主，含有砖块、卵石
粉土填土	2.1	44.4	褐黄色，湿，含砖渣、白灰渣
细砂	3.8	42.7	黄褐色，含云母、氧化铁
圆砾	6.0	40.5	杂色，中密，最大粒径200mm，一般粒径10～40mm，大于2mm颗粒约占总质量的60%～70%，亚圆形，细中砂填充
卵石	14.2	32.3	杂色，密实，最大粒径420mm，一般粒径20～70mm，亚圆形，细中砂填充，夹中粗砂薄层，12.2～12.8m最大粒径达到420mm，一般粒径200～300mm
粉质黏土	14.9	31.6	棕红色，夹极少量20～30mm的砾石
卵石	17.8	28.7	杂色，最大粒径330mm，一般粒径40～70mm，密实，粒径大于20mm颗粒约占总质量的60%～70%，亚圆形，中粗砂填充
卵石	20.0	26.5	最大粒径650mm，一般粒径30～80mm，密实，大于20mm颗粒约占总质量的70%，亚圆形，细砂填充

(2)水文地质条件

表1-1-5是根据岩土工程勘察报告(详勘阶段)《2006地铁详勘9-12》中第16页4.2场地水文地质条件中提取。

丰台北路站详勘报告水文地质情况　表1-1-5

地下水性质	水位埋深(m)	水位标高(m)	观测时间	含水层及其特征		
				含水层	有效粒径(mm)	渗透系数(m/d)
上层滞水(一)	12.20	34.90	2006年12月	卵石⑤层	1.349	200
潜水(二)	26.20～27.20	19.68～20.85	2007年1月	卵石⑦、⑨层	1.549	220

1.4.2　施工阶段勘察地质水文条件

(1)工程地质条件

表1-1-6是根据《北京地铁9号线丰台南路站、丰台南路站—丰台东大街区间、丰台东大街站、丰台北路站、丰台北路站—六里桥站区间、六里桥站、六里桥站—太平桥站区间、太平桥站施工阶段勘察报告》(勘察编号:2007施工勘察103-1)中丰台北路站部分勘察报告描述。

施工阶段工程地质条件　　表 1-1-6

埋深(m)	施工阶段			
	岩性名称	最大粒径(mm)	一般粒径 (mm)	粒径大于 20mm 的颗粒占总质量的百分比(%)
0.0～1.1	杂填土			
1.1～2.1	粉土填土			
2.1～3.8	卵石	300	20～100	65
3.8～6.0	卵石	400	40～110	70
6.0～14.2	卵石	570	90～140(局部 240～320)	75
14.2～14.9				
14.9～17.8	卵石	970	100～200	85
17.8～20.0	卵石	500	140～210	80
20.0～23.0	卵石	420	90～160	80
23.0～25.0	卵石	540	110～150	82
25.0～35.0	卵石	650	120～160	85

(2)水文地质条件

《北京地铁 9 号线丰台南路站、丰台南路站—丰台东大街区间、丰台东大街站、丰台北路站、丰台北路站一六里桥站区间、六里桥站、六里桥站—太平桥站区间、太平桥站施工阶段勘察报告》(勘察编号:2007 施工勘察 103-1)中丰台北路站部分未描述水文地质条件。

1.4.3 对比分析

(1)施工勘察与详勘报告比较

根据详勘报告和施工阶段勘察报告的描述,可以得出结论,丰台北路站在实际施工过程中遇到的碎石土地层在厚度、最大粒径和一般粒径上均大于详勘报告揭露的碎石土地层。围护桩施工揭露的地层情况与详勘报告对比分析如下:

①详勘探井揭露的碎石土地层分布深度小于 4m,实际施工过程中遇到碎石土地层的深度小于 2m。

②不同深度范围内,详勘探井揭露的碎石土地层的最大粒径分布范围为 200～650mm,实际施工过程中遇到的碎石土最大粒径的分布范围为 300～970mm。

③在深度 4～14m 范围内,详勘探井揭露的碎石土地层的一般粒径为 10～70mm,局部 200～300mm,实际施工过程中遇到的碎石土地层一般粒径约为 20～140mm,局部 240～320mm;在深度 14～20m 范围内,详勘探井揭露的碎石土地层的一般粒径为 30～80mm,实际施工过程中遇到的碎石土地层一般粒径为 100～210mm。

表 1-1-7 是施工揭露的地层情况与详勘报告地层情况对比。

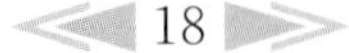

详勘和施工揭露地层对比表 表 1-1-7

埋深(m)	详勘报告				施工阶段			
	岩性名称	最大粒径(mm)	一般粒径(mm)	粒径大于 20mm 的颗粒占总质量的百分比(%)	岩性名称	最大粒径(mm)	一般粒径(mm)	粒径大于 20mm 的颗粒占总质量的百分比(%)
0.0～1.1	杂填土				杂填土			
1.1～2.1	粉土填土				粉土填土			
2.1～3.8	细砂				卵石	300	20～100	65
3.8～6.0	圆砾	200	10～40	60～70	卵石	400	40～110	70
6.0～14.2	卵石	420	20～70(局部 200～300)		卵石	570	90～140(局部 240～320)	75
14.2～14.9	粉质黏土							
14.9～17.8	卵石	330	40～70	60～70	卵石	970	100～200	85
17.8～20.0	卵石	650	30～80	70	卵石	500	140～210	80
20.0～23.0					卵石	420	90～160	80
23.0～25.0					卵石	540	110～150	82
25.0～35.0					卵石	650	120～160	85

(2)施工跟踪调查与施工勘察、详勘报告比较

2009 年下半年,施工单位进行现场人工挖孔桩期间,进行了地质情况调查。调查结果与 2008 年 1 月的《北京市轨道交通建设管理有限公司北京地铁 9 号线丰台科技园站、怡海花园站、花乡站、文体东街站、丰台北路站、六里桥西站和六里桥站施工阶段岩土勘察报告 2007 施工勘察 103》比较,数据稍大,但基本符合。调查结果与 2007 年 1 月的《北京地铁 9 号线工程丰台北路站岩土工程勘察报告(详勘阶段)2006 地铁详勘 9-12》比较,卵石含量明显大于详勘报告,卵石尺寸明显大于详勘报告。详勘报告中潜水水位埋深 26.2～27.2m,水位高程 19.68～20.85m,观测时间 2007 年 1 月。2009 年下半年调查,水位埋深 24.7m,水位高程 22.35m。

表 1-1-8 为现场地质情况与施工勘察、详勘报告对比表。

现场地质情况与施工勘察、详勘报告对比表　　表 1-1-8

层底深度(m)	层底高程(m)	(详勘阶段)投标勘察报告地质说明(2007 年 1 月)	施工阶段勘察报告(2008 年 1 月)	现场地质情况说明(探井直径 1m)(2009 年下半年)
1.1	45.40	岩性名称杂填土。杂色,以房渣土为主,含有砖块、卵石		70cm 厚度沥青混凝土、二灰路面
2.1	44.4	岩性名称粉土填土。褐黄色,湿,含砖渣、白灰渣		
3.8	42.7	岩性名称细砂。黄褐色,含云母、氧化铁		
6.0	40.5	岩性名称圆砾。杂色,中密,最大粒径 200mm,一般粒径 10～40mm,大于 2mm 颗粒约占总质量的 60%～70%,亚圆形,细中砂填充	粒径大于 500mm 的卵石埋置深度 18.8～19.9m,该层厚度为 1.1m,分布状态为 1 个/1.2m,地层中纵向分布总量为 1 个,百分含量为 0.1%; 粒径大于 300mm 的卵石埋置深度 13.1～23.6m,该层厚度为 10.5m,分布状态为 2～3 个/1.2m;地层中纵向总量 16 个,百分含量为 7.9%; 粒径大于 200mm 的卵石埋置深度 10.7～25m,该层厚度为 14.3m,分布状态 18 个/1m,其中 17.6～18.8m 范围内 43 个,22.3～23.6m 范围内 39 个,地层中纵向总量 273 个,百分含量为 51.8%	粒径大于 500mm 的卵石埋置深度 15.2～20.6m。地层中纵向分布总量为 2～3 个,百分含量为 0.3%; 粒径大于 300mm 的卵石主要埋置深度为 9.9～23.9m,该层厚度为 12m,分布状态为一般 2～4 个/1.2m,地层中纵向总量 20 个,百分含量为 8.6%; 粒径大于 200mm 的卵石主要埋置深度为 5.9～24.9m,该层厚度为 16m,分布状态一般为 16～27 个/1.2m。其中 11.1～12.3m,粒径大于 200mm 的卵石,分布状态为 56 个/1.2m。其中 17.14～18.3m,分布状态一般为 44 个/1.2m。地层中纵向总量 323 个,百分含量为 60.3%; 并发现粒径大于 1000mm 的漂石
14.2	32.3	岩性名称卵石。杂色,密实,最大粒径 420mm,一般粒径 20～70mm 亚圆形,细中砂填充,夹中粗砂薄层,12.2～12.8m 最大粒径达到 420mm,一般粒径 200～300mm		
14.9	31.6	岩性名称粉质黏土。棕红色,夹极少量 20～30mm 的砾石		
17.8	28.7	岩性名称卵石。杂色,最大粒径 330mm,一般粒径 40～70mm 密实,粒径大于 20mm 颗粒约占总质量的 60%～70%。亚圆形,中粗砂填充		
20.0	26.5	最大粒径 650mm,一般粒径 30～80mm,大于 20mm 颗粒颗粒约占总质量的 70%。亚圆形,细砂填充		
34.2	12.33	最大粒径 650mm,一般粒径 30～80mm,大于 20mm 颗粒颗粒约占总质量的 60%～70%。亚圆形,细砂填充		

1.5　砂卵石地层勘察技术要求

卵石地层由于受卵石粒径和充填物影响,常规钻探技术取芯率低,不能反映地层的实际状态。采取单一的钻探方式不利于地层情况的判别,需要采用综合勘探手段查明地层的分布和特性。

在北京西部无水砂卵石地层中进行勘探，人工探井不失为一种简单有效的勘探方法。人工探井配合现场颗粒分拣和室内筛分试验，能够很好解决砂卵石地层的颗粒级配问题和漂石分布状况。波速测试对于卵石地层是一种行之有效的原位测试手段，依据波速测试可以直接判断卵石地层的密实度和承载能力。微动探测是一种新型城市物探手段，受城市电磁和震动干扰小，效果良好。

根据本次研究和现场各种技术手段的对比分析，发现目前规范中规定的常规勘察要求，不能满足北京地区西部砂卵石地层的设计、施工要求。因此，从本次研究工作中，总结出该类地层的特殊勘察要求如下：

卵石、漂石地层中的漂石会给围护桩施工、管棚和小导管施作以及盾构施工带来困难和风险；卵石、漂石地层的高渗透性也会给工程降水和注浆带来困难。因此，在常规勘察的基础上，更要注重卵石粒径的分布，卵石强度以及地层渗透性的勘察。

①卵石、漂石地层勘察主要为查明漂石的颗粒级配和最大颗粒直径，勘察时应布置一定数量的人工探井以获得详细的勘察资料，每个工点人工探井的数量不应少于 1 个。

②有条件时，应通过综合勘探技术查明地层分布和特性。

③卵石、漂石地层钻探时应记录粒径大于钻孔直径的漂石的位置和埋深，记录或分析确定卵石的胶结强度。

④应通过调查等综合手段探察卵石的最大粒径。

⑤当需要降水时，应在抽水试验的基础上针对卵石、漂石的充填物综合分析给出渗透系数。

⑥石的强度可由单轴抗压试验或点载荷试验测得。

⑦卵石、漂石勘察宜提供卵石的颗粒级配和颗分曲线，特征粒径 d_{50}、d_{70}、d_{10} 及不均匀系数等。

第2章　砂卵石工程特性及空间分布规律

2.1　卵石粒径特征

根据人工挖探、人工分拣结果，典型工点不同粒径的卵石含量与分布密度见表1-2-1。

不同粒径的卵石含量与分布密度　表1-2-1

序号	工点	粒径大于300mm卵石百分含量或分布密度	粒径大于200mm卵石百分含量或分布密度	备注
1	丰台科技园站	1个/1.2m	—	—
2	科怡路站	1个/1.2m	—	—
3	丰台南路站	15.1%,14个/1.2m或5~7个/1.2m	—	粒径大于500mm卵石含3.1%,3个/1.2m
4	丰台北路站	7.9%,2~3个/1.2m	51.8%,18个/1m	粒径大于500mm卵石含0.1%,1个/1.2m
5	六里桥站	11.1%,3~4个/1.2m	37.0%,17个/1m	—
6	太平桥站	3.1%,1~2个/1.2m	21.6%,13个/1m	—

从表1-2-1中可以看出，不同区域粒径大于300mm、大于200mm和大于500mm的卵石含量有明显差异，丰台科技园站和科怡路站卵石含量分布相似，丰台北路站卵石粒径大于200mm含量分布最密集，六里桥站和太平桥站卵石分布密度和形态相近。

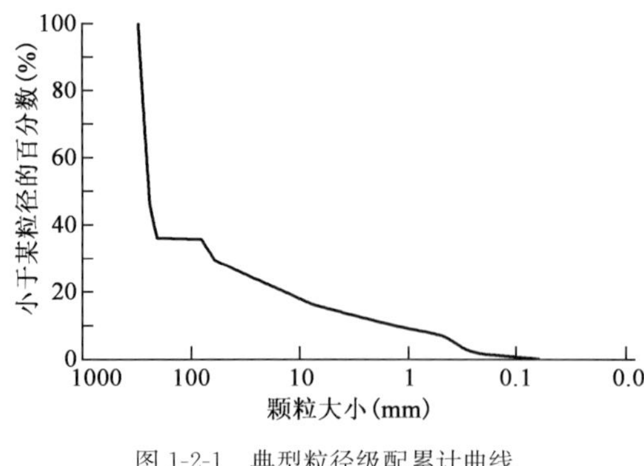

图1-2-1　典型粒径级配累计曲线

由调查和挖探结果分析得出，丰台科技园—西客站粒径大于300mm的卵石成层分布，科怡路站北—丰台北路站粒径大于400mm和大于500mm的大粒径卵石成层分布。在此区段要尤其注意大粒径漂石对工程施工的影响，并提前采取措施。

根据现场人工分拣和室内筛分试验的颗粒级配曲线分析，多数样品的颗粒级配曲线呈"L"形。典型颗粒级配累计曲线如图1-2-1所示，其卵石样不同粒组含量、特征粒径、不均匀系数及曲率系数见表 1-2-2。

粒组含量及相关特征值　　表 1-2-2

<table>
<tr><td colspan="14">粒组含量(%)</td></tr>
<tr><td>>500</td><td>400～500</td><td>300～400</td><td>200～300</td><td>100～200</td><td>80～100</td><td>60～80</td><td>40～60</td><td>20～40</td><td>2～20</td><td>0.50～2.00</td><td>0.25～0.50</td><td>0.075～0.25</td><td>0.05～0.075</td></tr>
<tr><td></td><td></td><td></td><td>64.4</td><td></td><td></td><td>6.1</td><td>2.5</td><td>4.4</td><td>11.6</td><td>4.2</td><td>5</td><td>1.6</td><td>0.2</td></tr>
<tr><td colspan="2">有效粒径 d_{10}(mm)</td><td colspan="3">中间粒径 d_{30}(mm)</td><td colspan="2">平均粒径 d_{50}(mm)</td><td colspan="2">界限粒径 d_{60}(mm)</td><td colspan="3">不均匀系数 C_u</td><td colspan="2">曲率系数 C_c</td></tr>
<tr><td colspan="2">1.148</td><td colspan="3">62.147</td><td colspan="2">236.65</td><td colspan="2">250.60</td><td colspan="3">174.27</td><td colspan="2">10.718</td></tr>
</table>

从图 1-2-1 和表 1-2-2 中可以看出，级配曲线不连续，且级配不良，尤其缺少中间颗粒，该卵石地层开挖时容易出现基坑坍塌或成孔孔壁坍塌及漏浆。

2.2　大粒径卵石空间分布规律

(1)最大粒径的平面分布规律

根据详细勘察资料结合专项勘察成果，对卵石最大粒径的平面分布进行分析。沿线典型工点的卵石最大粒径情况如图 1-2-2 所示。

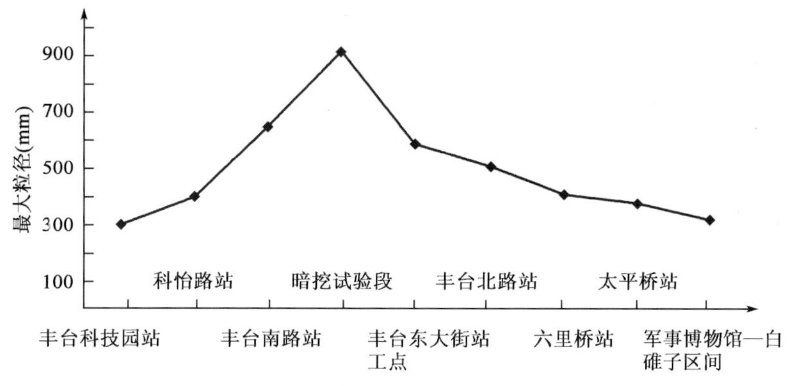

图 1-2-2　卵石最大粒径沿线路分布图

卵石最大粒径沿线路分布不均匀，基本呈正态分布曲线样式，所统计工点的卵石最大粒径都超过了 300mm，粒径超过 500mm 的平面分布集中在丰台南路站—丰台北路站区段，粒径最大值为 920mm。

(2)最大粒径的纵向分布规律

根据各探井资料，沿线 9 个典型工点的卵石最大粒径的纵向分布情况如图 1-2-3 所示。各工点大粒径卵石分布深度范围及最大粒径卵石出现深度见表 1-2-3。

从表 1-2-3 可以看出，最大粒径卵石大于等于 300mm 且小于 500mm 和大于等于 500mm 的卵石分布深度范围在空间上变化较大。以科怡路站和丰台北路站为分界，科怡路站以南和丰台北路站以北卵石最大粒径出现在探井中下部，而科怡路站至丰台北路站之间地层中卵石最大粒径出现部位较深，线路北部卵石最大粒径出现部位较浅，设计施工时，应充分考虑不同区域大粒径漂石深度范围及漂石分布密集区对施工的影响。

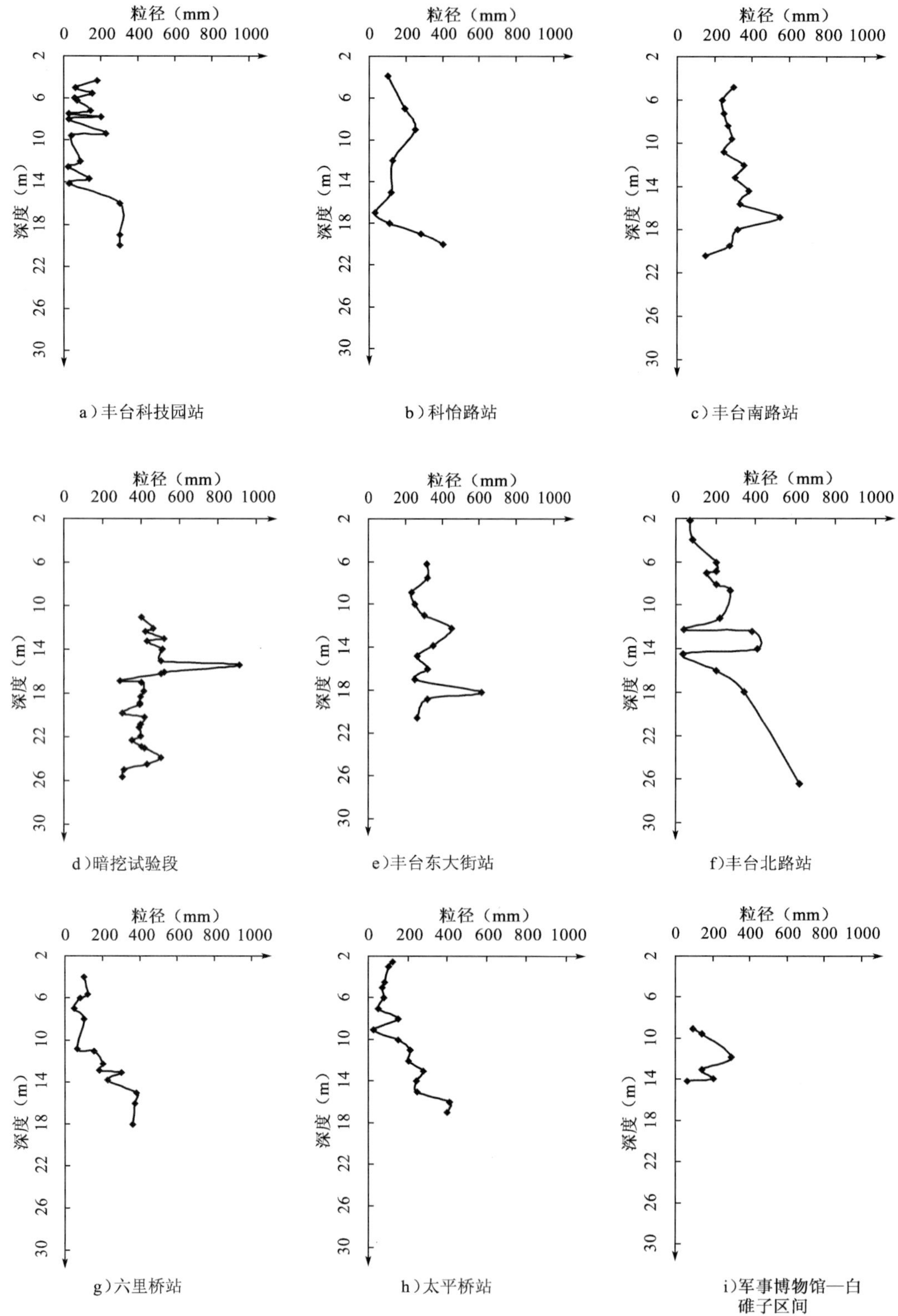

图 1-2-3　典型工点的卵石最大粒径纵向分布图

卵石分布深度范围　　表 1-2-3

序号	工点	300mm≤粒径<500mm的卵石分布深度(m)	粒径≥500mm的卵石分布深度(m)	最大粒径出现的深度(m)	备注
1	丰台科技园站	16～21	—	16～18	粒径大于300mm的卵石对桩的施工和盾构掘进会产生较大影响，粒径大于500mm的卵石可能会导致工艺变化
2	科怡路站	19～21	—	21	
3	丰台南路站	13～15	24～27	27	
4	暗挖试验段	11～12.5，17～26	13～16	16	
5	丰台东大街站	6～8，12～18	19	19	
6	丰台北路站	13～15	27	27	
7	六里桥站	16～18	—	16～18	
8	太平桥站	13～18	—	15～18	
9	军一白区间	12	—	12	

(3)北京地铁 9 号线工程沿线大粒径卵石分布

①丰台科技园站。该工点发现的最大粒径为 300mm；粒径大于等于 300mm 的卵石分布深度密度较小，在纵向上埋深一般为 16.0～20.0m，分布厚度约 4m，纵向分布密度为 1 个/1.2m，探井发现总量为 3 个。揭露的卵石地层情况见图 1-2-4。据调查，该站位附近 8.0m 以上地层中塌孔现象严重。

图 1-2-4　探井揭露的卵石情况

②科怡路站。根据人工探井和地质调查成果分析，颗粒最大粒径为 300mm；粒径大于等于 300mm 的卵石在纵向上埋深一般为 16.5～21.0m，分布厚度约 4.5m，纵向分布密度为 1～2 个/1.2m，探井发现总量为 4 个。揭露的卵石地层情况见图 1-2-5。大粒径卵石对机械成孔的影响不大；根据调查情况，在深度 0～3.0m 和 13.0m 附近存在严重的塌孔和漏浆问题。

③丰台南路站。根据人工探井和地质调查成果分析，该站位卵石地层中揭露的最大颗粒直径为 650mm；粒径大于 500mm 的卵石埋置深度为 16.8～18.0m，该层厚度约为 1.2m，分布密度为 1～3 个/1.2m，探井揭露总量为 1～3 个；粒径大于 300mm 的卵石埋置深度为 12.0～19.2m，该层厚度约为 7.2m，16.8～18.0m 的分布密度为 14 个/1.2m，14.4～15.6m 的分布密度为 5～7 个/1.2m，其他 1～4 个/1.2m，探井揭露总量为 31 个。揭露的卵石地层情况见图 1-2-6。

图 1-2-5　探井揭露的卵石情况

图 1-2-6　探井揭露的卵石情况

④丰台东大街。探井揭露卵石地层中的最大颗粒直径为 590mm；粒径大于 500mm 的卵石埋置深度为 15.2～18.0m，该层厚度约 2.8m，分布密度为 1 个/1.2m，探井揭露总量为 1 个；粒径大于 300mm 的卵石主要埋置深度为 9.9～21.9m，该层厚度约 12m，分布密度为 2～4 个/1.2m，11.1～12.3m 的分布密度为 10 个/m，探井揭露总量为 27 个 。揭露的卵石地层情况见图 1-2-7。

图 1-2-7　探井揭露的卵石情况

⑤丰台北路站。探井揭露的最大颗粒直径为 510mm；粒径大于 500mm 的卵石埋置深度为 18.8～19.9m，该层厚度约 1.1m，分布密度为 1 个/1.2m，探井揭露总量为 1 个；粒径大于 300mm 的卵石埋置深度为 13.1～23.6m，该层厚度约 10.5m，分布密度为 2～3 个/1.2m，探井揭露总量为 16 个。揭露的卵石地层情况见图 1-2-8。

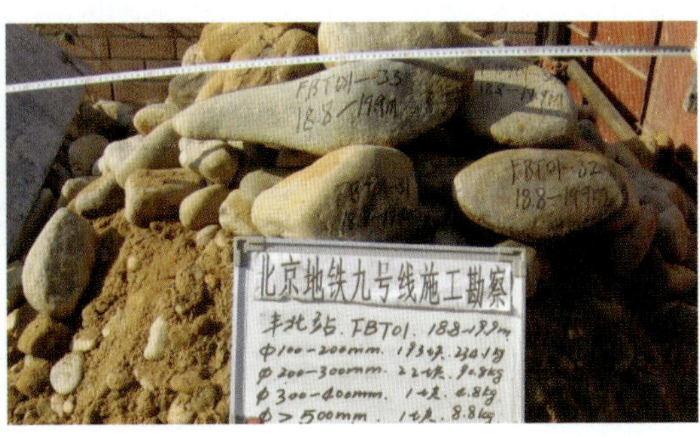

图 1-2-8　探井揭露的卵石情况

⑥六里桥站。探井揭露的最大颗粒直径为 400mm；粒径大于 300mm 的卵石埋置深度为 13.3～23m，该层厚度为 9.7m，分布密度为 3～4 个/1.2m，探井揭露总量为 19 个。揭露的卵石地层情况见图 1-2-9。

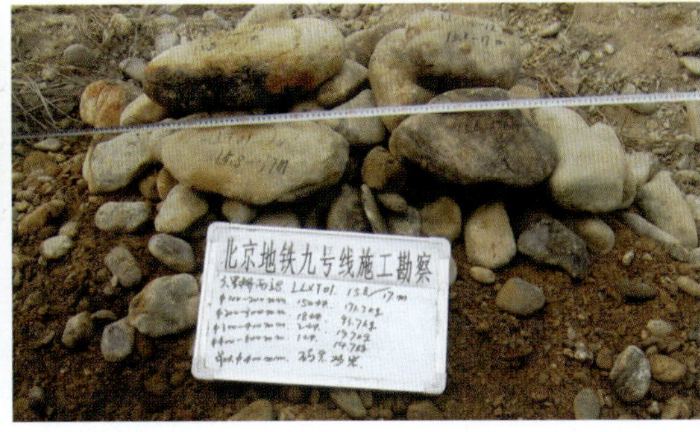

图 1-2-9　探井揭露的卵石情况

⑦太平桥站。探井揭露卵石地层中的最大颗粒直径为 385mm；粒径大于 300mm 的卵石埋置深度为 14.2～24.4m，该层厚度约 9.7m，分布密度为 1～2 个/1.2m，探井揭露总量为 7 个；粒径大于 200mm 的卵石埋置深度为 11.9～24.4m，该层厚度约 12.5m，分布密度为 13 个/1m，15.5～16.7m 范围内 36 个，21.6～22.6m 范围内 33 个，探井揭露总量为 131 个。揭露的卵石地层情况见图 1-2-10。

⑧军事博物馆站。卵石、圆砾⑤层：杂色，密实—中密，饱和—湿，剪切波速 $v_s = 403\text{m/s}$，重型动力触探击数 $N_{63.5} = 14 \sim 60$，属低压缩性土，钻探揭露卵石部分 $D_{大} = 8\text{cm}$，$D_{长} = 12\text{cm}$，$D_{一般} = 2 \sim 6\text{cm}$，亚圆形，级配较好，含细砂约 30%，局部含黏土团；粉质黏土⑤$_1$ 层：褐黄色，中密，湿—饱和，可塑，属中压缩性土，含氧化铁，局部混圆砾；细砂⑤$_2$ 层：褐黄色，密实，饱和—湿，标准贯入击数 $N = 51 \sim 60$，属低压缩性土，含云母，氧化铁，局部含粉土夹层，少量圆砾。

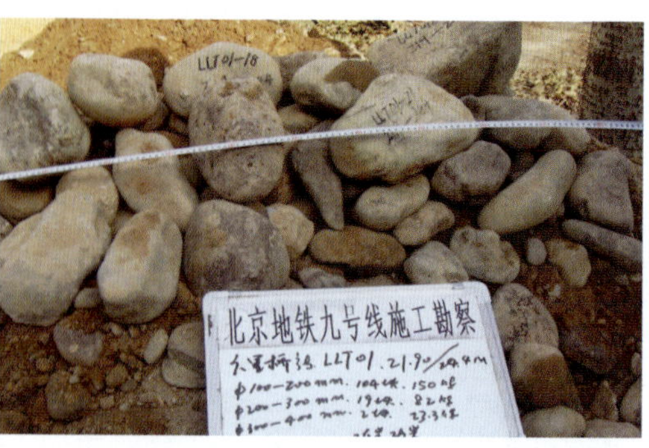

图 1-2-10　探井揭露的卵石情况

第三纪岩层：棕红色—灰棕色，半胶结—弱胶结的极软岩，成岩性较差，强风化，胶结物以黏粒组为主，局部为细砂，易掰碎，砾石粒径一般为 2mm×2.5mm～6cm×8cm，局部可达 20cm 以上(图 1-2-11、图 1-2-12)。

图 1-2-11　瑞海大厦基坑调查

图 1-2-12　公主坟商业大厦砾岩层调查

⑨白碓子站。卵石—圆砾⑤层，中密，钻探揭露卵石部分 $D_{大}=8\text{cm}$，$D_{长}=12\text{cm}$，$D_{一般}=2\sim6\text{cm}$，亚圆形，级配较好，含细砂约 30%，黏土团；砾岩⑪层：胶结—弱胶结的极软岩，成岩性较差，强风化，胶结物以黏粒组为主，局部为细砂，易掰碎，砾石粒径一般为 2mm×2.5mm～6cm×8cm，局部可达 1.7m 以上，磨圆度中等。

⑩白石桥南站。卵石—圆砾⑤层：密实，钻探揭露卵石部分 $D_{大}=8\text{cm}$，$D_{长}=12\text{cm}$，$D_{一般}=2\sim6\text{cm}$，亚圆形，级配较好，含细砂约 30%，黏土团；卵石—圆砾⑦层：密实，钻探揭露卵石部分 $D_{大}=8\text{cm}$，$D_{长}=12\text{cm}$，$D_{一般}=3\sim6\text{cm}$，亚圆形，级配较好，含细砂约 25%。

2.3　卵 石 强 度

根据施工勘察 80 组单轴抗压试验、595 组点荷载试验数据(详细数据参见《北京地铁 9 号线施工勘察报告》2007 施勘 103)以及详细勘察阶段的测试数据，卵石地层中的卵石强度为最小值 61.69MPa，最大值 226.42MPa，平均值 139.21MPa。卵石强度有随深度减小的趋势，具体见图 1-2-13～图 1-2-16。第三纪砾岩中大粒径砾石的单轴抗压强度为 124～187MPa。卵石和砾岩中的砾石强度较大，施工破岩困难。

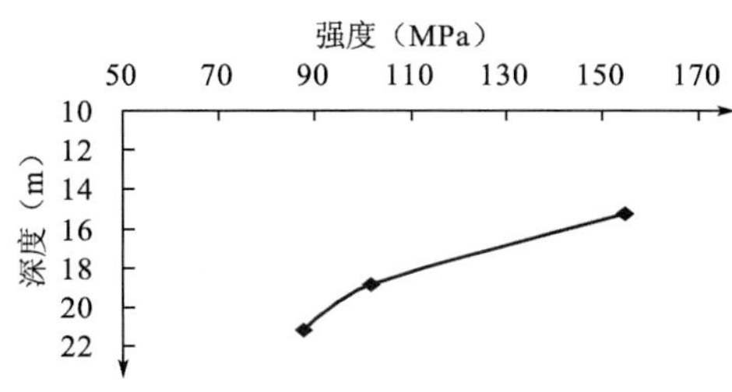

图 1-2-13　丰台东大街站卵石强度随深度变化曲线

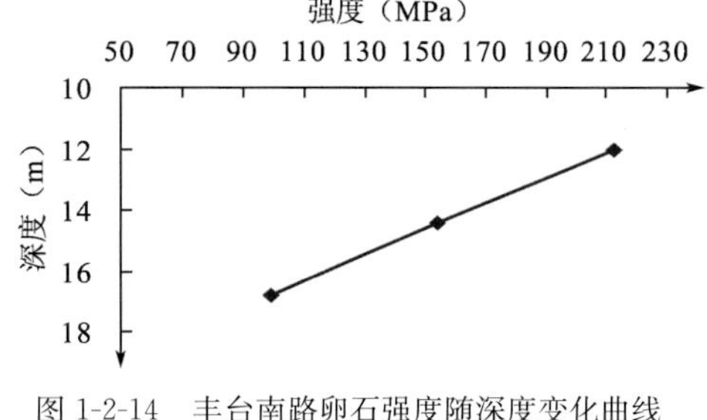

图 1-2-14　丰台南路卵石强度随深度变化曲线

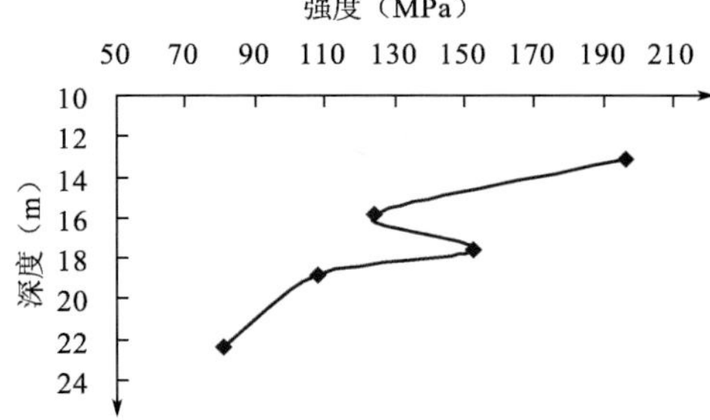

图 1-2-15　丰台北路站卵石强度随深度变化曲线

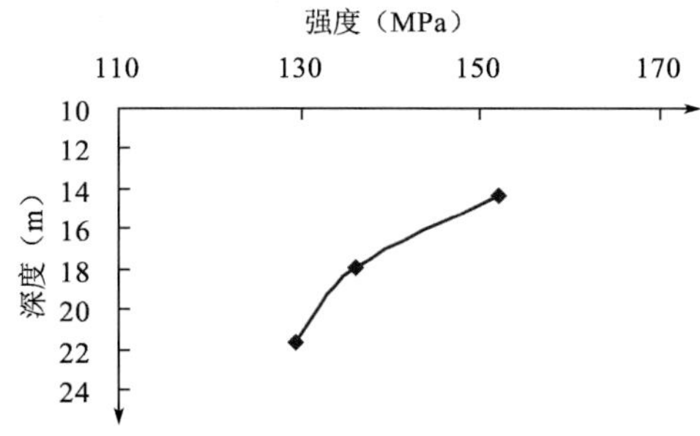

图 1-2-16　六里桥站卵石强度随深度变化曲线

根据单轴抗压试验和点荷载试验，得出典型工点的探井不同深度处的卵石强度，见表1-2-4。

典型工点的探井不同深度处的卵石强度　　表 1-2-4

序　号	工　点	探　井　号	深度(m)	卵石强度平均值(MPa)
1	丰台南路站	HXT01	12	212.25
			14.4	153.97
			16.8	99.12
2	丰台东大街站	WTT02	16.4	154.61
			20.0	101.96
			22.4	87.74
3	丰台北路站	FBT01	13.1	196.18
			15.8	124.42
			17.6	152.37
			18.8	108.33
			22.3	80.98
4	六里桥站	LLXT01	13.3	124.46
			15.8	64.59
			17	82.58
			18.2	95.82
			19.4	82.35
5	太平桥站	LLT01	14.3	152.1
			17.9	136.13
			21.6	129.39

经统计分析，卵石平均单轴抗压强度为123.12MPa，卵石强度高，施工钻进困难。在12～22.4m范围内，各车站卵石强度随深度增大而减小，卵石强度最大值在深度12m左右，最大单轴抗压强度为212.25MPa，最小值在深度15.8m左右，最小单轴抗压强度为64.59MPa。在统计深度范围内，各工点卵石强度随深度增加呈减小趋势。

2.4 卵石地层渗透性

根据详细勘察阶段的水文地质试验资料，线路沿线卵石地层的渗透系数为220～350m/d；根据施工勘察阶段的颗粒分析数据(详细数据见《北京地铁9号线施工勘察报告》)，按照以下公式分析：

$$k = \lambda d_{10}^{2} \tag{1-2-1}$$

式中：k——渗透系数(m/d)；

λ——经验系数(一般为40～150)；

d_{10}——占总重10%的土颗粒径(mm)。

$$k = 6.3 C_{u}^{-\frac{3}{8}} d_{20}^{2} \tag{1-2-2}$$

式中：k——渗透系数(m/d)；

C_{u}——土层的不均匀系数；

d_{20}——占总土重20%的土颗粒粒径(mm)。

进行卵石地层的渗透系数分析，发现卵石的渗透系数在纵向上变化较大，局部渗透系数很大(约1000m/d)，成孔施工中会发生严重的漏浆现象。

2.5 卵石地层围岩稳定性

2.5.1 围岩分级

根据《铁路隧道设计规范》(TB 10003—2005)表A.2.1围岩基本分级、表A.2.2-1地下水状态的分级、表A.2.2-2地下水影响的修正，结合本次勘察所揭露岩土资料，对围岩各土层分级；根据《地下铁道、轻轨交通岩土工程勘察规范》(GB 50307—1999)土石可挖性分级标准，对各土层进行可挖性分级。表1-2-5是北京地铁9号线工程围岩分级和可挖性分级结果。

隧道围岩分级和土石可挖性分级 表1-2-5

地层岩性	岩性名称	围岩基本分级	修正后围岩分级	土石可挖性分级
①	粉土填土	Ⅵ	Ⅵ	Ⅰ
$①_1$	杂填土	Ⅵ	Ⅵ	Ⅰ
$①_3$	圆砾填土	Ⅵ	Ⅵ	Ⅰ
②	粉土	Ⅵ	Ⅵ	Ⅰ
$②_3$	粉细砂	Ⅵ	Ⅵ	Ⅰ
$②_5$	圆砾	Ⅵ	Ⅵ	Ⅱ

续上表

地层岩性	岩性名称	围岩基本分级	修正后围岩分级	土石可挖性分级
⑤	卵石	Ⅴ	Ⅴ	Ⅲ
$⑤_1$	中粗砂	Ⅵ	Ⅵ	Ⅰ
⑦	卵石	Ⅴ	Ⅵ	Ⅲ
⑨	卵石	Ⅴ	Ⅵ	Ⅲ
$⑨_1$	中粗砂	Ⅵ	Ⅵ	Ⅰ

地层岩性名称自上而下依次为粉土填土①层、杂填土$①_1$层、圆砾填土$①_3$层、新近沉积粉土②层、新近沉积圆砾$②_5$层、卵石⑤层，局部为圆砾填土$①_3$层、新近沉积粉细砂$②_3$层、中粗砂$⑤_1$层透镜体。基底埋置较深，土压力大，上部新近沉积土层为松散土层，土体自稳能力很差，施工过程中容易发生坍塌，施工时需要及时支护；下部碎石土层为密实土层，粒径较大，抗压强度及抗剪指标较高，土体自稳能力要好于上部新近沉积土层，但黏聚力较小，也易发生坍塌，设计施工时也要考虑。

2.5.2 围岩稳定性评价

(1)结构顶板

出入通道结构顶板穿过的土层主要为新近沉积圆砾$②_5$层、卵石⑤层，局部为新近沉积粉细砂$②_3$层、中粗砂$⑤_1$层透镜体，均属Ⅴ～Ⅵ级围岩，围岩稳定性差，易坍塌，很难形成自然拱，同时新近沉积土圆砾$②_5$层与其下部的卵石⑤层在工程性质上差异较大，对支护结构有一定的不利影响，设计施工应予以考虑。

(2)边墙

出入通道边墙穿过的土层主要为新近沉积圆砾$②_5$层、卵石⑤层，局部为新近沉积粉细砂$②_3$层、中粗砂$⑤_1$层透镜体，均属Ⅴ～Ⅵ级围岩，围岩稳定性较差，开挖自稳时间短，施工时如不及时进行有效支护，易发生坍塌。

(3)结构底板

结构底板下主要为分布连续、稳定的卵石⑤层、卵石⑦层，围岩分级属Ⅴ级。

第3章　砾岩工程特性及地层空间分布规律

3.1　砾岩强度特征

北京地铁9号线部分隧道穿过第三纪岩层，其岩性主要为强风化砾岩、泥岩，并以砾岩为主。第三纪砾岩形成时间较晚，成岩程度低，加之新构造隆起使埋藏深度变浅及沉积后的古风化作用，其强度很低。

强风化的第三纪砾岩呈半胶结—弱胶结，成岩性较差，胶结物以黏粒组为主，局部为粉细砂，其整体强度主要由碎屑及胶结物成分控制。砾岩中砾石岩性杂乱，多以花岗岩、闪长岩及火山碎屑岩等硬质岩为主，粒径差异很大，磨圆度为滚圆状—次滚圆状，与卵砾石较为接近，矿物成分以石英、斜长石、碱性长石等为主，母岩风化成岩后强度不均，经黏质及砂质胶结的砾岩地层整体表现为软岩—极软岩的强度特点，但坚硬的砾石和局部硅质胶结的砾岩体仍具有硬质岩的坚硬特点。

强风化的第三纪砾岩为半成岩，具有“半岩半土”的特性，其岩体强度既受物质组成的影响，又受成岩胶结程度、构造所控制，整体强度较低，室内试验的单轴抗压强度一般为0.3～2.0MPa，属于极软岩—软岩，在地下水作用下表现出的膨胀性和崩解性，也使其力学性能进一步降低。

砾岩室内岩样测试结果和原位测试成果同时受砾石含量和粒径大小影响较大，且原状结构易受扰动，试验测试结果和岩土体本身的强度相比，往往表现为室内试验测得的力学指标偏低较多，而部分原位测试指标因砾石粒径较大反映的力学指标偏高。因此，常规的勘察手段(钻探＋孔内原位测试＋室内试验)对此类基岩的工程力学性质评价尚有一定的局限性，应结合物探测试成果、施工开挖情况，并根据工程经验进行综合判断、修正。

北京地铁9号线工程砾岩中砾石个别粒径较大，可达50cm以上，最大发现达140cm左右，呈半胶结状态。砾石强度及石英含量因砾石岩性的不同而有很大差异，石英含量为10.28%～48.54%，天然单轴抗压强度为52.20～100.80MPa，饱和单轴抗压强度为16.0～139.20MPa，点荷载强度为0.63～10.15MPa。从坚硬程度上划分，包括较软岩、较硬岩和坚硬岩；从风化程度划分，包括全风化、强风化、中等风化和微风化。含此等粒径和强度砾石的砾岩层给北京地铁9号线基坑围护桩和盾构施工均造成极大困难。砾岩及砾岩中大粒径砾石的性状如图1-3-1、图1-3-2所示。

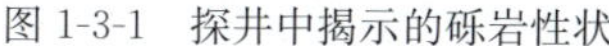
图 1-3-1　探井中揭示的砾岩性状

图 1-3-2　探井开挖揭示的砾岩中的大粒径砾石

根据北京地铁 9 号线工程勘察获取的砾岩试验测试成果，整理出工程场区基岩顶部下约 20m 深度范围内强风化砾岩的主要物理力学性质指标，如表 1-3-1 所示。

第三纪强风化砾岩主要物理力学指标　　表 1-3-1

颗粒组成(%)			胶结物特征			单轴压缩试验		
砾石组分 >2mm	砂粒组分 0.075～2mm	黏粒组分 <0.075mm	<0.075mm 蒙脱石相对含量(%)	自由膨胀率(%)	吸水率(%)	天然(MPa)	饱和(MPa)	软化系数
38.9～79.1	14.9～45.4	5.1～28.6	16.0～37.6	—	37.3～56.8	0.20～0.50	0.12～0.30	0.53～0.66

注：1. <0.075mm 粒级蒙脱石相对含量指蒙脱石在此粒级中的百分含量。
2. 砾岩胶结物的膨胀性数据难以准确测定。

3.2　砾岩地层空间分布特征

北京地铁 9 号线建设过程中涉及的第三纪砾岩受公主坟基岩隆起带等的影响，埋藏较浅，一般为 8～40m，局部接近于地表，为古河流洪冲积物经压紧、胶结、固结等成岩作用形成的沉积岩，属于中新世天坛组(N1-2t)。该地区第三纪砾岩成岩时间短，为 5.1～24.6 百万年，成岩胶结程度较差，多与泥岩互层，上覆第四系厚度较薄，一般为 8～40m，岩层厚 200～1000m。

通过对第三纪基岩成因分析，根据工程勘察钻探岩芯、地铁施工开挖揭示第三纪砾岩基岩断面特征综合判断，北京地铁 9 号线工程场区内第三纪砾岩中没有与上覆第四系贯通的构造节理裂隙带，风化裂隙已填充和胶结，基本没有风化裂隙表观特征。

3.3　砾岩富水性及渗透性

根据现场钻探结果及已有工程经验，北京地铁 9 号线沿线的第三纪砾岩没有与第四系贯通的富水构造破碎带和节理裂隙带，成岩作用期发育的风化裂隙已被细颗粒土质填充并胶结，渗透性与富水性均较差，场区第三纪砾岩为区域分布的低渗透性隔水层。

第四纪与第三纪地层接触的岩性渐变带，上部厚 0.50～1.00m。第三纪地层在上覆地下水长期作用下呈湿—局部饱和状态，其下部第三纪地层呈稍湿状态。

3.4 砾岩及泥岩的膨胀性

北京地铁9号线部分隧道所穿过的第三纪砾岩及泥岩均属膨胀岩，表现在岩样吸水饱和后会快速膨胀并崩解成泥状或泥砂状。泥岩及砾岩胶结物中含有亲水性黏土矿物蒙脱石等，在吸收水分后产生体积膨胀，易崩解并造成强度损失，属易软化岩石。根据工程勘察结果及对第三纪泥岩、砾岩的研究和工程经验，在未揭露的天然沉积条件下，其工程和水理性质不会产生变化，不会产生膨胀和崩解破坏，但在暴露状态及干湿交替环境中，泥岩及砾岩泥质胶结物会产生膨胀和收缩，力学强度(抗压、抗剪)将很快降低。根据室内崩解试验结果，在完全暴露浸水和无约束的条件下，砾岩会因胶结物的崩解破坏而丧失强度，泥岩在岩样吸水饱和后会快速膨胀并崩解成泥状或泥砂状。

对于膨胀岩的判别，国内尚缺乏公认的成熟标准，按照2008年9月发布实施的建筑协会标准《岩石与岩体鉴定和描述标准》(CECS 239—2008)，根据干燥岩块吸水率或有效蒙脱石含量将泥岩的膨胀潜势划分为非、微、弱、强、剧5个等级。另外，对于砾岩膨胀性的定量评价标准，国内外均缺乏有效的研究。

北京地铁9号线工程勘察获取的天坛组泥岩的主要物理力学性质指标列于表1-3-2。从表1-3-2中的试验测试指标可知，北京地铁9号线所在工程场区泥岩的自由膨胀率一般为35%～60%，个别可达105%，岩块的吸水率一般为20%～50%，个别可达约71%。按照《岩石与岩体鉴定和描述标准》(CECS 239—2008)的判别标准，一般属弱膨胀性岩石，个别为中—强膨胀性岩石。

第三纪强风化泥岩主要物理力学指标 表1-3-2

颗粒组成(%)			胶结物特征					单轴压缩试验		
砂粒组分 2～0.075mm	黏粒组分 <0.075mm	胶粒组分 <0.002mm	<0.075mm 蒙脱石相对含量(%)	自由膨胀率(%)	吸水率(%)	活性指数 A	含水比 U	天然(MPa)	饱和(MPa)	软化系数
14.9～56.4	43.6～85.1	5.9～39.5	15.3～46.9	35～105	31.7～70.6	0.58～1.47	0.28～0.68	0.25～0.78	0.15～0.47	0.42～0.66

泥岩中黏土矿物的组成对弱胶结泥岩的工程特性具有重要的影响，北京地铁9号线所在工程场区泥岩通过X射线衍射对其主要黏土矿物(蒙脱石、伊利石、高岭石、绿泥石及其混层矿物)的分析测定结果及其膨胀性指标见表1-3-3。

第三纪强风化泥岩主要黏土矿物含量及膨胀性指标 表1-3-3

含水率(%)	黏土矿物相对含量(%)					<2μm 含量(%)	比表面积(m^2/g)	自由膨胀率(%)	膨胀势	耐崩解性
	S	I/S	I	C	K					
11.8～33.7	89～93	90	3～6	2	3～6	20.0～30.5	117～239	35～105	一般为弱，少量为中—强	极差

注：1. S为蒙脱石，I为伊利石，I/S为伊利石/蒙脱石混层矿物，C为绿泥石，K为高岭石。
2. 黏土矿物相对含量指黏土矿物本身各种黏土矿物百分比。

泥岩有无膨胀性及其膨胀性的强弱，通常是由蒙脱石(或其中高混层比的混层矿物)含量及<2μm 胶粒(也有部分资料仍称作黏粒)含量等控制。从表 1-3-2 和表 1-3-3 中可以看出，北京地铁 9 号线所在工程场区泥岩的黏土矿物中，蒙脱石绝对含量为 15%左右，相对含量达到 90%左右或以上，胶粒组含量大于 20%，故具有膨胀性，且耐崩解性极差。

3.5 砾岩地层围岩稳定性

北京地铁 9 号线所在工程场区强风化砾岩层为半成岩，极软岩—软岩，具有“半岩半土”的特性。按照《铁路隧道设计规范》(TB 10003—2005)附录 A 的围岩分级标准，北京地铁 9 号线隧道涉及的强风化砾岩按照“岩”的标准，应属于Ⅴ级围岩(“极软岩—软岩，岩体破碎”)，而按照“土”的标准，应属于Ⅳ级围岩(“具成岩作用的黏性土”)。不论按照Ⅳ级还是Ⅴ级，其均为自稳时间短且易坍塌的围岩，应采取地层预加固和超前支护等措施，确保地面稳固及施工安全。由于第三纪强风化砾岩层“半岩半土”的特性及规范中相关标准存在不确定的因素，从安全的角度考虑，勘察报告中将北京地铁 9 号线所在工程场区强风化砾岩层划分为Ⅴ级围岩。

第4章　砂卵石及砾岩地层地下水富存及运移规律

根据北京市勘察设计研究院有限公司的科研成果——《北京市区浅层地下水位动态规律研究》，将北京市区对工程建设有影响的浅层地下水进行了工程水文地质分区，划分为三个大区（Ⅰ、Ⅱ、Ⅲ），再细分为七个亚区（Ⅰa、Ⅰb、Ⅰc、Ⅱa、Ⅱb、Ⅲa、Ⅲb）。分区情况参见图1-4-1，各区的地下水分布特征参见表1-4-1。

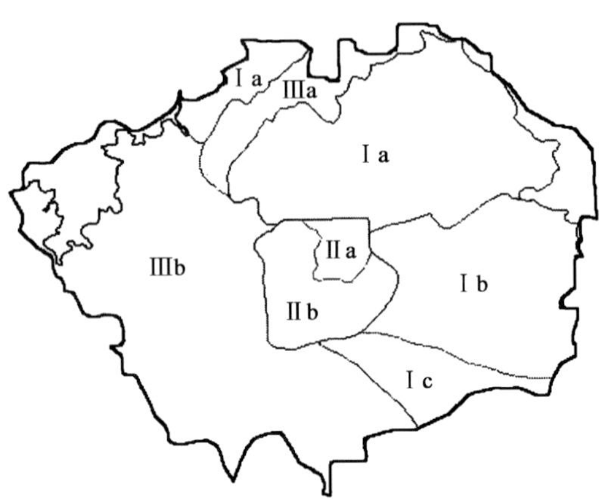

图1-4-1　北京市区工程水文地质分区图

北京市区工程水文地质分区及地下水分布特征　　表1-4-1

大区	Ⅰ　区			Ⅱ　区		Ⅲ　区	
亚区	Ⅰa区	Ⅰb区	Ⅰc区	Ⅱa区	Ⅱb区	Ⅲa区	Ⅲb区
位置	东北郊	东郊	东南郊	老城区东北部	老城区大部	清河流域	西郊、西南郊
地下水分布特征	30m之内有2～4个含水层：上部，台地潜水；中部，1～2个层间潜水含水层；下部，潜水或承压水	基本同Ⅰa区。由于地处古金钩河下游的网状河流区域，台地潜水分布不连续。又因古河道岩性颗粒较粗，成为本区地下水汇水廊道	基本同Ⅰa区。受Ⅰb区古河道影响，本区地下水流向由EW向NE，区别于其他区域	围绕王府井一带上层分布有丰富的上层滞水；下部为潜水—承压水	上层较少上层滞水，下部为潜水—承压水	潜水类型，分布特征受现代河流控制，河流一级阶地下分布有承压水	潜水，一般埋藏较深，受人为因素影响，水位变幅较大

北京地铁 9 号线工程沿线处于Ⅲb 亚区，该亚区主要是以粗颗粒的砂、砾和卵石为主的单一潜水含水层，由于第四纪地层中分布有黏性土透镜体，使得局部区域垂向不同位置量测的地下水位存在一定的差异。另外，受季节性降雨入渗、管道渗漏的影响，工程场区范围内的浅部地层（主要指黏性土、粉土层）中局部地段可能会形成上层滞水。

从宏观区域看，Ⅲb 亚区潜水的天然动态类型为渗入—径流型，主要接受大气降水入渗和侧向径流补给，地下水径流条件较好，人工开采和侧向径流是其主要排泄方式，受人工开采影响，多年来地下水水位变化较大，近年来整体呈逐年下降趋势。

根据区域地质背景资料和已有地下水分布研究成果，受公主坟附近古地形隆起影响，北京地铁 9 号线北段沿线地下水位变化很大，地下水位较周围区域呈现异常，即在周围区域性地下水水位较低（特别是区域地下水位远低于隆起带基岩顶板）时，隆起带上的地下水水位明显高于其周边地区的地下水位。

4.1 地下水的分布特征

北京地铁 9 号线工程沿线处于浅层地下水工程水文地质分区的Ⅲb 亚区。该亚区主要是以粗颗粒的砂、卵砾石为主的单一潜水含水层，受人为因素影响，水位变幅较大。另外，工程场区范围内的浅部地层（主要指黏性土、粉土层）中局部地段可能会形成上层滞水，如玉渊潭东湖段，由于砂卵石层中黏性土透镜体的存在，使局部分布有上层滞水。

从区域地层分布规律上看，场区潜水与西郊潜水赋存在同一粗颗粒含水层——砂、卵砾石层中，由于受公主坟古地形隆起影响，场区内北京西客站—白碓子段现状地下水位与区域性地下水位在分布规律上存在差异。公主坟古地形隆起影响区域在现状区域地下水位相对较低时，其地下水位不仅高于区域地下水位，而且与区域地下水的联系减弱，成为一个相对独立的水文地质单元。

公主坟古地形对地下水位影响示意图（图 1-4-2）可以比较直观地说明这种变化：

（1）区域性“宏观”地下水位较低时，地下水位自西向东逐渐降低的总体规律在古地形隆起带发生变化，古地形上的地下水位明显高于区域性“宏观”地下水位，如图 1-4-2 中“a”所示。

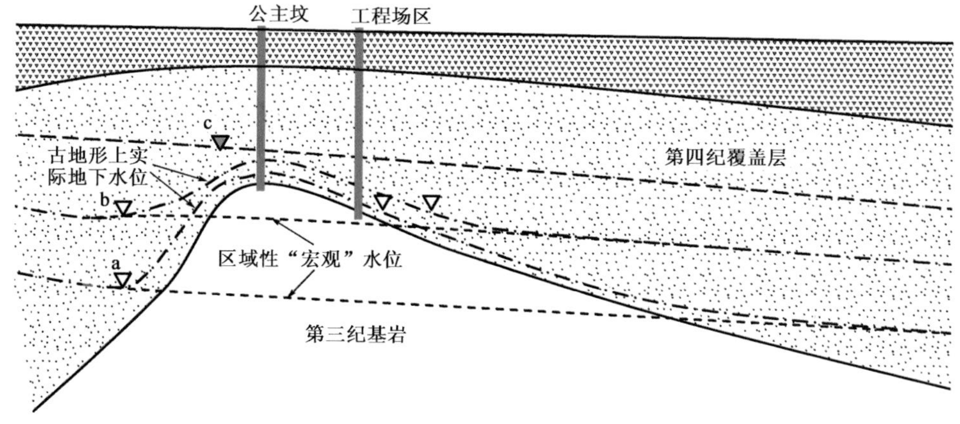

图 1-4-2 公主坟古地形对地下水位影响示意图

(2)随着区域性“宏观”地下水位升高，古地形隆起带水位虽然也相应上升，但升幅低于区域性“宏观”地下水位的升幅，如图 1-4-2 中“b”所示。

(3)区域性“宏观”地下水位继续上升，与隆起带地下水位差异逐渐减小，并在某一水位高度时趋于一致(此时，隆起带地下水位不受古地形控制，这一水位临界值称为“阈值”，如图 1-4-2中“c”所示的水位)，此后，区域地下水位(包括古地形隆起带)同步抬升。

地下水高水位时期(如 20 世纪 50 年代)，该层地下水主要以地下水侧向径流和大气降水入渗为主要补给方式，以地下水侧向径流为主要排泄方式；目前，该层地下水主要接受大气降水入渗和地下管道渗漏补给，以蒸发和地下水侧向径流为主要排泄方式。

白碓子以北已不属于公主坟地形隆起带的影响范围，潜水水位迅速下降至地面下 25～32m(自南向北逐渐降低)。

上层滞水一般仅局部分布，且水量较小。玉渊潭东湖附近由于卵石层中黏性土透镜体的存在，且接受东湖湖水下渗的补给，该位置上层滞水分布范围较大，水量也相对较大。

北京地铁 9 号线工程沿线地下水分布分述如下：

(1)丰台科技园站

该站位详勘阶段测量到一层地下水，地下水类型为潜水，含水层为卵石⑦层，水位埋深 28.56～28.80m，水位高程 19.23～19.36m，观测时间是 2006 年 12 月 1 日～3 日；该层水补给来源主要为大气降水和侧向径流补给，以侧向径流方式排泄。

(2)科怡路站

该站位详勘阶段实际测量到一层地下水，地下水类型为潜水，含水层为卵石⑦和⑨层，水位埋深 28.50～28.80m，水位高程 18.09～18.55m，观测时间是 2006 年 12 月 1 日～3 日；该层水补给来源主要为大气降水和侧向径流补给，以侧向径流方式排泄。

(3)丰台南路站

该站位详勘阶段实际测量到一层地下水，地下水类型为潜水，含水层为卵石⑦和⑨层，水位埋深 26.50～26.80m，水位高程 19.35～19.84m，观测时间是 2006 年 12 月 11 日～18 日；该层水补给来源主要为大气降水和侧向径流补给，以侧向径流方式排泄。

(4)丰台东大街站

该站位详勘阶段实际测量到一层地下水，地下水类型为潜水，含水层为卵石⑦和⑨层，水位埋深 27.30m，水位高程 19.00m，观测时间是 2007 年 11 月 20 日；该层水补给来源主要为大气降水和侧向径流补给，以侧向径流方式排泄。

(5)丰台北路站

该场地在详勘阶段实际测量到两层地下水，分别为上层滞水和潜水。

上层滞水的水位埋深 12.20m，水位高程 34.90m，观测时间是 2006 年 12 月，补给来源为华堂商场水源热泵回灌井，以蒸发和向下越流补给排泄，该层水的动态完全取决于水源热泵系统的运行时段，该层水分布仅限于华堂商场附近。

潜水的水位埋深 26.20～27.20m，水位高程 19.68～20.85m，含水层为卵石⑦和⑨层，观测时间是 2007 年 1 月，补给来源主要为大气降水、上层滞水越流补给和侧向径流补给，以侧向径流方式排泄为主，该层水的动态与北京市区域地下水动态密切相关。

(6)六里桥站

该站位详勘阶段实际测量到一层地下水，地下水类型为潜水，含水层为卵石⑦和⑨层，水位埋深 25.00～25.40m，水位高程 21.26～21.30m，观测时间是 2007 年 1 月 4 日～10 日；该层水补给来源主要为大气降水和侧向径流补给，以侧向径流方式排泄。

(7)太平桥站

该站位详勘阶段实际测量到一层地下水，地下水类型为潜水，含水层为卵石⑦和⑨层，水位埋深 26.50～26.80m，水位高程 19.35～19.84m，观测时间是 2006 年 12 月 11 日～18 日；该层水补给来源主要为大气降水和侧向径流补给，以侧向径流方式排泄。

(8)军事博物馆站

该站位勘探期间(2007 年 1 月上旬～3 月下旬)，于勘察深度范围内测到一层地下水，地下水类型为潜水，水位高程 40.15～41.77m(埋深 8.00～8.70m)，含水层为卵石、圆砾⑤层。

(9)白碓子站

该站位勘探期间(2006 年 12 月下旬～4 月上旬)，于勘察深度范围内测到一层地下水，地下水类型为潜水，水位高程 39.04～40.39m(埋深 12.20～13.60m)，含水层为卵石、圆砾⑤层。

(10)白石桥南站

该站位勘探期间(2007 年 1 月下旬～2 月上旬)，于勘察深度范围内测到一层地下水，地下水类型为潜水，水位高程 20.05～20.33m(埋深 32.20～32.50m)，含水层为卵石、圆砾⑦层。

4.2 地层富水性

根据图 1-4-1 及表 1-4-1 结合现场勘察情况，北京地铁 9 号线工程沿线所在场区下地层主要赋存一层潜水，含水层为砂卵石层。砂卵石层由于颗粒粗，空隙大，透水性较好，因此富水性较好。

根据现场钻探结果及已有工程经验，北京地铁 9 号线工程沿线所涉及的第三纪砾岩和泥岩节理裂隙不发育，且从区域地质构造来看，无大的构造通过，渗透性与富水性均较差，整体上可将其视为Ⅲb 亚区潜水含水层的下伏相对隔水层。

另外，在基岩以上还分布有黏性土层，黏性土层透水性和富水性均较差，也是天然的相对隔水层。

4.3 地下水的动态变化

北京地铁 9 号线工程沿线区域性潜水多年水位动态主要受人为因素的影响，即随着地下水开采量的增加，地下水位普遍下降，随着地下水开采量的减少，地下水位回升；官厅水库放水造成的地下水补给量的增加，在短时期内可控制地下水水位动态；同样，即将实现的“南水北调(中线)”工程也将通过减少地下水开采量或增加地下水补给量而对区域地下水水位动态产生重要影响。

从年动态上看，在目前区域水位较低时，对于位于古地形隆起带上的西客站—白碓子段上的潜水水位变化规律与季节性降水量变化规律基本一致：一般为 6～9 月水位较高，其他季节较低，水位年变幅一般为 1～2m；白碓子以北的潜水水位季节性变化规律：9 月至来年 1～2 月水位较高，其他月份水位较低，水位年变幅一般为 2～3m。

4.4 地下水的运移规律(补径排关系)

从宏观区域看,Ⅲb 亚区潜水的天然动态类型为渗入—径流型,主要接受大气降水入渗和侧向径流补给;地下水径流条件较好;人工开采和侧向径流是其主要排泄方式;受人工开采影响,多年来地下水水位变化较大。

对于受公主坟古地形隆起带影响的西客站—白碓子段,地下水高水位时期(如 20 世纪 50 年代),潜水主要以地下水侧向径流和大气降水入渗为主要补给方式,以地下水侧向径流为主要排泄方式;目前,该层地下水主要接受大气降水入渗和地下管道渗漏补给,以蒸发和地下水侧向径流为主要排泄方式。

上层滞水补径排关系复杂,规律性不明显,一般以大气降水入渗和地下管道渗漏为主要补给方式,以蒸发为主要排泄方式。玉渊潭东湖段上层滞水主要接受湖水的越流补给,通过侧向径流和少量下渗排泄。

4.5 地表水与地下水的水力联系

北京地铁 9 号线范围内及周边的地表水主要有莲花池、永定河引水渠、玉渊潭东湖、紫竹院湖及长河。

(1)以南的莲花池在 1993 年兴建西客站时已部分填埋,且根据多年的地下水观测资料,莲花池的地下水位远低于西客站以北地区同期观测水位,表明原莲花池地表水对西客站以北地区地下水无补给作用。

(2)根据相关资料,永定河引水渠渠底及侧壁均已进行衬砌,渠水与地下水水力联系微弱,其渗漏对施工影响较小。

(3)根据玉渊潭东湖的钻探成果及已有资料分析,湖底分布有厚 1.0～4.3m 的湖底淤积层,岩性以灰黑色—黑色的淤泥质黏土—有机质黏土为主,为良好的隔水层。另外,结合玉渊潭及周边工程的地下水观测资料,玉渊潭湖水对周边地下水有联系,但其范围及强度有限,主要影响到湖区及周边,范围更大区域则影响甚微。

玉渊潭湖水与周边地下水的水力联系表现为:

①根据前人研究资料,玉渊潭东湖的渗漏作用会使场区附近地下水水位升高 0.5～1.0m。

②根据玉渊潭管理处提供的相关资料,通过水均衡法和渗流理论法分别对玉渊潭地表水体对地下水的补给量进行计算,计算得出玉渊潭东湖对地下水的补给量为 0.38～0.44 万 m^3。综合地下水水位影响数据和地表水水量渗漏计算结果,玉渊潭东湖水体对地下水的补给作用较明显。

(4)紫竹院湖是永定河洪冲积扇前端的地下水溢出形成的,湖水与地下水的水力联系密切,长河为连接紫竹院湖及北护城河的水系(已进行衬砌),但因紫竹院湖及长河距离北京地铁 9 号线工程较远,且北段地下水位埋深较大,地铁结构均位于地下水位以上,地下水对地铁建设影响不大,故北京地铁 9 号线工程未对紫竹院湖及长河与地下水的水力联系进行深入研究。

参考文献

[1] 施仲衡.地下铁道设计与施工[M].西安:陕西科学技术出版社,2006.

[2] 何发亮,李苍松,陈成宗.隧道地质超前预报[M].成都:西南交通大学出版社,2006.

[3] 关宝树.隧道工程施工要点集[M].2版.北京:人民交通出版社,2011.

[4] 王梦恕.地下工程浅埋暗挖技术通论[M].合肥:安徽教育出版社,2004.

[5] 赵忠海.北京顺义区地质环境的主要特征及治理措施[J].北京地质,2003,15(1).

[6] 彭泽瑞,侯景岩,贺长俊.城市地铁隧道施工中砂土悬涌塌方机理分析[J].市政技术,2003,21(1).

[7] 孙强,李厚恩,秦四清,等.地下水引起的基坑破坏分析[J].岩土工程学报,2006,28(11).

[8] 乐贵平,苏艺.三论北京地区地铁施工用盾构机选型[J].都市地铁,2008,21(2).

[9] 乐贵平,赵宏伟,周秀普,等.穿越全断面砾石层的盾构施工[J].现代隧道技术,2001.

[10] 金淮,张建全,吴锋波,等.盾构下穿首都机场施工监测变形特性分析[J].都市快轨交通,2008(5).

[11] 刘永勤,高文新,庞炜.关于地铁工程环境调查的探讨[C]//中国城市规划协会.2007年全国城市勘测新技术研讨交流会.2007.

[12] 高文新,刘永勤,庞炜.天津市区影响超深基坑工程的地下水分布特征和水力特性[C]//中国城市规划协会.2007年全国城市勘测新技术研讨交流会.2007.

[13] 刘永勤.地铁基坑工程的风险特点及其控制措施[C]//第五届全国基坑工程学术讨论会.2008.

[14] 金淮,刘永勤,钟巧荣.中国地铁安全风险管理现状与展望[C]//中国建筑学会.全国建筑工程勘察科技情报网华北站2008年年会.2008.

[15] 刘永勤.地铁岩土工程勘察的特点[C]//.中国建筑学会工程勘察分会第八届年会.2008.

[16] 王曙光.深基坑支护事故处理经验录[M].北京:机械工业出版社,2005.

[17] 唐业清,李启明,崔江余.基坑工程事故分析与处理[M].北京:中国建筑工业出版社,1999.

[18] 钟世航.从地铁施工和设计的需要提出地质勘察的内容[C]//地下铁道新技术论文集.2003.

[19] 谢明.地铁地质设计及铁规范修订的建议[J].都市快轨交通,2005,18(2):55-59.

[20] 郑林春.地铁勘察中建(构)筑物调查的方法[J].科技传播,2009(12):46-47.

[21] 崔玖江.北京地铁新线工程概况暨建设特点、难点、管理要点[J].现代地铁,2004(1).

[22] 中华人民共和国国家标准.GB 50007—2002 建筑地基基础设计规范[S].北京:中国建筑工业出版社,2002.

[23] 中华人民共和国行业标准.TB 10012—2007 铁路工程地质勘察规范[S].北京:中国铁道出版社,2007.

[24] 中华人民共和国国家标准.GB 50021—2001 岩土工程勘察规范[S].北京:中国建筑

工业出版社,2002.

[25] 北京市规划委员会. DBJ 11-501—2009 北京地区建筑地基基础勘察设计规范[S]. 北京:中国计划出版社,2009.

[26] 中华人民共和国国家标准. GB 50307—1999 地下铁道、轻轨交通岩土工程勘察规范[S]. 北京:中国计划出版社,1999.

[27] 中华人民共和国行业标准. CJJ 56—1994 市政工程勘察规范[S]. 北京:中国计划出版社,1994.

第二篇

砂卵石及砾岩地层钻孔灌注桩成孔技术

第1章　概　　述

1.1　钻孔灌注桩成孔技术现状

目前在桩孔施工领域主要是采用冲击钻进工艺、回转钻进工艺和无循环钻进工艺。

冲击钻进是利用一定质量的冲击钻头在岩层中卵砾石、漂石层反复冲击，以打碎和挤动岩石、卵砾石、漂石，冲击过程中将大部分硬颗粒岩石挤入较软的地层中去，而另一部分悬浮在井底泥浆中，用抽筒或其他方法排至地面。由于这种方法有较大冲击力，所以钻进卵石层是非常有效的，在20世纪90年代以前应用很广，这种方法的缺点是排渣方法落后，对周围环境污染大，钻进效率较低。90年代以后，我国在原仿制的前苏联CZ-22、CZ-30冲击钻机的基础上改装了双绳连杆冲击，中心管排渣的冲击反循环钻机，新开发了连杆双绳冲击、卷扬冲击两种功能的中心管排渣的CJF-15型冲击反循环钻机，研制了YCZF-20、YCZF-25液压油缸双绳冲击、冲击频率和行程可调节的冲击反循环钻机，其冲锤质量最大可达8t，它既保持冲击功能又能边冲击边通过反循环排渣，提高了钻孔速度，成本低。其缺点是成孔不规范，扩孔率大，锤头质量大虽可提高钻进效率，但冲击钻进时的振动对周边建筑物有影响，护壁措施不当时易引起塌孔。

回转钻进法钻孔实际上是用转盘钻机或动力头钻机带动钻杆和钻头回转钻进，用机械方法进行破碎岩石，泥浆固壁，正循环或反循环排渣，机械化程度高，生产安全，施工周期短，能克服各种复杂地层，同时具有造价低等特点。

我国的回转钻进法从20世纪80年代起有了广泛的应用和发展。泥浆介质从钻杆与孔壁间流到孔底，携带岩屑的泥浆经钻杆中心孔流到地面的钻进方法，称为反循环钻进；泥浆介质经钻杆内孔送入钻孔底，携带岩屑沿钻杆外与孔壁的环状空间返回地面上的钻进方法，称为正循环钻进。反循环钻进的液(气)流上返速度高(大于2m/s)，携带岩粉能力强，孔底被破碎的岩渣可以及时排出并迅速返到地表，适用于大口径钻进。我国从60年代初开始反循环钻进技术的研究，冶金勘察系统在60年代末开始研制反循环钻机；70年代初，采用泵吸反循环钻进和自行研究成的悬挂风管式气举反循环钻进，在生产中取得了良好效果。我国目前按排渣介质循环的方法将回转钻进法分为泵吸、气举、射流和泵压反循环钻进四种基本类型。

无循环施工工艺在发达国家已经得到了普遍的应用。大口径无循环工艺采用无水循环施工方式钻进排渣，旋挖钻机自带行走履带机构和底盘的大功率(125～448kW)钻机，以柴油机为动力，全液压驱动，履带行走，具有施工效率高、多种速度调节、电子自动监控、水污染小等特点，克服了以往水循环钻进的不足，是我国目前桩孔基础施工的发展方向。

在我国，旋挖钻机自20世纪80年代引入我国以来，已有近三十年的历史。先后有多家工厂与海外公司合作生产旋挖钻机，北京城建工程机械厂、徐工集团、哈尔滨四海公司、北京巨力公司也仿造生产过旋挖钻机。2001年青藏铁路格尔木—拉萨段开工后，只有旋挖钻机和无循环钻进工艺才能满足特殊的工作环境、地质状况和严格的环保要求。2001～2003年，共有100多台旋挖钻机在累计超过150km长的桥梁基础工程中采用无循环钻进工艺，施工桩孔40000多个，开创了同一工地大规模使用无循环钻进工艺的先河，也使国内桩孔施工领域体现了无循环钻进工艺的环保施工、高效率钻进的优势。2003年后，国内厂家开始大规模生产旋挖钻机，并逐渐替代进口钻机。国内的高速铁路、高速公路、城市轨道交通建设等大型重点工程基础桩孔，除一些复杂特殊地层外，都采用无循环钻进工艺钻进。

1.2 9号线明挖基坑工程概况

北京地铁9号线丰台科技园站、科怡路站、丰台南路站、丰台北路站、六里桥站及部分明挖区间和盾构工作井均采用明挖法施工，丰台北路站车站主体采用装配式铺盖法施工，基坑支护采用“护坡桩＋内支撑”支护或“护坡桩＋锚杆”支护。表2-1-1是9号线钻孔灌注桩设计参数汇总。

9号线明挖基坑护坡桩参数 表2-1-1

<table>
<tr><th>车　站</th><th>工程部位</th><th>桩径(mm)</th><th>桩长(m)</th><th>桩数(根)</th><th>护坡桩穿越地层情况</th></tr>
<tr><td rowspan="3">丰台科技园站</td><td>车站主体</td><td>1000</td><td>18.28</td><td rowspan="2">223</td><td rowspan="3">填土①层、粉土②层、粉细砂层、砂砾卵石层，砂砾卵石层，大部分粒径为300mm，最大粒径为650mm</td></tr>
<tr><td>盾构井</td><td>1000</td><td>20.12</td></tr>
<tr><td>车站附属</td><td>1000</td><td>16.0</td><td>336</td></tr>
<tr><td rowspan="5">科怡路站</td><td>车站主体</td><td>1000</td><td>17.37</td><td>144</td><td rowspan="5">填土①层、粉土②层、圆砾②$_5$(最大粒径不小于200mm，一般粒径5～20mm)、卵石⑤层(中粗砂充填，最大粒径不小于300mm，一般粒径20～80mm)、卵石⑦层(最大粒径不小于230mm，一般粒径30～80mm)、卵石⑨层(最大粒径不小于280mm，一般粒径30～80mm，大中粗砂填充)</td></tr>
<tr><td>盾构井</td><td>1000</td><td>19.79</td><td>76</td></tr>
<tr><td rowspan="3">车站附属</td><td>600</td><td>6.86～15.91</td><td rowspan="3">405</td></tr>
<tr><td>800</td><td>5.31～14.61</td></tr>
<tr><td>1000</td><td>14.76～20.46</td></tr>
<tr><td rowspan="3">丰台南路站</td><td>车站标准段</td><td>1000</td><td>13、15(从地表下7.5m施工)/19.8</td><td>259</td><td rowspan="3">填土①层、粉土②层、中粗砂层、圆砾层②$_5$(最大粒径不小于230mm，一般粒径5～8mm，细中砂充填)、卵石⑤层(最大粒径不小于350mm，一般粒径20～80mm，中粗砂充填)、卵石⑦层(最大粒径不小于230mm，一般粒径30～80mm，中粗砂充填)、粉质黏土⑥层、卵石⑨层(最大粒径不小于350mm，一般粒径50～80mm，中粗砂填充)</td></tr>
<tr><td>盾构井</td><td>1000</td><td>22.0/22.7</td><td>73</td></tr>
<tr><td>预留工程</td><td>1000</td><td>29.57</td><td>115</td></tr>
</table>

续上表

车　站	工程部位	桩径(mm)	桩长(m)	桩数(根)	护坡桩穿越地层情况
丰台北路站	车站主体	1000	22.5～25.0	281	填土①层、粉土②层、圆砾卵石⑤层(一般粒径 20～80mm,最大粒径不小于 420mm,中粗砂),卵石层⑦层(一般粒径 30～80mm,最大粒径约 650mm,中粗砂冲填),卵石⑨层(一般粒径 30～80mm,最大粒径不小于 650mm,中粗砂填充)
	盾构井	1000	25.0		
	车站附属	800	7.2～19.1	331	
丰台东大街站	车站主体	1000	20.64～21.22	445	填土①层、粉土②层、圆砾卵石⑤层,粉质黏土⑥层,卵石⑦层、卵石⑨层。车站主体结构施工范围内砂卵石呈层状分布,且粒径大、含量多、埋深浅、厚度大、局部有大粒径漂石的特点。挖深 12m 处卵石粒径较大,为 400mm 左右;挖深 13m 处卵石粒径为 300mm 左右;挖深 14m 处卵石粒径为 250mm 左右;挖深 12～14m 间为砂砾层,遇到的最大粒径不小于 650mm。14m 处及以下每米超过 300mm 粒径的卵石有 3～4 个
	盾构井	1000	23.29～23.96		
	车站附属	600/1100			
丰一六区间		1000	22.8～24.0	144	杂填土层①、圆砾②层、卵石⑤层和卵石⑦层,卵石粒径 140～840mm
六里桥车站	九号线站	800	20.9～24.7	395	
	十号线站	1000	28.7～30.5	189	
	换乘厅	800	19.5～26.5	108	
六一太区间		800	20.3～21.6	408	
军事博物馆站—东钓鱼台站区间	世纪坛盾构井	1000	21～33.8	89	杂填土①层、粉土③层、细砂④层、卵石圆砾⑤层、强风化砾岩层,砂卵石地层和砾岩地层中含有大量的大粒径卵石和漂石,最大粒径达 1.0m 以上,漂石强度较高,可见漂石已测出强度 124～187MPa
东钓鱼台站	车站主体	1000	29～30.5	251	
	附属结构	1000	25	152	
	附属结构	800	15	68	
	附属结构	1000	10～16	58	
东钓鱼台站—白石桥南站区间	盾构始发井	1000	21～33.8	44	
	盾构接收井	1000	33.4	44	
白石桥南站	车站主体	1000	20～30.5	374	
	附属结构	600	15.5	120	
郭公庄站车	车站主体	1000	20.5/20.8/23.9	370	粉土填土①层、粉土②层、圆砾②$_5$ 层、卵石⑤层(最大粒径不小于 250mm,一般粒径 20～80mm,粒径大于 20mm 颗粒含量约为总质量的 80%～90%,中粗砂充填)、粉质黏土⑤$_4$ 层、卵石⑦层
	折返线	1000	21.7/31.0/26.5/24/22		

1.3　9号线钻孔灌注桩施工的主要技术难题

北京地铁9号线位于北京市城区西部，呈南北走向，沿线周边环境复杂，明挖基坑周边房屋、道路桥梁和市政管线众多，基坑开挖深度范围内存在深厚的砂卵石及砾岩地层，施工条件极其复杂。

9号线全线位于永定河冲洪积扇的中上部，线路所穿越的地层在西客站以南部分以卵石地层为主，西客站以北部分以第三系砾岩和卵石层为主。沿线砂卵石地层卵石含量高(粒径大于20mm颗粒含量为50%～80%)、级配差，经常夹杂大粒径的卵石和漂石(目前揭示卵石最大粒径达到800mm、漂石的最大粒径达到1.7m，见图2-1-1～图2-1-3)，卵石以坚硬岩为主(卵石最大单轴抗压强度值为187 MPa)；结构松散、无胶结，对施工扰动反应灵敏，是一种典型的力学结构不稳定地层。砾岩层岩面起伏较大，风化程度为强风化～中风化，松散胶结；砾岩成分主要为花岗岩、石英岩等，最大单轴抗压强度值为165MPa，最大粒径不小于150mm，局部夹砂岩(泥岩)薄层，易崩解破碎，耐久性和水稳性极差。支护桩穿越深厚砂卵石地层及砾岩地层，钻进效率低、成孔困难，主要表现为孔壁不稳定，易漏浆垮孔，碎岩及排渣困难等方面，必须对施工设备、机具及工艺进行优化选型和技术改进。

图2-1-1　丰台科技园站1号探井挖出的卵石

图2-1-2　丰台南路站探井挖出的卵石

9号线灌注桩施工过程中遇到的技术难题如下。

(1)砂卵石及砾岩地层成孔方法及施工设备的选择

砂卵石地层中钻孔灌注桩成孔是明挖基坑围护施工成败的关键，直接牵涉成本、工期及安

图 2-1-3　六里桥站基坑挖出的卵石

全质量。选择正确的钻进方法和适宜的机型、机具，并采用合理的施工参数、工艺措施，是实现正常钻进的保障。为了最大限度地规避钻孔灌注桩的施工风险，应对钻进方法、施工设备与地层和工程环境的适应性进行合理性的评估，对施工工艺、机具进行优化和技术改进。

（2）机具磨损及耐久性技术问题

在砂卵石及砾岩地层施工，机具的磨损是不可避免的，但如何控制机具的非正常磨损，尤其是非正常损坏，减少更换钻头次数，提高钻进效率，降低施工成本是砂卵石地层及砾岩地层钻进的主要难题之一。在砂卵石地层及砾岩地层中，钻孔施工在以下 3 种情况下有较强的操作性：①卵石粒径小但强度高（直接取出）；②卵石粒径大但强度低（挤压改小后取出）；③卵石粒径小且强度低（直接取出）。当卵石粒径大且强度高时，由于卵石既难以改小又无法直接取出，导致钻孔难度增加，钻具磨损严重，更换频繁。图 2-1-4 为旋挖施工中钻头出现的磨损情况。

a）子弹头截齿磨损情况

b）铲式斗齿磨损情况

c）螺旋钻头子弹头截齿磨损情况

图 2-1-4　旋挖钻头的磨损情况

图 2-1-5 六里桥站冲抓斗锥瓣损坏情况

采用全套管钻进时，当遇到卵石地层，进尺速度明显下降，表现为套管扭矩明显加大，造成管外壁与驱动齿轮间套管在强大的咬合力下被拉出深槽，套管下压难度加大，管底环刀及管壁上附加的耐磨条磨损严重，冲抓斗的锥瓣在冲击作用下损毁。因环刀、锥瓣属于贵重部件，耐磨条修复费用高，造成施工成本增加。图 2-1-5 是六里桥站冲抓斗锥瓣损坏情况。

(3)孔壁稳定性

9 号线工程砂卵石地层结构松散、无胶结，对施工扰动反应灵敏，是一种典型的力学结构不稳定地层，在此地层钻进，保持孔壁稳定是重要技术课题之一。在砂卵石地层中组织钻孔施工，存在的主要技术难题为：①地层的渗透系数大导致泥浆液面难以保持，无法平衡地层压力，力学上难以满足孔壁稳定要求；②孔壁难以形成光滑结实的泥皮，地层受到扰动后极易塌方造成塌孔；③孔径超径现象严重，导致混凝土灌注量大，增加施工成本。

(4)大块孤、漂石的处理

由于孤石、漂石的埋藏分布及大小是随机的，很难通过地质钻完全探明其分布情况，故给钻孔灌注桩施工造成较大困难。由于钻孔灌注桩直径一般在 1.0m 以下，当孤石处于直径范围内，旋挖和全套管钻均无法钻进，导致钻头磨损严重；如成为探头孤石时，会导致钻孔偏斜，钻齿蹦断，钻具卡死，套管扭矩增大无法下压，冲抓锥瓣损坏，此种情况下必须配合其他方法处理或人工清除。

(5)成桩精度控制难度大

北京地铁明挖基坑工程一般没有施工肥槽，结构采用以桩代模反贴防水施工法，因此对支护桩施工精度要求非常高，垂直度为 0.5%。如成桩垂直度达不到要求或成桩的外形尺寸很不规则，桩内钢筋位移较大，开挖基坑后，将有很多桩身部位侵入结构内，二次剔凿的量很大，剔凿时有可能外露桩身钢筋，影响围护桩质量。

1.4 9 号线钻孔灌注桩施工方法选型情况

目前针对卵石地层的成孔方法有干法成孔和湿法成孔。干法成孔主要使用全套管全回转、全套管高频振动取土灌注桩、长螺旋、人工挖孔；湿法成孔主要使用正循环回转钻机、乌卡斯冲击钻、旋挖钻机、冲抓法、冲击反循环。理论上讲，上述方法均可在砂卵石地层中使用，但必须根据地层、施工环境条件对施工设备、机具及工艺进行优化选型和技术改进，才能达到安全、经济、高效的目标。表 2-1-2 是国内主要成孔工艺比较。

北京地铁 9 号线各标段施工单位，根据围护结构、地层条件、周边环境条件和工期要求，通过成孔工艺的比选分析和现场试验均选择出了合理的工艺方法，在实际施工中也取得了良好的效果，主要包括旋挖、全套管，个别标段也选取了乌卡斯冲击钻和人工挖孔辅助成孔工艺，具

体选型情况见表 2-1-3。

国内主要成孔工艺比较　　表 2-1-2

序号	工　艺	钻进困难程度	安全风险	设备资源	工效	塌孔	漏浆	噪声	泥浆污染
1	高频液压振动取土成孔	较小	较小	3 台	高	无	无	较小	无
2	全套管全回转法	较小	较小	2 台	高	无	无	较小	无
3	MZ 系列摇动式全套管钻机	较小	较小	近 30 台	高	无	无	较小	无
4	冲抓法成孔	较大	一般	多于 500 台	低	较小	一般	一般	有
5	旋挖钻机成孔	一般	一般	多于 800 台	一般	较小	一般	一般	有
6	长螺旋钻机成孔	较小	一般	多于 500 台	一般	较小	一般	一般	有
7	正循环回转钻机	较大	一般	多于 500 台	较低	一般	一般	较小	有
8	乌卡斯冲击钻	较大	一般	多于 800 台	一般	一般	一般	较大	有
9	冲击反循环	较大	一般	多于 800 台	低	较小	一般	较大	有
10	人工挖孔	较小	较大	人力资源丰富	高	较小	无	无	无

9 号线钻孔灌注桩成孔方法选型一览表　　表 2-1-3

车　站	成 孔 方 法	施 工 设 备	
		型号	数量(台)
丰台科技园车站	旋挖钻	经纬巨力 ZY200B	2
		中联 ZR220A	2
科怡路站	旋挖钻	辰龙 CHL220	2
丰台南路站	旋挖钻	辰龙 CHL221	3
丰台北路站	全套管	MZ-3	3
丰台东大街站	全套管钻机	MT150	3
丰—六区间	旋挖钻机	宝峨 BG25	2
六里桥车站	冲击钻	XINZUN-5	7
	全套管钻机	RT-200	6
六—太区间	旋挖钻机	宝峨 BG25	4
军事博物馆站—东钓鱼台站区间	冲击钻	CZ-6A	4
东钓鱼台站	全套管冲抓钻机	MZ100	3
东钓鱼台站—白石桥南站区间	全套管冲抓钻机	MZ100	1
白石桥南站	旋挖钻	宝峨 BG18-22	4
郭公庄站	旋挖钻	CAT-TR180D	2

第 2 章　砂卵石地层旋挖钻机钻进成孔技术

2.1　旋挖钻机选型

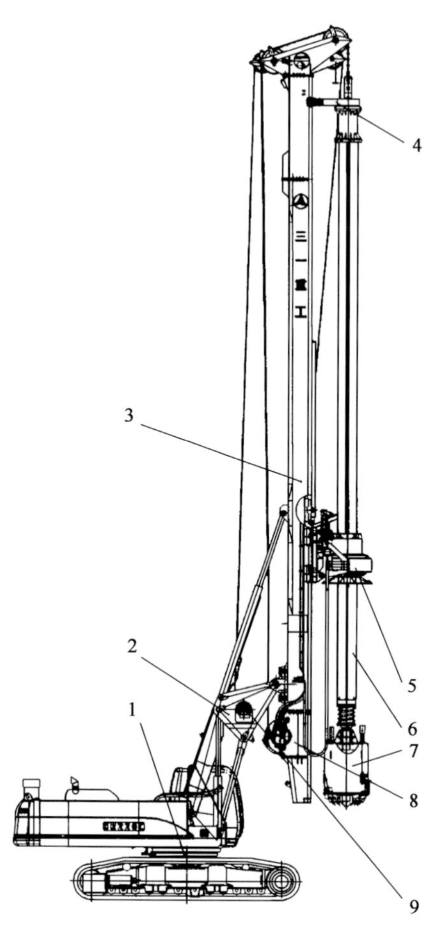

图 2-2-1　旋挖钻机结构

1-底盘；2-变幅机构；3-桅杆总成；4-随动架；5-动力头；6-钻杆；7-钻具；8-主卷扬；9-辅卷扬

2.1.1　工作原理

旋挖钻机借助动力头的转动带动钻杆旋转，利用钻杆压力和钻头重量，使钻头钻齿切入地层中，并旋转切削挖掘土层，切削挖掘下来的土渣进入钻头内，装满后关闭钻头并将其提出孔外卸土，如此循环形成桩孔。一般为静态泥浆护壁，在特殊情况下也采用全套管护壁。

旋挖钻机的结构主要包括底盘和工作装置两大部分，底盘形式有履带式和汽车底盘式两种规格。旋挖钻机的工作装置主要包括变幅机构、桅杆、主卷扬、辅卷扬、动力头、随动架、加压装置、钻杆、钻具等。旋挖钻机采用了平行四边形变幅机构自行起落折叠式桅杆，自动控制监测主机功率、回转定位及安全保护，自动检测、调整钻杆的垂直度，钻孔深度预置和监测等新技术。整机操纵上采用先导控制、负荷传感，最大限度地提高了操作的方便性、灵敏性和安全舒适性，彩色显示屏直观显示工作状态参数，充分实现了人、机、液、电一体化。图 2-2-1 是旋挖钻机结构图。

2.1.2　机型选择

一般情况下，对于细颗粒地层，选择旋挖钻机机型主要考虑桩径和桩长两个因素，可依照

表 2-2-1、表 2-2-2 钻机性能参数表进行选择，在多款机型都能满足工程使用要求时，尽量选择输出扭矩低的机型以节约机械费。比如，某厂房工程中的桩基础桩径为 800～1200mm，孔深在 42m，穿越地层主要为粉土、粉质黏土和细砂层，依照钻机性能参数表可以选择 SR200 或 SH180 型钻机进行施工。如果桩径为 1200～1800mm，或是孔深需要在 55～60m 时，则可以选择 SR220C 或是 SH250 型钻机。

对于砂卵石地层，选择旋挖钻机机型除了考虑桩径和桩长两个因素外，卵石的粒径也是十分重要的指标。如科怡路站基坑围护桩主要采用宝娥 BG20 型以及辰龙 CHL220 型两台中型钻机进行施工，在成孔过程中扭矩较小的 BG20 型钻机（最大输出扭矩 191kN · m）与扭矩较大的 CHL220 型（最大输出扭矩 220kN · m）相比钻进效率低，成孔时间平均延长 3～5h。此外，在卵石粒径较大的地层范围钻进效率低，成孔时间的延长增加了漏浆、沉渣过多以及塌孔的风险。

丰台科技园站初期的一、二阶段地质情况基本相同，地层为砂层及砂砾石层，选用机械北京经纬巨力工程机械有限公司 ZY200B 型钻机。从钻进情况上来看，前 10m 钻进速度较快，进入 10～16m 后地层应为砂卵石层，钻进较为困难，卵石最大粒径约为 140mm（每次钻渣有 2～7 块），进入 16m 后卵石最大粒径大于 220mm（每次钻渣有 1～5 块），钻进更为困难，进入 18m 后卵石层最大粒径为 400mm，普通钻斗很难钻进，必须交替使用螺旋钻头与普通钻斗才能实现进尺，平均每根桩需进行一次旋挖钻头检修，更换旋挖钻头齿两个。从整体施工进度来看，平均每天施工桩基两根，施工速度较慢。三阶段增加中联 ZR220A 旋挖钻机，该旋挖钻机动力头最大扭矩为 220kN · m，最大钻孔深度 60m，最大钻孔直径 2.2m，由于动力较 ZY200B 型旋挖钻机较大，因此钻进速度较快，同时更换螺旋钻头高度调整为地面下 20m，部分桩基甚至可以不用更换螺旋钻头直接钻至设计高程。从整体施工进度来看，中联 ZR220A 旋挖钻机具有较大优势，平均每天施工桩基 3 根以上。

9 号线钻孔桩施工实践证明，砂卵石地层中粒径大于 100mm 的卵石含量不超过 20%时，旋挖钻机能够成功进行钻进。当存在少量粒径为 300～400mm 的大块漂石时，由于大块卵石普遍为扁平、细长状，也可以用旋挖钻斗直接取出，漂石密度较大时，换螺旋钻头会破碎部分扁平漂石，破碎后再用普通钻斗取出，但此时旋挖钻机动力头最大扭矩对施工进度起着重要作用，选用动力头最大扭矩 220kN · m 以上的旋挖机械才能达到满意的施工效率，丰台南路站就直接选用两台辰龙 CHL220 型钻机进行车站主体围护桩施工，工期和质量均得到了保证。

150 型旋挖钻机主要性能参数 表 2-2-1

生产商 项目	北京 SANY	意大利 CMV	德国 BG	经纬巨力	徐州东明	宇通重工
型号	SR150	TH14	BG15V	ZY-120	TRM120	YTR150
动力头最大扭矩（kN · m）	150	140	147	120	140	156
最大钻进深度（m）	38	47.5	51	48	46	48
最大钻孔直径（mm）	1500	1500	1800	1900	1500	1800
钻进转速（r/min）	7～35	9～22	0～35	0～22	6～23	8～32

续上表

项目 \ 生产商	北京 SANY	意大利 CMV	德国 BG	经纬巨力	徐州东明	宇通重工
主卷扬单绳最大拉力(kN)	154	160	130	150	150	135
动力头加压方式	油缸加压	油缸加压	油缸加压	油缸加压	油缸加压	油缸加压
加压油缸拉、压力(kN)	160/130	125/150	250/200	100/200	160/140	136/123
加压油缸行程(mm)	4500	5000	5600	5100		5000
履带板宽度(mm)	600	600	800		700	800
桅杆高度(mm)	14400		20200		14500	
桅杆倾角	前倾:5° 后倾:15° 左右倾:3°		前倾:5° 后倾:13.5° 左右倾:3°	前倾: 后倾:15° 左右倾:4°	前倾:5° 后倾: 左右倾:5°	前倾:5° 后倾: 左右倾:6°
钻机质量(t)	36	38	55	50(不带钻杆)	45	50

200 型旋挖钻机主要性能参数 表 2-2-2

项目 \ 生产商	北京 SANY	意大利 CMV	德国 BG	意大利 IMT	徐州东明	山河智能
型号	SR200	TH18	BG18H(20)	IMTAF-180C	TRM160	SWDM16
动力头最大扭矩(kN·m)	200	184	208 双动力头	205	180	160
最大钻进深度(m)	48	60	50	58	60	55
最大钻孔直径(mm)	1800	2000	2000	1800	1800	1800
钻进转速(r/min)	6～25	22	0～35	7～26	7～25	6～32
主卷扬单绳最大拉力(kN)	140	176	170	180	180	170
动力头加压方式	油缸加压	油缸加压	油缸加压	油缸加压	油缸加压	油缸加压
加压油缸拉、压力(kN)	160/140	220/180	250/200	220/180	180/160	210/185
加压油缸行程(mm)	4500	5000	5600	5000		5000
履带板宽度(mm)	700	800	700	800	700	700
桅杆高度(mm)	17700	18550	21000	16795	16890	
桅杆倾角	前倾:5° 后倾:15° 左右倾:3°		前倾:5° 后倾:15° 左右倾:5°		前倾:5° 后倾:15° 左右倾:5°	前倾:5° 后倾:15° 左右倾:5°
钻机质量(t)	55	60	67	54	60	57

2.1.3 钻杆类型及选择

根据钻进加压方式不同，钻杆分为三种类型：摩擦加压钻杆、机锁钻杆和机锁摩擦混合钻杆。

摩擦加压钻杆一般用于较软地层的钻孔施工，可钻进淤泥层、泥土、砂层、卵（漂）石层。摩擦式钻杆一般制成5节，1～4节杆每节钢管长13m，钻孔深度可达60m左右，摩擦式钻杆结构如图2-2-2所示。

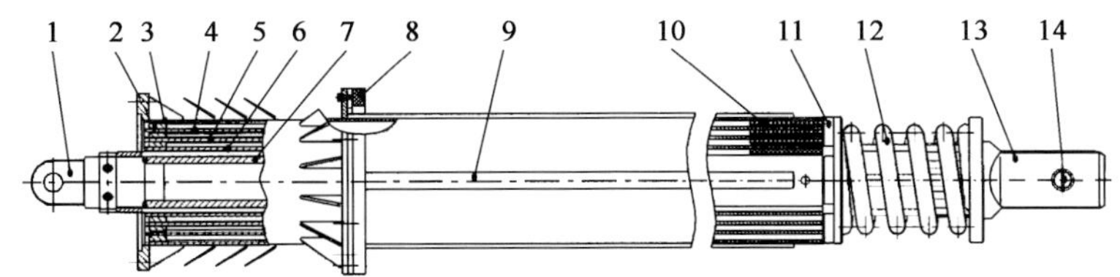

图2-2-2　摩擦式钻杆结构

1-扁头；2-杆挡环；3-第一节钻杆；4-第二节钻杆；5-第三节钻杆；6-第四节钻杆；7-第五节钻杆；8-减振器总成；9-一杆外键；10-杆内键；11-弹簧座（托盘）；12-钻杆弹簧；13-方头；14-销轴

机锁式钻杆分固定点分段加压式和多点连续加压式，如图2-2-3和图2-2-4所示。机锁式钻杆不但可用于软地层，也可用于较硬地层施工，可钻进淤泥层、黏性土、粉土、砂层、卵（漂）石层和强风化岩层。机锁式钻杆一般制成4节，1～3节杆每节钢管长13m，钻孔深度可达50m左右。

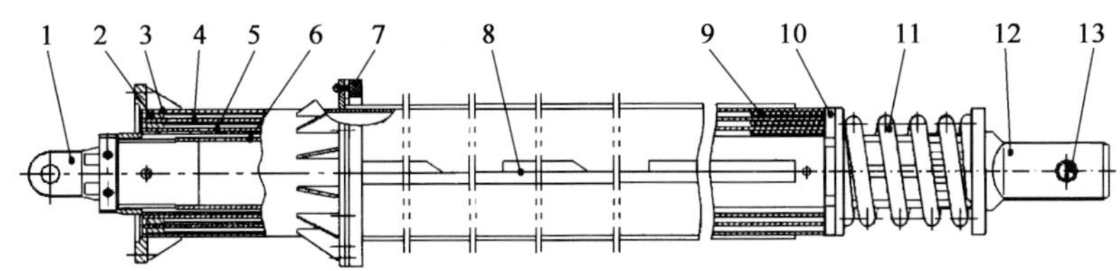

图2-2-3　固定点分段加压式钻杆结构

1-扁头；2-杆挡环；3-第一节钻杆；4-第二节钻杆；5-第三节钻杆；6-第四节钻杆；7-减振器总成；8-杆外键；9-一杆内键；10-弹簧座（托盘）；11-钻杆弹簧；12-方头；13-销轴

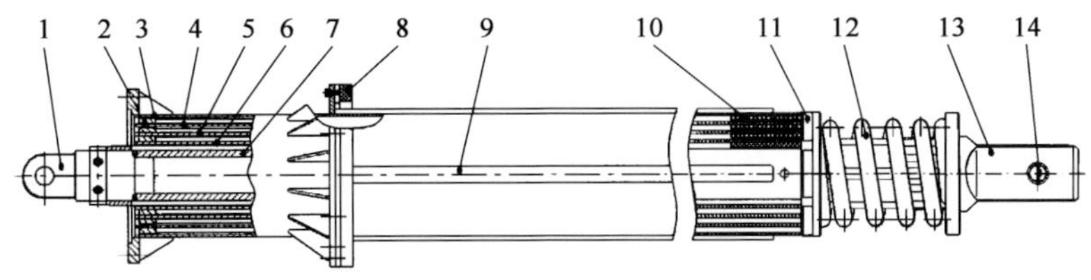

图2-2-4　多点连续加压式钻杆结构

1-扁头；2-杆挡环；3-第一节钻杆；4-第二节钻杆；5-第三节钻杆；6-第四节钻杆；7-第五节钻杆；8-减振器总成；9-一杆外键；10-杆内键；11-弹簧座（托盘）；12-钻杆弹簧；13-方头；14-销轴

组合式钻杆是近年来出现的一种机锁杆和摩擦杆组合在一起的钻杆，其结构如图2-2-5所示，其中1、2、3节杆为机锁杆，4、5节杆为摩擦杆。组合式钻杆在孔深小于30m范围可钻较硬地层，在孔深30～60m范围可用于软地层钻孔施工，该钻杆特别适用于上硬下软较深桩孔的钻孔施工。

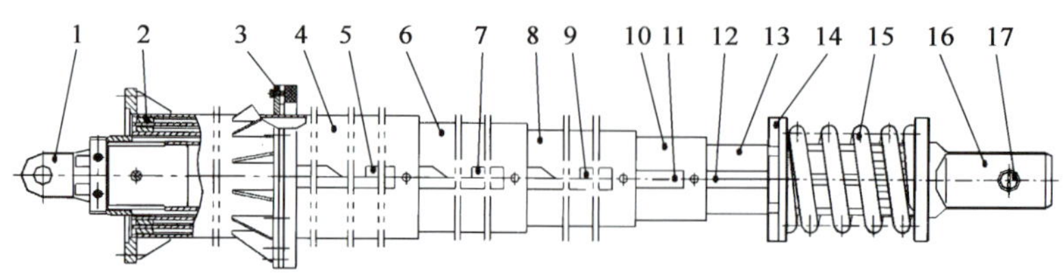

图 2-2-5　组合加压式钻杆结构

1-扁头；2-杆挡环；3-减振器总成；4-第一节钻杆（机锁）；5-一杆外键；6-第二节钻杆（机锁）；7-二杆外键；8-第三节钻杆（机锁）；9-三杆外键；10-第四节钻杆（摩擦）；11-四杆外键；12-五杆外键；13-第五节钻杆（摩擦）；14-弹簧座（托盘）；15-钻杆弹簧；16-方头；17-销轴

2.2　钻具类型及选择

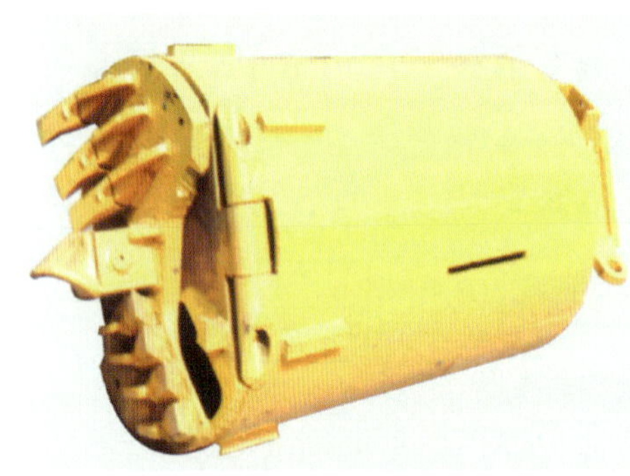

图 2-2-6　土层斗齿旋挖钻斗

旋挖钻机配套有短螺旋钻头、普通钻斗、捞沙钻斗、岩心钻筒等钻具，可适应于包括钻进黏土层、砂砾层、卵石层和中风化泥岩等不同地层。

2.2.1　钻斗的类型

旋挖钻斗的按钻进地层不同分为：土层旋挖斗、岩层旋挖斗、卵砾石层旋挖斗三种，如图 2-2-6～图 2-2-8所示。按底盘结构分为单层盘和双层盘两种，按进土口分为单开口和双开口两种，按筒的外形又分直筒和锥筒两种，按底盘开合杆形式分为机动、手动、机手一体三种形式。

图 2-2-7　岩层旋挖钻斗

图 2-2-8　卵石层旋挖钻斗

钻机的动力转变为施工所需的钻进压力和扭矩，而传输过程中的压力和扭矩的利用率则取决于钻杆和钻斗，钻斗的关键参数是斗齿刃前角。钻进效果可用表 2-2-3 数据进行分析，对于相同的地层使用同一钻进扭矩，不同的斗齿刃前角度，钻进效率不同。因此，只有选择合适

的刃前角，才能提高进尺效率。大量的试验证明，对于硬度较小的第四地层、强风化层和少冰冻土层，钻比较松软的地层时斗齿刃前角应稍大些，选取 45°～60°为宜，钻比较硬的地层时斗齿刃前角应稍小些，选取 25°～35°为宜。

斗齿刃前角与钻斗钻进量的关系　　表 2-2-3

斗齿刃前角(°)	钻杆扭矩(kN·m)	进尺(m/10min)			
		少冰冻土	泥岩	黏土	砂土
30	180	0.4	0.55	0.45	0.55
	120	0.4	0.5	0.4	0.5
	100	0.3	0.4	0.3	0.4
45	180	0.7	0.65	0.6	0.7
	120	0.6	0.6	0.5	0.65
	100	0.5	0.5	0.4	0.65
60	180	0.5	0.5	0.5	0.6
	120	0.5	0.4	0.5	0.5
	100	0.4	0.3	0.4	0.5

2.2.2　短螺旋钻头类型

短螺旋钻头按钻进地层不同分为钻进土层的短螺旋钻头、钻进岩层的短螺旋钻头，以及专门适应于冻土层的异型特种钻头三类，如图 2-2-9～图 2-2-11 所示。按钻头螺片结构分有单头和双头，直螺和锥螺。短螺旋钻头，在钻进砂层、基岩、冻土层具有较明显优势，不需要泥浆护壁，钻进速度快，在水位较低的土层与旋挖钻斗具有一定的互换性。

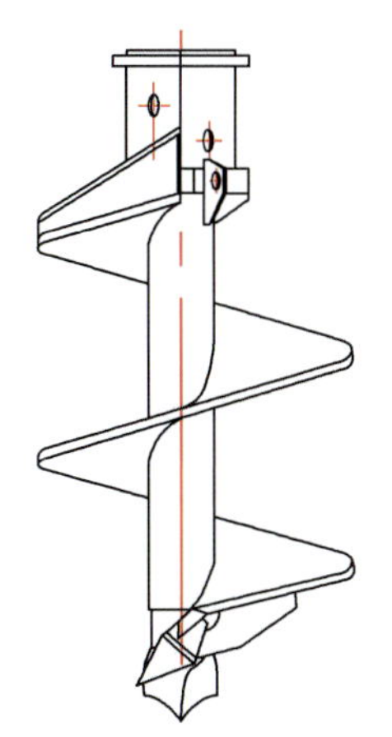

图 2-2-9　土层螺旋钻头

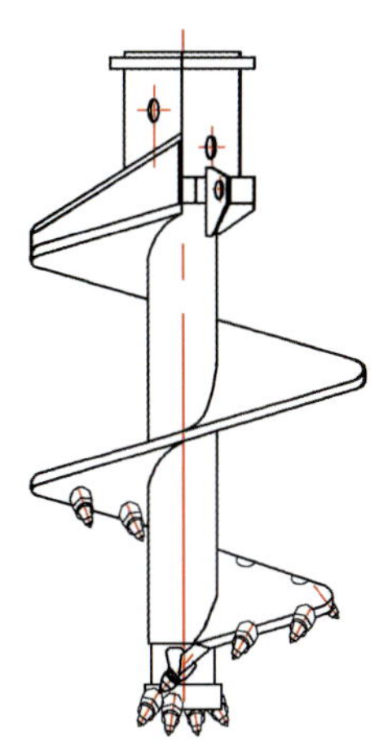

图 2-2-10　岩层螺旋钻头

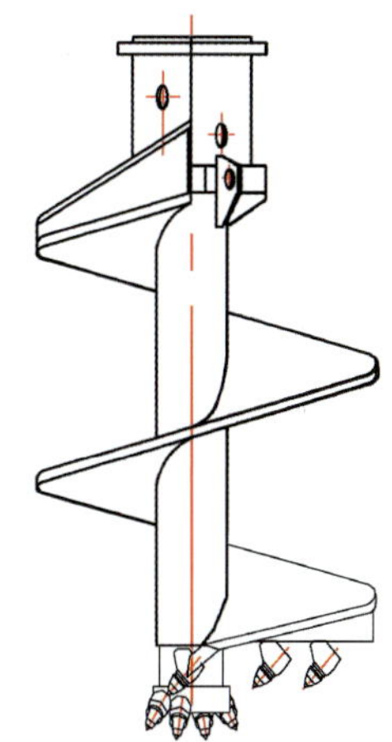

图 2-2-11　冻土层螺旋钻头

2.2.3　筒钻

筒钻头(图 2-2-12)是专门应用于各类岩石钻进的专用钻头，如强风化、中风化和微风化花岗岩、泥灰岩、砂岩、石灰岩等地层。由于这类地层强度高、硬度大，常规的旋挖钻斗和螺旋钻头钻进这类地层需要全面破碎，钻进效率低，钻头磨损快，钻头消耗量大。而采用环状钻头钻

图 2-2-12 筒钻

进，不需要全面破碎，只需进行环状切削破碎，钻进速度快、成本低，已成为钻进岩石的主要方式之一。当钻进遇到岩石地层时，首先用环状钻头进行环状切割，钻进 1.0m 左右提钻，如果岩石裂隙发育强，可以将进入钻头内的大岩心柱拔断提出钻孔，然后继续钻进。如果岩石完整，不能提出岩心，可以更换螺旋钻头进行破碎，由于此时的岩心柱没有围岩保护，比较容易将其破碎成较小的岩屑，再更换旋挖钻斗将碎岩屑全部清理出孔底。

2.2.4 砂卵石地层钻具选择

钻具种类繁多，要根据土质、施工工艺选配并进行现场改造，具体可参考表 2-2-4 进行选择。对于同一个桩孔，由于地层不同，使用一种钻具很难达到快速钻进，因此应根据地层的垂直分布情况选择不同钻具，并确定钻进过程中钻具的使用顺序，有时需要交替使用不同钻具才能实现钻进。

钻具结构特点与地层适应性 表 2-2-4

钻具类型		结构特点	适应地层
钻斗	单开门土斗	单层底板，进土量大	黏性土
	双开门土斗	单层底板，钻进平稳	松散土或胶结较好的卵石
	半合式土斗	筒体两半，卸土方便	地层完整的胶结黏性土
	侧开口双开门土斗	单层底板，进土量大，钻进平稳	黏性土或夹有卵石的松散土
	单开门砂斗	双层底板，进土量大	大直径卵石、冻土或强风化岩
	双开门砂斗	进土口大，带土多，导向性好	中小直径卵石、冻土或强风化岩
短螺旋钻头	单头直螺单螺	进土口大，带土多，导向性好	黏性土
	双头直螺单螺	带土多，导向性好	冻土或胶结较好的卵石
	双头直螺双螺	钻进平稳，导向性好	含水量少的黏土或胶结性好的卵石
	单头锥螺单螺	进土口大，卸土便捷	坚硬冻土、页岩、大直径卵石
	双头锥螺单螺	导向性好，卸土较好	坚硬冻土、大直径卵石或风化岩
	双头锥螺双螺	导向性好	坚硬冻土、大直径卵石或风化岩
筒钻		无底板，钻岩性好	大漂石或坚硬基岩

9 号线钻孔灌注桩施工过程中主要使用了钻斗和短螺旋钻头，个别区段遇到第三系砾岩和大块漂石时也使用了筒钻，图 2-2-13 是施工中使用的 4 种钻具。

普通铲式斗齿旋挖钻斗主要使用于桩孔上部约 7～10m 土层，此范围土层基本为砂层以及粒径较小卵石层，成孔施工进尺较快；钻进至大粒径卵石层时，由于其铲式斗齿不具备切削、压碎大卵石功能，必须更换耐磨合金子弹头截齿旋挖钻斗继续钻进，耐磨合金子弹头截齿可将大粒径卵石切削、碾碎成可进入钻斗的小块；若卵石层胶结密实或遇旋挖钻斗不能克服的大粒径卵石地层则采用耐磨合金截齿螺旋钻头进行成孔作业，使用螺旋钻头将大粒径卵石磨碎，利用叶片将卵石卡住取出或及时更换普通旋挖钻斗进行捞渣；成孔过程中如遇个别螺旋钻头无法破碎的超大卵石或漂石，更换带筒钻进行碎石和取芯。图 2-2-14 是钻斗和短螺旋钻头施工图片。

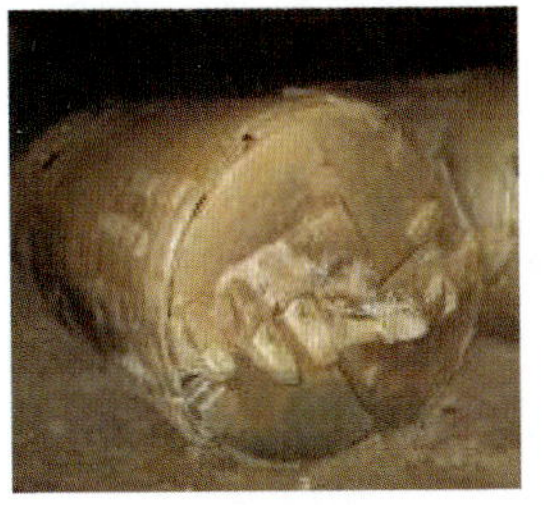

a)普通铲式钻斗

b)耐磨合金子弹头截齿钻斗

c)耐磨合金子弹头截齿螺旋钻头

d)耐磨合金子弹头筒

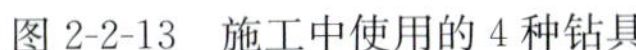
图 2-2-13　施工中使用的 4 种钻具

a)钻斗出渣

b)更换短螺旋钻头钻进

图 2-2-14　钻斗和短螺旋钻头施工图片

施工过程中通过对比发现，普通铲式斗齿旋挖钻斗仅适用于地表以下杂填土、粉质黏土、粉细砂及小粒径卵石层，对于大粒径卵石或胶结密实卵石层非正常磨损严重，为减少卵石层斗齿磨损及斗齿更换频率，有效缩短钻机闲置等待时间，及时更换耐磨合金子弹头截齿旋挖钻斗更为经济合理，且耐磨合金子弹头截齿更换较为方便、快捷，从而提高成孔效率。图 2-2-15 是钻头齿磨损情况。

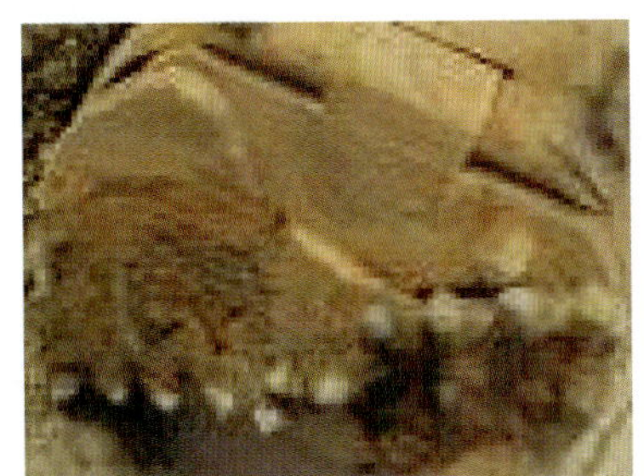
a)耐磨合金子弹头截齿磨损情况

b)耐磨合金钢铲式斗齿磨损情况

c)螺旋钻头合金子弹头截齿磨损情况

图 2-2-15　钻头齿磨损情况

常用的短螺旋钻头主要有单锥单螺短螺旋钻头和双锥双螺短螺旋钻头。单锥单螺短螺旋钻头布齿相对较少，一般用于钻进胶结密实的卵石层，特别是卵石较多较大的地层和风化岩层。双锥双螺短螺旋钻头是双锥片布齿，布齿数量是单锥单螺短螺旋钻头的 1.5～2 倍，一般适合钻进风化岩层和卵石较小的卵石层，钻进中双钻齿同时刻划，钻进效率高，钻进较平稳。9

号线钻孔灌注桩施工中，一般在卵石层⑤和卵石层⑦钻进时采用单锥单螺短螺旋钻头，在卵石层⑨钻进时采用双锥双螺短螺旋钻头进行钻进。钻进过程中，在钻压下，位于芯轴管底端的中心齿在孔底中心"掏槽"，形成破碎自由面，位于螺旋锥片上的切削具跟进，形成锥形的钻孔，钻进中钻齿形成的轨迹线在孔底的投影是一组同心圆。岩屑、土、碎石和小粒径卵石等沿螺旋叶片反向上升，充满螺旋叶片之间后，被提钻带出孔，必要时可更换钻斗进行捞渣钻进。

螺旋钻头锥角一般采用120°大锥角，此种钻头布齿相对较少，制造成本也较低，可满足较松软砂卵石层钻进。9号线的卵石层相对坚硬密实，施工中选用了82°小锥角短螺旋钻头，布齿的螺旋线回转角度为180°。

9号线部分区段遇到第三系砾岩，胶结程度差，使用普通筒钻头即可满足施工需要。

2.3 旋挖钻进泥浆护壁技术

2.3.1 泥浆的组成及功用

(1)泥浆的组成

泥浆是膨润土或黏土颗粒分散在水中形成的悬浮液。泥浆在旋挖钻施工中主要起护壁作用，因此也叫做护壁泥浆，经回收净化后可循环使用。

泥浆一般由水、黏土及化学处理剂组成。黏土是泥浆中的主要固相成分，其颗粒粒径大多数小于0.005mm，它具有带电、吸附离子、水化膨胀和分散或絮凝等性能，膨润土是常用的造浆黏土。泥浆用水有淡水和矿化水，不同的水配成的泥浆具有不同的性能。化学处理剂可以调节和改善泥浆的性能，以满足不同地层性质和不同工艺的要求。泥浆中的化学处理剂包括无机和有机类，有时为了提高泥浆的密度或防漏失能力，会在泥浆中加入重晶石粉、石灰石粉、方铅矿粉、纤维等惰性材料。

(2)泥浆的功用

用于旋挖钻进施工的泥浆有以下功用：

①稳定孔壁。泥浆稳定孔壁的作用主要体现在以下几个方面：a.桩孔内保持稳定的泥浆液面高度可以平衡作用在孔壁上的土压力和水压力；b.泥浆在孔壁上形成"薄而韧"的泥皮，使泥浆的静水压力有效地作用在孔壁上；c.泥浆从孔壁表面向地层内一定范围渗透，泥浆组分通过吸附作用对地层中的土砂砾颗粒进行胶结加固。

②防止渗漏。在砂卵石地层施工的过程中，孔内泥浆在液柱压力的作用下注入地层，堵塞渗漏通道，防止泥浆的大量漏失，使施工能顺利进行。在压差作用下泥浆中的自由水向地层渗透形成的泥皮，具有较高的抗渗性能。

③悬浮和携带钻渣，清洗孔底，提高钻进工效，使造孔施工有效地进行。对于用抽砂筒出渣的冲击钻进，泥浆有悬浮钻渣的作用；对于循环出渣的各种钻进方式，泥浆有携带钻渣和清洗孔底的作用。

④冷却润滑钻具，防止钻头过早磨损。

2.3.2 泥浆的类型

我国桩基施工用的护壁泥浆有普通(当地)黏土泥浆、膨润土泥浆和混合泥浆3种类型。

普通黏土泥浆与膨润土泥浆的特性比较见表2-2-5。当所采用的黏土质量不能完全满足要求，或为了兼顾两者的特性时，可使用掺加部分膨润土的混合泥浆，其特性介于两者之间。

普通黏土泥浆与膨润土泥浆的特性比较　　表2-2-5

项目＼类型	普通黏土泥浆	膨润土泥浆	备　注
相对密度	1.15～1.25	1.03～1.10	
黏土加量(%)	32～45	4～12	100mL水加土量(g)
漏斗黏度(s)	30～60	30～60	马氏漏斗
失水量(mL/30min)	>20	10～20	
含砂率(%)	≤5	≤1	
泥皮厚度(mm)	2～4	0.5～2	
造浆率(m^3/t)	2.6～3.5	7～25	
悬浮钻渣能力	较大	较小	
制浆	用低速叶片式搅拌机搅拌，搅拌时间长（30～45min）	用高速搅拌机搅拌，搅拌时间短(3～7min)	
使用与管理	不便于循环使用，耗量大，设备维修及管理工作量大	便于循环使用，耗量小，设备维修及管理工作量小	
价格	较低	较高	

膨润土泥浆的密度较小，灌注混凝土时的置换效果较好，有利于成桩质量，同时也便于泥浆循环使用，故在采用循环出渣方式造孔时，宜优先选用膨润土泥浆。随着施工技术的进步，膨润土泥浆的应用越来越普遍。北京地铁9号线多数施工区段均采用了优质膨润土泥浆，基本配比见表2-2-6，施工中根据地层情况还加入了CMC增黏剂来调节泥浆黏度和加入部分水解聚丙烯酰胺PAM-1来增加泥浆的护壁性能。

膨润土泥浆基本配方　　表2-2-6

泥浆配比			性能指标			
水(kg)	膨润土(kg)	Na_2CO_3(kg)	相对密度	马氏漏斗黏度(s)	失水量(mL/30min)	泥皮厚度(mm)
100	6.5	0.4	1.05	33	12	0.6

黏土泥浆的密度较大，悬浮钻渣和堵漏防塌的能力较强，且料源广，成本低廉，对于含有大颗粒漂卵石和严重渗漏地层的情况，黏土泥浆仍然具有一定的实用价值。对于桩孔直径和桩长不大，在含有漂卵石的地层中采用旋挖钻机造孔时，选用普通黏土泥浆或混合泥浆具有经济合理性。为避免相对密度和黏度过大对混凝土灌注质量造成的不利影响，在灌注前清孔时可换入相对密度和黏度较小的泥浆。丰台科技园站钻孔灌注桩施工中就采用了混合泥浆，其配比为：膨胀土∶碱∶黄土∶水＝100kg∶20kg∶ 50kg∶2000kg，泥浆相对密度控制在1.1～1.3，当钻入砂卵石层等易塌地段时，可视情况加入黏土，增大泥浆稠度，提高泥浆护壁能力，图2-2-16是加入黏土增稠后的泥浆情况。

图 2-2-16　加入黏土增稠后的泥浆情况

由于9号线地质条件特殊，为了防止与减少桩孔坍塌，现场还采用黏土自造泥浆与膨润土泥浆混合使用，上部10m左右大量使用黏土自造浆成孔，并用清水补充液面高度，下部进入卵石层实行膨润土泥浆护壁。

2.3.3　泥浆的基本性质

(1)泥浆的基本性质

桩基施工的护壁泥浆有以下基本性质：

①良好的物理稳定性。泥浆的物理稳定性是指泥浆的沉降稳定性，为泥浆在静置24h泥浆柱的上半部和下半部的密度之差，差值越小稳定性越好。

②良好的化学稳定性。泥浆在使用过程中，地层中的阳离子等会使泥浆的性质逐渐发生变化，泥浆从悬浮分散状态向凝聚状态转化，导致脱水絮凝失去护壁作用。泥浆抵抗化学侵蚀的能力越强，重复使用的时间越长，则其化学稳定性越好。

③适当的相对密度。泥浆的相对密度是指泥浆密度与同体积水密度的比值。泥浆的相对密度决定着桩孔中液柱压力的大小，若相对密度增大，就会增大液柱压力，提高槽壁的稳定性，同时还可提高对浮渣的浮托力，有助于把土渣携出地面。因此根据地层的不同及地下水的情况，正确地配置和调节浆液的密度，是防止孔壁坍塌的一个重要措施。

④较高的胶体率。泥浆的胶体率是对泥浆中黏土颗粒分散和水化程度以及保持悬浮状态的粗略衡量。泥浆静置24h后其总体积和析出自由水的体积之差与总体积的百分比即为胶体率。较高的胶体率是泥浆良好的流变性和失水特性的保证，是顺利钻进的保证。

⑤适当的黏度。黏度是指泥浆组分做相对运动时的内摩擦阻力。泥浆的黏度包括表观黏度、塑性黏度和结构黏度。表观黏度又称为有效黏度(或视黏度)，是指在某一剪切速率下，剪切应力与剪切速率的比值，是塑性黏度与结构黏度之和。塑性黏度，是浆液流动时固相颗粒之间、固相颗粒与周围液相间以及液相分子间的内摩擦作用的总反映，它反映了液体黏滞力的大小。结构黏度是动切力和剪切速率的比值，反映了泥浆在运动过程中形成结构的能力。黏度的作用和影响与密度类似，两者密切相关，同类泥浆一般黏度随密度的加大而加大。黏度大则护壁、防渗、堵漏以及悬浮、携带的能力强，过大则会导致输送和混凝土置换困难。

⑥良好的流变性。流变性是指泥浆搅拌后变稀(静切力降低)，静置后变稠(静切力升高)的特性。泥浆的流变性能对防渗灌注桩成孔和混凝土灌注质量有重要影响，其流变参数主要

有塑性黏度、静切力等。一般说来，流变参数较大，泥浆对钻渣的悬浮力就大，泥浆向地层中渗入就困难。但是，流变参数太大，浆液的黏滞力对钻具的摩阻力大，旋挖钻具上下运动易产生抽吸作用，导致孔壁坍塌，同时流变参数过大还会增大泥皮的厚度，影响混凝土的浇筑质量。

⑦较低的滤失量。滤失性是指泥浆是否易于滤失进入地层的性质，它可以用滤失量衡量。滤失量是泥浆在一定温度、一定压差和一定时间内通过一定渗滤面积所得到的滤液体积。滤失量对孔壁稳定影响较大，滤失量少的泥浆一般可在渗滤面上形成薄而韧、结构致密、耐冲刷和低摩擦系数的滤饼，对抵抗开挖面水土压力，维持孔壁稳定具有重要作用。滤失量较大，则会形成厚泥皮，会加大对钻具的吸附，旋挖钻具上下运动产生抽吸作用明显。膨润土泥浆的滤失性一般要优于普通黏土泥浆。

⑧较小的含砂量。砂是泥浆中的惰性有害物质，泥浆的含砂量是指泥浆中大于 74μm 的砂粒占泥浆总体积的百分含量，含砂量的大小取决于黏土的类型和质量，含砂量过高，不仅造成泥浆泵的严重磨损，还会使泥皮厚度增厚且疏松，渗透性和失水量增大，甚至出现泥皮垮塌，造成卡钻、埋钻事故。

(2)泥浆的主要性能指标

泥浆的主要指标有：漏斗黏度(FV)、表观黏度（AV)、塑性黏度(PV)、静切力(GS)、动切力（YV)、胶体率、失水量(FJ)、泥皮厚度(FC)、密度、含砂量和 pH 值。

泥浆的性能指标应根据地质条件确定。不同施工阶段对泥浆性能的要求不尽相同，测定的项目也有所不同。泥浆性能指标的测定项目和控制范围见表 2-2-7～表 2-2-9。

各施工阶段泥浆性能的测定项目　　表 2-2-7

泥浆种类	黏土泥浆	膨润土泥浆
土造浆率评价	相对密度、漏斗黏度、胶体率、含砂量、稳定性	相对密度、漏斗黏度、胶体率、稳定性、失水量、塑性黏度
配比优选	相对密度、漏斗黏度、胶体率、含砂量、稳定性、失水量、泥皮厚度、静切力、pH 值	相对密度、漏斗黏度、稳定性、失水量、塑性黏度、泥皮厚度、静切力、pH 值
施工阶段日常检测	相对密度、漏斗黏度、含砂量	相对密度、漏斗黏度、含砂量

黏土泥浆性能指标　　表 2-2-8

项目	新配制泥浆		钻进中的泥浆	清孔泥浆	灌注混凝土时孔底泥浆	测试方法
	一般地层	松散地层				
相对密度	1.15～1.2	1.20～1.25	≤1.30	≤1.20	≤1.30	1002 型比重称
漏斗黏度(s)	18～28	25～45	20～45	18～23	18～30	500/700mL 漏斗
含砂量(%)	≤5	≤5	≤8	≤5	≤10	含砂量杯
胶体率(%)	≥96	≥96	≥95	≥96	—	100mL 量筒
稳定性	≤0.03	≤0.03	≤0.04	≤0.03	—	上下密度差
失水量(mL/30min)	≤30	≤30	≤50	≤30	—	ZNS 滤失仪
泥皮厚度(mm)	≤4	≤4	≤6	≤4	—	ZNS 滤失仪
10min 静切力(Pa)	2.0～5.0	4.0～10.0	2.5～12.0	1.5～4.0	—	六速旋转黏度计
pH 值	7～9	7～9	7～9	7～9	—	试纸法

膨润土泥浆性能指标　　表 2-2-9

项目	新配制泥浆		重复使用	清孔泥浆	灌注混凝土时孔底泥浆	测试方法
	一般地层	松散地层				
相对密度	1.03～1.08	1.08～1.10	≤1.25	≤1.05	≤1.15	1002 型比重称
漏斗黏度(s)	18～22	20～30	25～35	18～20	18～22	500/700mL 漏斗
含砂量(%)	≤1	≤1	≤5	≤1	≤6	含砂量杯
胶体率(%)	≥98	≥98	≥95	≥98	—	100mL 量筒
稳定性	≤0.01	≤0.01	≤0.02	≤0.01	—	上下密度差
失水量(mL/30min)	≤20	≤20	≤30	≤20	—	ZNS 滤失仪
泥皮厚度(mm)	≤3	≤3	≤5	≤3	—	ZNS 滤失仪
塑性黏度(MPa·s)	8.0～20.0	16.0～30.0	≤35	8.0～20.0	—	六速旋转黏度计
10min 静切力(Pa)	1.0～4.0	3.0～8.0	1.5～10.0	1.5～3.0	—	六速旋转黏度计
pH 值	9～11	9～11	9～11	9～11	—	试纸法

一个工程的地基往往是由多种不同性质的地层组成，泥浆性能指标的选择应以主要地层为准。对于次要地层或特殊地层，一般在钻进过程中采取其他措施进行调整。表 2-2-10 是 9 号线钻孔灌注桩施工中泥浆性能主要控制指标及范围。

9 号线钻孔灌注桩施工中泥浆主要控制指标及范围　　表 2-2-10

性能指标 / 土层类别	相对密度	漏斗黏度(s)	含砂量(%)	胶体率(%)
护筒及以下 3m	1.15～1.20	18～20	4～8	90～98
粉土、黏性土层	1.10～1.18	18～20	4～8	90～98
粉细砂层	1.18～1.25	20～25	4～8	90～98
砂卵石层	1.25～1.40	25～30	4～8	90～98

2.3.4　泥浆的制备

(1)制浆材料

①黏土。黏土是由黏土矿物组成的，常见的黏土矿物有高岭石、蒙脱石、伊利石、海泡石等。一般来说，黏土是以一种矿物为主的多种矿物混合体，通常所说的黏土就是指以高岭石矿物为主要成分的高岭土。黏土中除黏土矿物外，尚含有非黏土矿物，如长石、石英、方解石、方英石等，这些非黏土矿物的含量不一，它们是泥浆中含砂量的来源。

②膨润土。膨润土又称斑脱岩和膨土岩，是一种含蒙脱石大于 85%的优质黏土，它的物理化学性质、性能主要取决于所含蒙脱石的属性和相对含量。膨润土具有很强的吸湿性，能吸附相当于自身体积 8～20 倍的水而膨胀至 30 倍；在水介质中能分散呈胶体悬浮液，并具有一定的触变性、黏滞性和润滑性，它和泥沙等的掺和物具有黏结性和可塑性，有较强的阳离子交换能力和吸附能力。根据蒙脱石所含的交换性阳离子的种类和含量的不同，可把膨润土划分为钠质膨润土和钙质膨润土。天然的钠质膨润土在我国相对较少，目前国内市售钠土均为人工钠土。如采用钙质膨润土制浆，为提高造浆率，常在配浆时加碱粉(Na_2CO_3)处理，用 Na^+ 去交换钙土层间的 Ca^{2+}，以提高黏土分散度和造浆率。造浆率是膨润土理化性质的综合反

映，是评价膨润土质量的一项重要经济技术指标。

③泥浆处理剂。为了使泥浆适应不同性质的地基土和不同的施工条件下的护壁要求，通常要在泥浆中加入泥浆处理剂以改善泥浆性能。常用的泥浆处理剂有分散剂（纯碱）、增黏降失水剂（CMC）、防漏剂等。

④水。工程泥浆用水大都就地取材，一般为地表水，有时也用井水、自来水和泉水等，大都为淡水，有时会遇到矿化度较高的咸水，一般加纯碱使水软化。

（2）泥浆的配制

①泥浆制备的基本原则。为使泥浆在整个工程施工期间能够充分发挥其应有的作用，在制备使用时，必须满足规范中规定的新制膨润土泥浆和黏土泥浆的性能指标。

②配合比的确定。用淡水和黏土或膨润土搅制成漏斗黏度为 18～20s 的泥浆，测定其密度。密度越低，说明土料中胶体粒子的含量越高，这种泥浆的结构就越强，土料的消耗也就越少。接着测量其失水量、稳定性、胶体率、静切力、泥皮厚度等指标。再根据以往工程施工经验、地基条件和施工机械等各种不同条件，再反复进行配制试验，增减材料的使用量，修正配合比，直至满足施工要求。

（3）泥浆配比材料计算

①黏土的用量计算。配制 $1m^3$、相对密度为 γ_1 的泥浆，所需黏土质量 q(kg)为：

$$q = \frac{\gamma_1(\gamma_2 - \gamma_3)}{\gamma_1 - \gamma_3} \times 1000 \tag{2-2-1}$$

式中：γ_1——黏土的相对密度，γ_1 取 2.2～2.6；

γ_2——泥浆的相对密度；

γ_3——水的相对密度。

②水的用量计算。配制 $1m^3$ 泥浆所需要的水量 V(L)为：

$$V = 1000 - \frac{q}{\gamma_1} \tag{2-2-2}$$

（4）泥浆的拌制

①黏土泥浆一般选用 $2m^3$ 或 $4m^3$ 卧式搅拌机进行搅拌，其顺序是先向搅拌机中注入水，水面高出桨叶的顶端，开动搅拌机，向机内投放黏土，并同时加入 Na_2CO_3，搅拌约 30min 后，可取样测量泥浆黏度，然后继续搅拌一段时间，再测其黏度，若两次测的数值不变，则泥浆制成。

②使用膨润土配制泥浆时，不同的搅拌方法对膨润土的溶胀程度影响很大。经高速搅拌机拌制的泥浆，其流变参数远优于用低速搅拌机搅拌的泥浆，因此必须使用高速搅拌机进行搅拌。搅拌好的泥浆需经 24h 水化溶胀后，方可使用。

（5）泥浆的储备与运输

①泥浆的存储。为了发挥泥浆的功能，最好在泥浆充分水化膨润之后再使用。在一般情况下，是用泥浆沉淀池使挖槽过程中混入泥浆里的土渣沉淀，同时该池又作为新鲜泥浆的储浆池使用。但是这种方法在泥浆循环速度快的情况下，泥浆就会得不到充分的水化膨润时间。考虑到发生漏浆等事故时，会急需大量的泥浆，所以尽量设置新鲜泥浆的专用储浆池。一个工地泥浆的储存量，即泥浆池的总体积，应视工程地质情况有无大量漏浆的可能性和制浆功效、黏土开采与运输条件等综合分析后而定。造孔与清孔用浆的储备量，应等于 1～2d 的造孔或

清孔用浆量，取其中大者作为储浆池的容量。储浆池的深度以不超过 2.5m 为宜，单个储浆池的容量以不超过 $100m^3$ 为宜。

②泥浆防沉。泥浆防沉一般采用气搅法，在储浆池底部及四角安装压缩空气管路，定期通风搅动，以防池内黏土颗粒沉淀而淤积。

③泥浆输送。进行整个供浆系统设计时，应尽量利用地形条件把泥浆池建在较高的地方，以便采用有压自流供浆方式，可节省大量输浆设备。地形较平坦时，只有采用泵压供应方式。根据工程规模的大小，可选用往复式泥浆泵、砂石泵、大流量高扬程离心泵等。特别要强调的是，无论采用哪种供浆方式，供浆系统的设计，尤其是管路系统的设计，必须满足全线每一个桩孔用浆的需要。如果发现远离制浆池的槽孔有泥浆供应不足的现象，应尽快采取措施予以改进。

2.3.5 泥浆的质量控制

在灌注桩施工中，使用性能已被严重破坏的泥浆，不仅会给施工带来不良影响，而且会造成施工精度降低或引起孔壁坍塌。因此，要定时对新鲜泥浆、孔内泥浆和回收净化后的泥浆的各项性能指标进行检测，通过泥浆质量控制，可有效地避免不良后果的发生。

2.4 砂卵石地层旋挖钻进工艺

2.4.1 场地的布置

施工现场布置的主要内容包括平整场地，接通水电，开设交通运输通道，机械设备的到位，泥浆池制作及循环系统的布设，排渣及渣土外运等工作。根据施工现场实际条件，在合理确定灌注桩施工流水作业的前提下，应合理安排现场布置，必须全面满足施工的要求。

2.4.2 桩位放样

为了保证孔位正确，采取尼康 DTM-831E 型全站仪进行桩位放样，同时用钢尺对相邻桩位进行复核，确保了桩位正确。在桩位正确的情况下，在距桩中心 1～2m 且不易被机械和人工扰动处打设护桩，并记录护桩与桩位之间的水平距离，防止有个别护桩被破坏后，仍能用钢尺、线绳准确定出孔位中心。图 2-2-17 是桩位放样原理，A、B、C、D 为 4 根护桩，它们的十字连线的交点通过孔位中心 O 点，测定并记录 OA、OB、OC、OD 的距离。

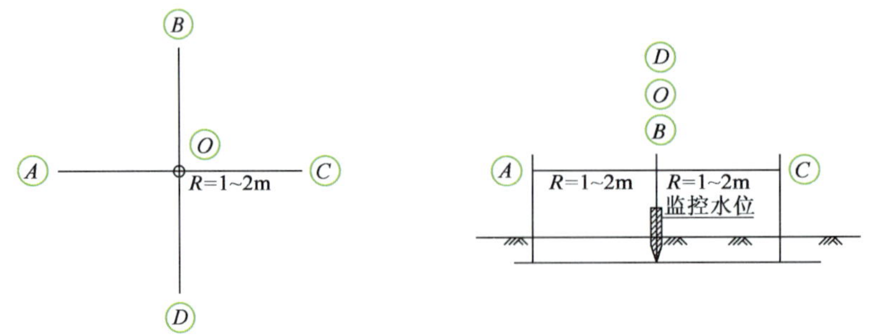

图 2-2-17　桩位放样原理

2.4.3 埋设护筒

护筒的主要作用是①固定孔位;②保护孔口,防止孔口由于施工时的活荷载和起下钻具造成孔口塌方;③钻进时定位导向;④维持桩孔内的泥浆液柱压力,防止塌孔。

护筒采用8～12mm厚的钢板卷制而成,护筒内径比钻具直径大200mm,长度视表层土性而定,一般为2～3m,护筒中心位置与桩心偏差不大于20mm。每台钻机应至少配备两个护筒,人工配合汽车吊就位和埋设护筒,埋设时应保持护筒的垂直度,并且保证护筒上部高出地面0.3～0.5m。由于旋挖钻进时钻斗在提出泥浆液面时会使钻斗下局部空间产生"真空",频繁的提下钻斗作业导致泥浆对护筒下部的孔壁产生冲刷作用,极易造成如图2-2-18所示的护筒底孔壁坍塌情况。因此,护筒应尽量落在原状土层上,对护筒周围回填土必须认真夯实。护筒周围的回填土应选择最优含水率的黏土,四周对称回填,且要边回填边分层对称夯实,确保护筒不倾斜、不露浆。

图2-2-18 泥浆冲刷导致护筒底孔壁坍塌情况

2.4.4 钻进过程控制

(1)钻机施工前,必须对钻头直径、钻头磨损情况以及护筒直径进行检查。施工过程中应设专职管理人员对钻机钻进施工,包括钻进深度、地质情况、施工中出现的问题、机械设备状况等进行记录。记录必须认真、及时、准确、清晰,为下一步施工提出指导性建议。

(2)为使钻头中心与桩孔中心重合,桩机定位要准确、水平、垂直、稳固,钻机导杆中心线、回旋盘中心线、护筒中心线应保持在同一直线。下钻时应注意先将钻头垂直后,再导正下入孔内。开钻前钻机应先慢速旋转下放,轻压慢转使钻头进入正常工作状态,当孔位和钻机的稳定性、钻杆的垂直度再次确定准确后,逐渐加大转速和钻压,进入正常钻进。钻孔时要注重钻机的各项钻进技术参数要求,适当根据地层具体情况及时进行调整。钻斗倒出的土距孔口的最小距离应大于7m,并应及时清除。

(3)成孔方式采用间隔3～5根桩位的跳挖方式,混凝土灌注24h后方可进行临桩的施工。

(4)旋挖钻机配备电子控制系统显示并调整钻杆的垂直度,同时在钻杆的两个侧面均设有垂直度仪,钻进过程中要求专人负责观察两个垂直度仪,同时在平行于基坑一侧设置测量仪器,由测量人员负责校核钻杆垂直度,随时指挥机手调整。当钻进过程中发生孔斜时,应重新调整钻杆垂直度,并进行往复扫孔修正,倾斜过大时,填入黏土至偏孔处下部0.5m重新钻进。

(5)旋挖钻进是一个短进尺、多回次的重复循环过程。钻具随着钻入土层的深度及地层的变化,回转阻力有所增加,其转速降低,内外钻杆传递扭矩的槽键接触面上的压力也随之增大,这时如操纵加压油缸对钻杆柱加压,其压力可传至钻具并增大钻齿的切入深度,随之钻进负荷也增大,转速进一步降低,钻具的回转阻力矩也大幅度增加。旋挖钻机在砂卵石地层钻进时具有回次进尺短(0.4~0.5m),回次时间较长,钻机的负载和转速波动范围大的特征。当钻进至进尺困难的卵石层时,在负荷增大到一定程度后,操纵加压液压缸,通过动力头对钻杆柱短时间加压,加压操作可视情况重复进行1~2次,当加压后钻头切入量很小或不切入时,应立即提钻。故钻进过程中,操作手应密切注视工作舱内的压力、转速仪表以及钻进负荷变化情况,适时加压、适时提钻。

(6)钻进过程中当地层从砂层变化至砾石、卵石层时,要减速慢进,防止地层变化处出现扩孔现象。在砂卵石层中应采用慢转速、慢钻进并适当增加泥浆密度和黏度的方法来维持孔壁稳定,须按要求检测进出口泥浆性能指标,发现超标及时调整。

(7)钻进过程中,根据钻进速度同步补充泥浆,保持所需的泥浆面深高度不变。地层由粉细砂或中粗砂层变化至砾石、卵石层时,由于砾石、卵石层的孔隙比增大会导致孔内泥浆液面迅速下降,即发生漏浆现象。现场施工时采用增大泥浆黏度、回填优质黏土和适当控制孔内水头高度等方法来进行处理。成孔过程中或成孔后孔壁坍塌,轻度塌孔应加大泥浆密度和提高水位,严重塌孔应投入黏土泥膏,待孔壁稳定后再采用低速钻进。

(8)钻进卵石层时,必须更换耐磨合金子弹头截齿旋挖钻斗钻进,因为耐磨合金子弹头截齿可将大粒径卵石切割,碾碎成可进入钻斗的小块。如卵石粒径较大或胶结密实,回次钻进深度过小时,应采用耐磨合金子弹头截齿螺旋钻头来替代旋挖钻斗钻进,利用螺旋钻头的叶面间隙将粒径较大的卵石卡住并提升至地面取出,更换旋挖钻斗继续钻进施工。

2.4.5 清孔

(1)清孔的目的主要是减少孔底沉渣厚度,使孔底高程符合设计要求。当孔深达到设计高程,对孔深和孔径检查合格后,即可准备清孔。

(2)采用捞渣筒反复掏渣法进行清孔,孔底沉渣厚度要求不大于200mm。清孔应抓紧时间进行,如果裸孔时间过长,泥浆沉淀会使清渣困难,而且还会出现塌孔的可能。

(3)在清孔后、放置钢筋笼前,应再次对钻孔进行检查,除检查孔内泥浆指标和孔底沉渣外,还应该用孔规对钻孔进行检查。其方法是采用ϕ16mm或ϕ18mm钢筋焊成直径等于桩孔直径、长5m左右的钢筋笼,垂直放入孔中,检查产生斜孔、弯孔和缩颈现象,同时用测绳测量孔深度。

(4)清孔后应在最短的时间内浇筑混凝土。

2.4.6 大漂石的处理措施

(1)冲击钻进

桩孔的施工过程中,遇到大块漂石时,旋挖钻机往往无法钻进,一般换冲击钻机用冲击钻头进行冲击破碎,然后继续采用旋挖钻进。

(2)嵌岩短螺旋钻头钻进

嵌岩短螺旋钻头钻进,一般能把大漂石搅碎并带出孔口。嵌岩短螺旋钻头的锥头结构形

式和锥度大小的选择主要取决于卵砾石粒径的大小和地层硬度，对于大漂石应选用单锥头小锥角形式的短螺旋钻头，钻进时应采用高钻压低转速规程。

(3)取心筒式钻头钻进

卵砾石取心筒式钻头是在筒钻的基础上发展而来，其主要特点是与钻杆相连的方接头可上下移动，并通过连杆机构带动筒壁上两个抱爪松开和抱紧抓取和携带漂石。切削齿采用滚刀、牙轮、截齿等，可根据卵砾石层的性质和孔径不同来选择。图 2-2-19 是取心筒式钻头实物。

遇到大漂石时采用取心筒式钻头钻进的工艺是：

①下孔前，先检查卵砾石取心筒式钻头抱紧松开机构和两个抱爪是否灵活，防脱落钢丝绳是否牢固。

②钻头刚一开始钻进时，先不加压，慢速回转，将漂石先切削出一环状平面后再加压钻进，钻进时采用孔底配重加压钻进工艺，禁止孔口动力头给钻头加压，否则易发生断钻杆、孔斜事故。

③钻进一个回次后，反转一圈后提钻。

④如孔径较大，钻机主卷扬有可能无力将钻头和抓取的漂石取上，则采用分级扩孔工艺钻进。

北京地铁 9 号线某标段桩孔深度 40m，桩径 1.0m。上部开孔 15m 以上为回填层，有建筑垃圾，块状，粒径 0.5～0.8mm；下层为古河道，有大块漂石，漂石直径有的大于桩径。采用 GB25 型旋挖钻机钻进，最初使用截齿捞砂斗和切削盘内置式筒钻钻进，块状物不易破碎，大于捞砂斗进土口的块状物不能进入桶内，钻进效率很低。用螺旋钻头钻进时，钻杆摆动严重，无法钻进，最后采用取心筒式钻头。试验证明，取心筒式钻头钻进平稳，提钻时活动门将漂石抱住提出孔外，钻进效率较高，约 5h 可以完成桩孔，图 2-2-20 是现场取出的漂石岩心。

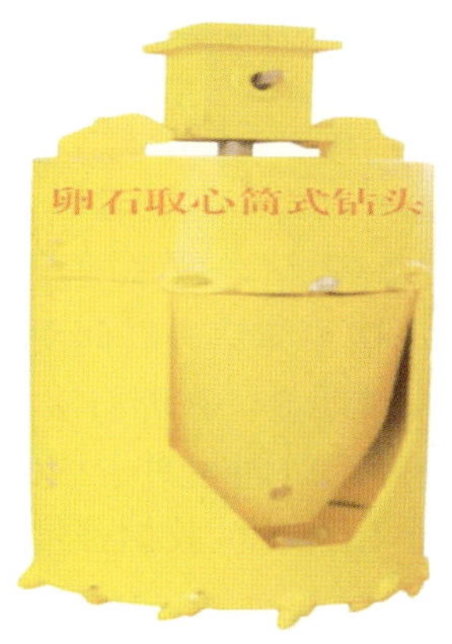

图 2-2-19 取心钻筒结构

图 2-2-20 9 号线现场取出的漂石岩心

2.5 砂卵石地层旋挖钻进效率

2.5.1 旋挖钻进效率

旋挖钻进是直接挖取岩土层，然后直接提出孔外卸土，从而获得进尺。由于对岩土层不进行全面破碎，因此其机械钻速比正反循环钻进相对要高很多。但是由于旋挖钻进工艺不能连续钻进，每挖一斗都要提钻卸土，因此其辅助作业时间比较长，而且钻孔越深，提钻所需时间越长，辅助时间所占比例越高。其时效计算公式如下：

$$v = 60h_d/(t_z + t_x + 2h/v_t) \tag{2-2-3}$$

式中：v——钻进效率(m/h)；

h_d——每一钻斗进尺高度(m)；

t_z——每钻斗纯钻进时间(min)；

v_t——提下钻速度(m/min)；

t_x——钻进结束后的反转闭合钻斗及提钻后卸土时间(min/次)；

h——孔深(m)。

表 2-2-11 是中国地质科学院勘探技术研究所的周红军根据内蒙古某黄河大桥工程的实测数据，按式(2-2-3)计算的不同孔深时旋挖钻进效率，图 2-2-21 是旋挖钻进效率与孔深的关系曲线。

旋挖钻进效率随孔深变化情况 表 2-2-11

孔深(m)	钻进效率(m/h)	
	砂层	土层
20	13.36	11.53
40	9.80	8.78
60	7.7	7.08
80	6.39	5. 94
100	5.44	5.11
120	4.74	4.49

由图 2-2-21 可以看出，在砂土层中旋挖钻机的机械钻速高，钻进效率随着孔深的增加呈明显下降趋势，且孔越深，两条曲线越接近，说明在深孔段每钻斗纯钻进时间对钻进效率的影响程度下降，而提下钻及卸土等辅助作业时间的影响却越来越明显。在卵石层及岩层中钻进，由于旋挖钻机的机械钻速较低，纯钻进时间比较长，而提钻卸土时间相对占用的比例较低，此时孔深对钻进效率的影响不太明显，相反卵石层的粒径大小、密实度、胶结强度及岩层的强度等对钻进效率起主要作用。

周红军对 2000 年以来媒体报道的 200 余项工程的实钻情况统计分析，得出了旋挖钻进与正反循环钻进在不同地层、不同孔径情况下的钻进效率，如图 2-2-22 所示。从图 2-2-22 可以看出，在砂土层等软土地层钻进中，旋挖钻进的效率明显高于正反循环钻进，一般可达到正反循环钻进时效的 4 倍以上，而且孔越浅旋挖钻进的效率越高。随着孔深的增加，旋挖钻进的效率明显下降。结合图 2-2-22 情况可以推断，在孔深达到 120m 时，旋挖钻进的效率与正反循环钻进比较接近，不再具有明显的优势。随着岩石强度的增高，旋挖钻进的效率下降得很快，在岩石强度 25MPa 左右的岩层中钻进，旋挖钻进效率与正反循环钻进基本相当，在岩石强度 50MPa 以上的硬岩中旋挖钻进应用得已经极少。

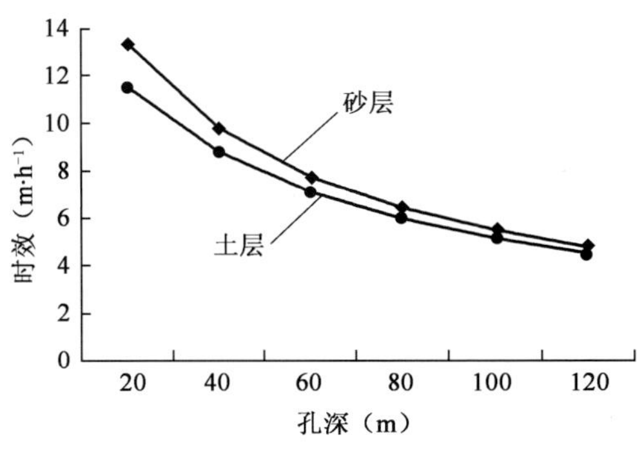

图 2-2-21 旋挖钻进效率与孔深的关系曲线

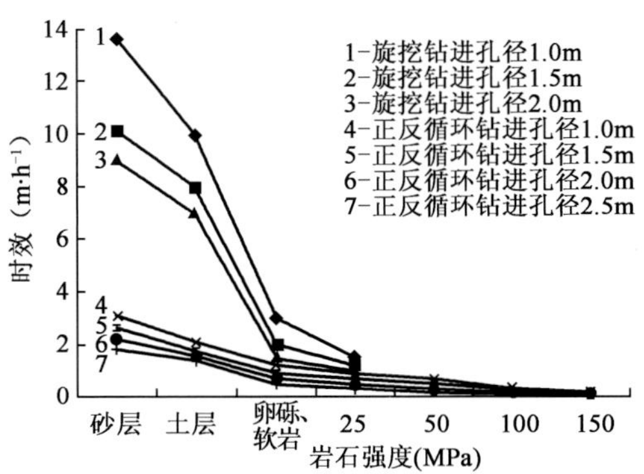

图 2-2-22 不同钻井方法钻井效率比较

2.5.2 砂卵石地层旋挖钻进效率

影响砂卵石地层旋挖钻进效率的因素很多，直接因素主要钻机最大扭矩、钻具与地层的匹配性和泥浆使用等，也有其他不确定的因素如钻遇大漂石、塌孔等，因此很难精确评价砂卵石地层旋挖的钻进效率。下面以 9 号线两个典型地层的钻进情况来说明砂卵石地层旋挖的钻进效率。

六一太区间卵石粒径大且密实，桩进入第三系砾岩，采用乌卡斯冲击钻机成孔，单孔施工时间达到 56h，且塌孔、扩孔现象严重。采用宝峨 BG25 旋挖钻机、普通旋挖钻斗成孔，成孔时间长达 36h，并出现塌孔、沉渣厚度超标等现象，而且旋挖钻斗的斗齿磨损非常严重，单桩成孔耗费 25 个，施工成本大幅增加。现场根据不同地层对钻具进行了优选，地面高程以下 5～6m 范围地层采用普通旋挖钻斗钻进，钻头进入砂卵石地层时，开始换用短螺旋钻头钻进，在卵石⑤和卵石⑦地层钻进时采用单锥单螺短螺旋钻头，在卵石⑨地层钻进时采用双锥双螺短螺旋钻头进行钻进，进入砾岩层时采用岩芯钻头钻进。经过现场跟踪测试，优选钻具后在砂卵石层钻进速度为 2.2～2.5m/h，在砾岩层钻进速度为 1.0～1.5m/h，每根桩的成孔时间控制在12～16h。

丰台科技园站卵石粒径较小，选用 CHL220 型旋挖钻机成孔，主要采用耐磨合金子弹头截齿旋挖钻斗，单桩成孔时间 6～8h，每 1 台钻机平均每天成桩根数为 3 根，累计进尺为 66m 左右。

第3章 旋挖钻具结构及其设计分析

目前国内使用的旋挖钻机有进口和国产两大类，机型较多，但旋挖钻具品种单一，使用中存在诸如钻具与主机不匹配、钻具结构强度与设备的性能参数不协调以及钻具结构形式与地层不适应性等问题，多数情况下均应根据主机机型、现场地层条件对钻具进行必要的改进才能获得好的钻进效率，因此开展旋挖钻具结构及其设计分析研究具有重要的实践意义。

3.1 旋挖钻具用切削齿的研究

切削齿是影响旋挖钻进速度和钻具寿命的重要因素之一。旋挖钻具使用的切削齿一般有两种，一种为铲齿，另一种为截齿。由于旋挖钻具直径较大，最大直径可达2000mm，最小直径也有600mm，钻进时承受的钻进压力很大，常规小口径使用的切削齿及硬质合金不适用于大口径旋挖钻进。在钻进各类土层、砂层时一般选用铲齿，铲齿的切削面宽，切削深度大，钻进速度快，适应地层广，更换方便。在钻进卵砾石地层、各类风化岩层时，一般选用截齿，截齿一般为圆锥形，中间镶嵌硬质合金。截齿的直径较大，截齿使用的硬质合金较粗，其耐磨性和抗冲击性较强。

国内生产铲齿和截型齿的厂家很多，生产的铲齿和截齿的种类有数百种，铲齿主要用于挖掘机和推土机，截齿则主要用于煤炭行业的铲煤机，使用效果有很大差异。作为旋挖钻进用的切削齿，有一定的特殊性，但为了方便使用、更换和采购，现在国内在旋挖钻具上使用的切削具均选用挖掘机和铲煤机上使用的铲齿和截齿。选用时要针对旋挖钻具钻进不同的地层，对切削齿进行分类，以便选用的切削齿能够满足旋挖钻进需要，适应钻进遇到的不同地层，以保证取得较好的钻进效果，延长使用寿命。

3.1.1 铲齿

铲齿一般采用合金材料，由铲齿体、齿座和固定销组成。旋挖钻具使用的铲齿经整体常规热处理和尖部淬火处理后，整体的抗折性和尖部耐磨性均得到增强，使用寿命延长。通用铲齿的形状为楔形铲齿、贝壳形铲齿等，铲齿的形状见图2-3-1。

(1)铲齿的失效形式

旋挖钻具工作过程中铲齿的失效形式主要表现为过度磨损和冲击破坏。在一个完整的挖

图 2-3-1　铲齿

掘过程中铲齿的受力情况不同，开始时齿尖部位首先接触孔底，然后铲齿工作面与地层相接触，前工作表面一般有较明显的磨痕，尖部有少量的磨损和变形，但没有裂纹。随着挖掘深度的加大，铲齿受力情况会有所改变，当铲齿切削地层时，铲齿与地层发生相对运动，在表面产生很大的正挤压力，从而在铲齿工作面和地层之间摩擦力增大，导致斗齿工作面产生不同程度的表面磨损。由于斗齿前工作面的正压力明显大于后工作面的正压力，故一般情况下斗齿的前工作面磨损严重。对于细粒土层，旋挖钻斗斗齿失效主要是因过度磨损机制导致的。对于密实的卵石地层或岩层时，铲齿工作面和地层之间的摩擦力很大，铲齿工作面磨损严重，铲齿尖部分由于受到频繁的冲击作用而产生过度磨损或折断破坏，最终导致铲齿失效。

(2)铲齿的材质

铲齿材料采用低碳低合金钢和中碳低合金钢，齿座选用低碳低合金钢，主要是为了满足铲齿齿座的焊接性能，铲齿体选用中碳低合金钢主要是为了保证其高强度、高耐磨性。铲齿材料合金化时加入一定量 Si 、Mn 、Ni 和 Mo 来提高其力学性能。加入 Si 的目的是利用连续冷却过程中 Si 增加过冷奥氏体的稳定性及钢中残余奥氏体含量，阻碍碳化物的析出，提高钢的回火抗力；Mn 和 Ni 均是扩大奥氏体区的元素，有利于获得残余奥氏体，与适量的 Mo 配合可以提高钢的贝氏体淬透性，空冷时获得无碳化物贝氏体组织；加入 Ni 可提高钢的冲击韧性，改善低温韧性。

一般情况下，齿座材料的力学性能达到 $\sigma_b \geqslant 980\text{MPa}$，$\sigma_s \geqslant 800\text{MPa}$，$\sigma_s \geqslant 8\%$，$\Psi \geqslant 15\%$，HB302～HB352 标准就能满足焊接铲齿的要求。现场焊接试验表明，无碳化物贝氏体铲齿齿座材料具有良好的焊接性能，可以满足焊接要求。

3.1.2　截形齿

截形齿一般由截齿、卡圈和截齿座组成。截齿中心镶焊有硬质合金。加工钻具时，将截齿座按一定角度和方向焊在钻具上，再将截齿装入截齿座即可。截齿的种类很多，一般结构是在经淬火、回火处理的低合金结构钢刀体上镶嵌硬质合金刀头。根据截齿的制造工艺不同，截齿的种类有合金截齿、强化截齿、有等离子强化截齿和等离子溶凝合金强化截齿等，如图 2-3-2 所示。

截齿的结构如图 2-3-3 所示。截齿由齿尖、齿体和齿尾三部分组成。常见的齿尖是直径为 16～20mm 的硬质合金圆柱体，尖部为锥形或球形。齿尖通过冷压的方式镶嵌在齿体中，工作时随着截齿体和硬质合金的磨损，硬质合金会逐渐出露，当硬质合金磨损到一定程度时截齿就报废，需要更换新的截齿。

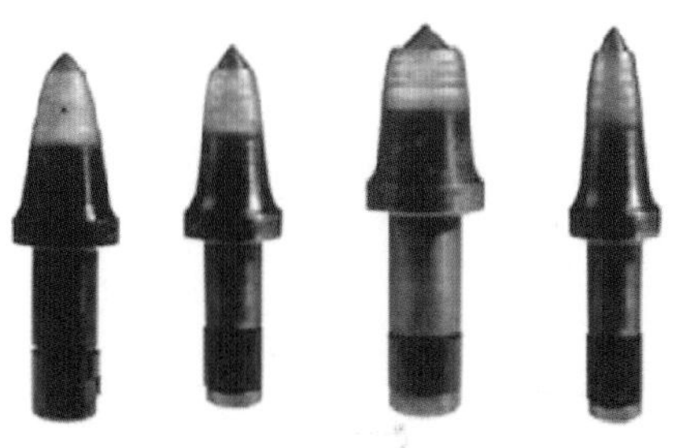

图 2-3-2　截齿

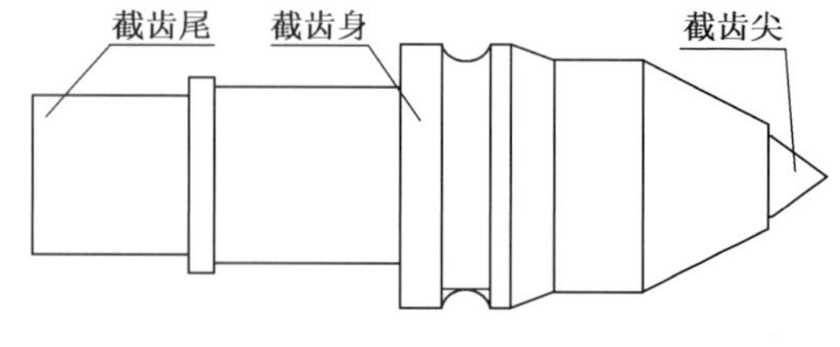

图 2-3-3　截齿结构图

截齿体和截齿尾部为一个整体，为提高截齿的使用寿命，截齿体通常选用特殊的合金钢，通过锻压、机加工和一定的热处理制成。齿体部分直径较大，抗剪强度高，能够承担较大的冲击力。截齿尾部插入截齿座中并可自由转动，使截齿在刻取岩石的过程中可以转动，以保证截齿均匀磨损。如果截齿体在截齿座中不能回转，将会导致截齿产生偏磨而过早报废。

(1)截齿的失效形式

截齿在工作时承受高的周期性压应力、切应力和冲击负荷，其主要失效形式为刀头刀体磨损、刀头脱落和崩刀等，在某些工况条件下也经常因刀体折断造成截齿失效。

目前国内旋挖钻具所用的截齿一般为采煤机或掘进机使用的截齿。由破碎机理可知，截齿在掘进过程中除承受压缩、弯曲和冲击力等的作用，在钎焊时还要受高温的影响，因此常常发生硬质合金齿尖破损、脱落、截齿体过早磨损和沿截齿颈或槽断裂等，使截齿的寿命大大缩短。煤矿现场调查表明，采煤机国产截齿硬质合金齿尖破损占 10%～15%，齿尖脱落占 25%～30%；齿体过早磨损占 20%～25%；沿截齿颈或齿槽断裂占 5%～10%，正常磨损的仅占 20%～40%，国产采煤机截齿寿命只有同类进口产品寿命的 60%左右。由于截齿刀体的机械性能直接影响截齿的使用寿命，所以合理选择截齿刀体的材质和有效的热处理方式，对减少截齿刀体的磨损折断、降低截齿消耗量、提高钻进效率，都有积极的意义。

(2)截齿的材质

截齿用硬质合金一般为 YG 类硬质合金，具有硬度和抗压强度高、耐磨损、抗高温能力强等特点，在岩石钻掘工程中使用广泛。表 2-3-1 为部分 YG 类硬质合金的性能参数，由表 2-3-1数据可知，随着钴含量的增大，硬质合金耐磨性有所减弱，而抗弯强度和冲击韧性有所提高。在成分相同的钨钴类硬质合金中，WC 的颗粒越细，则硬质合金的硬度越大，耐磨性越强。反之抗弯强度提高，韧性增强。实践证明，采用含钴不大的粗颗粒硬质合金切削具有助于提高钻进效率，并能保证一定的钻头寿命。

YG 类硬质合金的性能对比　　表 2-3-1

合金牌号	化学成分(%)		物理机械性质			特性及用途
	WC	Co	密度 (g/cm³)	硬度 (HRC)	抗弯强度 (MPa)	
YG3x	97	3	15.0～15.3	92	1050	耐磨性最好，冲击韧性最低
YG4c	96	4	14.9～15.2	90	1400	适用于均质软硬互层
YA6	91～93	6	14.4～15.0	92	1400	加入了少量的 TaC，提高了硬度
YG6	94	6	14.6～15.0	89.5	1400	适用于回转钻进

续上表

合金牌号	化学成分(%)		物理机械性质			特性及用途
	WC	Co	密度(g/cm³)	硬度(HRC)	抗弯强度(MPa)	
YG6x	94	6	14.6~15.0	91	1350	加入细粒合金,耐磨性有提高
YG8	92	8	14.0~14.8	89	1500	岩心钻探用
YG8c	92	8	14.0~14.8	88	1750	粗粒合金,适用于冲击回转
YG11c	89	11	14.0~14.4	87	2000	耐磨性低,冲击韧性高
YG15	85	15	13.9~14.1	87	2000	

(3)截齿刀体常用材质

旋挖钻斗在卵石层和岩层钻进时,截齿在碎岩过程中承受高的周期性压应力、切应力和冲击负荷,同时由于强烈的摩擦和冲击还会造成截齿温度升高。在如此复杂工况条件下,要求截齿刀体既要耐磨又应具有较好的耐冲击性能,故截齿刀体一般采用低合金结构钢制造。

目前国内旋挖钻斗使用的截齿有进口的和国产的,刀体材质多为42CrMo、35CrMnSi等钢种。42CrMo钢具有强度高、淬透性和韧性好、淬火变形小、高温时有高的蠕变和持久强度等特点,经热处理后有较高的疲劳极限和良好的低温冲击韧性。35CrMnSi钢也是淬透性较好的材质,经适当的热处理后可得到强度、硬度、韧性和疲劳强度较好的综合力学性能,能适应较复杂的工况条件。20CrMnTi或20CrMnMo钢具有较高的淬透性和心部强度,其心部极限强度为800~1200MPa,此种合金钢的锻造温度区间大,容易精锻成形且成品率高,不需要切削加工,机械加工费用低。

Si-Mn-Mo系准贝氏体钢是国内科研单位研制的一种新型截齿刀体材料,其特点是经过合金成分的合理设计,使材质具有较好的热处理工艺性能,热处理后使钢的强度、韧性、耐磨性能满足截齿力学性能要求。

能够适合截齿工况条件的钢种还有很多,截齿制造过程中可根据截齿种类及具体工况选择合适的截齿刀体材质。

(4)截齿刀体生产过程中的热处理工艺

煤炭行业截齿生产标准规定:截齿刀体硬度为40~45HRC,冲击韧性不小于49J/cm^2。在生产过程中,截齿刀体材料应通过热处理达到或超过要求规定的力学性能指标。42CrMo材质刀体的常规热处理工艺为840℃油淬+(360~400℃)回火。35CrMnSi材质刀体的常规热处理工艺为880℃油淬+(380~430℃)回火。有条件的生产厂家也可采用880℃加热保温+(280~320℃)等温淬火,然后空冷的热处理工艺。Si-Mn-Mo系准贝氏体钢采用的是880℃正火+回火热处理工艺,热处理后可获得由贝氏体、铁素体和残留奥氏体组成的准贝氏体组织,具有良好的强韧性配合和高的耐磨性。

3.2 旋挖钻斗的设计

3.2.1 旋挖钻斗的结构

旋挖钻斗主要由连接方套、钻斗体、底盘、开合机构、切削齿及连接轴组成,如图2-3-4所示。施工时将旋挖钻斗下至孔底，回转加压钻进时铲齿切削土层，被切削的土屑进入钻斗体内，直至钻斗体装满，通过主动钻杆将旋挖钻斗提出钻孔并移到孔边，通过动力头的压盘下压打开开合机构，底盘靠自重打开，将钻斗体内的土屑倒出，再将旋挖钻斗放置地面，底盘自动闭合，如此循环钻进。

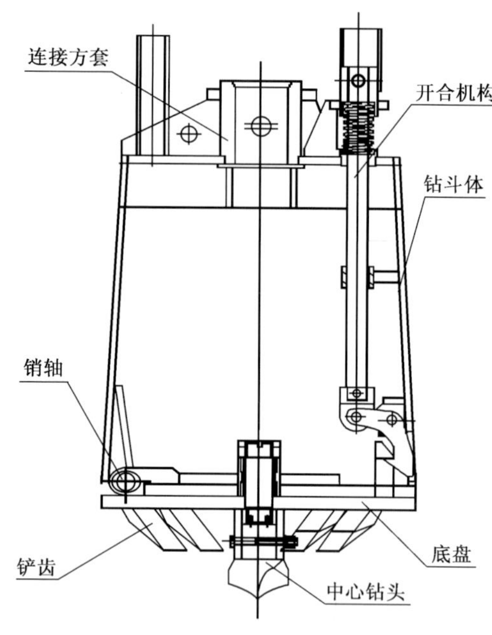

图 2-3-4　旋挖钻斗的基本结构

连接方套是将主动钻杆同钻斗连接起来，通过连接方将主动钻杆的回转扭矩、提升力和加压力传递到钻斗上，是旋挖钻斗的重要部件之一。其结构设计较简单，其连接尺寸同主动钻杆一致即可。由于旋挖钻具的回转扭矩高达 18～40kN·m，必须要进行强度设计。

钻斗的斗体一般为锥形体，锥角一般为 2°～10°，这样设计将使钻进时抱钻的几率减小，倾倒渣土时方便快捷。钻斗钻进时由于要承受较大的压力和回转扭矩，钻斗体要有足够的刚度和强度，保证在钻进时不变形，钻斗的外部要有一定的耐磨性。

旋挖钻斗的底盘为切削盘，通过销轴同钻斗体相连接。底盘上有开口，钻进时土屑从开口处进入钻斗体。根据钻进地层的不同，底盘有单开口和双开口之分，钻进一般土层时采用双开口，钻进卵砾石地层时采用单开口。

根据钻进地层不同，底盘有多层设计。在无水地层钻进时一般采用单层底盘，遇流沙层或淤泥层时必须采用双层底盘或三层底盘以保证能够将钻屑捞出钻外。

3.2.2　土层旋挖钻斗的设计分析

(1)底盘的设计

土层旋挖钻斗的底盘可根据土层特性设计成单层、二层或三层底盘结构。单层底盘开口的内侧设计有活门，关闭时可以封住开口，钻屑只能进入而不能漏出，活门的大小根据开口的大小来确定。多层底盘不需要设计活门，上下层底盘可相对转动一定角度，当上下层完全重合时，开口全部打开，铲齿切削的钻屑可以全部进入钻斗体，当钻斗体全部装满后，将旋挖钻斗反转，使底盘的上下层相对转动而错开，以便密封住开口，防止钻屑漏失。

底盘双开口形式一般为对称分布，如图 2-3-5 所示。底盘开口的大小根据钻斗直径来确定，开口面积为钻斗底面积的 30%～50%。开口太小，不利于土屑进入钻斗，开口太大，对底盘的刚度和强度也会造成不利影响。此外，在确定底盘开口面积时还要考虑地层因素。

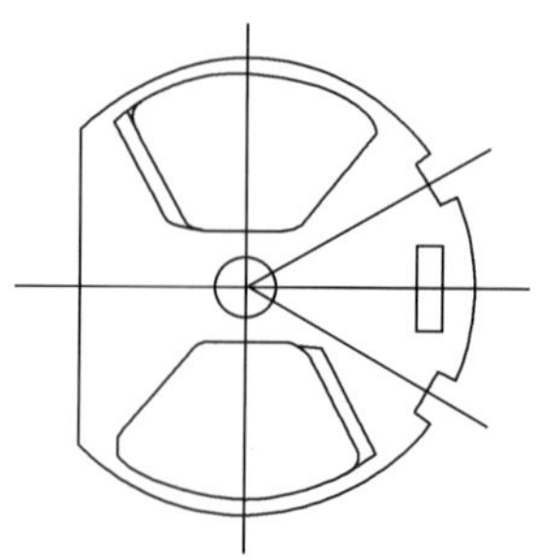
图 2-3-5　底盘的双开口形式

(2)销轴的设计

销轴一般采用三重或四重套结构，销轴外套焊接在钻斗体上，在外套和销轴之间有多层衬套。多层衬套结构具有保护外套和销轴、方便销轴更换等特点，也利于销轴转动灵活，便于底盘的打开和关闭。

(3)铲齿的选择与分布

土层旋挖钻斗的切削齿一般选择铲齿。铲齿座焊接在底盘开口的后侧，焊接角度主要考虑以下 3 个因素：

①保证铲齿的切削角度，铲齿的切削角度一般为 30°～55°，根据钻进地层进行调整和变化。

②保证铲齿沿半径全面覆盖分布，沿法线方向焊接，达到全面钻进的目的。

③保证铲齿之间有一定的重合度，由于沿不同半径分布的铲齿切削的弧长不同，回转的线速度不同，回转半径大的铲齿容易磨损，因此靠外侧的铲齿重合度要大。

铲齿的大小根据钻斗的直径进行选择，钻斗直径越大，使用的铲齿的规格应该越大，钻斗直径小，使用的铲齿规格也应减小。如果钻斗的直径太大，也可以使用两种或多种规格的铲齿，此时布齿的一般原则是回转半径小的部位使用小规格铲齿，回转半径大的部位使用大规格的铲齿。如果回转半径大而使用的铲齿规格过小，在施工时铲齿容易被快速磨损，有时会因冲击力过大而折断，造成非正常损坏。因此，根据回转半径的大小来确定铲齿的规格，可使位于不同部位的铲齿均匀磨损，既可提高钻斗的钻进速度，也可延长钻斗的使用寿命，降低使用成本。

铲齿的选择除了同回转半径有关外，同钻进的地层也有密切关系。根据不同地层选择铲齿的类型，对于提高钻进速度和延长钻斗寿命具有重要意义。通常情况下，土层的种类很多，有粉土、黏性土、砂土、冻土、含冰冻土、湿陷性黄土、回填土、淤泥等。通常情况下，将土层分为硬土层、中硬土层和软土层，对于硬土层，一般选用耐磨性高及齿型略小的铲齿，而对于软土层，可选用齿型较大的铲齿。

国内常用的钻进土层的齿型有 25T、25B、FZ80，表 2-3-2 是通过对比试验得出的三种齿型最优角度值及其地层适应性。

三种铲齿最优角度及地层适应性　　　表 2-3-2

齿　型	25T	25B	FZ80
最优角度(°)	40	40	55
适应机型	土力、义马、麦特等		宝峨
适应地层	黏土层、砂层		
地层硬度	低→高		

工程实践证明，采用高耐磨焊条敷焊对斗齿表面进行耐磨性处理也是一种行之有效的方法，处理后的斗齿表面形成一层硬度达 HRC65～HRC70 的耐磨层，大大提高了切削齿的使用寿命。

(4)钻斗体设计

钻斗体是旋挖钻斗的主要部件，体积较大，上部焊接连接方套，下部要焊接销轴的外套，钻进过程中要将压力和扭矩传递到底盘，斗体必须具有足够的刚度。

16Mn(Q345)板的刚度、强度和焊接性能均比 Q235 和 45 号钢要好，是旋挖斗体合适的加工材料。通过大量的试验和研究证明，采用 16Mn(Q345)板的钻斗体，在施工中表现出刚性好、变形小和耐磨等特点，焊接部件的强度高，不易断裂，能够承受较大的压力和扭矩。

钻斗体一般设计成锥形体，主要考虑有利于快速清除钻斗内的土屑，尤其在黏性土层，当钻斗装满土屑后，会成块黏结在一起，即使底盘全部打开，也会黏结在钻斗体内而难以清除。钻斗体锥角一般为 2°～10°，对于黏性小的土层、砂层、淤泥及流沙层，锥角取小值，对于黏性大的黏土层，锥角取大值。

对于桩孔直径小于 1.0m，钻遇黏性特别强的黏土层时，钻斗清渣会非常困难，清渣时间常常是纯钻进时间的 3～5 倍。针对这种情况，可在钻斗内专门设计活塞式清渣机构，利用钻机压盘轻轻下压，即可把黏性泥土推出桶外，大大缩短旋挖钻斗清渣时间，提高了钻进效率。

对于有些特殊地层钻进，提钻时易发生抽吸作用，若孔壁不稳定，就会造成塌孔埋钻施工事故，此时可在钻斗增设通气孔。通气孔直径设计应考虑钻孔的直径、伸缩钻杆提升的速度、孔内护壁泥浆的黏度以及孔内地层的特性。通气孔的设计如图 2-3-6 所示。

图 2-3-6　通气形状

(5)连接方套设计

连接方套是旋挖钻斗的关键部件之一，直接承担扭矩和压力向钻斗体传递的功能，必须具有足够的刚度、强度和很高的加工精度。传统的连接方套由四块钢板在钻斗体的顶板上焊接而成的，由于所有焊缝处均处于受拉和受剪状态，极易损坏。新的设计思路是将四方套一端插入钻斗体的顶板内，同时在另一端用方环或圆环将其套住，并在四角处增加加强筋，确保连接方套的刚度和连接强度，如图 2-3-7 所示。连接方套上的连接销孔由于要承受较大的压力，销孔容易发生变形，在新设计连接方套结构的连接销孔内增加了采用高强耐磨材料加工并经热处理的销孔套，确保了销孔的连接精度和强度。

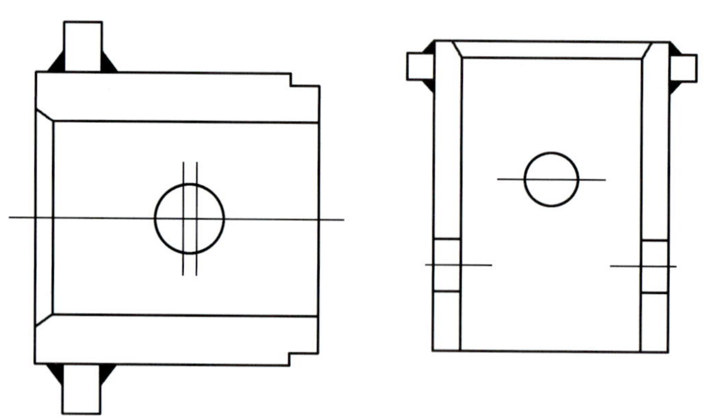

图 2-3-7　两种连接方套结构示意图

(6)开合机构的设计

开合机构应具备工作的灵活性和可靠性。动作灵活就是要使钻斗在装满土屑提出孔口后，当开合机构的压杆碰到钻机上的压盘时，底盘能够迅速打开。工作可靠就是当钻斗在孔底钻进时不论受到多大的冲击和振动，底盘在孔内都不能自动打开。

图 2-3-8 是土层系列旋挖钻具的开合机构。上部为压杆，中部为压杆体，压杆体上有弹簧，压杆体下部为底盘钩。压杆固定在钻斗体的上盖上，压杆体和底盘钩装在钻斗体上。当旋

挖钻斗装满土屑提出孔口继续上提时，压杆会撞上钻机动力头上的加压盘而压缩弹簧，当压杆下移压缩弹簧时，将会带动底盘钩上端下移，从而使底盘钩的下端向外移动而脱离底盘，此时底盘在自重和土屑重力的作用下自动打开。当底盘打开后，开合机构的压杆同钻机上的加压盘脱离，在弹簧力复位的作用下，会带动压杆体上移从而使底盘钩复位。

当钻斗内的土屑全部清出后底盘需要重新合上，这时底盘会压到底盘钩的下端斜面，在整个钻斗自重的压力下，底盘会推动底盘钩的下端向外移使底盘钩打开而自动复位。底盘复位后底盘钩在弹簧的作用下也自动复位。这种机构设计较进口旋挖钻具的设计要大为简单，零件数量少，工作可靠。当钻斗在孔内时，由于有孔壁的阻挡，在钻进过程中底盘钩外移受到一定限制，形成自锁状态而不能随意打开，保证了钻进的安全性。

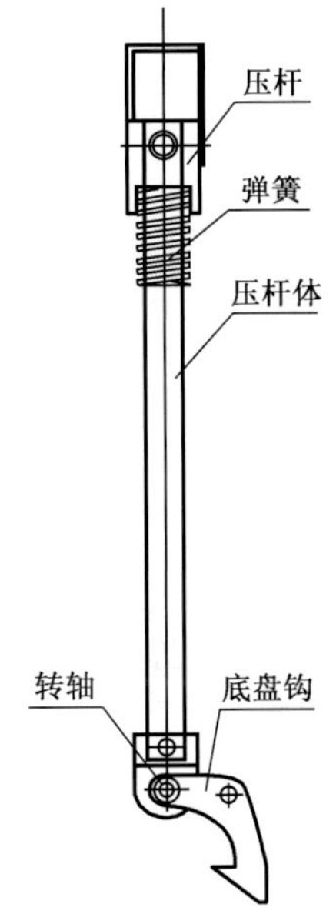

图 2-3-8 钻斗开合机构

开合机构设计的关键是弹簧的复位力必须适合底盘钩的外移行程。弹簧力太小底盘钩容易自行打开，弹簧力太大时底盘复位比较困难。为此在压杆上端设有调节套，通过调节套可以调整弹簧的压缩行程从而调节弹簧复位力的大小。底盘钩的外移行程主要取决于自身结构，如果行程太小底盘容易被振开，如果行程太大底盘不易开合。通过压杆调节套调节压杆的行程同时，也可调节底盘钩的外移行程。

3.2.3 岩层旋挖钻斗的设计分析

岩层旋挖钻斗的基本设计同土层型旋挖钻斗设计相同，主要在底盘的设计、斗齿的类型及分布等方面有所不同。

(1)底盘的设计

岩层旋挖钻斗底盘采用单层或双层结构。单层底盘内设计有活门，双层底盘没有活门，为保证底盘有足够的刚度和强度，底盘开口面积较土层钻斗要小，一般为钻斗底面积的 1/3。岩层旋挖钻斗在钻进过程中承受的钻压和回转扭矩较大，为保证钻斗在钻进时回转平稳，避免销轴外套因受力过大而过快损坏，在底盘上还设计了专门的传扭块。传扭块设计为梯形，在加压状态下，无论钻斗正转或反转，其梯形斜面都能同斗体上的梯形槽完全配合，从而达到传递扭矩的目的。

(2)斗齿的选择与分布设计

岩层旋挖钻斗主要选用截齿(图 2-3-9)，常用截齿的规格类型有 DS31、U84 和 C84。截齿齿型的选择同钻进地层和钻斗直径有关。对于硬土层和硬度较小的强风化岩层，可以选用直径相对较小和齿型较长的截齿，而对于硬度较大的，研磨性较强的地层，一般选用直径较大齿型略短的截齿。截齿在钻斗底盘上的分布主要考虑切削角和回转半径。通过大量研究分析和施工实践对比，截齿的安装角度一般为 45°。根据理论计算，位于回转半径大的部位的截齿回转速度也大，所承受的冲击力和切削的弧长也大，所以外侧截齿数量布置较多且重合度大，以保证每个截齿的工作量基本相同。

3.2.4 卵石层旋挖钻斗的设计分析

由于卵砾石地层一般胶结性低，有的卵砾石地层无胶结，旋挖钻斗在钻进过程中基本不需要破碎卵砾石。由于卵石粒径大小不一，为保证直径较大的卵砾石能够顺利进入钻斗，必须尽可能增大底盘的开口面积，故卵石层旋挖斗底盘主要采用单开口形式设计，以增大开口的卵石通过率，有利于大粒径的卵砾石进入钻斗。

基于卵砾石地层的松散结构特性，钻斗截齿的分布与岩层钻斗有不同，如图 2-3-10 所示。在卵砾石地层钻进中，由于卵砾石地层胶结性低，截齿的主要作用不是碎岩，而是将卵砾石搅动开，使其在钻斗回转时能够顺利进入钻斗体，所以截齿的直径要大，齿型要长，以增加截齿的抗冲击性。由于不需要破碎，截齿之间可以保留一定的间隙，但布齿要均匀，保证钻斗回转的平稳性。

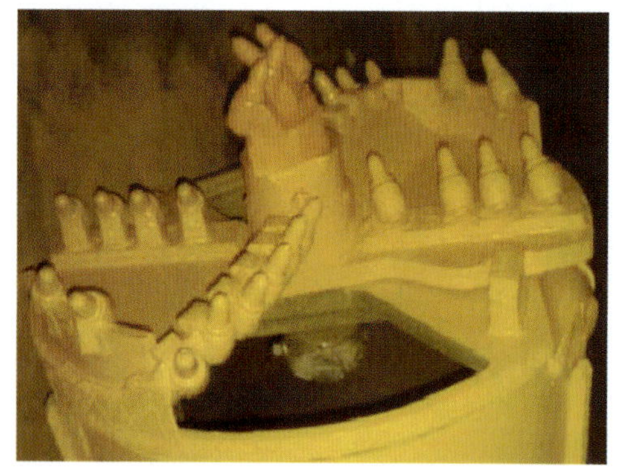

图 2-3-9 岩层钻斗截齿分布

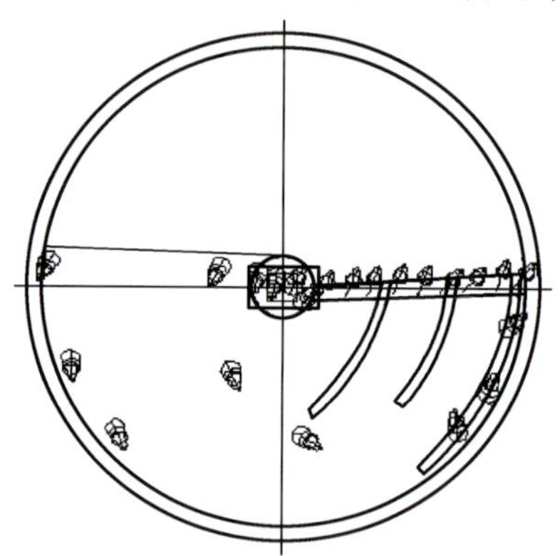

图 2-3-10 卵石层钻产斗截齿分布

3.3 短螺旋钻头设计分析

短螺旋钻头以镶嵌在钻头底部的钻齿切削土体，并以螺旋叶片之间的间隙容纳切削下来的土体，进而达到钻孔成孔的目的的一种钻头。钻进过程中，首先在钻压下，位于芯轴管底端的中心钻头在孔底中心“掏槽”，形成破碎自由面；位于螺旋片上的切削具跟进，钻屑沿螺旋叶片反向上升，充满螺旋叶片之间后，被提钻带出孔，或落入孔中后用捞砂钻斗捞出。

短螺旋钻头按钻进地层分为土层短螺旋钻头、卵石及岩层短螺旋钻头和冻土层短螺旋钻头三类，按其头部结构形式分又可分为锥螺型和直螺型两类，根据短螺旋钻头切削头结构形式的不同和钻头导程的多少又可分为单头单螺、双头单螺旋及双头双螺旋钻头三类，具体可分为单头直螺单螺、双头直螺单螺、双头直螺双螺、单头锥螺单螺、双头锥螺单螺和双头锥螺双螺 6 种。单螺钻头由于清渣容易、回转阻力小，适合用于胶结性好的卵砾石层及硬黏土层；双螺钻头携土能力强，导正性能好，适合用于钻进松散地层及软硬互层地层，具体使用条件详见表 2-2-2。卵石及岩层短螺旋钻头和冻土层短螺旋钻头所用切削具为头部镶焊有钨钴硬质合金的截齿，土层短螺旋钻头所用切削具为“耐磨合金钢斗齿”或“斗齿＋截齿”。

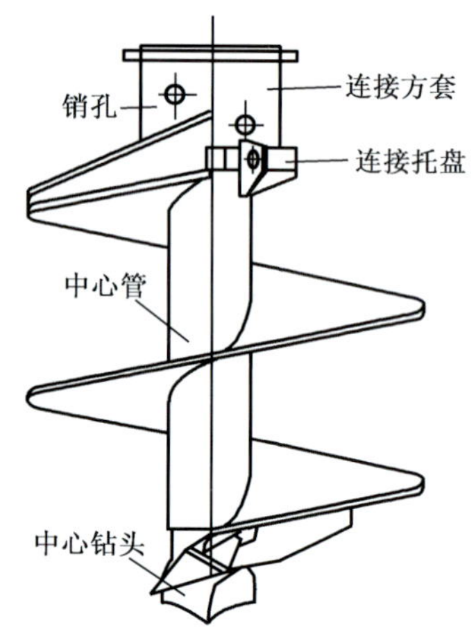

图 2-3-11 土层螺旋钻头结构示意

3.3.1 土层螺旋钻头的设计

土层螺旋钻头主要用于地下水位以上的土层、砂土层、含少量黏土的密实砂层。土层螺旋钻头一般为直螺型，图 2-3-11 是土层螺旋钻头的结构示意，其设计重点应考虑连接方套、托盘式连接、螺旋片及中心钻头的设计。

(1)连接方套

钻机的扭矩和压力通过连接方套传递到钻头体，要求有足够的刚度、强度，为此在四方套上下两端各增设一方形箍套，并在四角处增加加强筋，确保连接方套的刚度和连接强度。与钻斗一样，连接方套上的连接销孔也增加了高强耐磨销孔套。

(2)连接托盘

常规情况下中心管与方套的连接是直接插入进行焊接，但大量的试验表明，这种连接方法强度低，在施工中经常发生螺旋钻头折断事故。采用连接托盘可以很好地解决中心管与方套连接强度低的问题，具体的做法：采用一定厚度的钢板，上部铣成连接方套的尺寸与钻杆连接方套焊为一体，下部车丝扣与中心管拧紧并焊接。连接托盘具有以下优点：①连接方套与下中心管对中精度高，在钻进施工中钻头摆动小；②力学性能合理，可承受大扭矩、高钻压的传递；③通用性强，同规格的螺旋钻头可适用于不同机型钻杆的连接方，加工周期短、便于更换。

(3)螺片

螺片的设计主要内容是螺旋角、螺距和螺片宽度。

按螺旋形成原理，螺旋面上不同半径处的螺旋线的倾角是不同的。螺旋叶片与中心管的交线称为内螺旋线，其倾角为 a_1，螺旋叶片的外缘称外螺旋线，倾角为 a_2。螺旋叶片面上的任意螺旋线的倾角 a_i 必定满足以下条件：$a_1 \leqslant a_i \leqslant a_2$，为了保证螺旋面上被输送的钻屑不因其自重而滑落，应使其螺旋角小于钻屑与螺旋面之间的摩擦角。当钻头的直径一定时，螺旋角小，螺距就小，钻进时土屑会挤在螺片之间造成清土困难；螺旋角太大，钻进时土屑进入螺旋内的阻力就大而不易进入。螺距的大小同钻头直径也有关系，当螺旋角一定时，钻头越大，螺距也越大。对于不同的地层，其土屑与螺旋叶片的摩擦系数不同。所以，螺旋片的设计要综合考虑钻头直径、螺旋角、螺距和地层特性等因素。

根据有关计算，螺距与直径的关系如下：

$$S = k \cdot D$$

式中：S——螺距(mm)；

k——地层系数，对于泥岩 k 取 0.45～0.5，对于软湿地层 k 取 0.5～0.7；对于干硬地层 k 取 0.8～1.0。

正常情况下，螺旋钻头的螺距一般控制为 300～600mm，螺旋角一般为 10°～25°。

(4)螺旋片的切削头

螺旋片的切削头一般有单头螺旋和双头螺旋两种。单头螺旋由于只有一边切削土层，容易使钻孔偏斜，不能加压钻进，只适宜软土层钻进，如图 2-3-12 所示。双头螺旋为对称分布两排切削头，可适当加压钻进硬土层，如图 2-3-13 所示。双头螺旋中的一个只能有半圈螺片，仅起固定切削铲齿的作用。单头螺旋和双头螺旋均可以选择铲齿为切削齿，铲齿布置的重合度要小，铲齿的大小应和钻头直径相匹配。

(5)中心钻头设计

中心钻头一般采用鱼尾形，两侧镶焊硬质合金，并堆焊耐磨焊条。中心钻头要起到稳定钻头的作用，需要设计一定的超前量。由于中心钻头经常需要更换，中心钻头的后部一般设计为四方形，可插入中心管下部的四方套内，用定位销固定。中心钻头也可采用高强耐磨材料进行铸造。

图 2-3-12　单头单螺土层螺旋钻头

图 2-3-13　双头单螺土层螺旋钻头

3.3.2　卵石及岩层螺旋钻头的设计分析

岩层钻进的螺旋钻头通常有锥螺和直螺两种，如图 2-3-14 和图 2-3-15 所示。锥螺的螺旋体较短，一般为两圈，单头锥螺单螺钻头布齿相对较少，一般适合钻进胶结较松的卵砾石层，特别是卵砾石较多较大的地层和风化岩层。由于锥螺单螺钻头叶片间距较大，提钻过程岩屑、土块和碎石易掉落孔中，需要用捞砂斗进行捞砂清底，一般是一钻螺旋钻头、一钻捞砂钻斗，交替进行，通常螺旋钻头起到的是破碎或搅松孔底风化层或胶结砾石层的作用。双头锥螺双螺钻头布齿数量是单头锥螺单螺钻头的 1.5～2 倍，一般适合钻进风化岩层和卵砾石较小的砾石层，钻进时双钻齿同时刻划，钻进效率高，钻进较平稳。直螺的螺旋体较长，一般为四圈，适合钻进倾斜地层及容易造成孔斜的强风化岩层。

卵石及岩层螺旋钻头钻进过程中承受的钻压、回转扭矩和冲击力均很大，钻头的结构强度要求高，对钻头的设计有特殊要求。

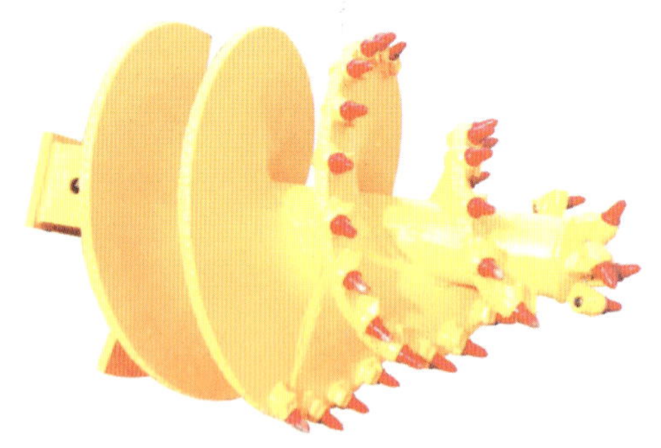

图 2-3-14　双头锥形螺旋钻头

图 2-3-15　双头直形螺旋钻头

(1)加强装置的设计

由于巨大的压力和扭矩通过连接方套传递到中心管，再到螺片上的切削齿，通过设计计算和大量的试验表明，其关键受力处为中心管和方套的连接处经常折断造成钻进事故。因此，在连接方套的下方设计加强装置，使方套同中心管连接的同时，同螺旋片的上部也同时连接。这样，来自于钻机的压力和扭矩同时传递到中心管和螺旋片上，改善了中心管的受力状态，增加了螺旋钻头的强度。

(2)锥角

螺旋钻头锥角的角度是螺旋钻头的重要指标,一般锥角较大,螺旋线的回转角度较小,布齿相对较少,钻头的制造成本也较低,可满足强风化和砾石层钻进;但对于中风化、弱风化等坚硬地层,则要采用小锥角钻头、大钻压进行钻进。锥螺一般分为180°、270°、360°,岩石层越硬,头部锥度设置越大。

(3)切削头的设计

对于直螺的切削头设计较为简单,将切削齿在螺旋的起点延半径方向逐渐分布,随回转半径的增加,切削齿的重合度也相应增加,由于边刃的切削距离长和保径的需要,一般边刃的重合系数可以达到2～3。

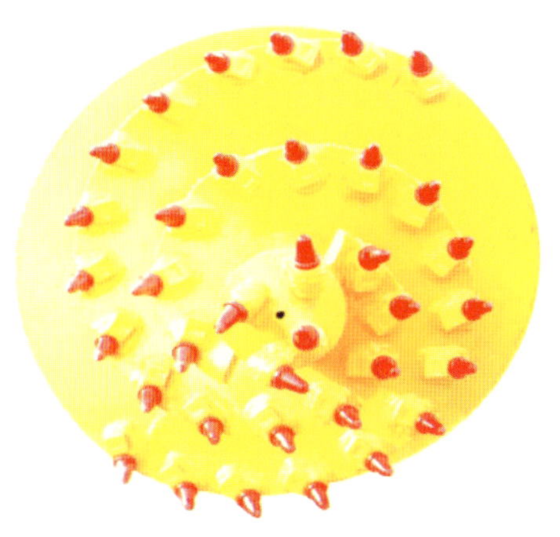

图 2-3-16 锥螺钻头布齿示意

对于锥形螺旋钻头,切削齿布设较为复杂。由于锥形螺旋的边以渐开线的方式逐渐展开,切削齿只能布置在螺旋的边部,如图 2-3-16 所示。以中心管的外径为起点,延半径方向每增加一段长度,在螺旋边部的相应位置焊接一个切削齿,直至到边刃。愈靠近边刃,切削齿的重合度要愈大,以达到保径的目的。

切削齿的切削角一般根据地层的软硬程度来确定,一般确定 45°～50°,地层软切削角取小值,地层硬切削角取大值。钻进较硬风化岩层时,钻齿的下偏角(齿和水平方向的夹角)和出刃量宜小;而钻进胶结较松的卵砾石层时,钻齿的下偏角和出刃量可大一些,以提高钻进效率。

(4)中心钻头的设计

中心钻头体由于在钻头的最前端,受力极为复杂,钻进中极易磨损和折断,一般选用高强耐磨材料锻造而成,经过机加工后要进行热处理,以保证其高强度的特性。中心钻头的前部根据钻头直径一般焊接 3～4 个切削齿。中心钻头的后部为四方形,可以直接插入中心管的下部方套内,用销轴进行连接方便现场更换。

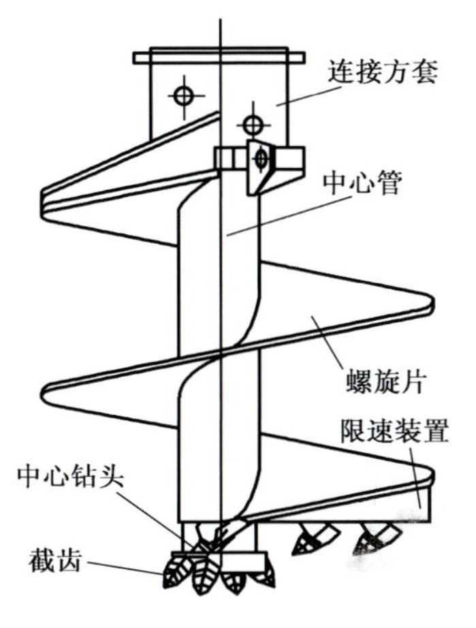

图 2-3-17 冻土层螺旋钻头

3.3.3 冻土层螺旋钻头的设计分析

原状冻土层坚硬密实,但钻进时钻头与地层摩擦产生的热量会融化冻土层中的冰,使土层的黏性增大,导致螺旋钻头泥包而难以继续钻进,提钻后卸土困难。图 2-3-17 是一种专门钻进冻土层的螺旋钻头,钻头结构采用了直螺型并增设了限速装置,通过限速装置来控制钻头每旋转一圈的进尺量,减少钻进所产生的热量,避免因冻土溶化而产生的钻头泥包和甩渣困难等问题的出现。设置限速装置后,钻头每旋转一圈的进尺量基本控制在 10～15cm,每次剥离的冻土块基本为 8～10cm,进尺约 1m 提钻,高速反转即可轻松甩掉钻屑。

3.4 筒钻头结构设计分析

筒钻头为常规的旋挖钻具，主要由连接方套、钻筒、切削齿及加强筋板组成。

(1)连接方套的设计

筒钻头的连接方套设计与螺旋钻头的连接方套设计相同，均采用了加强处理。

(2)钻筒设计

筒钻头一般用于岩石地层钻进，钻筒承受的钻压和回转扭矩较大，钻筒应具有足够的刚度和强度。钻筒一般采用高强耐磨的材料，壁厚不小于16～20mm，钻筒外壁镶焊若干硬质合金耐磨保径加强筋。耐磨保径加强筋增大了钻筒与钻孔壁的环状间隙，可以防止由于岩屑在环状间隙过多聚集而导致的卡钻或埋钻，同时也提高了钻筒的耐磨性，延长了钻筒的使用寿命。

(3)切削齿的选择与分布

对于强风化和部分中风化岩层，筒钻切削具一般选择截形齿。截形齿的分布设计一般为2～3圈，按外圈、中圈和内圈布置，如图2-3-18所示。外圈截形齿等距离分布，外径应不小于钻筒加强筋的外径，内圈截形齿也要基本等距离分布，其内径应小于钻筒的内径，以保证钻进产生的岩心柱能够顺利进入钻筒。大直径筒钻的环状截面大，应布置中圈切削齿，小直径筒钻可取消中圈切削齿。

对于钻进微风化岩石时，可选用专用牙轮或镶齿滚刀，如图2-3-19所示。牙轮或滚刀采用内外圈分布，外圈的牙轮或滚刀不仅切削岩石，还有保径的需要，其外径要比钻筒上的加强筋要大。内圈的牙轮或滚刀要保证岩心的直径比钻筒的内径要小，以便岩心柱能够顺利进入钻筒。

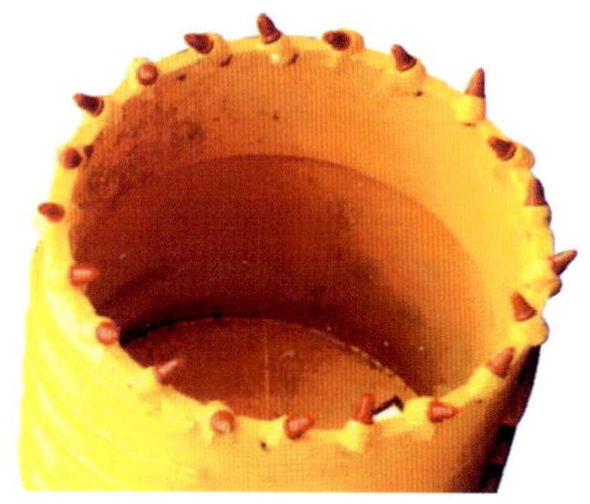

图2-3-18 筒钻截齿布置

图2-3-19 筒钻牙轮布置

筒钻切削具的数量应根据钻头的直径、岩石的硬度和钻机的加压能力来确定，保证切削具有一定的吃岩深度，否则会造成切削具过度磨损。

3.5 卵砾石层钻进用新钻具

3.5.1 切削盘内置式筒钻

切削盘内置式筒钻是筒钻同捞砂斗两种结构的钻头组合在一起的复合式钻头，钻头外圈为取心筒钻结构，其内400～600mm高处为捞砂斗的切削盘和底盘，即在捞砂斗的底盘周围加焊一取心筒钻。图2-3-20是切削盘内置式筒钻结构示意，图2-3-21是切削盘内置式筒钻实物。

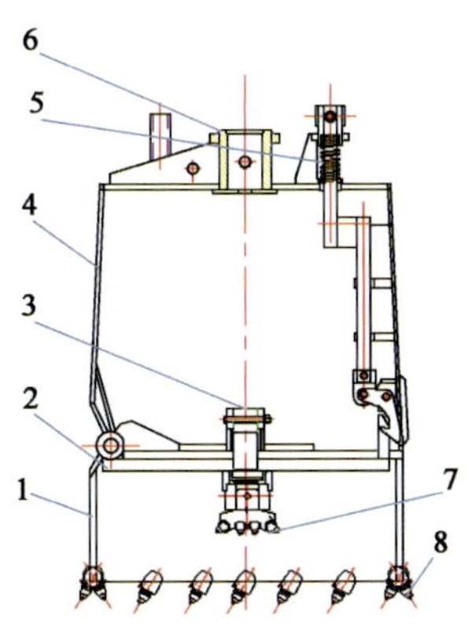

图 2-3-20　切削盘内置式筒钻结构示意

1-下筒体；2-旋转轴；3-底盘组件；4-桶体；5-开合杆；6-连接方；7-钻齿；8-前刃

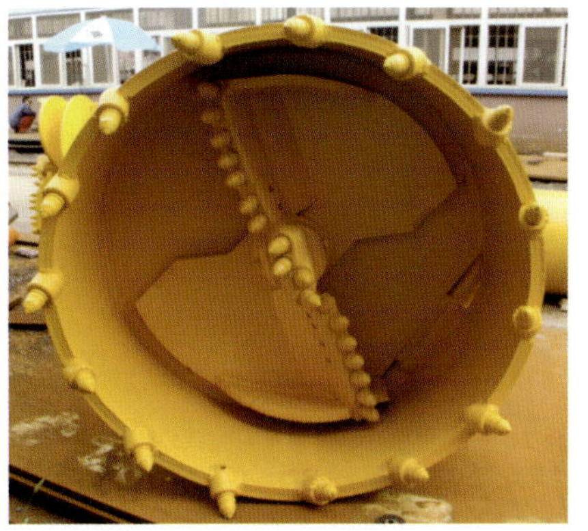
图 2-3-21　切削盘内置式筒钻实物

切削盘内置式筒钻钻进时先将桩孔内的卵砾石与周围地层切割开来，由于超前掏槽使桩孔产生自由面，随后内置切削盘的截齿对中间卵砾石进行犁沟式铲切使其松动，之后被内置切削盘挤入筒内。钻进一个回次后，将筒钻提到孔口，下压开合杆，筒钻和切削盘、底盘部分打开，筒内岩渣即可排出。在钻进过程中，不要在孔口加压，在钻机提升力准许的前提下，尽量加大钻具的自重，必要时在钻头上加配重，实行孔底加压、孔口钻进工艺。

切削盘内置式筒钻具有以下特点：

①采用取心筒钻外圈掏槽，中间定心，保证钻进不偏斜。

②加设了通气孔，钻具提升时抽吸作用小，避免塌孔。

③筒外壁耐磨条厚度达到 10mm，钻进时起到很好的保径支撑作用。

④钻具对中好，钻进平稳、摆动小，对孔壁造成的扰动小。

3.5.2　复合式螺旋钻头

图 2-3-22 是复合式螺旋钻头结构示意图，图 2-3-23 是复合式螺旋钻头实物。从结构特征

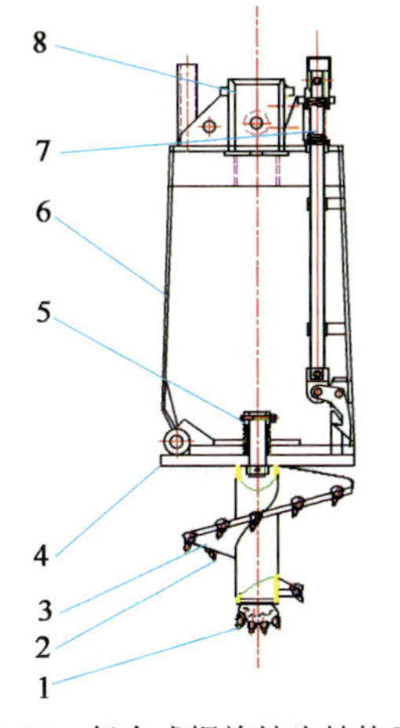

图 2-3-22　复合式螺旋钻头结构示意

1-前刃；2-钻齿；3-螺旋片；4-旋转轴；5-底盘组件；6-桶体；7-开合杆；8-连接方

图 2-3-23　复合螺旋钻头

和钻进原理上说，复合式螺旋钻头是捞砂斗和短螺旋钻头两种钻具的组合。螺旋钻头将卵砾石搅松，沿螺片进入到捞砂斗中，克服螺旋钻头不能在水中携带卵砾石的缺点；捞砂斗将卵砾石带到孔外，克服捞砂斗不能在胶结密实卵砾石层钻进的缺点，将两种钻具的优点组合在一起，无需频繁的换钻头钻进，提高了钻进效率。

3.5.3 卵砾石取心筒式钻头

在卵砾石层钻进过程中，遇到大块的漂石、孤石及回填的混凝土块时，旋挖钻机往往无法钻进，一般换用冲击钻机进行冲击破碎，但冲击钻进效率低，扩孔率高，且冲击振动对周边建筑物及地下管线影响大，专门设计的卵砾石取心筒式钻头可以解决上述问题。

图 2-3-24 是卵砾石取心筒式钻头结构原理示意图。钻头与钻杆相连的方接头可上下移动一定的距离，通过连杆机构带动筒壁上两个抱爪松开、抱紧，钻进时，接头向下加压，两个抱爪松开，其外径与钻头外筒壁平齐；提钻时，接头带动连杆机构和两个抱爪抱紧收入筒内的卵砾石，将卵砾石带到孔外。钻头上的切削齿根据卵砾石的性质和孔径的大小采用滚刀、牙轮、截齿。考虑到钻进时受力平衡，滚刀、牙轮内外成对称布刀，截齿则三个为一组对称布齿。

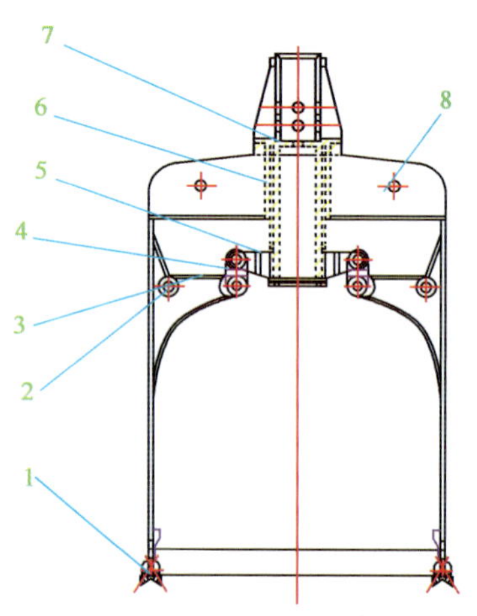

图 2-3-24 复合螺旋钻头

1-截齿；2-开合轴；3-抓柄；4-拉杆；5-连杆；6-上盘组件；7-方头组件；8-上盘筋板

卵砾石取心筒式钻头在卵砾石、漂石层钻进，钻进时受很大的冲击力，钻具振动较大，因此钻头的筒壁厚度要大于其他钻头的厚度，一般采用 20～30mm 厚的锰板，焊齿部分一般采用 40～50mm 厚的锰板。接头与钻头体的扭矩传递采用了 ϕ273mm×25mm 和 ϕ325mm×25mm 厚壁无缝管结构，管壁内外侧加焊键条，设计的钻头无缝管的强度大于钻机钻杆的强度，传扭键接触长度超过 400mm。

第4章 全套管护壁钻进技术

4.1 概述

全套管护壁桩也可称为贝诺特工法(Benote method),是法国贝诺特公司在20世纪50年代初发明的一种施工方法,其常见的成孔机械有摇动式全套管钻机和全回转全套管钻机。

摇动式全套管钻机是利用两只摇动液压缸的伸缩使套管绕其中心以一定的角度往复转动,从而使套管最下端的切削齿剪切岩土体,降低套管压入阻力,靠另外两只液压缸将套管压入或从土中拔出,其主要的钻掘设备为落锤式冲抓斗。在卵石地层粒径较小的漂石可以直接用冲抓斗抓出或者将其破碎后抓出,9号线丰台北路站采用摇动式全套管钻机试桩时由冲抓斗直接抓出的漂石粒径达570mm,而由冲抓斗直接破碎的漂石直径也达320mm。对于冲抓斗无法破碎的大粒径漂石,可以用质量较大的十字冲击锤将其破碎后抓出。国内的全套管钻机主要为捷程桩工生产的MZ系列摇动式全套管钻机,主要针对直径1.5m以下的钻孔灌注桩。

随着桩基础工程蓬勃发展,桩的直径越来越大,施工效率和精度要求越来越高,沉管的扭矩也越来越大。20世纪80年代中期,日本和德国的几家公司相继开发成功全回转全套管钻机,在沉管设备和工艺上作了较大改进,套管的沉入方式采用连续360°全回转。相对于摇动式全套管钻机,全回转全套管钻机的沉管液压设备的扭矩较大,沉管直径可达3m,沉管深度可达150m。国外的全套管钻机一般为全回转式钻机,主要针对1.5~3.0m的大直径钻孔灌注桩,其代表施工机械为日本车辆公司生产的RT系列(SUPERTOP)、三菱重工生产的MRF系列以及德国LIFER公司产的QDH系列等。

目前全回转套管钻机和搓管机在我国应用并不普遍,但国内旋挖钻机保用量却很高,旋挖钻机进行桩孔施工非常普遍,因此用旋挖钻机配合新的机具进行全套管施工,用拔管机起拔套管,将是一种成本较低的全套管施工法。

4.2 全套管护壁钻进的特点及适用条件

4.2.1 全套管护壁钻进特点

全套管钻机是一种机械性能好、成孔深度大、成桩直径大的新型桩工机械,集取土、成孔、护壁、吊放钢筋笼、灌注混凝土等作业工序于一体，施工效率高，工序辅助费用低。

全套管施工法与普通大直径灌注桩的施工法相比，成孔成桩工艺方面具有以下优点：

(1)环保性好，施工现场噪声低、振动小，无泥浆污染，钻屑含水率较低，方便外运，适合于在市区内施工。

(2)成孔和成桩质量高，取土时套管全护壁，易于控制桩径与形状，清底效果好，超灌量小，节约混凝土。

(3)根据冲抓斗取土深度，可以精确进行地层的分层，选择适宜的桩端持力层。

(4)地层适应性强，配合各种类型抓斗在各种土层、岩层均可施工，当桩端需嵌岩时，可采用十字冲锤等进行冲击钻进；可在各种杂填土中施工，适合旧城改造的基础工程。

与普通大直径灌注桩的施工法相比，全套管施工法也存在一些缺点：①采用大型机械施工，作业空间要求大；②施工桩的直径受钢套管直径规格限制；③地下水位下细砂层厚度大于 5m 时，套管起拔困难；④施工基础桩时，冲抓斗挖掘对桩端持力层有扰动；⑤当套管外地下水位较高时，孔底容易发生隆起、涌砂现象，使桩端持力层松软。施工中只要采取必要措施，全套管施工法的上述缺点是可以克服的，这已在施工实践中得到验证。

4.2.2 全套管护壁钻进适用范围

全套管护壁钻进配合各种类型机具，几乎可在各种土层、岩层中施工。回转式全套管钻机可在弱风化岩中施工，但在大孤石、岩层中成孔时，成孔效率将显著降低。当在地下水位以下存在较厚砂层时，由于套管的摇动或回转，砂层将产生排水固结，造成沉或拉拔套管困难，应避免套管在有厚细砂层的地层中使用。

4.3 全套管钻机构造

全套管钻机按其成孔直径可分为小型钻机(直径在 1.2m 以下)、中型钻机(直径在 1.3～1.5m)和大型钻机(直径在 1.6～2.0m 或更大)，欧洲及日本多使用大、中型钻机，国内使用的捷程牌 MZ 系列全套管钻机属中小型。

目前捷程牌 MZ 系列全套管钻机有 MZ-1、MZ-2、MZ-3 型，成孔直径为 ϕ800、ϕ1000、ϕ1200、ϕ1500，成孔深度 35～45m。MZ-1、MZ-2 型属小型全套管钻机，钻孔直径分别为 0.8～1.0m、1.0～1.2m，摇动扭矩分别为 1255kN・m、1470kN・m；MZ-3 型属中型全套管钻机，钻孔直径为 1.2～1.5m，摇动扭矩为 2650kN・m。自 1996 年 MZ 系列全套管钻机定型规模生产以来，已成功地完成约 70 多项灌注桩工程，总桩数约 53800 根。2000 年 6 月深圳地铁一期工程会购区间，共投入 7 台全套管钻孔进行咬合桩施工，其中捷程 MZ-1、MZ-2 全套管钻机 5 台，日本三菱重工 MT2150 和 MT2200 各 1 台。施工结果表明，捷程 MZ 型钻机达到了日本 MT 全套管钻机的施工效果，比 MT 钻机更具灵活性和可操作性，而且设备造价低。2009 年北京地铁 9 号线丰台北路站和钓鱼台东站也采用了捷程 MZ 型全套管钻机进行支护桩的施工，解决了大卵石地层旋挖钻机无法钻进的困难。

4.3.1 钻机组成

捷程 MZ 型钻机属于附着式全套管钻机，由主机、钢套管、锤式抓斗和液压工作站组成，现场施工需另配履带式吊车，如图 2-4-1 所示。表 2-4-1 是捷程 MZ 系列全套管钻机规格、型号及技术性能表。

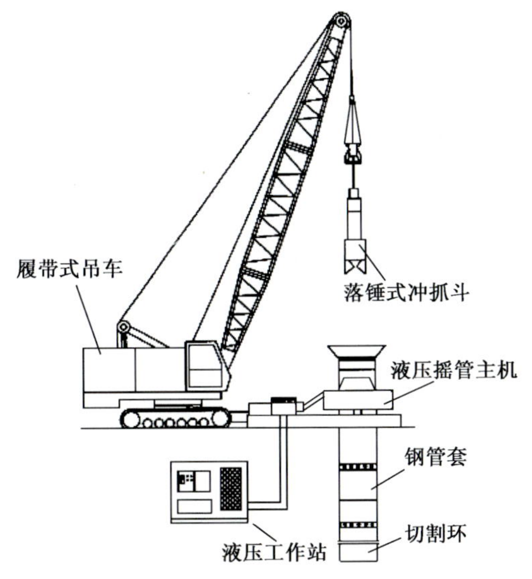

图 2-4-1 MZ 全套管灌注桩机配套设备示意

捷程 MZ 系列全套管钻机规格、型号及技术性能表 表 2-4-1

<table>
<tr><td>型号</td><td>MZ-1</td><td>MZ-2</td><td>MZ-3</td><td colspan="2">型号</td><td>MZ-1</td><td>MZ-2</td><td>MZ-3</td></tr>
<tr><td>钻孔直径(m)</td><td>0.8～1.0</td><td>1.0～1.2</td><td>1.2～1.5</td><td colspan="2">功率(kW)</td><td>55</td><td>75</td><td>95</td></tr>
<tr><td>钻孔深度(m)</td><td>35—45</td><td>35—45</td><td>35—45</td><td colspan="2">油缸工作压(MPa)</td><td>35</td><td>35</td><td>35</td></tr>
<tr><td>压管行程(mm)</td><td>550</td><td>650</td><td>600</td><td rowspan="3">外形尺寸(mm)</td><td>长度</td><td>4700</td><td>5500</td><td>6000</td></tr>
<tr><td>摇动推力(kN)</td><td>1060</td><td>1255</td><td>1648</td><td>宽度</td><td>2200</td><td>1250</td><td>2800</td></tr>
<tr><td>摇动扭矩(N·m)</td><td>1255</td><td>1470</td><td>2650</td><td>高度</td><td>1500</td><td>1540</td><td>1600</td></tr>
<tr><td>提升力(kN)</td><td>1157</td><td>1353</td><td>1961</td><td rowspan="2">质量(kg)</td><td>主机</td><td>14000</td><td>18000</td><td>28000</td></tr>
<tr><td>夹紧力(kN)</td><td>1765</td><td>1960</td><td>2255</td><td>液压装置</td><td>2800</td><td>3200</td><td>3500</td></tr>
<tr><td>定位力(kN)</td><td>294</td><td>353</td><td>490</td><td colspan="2">吊车起重能力(kN)</td><td>≥147</td><td>≥196</td><td>≥343</td></tr>
<tr><td>摇动角度(°)</td><td>27</td><td>27</td><td>27</td><td colspan="2">锤式抓斗自重(kN)</td><td>20～25</td><td>25～35</td><td>35～50</td></tr>
<tr><td>前后倾角(°)</td><td>8</td><td>8</td><td>8</td><td colspan="2">十字冲锤自重(kN)</td><td>40～50</td><td>60～80</td><td>80～100</td></tr>
</table>

4.3.2 主机

主机是整套机组中的工作机，由底座、机架、提升油缸、锁定油缸、摇动油缸、调节油缸及定位油缸等组成，如图 2-4-2 所示。

图 2-4-2 主机

提升油缸和机架安装在主机底座上，锁定油缸安装在机架上。锁定油缸的作用是夹紧或放松机架上的钢套管；提升油缸的作用是直接操控机架升降，间接控制钢套管的上下运动。主机底座的另一端安设有固定支架，支架上安装的两个摇动油缸及左右摇臂可以控制钢套管进行周期性的摇动，支架上定位调节油缸的作用是用于调节钢套管的垂直度。此外，为使钢套管提升或下放并调整锁定夹具的位置时防止钢套管的下坠，在主机底座上还安设有两个定位油缸及定位夹具。

4.3.3 锤式抓斗

锤式抓斗(图 2-4-3)的作用和工作过程：当套管压入土中，抓斗片呈打开状态，卷扬筒突然放松，抓斗以落锤(自由落体)方式向套管内冲入切土；此后闭合抓斗片，提起抓斗移出孔位，打开抓斗片弃土。抓斗的外径要与套管的内径相匹配。按桩孔土层特性，抓斗有万能型、硬质土用型、卵砾石用型及碎岩的十字凿锤等形式。

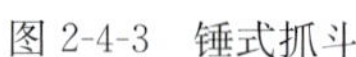

图 2-4-3　锤式抓斗

4.3.4 钢套管

套管在入土过程中承受一定的扭矩，桩孔越长所承受的扭矩越大，钢套管(图 2-4-4)必须具有足够的强度和刚度。MZ 系列全套管钻机属中小型钻机，成孔直径小于 1.5m，成孔深度不大于 45m，故钻机配套的钢套管采用 16Mn 钢单层套管，其壁厚为 20mm，长度一般为 7.0～8.0m。套管上下接头均为经过精确加工的雌雄接头，便于套管准确连接，并用螺栓固定。

在第 1 节套管底部设有带刃口的切割环(图 2-4-5)，其刃口外径比标准套管外径稍微大一些，以减少在下沉过程中标准套管与孔壁间的摩阻力。

图 2-4-4　钢套管

图 2-4-5　切割环

4.3.5 液压工作站

液压系统由液压站、钢丝胶管总成及液压控制箱等组成，以控制各类用途的油缸工作。

4.3.6 履带式起重机

起配合作用的履带式起重机的起重能力要求见表 2-4-1。在主机的底座上设有与履带吊固定用的连接装置，履带吊的吊臂及钢索上连接锤击抓斗。

4.4 全套管灌注桩施工

4.4.1 工艺流程

图 2-4-6 是捷程 MZ 全套管冲抓钻进灌注桩施工程序示意图。

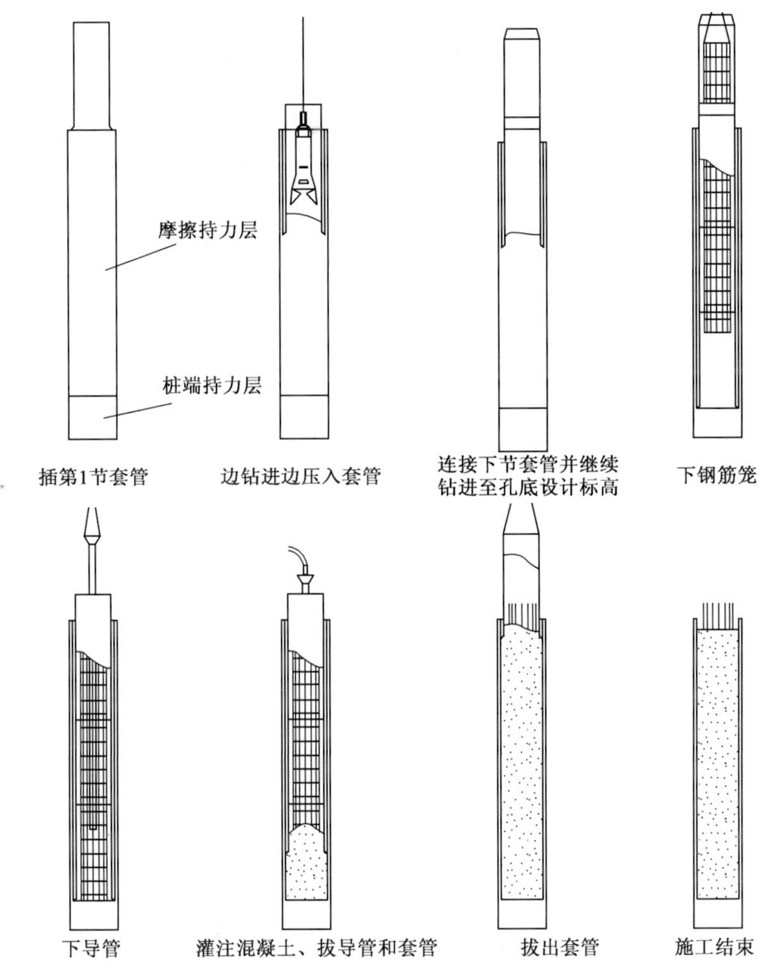

图 2-4-6 捷程 MZ 全套管冲抓钻进灌注桩施工程序示意图

具体工艺流程如下:平整场地→测放桩位→硬化井圈→钻机就位对准桩位→ 吊装安放第 1 节套管→测控垂直度→压入第 1 节套管→校对垂直度→抓斗取土,接第 2、3…节套管→测量孔深→清除虚土→吊放钢筋笼→放入混凝土注浆导管→灌注混凝土、提升导管、逐次拔套管→测定混凝土面→桩机移位。

4.4.2 施工工艺

(1)成孔

①将主机底座与履带吊连接并移动到桩位上,将第 1 节钢套管对准桩位后,启动定位油缸,用定位夹具夹紧钢套管。

②操作提升油缸,将机架提升到最大高度,启动锁定油缸,推动锁定夹具夹紧钢套管。

③检查钢套管垂直度,若偏差超过允许范围,则启动调节油缸,进行钢套管垂直度调节。

④收缩提升油缸,将套管插入地层,底座被支起而离开地面,此时摇动油缸开始工作,通过两个摇臂带动套管作周期性反复摇动,使套管底部的切割环钻入土层,在机架自重作用下套管逐渐被压入地层中。

⑤当底座接近地面,停止摇动油缸工作,收缩锁定油缸使其放松并脱离套管,底座随之落地。

⑥再次操作提升油缸,使机架升回到最大高度,再启动锁定油缸固定套管,而后再次收缩提升油缸,底座又被支起而离开地面,此时摇动油缸重新恢复工作。

⑦重复⑤、⑥的施工程序,直至需要加装下一节套管时,将加装的套管插入已被锁定套管的上端,对准接头螺口,上紧螺栓。

⑧重复⑤、⑥、⑦的施工程序,直至使套管达到设计要求的深度为止。

⑨在挖掘桩孔过程中,应在套管顶部安设一个护筒,以防止锤式抓斗冲击时损坏套管的上端口。

⑩挖掘完毕后立即测定桩孔深度,确认桩端持力层,清除孔底虚土。

(2)清底

①孔内无水时,在良好通风的条件下人可入孔底清底。

②虚土不多且孔内无水或孔内水位很浅时,可轻轻地放下锤式抓斗,细心地掏底。

③孔内水位高且沉淀物多时,用锤式抓斗掏底以后,立即将沉渣筒吊放到孔底静置15～30min,待泥渣充分沉淀以后,再将沉渣筒提上来。

④当采取上述第③项方法,仍认为孔底处理不够充分时,可在灌注混凝土之前,采用泵吸反循环等方法清除沉渣。

(3)成桩

成孔结束后若立即起拔套管会导致孔壁坍塌,为避免孔壁坍塌,起拔套管应与灌注混凝土交替进行,即边拔套管边灌注混凝土。视地下水情况,灌注混凝土方式可采用水下灌注或干孔灌注。

①将钢筋笼放入孔中,检查笼顶高程。

②将带储料斗的导管放入孔中。

③将提升油缸伸展拔出一段套管后,停止提升油缸工作,开始灌注混凝土,然后再拔管,再灌注混凝土,如此循环多次直至提升油缸达到最大高度。

④多次循环作业③,直至导管及套管全部拔出,混凝土灌注完成。在拔出套管时,只需将连接上下两节套管的螺栓取出,即可卸下上面一节的套管。

4.5 卵石地层全套管钻进施工关键技术

4.5.1 成孔技术

(1)合理处理套管刃尖与挖掘底面的关系

9 号线桩孔地层一般为填土、粉土、粉砂层、圆砾和卵石层。对于上部的填土、粉土、粉砂层、圆砾层，套管刃尖可先行压进，也可在与挖掘底面保持几乎同等深度的情况下压进。进入卵石层后套管压进困难、挑孔石或探头石对套管端部切割环的磨损严重，应采取超挖措施，即先超前冲抓一定深度后压入套管，但超挖量必须使周围土层的松弛最小，一般控制在 0.3m 左右。

(2)套管液压驱动系统操作与冲抓挖掘应密切配合、协调作业

全套管钻进卵石地层时遇到的主要问题是钻进速度明显下降，套管扭矩明显加大，套管外壁与驱动齿轮间在强大的咬合力下被拉出深槽，套管下压难度加大，管底环刀及管壁上附加的耐磨条磨损严重，冲抓斗的锥瓣在冲击作用下损毁严重。因环刀、锥瓣属于贵重部件，耐磨条修复费用高，造成施工成本加大。丰台北路站在漂石地层成桩时，由于冲抓斗需要不断的碰撞和冲击，其抓片损坏较为严重，特别是在漂石粒径较大的卵石⑦层，据统计平均每施作 10 颗桩会损坏一对抓片；同时由于套管和卵石之间的不断摩擦，套管的磨损较为严重，随着磨损的不断增加套管逐渐变薄，其抗扭能力减弱，可能出现套管被扭断的危险，当套管壁厚度减小到 15mm 以下(原厚度为 20mm)时就应该考虑报废；钢套管受往复的摇动，套管之间的连接部分受正反两个方向的扭矩作用，因此用于连接的内六角螺栓很容易损坏(每颗桩的套管需要 20 颗内六角螺栓进行连接)，据统计，平均每施作一颗桩会损坏一个内六角螺栓。

为减小设备损耗，提高钻进速度、降低施工成本，在施工过程中采用边挖掘边沉管的方法，并做到套管液压驱动系统操作与冲抓挖掘应密切配合、协调作业。首先选用经验丰富的操作手操作套管液压驱动系统，同时与冲抓锥操作手之间形成默契的配合，当套管操作手感觉到压力和扭矩明显增加时，先停止进尺并用冲抓斗将孔底抓成漏斗状，然后反复回转套管，通过挤压、环切等手段将位于卵漂石挤开或切断，然后再下压套管实现快速进尺。

(3)冲抓斗抓取大粒径卵石

一般来说，小于套管 1/2 内径的卵石或漂石可以用抓斗抓出(图 2-4-7)，但应合理控制超挖量。如桩孔直径 800mm，卵石层中漂石的粒径小于 300mm 时，应先超挖 400mm 左右，把漂石抓出后必须向孔内填入黏土或膨润土，填土高度应大于钻孔直径以保证孔底的稳定，之后再插入套管，如此反复操作突破该卵石层。当卵漂石粒径过大、无法切断或挤开时，将冲抓斗换成冲击锤，将卵漂石砸碎改小后取出。当大粒径卵石位于孔内但抓斗无法取出时，可人工下到孔底将卵石捆绑结实后吊出。

图 2-4-7 抓斗抓出的大卵石

(4)遇坚硬土层、大漂石(孤石)的施工措施

钻机施工过程中遇到坚硬土层抓斗无法抓土时，可使用四脚冲锤(图 2-4-8)或斜冲锤(图 2-4-9)将坚硬土层冲击松软后，使用抓斗取土。

如图 2-4-10 所示，孤石与套管的位置关系主要有下列 4 种情况：①孤石位于套管直径范围内；②石位于套管边缘且伸入管内不小于 100mm；③孤石位于套管边缘且伸入管内小于 100mm；④孤石较大，超出套管直径范围。当孤石位于套管直径范围内，可直接用十字冲锤将

孤石冲碎后，使用抓斗抓出；当孤石位于套管边缘且伸入管内不小于 100mm，用圆形冲锤将孤石冲碎后，使用抓斗抓出；孤石位于套管边缘且伸入管内小于 100mm 时，采用偏心锤反复冲击，击碎后再用抓斗取出；当孤石较大且超出套管直径范围，用"一字形"冲锤配合十字冲锤及圆形冲锤将孤石冲碎后，使用抓斗抓出。

图 2-4-8　四脚冲锤

图 2-4-9　斜冲锤

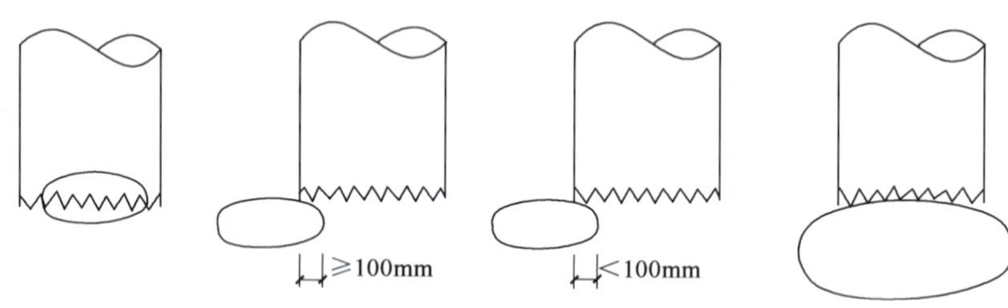

图 2-4-10　孤石与套筒位置关系

当各种冲锤冲击后仍无法出渣时，说明漂石可能外露的很少，各种类型的冲击锤都不适用或遇到其他不明情况时，先向套筒内输送新鲜空气（遇水时，先抽干套管内积水），然后吊放作业人员进入套管内进行探查拍照（图 2-4-11），确定障碍情况后，采用相应的工具、设备将其清除即可，人工进行清除作业时，需两人一组，一人在套管内作业，一人负责在套管顶部观察套管内情况并指挥吊车作业。

图 2-4-11　工人下护筒探查障碍物

（5）桩孔内存在地下水的处理措施

如桩孔内存在少量地下水时，可向孔内投黏土球或回填黏土，黏土吸水后呈塑性状态，保证孔壁稳定，施工时应边回填黏土边用抓斗挖掘；如果孔内水量较大，应回填膨润土进行造浆，并采用筒式取水器提取泥浆配合抓斗挖掘。

4.5.2　桩垂直度控制技术

北京地铁 9 号线对明挖基坑工程的围护桩施工精度要求非常高，垂直度为 0.5%。旋挖钻机具有数字化的监测系统，施工过程中桩体垂直度容易控制，即使出现偏差也容

易进行修正。而全套管钻进桩体垂直度主要由套管的垂直度决定，施工过程中对套管垂直度的监控十分重要，应及时根据监测结果进行套管纠偏，否则等全部套管下沉完毕后进行纠偏将十分困难。

（1）硬化井圈

因全套管主机自重较大且拔管时对地面有反作用力，如施工部位地基承载力过低时钻机无法保证桩体垂直度，特殊情况下无法正常施工。硬化井圈的作用就是提高地基承载力，减小地基的差异沉降，确保钻机正常施工和桩体垂直度满足设计要求。北京地铁 9 号线围护桩施工中，除位于机动车道上的桩位外，对处于绿化带等区域的桩位均进行了井圈加固处理。图 2-4-12是硬化井圈的结构示意图，其具体做法是：沿桩位内外两侧各做截面 300mm×300mm 的钢筋混凝土井圈，内配 ϕ8@150 双层双向的钢筋网片；相邻桩位之间做截面为 300mm×300mm 的钢筋混凝土暗梁，内配 4ϕ20 主筋，暗梁距桩位外皮 400mm。

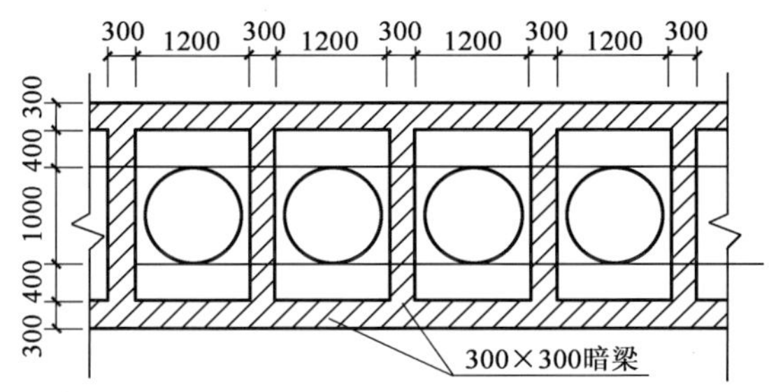

图 2-4-12　硬化井圈结构示意图（尺寸单位：mm）

（2）套管顺直度检查和校正

在地面上测放出两条相互平行的直线，将套管置于两条直线之间，用线锤和直尺进行检测。先检查和校正单节套管的顺直度，然后将按照桩长配置的套管全部连接起来进行整根套管的顺直度检查，整根套管的顺直度偏差应小于 1/1000。

（3）成孔过程中桩的垂直度监测和检查

①地面监测。桩的垂直精度几乎完全由第一组套管垂直精度决定。第一组套管安好后要用两台经纬仪或两组测锤从两个正交方向校正其垂直度，边校正、边摇动套管、边压入，不断校核垂直度，套管压入深度为 2.5～3m，然后开始用锤式抓斗掘凿。正常钻进过程中应及时监测出露在地表套管的垂直度，不合格时需进行纠偏，直至合格才能进行下一节套管施工。

②孔内检查。每节套管压完后安装下一节套管之前，都要停下来用测斜仪或“测环”进行孔内垂直度检查，不合格时需进行纠偏，直至合格才能进行下一节套管施工。图 2-4-13 是测环法测定垂直度原理示意图，检测时应将测绳沿十字架缓慢移动直至测环边沿与套管内壁刚好接触为止。

③终孔检测。在每根桩成孔完毕，必须进行垂直度检测，选两个相互垂直的方向进行测量。垂直度必须达到设计要求，如不合格必须纠偏，使垂直度达到要求为止。

（4）纠偏

成孔过程中如发现垂直度偏差过大，必须进行纠偏调整，纠偏的方法有以下两种：

①利用钻机油缸进行纠偏。如偏差不大或套管入土不深（5m 以内），可直接利用钻机的两个顶升油缸和两个推拉油缸调节套管的垂直度，即可达到纠偏的目的。

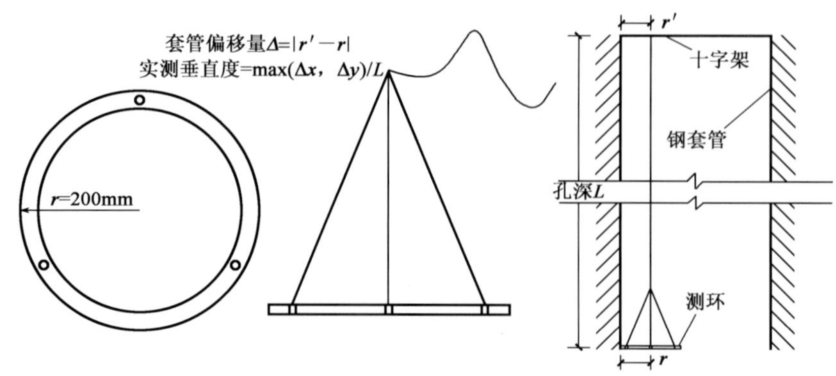

图 2-4-13　测环法原理示意图

②桩在入土大于 5m 发生较大偏移，可先利用钻机油缸直接纠偏，如达不到要求，可向套管内填砂或黏土，一边填土一边拔起套管，直至将套管提升到上一次检查合格的地方，重新校正套管垂直度，检查合格后再重新下压。

表 2-4-2 是丰台北路站 10 棵围护桩的垂直度。从表 2-4-2 中可以看出，全套管钻机对垂直度的控制很好，完全满足控制标准 5.0‰的要求。

丰台北路站 10 颗桩的垂直度统计表　　表 2-4-2

桩　号	Δx(mm)	Δy(mm)	垂直度	桩　号	Δx(mm)	Δy(mm)	垂直度
WHZ-104	100	85	4.0‰	WHZ-99	32	14	1.2‰
WHZ-103	20	40	1.6‰	WHZ-98	15	32	1.3‰
WHZ-102	20	26	1.0‰	WHZ-97	19	43	1.7‰
WHZ-101	40	80	3.1‰	WHZ-96	15	37	1.5‰
WHZ-100	20	50	2.0‰	WHZ-95	15	29	1.2‰

4.5.3　克服钢筋笼上浮的方法

由于套管内壁与钢筋笼外缘之间的空隙较小，在上拔套管的时候，钢筋笼有可能被套管带着一起上浮，应采取以下预防措施：

①钢筋混凝土桩混凝土的集料粒径应尽量小一些，不宜大于 20mm。

②在钢筋笼底部设置钢筋混凝土与 ϕ20 十字形加强筋封板，以增加其抗浮能力。

③成孔垂直度必须达到设计要求。

④钢筋笼制作必须满足设计规范要求。

⑤在保证混凝土强度条件下，适当增大混凝土坍落度，并改善其和易性。

⑥导管密封必须完好，且灌注时导管不能拔出混凝土面，保证导管埋深 2m 以上。

4.5.4　施工噪声及土层扰动控制

(1)施工噪声控制措施

①严格遵守规定，不在夜间施工。

②在能满足施工要求的情况下，适当加高围挡，尽量降低机械的冲击功率。

③施工人员使用耳塞、耳罩等防护用品，减少相关人员在噪声环境中的暴露时间。

(2)沉拔管对土体扰动影响的控制措施

①打释放孔,引导并控制土体位移。

②布置隔断物或悬吊,将保护物与扰动土体隔开。

③隔桩施工,减少相邻孔土体位移。

④加强周围地表、建筑物及管线沉降监测。

4.6　砂卵石层全套管钻进效率

4.6.1　丰台北路站

北京地铁9号线丰台北路站采用装配式铺盖法施工,基坑支护形式为"钻孔灌注支护桩+钢支撑体系",围护桩分A、B、C三种类型,共计281颗,其桩位平面布置如图2-4-14所示。图2-4-15是丰台北路站地质剖面图,根据钻孔资料漂石最大粒径不小于650 mm,预测最大漂石粒径可达1000mm,通过探井得到的大粒径卵石和漂石如图2-4-16所示。该车站支护桩穿越大粒径卵石及漂石地层,由于漂石含量多、卵石粒径大,钻孔灌注桩施工难度很大。为了选择适合在大粒径卵石和漂石地层成孔方法,在丰台北路站进行了旋挖钻进和全套管钻机成孔的试验研究。

(1)旋挖钻进情况

选用北京南车时代重工生产的TR220D旋挖钻机配合专用于砂卵石地层的子弹头合金钻斗,以WHZ 278、WHZ 52为试验桩,对旋挖钻机在大漂石地层成孔的适应性进行试验。

WHZ278桩第一次试桩钻进速度为4m/h,泥浆比重为1.2,当钻进深度达到8.5m时,出现漏浆严重,泥浆供应不及,出现塌孔等问题。将钻孔回填后,再次试桩时泥浆比重加大到1.4,钻进速度放慢到2m/h,并保证泥浆供应。10m以上地层钻进较为容易,渣土中卵石粒径多为10cm以下。钻进至10m左右时,钻机进尺困难,扭矩增大,钻杆抖动加重,渣土中卵石粒径达到20～25cm,并偶见卵石断裂碎块。钻进至13.5m时,钻机采用浮动加压(自动加压)已无法进尺,改为动力头加压(强制加压)时,钻杆反弹上浮,无法钻进,钻斗内只有少量岩石碎块,同时发现钻头侧齿已崩角,如图2-4-17所示。

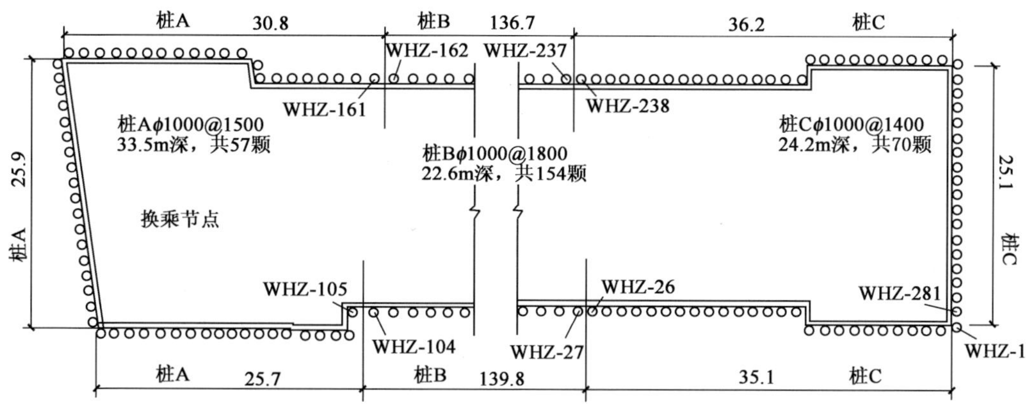

图2-4-14　9号线丰台北路站基坑支护桩平面布置(尺寸单位:m)

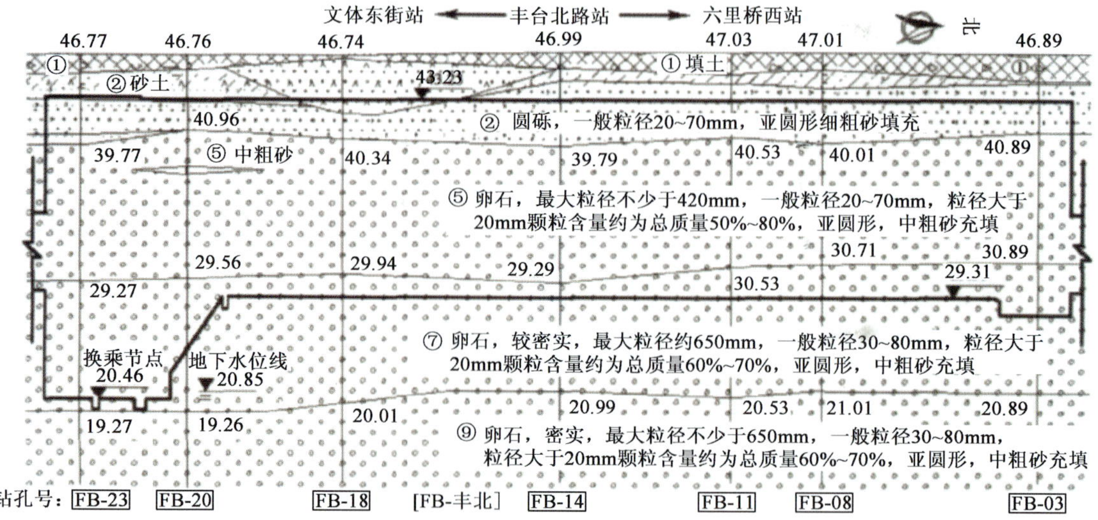

图 2-4-15　9 号线丰台北路站地质剖面

图 2-4-16　丰北路站施工挖出的漂石

WHZ52 桩的钻进速度控制在 4m/h，泥浆比重为 1.6，钻进 10m 以上地层钻进较为容易，渣土中卵石粒径多为 10cm 以下。钻进至 10～12m 时，出现了 WHZ 278 桩钻进时同样的状况，并且钻头卡死，无法钻进。钻头提出后，发现钻头侧齿已崩落，如图 2-4-18 所示。试桩结果表明：在大漂石地层采用旋挖钻进，钻斗非正常磨损严重，无法钻进。

图 2-4-17　WHZ278 桩钻头磨损情况

图 2-4-18　WHZ52 桩钻头磨损情况

(2)全套管钻进效率

丰台北路站钻孔灌注桩选用捷程 MZ-3 型全套管钻机施工,采用冲抓斗超前下挖的钻掘方式(图 2-4-19)。以 B 型围护桩(桩长 22.6m,桩径 1.0m)为例,其三节套管的长度分别为 9.7、8.3、7.2m,套管壁厚为 20mm,统计 10 棵桩的下沉套管速率见表 2-4-3。

10 棵 B 型围护桩套管的下沉时间表　　表 2-4-3

桩号	t_1(min)	t_2(min)	t_3(min)	桩号	t_1(min)	t_2(min)	t_3(min)
WHZ-104	125	240	440	WHZ199	120	420	280
WHZ-103	150	210	225	WHZ-98	150	410	200
WHZ-102	150	210	200	WHZ-97	100	345	345
WHZ-101	160	280	270	WHZ-96	160	220	280
WHZ-100	150	300	300	WHZ-95	160	240	360

注:t_1、t_2、t_3 分别为第 1、2、3 节套管的下沉时间。

从表 2-4-3 看出,第 1 节套管下沉时,由于套管入土不深,所受摩擦力较小,冲抓斗抓土较快,此时套管下沉较快,2～3 h 可以完成第 1 节套管的下沉;第 2、3 节套管下沉较慢,此时套管入土较深并已经到达漂石粒径较大的卵石⑦层,套管受摩擦力较大,冲抓斗抓土较慢,且由于卵石粒径较大,每次抓土的效率不高。据统计在下沉第 2、3 节套管时,平均每 5 颗桩就会碰到冲抓斗无法破碎的和抓起的漂石,需改用十字冲击锤进行破碎后抓起。完成全部 3 节套管的下沉需要 10～13h,可见全套管钻机适宜用于漂石地层成桩,但其成孔速率较低。

图 2-4-19　丰台北路站全套管施工现场

4.6.2　东钓鱼台站盾构始发井

北京地铁 9 号线东钓鱼台站盾构始发井主体结构内净空尺寸 14m×9.2m,基坑深度 26.247m,围护结构采用“钻工孔灌注桩+内支撑支护体系”,桩长 31.747 m,桩径 1.0 m,桩中心距 1.3m。

探井揭示的地层为:表层为厚度 2.0m 的人工填土层;深度 2.0～6.5m 为第四纪沉积的黏性土、粉土层;6.5～14.0m 为第四纪沉积的砂卵石层(含黏性土夹层);深度 14.0～14.8m 为第四纪卵石和第三纪砾岩交界过渡层,该深度段漂石含量集中,以粒径 20～30cm 为主,粒径 30～60cm 漂石约占 45%;深度 14.8～19.0m 为大粒径砾石集中分布深度,不但粒径 30～50cm 漂石含量达到总量的约 20%,而且粒径 50～80cm 的漂石含量也较高,约 20%,该深度段大粒径漂石含量高、粒径大;深度 19.0～24.0m 砾石粒径相对减小,但仍存在粒径 30～70cm 漂石,且胶结程度较好,整体强度相对较高。根据实测数据,施工区域水位较深,只有少量层间水。

根据本场区地层和地下水情况,施工区域地层下部含有大量的大粒径卵石和漂石,漂石强

图 2-4-20　东钓鱼台站全套管施工现场

度较高，可见漂石已测出强度为 124～187MPa，不排除有更高强度的漂石存在，这就给桩基施工造成很大困难。结合车站主体基坑围护桩试桩情况，施工中选用了捷程 MZ-3 型全套管钻机进行盾构始发井的围护桩施工（图 2-4-20）。盾构始发井共设计 44 根围护桩，工期 75d，施工速度平均两根/3d，低应变反射波法检测桩身完整性均达到规范一类桩的要求。

表 2-4-4 是全套管单桩纯钻进时间及钻进速度统计表，此表数据未考虑桩机正常围护时间及遇特殊情况的处理时间。根据现场统计，综合考虑各种因素的单桩成孔时间在 31h 左右。表 2-4-5 是单桩灌注混凝土及拔管时间统计表。考虑套管清理等时间，单桩拔管时间约为 3.5h。综合单桩作业时间分析，考虑北京市混凝土运输车辆限行、桩机移位和就位等原因，单桩综合施工时间约为 40h。

单桩成孔时间统计表　　表 2-4-4

序　号	钻进深度(m)		钻进时间(h)		钻进速度(m/h)
	本次	累计	本次	累计	
1	7.4	7.4	3	3	2.5
2	8	15.4	4.8	7.8	1.7
3	8.2	23.6	7.3	15.1	1.1
4	6.44	30.04	8.7	23.8	0.74

单桩拔管时间统计表　　表 2-4-5

序　号	拔管长度(m)		拔管时间(h)		拔管速度(m/h)
	本次	累计	本次	累计	
1	10	10	0.7	0.7	14.3
2	8	18	0.5	1.2	16.0
3	8	24	0.5	1.7	16.0
4	6	30	0.5	2.3	12.0

4.7　砂卵石层全套管钻进经济性分析

地铁 9 号线大量使用全套管钻机钻进卵石及漂石层在北京地区是第一次，施工效果达到了工程设计要求，为了更好地评价全套管钻机钻进卵石及漂石层的合理性，对其经济性进行分析是必要的。本次分析以 9 号线丰台北路站施工为例。

目前全套管钻机的台班价格是以南方砂土层施工作为依据的，所以在分析计算 9 号线丰台北路站钻机单价时，以南方砂土层的全套管钻机台班费用作为计算依据，同时应考虑地层大

粒径卵石、漂石含量高，钻进困难、施工设备机具损耗大的实际情况。表 2-4-6 是 9 号线丰台北路站全套管钻进每米消耗分析表，其中设备机具损耗费用主要包括 ϕ1000 套管、环形刀头、冲抓抓片、钢丝绳等因地层原因增加的损耗费用，具体详见表 2-4-7。

丰台北路站全套管钻进每米消耗分析表（B 型桩直径 1.0m，桩长 22.476m） 表 2-4-6

名称	综合工日（工日）	C20（m^3）	工具钢（kg）	合金钢钻头（个）	高压胶皮风管（m）	设备机具损耗费用	全套管钻机（台班）	55t 履带吊（台班）	其他材料费	15t 自卸汽车（台班）
数量	1.027	0.05	0.016	0.005	0.005		0.1027	0.1027		0.00175
单价(元)	58	345	3.83	28	27.22		6098.06	2300		846.02
金额(元)	59.55	17.25	0.06	0.14	0.14	203.29	626.27	236.21	57.34	1.48
合计(元)	1201.74									

机械、材料消耗比较表 表 2-4-7

项 目 名 称	单价(元)	单位	数量	合计金额(元)	损耗(元/m)	备 注
ϕ1000 套管	12500.00	m	26	325000	144.60	每 100 根桩更换
环形刀头	24000.00	个	1	24000	26.70	每 40 根桩更换
冲抓抓片	7000.00	副	1	7000	20.76	每 15 根桩更换
钢丝绳	14.00	m	150	2100	6.23	每 15 根桩更换
其他材料					5.0	
合计					203.29	

4.8 全套管钻进新技术

全套管护壁钻进在我国才刚刚开始，专用的全套管施工钻机、搓管机等设备在我国使用并不普遍，但目前国内旋挖钻机的保用量超过 3000 多台，因此通过对旋挖钻机机具的配套改造进行全套管施工是未来发展方向。

4.8.1 套管结构

配套旋挖钻机进行全套管钻进的套管有双壁和单壁两种，根据钻机动力头行程，每节套管的长度为 2～6m。如图 2-4-21、图 2-4-22 所示。

图 2-4-21 单壁套管

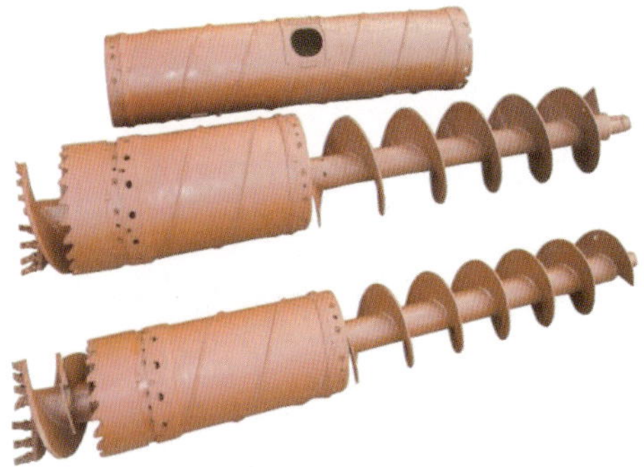

图 2-4-22 双壁套管

单壁套管分为内平和外平两种结构，内平式结构一般用在不大于 ϕ1200mm 的桩孔中使用，使用时下管、拔管均用旋挖钻机动力头完成，提管时则需要配孔口夹管器防止套管掉入孔内，由于外部不平，拔管时没有双壁套管顺利。外平结构一般用于不小于 ϕ1500mm 的大直径套管，单壁可有效的降低套管的自重。

双壁套管内外壁之间有内衬，内壁内侧与外壁外侧均是平滑的结构，外平有助于拔管，内平有助于钻头通过及下钢筋笼。

套管之间的接头一般有两种连接方式：一种是由键定位，由锥销连接传扭；另一种是由键定位并传扭，由卡块连接。

4.8.2 用旋挖钻机套管施工

用旋挖钻机的动力头带动套管驱动器回转驱动套管钻进，伸缩钻杆带动钻头钻进，钻进一个回次将渣土取到孔外后，动力头带动套管驱动器与套管、套管靴随后跟进，钻进一个套管的长度后，将套管驱动器与套管间的锁紧销取下，吊运下一节套管并锁紧销联结孔内套管，进行下一循环的钻进。此法只能在小口径钻进时使用，因钻机动力头扭矩、加压力和起拔力有限，套管钻进的深度一般不会超过 10m。图 2-4-23 为旋转动力头下套管示意图。

每节套管长度取决于所配套钻机的动力头在处于塔架最高位置时距地面的距离，应确保动力头在连接上连接盘、驱动器、单根套管及套管靴时能方便地提离地面，并要考虑到拔管机的高度。应尽量选择动力头由钢丝绳带动提升和下落的带有附桅杆的旋挖钻机，在伸缩钻杆在满足孔深的前提下，选择单节长度短的钻杆，可大幅提高钻进效率。

4.8.3 双动力头旋挖钻机套管钻进

采用特殊的双动力头旋挖钻机下套管，下动力头扭矩大，带动外套管向相反方向旋转钻进，上动力头带动螺旋钻头或其他钻具钻取岩土。双动力头同时钻进，可进行跟管钻进、同步钻进、套管护壁钻进、冲抓钻进等多种工艺钻取岩土。同样受旋挖钻机起拔能力限制，只能在小口径（小于 1.2m）钻进时使用，深度一般不超过 30m。图 2-4-24 是正在施工的双动力头旋挖钻机下套管和螺旋钻头取土。

图 2-4-23　旋挖动力头下套管

图 2-4-24　双动力头套管钻进

4.8.4 搓管机配合旋挖钻机套管钻进

搓管机一般由液压系统驱动，施工时夹紧油缸带动专用卡瓦将套管夹紧，由摆动油缸带动卡瓦以20°左右的角度来回搓动套管，加压油缸带动卡瓦加压使套管深入地层中，然后用旋挖钻机钻取孔内岩土(图2-4-25)。目前，国内搓管机施工所用的套管为双层壁套管，由内外两层管焊接而成，价格较高。

图 2-4-25 搓管机配合旋挖套管钻进

4.8.5 扩孔下套管钻进

在硬土、卵石及岩层中钻进，采用超前扩孔辅助下沉套管层可有效提高旋挖全套管钻进效率。目前已有牙轮扩孔钻头、捞砂斗扩孔钻头和螺旋扩孔钻头等三种扩孔钻头在桩基工程施工中成功使用。

(1)牙轮扩孔钻头

图 2-4-26 是针对卵砾石层等硬地层钻进的扩孔钻头，其基本结构为下开式。扩孔翼采用对称布置四翼，中心为内外四方结构，扭矩通过传扭板传递到扩孔翼上。扩孔翼为箱式结构，钻杆自重加到与之相连的四方接头上，四方接头带动连杆和扩孔翼沿传扭板和导向轮向外滑动，边钻进边扩孔，扩孔结束后一提钻杆，四个扩孔翼便可收回。钻头扩底工作时，钻压和扭矩主要由扩底翼传到刀具上，钻头采用内外四方套传扭矩，中心四方套两侧伸出传扭板向扩底翼上的刀具传递扭矩，扩底时扩底翼沿传扭板向外伸出，在满足扩径要求同时最大限度地减少扩底翼的力臂长度。四组传扭板相互连成一整体，强度大、刚度好、质量轻。

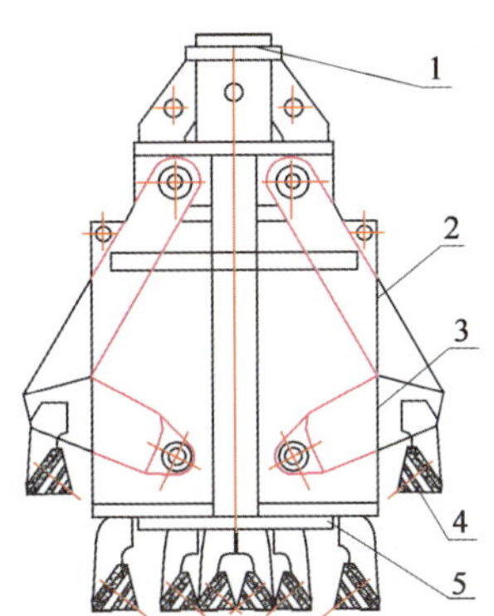

图 2-4-26 在卵砾石层等硬地层钻进的扩孔钻头

1-活动四方接头；2-扩孔翼；3-连杆；4-扩孔牙轮；5-钻头底盘

根据卵砾石地层的物理特性，应选择能有效破碎克取的镶齿滚刀、焊齿滚刀、牙轮、合金截齿等刀具；刀具布置上采取互补原理，保证刀具合理的重叠量，又要尽量减少刀具的数量，刀具用可拆装的联接件安装在刀座上，磨损后更换方便，易磨损部位加焊耐磨层或合金。

(2)捞砂斗扩孔钻头

捞砂斗扩孔钻头是在普通捞砂斗上盘加设了一对扩孔钻头，如图 2-4-27 所示。扩孔钻头主要由加压的四方接头组件、扩孔翼板、连杆、传扭组件四部分组成，钻头的基本形状为对称双翼上开式，扩底翼通过下销轴与捞砂斗连接，通过中销轴与连杆连接，连杆通过上销轴与四方接头连接。

钻头张开时，钻进压力通过四方接头组件由上销轴传递给扩孔翼，同时由于连杆的支承作用扩孔翼向外张开。钻头回转时的扭矩主要是通过四方接头组件和捞砂斗的铰座直接传递到扩孔翼上，同时也通过四方接头的四方结构带动捞砂斗与扩孔钻头同时回转。边回转钻进边扩孔，最大扩孔直径可超过套管外径。上、中、下三个销轴和连杆既传递扭矩，又传递给进动作和给进压力。钻进时的泥土由下方直接进入捞砂斗内，扩孔切削下的渣土由兜土板从上方收入捞砂斗内。提钻时扩孔翼板收回，钻头直径小于套管内径，每钻进一个回次将钻头从套管内提钻具到孔口除渣。

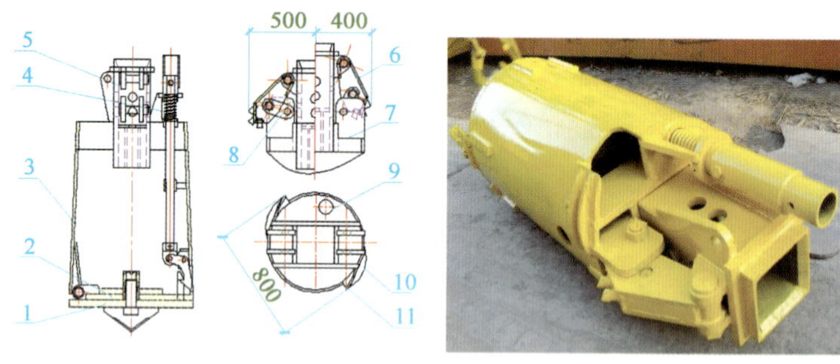

图 2-4-27　捞砂斗扩孔钻头

1-切削组件；2-底盘组件；3-钻桶组件；4-开合杆组件；5-四方接头组件；6-翼板；7-传扭组件；8-拉板；9-开合板；10-兜土板；11-筋板

(3)螺旋扩孔钻头

图 2-4-28 是螺旋扩孔钻头结构原理示意图，其结构特征是在螺旋钻头的底部切削齿的部位加设了一扩孔翼板，翼板上焊有切削齿。钻头正转时扩孔翼板逐渐扩开，最大扩孔直径可超过套管外径，反转时扩孔翼板逐渐收回，钻头可从套管内提到孔口除渣。该扩孔钻头的扩孔翼采用 50mm 厚锰板并焊有切削齿，能承受较大的回转扭矩，可在胶结的卵砾石层与旋挖钻机配套使用来进行套管钻进。

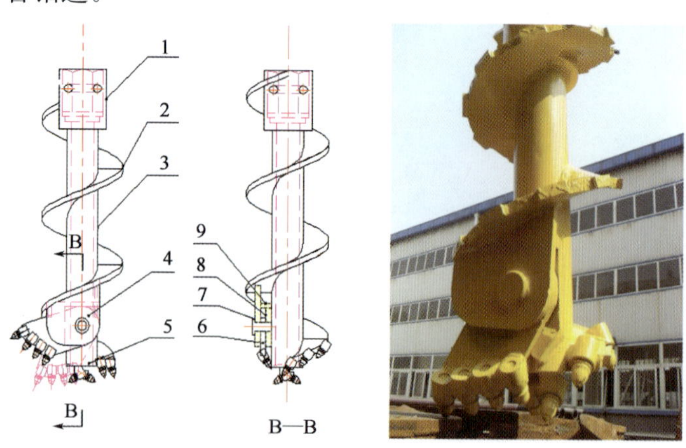

图 2-4-28　螺旋扩孔钻头

1-扭转头；2-螺旋片；3-中心管；4-翼板；5-堵头；6-齿板；7-中心轴；8-垫板；9-支撑板

第5章　砂卵石地层人工挖孔桩施工关键技术

5.1　概　　述

人工挖孔桩具有机具设备简单，施工操作方便，占用场地小，无泥浆排出，对周围环境及建筑物影响小，施工质量可靠，可全面展开施工，缩短工期，造价低等优点，特别是大粒径卵石、漂石地层、扩大头的桩基施工及桩基施工大型机械难以就位，人工挖孔桩施工有其独特的适应性和优越性。但人工挖孔桩井下作业条件差、环境恶劣、劳动强度大，施工安全和质量控制显得尤为重要。人工挖孔广泛应用于各种桩基施工，主要适用于土质较好、地下水位较低的黏土、粉土及砂卵石等地层，而在软土地层、地下水位较高及存在流砂和涌水量大的土层不应采用人工挖孔施工。

北京地铁9号线丰台北路站车站采用明盖结合装配式铺盖法施工，施工体系由基坑支护体系和铺盖体系组成。基坑围护桩采用国产捷程MZ系列摇动式全套管钻机成桩。铺盖体系中间桩上部为H形钢，下部为灌注桩基础，其余构件为钢结构施工。中间桩作为铺盖体系荷载的最终竖向支撑构件，必须尽量避免中间桩承受偏心压力，所以必须控制好中间桩桩位的施工精度，另外中间桩总体数量较少，选用了人工挖孔方式进行中间桩成孔施工，人工安装定位器，控制中间桩施工精度，局部较深的中间桩采用“人工挖孔桩＋冲击钻机”施工。针对地层于卵石粒径大（粒径大于200mm）、漂石含量多（漂石含量为15%～45%，最大粒径不小于650mm）和抗压强度高（最大达到186.38MPa）的特点，施工中采取了一系列关键技术，保证了人工挖孔的顺利进行。对于大粒径漂石采取破碎后挖出，当超挖时补混凝土，通过减小步距，及时施作护壁，保证了孔壁稳定，防止了坍塌。在整个成孔过程中采取高精度施工，并且采取一系列安全措施保证了施工的安全。本工程提出的关键技术和安全措施拓宽了人工挖孔成桩的范围，对含大漂石砂卵石地层人工挖孔成桩具有重要的参考价值。

5.2　砂卵石地层人工挖孔施工风险分析

砂卵石地层属于典型的力学不稳定地层，人工挖孔过程中孔壁土体容易疏松和坍塌，部分砂卵石可能会处于孔壁轮廓线上，若粒径过大，需视具体情况采取沿孔壁轮廓线切割或谨慎挖除等方法审慎处置,否则贸然挖除大粒径卵石或漂石会导致孔壁大面积塌方。此外,孔内吊装大粒径卵石或漂石时,需采取防掉落措施。

依据国家、北京市相关法律、法规以及本项目的具体特点,通过危险源辨识和风险评价,确定本项目的中、高度风险主要有坍塌、高空坠落、触电、物体打击、有毒有害气体伤害、机械伤害等,应有针对性地制订中、高度风险的目标,指标和管理方案。

5.3 护壁结构与混凝土模板设计

5.3.1 护壁结构厚度计算

护壁结构采用C25钢筋混凝土,依据《北京市桥梁工程施工安全技术规程》(GBJ 01-85—2004)和《北京地区大直径混凝土灌注桩技术规范》(DBJ 01-502—99)中的有关规定,人工挖孔桩护壁厚度不得小于10cm,为确保安全起见,本次施工中护壁厚度采用15cm。取砂卵石天然重度 $\gamma=21\text{kN/m}^3$、内摩擦角 $\varphi=35°$,护壁结构高度 $H=25.0\text{m}$,桩径 $D=1.5\text{m}$、$D=1.0\text{m}$。按最大土压力 P(地下25m处)验算结构强度,计算模型如图2-5-1所示,根据式(2-5-1)和式(2-5-2)得护壁结构厚度小于15cm。

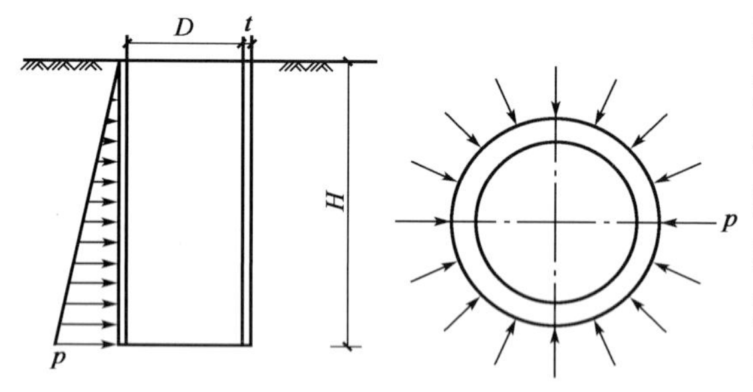

图 2-5-1　护壁结构厚度计算模型

$$P=\gamma\cdot H\cdot\tan^2\left(45°-\frac{\varphi}{2}\right) \tag{2-5-1}$$

$$t\geqslant\frac{K\cdot N}{f_c}=K\cdot P\frac{D}{2f_c} \tag{2-5-2}$$

式中:N——作用在护壁截面上的压力(N/mm^2);

P——土对护壁的最大侧压力(N/mm^2);

γ——土的重度(kN/m^3);

H——挖孔桩护壁深度(m);

D——护壁结构外直径;

f_c——混凝土的轴心抗压强度设计值,C25混凝土 $f_c=11.9\ \text{N/mm}^2$;

K——安全系数,取1.65。

5.3.2 护壁结构设计

图2-5-2是护壁结构及配筋图。护壁最小厚度150mm,混凝土强度为C25,坍落度70~100mm,内侧12ϕ8mm钢筋环向均匀布设,箍筋ϕ6.5mm@200mm,保护层厚度不小于40mm。

浇筑混凝土前配置10ϕ8的S形钢筋且上下节钢筋之间要相互钩接,上下节护壁的搭接长度不得小于50mm。同一水平面上的井圈任意直径的极差不得大于50mm。

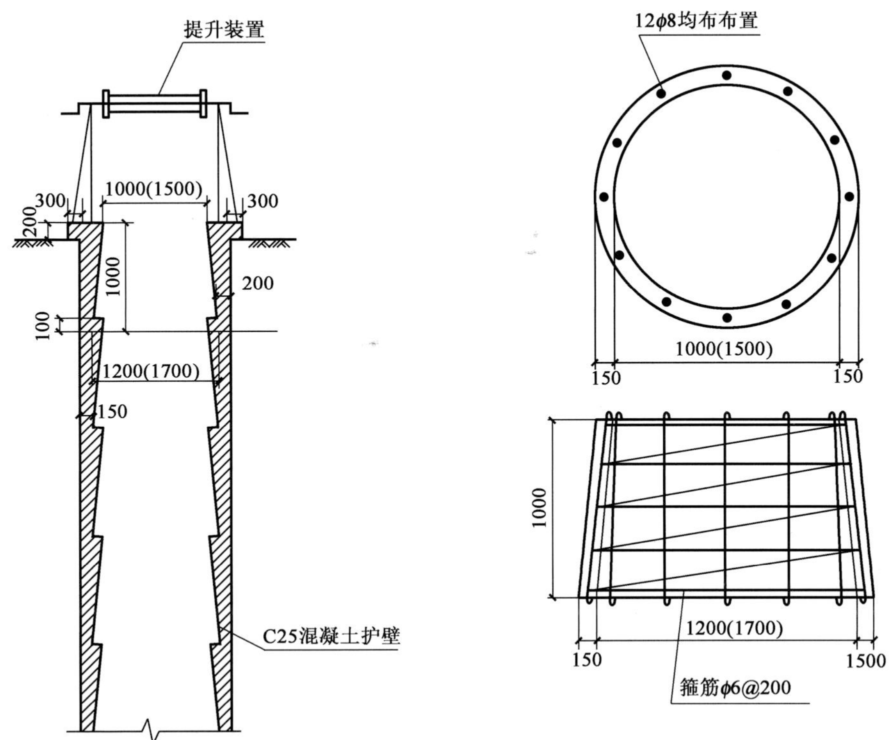

图 2-5-2 护壁结构及配筋示意图(尺寸单位:mm)

5.3.3 模板结构设计

护壁模板采用自制定型钢模,每节分 4 块,块与块之间栓接或 U 形卡连接。模板的形状为圆台形,倾斜角度为 6°,采用 2mm 厚铁板,内加 50mm 宽的加劲肋,加劲肋为 200mm×200mm 的方格布置,每节高 1.0m。

5.4 砂卵石地层人工成孔关键技术

5.4.1 施工工艺流程

人工挖孔工艺流程见图 2-5-3。

5.4.2 桩体垂直度控制

(1)放线定桩位

测量放线,确定好桩位中心点,以桩中心为圆心,以桩身半径加护壁厚度为半径划出上部(即第一节)的圆周,确定开挖尺寸线。对称打设 4 根控制桩,然后浇筑断面尺寸为 300mm×200mm 的井圈以保护孔口和悬挂护壁。

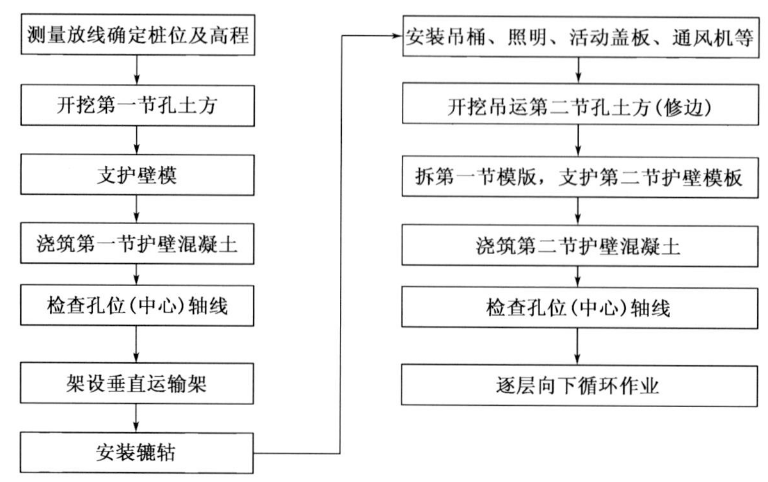

图 2-5-3　人工挖孔工艺流程

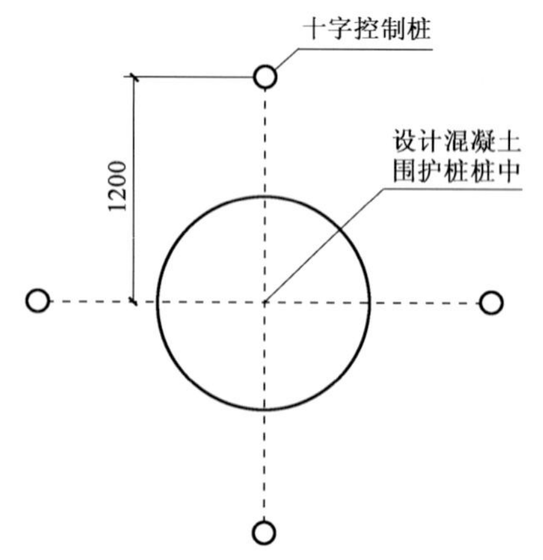

图 2-5-4　十字交叉校中原理示意

(尺寸单位:mm)

(2)开挖中心控制

每节桩孔均须利用十字交叉法校正桩中(图 2-5-4),在安装提升设备时,使吊桶的钢丝绳中心与桩孔中心一致,作为挖土时中心线用。

(3)纠偏

每节桩孔的挖土、支模、护壁浇筑均做检查,检查内容包括桩心定位、桩孔垂直度、孔径大小和护壁稳定性等,发现偏差及时纠正。

5.4.3　挖孔施工

(1)施工前桩基位置安装提升设备。提升工具为满足施工要求的自制辘轳。提升工具必须安装防脱钩倒转装置;各部位焊点牢固;钢丝绳(ϕ8.7mm 钢丝绳)完好无锈蚀及无断丝现象;配备料斗、三脚架、钢丝绳承载力不低于 100kg。作业前,作业器具需经项目部安全管理人员的验收合格后方可使用,如提升工具焊点开裂,钢丝绳断丝、出现笼状畸变、局部增大、压扁、扭结等须立即更换。

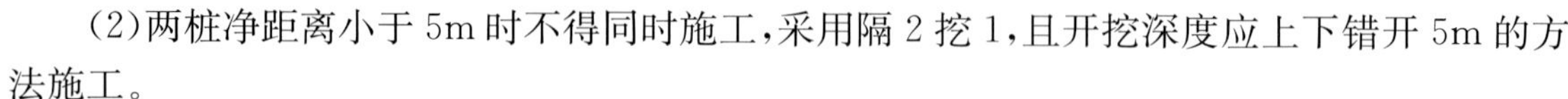

(2)两桩净距离小于 5m 时不得同时施工,采用隔 2 挖 1,且开挖深度应上下错开 5m 的方法施工。

(3)从上到下逐层用镐、铲、锹等进行挖土,遇坚硬土层用锤、钎破碎;开挖时由桩中心依次向周围扩展外挖,挖土次序为先中间后周边,允许尺寸误差 3cm。每层挖土深度不得大于 1.0m,松软土质不得大于 0.5m,严禁超挖。

(4)挖孔中的弃土装入料斗内用轱辘提出。装料不得过满,需低于料斗上口 5 cm,料斗装载质量不得大于 50 kg。提升作业时,孔口上作业人员必须按孔内人员指令操作辘轳。

(5)挖出孔外的土方应随挖随运,暂不清运的土方应堆在孔口 1m 以外,高度不得超过 1m,并用密目网苫盖。

(6)孔深达到设计深度后,进行清底。清除虚土并检查土质情况,须做到无松渣、淤泥、沉淀等扰动过的软层,桩底支承在设计所规定的持力层上。如地质情况复杂,应采用钎探检验孔底地层,并与勘察、设计及监理等进行研究处理。

5.4.4 大卵石及漂石的处理

(1)遇到大粒径漂石无法整块挖出时可采用静态爆破处理。采用风钻在漂石上打孔,装入膨胀水泥,漂石胀裂后用风镐破碎。

(2)孔壁遇到探头漂石时应分析比较漂石直径与探入孔内长度关系。如漂石直径大而探入孔内长度小,可采用风镐破碎探入孔内部分;如探入孔内长度大,可整体挖出后再用风镐进行破碎,由漂石挖除引起局部超挖时,浇筑侧壁混凝土时应注意将超挖部位回填密实。

(3)大卵石及漂石的吊运应采取以下措施:

①改用柔性材料制作的料斗,适当增大料斗容积,以便料斗形状适应多块大粒径卵石、单块漂石等各种装载状况。

②为防止吊运过程中料斗摇摆甚至倾翻,提起料斗的绳索至少设置三根以上。

③尽可能避免单一装载大粒径卵石或漂石,卵石颗粒之间空隙应有砂填充。

④单一装载大粒径卵石不可避免时,提升前先试吊,确认提起料斗的所有绳索受力基本一致,否则应设法将料斗上口收紧,以防卵石从斗中落下。

⑤质量大于 50kg 的卵石或漂石应破碎后装载吊运。

⑥吊运过程中孔底不得留人。

5.4.5 护壁施工

(1)护壁混凝土采用现场搅拌,现场配备混凝土搅拌机及计量设备,严格按照配合比拌制。

(2)在模板顶放置操作平台,平台可用角钢和钢板制成半圆形,两个合起来即为一个整圆,用来临时放置混凝土和灌注护壁混凝土。混凝土下料至操作平台后应二次搅拌再进行浇筑。护壁混凝土可采用敲击模板或用钢筋等反复插捣(不得使用振捣器),使护壁混凝土密实并与土紧密接触,每节护壁均应在当日连续施工完毕。

(3)组装模板,用 U 形卡或用螺栓连接,并采用十字撑内固定法,严防跑模。每个桩孔分配三套模板,拆上节、支下节重复使用。

(4)混凝土浇筑后养护拆模时间控制在 36~48h,拆模前报工程管理人员,由现场质控员使用混凝土回弹仪现场检验护壁混凝土强度,混凝土强度达到 15MPa 后进行下一步开挖。

(5)护壁混凝土浇筑时,留取同条件养护试块,作为拆模、控制下一步挖孔时间的依据,并同时做好试验记录及存档。

(6)对于复合式成孔的桩,上部人工挖孔时,在井壁四周打设钢筋锚杆,$L=500$mm,环向间距 500mm,层间距 500mm,梅花形布置。

5.5 安全保证措施

5.5.1 作业环境措施

(1)孔内空气中氧气浓度应符合现行《缺氧危险作业安全规程》(GB 8958—2006)的有关

规定；有毒有害气体浓度应符合《北京市桥梁工程施工安全技术规程》(GB J01-85—2004)中附录N的有关规定。

(2)开孔后，每班作业前必须打开孔盖通风，经检测氧气、有毒有害气体浓度在规定范围内并记录，方可下孔作业；检测合格后未立即进入孔内作业时，应在进入作业前重新进行检测，确认符合规定并记录。

(3)孔深超过2m后，孔内作业人员下井前必须对孔内气体进行检测，并且作业中每2h对孔内气体至少检测一次，确认符合规定并记录。

(4)孔深超过5m后，用鼓风机和塑料通风管进行强制通风，防止有毒有害气体超标。

(5)孔内照明必须使用24V(含)以下安全电压。

(6)确保孔内无水作业。

5.5.2 施工保护措施

(1)为防止空中坠物伤及孔内作业人员，孔内作业人员必须戴安全帽，并在孔内作业人员上方2m处设置一个半圆形、厚度50mm的木制保护伞。

(2)开挖作业时，孔内作业人员必须系安全绳，并经常保持井上井下的联系。每孔须两人配合施工，其中一人孔内作业，一人提土、运土。孔口作业人员严禁离开岗位，每次倒卸土料时间不得超过1min。孔内、孔外人员2h轮换一次作业。严禁一人孔下超时连续作业。

(3)桩孔周围1m不得堆放任何材料及工具；2m范围内必须设防护栏和安全标志，非作业人员禁止入内；3m内不得行驶或停放机动车。

(4)作业人员上下井孔必须走软梯，不得乘坐料斗。

(5)施工中孔口需用垫板时，垫板两端搭放长度不得小于1m。垫板宽度不得小于30cm，板厚不得小于5cm。孔口作业人员应系安全带并扣牢保险钩，安全带必须有牢固的固定点。

5.5.3 安全管理措施

(1)人工挖孔过程中，必须设安全管理人员对施工现场进行检查监控，并配备必要照明设备，随时观察井下情况，掌握各桩孔的安全状况，消除隐患，保证安全施工，并根据检查情况及时填写检查表。

(2)施工现场应配有急救用品(氧气袋等)。开挖过程中，如遇塌孔、地下水涌出、有害气体等异常情况，必须立即停止人工挖孔施工作业，将孔内人员立即撤离危险区，并及时通知监理单位和上级领导部门研究解决，严禁擅自处理、冒险作业。

(3)作业前，作业器具需经项目部安全管理人员验收合格后方可使用，向孔内传送工具、材料等必须用料斗系放，严禁投扔。

(4)人工挖孔过程中，必须设安全管理人员对施工现场进行检查监控，并配备必要照明设备，随时观察井下情况，掌握各桩孔的安全状况，消除隐患，保证安全施工，并根据检查情况及时填写表AQ-C6-4(人工挖孔桩防护检查、验收)、表AQ-C6-5(特殊部位气体检查记录)。

参考文献

[1] 冯起赠，宋志彬，王年友. CGD-1 型大口径全套管冲击抓斗的设计和应用[J]. 探矿工程（岩土钻掘工程），2005，32(6)：38-40.

[2] 王文正，程华清，孔恒，等. 漂石地层全套管钻机成桩技术[J]. 市政技术，2009，27(4)：524-527.

[3] 黄陆川，高鹏，吕夏平. 全套管冲抓钻机在卵漂石地层中的施工技术[J]. 建筑机械化，2011，S2：66-67，83.

[4] 张素英. 全套管钻机成孔复合型桩基降水施工新技术[J]. 施工技术，2012，41(362)：34-37.

[5] 韩雪刚，刘魁刚，杨宗正，等. 全套管钻机在漂石地层的应用性研究[J]. 铁道建筑技术，2011，S2：74-77.

[6] 张利娜，杨枫，吕波. 全套管钻机在砂卵石地层中成孔施工工艺初探[J]. 铁道标准设计，2010，2：118-120.

[7] 尼加提·沙塔尔. 全套管钻孔法施工技术[J]. 黑龙江交通科技，2012，10：107-108.

[8] 沈保汉. 桩基础施工新技术专题讲座(四)全套管冲抓取土灌注桩施工工法[J]. 工程机械与维修，2010，8：124，126，128-129.

[9] 田良锁. 大口径无循环旋挖钻具在青藏铁路的施工应用[J]. 西部探矿工程，2007，12：87-88.

[10] 谭现锋，姜春永，朱学顺. 跟管钻进在旋挖钻机施工桩基工程中的应用[J]. 施工技术，2006，35(6)：17-18，21.

[11] 董天亮. 基础桩孔施工中旋挖钻具的选择[J]. 探矿工程（岩土钻掘工程），2005，5：49-51.

[12] 杨宗正，韩雪刚，裴书锋，等. 砂卵石地层人工挖孔桩施工关键技术研究[J]. 铁道建筑技术，2011，S2：81-84.

[13] 孙宇，王建设，张怀宾. 砂卵石地层人工挖孔桩施工技术研究[J]. 市政技术，2010，28(2)：122-123.

[14] 刘文忠，黄玉文，翁炜. 新型硬岩钻进用双筒环形钻具的研制与应用[J]. 地质装备，2010，11(2)：21-23.

[15] 吴允成. 旋挖钻斗结构的探讨[J]. 探矿工程（岩土钻掘工程），2000，2：28，31.

[16] 黎中银，王宏伟，解大鹏. 旋挖钻机入岩机理和钻岩效率的分析[J]. 建筑机械，2008，1：73-77.

[17] 黎中银，夏柏如，邵良清，等. 旋挖钻机施工工法通用规程[J]. 建筑机械，2007，11：82-88，102.

[18] 陈继贤. 旋挖钻机施工工艺和经济可行性探讨[J]. 科技情报开发与经济，2005，15(6)：145-147.

[19] 杨景峰，张文杰，赵海玉. 旋挖钻机施工工艺及控制[J]. 交通科技，2006，6：29-30.

[20] 丛欣江，梁宇，曲俨卿. 旋挖钻机在无水砂卵石地层围护桩施工中的应用[J]. 铁道建筑技

术,2011,11:85-88.

[21] 吕军斗,田文杰.旋挖钻机在无水砂卵石地层围护桩施工中的应用[J].建筑技术,2009,40(11):1010-1012.

[22] 于好善.旋挖钻机钻进效率分析[J].建筑机械,2010,10:63-64.

[23] 程斐.旋挖钻机钻头的选配与使用[J].中国煤炭地质,2009,21(增1):71-73.

[24] 周红军.旋挖钻进技术适用性的初步研究[J].探矿工程(岩土钻掘工程),2009,36(8),39-45.

[25] 樊延祥.旋挖钻进技术在硬岩层围护桩施工中的应用[J].城市轨道交通研究,2012,5:106-109.

[26] 张振,郭伟.旋挖钻头的类型及选配[J].现代隧道技术,2012,2:152-159,163.

[27] 于好善.旋挖钻头的选配与使用[J].建设机械技术与管理,2005,3:45-46.

[28] 宋玉才,燕乔,赵献勇.砂砾石地基垂直防渗[M].北京:中国水利水电出版社,2009.

[29] 陈洪玉,郑光海,徐家文.挖掘机斗齿的失效分析[J].金属热处理,2003,28(8):66-67.

[30] 胡继良,史新慧,黄玉文,等.短螺旋钻头在旋挖钻施工中的应用[J].探矿工程(岩土钻掘工程),2006,33(1):40-41.

[31] 孔伟,段新胜,刘朝阳,等.旋挖钻机提钻速度对井壁稳定的影响分析[J].探矿工程(岩土钻掘工程),2008,35(1):55-57.

[32] 李来平,薛建民,吴井泉.旋挖钻机动力系统功率匹配技术的应用[J].探矿工程(岩土钻掘工程),2008,35(2):24-26,30.

[33] 刘家荣.无循环钻具和工艺在复杂地层中的应用[J].探矿工程(岩土钻掘工程),2005,32(增):69-71.

[34] 刘南昌,胡继良,黄玉文,等.小动力旋挖钻机用嵌岩短螺旋钻头结构形式的改进[J].探矿工程(岩土钻掘工程),2005,32(2):43-32.

[35] 骆嘉成.旋挖钻机与转盘钻机组合施工法的应用[J].探矿工程(岩土钻掘工程),2008,35(11):65-67.

[36] 齐全乐.旋挖钻进孔内事故的处理及预防[J].探矿工程(岩土钻掘工程),2005,32(10):23-25.

[37] 史兵言.旋挖钻机用双层套管的加工工艺和质量控制[J].探矿工程(岩土钻掘工程),2006,33(4):46-47.

[38] 宋刚.旋挖工艺在复杂地层中应用的难点及解决措施[J].探矿工程(岩土钻掘工程),2005,32(12):19-21.

[39] 宋志彬,冯起赠,王年友,等.CG型全套管冲抓成孔设备及施工工艺[J].探矿工程(岩土钻掘工程),2007,34(9):48-52.

[40] 孙俊志.旋挖钻机钻头(泥斗)的改进[J].探矿工程(岩土钻掘工程),2008,35(3):32-33.

[41] 谭现锋,朱学顺.静态泥浆护壁的湿式旋挖工法的应用[J].探矿工程(岩土钻掘工程),2005,32(12):22-23.

[42] 谭现锋,朱学顺.湿式旋挖工法中埋钻事故的处理[J].探矿工程(岩土钻掘工程),2005,32(10):26-27.

[43] 谭现锋,赵玉祥,胡克祯,等.振动锤沉拔钢护筒与旋挖钻机钻进的组合应用[J].探矿工程(岩土钻掘工程),2009,36(9):67-68.
[44] 陶坤.旋挖钻机在桩基础施工中的应用与分析[J].探矿工程(岩土钻掘工程),2007,34(2):37-39.
[45] 王曦,徐辉雄.旋挖钻机施工中常见问题分析及对策[J].探矿工程(岩土钻掘工程),2008,35(4):58-59.
[46] 王占省,王璐,冯成勇.旋挖钻进施工中护筒埋设的几点经验教训[J].探矿工程(岩土钻掘工程),2004,31(9):44-45.
[47] 翁炜,黄玉文,胡继良.旋挖钻机钻杆失效形式分析及制造工艺[J].探矿工程(岩土钻掘工程),2005,32(10):38-39,49.
[48] 杨引娥.大口径旋挖钻具的研究及其应用[J].探矿工程(岩土钻掘工程),2004,31(11):38-40.
[49] 杨引娥.套管旋挖钻进技术及其应用[J].探矿工程(岩土钻掘工程),2009,36(12):39-42,46.
[50] 于好善.中国桩工施工工法的里程碑——旋挖钻机施工法[J].探矿工程(岩土钻掘工程),2007,34(9):78-81.
[51] 张公正.旋挖钻进中硬岩及卵砾层钻头结构及施工工艺研究[J].探矿工程(岩土钻掘工程),2005,32(2):40-42.
[52] 赵绎钧,王伟,李万秋.弱风化硬岩中大口径旋挖钻机钻进新工艺实例分析[J].工业建筑,2005,35(增):615-617.
[53] 朱迪斯,黄玉文,史新慧,等.旋挖钻机岩石钻进试验[J].探矿工程(岩土钻掘工程),2008,35(3):30-31.
[54] 朱艳峰,任凤鸣,王红,等.旋挖钻机与双聚合泥浆在桩基施工中的应用[J].地质与勘探,2003,94(4):92-94.
[55] 沈保汉.桩基础施工新技术专题讲座(六)旋挖钻斗钻成孔灌注桩[J].工程机械与维修,2010,10:106,108,110-112,114.
[56] 甘行平,童品正,刘家荣.日本桩工机械和基础施工方法现状[J].探矿工程(岩土钻掘工程),2006,33(11):1-4.
[57] 张林霞,李艺,周红军.我国地质找矿钻探技术装备现状及发展趋势分析[J].探矿工程(岩土钻掘工程),2012,39(2):1-8.
[58] 谭现锋,朱学顺,胡克祯,等.潜孔锤旋挖钻机组合在基岩桩施工中的应用[J].探矿工程(岩土钻掘工程),2006,33(7):22-33.
[59] 刘南昌.旋挖钻进施工钻具的选用[J].地质装备,2005,6(3):4-6.
[60] 周红军,蒋国盛,张金昌.国产旋挖钻机市场现状分析及发展建议[J].探矿工程(岩土钻掘工程),2008,35(8):6-9.
[61] 黄陆川,吕夏平.富含大粒径漂石复合地层中全套管钻机施工技术[J].铁道建筑技术,2011,S2:110-112,118.
[62] 金奕,黄陆川,高鹏.富含大粒径漂石砾岩地层中钻孔桩钻机选型研究[J].铁道建筑技

术,2011,S2:113-118.

[63] 姚国,晏云祥.无水大卵石地层中围护桩机械成孔技术研究[J].铁道建筑技术,2011,S2:99-101,105.

[64] 周红军.我国旋挖钻进技术及设备的应用与发展[J].探矿工程(岩土钻掘工程),2003,14(2):11-14,17.

[65] 刘三意.多工艺旋挖钻进技术研究[D].北京:中国地质大学(北京),2008.

[66] 刘家荣.复杂地层桩孔钻进工艺及机具研究[D].北京:中国地质大学(北京),2010.

第三篇

砂卵石砾岩地层盾构施工关键技术

第1章　概　　述

1.1　砂卵石地层盾构施工技术现状

地下工程建设过程中，由于受到施工场地、道路交通、建(构)筑物等城市环境因素的限制，传统的施工方法难以普遍适用。盾构隧道施工工法对城市正常机能影响最小，受到了人们的广泛关注，在一些地区已经得到了较为广泛的使用。

盾构工法源于19世纪初，发展至今已有200余年的历史，先后经历了以Brunel盾构为代表的手掘式盾构，以机械式、气压式盾构为代表的第二代盾构，以沉水盾构和土压盾构为代表的第三代盾构，以大直径、大推力、大扭矩、高智能化、多样化为特色的第四代新型盾构四个主要的发展阶段(见图3-1-1)。

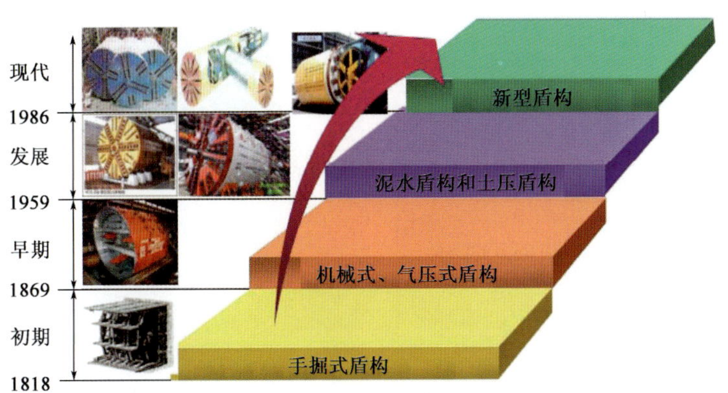

图3-1-1　盾构发展概况

20世纪50年代，我国就开始在城市地下输排水管道工程中使用盾构法施工。经过60余年的不断发展，我国在盾构隧道施工技术领域已有了一定的成功经验和技术积累，但仍然存在大量的技术问题。除盾构机械制造和施工控制管理等综合技术问题之外，涉及岩土工程领域的许多理论与技术问题尚待解决。尤其是在盾构施工过程中部分地区(如北京、成都等)遇到大面积砂卵石地层时，隧道开挖面稳定机理和控制问题、土体改良剂的应用、刀具磨损分析、地层变形控制措施、开舱换刀技术等，都还需要进行不懈的研究和不断积累工程经验。

目前，在成都地铁的建设过程中，部分学者开展了富水砂卵石地层盾构选型、刀具选择及布置的相关研究，对大粒径卵石、漂石的处理技术，富水砂卵石地层盾构开舱换刀技术进行了比较深入的研究。北京地区砂卵石地层盾构施工技术研究主要集中在刀具的磨损分析、地层变形控制措施、土体改良剂的应用等方面，对砂卵石地层盾构选型、开挖面稳定性控制措施也进行了初步的研究。但是，到目前为止，以往对砂卵石地层盾构施工的研究仍然集中在漂石、孤石或局部范围内砂卵石地层盾构施工的研究。像北京地铁 9 号线这样，在大范围、长距离、全断面大粒径砂卵石地层进行盾构隧道修建，世界上尚属首次，面临很多的技术难题，施工难度极大。

1.2 北京地铁 9 号线盾构工程概况

北京地铁 9 号线全线共 6 个盾构区间，隧道穿越地层均为大面积砂卵石地层，分布在 4 个标段，总长度为 4.51km，从北至南依次为 02 标丰台科技园站—科怡路站区间(简称“丰—科”区间)、科怡路站—丰台南路站区间(简称“科—南”区间)、03 标丰台东大街站—丰台北路站区间(简称“丰东—丰北”区间)、04 标丰台北路站—六里桥站区间(简称“丰—六”区间)、06 标军事博物馆站—东钓鱼台站区间(简称“军—东”区间)、东钓鱼台站—白石桥南站区间(简称“东—白”区间)。各盾构区间在 9 号线的平面位置见图 3-1-2。

北京地铁 9 号线 6 个盾构区间共投入盾构设备 6 台，02 标、04 标各投入 1 台，03 标、06 标各投入 2 台。各标段盾构区间概况见表 3-1-1。

北京地铁 9 号线盾构区间概况 表 3-1-1

<table>
<tr><th>标 段</th><th>区 间</th><th>区间长度/管片环数</th><th>穿越地层</th><th>盾构厂商</th><th>备 注</th></tr>
<tr><td rowspan="4">02 标</td><td rowspan="2">丰—科</td><td>左线：576m/480 环</td><td rowspan="2">卵石⑤，底部卵石⑦</td><td rowspan="4">德国
海瑞克</td><td rowspan="4">投入盾构 1 台，土压平衡式盾构，面板式刀盘</td></tr>
<tr><td>右线：576m/480 环</td></tr>
<tr><td rowspan="2">科—南</td><td>左线：746m/622 环</td><td rowspan="2">卵石⑤，底部卵石⑦</td></tr>
<tr><td>右线：746m/622 环</td></tr>
<tr><td rowspan="2">03 标</td><td rowspan="2">丰东—丰北</td><td>左线：1030m/859 环</td><td rowspan="2">卵石⑤</td><td rowspan="2">日本石川岛
播磨</td><td rowspan="2">投入盾构 2 台，土压平衡式盾构，面板式刀盘</td></tr>
<tr><td>右线：1085m/904 环</td></tr>
<tr><td>04 标</td><td>丰—六</td><td>左线：242m/202 环</td><td>卵石⑦、卵石⑤</td><td>德国
海瑞克</td><td>投入盾构 1 台，土压平衡式盾构，面板式刀盘</td></tr>
<tr><td rowspan="4">06 标</td><td rowspan="2">军—东</td><td>左线：1209m/1008 环</td><td rowspan="2">卵石⑦，两端砾岩</td><td rowspan="2">加拿大
罗威特</td><td rowspan="2">投入盾构 1 台，土压平衡式盾构，面板式刀盘</td></tr>
<tr><td>右线：1214m/1012 环</td></tr>
<tr><td rowspan="2">东—白</td><td>左线：650m/542 环</td><td rowspan="2">卵石⑦</td><td rowspan="2">华隧通
日立造船</td><td rowspan="2">投入盾构 1 台，土压平衡式盾构，面板式刀盘</td></tr>
<tr><td>右线：403m/336 环</td></tr>
</table>

图 3-1-2　北京地铁 9 号线盾构区间平面示意图

1.2.1　丰—科区间

02 标丰—科区间隧道左、右单线长度均为 576m，双线共计 1152m。隧道顶板覆土厚度在 9～15m 之间，勘探揭露卵石最大粒径 650mm。线路由丰台科技园站起，沿万寿路南延线一直向北延伸，在下穿南四环后到达科怡路站。区间设置 1 处联络通道。

2009 年 3 月左线盾构在丰台科技园站先行始发，7 月到达科怡路站后盾构调头，8 月开始进行右线盾构施工，至 12 月双线贯通，工程实施示意情况见图 3-1-3。

1.2.2　科—南区间

02 标科—南区间隧道左、右单线长度均为 746m，双线共计 1492m。隧道顶板覆土厚度在

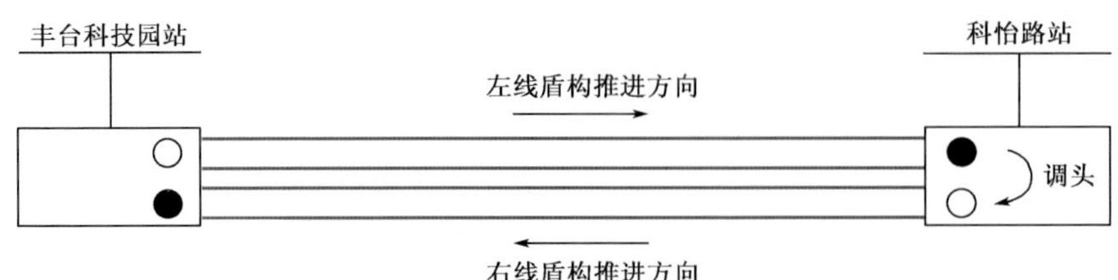

图 3-1-3 丰—科区间工程实施示意图

9～14m 之间，勘探揭露卵石最大粒径 600mm。线路南起于科怡路站，沿规划万寿路南延线向北延伸，沿线依次下穿帝京路、恒富中街、科兴路后，到达丰台南路站。区间设置 1 处联络通道。

2010 年 1 月左线从科怡路站先行始发，5 月到达。设备转场后继续掘进右线，至 8 月双线贯通，工程实施示意情况见图 3-1-4。

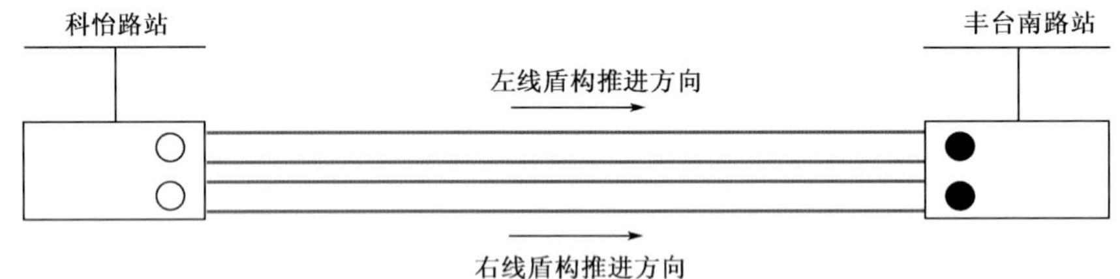

图 3-1-4 科—南区间工程实施示意图

1.2.3 丰东—丰北区间

03 标丰东—丰北区间隧道左线长度 1030m，右线长度 1085m，双线共计 2115m。隧道顶板覆土厚度在 8～12m 之间。线路南起丰台东大街站，沿东大街向北延伸，沿线依次下穿游泳场北路、丰管路、七里庄路、近园路、丰台北路后，到达丰台北路站。

左、右线分别于 2011 年 2 月、3 月始发，相继于 7 月先后到达，工程实施示意情况见图 3-1-5。

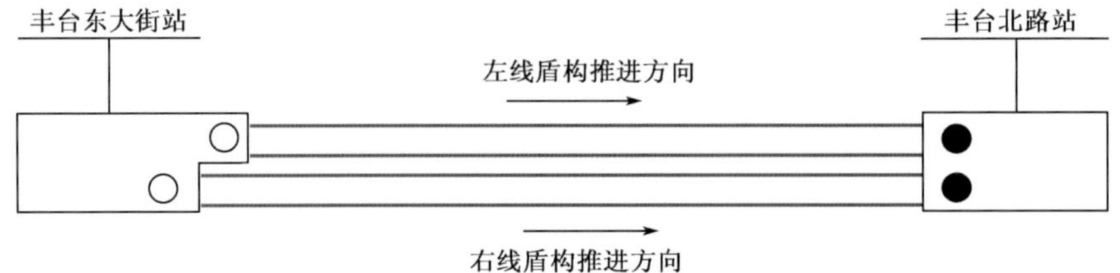

图 3-1-5 丰东—丰北区间工程实施示意图

1.2.4 丰—六区间

04 标丰—六区间右线采用矿山法施工，左线采用盾构法与矿山法相结合进行施工，其中盾构法施工段长 242m。隧道结构顶板覆土厚度在 13～19m 之间，勘探揭露卵石最大粒径 650mm，在六里桥南端设盾构始发井。

左线盾构于 2010 年 6 月始发，11 月到达接收井，工程实施示意情况见图 3-1-6。

图 3-1-6　丰—六区间工程实施示意图

1.2.5　军—东区间

06 标军—东区间双线采用矿山法与盾构法共同进行施工，其中盾构法左线长度 1209m，右线长度 1214m，双线共计 2423m。隧道顶板覆土厚度在 17～23m 之间，勘探揭露卵石最大粒径 800mm。线路由盾构井出发以 2‰和 3‰的上坡穿过永定河引水渠及玉渊潭东湖，至里程 K13＋210 处变坡为 12‰，于里程 K13＋500 处变为 3‰的下坡进入东钓鱼台。

2010 年 3 月右线从始发井先行始发，2011 年 7 月到达。设备转场后继续掘进左线，至 2012 年 4 月双线贯通，工程实施示意情况见图 3-1-7。

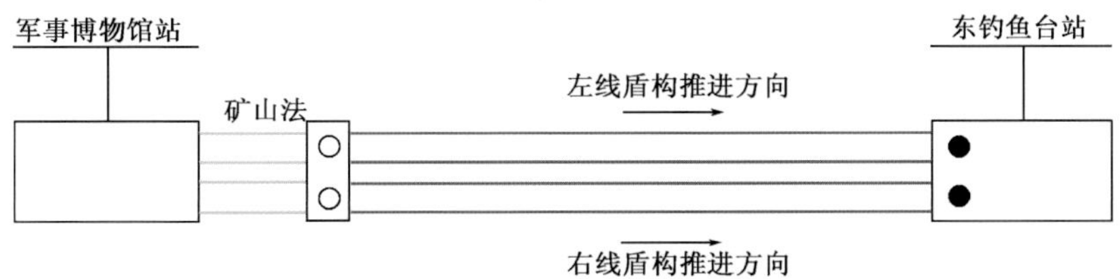

图 3-1-7　军—东区间工程实施示意图

1.2.6　东—白区间

06 标东—白区间双线采用矿山法与盾构法进行施工，其中盾构法隧道左线长度为 650m，右线长度为 403m，双线共计 1053m。隧道顶板覆土厚度在 9.8～18m 之间，勘探揭露卵石最大粒径 800mm，沿线下穿人行天桥一座。

2011 年 3 月左线盾构先行始发，5 月到达白石桥南站后盾构调头进行右线盾构施工，至 8 月双线贯通，工程实施示意情况见图 3-1-8。

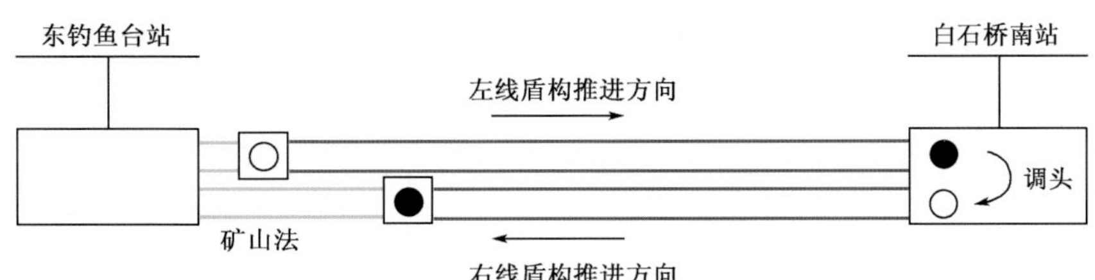

图 3-1-8　东—白区间工程实施示意图

1.3　9号线盾构施工的主要技术难题

北京地铁9号线在大面积砂卵石地层条件下采用土压平衡盾构施工，这在国内外是比较少见的，尤其在北京地区。大直径卵石对土压平衡盾构施工的影响，至今没有成熟的经验可供参考。

我国广深地区和成都地铁的盾构穿越孤石和砂卵石情况，与北京现在发现的大直径卵石地层有所不同。

北京地铁9号线沿线砂卵石地层其基本结构松散、胶结程度差、卵石强度高、粒径大小不等，且部分地层中含有大直径漂石。卵石空隙多被中、粗砂充填，地层反应灵敏，盾构在此地层中掘进，土体塑流性差，刀盘、刀具及螺旋输送机的磨损将会比较严重，盾构姿态控制困难，开挖面土压不易保持，地表沉降控制具有相当难度，容易发生大的安全风险事故。

北京地铁9号线盾构施工过程中遇到以下的技术难题：

(1)砂卵石地层盾构选型技术

盾构选型是盾构隧道施工的关键环节，一定程度上决定着盾构掘进的成败。适宜的机型选择及施工参数、措施的合理设定是盾构顺利掘进的保障，为了最大限度地规避盾构施工风险，盾构设备的适应性、施工参数的合理性评估必不可少。

(2)开挖面稳定及变形控制技术

砂卵石地层基本结构松散、胶结程度差，土体改良效果欠佳时土体的流塑性较差，致使土舱内不易实现连续的动态平衡，无法有效控制出土量。盾构在此地层中掘进时，开挖面稳定将难以保持，致使地表隆沉幅度增大。盾构因刀盘扭矩过大而频繁跳闸保护，跳闸保护后的重新启动也会在一定程度上扰动周围土体，进而增加了地表沉降控制难度。

丰—科区间右线因土压力控制欠佳致使出土量增大，地层过量损失，在2009年9月30日隧道213环位置地表发生坍塌，见图3-1-9。

丰—六区间左线因盾构停机时间过长，土舱内空置，且土体改良效果不佳致无法建立有效土压，不能有效控制出土量，在2010年8月31日距始发井约90m位置地面塌陷约15m^2，深约1.5m，见图3-1-10。

图3-1-9　丰—科区间右线地表塌陷及回填情况

图3-1-10　丰—六区间左线地表塌陷情况

(3)土体改良不佳导致的施工问题

砂卵石地层采用土压平衡式盾构进行施工,土体改良技术在一定程度上直接影响着工程的成败。

丰—六区间左线盾构推进至第 4 环时,因土体改良效果较差,刀盘卡死不能启动,施工单位进行了第 1 次开舱,检查发现舱内土体被挤压密实(图 3-1-11),舱内滚刀周围全部被小卵石镶嵌封死(图 3-1-12),不能按照正常轨迹线路进行转动和破碎,中心滚刀和中心回转体位置全部被砂土包裹,形成板结现象。用风镐清除舱内密实土体,盾构恢复推进后,在盾构推进至 16 环时再次出现推力大、推进速度为 0、频繁跳闸保护等问题,施工单位进行了第 2 次开舱,发现刀盘内部情况与第 1 次基本相同。经过反复试验,直到 144 环土体改良效果才满足施工要求,盾构基本正常推进。

图 3-1-11 丰—六开舱土体被挤压密实情况

图 3-1-12 丰—六开舱滚刀被镶嵌卡死情况

(4)刀具磨损及耐久性技术问题

在砂卵石地层中进行盾构施工,刀具磨损是不可避免的。如何控制刀盘、刀具的不规则磨损,有效地减少开舱换刀次数,提高盾构掘进效率,降低盾构施工成本是砂卵石地层盾构施工的主要难题之一。盾构在此地层中掘进,靠近刀盘外侧的刀具会因冲击作用首先被磨损,而过大的扭矩及推力会加剧刀具的冲击磨损;同时,砂卵石地层分布不均匀,刀盘与刀具还出现了异常磨损,大大降低了盾构掘进效率。砂卵石颗粒之间摩擦阻力大,在土体改良效果欠佳时难以获得良好的流动性,加之卵石本身石英含量高,刀盘切削土体时容易过热,进一步加剧刀盘、刀具、螺旋输送机的磨损。图 3-1-13 和图 3-1-14 为施工中刀具与刀盘出现的磨损。

图 3-1-13 丰—六区间左线滚刀磨损情况

图 3-1-14 军—东区间右线刀盘磨损情况

(5)盾构姿态控制技术

由于大粒径砂卵石力学性质不稳定,卵石含量高,且分布不均,因此盾构姿态控制难,容易发生盾构掘进方向偏离预定轴线的情况。

(6)盾构前方遇到大直径卵石和刀具磨损判断理论与技术

地层中存在的大直径卵石不仅增加了盾构施工过程中刀具切削、破碎的难度,而且不易通过螺旋输送机直接排出,极易堆积在土舱内,对盾构施工造成不良影响。

军—东区间 1 号换刀井 20m 深处揭露超大卵石一块,粒径尺寸为 60cm×70cm×120cm,如图 3-1-15 所示。

丰—六区间左线在 16 环施工时出现了推力大、无推进速度、刀盘扭矩大、频繁跳闸保护、出土温度高、螺旋输送机转动困难,且螺旋输送机转动时有与石头剧烈摩擦的响声等一系列问题,进行了第二次开舱,从土舱内清理出大直径卵石两块,最大尺寸为 68cm×36cm×30cm,如图 3-1-16 所示。

图 3-1-15　军—东区间右线 1 号换刀井揭露大卵石情况

图 3-1-16　丰—六区间开舱取出大直径卵石

第2章　砂卵石地层特征及地层组段划分

2.1　砂卵石地层特性

2.1.1　颗粒级配特性

就土压平衡式盾构和泥水平衡式盾构而言，穿越地层的颗粒级配特性从盾构选型开始，就对整个盾构施工过程有着重要的影响。

一般来说，细颗粒含量多，土体易形成不透水的流塑体，容易充满土舱，在土舱中可以建立压力，平衡掘削面的土压。粗颗粒含量高的土体流塑性差，实现土压平衡困难。

颗粒级配与盾构类型的关系见图3-2-1。图中右侧为淤泥黏土区，为土压平衡盾构适应范围；中部为粗砂、细砂区，既可使用泥水盾构，也可经土体改良后使用土压平衡盾构；左侧为卵石、砾石、粗砂区，为泥水盾构适用的颗粒级配范围。

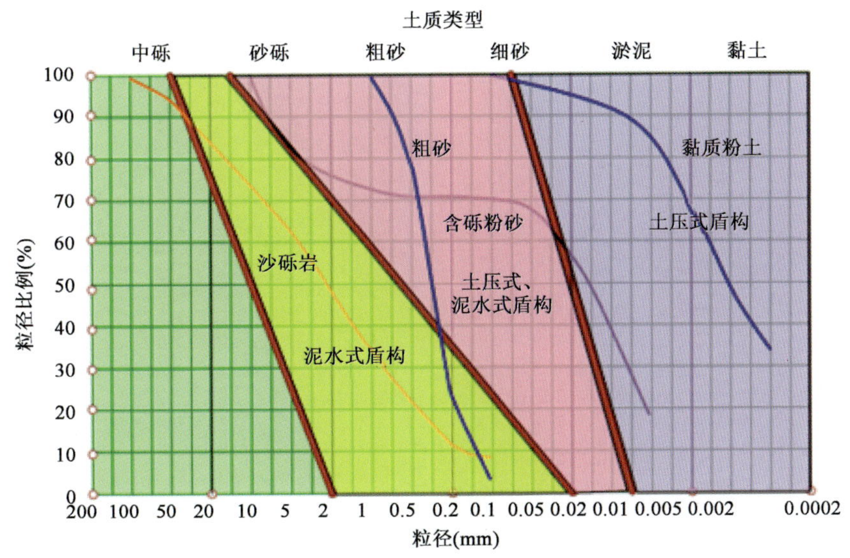

图3-2-1　地层类型及颗粒级配与封闭式盾构的适用关系

由图 3-2-1 可知，砂卵石地层一般应选择泥水平衡式盾构进行施工，但实际施工过程中因考虑到泥水平衡式盾构的造价、施工场地等因素，目前北京地区施工中仍然以土压平衡盾构为主。北京地铁 9 号线工程砂卵石地层卵石粒径大、含量高，黏粒成分少，属于颗粒级配相对不好地层，非常不利于土压平衡盾构施工。因此，为了取得较好的施工效果，应该通过土体改良技术对砂卵石地层的性质进行调整与改良，使得经过改良后土体的流塑性、级配能满足盾构施工的要求，降低级配不良等地质因素对盾构施工的影响。

2.1.2 密实度特征

砂卵石地层属松散的孔隙性地层、风化裂隙发育地层或未胶结的构造破碎带，常用标准贯入试验来测定其密实度，用标准贯入锤击数 N 表示。同为砂卵石地层，N 值会有很宽的范围，松砂卵石层会在 40 击以下，固结砂卵石层的 N 值会大于 40 击。

致密的砂卵石地层未经扰动时具有较强的自稳性，经过盾构掘进作业扰动后，土体迅速松散。当盾构施工参数控制合理且隧道埋深满足一定要求时，砂卵石会下落成拱，地表沉降控制相对较容易，一般后续沉降也比较小。但随着 N 值增大，盾构的推进阻力会增大，刀盘磨损也会变严重。

松散的砂卵石地层可能存在原始空洞，未经扰动时其本身具有一定的稳定性，但经盾构推进扰动后，土体会迅速松散进入土舱内，此时对土压平衡式盾构螺旋输送机出土量的控制较难，进而地表沉降控制也就较难。

2.1.3 特大粒径卵石分布特征

图 3-2-2 为地质跟踪揭示最大粒径卵石分布曲线图，图 3-2-3 为地质跟踪揭示粒径大于 300mm 卵石量折算值曲线图。

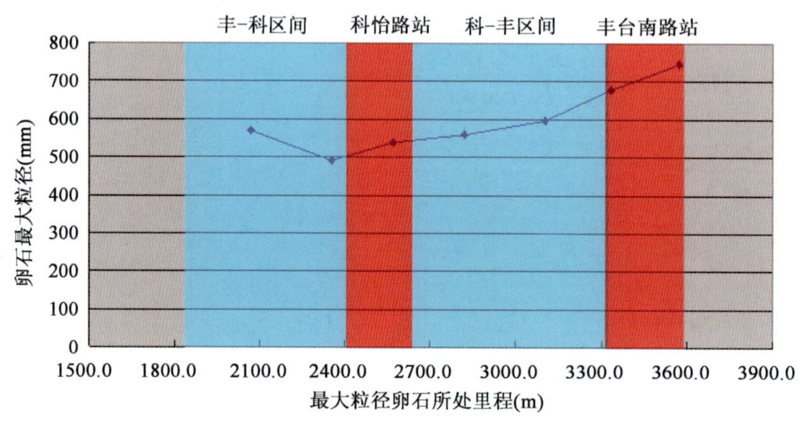

图 3-2-2 地质跟踪揭示最大粒径卵石分布曲线图

2.1.3.1 丰—科区间大粒径卵石分布特征

由于盾构施工的特殊性，对隧道所处地层跟踪揭示难度较大。考虑到掘进一环采集样本容量较大，现场取掘进一环所出渣土量的 1/4(1 土斗)，对粒径大于 200mm 卵石的粒径及数量进行统计分析。丰—科区间地层卵石揭露情况和统计结果如表 3-2-1 及图 3-2-4 所示。

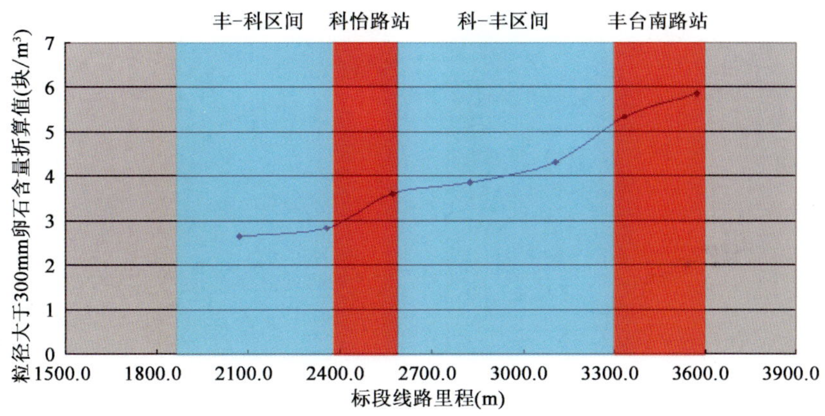

图 3-2-3 地质跟踪揭示粒径大于 300mm 卵石含量折算值曲线图

丰一科区间地层揭露大粒径卵石情况 表 3-2-1

取样范围:西线 K2+071.264～K2+072.468				
1/4 环(1 土斗)卵石含量统计情况				
深度范围	最大粒径	大于 450mm	300～450mm	200～300mm
15.1～21.4m	570mm	4 块	31 块	133 块
一环卵石含量折算如下				
15.1～21.4m	570mm	约 16 块	约 124 块	约 532 块
隧道进尺 1.2m,开挖直径 6.26m;共计:3.14×3.132×1.2=36.93m³				
含量(块)/m³		16/36.93=0.44	124/36.93=3.36	532/36.93=14.41

2.1.3.2 科怡路站大粒径卵石分布特征

在车站围护桩施工期间取较有代表性的桩位地层进行跟踪采集,对站位地层竖向分布情况进行揭示,不同深度大粒径卵石分布情况见表 3-2-2。围护桩施工采用旋挖钻机成孔、泥浆护壁的施工工艺,对于桩孔内地层所含小粒径卵石及砂统计困难较大,仅对粒径大于 150mm 的卵石粒径及数量进行了统计,统计情况见表 3-2-3。地层中揭露卵石情况如图 3-2-5 所示。

科怡路站不同深度地层揭露大粒径卵石情况 表 3-2-2

层位深度(m)	2	4	6	8	10	12	14	16	18	20	22
卵石最大粒径(mm)	40	80	167	310	160	213	338	454	539	386	455

科怡路车站揭露大粒径卵石情况 表 3-2-3

卵石粒径(mm)	卵石数量(块)	折算值(块/m³)	折算值(块/环)
150～300	159	9.2	339.8
300～450	54	3.2	118.2
≥450	7	0.41	15.1

a)土舱中取出卵石

b)地层中揭露大卵石

c)土舱中取出大卵石

d)刀盘附近地层情况

图 3-2-4　丰—科区间地层揭露大粒径卵石情况

2.1.3.3　科—南区间大粒径卵石分布特征

如同丰台科技园站—科怡路站区间地层揭露方法，现场取掘进一环所出渣土量的 1/4（1 土斗），对粒径大于 200mm 的卵石粒径及数量进行统计分析，结果如表 3-2-4 及图 3-2-6所示。

科—南区间地层揭露大粒径卵石情况　　表 3-2-4

取样范围：西线 K2+856.87～K2+858.07m				
1/4 环(1 土斗)卵石含量统计情况				
深度范围	最大粒径	大于 450mm	300～450mm	200～300mm
10.1～16.4m	560mm	6 块	73 块	155 块
一环卵石含量折算如下				
10.1～16.4m	560mm	约 24 块	约 292 块	约 620 块
隧道进尺 1.2m，开挖直径 6.26m；共计：3.14×3.132×1.2=36.93m³				
含量(块)/m³		24/36.93=0.65	292/36.93=7.91	620/36.93=16.79

a)刀具破除后卵石情况

b)地层中揭露大卵石

c)盾构端头地层揭露卵石

d)盾构端头地层揭露卵石

图 3-2-5 科怡路站地层揭露大粒径卵石情况

2.1.3.4 丰台南路站大粒径卵石分布特征

在车站围护桩施工期间取较有代表性的桩位地层进行跟踪采集,对站位地层竖向分布情况进行揭示,不同深度大粒径卵石分布情况见表 3-2-5。受围护桩施工限制,仅对粒径大于 150mm 卵石粒径及数量进行了统计,统计情况见表 3-2-6。地层中揭露卵石情况如图 3-2-7 所示。

丰台南站不同深度地层揭露大粒径卵石情况　　表 3-2-5

层位深度(m)	2	4	6	8	10	12	14	16	18	20	22	23.5
卵石最大粒径(mm)	40	85	372	344	512	493	676	507	745	570	455	553

丰台南路站揭露大粒径卵石情况　　表 3-2-6

卵石粒径(mm)	卵石数量(块)	折算值(块/m^3)	折算值(块/环)
150～300	278	15	554
300～450	89	4.8	177.3
≥450	16	0.8	29.5

2.1.3.5 丰东—丰北大粒径卵石分布特征

根据勘察单位提供的岩土工程勘察报告,施工阶段对地层进行补勘察,地勘揭示地层中卵砾石的含量高达 80%,最大粒径超过 900mm,平均抗压强度在 80MPa 以上,揭露卵石如图 3-2-8 至～图 3-2-10 所示,各深度卵石揭露情况见表 3-2-7。

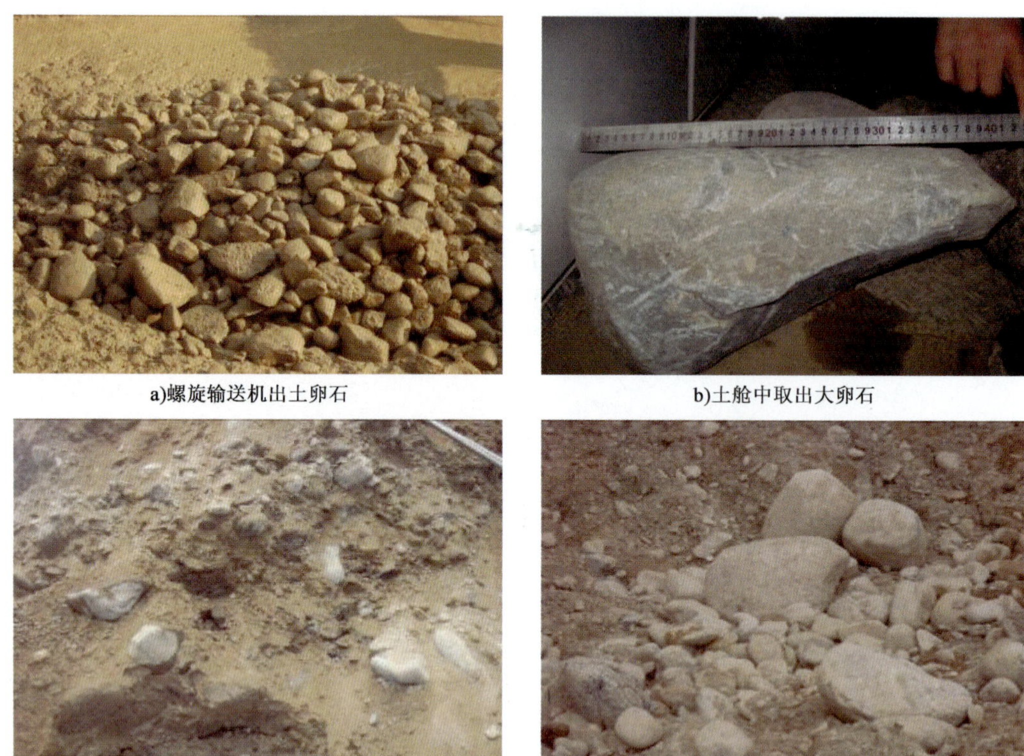

a)螺旋输送机出土卵石　b)土舱中取出大卵石

c)端头地层概况　d)断头地层揭露卵石情况

图 3-2-6　科—南区间与丰台南路站连接处地层揭露大粒径卵石情况

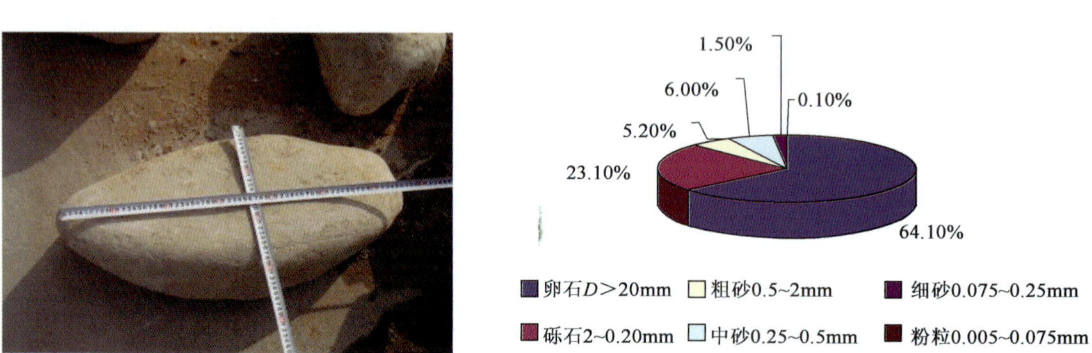

图 3-2-7　丰台南路站地层揭露大粒径卵石情况

图 3-2-8　地层中各种粒径土粒含量

不同深度地层揭露卵石情况　表 3-2-7

<table>
<tr><th rowspan="2">埋深
(m)</th><th colspan="4">投标时初勘报告</th><th colspan="4">施工阶段补勘</th></tr>
<tr><th>岩性名称</th><th>最大粒径(mm)</th><th>一般粒径(mm)</th><th>粒径大于 20mm 的颗粒占总质量的百分比(%)</th><th>岩性名称</th><th>最大粒径(mm)</th><th>一般粒径(mm)</th><th>粒径大于 20mm 的颗粒占总质量的百分比(%)</th></tr>
<tr><td>9.0～10.0</td><td>卵石</td><td>120</td><td>20～70</td><td>70</td><td>卵石</td><td></td><td></td><td></td></tr>
<tr><td>10.0～11.0</td><td>卵石</td><td>240</td><td>20～80</td><td>65</td><td>卵石</td><td rowspan="2">450</td><td rowspan="2">70～120</td><td rowspan="2">70</td></tr>
<tr><td>11.0～12.0</td><td>卵石</td><td>320</td><td>30～70</td><td>65</td><td>卵石</td></tr>
</table>

续上表

埋深（m）	投标时初勘报告				施工阶段补勘			
	岩性名称	最大粒径（mm）	一般粒径（mm）	粒径大于 20mm 的颗粒占总质量的百分比（%）	岩性名称	最大粒径（mm）	一般粒径（mm）	粒径大于 20mm 的颗粒占总质量的百分比（%）
12.0～13.2	卵石	250	30～60	65	卵石	530	90～190	80
13.2～14.0	卵石	160	40～60	70	卵石	520	110～210	85
14.0～15.0	卵石	310	40～110	70	漂石	920	180～280	85
15.0～16.3	卵石	330	50～120	80	卵石	610	140～260	80
16.3～17.5	卵石	400	100～140	85	卵石	470	130～250	85

图 3-2-9 地层揭露大粒径卵石情况(1)

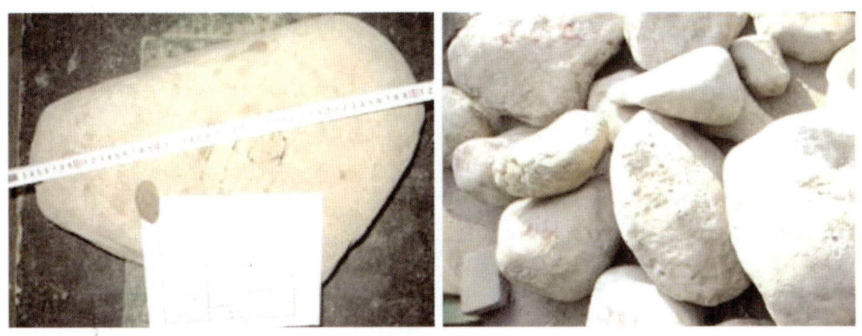

图 3-2-10 地层揭露大粒径卵石情况(2)

2.1.3.6 丰一六区间大粒径卵石分布特征

丰台北路—六里桥区间隧道穿越的地层为卵石⑤层和卵石⑦层，结构位于水位线以上。地质跟踪时发现的漂石最大粒径 960mm，一般粒径 30～240mm，粒径大于 20mm 颗粒含量约为总质量的 75%～90%。该区间地层中的大粒径卵石给盾构施工参数控制，刀盘、刀具磨损，开挖面稳定等造成了巨大的影响，盾构掘进效率极其低下，严重影响了盾构的正常掘进。施工过程中揭露的大粒径卵石如图 3-2-11～图 3-2-14 所示。

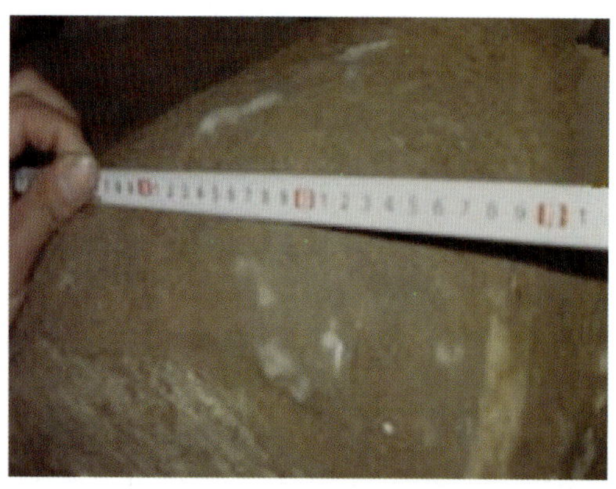

图 3-2-11　大粒径漂石卡住刀盘

图 3-2-12　螺旋机无法排出的大粒径漂石

图 3-2-13　1 号检修换刀井内挖出的漂石

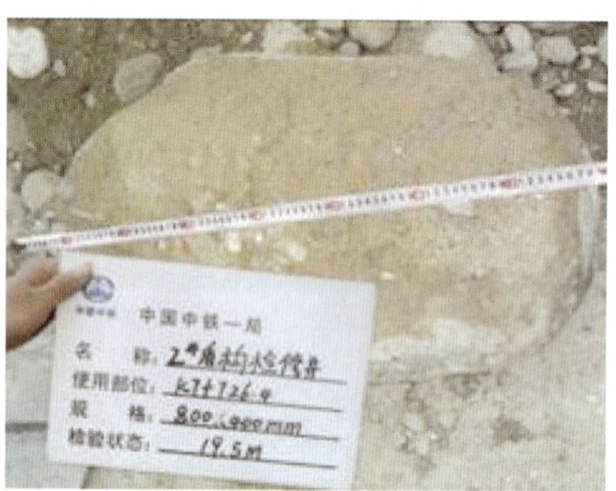

图 3-2-14　2 号检修换刀井内挖出的漂石

2.1.3.7　军—东区间大粒径卵石分布特征

军事博物馆—东钓鱼台站区间穿越永定河引水渠、玉渊潭东湖及军事管理区是本区间施工的重点和难点。军事博物馆站—东钓鱼台站右线地层情况如图 3-2-15 所示。

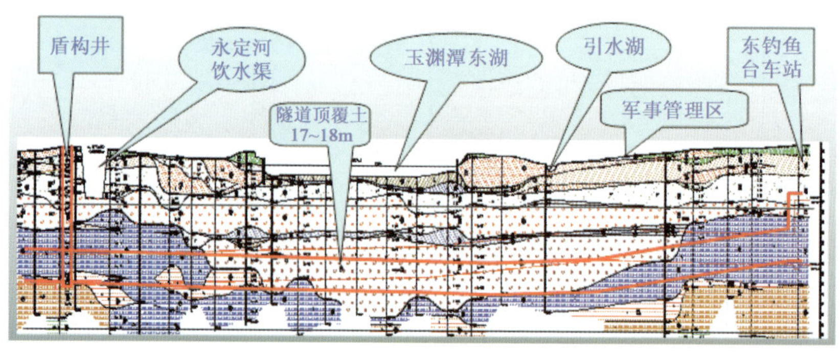

图 3-2-15　军—东区间沿线地层剖面图

由图 3-2-15 可知，盾构隧道穿越的地层：两端头盾构始发井和东钓鱼台车站位置（蓝色区域）为砾岩层，含玉渊潭东湖的中段（白色区域）为砂卵石地层，两种地层结构中均含有大粒径的卵石和漂石，可见的漂石粒径最大为 1.5m。

盾构始发时进入砾岩层；在东湖南岸时出砾岩层，进入卵石⑦层；在军事管理区下方出卵石⑦层，进入卵漂石地层；而后出卵漂石层，再次进入砾岩层。盾构隧道不同埋深范围内卵砾

石粒径调查情况如下：

(1)深度 21.0～23.0m 范围内整体为砾岩层，强风化，泥质～砂质胶结，胶结程度较好，较大粒径砾石相对集中分布，一般粒径为 4～8cm，大于 20cm 的砾石约占总体积的 20%～30%，局部分布有较多约 30～60cm 粒径的砾石，最大粒径可达 80cm。

(2)深度 23.0～26.0m 范围内整体为黏土岩层，强风化，其中混少量风化碎石屑。

(3)深度 26.0～27.5m 范围内整体为砾岩层，强～中等风化，泥质～砂质胶结，胶结程度较好，较大粒径砾石相对集中分布，一般粒径为 4～8cm，大于 20cm 的砾石约占总体积的 25%，局部分布有较多约 30～50cm 粒径的砾石，最大粒径可达 60cm。

(4)深度 27.5～29.5m(槽底)范围内整体为砾岩层，强～中等风化，泥质～砂质胶结，胶结程度较好，整体强度相对较高，较大粒径砾石分布较少，一般粒径为 6～9cm，大于 20cm 的砾石约占总体积的 15%，有粒径约 40～50cm 的漂石存在。

为了进一步掌握每环掘进过程中，各种粒径卵石的含量，特别是大粒径卵砾石的含量，因此施工单位组织勘察单位对区间大粒径卵石进行调查，调查结果见表 3-2-8。地层中揭露卵石情况如图 3-2-16 所示。

大粒径卵砾石调查表　　表 3-2-8

卵石粒径(mm)	200～400	400～600	600～800	800 以上
卵石数量(块/环)	478	30	16	4

a)地层中取出大卵石

b)刀盘前方地层概况

c)1号换刀井揭露大卵石

d)土舱中大粒径卵石

图 3-2-16　军—东区间地层揭露大粒径卵石情况

2.2 基于盾构施工特点的砂卵石地层组段划分

2.2.1 砂卵石地层组段划分目的及意义

盾构施工参数的合理选取和控制是有效减少和避免盾构施工安全风险的必要措施。盾构施工参数须根据项目环境条件和工程水文地质条件来确定。盾构施工过程中环境条件、穿越的地层及其工程地质、水文地质条件并非一成不变,当上述施工条件发生变化时,盾构施工参数也必须进行相应的调整。因此,根据盾构施工过程中的环境条件(地上及地下建(构)筑物工程)、水文地质条件以及隧道埋深等因素对区间隧道进行组段划分,确定适宜各个组段的盾构施工参数控制标准或控制范围,可以实现盾构施工的规范化和施工管理的标准化,对有效控制盾构施工安全风险是非常有必要的。

砂卵石地层中,组段划分是规避盾构法隧道施工安全风险的重要工作和首要内容。

2.2.2 砂卵石地层组段划分的依据

砂卵石地层中,盾构法施工的区间隧道组段划分主要基于以下两点:

(1)盾构隧道穿越的土层性质:盾构施工参数确定的基本原则。

(2)盾构施工环境条件的组合影响:除考虑盾构隧道穿越的地层情况外,还需充分考虑盾构施工环境条件的组合效应,亦即盾构隧道上方地层情况及是否有重要管线,盾构隧道上方地面和地下建(构)筑物存在与否,盾构隧道下方地下建(构)筑物存在与否,地面沉降控制要求,盾构隧道穿越特殊地层条件,如巨型漂石、水体下穿越等,都会影响到盾构区间组段的划分。

2.2.3 砂卵石地层组段划分的主要内容

盾构施工区间隧道组段的综合划分是在盾构穿越土层组段划分的基础上按照盾构施工环境的组合安全风险级别对各个组段进行更详细的划分。简述如下:

(1)根据盾构隧道穿越的地层特性,对盾构隧道穿越的地层进行组段划分如下:

A 段:黏土、粉质黏土、黏质粉土和粉土以及这四种土层组成的复合地层。

B 段:砂层,包括粉砂、细砂、中砂和粗砂。

C 段:卵石层。

D 段:土与砂的复合土层。

E 段:土、砂、卵石的复合地层。

F 段:土岩混合地层。

(2)盾构施工环境条件的组合影响有隧道埋深、地面/地下环境条件、特殊地质情况、上覆土层性质等 4 种因素,影响级别划分如下:

Ⅰ级:盾构下穿或上穿既有轨道线路,或下穿或者临近重要建(构)筑物,或下穿重要市政管线和河流,或土层中有漂石、孤石等特殊地质情况,或隧道为埋深小于 9m 的浅埋隧道,或以上两种及两种以上情况的组合。

Ⅱ级:隧道埋深大于 9m,或隧道上方地层中有一般的市政管线,或隧道临近或者下穿一般

建筑物，或下穿重要市政道路，或地层中的不良地质情况对盾构施工影响较小并没有特殊地质情况。

Ⅲ级：隧道埋深大于 13m，或隧道上方地层中没有管线或者只有对沉降不敏感的管线（如电力管线、电信管线、广播管线等）且管线埋深较浅，或隧道与建筑物基础和重要市政道路距离较远，或地层中无不良地质情况等特殊地质情况。

综上，在 A、B、C、D、E、F 等六个土层组段的基础上进行二级划分，即细化为 AⅠ、AⅡ、AⅢ、BⅠ、BⅡ、BⅢ、CⅠ、CⅡ、CⅢ、…、FⅠ、FⅡ、FⅢ等 18 个组段，对任何一个盾构区间隧道而言，都是由以上 18 种组段中的一种或几种组段组合而成，如图 3-2-17 所示。

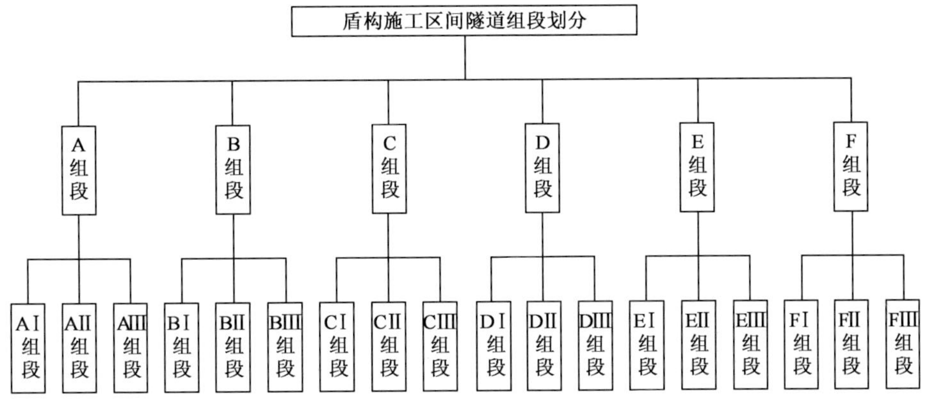

图 3-2-17　盾构区间隧道组段综合划分示意图

2.2.4　地铁 9 号线工程地层组段划分

根据组段划分基本理论及 9 号线工程各盾构区间的地层与环境条件对 6 个盾构区间进行了详细的组段划分，结果见表 3-2-9～表 3-2-19。

丰一科区间左线隧道组段划分　　表 3-2-9

组段序号	起止里程桩号	长度(m)	环号	隧道穿越土层（从上到下）	上覆土层（从上到下）	隧道埋深(m)	特殊地质情况	地下水情况	施工环境	综合等级
1	DK1＋821.6～DK1＋929.4	107.8	0～90	卵石	杂填土、粉土、砂土、卵石	10.4～12.1	无	无	左线始发井（0～8环，明挖法）	CⅡ
2	DK1＋929.4～DK1＋953.5	24.1	90～110	卵石、砂土	粉土、砂土、卵石、砂土、卵石	12.1～13.0	无	无	无	EⅡ
3	DK1＋953.5～DK2＋024.4	70.9	110～169	卵石、砂土	杂填土、粉土、砂土、卵石、砂土、卵石	13.0～15.3	无	无	无	EⅢ
4	DK2＋024.4～DK2＋257.2	232.8	179～363	卵石	杂填土、粉土、砂土、卵石	13.1～15.3	无	无	联络通道（202～215环，矿山法）	CⅡ

续上表

组段序号	起止里程桩号	长度(m)	环号	隧道穿越土层(从上到下)	上覆土层(从上到下)	隧道埋深(m)	特殊地质情况	地下水情况	施工环境	综合等级
5	DK2+257.2～DK2+371.2	114	363～458	卵石	杂填土、粉土、砂土、卵石	10.3～13.1	无	无	南四环路及其地下管线(363～458 环,雨水管沟,平面尺寸3000mm × 1750mm,管底距离隧道顶部约4.7 m;污水管线,DN1050,管底距离隧道顶部约 5.6m;污水管线,DN1350,管底距离隧道顶部约 6.4m;上水管线,DN1600,管底距离隧道顶部约10m,DN600,管底距离隧道顶部约 11m;中压天然气管,DN500,管底距离隧道顶部约9m)	CⅠ
6	DK2+371.2～DK2+397.1	25.9	458～480	卵石	杂填土、粉土、砂土、卵石	9.6～10.3	无	无	左线接收井(472～480 环,明挖法)	CⅡ

丰一科区间右线隧道组段划分 表 3-2-10

组段序号	起止里程桩号	长度(m)	环号	隧道穿越土层(从上到下)	上覆土层(从上到下)	隧道埋深(m)	特殊地质情况	地下水情况	施工环境	综合等级
1	DK2+397.1～DK2+371.2	25.9	0～22	卵石	杂填土、粉土、砂土、卵石	9.6～10.3	无	无	右线始发井(0～8 环,明挖法)	CⅡ
2	DK2+371.2～DK2+257.2	114	22～117	卵石	杂填土、粉土、砂土、卵石	10.3～13.1	无	无	南四环路及其地下管线(502～597 环,雨水管沟,平面尺寸3000mm × 1750mm,管底距离隧道顶部约4.7m;污水管线,DN1050,管底距离隧道顶部约 5.6m;污水管线,DN1350,管底距离隧道顶部约 6.4m;上水管线,DN1600,管底距离隧道顶部约10m,DN600,管底距离隧道顶部约 11m;中压天然气管,DN500,管底距离隧道顶部约9m)	CⅠ

续上表

组段序号	起止里程桩号	长度（m）	环号	隧道穿越土层（从上到下）	上覆土层（从上到下）	隧道埋深（m）	特殊地质情况	地下水情况	施 工 环 境	综合等级
3	DK2＋257.2～DK2＋024.4	232.8	117～311	卵石	杂填土、粉土、砂土、卵石	13.1～15.3	无	无	联络通道（746～757环，矿山法）	CⅡ
4	DK2＋024.4～DK1＋953.5	70.9	311～370	卵石、砂土	杂填土、粉土、砂土、卵石、砂土、卵石	13.0～15.3	无	无	无	EⅢ
5	DK1＋953.5～DK1＋929.4	24.1	370～390	卵石、砂土	粉土、砂土、卵石、砂土、卵石	12.1～13.0	无	无	无	EⅡ
6	DK1＋929.4～DK1＋821.6	107.8	390～480	卵石	杂填土、粉土、砂土、卵石	10.4～12.1	无	无	右线接收井（472～480环，明挖法）	CⅡ

科一南区间左线隧道组段划分 表 3-2-11

组段序号	起止里程桩号	长度（m）	环号	隧道穿越土层（从上到下）	上覆土层（从上至下）	隧道埋深（m）	特殊地质情况	地下水情况	施 工 环 境	综合等级
1	K2＋578.164～K2＋743.770	165.6	0～137	卵石	杂填土（局部）、粉土填土、粉细砂含中粗砂、圆砾含粉细砂、卵石	9～12.62	无	无	盾构始发（0～8环）；高压电塔（K2＋713.1），仅剩地下基础	CⅡ
2	K2＋743.770～K2＋761.770	18.0	137～152	卵石、中粗砂复合地层	杂填土、粉土填土含粉土、粉细砂、圆砾、卵石	12.62～13	无	无	无	EⅡ
3	K2＋761.770～K2＋797.770	36.0	137～183	卵石、中粗砂复合地层	杂填土、粉土填土含粉土、粉细砂、圆砾、卵石	13～13.22	无	无	无	EⅢ
4	K2＋797.770～K2＋846.970	49.2	183～224	卵石	粉土填土、粉细砂、圆砾含中粗砂、卵石	13.07～13.24	无	无	无	CⅢ
5	K2＋846.970～K2＋916.570	69.6	224～281	卵石、中粗砂复合地层	粉土填土含粉土（局部）、粉细砂、圆砾（局部含中粗砂）、卵石含中粗砂（中粗砂位于隧道顶部）	13.24～13.93	无	无	联络通道（229～241环）；高压电塔（K2＋898.4处），仅剩地下基础	EⅢ

续上表

组段序号	起止里程桩号	长度（m）	环号	隧道穿越土层（从上到下）	上覆土层（从上至下）	隧道埋深（m）	特殊地质情况	地下水情况	施工环境	综合等级
6	K2＋916.570～K2＋959.170	33.6	281～309	卵石	粉土填土含粉土、粉细砂、圆砾含中粗砂、卵石含中粗砂（中粗砂位于隧道顶部）	13.31～13.89	无	无	无	CⅢ
7	K2＋950.170～K2＋969.370	19.2	309～325	卵石、中粗砂复合地层	粉土填土、粉细砂、圆砾、卵石	13～13.31	无	无	无	EⅢ
8	K2＋969.370～K3＋016.170	46.8	325～364	卵石、中粗砂复合地层	杂填土、粉土填土、粉细砂、局部中粗砂、圆砾、卵石	12.66～13	无	无	无	EⅡ
9	K3＋016.170～K3＋108.570	92.4	364～441	卵石	杂填土、粉土（局部有粉土填土）、粉细砂、中粗砂、圆砾、卵石	12.41～12.66	无	无	高压电塔（K3＋074.6 处）仅剩地下基础	CⅡ
10	K3＋108.570～K3＋229.770	121.2	441～542	卵石、中粗砂复合地层	粉土填土、粉土（局部）、粉细砂、中粗砂、圆砾、卵石	10.96～12.41	无	无	下穿单层库房（K3＋218.8），建筑物基础情况不明，建筑位于道路规划红线内，隧道覆土 11.5m	EⅡ
11	K3＋229.770～K3＋319.770	90.0	542～617	卵石	杂填土（局部）、粉土填土、粉土、粉细砂、中粗砂、圆砾、卵石	10.22～10.96	无	无	盾构到达（614～617 环）	CⅡ
12	K3＋319.770～K3＋324.570	4.8	617～622	卵石、中粗砂复合地层	粉土填土、粉土、粉细砂、中粗砂、圆砾、卵石	10.22～10.26	无	无	盾构到达	EⅡ

科一南区间右线隧道组段划分 表 3-2-12

组段序号	起止里程桩号	长度（m）	环号	隧道穿越土层（从上到下）	上覆土层（从上至下）	隧道埋深（m）	特殊地质情况	地下水情况	施工环境	综合等级
1	K2＋578.164～K2＋743.770	165.6	0～137	卵石	杂填土（局部）、粉土填土、粉细砂含中粗砂、圆砾含粉细砂、卵石	9～12.62	无	无	盾构始发（0～8 环）；高压电塔（K2＋713.1 处），仅剩地下基础	CⅡ

续上表

组段序号	起止里程桩号	长度(m)	环号	隧道穿越土层(从上到下)	上覆土层(从上至下)	隧道埋深(m)	特殊地质情况	地下水情况	施工环境	综合等级
2	K2+743.770～K2+761.770	18.0	137～152	卵石、中粗砂复合地层	杂填土、粉土填土含粉土、粉细砂、圆砾、卵石	12.62～13	无	无	无	EⅡ
3	K2+761.770～K2+797.770	36.0	152～182	卵石、中粗砂复合地层	杂填土、粉土填土含粉土、粉细砂、圆砾、卵石	13～13.22	无	无	无	EⅢ
4	K2+797.770～K2+846.970	49.2	182～223	卵石	粉土填土、粉细砂、圆砾含中粗砂、卵石	13.07～13.24	无	无	无	CⅢ
5	K2+846.970～K2+916.570	69.6	223～281	卵石、中粗砂复合地层	粉土填土含粉土(局部)、粉细砂、圆砾(局部含中粗砂)、卵石含中粗砂(中粗砂位于隧道顶部)	13.24～13.93	无	无	联络通道(229～241环),单层单跨拱顶直墙结构,主要采用矿山法施工,通道下设区间排水泵房;高压电塔(K2+898.4处),仅剩地下基础	EⅢ
6	K2+916.570～K2+959.170	33.6	281～309	卵石	粉土填土含粉土、粉细砂、圆砾含中粗砂、卵石含中粗砂(中粗砂位于隧道顶部)	13.31～3.89	无	无	无	CⅢ
7	K2+950.170～K2+969.370	19.2	309～325	卵石、中粗砂复合地层	粉土填土、粉细砂、圆砾、卵石	13～13.31	无	无	无	EⅢ
8	K2+969.370～K3+016.170	46.8	325～364	卵石、中粗砂复合地层	杂填土、粉土填土、粉细砂、局部中粗砂、圆砾、卵石	12.66～13	无	无	无	EⅡ
9	K3+016.170～K3+108.570	92.4	364～441	卵石	杂填土、粉土(局部有粉土填土)、粉细砂、中粗砂、圆砾、卵石	12.41～12.66	无	无	高压电塔(K3+074.6处)仅剩地下基础	CⅡ

续上表

组段序号	起止里程桩号	长度(m)	环号	隧道穿越土层(从上到下)	上覆土层(从上至下)	隧道埋深(m)	特殊地质情况	地下水情况	施工环境	综合等级
10	K3+108.570～K3+229.770	121.2	441～542	卵石、中粗砂复合地层	粉土填土、粉土(局部)、粉细砂、中粗砂、圆砾、卵石	10.96～12.41	无	无	下穿单层厂房(K3+218.8),建筑物基础情况不明,建筑位于道路规划红线内,隧道覆土11.5m	EⅡ
11	K3+229.770～K3+319.770	90.0	542～618	卵石	杂填土(局部)、粉土填土、粉土、粉细砂、中粗砂、圆砾、卵石	10.22～10.96	无	无	盾构到达(613～618环)	CⅡ
12	K3+319.770～K3+324.570	4.8	618～622	卵石、中粗砂复合地层	粉土填土、粉土、粉细砂、中粗砂、圆砾、卵石	10.22～10.26	无	无	盾构到达	EⅡ

丰东—丰北区间左线隧道组段划分 表3-2-13

组段序号	起止里程桩号	长度(m)	环号	隧道穿越土层(从上到下)	上覆土层(从上到下)	隧道埋深(m)	特殊地质情况	地下水情况	施工环境	综合等级
1	K5+277.65～K5+357.8	72	0～60	卵石	粉土填土、砾石、卵石	10.05～10.38	无	无	盾构始发(0～8环)	CⅡ
2	K5+357.8～K5+419.56	61.76	60～188	砂卵石复合层	粉土填土、砾石、卵石	10.05～9.535	无	无	无	EⅡ
3	K5+419.56～K5+550.52	130.96	188～227	卵石	杂填土、粉土填土、砾石、卵石	9.535～9.318	无	无	无	CⅡ
4	K5+550.52～K5+615.35	64.83	229～283	砂卵石复合层	杂填土、粉土填土、砾石、卵石	9.318～9	无	无	无	EⅡ
5	K5+615.35～K5+648.3	32.95	283～309	砂卵石复合层	杂填土、粉土填土、砾石、卵石	9～8.668	无	无	无	EⅠ
6	K5+648.3～K5+931.4	283.2	309～545	卵石	杂填土、粉土填土、砾石、卵石	8.344～9	无	无	联络通道及泵房(429～442环,矿山法)	CⅠ
7	K5+931.4～K6+256.855	325.455	545～816	卵石	杂填土、粉土填土、砾石、卵石	9～9.28	无	无	无	CⅡ
8	K6+256.855～K6+308.533	51.678	816～859	卵石	杂填土、粉土填土、砾石、卵石	9.28～11.69	无	无	丰台北路高架桥及盾构到达(816～859环)	CⅠ

丰东—丰北区间右线隧道组段划分 表 3-2-14

组段序号	起止里程桩号	长度(m)	环号	隧道穿越土层(从上到下)	上覆土层(从上到下)	隧道埋深(m)	特殊地质情况	地下水情况	施工环境	综合等级
1	K5+226.905～K5+357.8	130.9	0～109	卵石	粉土填土、砾石、卵石	10.38～10.05	无	无	盾构始发(0～8环)	CⅡ
2	K5+357.8～K5+419.56	61.2	109～160	砂卵石复合层	粉土填土、砾石、卵石	10.05～9.535	无	无	无	EⅡ
3	K5+419.56～K5+550.52	131	160～269	卵石	杂填土、粉土填土、砾石、卵石	9.535～9.318	无	无	无	CⅡ
4	K5+550.52～K5+615.35	64.8	269～322	砂卵石复合层	杂填土、粉土填土、砾石、卵石	9.318～9	无	无	无	EⅡ
5	K5+615.35～K5+648.3	33	322～349	砂卵石复合层	杂填土、粉土填土、砾石、卵石	9～8.668	无	无	无	EⅠ
6	K5+648.3～K5+931.4	283.1	349～585	卵石	杂填土、粉土填土、砂土、砾石、卵石	9～8.344	无	无	联络通道B及泵房(429～442环,矿山法)	CⅠ
7	K5+931.4～K6+257.789	326.4	585～857	卵石	杂填土、粉土填土、砾石、卵石	9～9.28	无	无	无	CⅡ
8	K6+257.789～K6+310.589	52.8	857～904	卵石	杂填土、粉土填土、砾石、卵石	9.28～11.76	无	无	丰台北路高架桥及盾构到达(896～904环)	CⅠ

丰一六区间左线隧道组段划分 表 3-2-15

组段序号	起止里程桩号	长度(m)	环号	隧道穿越土层(从上到下)	上覆土层(从上到下)	隧道埋深(m)	特殊地质情况	地下水情况	施工环境	综合等级
1	K7+984.836～K7+742.44	242.4	0～202	卵石	杂填土、粉土填土、砂土(局部)、圆砾、卵石	13.0～16.5	无	无	盾构始发井(0～8环)距离六里桥车站大约85m,设置在六里桥村庄中的一个钢铁仓库里,周边没有重大建筑物	CⅢ

军一东区间左线隧道组段划分　　表 3-2-16

组段序号	起止里程桩号	长度(m)	环号	隧道穿越土层(从上到下)	上覆土层(从上到下)	隧道埋深(m)	特殊地质情况	地下水情况	施工环境	综合等级
1	K12+652.8～K13+768.7	115.9	0～97	圆砾、黏土岩	杂填土、粉土填土、粉土、砂土夹粉土、卵石、圆砾夹黏土	20.5～21.5	无	水位在隧道顶部以上约7m	盾构始发井(0～8环,明挖法施工);永定河引水渠(9～90环,水面宽度约60m,引水渠渠底铺设方砖起隔水作用,隧道顶部距离引水渠底部约20m)	EⅠ
2	K12+768.7～K12+814.4	45.7	97～135	圆砾	杂填土、粉土、砂土、粉土、卵石、圆砾	20.8～21.0	无	水位在隧道顶部以上约7m	无	CⅢ
3	K12+814.4～K13+022.4	208	135～308	圆砾(局部夹有卵石)、黏土岩、底部局部有圆砾	杂填土、粉土填土夹砂土填土、砂土、卵石、粉质黏土、砂土、粉土、圆砾、卵石	19.5～22	无	水位在隧道顶部以上约6～8m	玉渊潭东湖(255～703环,隧道穿越处湖面宽度约300m,玉渊潭东湖区间段的湖底高程为46.16～47.63m,湖底以下分布有厚度1.00～4.30m的湖底淤积层)	EⅠ
4	K13+022.4～K13+496.4	474	308～703	卵石、圆砾(局部)	杂填土、粉土填土(东湖两岸)、黏土、粉土、卵石、砂土(局部)、粉质黏土、卵石(局部位置夹有砂土)	18.8～23.5	无	水位在隧道顶部以上约5.5～9.5m	玉渊潭东湖(同上),联络通道与排水泵房(565～577,采用矿山法施工)	CⅠ
5	K13+496.4～K13+862.4	366	703～1008	卵石、圆砾(局部)	杂填土、粉土填土、局部杂填土、粉土夹粉质黏土、砂土、粉土(局部)、卵石、粉质黏土与砂土互层、卵石、圆砾(局部)	17.2～20.8	无	水位在隧道顶部以上约4～7m	军事禁区(713～830环,无法准确获得该区域的工程地质与水文地质条件)	CⅡ

军—东区间右线隧道组段划分　　表 3-2-17

组段序号	起止里程桩号	长度(m)	环号	隧道穿越土层(从上到下)	上覆土层(从上到下)	隧道埋深(m)	特殊地质情况	地下水情况	施工环境	风险等级
1	K12+652.8～K12+768.7	115.9	0～97	圆砾、黏土岩	杂填土、粉土填土、粉土、砂土夹粉土、卵石、圆砾夹黏土	20.5～21.5	无	水位在隧道顶部以上约7m	永定河引水渠(隧道穿越区域水面宽度约60m,引水渠渠底铺设方砖起隔水作用,隧道顶部距离引水渠底部约20m)	EⅠ
2	K12+768.7～K12+814.4	45.7	97～134	圆砾	杂填土、粉土、砂土、粉土、卵石、圆砾	20.8～21.0	无	水位在隧道顶部以上约7m	无	CⅢ
3	K12+814.4～K13+022.4	208	134～308	圆砾(局部夹有卵石)、黏土岩、底部局部有圆砾	杂填土、粉土填土夹砂土填土、砂土、卵石、粉质黏土、砂土、粉土、圆砾、卵石	19.5～22.0	无	水位在隧道顶部以上约6～8m	玉渊潭东湖(隧道穿越处湖面宽度约300m,玉渊潭东湖区间段的湖底高程为46.16～47.63m,湖底以下分布有厚度1.00～4.30m的湖底淤积层),试验水电站侧楼(三层砖混结构,盾构区间隧道结构边缘距离楼房净距约5.9m)	EⅠ
4	K13+022.4～K13+496.4	474	308～703	卵石、圆砾(局部)	杂填土、粉土填土(东湖两岸)、黏土、粉土、卵石、砂土、(局部)、粉质黏土、卵石(局部位置夹有砂土)	18.8～23.5	无	水位在隧道顶部以上约5.5～9.5m	玉渊潭东湖(同下),联络通道与排水泵房(矿山法)	CⅠ
5	K13+496.4～K13+867.5	427.8	703～1012	卵石、圆砾(局部)	杂填土、粉土填土、局部杂填土、粉土夹粉质黏土、砂土、粉土(局部)、卵石、粉质黏土与砂土互层、卵石、圆砾(局部)	17.2～20.8	无	水位在隧道顶部以上约4～7m	军事禁区(无法获得准确的工程地质资料和水文地质资料)	CⅡ

东一白区间左线隧道组段划分　表 3-2-18

组段序号	起止里程桩号	长度(m)	环号	隧道穿越土层(从上到下)	上覆土层(从上到下)	隧道埋深(m)	特殊地质情况	地下水情况	施工环境	综合等级
1	K14+259.54～K14+313.42	53.9	0～45	卵石、圆砾	杂填土、粉质黏土、粉土、砂土、粉质黏土、粉土、砂土、卵石(局部夹有砂土)	18.08～18.17	无	无	无	CⅢ
2	K14+313.42～K14+514.16	200.74	45～212	卵石、砂土	杂填土、粉质黏土、粉土、砂土、粉质黏土、粉土、砂土、卵石(局部夹有砂土)	17.86～18.08	无	无	在 K14+500 处有一栋六层的砖混结构楼房，条形基础，基础埋深约 2.9m，隧道覆土 16m，结构与隧道最小净距 11m	DⅢ
3	K14+514.16～K14+564.34	50.18	212～254	卵石、粉土、砂土、卵石、砂土	杂填土、粉质黏土、粉土、砂土、粉质黏土、粉土、砂土、卵石(局部夹有砂土)	16.80～16.82	无	无	无	EⅢ
4	K14+564.34～K14+608.74	44.4	254～291	卵石、粉土、砂土、卵石、砂土	杂填土、粉质黏土、粉土、砂土、粉土、砂土、卵石、砂土、卵石	16.82～17.56	无	无	下穿首体南路过街天桥，两跨连续箱梁结构，覆土 16.5m，桩与隧道最小水平净距3.08m	EⅠ
5	K14+608.74～K14+808.3	199.6	291～457	卵石、砂土、卵石、粉土、砂土、卵石、砂土	杂填土、粉质黏土、粉土、砂土、粉质黏土、粉土、砂土、卵石(局部夹有砂土)	13～17.56	无	无	无	EⅢ
6	K14+808.3～K14+837.94	29.64	457～482	卵石、砂土、卵石、粉土、砂土	杂填土、粉质黏土、粉土、砂土、粉质黏土、粉土、粉质黏土、粉土、砂土、卵石	11.852～13	无	无	无	EⅡ

续上表

组段序号	起止里程桩号	长度(m)	环号	隧道穿越土层(从上到下)	上覆土层(从上到下)	隧道埋深(m)	特殊地质情况	地下水情况	施工环境	综合等级
7	K14+837.94～K14+894.34	56.4	482～529	卵石、砂土、卵石	杂填土、粉质黏土、粉土、砂土、粉质黏土、粉土、粉质黏土、粉土、砂土、卵石	10.32～11.852	无	无	旁穿环保局交流室，环保局交流室为3层砖混结构，条形基础，地面高度12m，结构与隧道水平净距最小6.58m。旁穿环保局东配楼，环保局东配楼为3层框架，箱形基础，地面高度13m，结构与隧道最小水平净距3.08m	EⅠ
8	K14+894.34～K14+909.859	15.52	529～542	卵石、砂土、卵石	杂填土、粉质黏土、粉土、砂土、粉质黏土、粉土、粉质黏土、粉土、砂土	9.89～10.32	无	无	无	EⅡ

东一白区间右线隧道组段划分 表3-2-19

组段序号	起止里程桩号	长度(m)	环号	隧道穿越土层(从上到下)	上覆土层(从上到下)	隧道埋深(m)	特殊地质情况	地下水情况	施工环境	综合等级
1	K14+909.859～K14+808.62	101.239	0～85	卵石、砂土、卵石	杂填土、粉质黏土、粉土、砂土、粉质黏土、粉土、粉质黏土、粉土、砂土	9.89～13	无	无	无	EⅡ
2	K14+808.62～K14+679.46	129.16	85～192	卵石、粉质黏土(局部)、粉土(局部)、卵石、砂土、卵石	杂填土、粉质黏土、粉土、砂土、粉土、砂土、卵石	13～15.67	无	无	无	EⅢ
3	K14+547.46～K14+679.46	415.46	192～302	卵石、砂土、卵石、粉土、砂土、卵石、砂土、卵石	杂填土、粉质黏土、粉土、砂土、粉土、砂土、卵石(局部夹有砂土)	15.67～17.71	无	无	下穿首体南路过街天桥，两跨连续箱梁结构，天桥桩基桩顶标高51.129m，桩底高程38.629m，隧道覆土16.5m，桩与隧道最小水平净距3.08m，两条隧道中心线距离12m	EⅠ

续上表

组段序号	起止里程桩号	长度（m）	环号	隧道穿越土层（从上到下）	上覆土层（从上到下）	隧道埋深（m）	特殊地质情况	地下水情况	施 工 环 境	综合等级
4	K14＋514.18～K14＋547.46	33.28	302～330	卵石、砂土、卵石、粉土、砂土、卵石、砂土、卵石	杂填土、粉质黏土、粉土、砂土、粉质黏土、粉土、砂土、卵石、砂土、卵石、砂土、卵石	17.71～17.73	无	无	无	EⅢ
5	K14＋506～K14＋514.18	8.18	330～336	卵石、砂土、卵石	杂填土、粉质黏土、粉土、砂土、粉质黏土、粉土、砂土、卵石、砂土、卵石、砂土、卵石	17.7～17.71	无	无	无	DⅢ

第3章 盾构选型及刀具耐久性分析

3.1 基本概述

3.1.1 盾构类型综述

盾构是一种隧道掘进的专用工程机械，现代盾构集机、电、液、传感、信息等技术于一体，具有开挖切削地层、输送渣土、拼装隧道衬砌(一般是管片或锚喷支架支护)、测量导向纠偏等功能。盾构已广泛用于城市地铁、铁路、公路、市政、水电隧道等工程中。

传统上讲，用于土层或土岩混合地层的称为盾构，用于岩石地层的称为岩石全断面掘进机(Tunnel Boring Machine，国际上简称 TBM)，在欧美地区，一般将上述两种情形统称为 TBM，而在日本、中国和东南亚地区，习惯上仍分别称为盾构和 TBM。

在盾构/TBM 的发展历史上，曾经在很长一段时间里一直将盾构定义为在土体内修建开挖隧道的机械化设备，而将 TBM 定义为在岩石地层中开挖隧道的机械化设备。随着社会的不断发展，工程建设大规模展开，施工建设条件更加复杂化，在采用机械掘进机开挖隧道的过程中，经常遇到隧道断面为土岩混合的情况，同时在全岩隧道开挖中大量出现软硬不均(岩石的无侧限抗压强度相差较大，国际上一般定义为岩石单轴抗压强度比为 10～20)的地层情况，土层隧道开挖中出现断面内土体性质差异较大的复合地层等情况，因此国际隧道协会已经将软土盾构和硬岩 TBM 统称为 TBM。为了统一使用外文译文中的盾构或 TBM 这个词，同时也为了规范国内对盾构设备的用语，我国已在一些相关规范或规程中将历史上曾经称为"盾构机"一词统称为"盾构"。尽管国际隧道协会已经将传统意义上的盾构和岩石 TBM 统称为 TBM，但相信在我国盾构和 TBM 的称谓仍然会争论一段时间，例如：混合式盾构、混合式 TBM，泥水盾构、泥水 TBM 等。

3.1.2 盾构与地层的适应性分析

盾构工法最突出的特点就是适应性问题。针对不同的设计、不同的施工条件和不同的要求，我们选择与之适应的盾构施工方式以及合理的盾构掘进参数，这样才能达到事半功倍的效果，这是一项综合性、复杂、系统的工作；反之则可能使盾构施工出现问题，严重的会使盾构施工出现重大事故，给工程造成巨大损失。所谓盾构施工的地层适应性，国内外目前尚未有明确的定义，本书总结近百年来盾构施工的经验并结合我国近年来盾构工程实践，对此作了如下定义：

(1)盾构设备对地层的适应性

不同类型的盾构对地层的适应情况不同，因此盾构选型对盾构隧道施工成败具有至关重要的作用。盾构应配备足够的推力、扭矩、刀盘转速，针对不同埋深、不同的工程地质条件及水文地质条件，还要有足够的土压承载能力和土压调节能力。盾构施工是一个动态过程，必须根据地层条件实时调整盾构状态，使其时刻处于高效掘进状态。对于特定类型的盾构，为了满足其对地层适应性的要求，还需要选定与之相适应的辅助设备和辅助工法。

(2)刀盘结构形式及刀具布置形式对地层的适应性

刀盘、刀具结构形式主要是指刀盘结构形式的选择(面板式刀盘、辐条式刀盘及辐条面板复合式刀盘)、刀盘开口率的设定、刀盘主轴承的支撑形式的选择(中心支撑式、中间支撑式和周边支撑式)、不同形式刀具在刀盘上的布置形式等。刀盘、刀具结构形式主要是针对地层条件设计的，由于地质情况及土层性质的不同，刀盘的设计布局及刀具的配置对盾构开挖效率起着十分重要的作用，例如刀盘的形状采用防堵塞设计，刀具在安装后便于切割和清除土渣；采用齿刀、刮刀和滚刀混合配置的组合方案，既能有效开挖各种软土又能起到破岩效果。

(3)盾构工作参数之间的匹配性

盾构施工过程实际上是一个复杂的系统工程，为了保证系统的稳定性，同时也为了提高机器掘进效率，盾构的工作参数(推力、扭矩、推进速度、螺旋输送机转速、土压力)之间需要满足一定的匹配性。因此，可以通过施工参数的优化和匹配，使得盾构达到最佳掘进状态，并使系统始终处于稳定的平衡状态。

(4)盾构工作参数对地层扰动的适应性

盾构施工对土体的扰动是不可避免的，它包括对土体的挤压和松动、加载和卸载、孔隙水压上升与下降所引起土体的变异、地表隆起与下沉等。由于受盾构施工的扰动，土体的物理力学性质与原状土相比发生了显著的变化，主要体现在：

①土体结构的变化。

②土体的应力状态和应力路径的变化。

③土体孔隙水压力变化。

土体扰动是地层变形的原因，而地层变形是扰动的结果。土体扰动的影响范围和程度取决于很多因素，这包括：

①盾构形式。

②盾构施工参数(如土压力、刀盘扭矩、推力、出土量、同步注浆量、注浆压力、盾尾间隙等)。

③土体性质及隧道所处的环境。

④隧道埋深和上部荷载的影响。

⑤隧道几何尺寸及衬砌等。

盾构施工参数的不同对土体的扰动范围与程度也不同，因此如何选择合理的盾构施工参数，通过参数的优化和匹配，既能使开挖面保持稳定，又能使土体受到的扰动最小，从而有效控制地表变形，减少对邻近建(构)筑物的影响，仍然是设计与施工中必须面临的问题。

(5)对经济适用性的要求

当前，盾构隧道的发展正向着大断面、大深度、急曲线和长距离方向发展，因此合理地控制盾构隧道建设成本、降低工程造价，已成为当前盾构法施工必须认真研究的课题。这就需要所选盾构能适应长距离、高速化施工，推进速度能够根据地质状况、刀盘扭矩和土压力可以自行调节。此外，要求整机设备配置不仅在功能上要完善，即辅助工法能满足盾构对土层介质的适应性要求，而且还要做到经济合理、造价低。

3.2 盾构选型的原则、依据及方法

3.2.1 选型的原则

盾构选型应从安全适应性、技术先进性、经济合理性等方面综合衡量，在安全可靠的前提下考虑技术先进和经济合理。一般原则如下：

(1)盾构技术水平先进可靠、性能优良，技术参数有一定裕度，保证基本的安全储备。

(2)所选盾构应充分满足区间隧道穿越地层条件的施工需要，若遇地层变化较复杂，盾构施工不可能适宜所有组段的情况，应加强可行性对比分析，并以设备适宜主要组段，不适宜的组段能够依靠相关技术措施弥补的原则择优选取。

(3)适应周围环境条件和曲线施工，能够满足浅埋或超浅埋地铁隧道施工以及穿越建(构)筑物施工的需要，即要求盾构能够有效控制地表沉降，并具有良好的操作性能。

(4)能够满足在隧道内清除或撤换地下障碍物的施工要求。

(5)盾构在设计方面应考虑需要多次拆卸、多次组装和可能应用于多项隧道工程的实际特点；若为旧机改造设备，应了解其历史使用情况。

(6)后配套设备的能力与主机配套，生产能力与主机掘进速度相匹配，具有布置合理、易于维护保养的特点。另外，在盾构厂商信誉和业绩有所保证的前提下，尽量选择国内可配套生产配件的厂家，以减少购置费用。

3.2.2 选型的依据

盾构选型应以工程地质、水文地质为主要依据，综合考虑隧道断面尺寸、施工长度、隧道埋深、线路曲率、沿线地形、地面及地下建(构)筑物等环境条件及各条件对地面变形的控制要求，同时考虑工期、环保等因素，并参考国内外已有盾构工程实例及相关的技术规范、施工规范及相关标准，对盾构类型、驱动方式、功能要求、主要技术参数、辅助设备的配置等进行研究。主要依据如下。

(1)地质条件

地质条件包括隧道穿越地层的岩性、颗粒级配及粒度分布、抗压/抗拉强度、压缩性能、渗透系数、黏聚力、内摩擦角、孔隙水压，地下水情况(水位、流速、流向、有无侵蚀性)等。

(2)设计参数

设计参数包括隧道长度、线形、坡度、隧道平纵断面及横断面形状及尺寸等参数。

(3)环境条件

①隧道埋深及上覆土层情况。

②地上及地下建(构)筑物、地下管线分布情况及其结构特性,沿线河流、湖泊、海洋分布情况,沿线交通情况、施工场地条件、气候条件、水电供应情况等。

另外还有辅助工法、隧道施工工程筹划及工期要求、技术经济条件。

具体工程实践时,应依据上述条件进行分析研究,确定相对可行的方案,通过排除比选选择最适宜的盾构和最佳的辅助工法,以确保盾构施工的安全可靠。

3.2.3 选型的基本方法

(1)根据地下水情况进行选型

当水压大于 0.3MPa 时,适宜采用泥水盾构。如果采用土压平衡盾构,螺旋输送机难以形成有效的土塞效应,在螺旋输送机排土闸门处易发生渣土喷涌现象,引起土舱中土压力下降,导致开挖面坍塌。

如果水压大于 0.3MPa,因地质原因需采用土压平衡盾构,则需增大螺旋输送机的长度或采用二级螺旋输送机,或采用保压泵。

(2)根据地层渗透系数进行选型

地层渗透系数对盾构的选型是一个非常重要的影响因素(图 3-3-1)。通常,当地层的渗透系数小于 10^{-7}m/s 时,可以选择土压平衡盾构;当地层渗透系数在 $10^{-7}\sim10^{-4}$m/s 之间时,既可以选择土压平衡盾构,也可以选择泥水平衡盾构;当渗透系数小于 10^{-4}m/s,应该选择泥水平衡盾构。

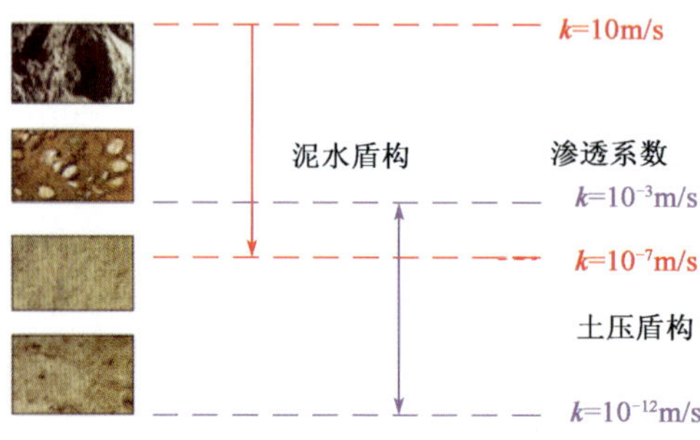

图 3-3-1 盾构选型与土体渗透系数的关系

(3)根据地层的颗粒级配进行选型

土压平衡盾构的使用范围较广,主要适用于粉土、粉质黏土、淤泥质粉土、粉砂层等黏稠土体的施工。在黏稠性土层中掘进时,由于刀盘切削下来的土体进入土舱后由螺旋输送机输出,在螺旋输送机内形成压力梯降,保持土舱压力的稳定,使得开挖面土层处于稳定。一般来说,细颗粒含量多,渣土容易形成不透水的流塑体,容易充满土舱的每一个部位,在土舱中可以建立压力来平衡开挖面的土体。盾构类型与颗粒级配的关系如图 3-3-2 所示。图中黏土、淤泥质土层为土压平衡盾构适用的颗粒级配范围;砾石粗砂区为泥水平衡盾构适用的颗粒级配范围;粗砂、细砂区可以适用土压平衡盾构,也可经过土体改良后适用土压平衡盾构。

一般来说，当岩土中的粉粒和黏粒的总量达到40%以上时，通常宜选用土压平衡盾构，相反的情况选择泥水平衡盾构比较合适。从地层适应性来说，泥水盾构相比土压盾构适应性更好，但是泥水盾构尺寸大、场地要求高，在城市中心区选用泥水平衡盾构修建盾构隧道很难满足场地布置的要求，采用泥水盾构可能会对周边环境、交通均产生较大的影响。因此，目前北京地铁砂卵石地层中修建盾构隧道仍然以土压平衡盾构为主，通过采取有效的土体改良技术，使得改良后地层能满足土压盾构施工的要求。

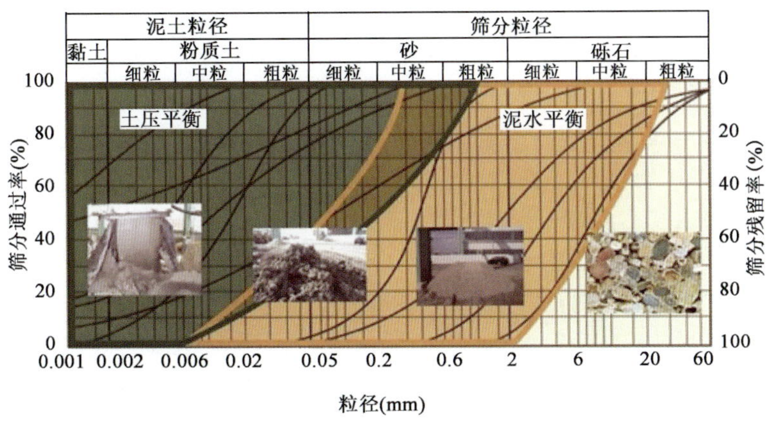

图 3-3-2 盾构类型与地层颗粒级配的关系

(4)根据地层的胶结情况进行选型

地层的胶结程度对盾构设备的选型有重要的影响，对于胶结程度高的地层，通常需要对盾构设备进行专门设计，使得盾构设备功率、推力、扭矩、主轴承、刀盘结构形式、刀具布置等均满足要求，一般在该类地层施工，通常选用混合式盾构，以滚刀破岩为主的掘进模式。

3.3 刀盘结构形式的选择

3.3.1 刀盘的主要功能

刀盘是机械化盾构的掘削机构，刀盘结构应根据地层适应性的要求进行设计，必须适合围岩条件的变化，特别是在确保开挖面稳定的情况下，提高掘进速度。刀盘设计时，应充分考虑刀盘的结构形式、刀盘支撑方式、刀盘开口率、刀具的布置等因素。盾构刀盘通常具有三大功能：

(1)开挖功能。刀盘旋转时，刀具切削隧道掌子面的土体，对掌子面的地层进行开挖，开挖后渣土通过刀盘的开口进入土舱。

(2)稳定功能。支撑掌子面，具有维持掌子面稳定的功能。

(3)搅拌功能。对于土压平衡盾构，刀盘对土舱内的渣土进行搅拌，使渣土具有一定的流塑性，然后通过螺旋输送机将渣土排出；对于泥水平衡盾构，通过刀盘的选择搅拌作用，将切削下来的渣土与膨润土泥浆充分混合，优化了泥水压力的控制和改善了泥浆的均匀性，然后通过排泥管将开挖渣土以流体的形式泵送到设在地面的泥水分离站。

3.3.2 刀盘的结构形式及开口率设定

盾构刀盘的结构形式与施工场地地质情况有着密切的关系，不同地层应采用不同的刀盘结构形式。盾构刀盘通常有以下三种形式——面板式、辐条式以及辐条面板混合式，对应的开口率通常在10%～25%、50%～75%、30%～45%。

面板式刀盘在中途开舱换刀时比辐条式刀盘安全可靠，但渣土进入土舱的通路不如辐条式畅通，易黏结、易堵塞、易在刀盘上形成泥饼，大粒径的卵石不易进入土舱，降低了盾构掘进效率。面板式刀盘如图3-3-3所示。

图3-3-4所示为辐条式刀盘。辐条式刀盘开口率大，辐条后设有搅拌叶片，渣土流动顺畅，不易堵塞。但是不能安装滚刀，中途换刀安全性差，需加固土体并确保加固土体的稳定，费用高。辐条式刀盘对砂、土等单一软土地层的适应性比较强，但由于其不能安装滚刀，在土岩混合的软硬不均地层或硬岩地层、砂卵石地层施工受到限制，在此类地层更宜采用面板式刀盘，且刀盘的开口率将随着岩石强度的增加而逐渐减少。

图3-3-5是辐条加面板式刀盘，很好地解决了单一面板和辐条刀盘存在的缺陷，优势更加明显，适用范围更广。

图3-3-3 面板式刀盘

图3-3-4 辐条式刀盘

图3-3-5 辐条面板混合式刀盘

根据刀盘既有的功能要求，刀盘结构形式的选择和开口率的设定通常遵循以下原则：

(1)地层稳定性好、土体强度较高时应尽量加大开口率，保证出土顺畅，减小刀具二次磨损，可选择辐条式刀盘，但若预计中途需要开舱，则不宜采用；稳定性差、强度低的地层可采用相对较小的开口率，选择面板式或辐条面板式刀盘，刀盘起到辅助开挖面稳定的作用；泥水平衡盾构对刀盘起辅助开挖面稳定作用要求高，同比选择较小开口率。

(2)结构形式和开口率选择必须保证刀盘可通过的最大卵石粒径小于盾构最大排渣粒径。

(3)砂卵石地层应尽量加大开口率，避免砂卵石堵塞刀盘进口，降低刀盘及刀具的磨损。

(4)辐条和面板规格尺寸需满足布刀要求，通常复合刀盘需安装滚刀刀箱，要求辐条粗大，面板强度高。

3.4 刀具的选择及耐久性分析

3.4.1 刀具的种类

盾构的掘削刀具一般可以分为以下几类：

(1)滚刀

滚刀分为齿形滚刀和盘形滚刀。齿形滚刀主要分为球齿滚刀和楔形滚刀两种(见图 3-3-6)，常用于软岩。盘形滚刀在盾构上应用最广，其按刀圈的数量可分为单刃、双刃、多刃三种形式。

刀圈是滚刀最关键的部件，如图 3-3-7 所示。刀圈是切削岩石的刀刃，要求具有较高抗冲击的韧性，不易发生断裂，同时应具有较高的耐磨性；刀圈长时间在硬岩中掘进时处于高温状态，必须具有良好的抗回火性。滚刀刀圈通常选用特殊的工具钢，经过特殊的热处理及机械加工而成。刀圈应根据掘进地层等因素，加工成理想的形状，以达到良好的贯入度与切削效率。实践证明，在中硬岩层(UCS<50MPa)或磨损性高的地层中掘进时，采用球齿刀圈，刀圈的耐磨性明显提高，且不易发生偏磨现象，能够最大限度地减少换刀次数，降低施工成本。

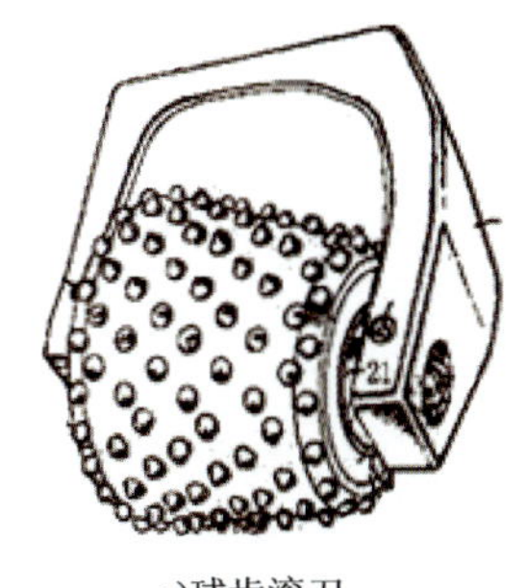

a)球齿滚刀

b)楔齿滚刀

图 3-3-6 齿形滚刀

图 3-3-7 刀圈形状

单刃滚刀(见图 3-3-8)安装在刀盘的正面靠边缘的部分，多用于破碎单轴抗压强度较高(UCS>70MPa)的硬岩，是掘进破碎岩石的关键部件。

双刃滚刀(见图 3-3-9)安装在刀盘的正面靠边缘的部分，多用于破碎单轴抗压强度较低(UCS<70MPa)的岩石。双刃滚刀的两个刀圈刚性联结在一个刀体上，相比单刃滚刀来讲，对

刀圈的受力不太有利(在硬岩中掘进时易发生断裂),但这种滚刀不易发生偏磨现象。在双刃滚刀中一对轴承要承受两个刀圈的压力,单个刀圈能提供的破岩力降低,所以这种刀圈多在强度较低的岩石掘进中采用。

图 3-3-8　单刃滚刀

图 3-3-9　双刃滚刀

在风化的砂岩、泥岩、砂卵石等地层中,一般采用双刃滚刀,较硬岩一般采用单刃滚刀。

多刃滚刀的刀圈形式如图 3-3-10 所示。

盘形滚刀按刀圈材质主要分为耐磨层表面刀圈、标准钢刀圈、重型钢刀圈、镶齿硬质合金刀圈滚刀等,并分别适用于不同的地层。

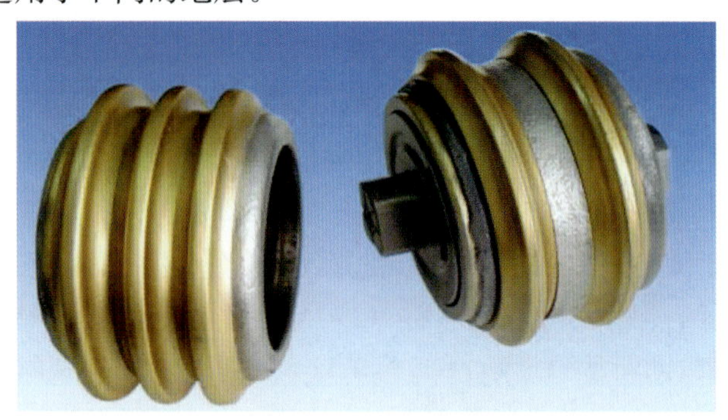

图 3-3-10　多刃滚刀

①耐磨层表面刀圈:适用于掘进硬度 40MPa 的紧密地层,硬度 80～100MPa 的断裂砾岩、砂岩、砂黏土等地层。

②标准刀钢圈:适用于掘进硬度 50～150MPa 的砾岩、大理石、砂岩、灰岩地层。

③重型钢刀圈:适用于掘进硬度 120～250MPa 的硬岩,硬度 50～150MPa 的高磨损岩层。如花岗岩、闪长岩、斑岩、蛇纹岩及玄武岩等地层。

④镶齿硬质合金刀圈:适用于掘进硬度高达 150～250MPa 的花岗岩、玄武岩、斑岩及石英岩等地层。

(2)切刀

切刀安装在刀盘开口槽的两侧,也称为刮刀,如图 3-3-11 所示。切刀的作用是切削土体并把渣土刮入土舱中,因此应按照便于切削地层和便于将土刮入土舱的原则来设计切刀的形状和位置,一般在同一轨迹上应有多把切刀同时工作,且每把刀的切削轨迹之间保持一定宽度的重叠。目前认为最有效的切刀为双层耐磨切刀,此切刀配有双层碳钨合金刀齿,提高了刀具的耐磨性,同时在刀具的背部设有双排碳钨合金齿柱齿,当第一排刀齿磨损后,第二排刀齿可以接替第一排刀齿继续发挥作用。切刀在刀盘上的安装采用背装式,可以从开挖舱内拆卸和更换。

(3)周边刮刀

周边刮刀也称为铲刀,安装在刀盘的外圈,如图 3-3-12 所示。铲刀的作用是清除刀盘边缘部分

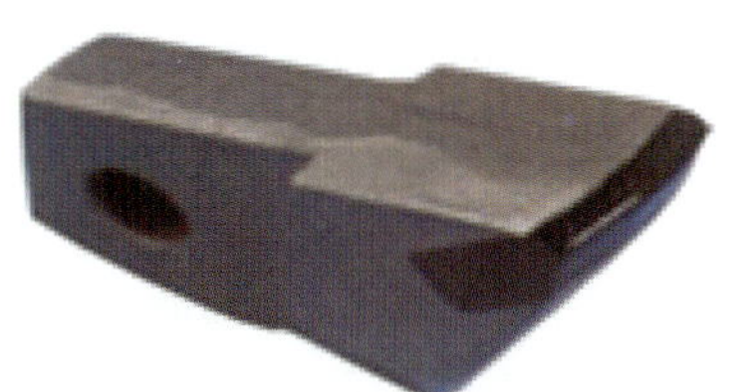

图 3-3-11 切刀(右侧切刀带合金头和耐磨层)

的渣土,预防渣土沉积,防止刀盘边缘的间接磨损,确保刀盘的开挖直径。铲刀切削面上设有一排连续的碳钨合金齿和一个双排碳钨合金柱齿,用于增强刀具的耐磨性,确保长距离掘进后刀盘的开挖直径仍然能满足要求。周边刮刀也采用背装式,可从土舱内进行更换。

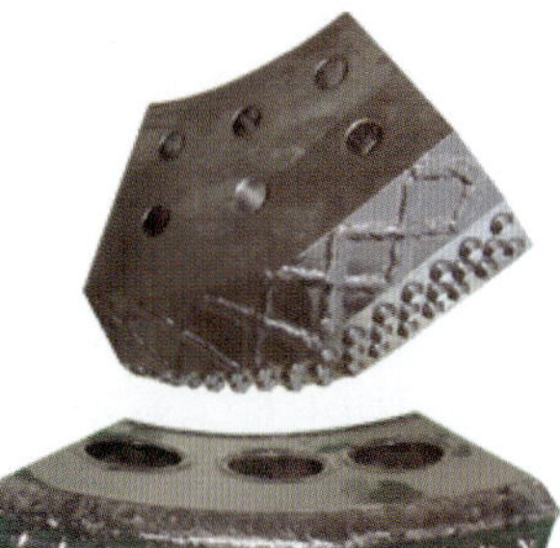

图 3-3-12 周边刮刀

(4)先行刀

先行刀一般安装在辐条中间的刀箱中,采用背装式,可从土舱进行更换。先行刀超前刮刀布置,在刮刀之前超前切削地层,将土体切削分割成块,为切削刀创造良好的切削条件,并起到保护刮刀的作用。先行刀主要有三种形式:贝壳刀(图 3-3-13)、撕裂刀(图 3-3-14)、齿刀(图 3-3-15)。日本盾构较常采用贝壳刀,德国海瑞克公司盾构较常采用齿刀,加拿大 LOVAT 和法国 NFM 公司盾构较常使用撕裂刀。

图 3-3-13 贝壳刀

图 3-3-14 撕裂刀

图 3-3-15 齿刀

先行刀超前切刀接触地层并松动地层，在较硬的地层中切削宽度一般较窄，因而先行刀在砾石地层等较硬的地层中有较高的切削效率。先行撕裂刀除超前将致密的土层松动外，同时还能击碎砂卵石，起到延长切刀寿命的作用。先行撕裂刀也可以采用双层耐磨设计来提高刀具的耐磨性。

先行刀按刀盘双向旋转设计，齿刀和撕裂刀可安装在一个特殊设计的刀箱中，运行根据刀盘的转动方向做适当的微动，这种微动设计主要用来减少先行刀侧面的磨损。必要时，齿刀和撕裂刀的刀座可设计成与滚刀可互换的结构。

(5)仿形刀

盾构一般设计两把仿形刀(其中一把备用)，如图 3-3-16 和图 3-3-17 所示分别为滚刀形仿形刀和柱形仿形刀，布置在刀盘的边缘上。盾构在曲线段推进、转弯或纠偏时，通过仿形刀超挖切削土体创造所需空间，保证盾构在超挖少、对周边土体干扰小的条件下，实现曲线推进和顺利转弯及纠偏。施工时可以根据超挖量和超挖范围的要求，调整仿形刀的径向伸缩量。仿形刀最大伸出量一般在 70～150mm 之间。

图 3-3-16　滚刀形仿形刀

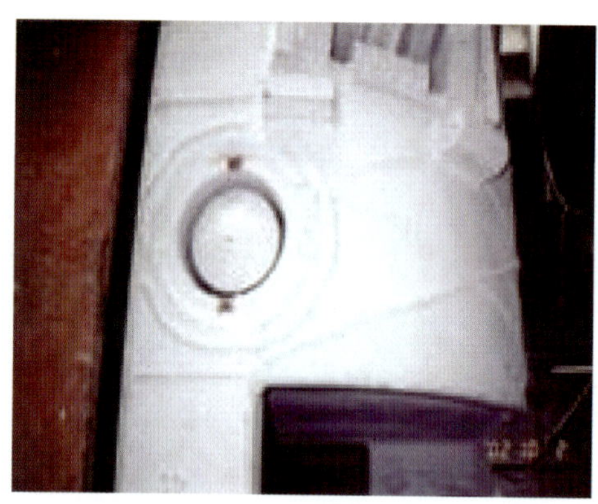

图 3-3-17　柱形仿形刀

3.4.2　刀具的破岩机理

3.4.2.1　滚刀破岩机理

盾构通常在岩石地层采用滚刀进行破岩，最先在 TBM 掘进机上使用盘形滚刀进行破岩的是美国罗宾斯公司，它与初期的切削刀相比具有破岩效率高、比能低及刀具磨损小的特点。

每把盘形滚刀在切割岩石的过程中，刀刃与岩石之间都存在 3 个方向的相互作用力：

(1)法向推压力 F_N，指向开挖面，由刀盘的推力提供。

(2)切向滚动切割力 F_R，指向滚刀切向，由刀盘转矩提供。

(3)滚刀边缘的侧向力 F_L，由滚刀对岩石的挤压力和刀盘旋转的离心力所产生，指向刀盘中心，其数值较小，与其他 2 个力不属于同一数量级，一般不考虑。

3 个方向的作用力见图 3-3-18。切向滚动切割力主要取决于推力、切深及滚刀直径。盘形滚刀直径一定，切深越大，所需滚动切割力越大；切深确定时，滚动切割力随盘形滚刀直径的增大而减小。

刀盘工作时，滚刀先与开挖面接触，在推力作用下紧压在岩面上，随着刀盘的旋转，盘形滚刀一方面绕刀盘中心轴公转，同时绕自身轴线自转。盘形滚刀在刀盘的推力和转矩共同作用

下，在掌子面上切出一系列同心圆沟槽。刀盘旋转并压入岩石的过程中，盘形滚刀对岩石将产生挤压、剪切、拉裂等综合作用。首先在刀刃下会产生小块破碎体，破碎体在刀刃下被碾压成粉碎体，继而被压密形成密实核，随后密实核将滚刀压力传递给周围岩石，并产生径向裂纹，其中有一条或多条裂纹向刀刃两侧向延伸，到达自由面或与相邻裂纹交汇，形成岩石碎片，整个过程如图 3-3-19 和图 3-3-20 所示。切割破碎下来的岩渣由破碎体、粉碎体及岩石碎片组成，各部分的组成比例取决于岩石性质、刀圈几何尺寸、推压力及刀间距。

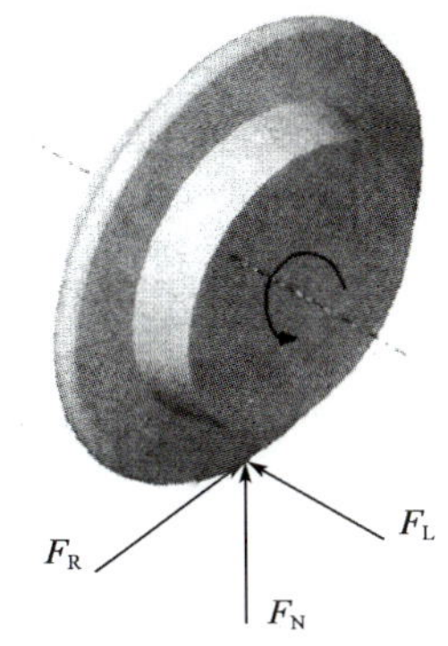

图 3-3-18　盘形滚刀受力示意图

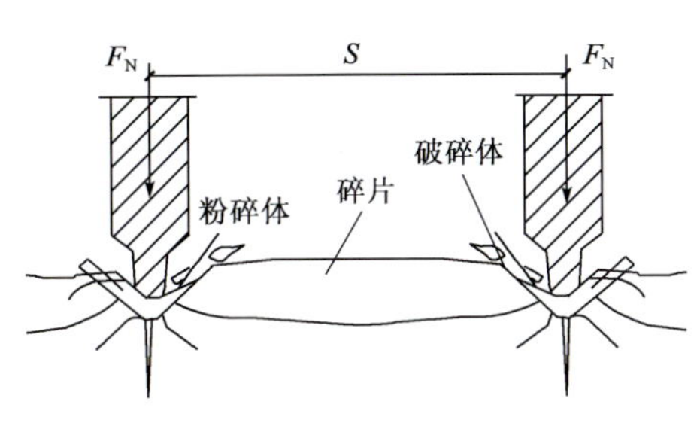

图 3-3-19　滚刀破岩过程

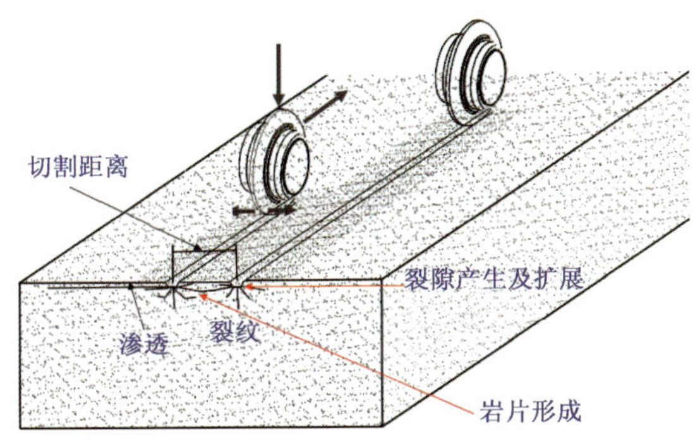

图 3-3-20　滚刀破岩过程

3.4.2.2　刮刀切削机理

刮刀主要应用于软土地层的切削，其切削机理主要是直接对地层进行剪切破坏。刮刀的基本切削过程是：刮刀通过刀刃的切削作用和前刀面的推挤作用使得被开挖土体产生应力和变形，其中刀刃的切削作用使得切削层土体的应力超过土体的强度，使切削层土体沿刀刃方向产生分离。前刀面的推挤作用使得已分离的土体产生变形而与母体分离形成土屑。土屑再随切削刀正面进入开口，因此刀具既有切削的功能也有装载的功能。切削区土体的变形可分为三个变形区域，如图 3-3-21 所示。

第一变形区域Ⅰ：靠近前刀面的切削层在刀具的挤压作用下产生的变形，对塑性材料而言，主要是沿剪切面的滑移变形。

第二变形区域Ⅱ：切削在流出过程中与前刀面之间产生的挤压摩擦变形。

第三变形区域Ⅲ：近切削刃处掌子面面内产生的变形区。这一变形区主要是由于切削刀钝圆部分和后刀面对掌子面产生挤压、摩擦而产生的。

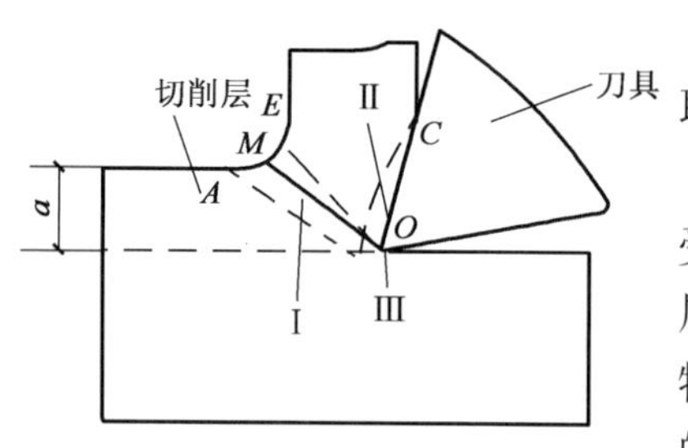

图 3-3-21 切削区土体变形

刮刀的开挖方式主要有以下两种：①切削式；②挠取式。

切削刀刀具是利用刀刃和刀具前面对土砂施压，土砂受到的剪切力达到极限破坏应力时产生剪切变形，并以土屑形式沿刀具前面流出，实现土体开挖。土砂的破坏应力特征取决于土砂的含水量、密度和黏聚力。土压平衡盾构的主切削刀一般均为切削式刀具。挠取式刀具主要用来分离土砂颗粒等疏松土体。用于砂卵石掘进的土压平衡盾构先行刀是典型的挠取式刀具。

切削式刀具开挖的土屑有不同的流动形态，主要取决于土砂的组成成分及其特性，而且与切削角度、切削速度和切削厚度有关，常见的流动形态有四种：①流动型；②裂断型；③剪断型；④剥离型，如图 3-3-22 所示。

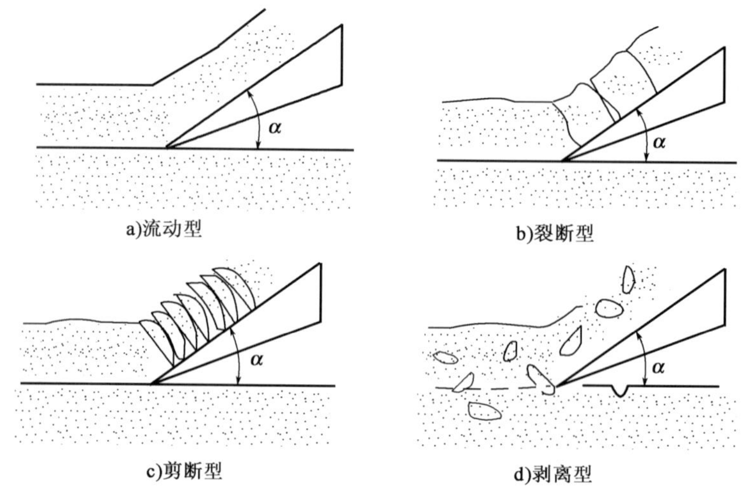

图 3-3-22 土屑流动形态

流动型切削主要发生在淤泥地层、富水黏土、粉土地层及粉细砂地层。此类地层强度低，随着刮刀的运动，土体从刀刃起产生连续的剪切变形，渣土沿刀具前刀面连续流动。该工况下刀具切削阻力很小，刀具主要发生正常磨损、不易崩刀，寿命长。

在强度相对较高的黏土、粉土地层主要发生剪断型切削，且刀具前角减小会进一步加大这种趋势。由于地层强度相对较高，切削时土体先产生压缩变形，然后从刀刃起沿某平面产生剪切变形并破坏脱落。

裂断型切削为剪断型破坏的进一步发展形态，主要发生在含水量小、强度更高的黏土、粉土地层及充填较好、胶结强度高的砾砂地层。裂断型切削时土体先产生压缩变形并保持一定的稳定，随着切削的进行，土体在刀刃处产生裂纹并破坏，所形成的渣土呈小块状。该工况下刮刀的切削阻力呈脉动状态，引起刀盘甚至盾体振动，盾体与地层摩擦阻力通常较小，容易导致盾构发生旋转。

剥离型切削发生在普通砾砂和砂卵石地层。此类地层土体黏聚力小，颗粒粒径大，刀具较少进行真正意义上的切削，而是将颗粒从原始地层中剥离出来，故刀刃合金易崩裂。

土体流动破坏形态与发生破坏时的力学状态有关，其中流动型、剪断型、裂断型属于剪切变形造成的塑性破坏，剥离型属于拉伸变形造成的脆性破坏。渣土的流动形态随土质、切削角度、切削速度或切削深度的变化而转变。土的含水率低时，若提高切削速度，土体会由裂断型破坏向流动型破坏转变；当刮刀的切削角度增大或切削深度增大时，土体会由流动型破坏向裂断型破坏转变。

3.4.2.3 撕裂刀破岩机理

在砂卵石地层宜采用重型撕裂刀进行破岩，利用撕裂刀随刀盘高速旋转产生的冲击惯性能量，对卵石、砾石、漂石等进行"锤击"破碎。由于在砂卵石地层中，卵石属松散体，地层对卵石缺少约束力，不能提供给滚刀足够的转动力矩和滚刀破岩的支撑力，导致滚刀破岩效率不高，不能达到预期的破岩效果。重型撕裂刀在北京地铁 9 号线 06 标军一东区间砂卵石地层施工中得到了广泛应用，取得了较好的效果，实践证明大粒径砂卵石地层采用重型撕裂刀进行破碎是可行的，如图 3-3-23 及 3-3-24 所示。

需要注意的是，在砂卵石地层，如果刀盘转速偏低或扭矩不足，撕裂刀只能起到松土器的作用，还不能有效击碎卵石。掘进期间刀盘驱动所需要的扭矩应大于克服刀盘转动摩擦力需要的扭矩、克服刀盘切削力需要的扭矩、克服旋转部件惯力需要的扭矩三者之和。

图 3-3-23 9 号线 06 标重型撕裂刀

图 3-3-24 重型撕裂刀破除后卵石

3.4.3 刀具的选择及合理化布置

采用盾构法修建隧道，刀具的选择及其在刀盘上的布置必须充分与所开挖的地层特性相适应，才能达到预期效果。北京地铁 9 号线工程大粒径砂卵石地层非常特殊，地层中卵石粒径大、含量及强度高，且分布不均，刀具的选择与配备非常复杂。砂卵石地层不像硬岩地层，地层软硬不均，卵石之间属于点对点传力，卵石之间支撑不足，单纯使用滚刀破岩无法取得预期的效果。同时由于卵石粒径大，且成分中石英含量较高，对刀具磨损严重，使用软土地层的切削刀具磨损严重，无法长距离掘进，也不能取得高效的掘进效率。因此，如何选择合适的刀具及合理地将其在刀盘上进行布置，对盾构掘进效率的高低有着重要的影响，甚至直接关系到工程的成败。

目前，北京地铁9号线工程盾构各标段虽然都属于砂卵石地层，但地层差异仍然较大，各区间的卵石含量、粒径及成分组成均不同，因此刀具选择与配置上也均存在差异。具体刀具选择与配置详见本章3.7节9号线各标段盾构选型情况。

3.4.4 刀盘、刀具磨损规律

造成刀盘、刀具磨损的因素很多，与刀盘结构形式、刀具类型、刀具在刀盘上的布置形式、地层条件等均有关，目前尚无法得出规律性、系统性的磨损特征。9号各标段刀盘、刀具磨损情况如下：

(1)北京地铁9号线02标刀盘、刀具磨损情况

北京地铁9号线02标刀盘、刀盘磨损情况如图3-3-25、图3-3-26所示。

图3-3-25 盾构结束后刀盘磨损情况

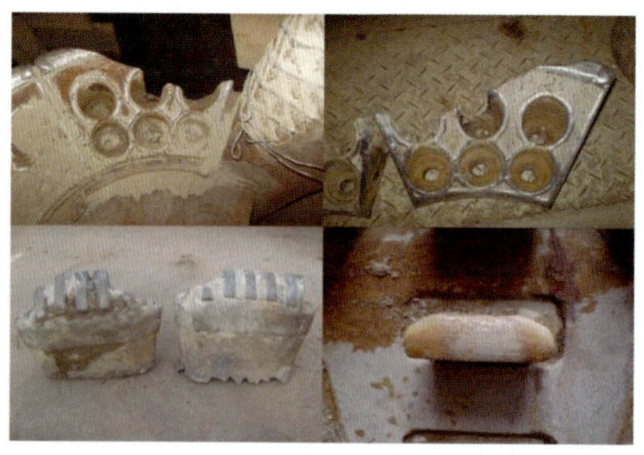

图3-3-26 磨损后刀具情况

(2)北京地铁9号线03标刀盘、刀具磨损情况

北京地铁9号线03标刀盘、刀具磨损情况如图3-3-27～图3-3-31所示。

a)B辐条出厂前

b)B辐条磨损后

c)B辐条检修后

图3-3-27 B辐条磨损情况

(3)北京地铁9号线04标刀盘、刀具磨损情况

北京地铁9号线04标刀盘、刀具磨损情况如图3-3-32所示。

(4)北京地铁9号线06标刀盘、刀具磨损情况

盾构刀盘出现异常磨损，如图3-3-33及图3-3-34所示。

a)C辐条出厂前

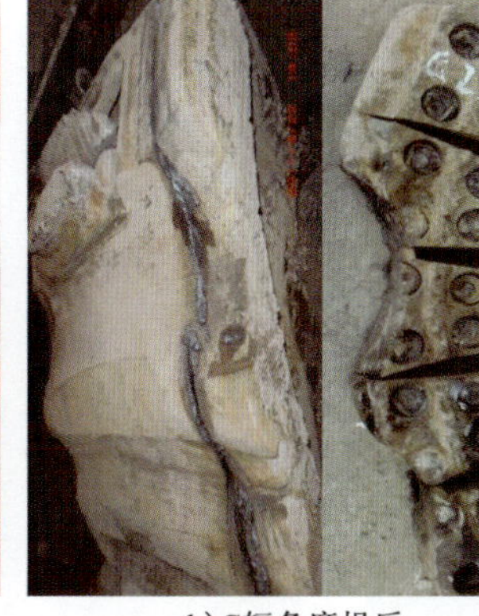

b)C辐条磨损后

c)C辐条检修后

图 3-3-28　C 辐条磨损情况

a)先行刀磨损

b)检修后

图 3-3-29　先行刀磨损情况

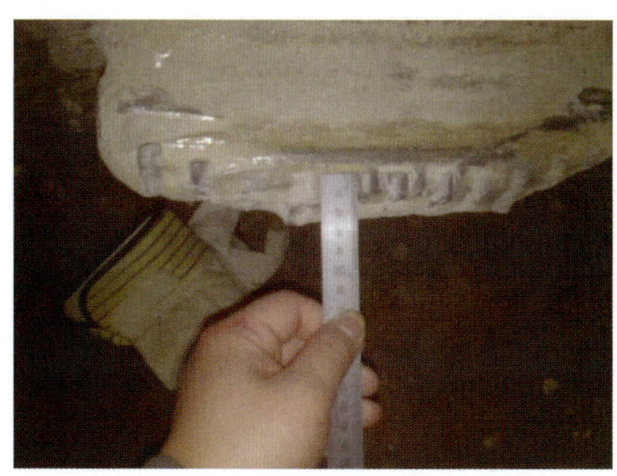

a)周边刀磨损

b)检修后

图 3-3-30　周边刀磨损情况

在图 3-3-33 中，1 号磨损区（蓝色）距刀盘边缘距离为 430mm，磨损区域宽度为 330mm，深度为 38mm；2 号磨损区（黄色）距刀盘边缘距离为 1270mm，磨损区域宽度为 240mm，深度为 40mm；3 号磨损区（红色）距刀盘边缘距离为 1510mm，磨损区域宽度为 430mm，深度为 130mm。

a)主切削刀磨损　　b)检修后

图 3-3-31　主切削刀磨损情况

a)磨损的滚刀

b)刀具及其基座已被磨损

c)磨损的刮刀

图 3-3-32　刀具磨损情况

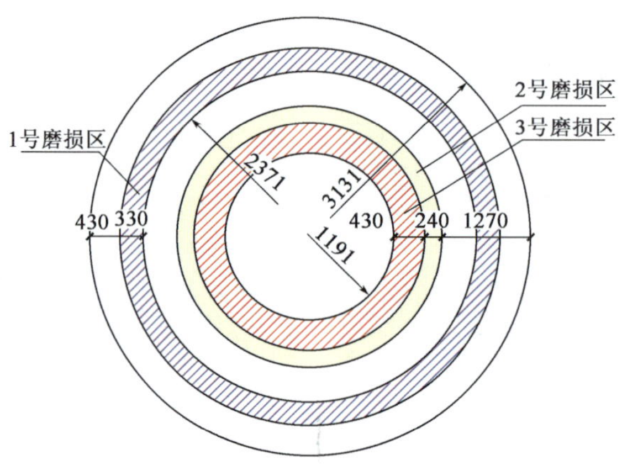

图 3-3-33　刀盘磨损示意图(尺寸单位:mm)

图 3-3-34 刀盘局部磨损情况

3.5 刀盘驱动方式的选择

刀盘驱动方式有三种：变频电机驱动、定速电机驱动和液压马达驱动。鉴于定速电机驱动，刀盘转速不能调节，目前一般不采用。因此，常用刀盘驱动一般分为电机驱动和液压马达驱动两种方式，其特点比较如表 3-3-1 所示。

刀盘驱动(电机、液压马达)**的比较** 表 3-3-1

对比项目	电机驱动	液压驱动
效率	用电机作为旋转动力，可以直接驱动刀盘，电能直接转化机械能，因此效率高	电能首先转化为机械能，再由液压能转化成机械能，以驱动刀盘旋转，因此效率降低
速度控制	使用变频电机或极数变换电机，或其他控制变速措施	改变液压系统的流量，因此速度容易控制
机械修理	比较容易	应特别注意密封问题
结构尺寸	与液压马达相比，减速比增大，因此减速机会变大。另外，电机机体本身结构尺寸比液压大	体积小，盾构内的空间会变大
部件空间	不需要液压发动机所需的液压动力系统及台车的空间	需要搭载液压泵装置、油箱，液压控制阀等设备的台车
噪声	噪声只来自于驱动电机，噪声小	噪声发生于驱动液压马达、液压泵、液压泵的驱动电动机等，因此噪声大
制动精度	驱动电机停止后，由于刀盘旋转的惯性，无法立即停止	可以操作液压切换阀门，快速使刀盘停下来
引擎启动	启动时驱动电机蓄热，启动次数受限	使用液压切换阀门，可以进行数次的启动

3.6 主要技术参数的选择与优化

3.6.1 盾构推力的计算

盾构推进系统可使盾构在土层中向前推进，是盾构的关键性组件，主要设备是设置在盾构外壳内侧环形中梁上的推进千斤顶群。盾构的装备推力和扭矩是设计、制造盾构的最基本依据，正确的选定装备推力和扭矩是设计、制造盾构的关键。

3.6.1.1 设计推力

在设计盾构推进装置时，必须考虑以下6项主要阻力对盾构推进的影响：盾构外壳与周围地层的摩阻力 F_1；盾构推进时正面推进阻力 F_2；管片与盾尾间的摩擦阻力 F_3；盾构切口环贯入地层时的阻力 F_4；转向阻力(盾构曲线施工和纠偏)F_5；牵引后配套台车的牵引阻力 F_6。

盾构施工中推力必须克服既有阻力才能向前推进，因此总设计推力是：

$$F_d = F_1 + F_2 + F_3 + F_4 + F_5 + F_6 \tag{3-3-1}$$

式中：F_d——盾构设计推力。

(1)盾构外壳与周边地层摩阻力 F_1 的计算

①砂质土：

$$F_1 = 0.25\pi D_e L(2p_e + q_{e1} + q_{e2})\mu_1 + \mu_1 W \tag{3-3-2}$$

式中：D_e——盾构外径(m)；

L——盾构长度(m)；

p_e——隧道顶部竖向土压(kN/m^2)；

q_{e1}——盾构顶部水平土压(kN/m^2)；

q_{e2}——盾构底部水平土压(kN/m^2)；

μ_1——盾构与外壳的摩擦系数；

W——盾构设备自重(kN)。

也可以用式(3-3-3)简便计算：

$$F_1 = \mu_1(\pi DLP_m + W) \tag{3-3-3}$$

式中：P_m——作用在盾构上的平均土压力(kPa)。

②黏性土：

$$F_1 = \pi DLC \tag{3-3-4}$$

式中：C——开挖面上土体的内聚力。

(2)盾构正面推进阻力

$$F_2 = 0.25\pi D^2 P_f \tag{3-3-5}$$

式中：F_2——盾构推进时正面推进阻力(kN)；

P_f——盾构推进时正面推进阻力；泥水盾构为土舱内的设计泥水压力，土压平衡盾构为土舱内的设计土压力(kPa)。

(3)管片与盾尾间摩擦阻力

$$F_3 = n_1 W_s \mu_2 + \pi D b P_T n_2 \mu_2 \tag{3-3-6}$$

式中：F_3——管片与盾尾间的摩擦阻力(kN)；

n_1——盾尾内管片的环数；

W_s——单环管片的重量(kN)；

b——每道盾尾刷与管片的接触长度(m)；

P_T——盾尾刷内的油脂压力(kPa)；

μ_2——盾尾刷与管环的摩擦系数；

n_2——盾尾刷的层数。

(4)盾构切口环贯入地层时的阻力 F_4

①砂质土：

$$F_4 = \pi(D^2 - D_i^2)P_3 + \pi D t K_p P_m \tag{3-3-7}$$

式中：F_4——切口环贯入地层的阻力(kN)；

D——前盾外径(m)；

D_i——前盾内径(m)；

P_3——切口环插入处的地层的平均土压(kPa)；

t——切口环贯入地层的深度(m)；

K_p——被动土压系数；

P_m——作用在盾构上的平均土压力(kPa)。

②黏土地层：

$$F_4 = \pi(D^2 - D_i^2)P_3 + \pi D t C \tag{3-3-8}$$

式中：C——开挖面上土体的内聚力(kPa)。

(5)转向阻力 F_5

$$F_5 = RS \tag{3-3-9}$$

式中：F_5——转向阻力，也称为变向阻力(kN)；

R——抗力土压(被动土压力)(kPa)；

S——抗力板在掘进方向上的投影面积(m^2)。

转向阻力仅在曲线施工中或者盾构推进中出现蛇行时存在，由于抗力板在掘进方向上的投影面积的计算比较复杂，因此一般不计算转向阻力，在确定总推力时考虑盾构施工中的上坡、曲线施工、蛇行及纠偏等因素，留出必要的富余量。

(6)牵引后配套拖车的牵引阻力

$$F_6 = W_b \mu_3 \tag{3-3-10}$$

式中：F_6——牵引后配套拖车的牵引阻力(kN)；

μ_3——后配套拖车与运行轨道间的摩擦系数；

W_b——后配套拖车及拖车上设备的总重力(kN)。

从大量的实际计算发现，一般情况下，无论是砂土层还是黏土层，均存在：

$$F_d = (90\% \sim 99\%)(F_1 + F_2) \tag{3-3-11}$$

即盾构设计推力主要由 F_1 和 F_2 组成，其他几部分推力占的比例很小，可以忽略不计。

3.6.1.2 装备推力

盾构的装备推力在考虑设计推力和安全系数的基础上，按式(3-3-12)确定：

$$F_e = A \cdot F_d \tag{3-3-12}$$

式中：F_e——装备推力(kN)；

A——安全系数，通常取1.5～2；

F_d——设计推力(kN)。

3.6.2 刀盘扭矩的计算

土压平衡盾构掘进机在施工过程中，刀盘扭矩主要用于克服刀盘与土体之间的摩阻力扭矩、切削土体时的地层抗力扭矩、搅拌土体时的搅拌扭矩、密封引起的摩阻力扭矩等。因此，对于土压平衡盾构掘进机刀盘，其切削扭矩主要由以下几部分组成：

$$T = T_1 + T_2 + T_3 + T_4 + T_5 + T_6 \tag{3-3-13}$$

式中：T——刀盘扭矩；

T_1——刀盘正面、侧面与土体之间的摩擦力扭矩；

T_2——刀盘切削土体时的切削抗力扭矩；

T_3——刀盘和搅拌叶片的搅拌扭矩；

T_4——密封引起的摩擦力扭矩；

T_5——轴承引起的摩擦力扭矩；

T_6——减速装置摩擦损失的扭矩。

以上6项扭矩值中，T_1、T_2、T_3三项的扭矩值与地层中的土体参数密切相关；T_4、T_5、T_6三项的扭矩值为盾构设备自身的摩擦损失。实践发现，T_1、T_2、T_3三项扭矩之和约占总设计扭矩的90%以上，尤其是砂卵石地层，前三项扭矩几乎占了总扭矩的95%以上，因此其他几项扭矩可忽略不计。因此下文将着重介绍T_1、T_2、T_3的详细计算过程。

(1)刀盘正面、侧面与土体之间的摩擦力扭矩

土压平衡盾构刀盘在切削土体过程中，其正面、侧面与土体之间发生摩擦，产生摩擦力扭矩，则有：

$$T_1 = T_{11} + T_{12} \tag{3-3-14}$$

式中：T_{11}——刀盘正面与土体之间的摩擦力扭矩；

T_{12}——刀盘侧面与土体之间的摩擦力扭矩。

对开挖面进行分析，有：

$$T_{11} = \int_0^{2\pi}\int_0^{\frac{D}{2}} Kf\gamma(H - r\sin\theta)r^2\,\mathrm{d}r\mathrm{d}\theta = \frac{\pi D^3}{12}Kf\gamma H \tag{3-3-15}$$

式中：K——侧向土压力系数；

f——刀盘与土体之间的摩擦因数；

γ——土体的重力密度；

D——盾构外径；

H——地表到盾构轴线的距离。

实际计算时，还必须考虑刀盘结构形式(辐条式、面板式及辐条面板复合式)及开口率的影

响。计算扭矩时，通常要去掉刀盘开口部的影响。根据理论分析及现场工程实测数据，式(3-6-15)可修正为：

$$T_{11}=\frac{\pi D^3}{12}Kf\gamma H(1-\eta^2) \tag{3-3-16}$$

式中：η——刀盘开口率。

盾构正常掘进时，侧向土压力系数 K 介于静止土压力系数 K_0 及被动土压力系数 K_p 之间，且略大于静止土压力系数 K_0，通常取 $K=(1.1\sim1.3)K_0$。摩擦因数与土体参数有关：对于黏土，取 $f=0.2$；对于砂土，取 $f=0.3$。

当刀盘外沿超出切口环时，如图 3-3-35 所示，刀盘在切削过程中其侧面与土体发生摩擦。

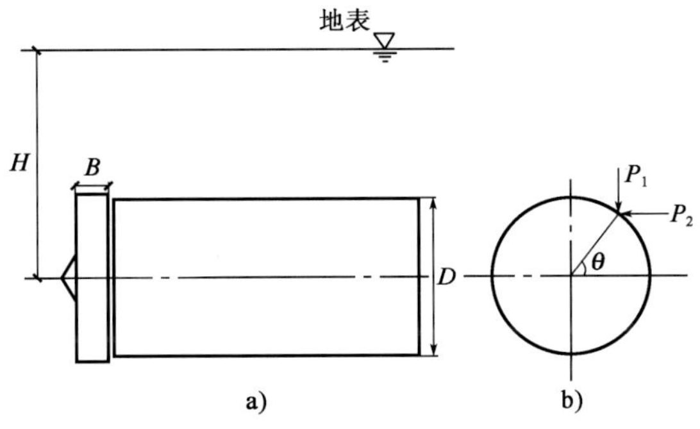

图 3-3-35 作用于刀盘侧面的土压力

作用于刀盘侧面的正压力由两部分组成，一部分由垂直土压力产生，另一部分由侧向土压力产生，即

$$P_1=\gamma\left(H-\frac{D}{2}\sin\theta\right) \tag{3-3-17}$$

$$T_{121}=\int_0^{2\pi}\frac{D^2}{4}f\gamma W\left(H-\frac{D}{2}\sin\theta\right)\sin^2\theta\mathrm{d}\theta \tag{3-3-18}$$

式中：T_{121}——垂直土压力在刀盘侧面上产生的摩阻力扭矩。

$$P_2=\gamma K_a\left(H-\frac{D}{2}\sin\theta\right) \tag{3-3-19}$$

$$T_{122}=\int_0^{2\pi}\frac{D^2}{4}f\gamma WK_a\left(H-\frac{D}{2}\sin\theta\right)\cos^2\theta\mathrm{d}\theta \tag{3-3-20}$$

式中：T_{122}——侧向土压力在刀盘侧面上产生的摩阻力扭矩；

K_a——主动土压力系数。

$$\begin{aligned}T_{12}&=T_{121}+T_{122}\\&=\int_0^{2\pi}\frac{D^2}{4}f\gamma W\left(H-\frac{D}{2}\sin\theta\right)\sin^2\theta\mathrm{d}\theta+\int_0^{2\pi}\frac{D^2}{4}f\gamma WK_a\left(H-\frac{D}{2}\sin\theta\right)\cos^2\theta\mathrm{d}\theta\\&=\int_0^{2\pi}\frac{D^2}{4}f\gamma W\left(H-\frac{D}{2}\sin\theta\right)(\sin\theta+K_a\cos^2\theta)\mathrm{d}\theta\\&=\frac{\pi D^2}{4}(1+K_a)f\gamma HW\end{aligned} \tag{3-3-21}$$

式中：W——刀盘外沿宽度。

(2)刀盘切削土体时的地层抗力扭矩

在土压平衡盾构的刀盘上布置了多种刀具,如切削刀、先行刀、周边刀、中心刀等,其中主要用于切削土体的刀具为切削刀。因此,刀盘在切削土体的过程中地层抗力扭矩为:

$$T_2=\sum_{i=1}^{n}T_{2i}=\sum_{i=1}^{n}F_{2i}L_i \tag{3-3-22}$$

式中:T_{2i}——第 i 把刀具切削土体时的地层抗力扭矩;

F_{2i}——第 i 把刀具切削土体时受到的地层抗力;

L_i——第 i 把刀具到刀盘中心的距离。

由分析可知,刀具在切削土体的过程中,其所受到的地层抗力主要与切削深度、刀刃宽度、土体参数等有关。每把刀具的切削深度主要取决于刀盘转动一周的切削深度以及相邻两把刀具之间的夹角。

根据盾构掘进速度和刀盘转速,刀盘每转动一周的切削深度为:

$$t=\frac{v}{\omega} \tag{3-3-23}$$

式中:t——刀盘转动一周的切削深度;

v——盾构推进速度;

ω——刀盘转速。

每把刀具的切削深度主要取决于刀盘转动一周的切削深度和相邻两把切削轨迹的刀具之间的夹角,则第 i 把刀具的切削深度为:

$$\delta t_i=\frac{\beta_i}{360}t=\frac{\beta_i}{360}\cdot\frac{v}{\omega} \tag{3-3-24}$$

式中:δt_i——第 i 把刀具的切削深度;

β_i——第 i 把刀具与相邻相同轨迹的刀具之间的夹角。

对于黏性土,第 i 把刀具切削处土体抗剪强度为:

$$\tau_i=c+\sigma_i\tan\varphi \tag{3-3-25}$$

式中:τ_i——第 i 把刀具切削处土体抗剪强度;

c——土体的黏聚力;

φ——土体的内摩擦角;

σ_i——第 i 把刀具切削处土体的正压力,且满足:

$$\sigma_i=K\gamma(H-L_i\sin\theta_i) \tag{3-3-26}$$

则有:

$$\tau_i=c+K\gamma(H-L_i\sin\theta_i)\tan\varphi \tag{3-3-27}$$

在第 i 把刀具处土体受剪切的面积为:

$$A_i=w_i\delta t_i\tan\alpha_i=w_i\frac{\beta_i}{360}\cdot\frac{v}{\omega}\tan\alpha_i \tag{3-3-28}$$

式中:A_i——土体受第 i 把刀具的剪切面积;

w_i——第 i 把刀具的刀刃宽度;

α_i——第 i 把刀具的前角。

第 i 把刀具切削土体时的地层抗力为:

$$F_{2i}=\tau_i A_i=[c+K\gamma(H-L_i\sin\theta)\tan\varphi]w_i\frac{\beta_i}{360}\cdot\frac{v}{\omega}\tan\alpha_i \tag{3-3-29}$$

将所有刀具切削土体时的地层抗力扭矩求和即可得到盾构掘进机刀盘切削土体时的地层抗力扭矩：

$$T_2=\sum_{i=1}^{n}T_{2i}=\sum_{i=1}^{n}F_{2i}L_i=\sum_{i=1}^{n}[c+K\gamma(H-L_i\sin\theta)\tan\varphi]w_i\frac{\beta_i}{360}\cdot\frac{v}{\omega}\tan\alpha_i L_i \tag{3-3-30}$$

对于无黏性土，第 i 把刀具切削处土体抗剪强度为：

$$\tau_i'=\sigma_i'\tan\varphi_i \tag{3-3-31}$$

式中：τ_i'——第 i 把刀具切削处土体抗剪强度；

σ_i'——第 i 把刀具切削处土体正压力。

其中，第 i 把刀具切削处土体正压力为：

$$\sigma_i'=K\gamma(H-L_i\sin\theta_i) \tag{3-3-32}$$

则有：

$$\tau_i'=K\gamma(H-L_i\sin\theta_i)\tan\varphi \tag{3-3-33}$$

第 i 把刀具处土体受剪切的面积为：

$$A_i=w_i\delta t_i\tan\alpha_i=w_i\frac{\beta_i}{360}\cdot\frac{v}{\omega}\tan\alpha_i \tag{3-3-34}$$

式中：A_i——土体受第 i 把刀具的剪切面积；

w_i——第 i 把刀具的刀刃宽度；

α_i——第 i 把刀具的前角。

第 i 把刀具切削土体时的地层抗力为：

$$F_{2i}'=\tau_i'A_i'=[K\gamma(H-L_i\sin\theta)\tan\varphi]w_i\frac{\beta_i}{360}\cdot\frac{v}{\omega}\tan\alpha_i \tag{3-3-35}$$

将所有刀具切削土体时的地层抗力扭矩求和，即可得到盾构掘进机刀盘切削土体时的地层抗力扭矩，有：

$$T_2'=\sum_{i=1}^{n}T_{2i}'=\sum_{i=1}^{n}F_{2i}'L_i'=\sum_{i=1}^{n}[K\gamma(H-L_i\sin\theta)\tan\varphi]w_i\frac{\beta_i}{360}\cdot\frac{v}{\omega}\tan\alpha_i L_i \tag{3-3-36}$$

(3)刀盘与搅拌叶片的搅拌扭矩

$$T_3=\gamma H_0 D_b L_b R_b f \tag{3-3-37}$$

式中：γ——土体的重力密度；

H_0——搅拌叶片覆土深度；

D_b——搅拌叶片的直径；

L_b——搅拌叶片的长度；

R_b——搅拌叶片到盾构掘进机中心的距离；

f——土与钢的摩擦因数。搅拌扭矩原理见图 3-3-36。

3.6.3　同步注浆关键参数的计算

同步注浆是在盾构推进的同时向管片背部建筑空隙内加注注浆材料的一种实时注浆方法，是盾构工法中必不可少的一道工序。同步注浆不仅能抑制地层沉降，而且对防止管片接头

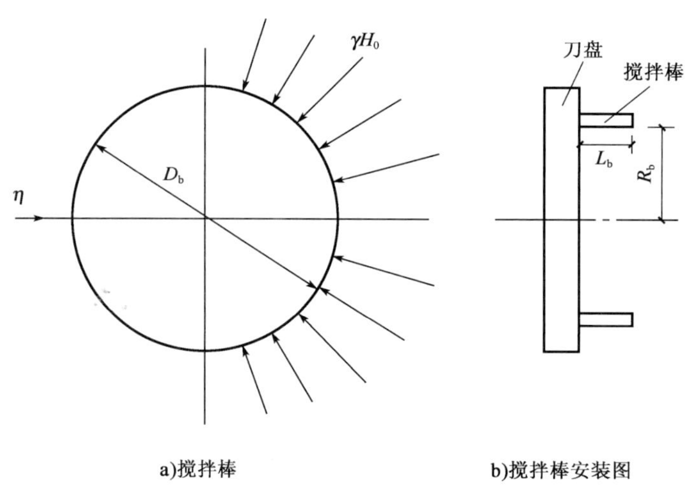

图 3-3-36　搅拌扭矩原理图

和盾尾间隙的渗水也十分有效。同步注浆后管片和土体形成稳定的整体,成型隧道受力更加均匀。小曲率半径施工时,背后同步注浆可以防止管片向圆周外侧移动、变形、变压。这些均说明背后同步注浆在盾构工法中的必要性和重要性,在稳定性较差的地层,采用土压平衡盾构掘进时,同步注浆的重要性更加突出和明显。同步注浆的目的主要有:

(1)尽早填充地层,减少地表沉陷量,保证周围环境的安全。

(2)确保管片衬砌的早期稳定性好,保证间隙的密实性。

(3)作为衬砌防水的第一道防线,提供长期、均质、稳定的防水功能。

(4)作为隧道衬砌结构的加强层,使其具有耐久性和一定的强度。

同步注浆是一项系统工程,为了实现上述目的,施工过程中必须注意以下事项:

(1)地层条件和同步注浆浆液的选择。

(2)注入时期和注入工法。

(3)注入量和注入压力。

(4)防止漏浆。

(5)注入设备的控制及施工作业要求。

其中,同步注浆压力与同步注浆量的控制是同步注浆施工的关键,对注浆效果起着决定性作用。

3.6.3.1　注浆压力

盾构工法中的同步注浆,即向盾尾间隙中充填有适当的早期及最终强度的材料。同步注浆实施过程中必须以一定的注浆压力压送浆液,才能使浆液很好地遍及管片的外侧。根据注浆的目的和要求,注浆压力的最佳值应在综合考虑地层条件、管片强度、设备性能、浆液特征和土舱压力的基础上选定。

一般来说,注浆压力大于地层阻力。地层阻力是地层的固有值,它是浆液可以注入地层的压力的最小值。地层阻力因土层条件(土层的种类、土压、水压等)及掘削条件的不同而不同,通常为 0.1～0.2MPa,但也有高到 0.4MPa 的情形。通常,注浆压力的选用值等于地层阻力与注入条件决定的附加项的和,一般为 0.2～0.4MPa。

此外，在注浆压力的管理中，由于地层、浆液、注入工法及施工条件等原因，经常会出现高压、先期和后期注浆压力的差值难以确认的情形。对于这种情况，仅仅依靠注浆压力进行管理是不够的，还须同时进行同步注浆量的管理。

3.6.3.2　同步注浆量的计算

同步注浆量应保证管片背部建筑空隙充填密实，并结合地层、线路线形及掘进方式等考虑适当的饱满系数，实际确定注浆量时引入注入率的概念。

假设每环管片同步注浆量为 Q，则

$$Q=\alpha\cdot V \tag{3-3-38}$$

$$V=\frac{\pi}{4}\cdot(D^2-d^2)\cdot L \tag{3-3-39}$$

式中：V——盾构施工引起的盾尾间隙（m^3）；

α——注入率，一般情况下取注入率为1.3～1.8，在裂隙水比较发育或地下水量大的地层，注入率一般取1.5～2.5；

D——盾构开挖外径（m）；

L——每环管片的长度（m）；

d——预制管片外径（m）。

影响 α 的因素很多，且相互关联。因此，正确地确定变量 α 对于估算同步注浆量至关重要。这里主要分析 α 的四种影响因素。

(1)压密系数 α_1

浆液在压送和注入过程中，在注入压力的作用下密度变大，体积减小。压力增加、浆液密度变大的程度，因浆液种类的不同而存在较大的差异。单液浆保持一定的离析水，增加压力，则压密程度变大；如果浆液加气则因气体被压缩等原因，浆液压密现象更加明显；对于水玻璃类双液型浆液，从A、B液混合至凝胶前的一段时间里易被地下水稀释，而浆液凝胶后到硬化前的一段时间里会发生压密现象。

总之，从浆液注入起到浆液固化为止的一段较长的时间内连续注浆过程中，可能出现下列现象：

①不加气的情形，在凝胶前的一般溶胶状态下不发生压密。

②加气的情形下，A、B液混合后，黏性降低，直至凝胶（黏性增大）停止的一段时间内，一部分空气析出，致使体积减小。

③从凝胶开始到固结前的流动固结及可塑状固结的一段时间里，加压致使脱水压密。

④固结后的加压压密现象不明显。

上述现象因浆液的组成（特别是有无加气），有无凝胶能力及凝胶时间的长短，有无可塑状固结及保持时间的长短，注入压力的高低及其他施工条件（相当于一次注入量），其程度上存在的差异较大，很难用一个定量系数来表示。目前实际中主要比较加气与不加气条件，认为加气情形的压密效果明显增大，两种情况压密系数取值见表3-3-2。

(2)土质系数 α_2

注入率与土质联系密切。对于回填注浆的土质对象而言，有硬土和软土之分，无论哪种土质均对注入率有一定的影响（浆液损失增大），相比较软土影响更大。在软土层中，就浆液流失到掘削空隙以外的周围土体中去的损失程度而言，粒径小的黏性土(以黏土、粉砂土为主，渗透系数小的土层)优于粒径大的砂质土(以砂、卵石、砾石为主，渗透系数大的土层)；对砂砾石地层来说，浆液漏失的现象更为明显。当然这项土质流失中也包括向盾尾间隙以外的周围土体中的流失及掘削面上的流失等内容。

(3)施工损耗系数 α_3

通常在盾构工法中，注浆管大多是从设置在盾构始发竖井附近的注浆泵开始，随着掘进的逐渐延伸，一直持续到最终的到达竖井。在浆液从泵房被送到注浆孔的途中，出现浆液的损耗不可避免，这些损耗包括漏失和管道残留。特别是近年来长距离压送及同步注浆施工的逐年增大，残留在注浆管道内的浆液量逐渐增多，必须严格地进行施工管理。

(4)超挖系数 α_4

超挖系数是理论空隙量的修正值。超挖是施工中发生的，与浆液无直接关系，但与注入率的关系极大。超挖系数因掘削方法及机械类型、土质、曲率半径及其他施工条件的不同而存在很大的差异。

综上所述，注入率难以准确计算，时至今日仍把施工实际和经验数据作为估算注入率的参考目标，具体数据总结见表 3-3-2。

注入率系数表

表 3-3-2

符　号	影 响 因 素		设 定 系 数	可适当增加的比例
α_1	注入压力产生压密	加气	0.40	1.30～1.50
		不加气	0.10	1.05～1.15
α_2	土质		0.35	1.10～1.60
α_3	施工损耗		0.10	1.10～1.20
α_4	超挖		0.15	1.10～1.20

在实际设计过程中，可以根据表 3-3-2 选定系数 $\alpha_1 \sim \alpha_4$，然后确定注入率：

$$\alpha = \alpha_1 + \alpha_2 + \alpha_3 + \alpha_4 + 1 \tag{3-3-40}$$

则每环管片的同步注浆量为：

$$Q = (\alpha_1 + \alpha_2 + \alpha_3 + \alpha_4 + 1) \cdot \frac{\pi}{4} \cdot (D^2 - d^2) \cdot L \tag{3-3-41}$$

3.7　9 号线各标段盾构选型情况

3.7.1　丰—科、科—南区间盾构选型情况

(1)盾构类型及主要参数

本工程采用新购德国海瑞克土压平衡盾构(S488，ϕ6.26m)，设备总长 80m，盾体长 7.9m，总重 431t，初级电压采用 10kV，刀盘主驱动采用油压驱动，额定扭矩为 5980kN · m，总功率 1758kW，最大总推力 34210kN，推进千斤顶采用 32 个，行程最大 2m。

(2)刀盘形式与刀具配置

刀盘采用面板式结构，刀盘面板的基座为厚壁法兰，由 4 根辐臂支撑并与主驱动装置连接。刀座、刀盘和刀盘支撑结构的强度和刚度能保证刀盘在含有单轴抗压强度 150MPa 以上的卵石、圆砾地层中，在最不利地质条件下掘进时不出现刀盘变形及超出正常的磨损。刀盘由耐冲击性和耐磨性高的材料铸造而成。

本刀盘主要配备的刀具有中心刀、鱼尾刀、齿刀、刮刀、先行刀。

刮刀具有高耐磨的钢质刀体和高质量的硬质合金刀刃，齿刀的前面硬质堆焊到切削边缘，后部有硬质合金球齿保护，先行刀主要用于疏松土体并承受来自卵石的冲击，保护其他刀具免受冲击破坏。耐磨钢板可以增强刀盘、螺旋输送机等的耐磨性和抗冲击能力。

(3)主要辅助设施

本机共配 5 台后配套台车，旋转输送机采用无轴螺旋形式，直径 800mm，最大输出卵石粒径达到 550mm 以上，最小转弯半径为 200m。

北京地铁 9 号线工程 02 标盾构设备主要参数见表 3-3-3。

9 号线工程 02 标盾构设备主要参数表 表 3-3-3

盾构设备参数名称	设 备 参 数
盾构生产商	德国海瑞克
刀盘形式	面板式
刀盘开口率	42%
刀盘直径(mm)	6260
前盾直径(mm)	6250
中盾直径(mm)	6240
盾尾直径(mm)	6230
盾构主机长(mm)	7900
最大推力(kN)	34210
脱困扭矩(kN·m)	7500
最大扭矩(kN·m)	5980
螺旋输送机形式	无轴
螺旋输送机直径(mm)	800
螺旋输送机最大通过粒径(mm)	500×500
刀具选择及布置	中心刀 1 把，齿刀 56 把，先行刀 86 把， 周边刮刀 16 把，鱼尾刀 5 把

3.7.2 丰东—丰北区间盾构选型情况

3.7.2.1 盾构类型及主要参数

本工程采用由日本石川岛生产的加泥式土压平衡盾构，设备总长 80m，盾体长 9.2m，装机容量 1600kVA，刀盘主驱动采用变频电机驱动，额定扭矩为 6282kN·m，脱困扭矩 7538kN·m，最大总推力 40000kN。

3.7.2.2 刀盘形式与刀具布置

盾构主要穿越层为圆砾卵石⑤层，地勘揭露最大粒径 420mm，一般粒径 20～80mm，粒径大于 20mm 的颗粒约占总质量的 55%～75%。因此，根据盾构穿越地层的特点，采用辐条式刀盘，适当降低刀盘开口率，将原来 60%的开口率降低为 54%，同时加装滚刀。

刀盘配置中心刀 1 把，刮刀 105 把，滚刀 6 把，先行刀 30 把，仿形刀 2 把。刀盘具体配置情况如图 3-3-37 所示。

考虑到施工中刀具和砾石撞击等不利因素，刀具采用日本进口耐磨刀具，刀具加焊耐磨层，且刀具分 3 层布置。刀具保护设置如图 3-3-38 所示。

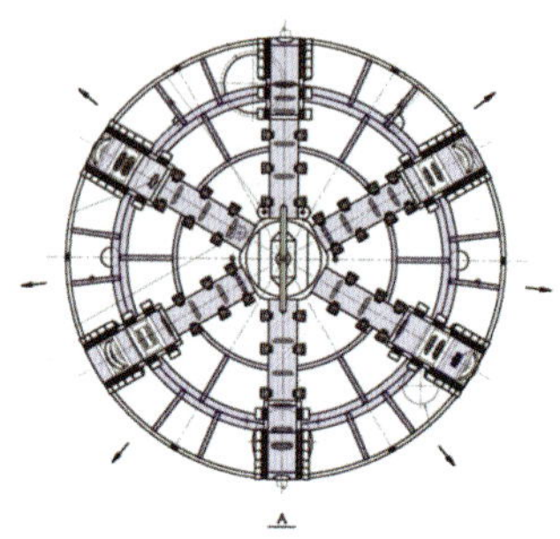

图 3-3-37　刀盘结构形式图

图 3-3-38　刀具保护

3.7.2.3　主要辅助设施

(1)铰接装置

由于隧道最小曲率半径为 2500m，拟投入盾构设备配有铰接装置，最小转弯半径为 250m，能够满足本工程曲线掘进施工的需要。

(2)盾构同步注浆系统

因现况地面构筑物较多，投入盾构的同步注浆采用双液注浆系统，如图 3-3-39 所示，双液注浆不仅具有填充密实功能，同时具备调节浆液凝固时间功能，在穿越建(构)筑物施工时，能够较好地控制地面变形，满足施工需要。

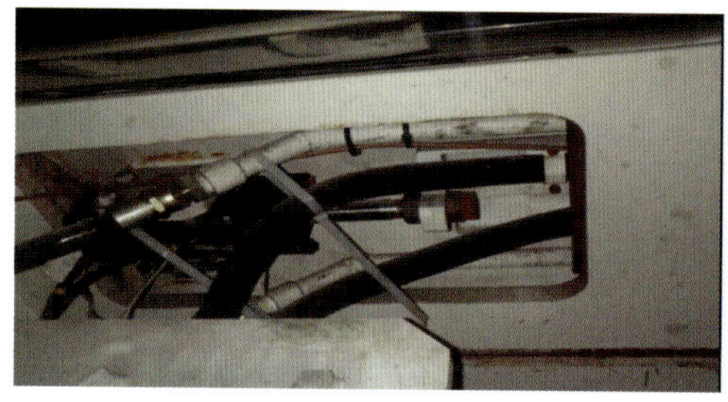
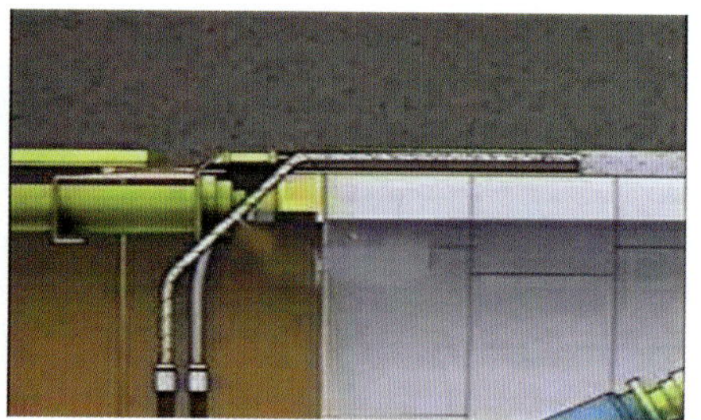

图 3-3-39　盾构同步注浆系统

(3)二次注浆系统

本机配备二次注浆系统(见图 3-3-40),可以进行二次补注浆,问进一步稳定地层,控制地表沉降。

图 3-3-40 二次补浆系统

(4)盾构加泥、加泡沫系统

盾构具备加泥和加泡沫功能,并能根据地质条件的变化实施单独加泥(或泡沫),同时加注泥浆和泡沫,对土体进行流塑化改造,使其更容易排出,减少施工对地层的扰动。

本标段盾构主要设计参数见表 3-3-4。

主要尺寸、技术性能参数表 表 3-3-4

序 号	名 称	项 目	规格及参数
1	盾构主机	长度(mm)	9155(不含工作台)
		外径(mm)	6140
		装机容量(kVA)	1600
2	推进系统	千斤顶	2500kN×34.3MPa×2300×16
		推进速度(mm/min)	0~92
		总推力(kN)	40000
3	刀盘系统	驱动方式	变频电机驱动
		支撑方式	辐条式中间支撑
		最大扭矩系数	α=22.6
		工作扭矩(kN·m)	6282
		刀盘转速(r/min)	0~1.6
4	仿形刀	行程(mm)	120
		工作压力(MPa)	20.6
5	铰接系统	千斤顶	2500kN×34.3MPa×200×12
		转动角度(°)	1.0
		总推力(kN)	30000
6	螺旋输送机	驱动方式	液压
		结构形式	带式 900
		最大排土粒径(mm)	ϕ640×pl100
		排土能力(m^3/h)	307/199

续上表

序号	名称	项目	规格及参数
7	皮带运输机	驱动方式	电动
		输送能力(m^3/h)	413
8	管片起吊机	起吊能力(kN)	50
9	管片拼装机	旋转速度(r/min)	0～1.0
		旋转方向	双向
		回转角(°)	±200
10	盾尾间隙测量系统	量程(mm)	2～100
11	盾尾密封系统	密封结构	三道钢丝刷(注油脂式)
		自动注油脂泵	1套
12	壁后注浆系统	—	2套
13	加泥系统	—	1套
14	加泡沫系统	—	1套
15	数据采集及监控系统	—	1套
16	全自动测量系统	—	1套
17	后续台车系统	—	1套

3.7.3 丰一六区间盾构选型情况

3.7.3.1 盾构类型及主要参数

本工程采用海瑞克土压平衡盾构(S540,ϕ6.26m),如图3-3-41所示,盾构主机长7.9m,刀盘主驱动采用油压驱动,额定扭矩为5380kN·m,脱困扭矩6930kN·m,最大总推力35100kN,螺旋机为无轴螺旋机,转速为0～20r/min,启动扭矩100kN·m。

图3-3-41 盾构组装出厂情况

3.7.3.2 刀盘形式与刀具配置

本盾构采用面板式复合刀盘(见图3-3-42),刀盘开口率为34%,共设置48把刮刀,4套中心双刃滚刀,28把单刃滚刀,8把周边刮刀。本标段主要为砂卵石地层,根据设计图纸和相关专家意见以及盾构施工经验,在该地层中每掘进200m刀具就会严重磨损,需要进行刀具更换。

本标段盾构设计参数见表3-3-5。

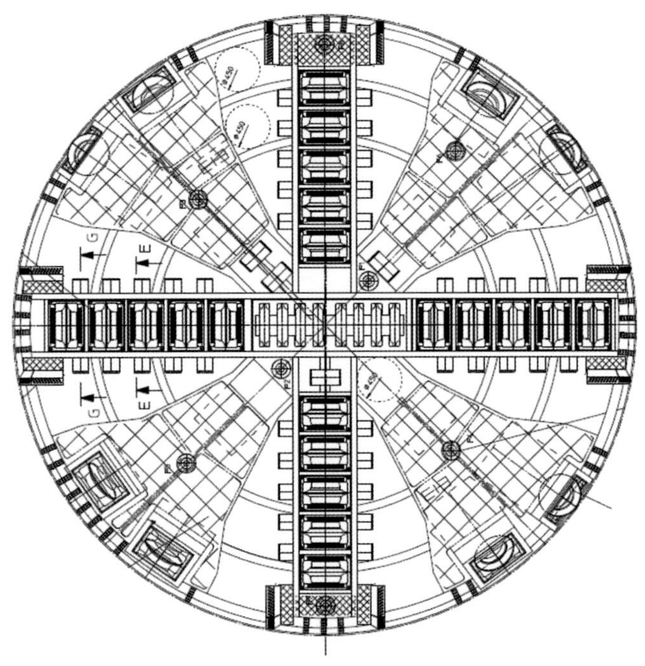

图 3-3-42 刀盘布置示意图

北京地铁 9 号线工程 04 标盾构设备主要参数表 表 3-3-5

盾构设备参数名称	设 备 参 数
盾构生产商	德国海瑞克
刀盘形式	面板式
刀盘开口率	34%
刀盘直径(mm)	6260
前盾直径(mm)	6250
中盾直径(mm)	6240
盾尾直径(mm)	6230
盾构主机长(mm)	7900
最大推力(kN)	35000
脱困扭矩(kN·m)	6930
最大扭矩(kN·m)	5380
螺旋输送机形式	带式
螺旋输送机直径(mm)	800
螺旋输送机最大通过粒径(mm)	500×500
刀盘布置	中心双刃滚刀 4 把,单刃滚刀 28 把,刮刀 56 把

3.7.4 军—东区间盾构选型情况

3.7.4.1 盾构类型及主要参数

本工程采用罗威特(LOVAT)土压平衡盾构(RME246SE,φ6.26m),盾构主机长9.0m,盾构加后配套总长约83m,盾构重约342t,盾构加后配套设备总重约620t,刀盘主驱动采用电机变频驱动,额定扭矩为6190kN·m,脱困扭矩7740kN·m,最大总推力37800kN,螺旋机为有轴结构。

3.7.4.2 刀盘及刀具布置形式

采用混合式刀盘,最大通过粒径30cm,开口率35%。在刀盘边缘有隔板,防止不稳定土体坠落,分2块设计,可以分体运输有刀盘隔离门。盾构刀盘重约58t(整个表面满铺耐磨板),刀盘包括双刃滚刀10把;中心鼻刀1把;撕裂刀60把;刮刀88把,滚刀与撕裂刀可互换。刀盘上设有2个刀具磨损自动监控点和2根刀盘磨损监测液压油管。刀盘布置形式如图3-3-43所示。

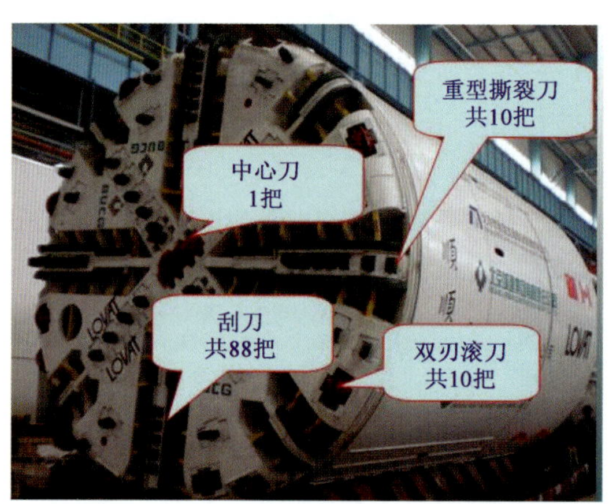

图3-3-43 罗威特刀盘及刀具布置形式

3.7.4.3 主要辅助设施

(1)推进系统

布置21个推进油缸,工作压力34MPa时单个油缸驱动力为1800kN,34MPa时总驱动力为37800kN,可以不间断连续(以不同行程),油缸可单独工作,也可分组工作,每个90°区间装有一个推进油缸行程测量计。

(2)被动铰接系统

设置16个液压缸,单个油缸推进力为1800kN,行程150mm。

(3)螺旋输送机布置形式

采用有轴式螺旋输送机,液压轴向驱动,第一节螺旋输送机长12m,第二节螺旋输送机长10m,缸体内径850mm,功率225kW,转速0～22r/min,可调速,可正反转。

北京地铁9号线工程06标军—东区间盾构设备主要参数情况见表3-3-6。

北京地铁 9 号线工程 06 标军—东区间盾构设备主要参数表　　表 3-3-6

盾构设备参数名称	盾构设备参数
盾构生产商	罗威特(LOVAT)
刀盘形式	辐条面板复合式
刀盘开口率	35%
刀盘直径(mm)	6239
前盾直径(mm)	6226
中盾直径(mm)	6226
盾尾直径(mm)	6226
盾构主机长(mm)	9000
最大推力(kN)	37800
脱困扭矩(kN·m)	7740
最大扭矩(kN·m)	6190
螺旋输送机形式	有轴型,液压轴向驱动
螺旋机直径(mm)	850
螺旋机最大通过粒径(mm)	300
刀盘布置	10 把双刃滚刀,1 把中心超挖刀;28 把重型软岩刮刀,98 把刮刀

3.7.5 东—白区间盾构选型情况

3.7.5.1 盾构类型及主要参数

本工程采用日本华遂通(日立造船)生产的土压平衡盾构(ϕ6.18m),盾构主机长 8.6m,刀盘主驱动采用电机变频驱动,额定扭矩为5730kN·m,脱困扭矩 7300kN·m,最大总推力 38500kN,螺旋机为无轴螺旋机。

3.7.5.2 刀盘及刀具布置形式

刀盘为辐条式,开口率为 63.6%,刀盘中设置中心刀 1 把,刮刀 90 把,先行刀 84 把,仿形刀 2 把。具体刀盘及刀具布置情况如图 3-3-44 所示。

图 3-3-44 东—白区间刀盘示意图

北京地铁 9 号线工程 06 标东—白区间盾构设备主要参数见表 3-3-7。

北京地铁 9 号线工程 06 标东—白区间盾构设备主要参数表　　表 3-3-7

盾构设备参数名称	盾构设备参数
盾构生产商	华遂通(日立造船)
刀盘形式	辐条式
刀盘开口率	63.6%
刀盘直径(mm)	6180

续上表

盾构设备参数名称	盾构设备参数
前盾直径(mm)	6160
中盾直径(mm)	6155
盾尾直径(mm)	6150
盾构主机长(mm)	8640
最大推力(kN)	38500
脱困扭矩(kN·m)	7300
最大扭矩(kN·m)	5730
螺旋输送机形式	带式
螺旋机直径(mm)	800
螺旋机最大通过粒径(mm)	300×500
刀盘布置	中心刀1把,刮刀90把,先行刀84把,仿形刀2把

第4章　砂卵石地层土体改良技术

4.1　基本概述

随着盾构施工配套技术的逐步完善,盾构施工土体改良技术的应用越来越受到人们的普遍关注。在盾构施工过程中,渣土的流动性、止水性及流塑性对盾构掘进效率及经济效益的影响很大,土体改良效果不佳,会大大增加盾构掘进的负荷,影响盾构的使用寿命。因此,如何防止渣土在刀盘上形成泥饼,在土舱内积压、堵舱,在螺旋输送机出口产生堵塞、喷涌等,仍是盾构施工的难题。对于北京地铁9号线全断面大粒径砂卵石地层而言,如何进行有效的土体改良,对盾构施工至关重要。土体改良效果的好坏,将直接影响到盾构掘进速度、开挖成本,甚至将直接影响工程的成败。

4.1.1　土性不良导致的施工问题

土压平衡盾构施工过程中,具有流塑性和不透水性的开挖土体充满土压舱,利用螺旋输送机控制土舱压力,以抵抗开挖面的水土压力,确保开挖面稳定,避免开挖面失稳、压力舱闭塞、结饼、喷涌等事故的发生。因此,为使得盾构正常掘进,土体必须具有良好的塑流性,同时具有较低的透水性。土压平衡盾构工法成功的关键是将开挖面切削下来的土体在压力舱内调整成一种"塑性流动状态"。如果地层类似于上海的淤泥质黏土层,通过压力舱内选择翼板搅拌,就可以较好地使压力舱内达到这种"塑性流动状态",从而保证施工的顺利进行。如果地层是黏粒含量较少的砂土层、卵砾石地层,进入土舱内的土体就很难形成这种"塑性流动状态",从而给盾构施工带来很多困难,大大降低了盾构施工效率,并大幅提高了盾构施工成本。此时,必须通过在掌子面、土舱等位置注入土体改良剂,将土体改良成"塑性流动状态"。

北京地铁9号线盾构施工区间为典型大粒径砂卵石地层,力学性质不稳定,卵砾石含量高,颗粒之间空隙大,无黏聚力,盾构在此条件下掘进,土体塑流性差,盾构推力、扭矩大,刀盘、刀具及螺旋输送机磨损严重,推进速度极其缓慢,且地层在盾构施工扰动下稳定性较差,给工程施工造成了极大的困难。具体的施工问题如下:

(1)难以建立真正的土压平衡

由于砂卵石地层塑性流动性差,设定的土压无法顺利传递到开挖面,盾构推进过程中很难建立起连续、动态的土压平衡，如图 3-4-1 所示。

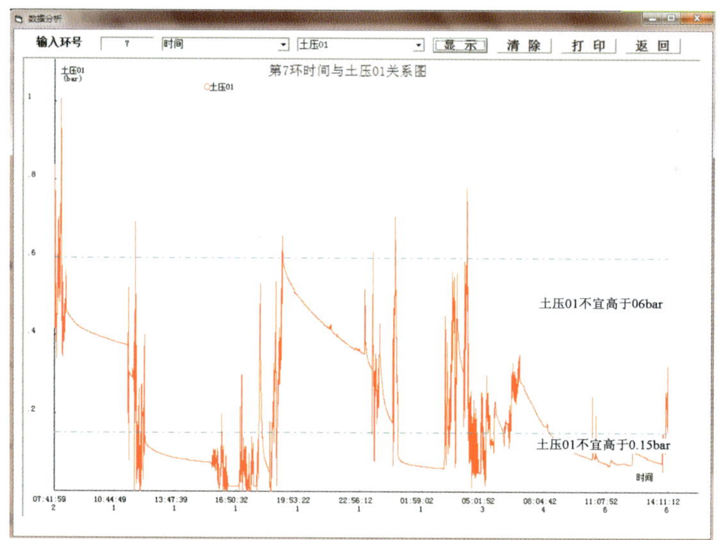

图 3-4-1 单环土压控制情况

(2)刀盘及螺旋输送机易卡死、土舱内易结泥饼

在掘进过程中卵砾石粒径较大、土体流塑性差、刀盘卡死现象频繁，如图 3-4-2 所示。土压舱内及刀盘进土口处容易形成泥饼，且泥饼非常坚硬密实，有时需用风镐才能破除，如图 3-4-3 所示。

图 3-4-2 刀盘上滚刀被卡死

(3)盾构推力及刀盘扭矩过大

砂卵石地层颗粒之间摩擦阻力大，难以获得良好的流动性，当切削下来的土体长期充满土压舱，螺旋输送机无法正常排土时，推力及扭矩经常急剧增大，甚至超过脱困扭矩，使得盾构长期处于超负荷工作状态。

图 3-4-3 土舱泥饼情况

(4)盾构姿态控制困难,掘进速度无法保证

螺旋输送机无法正常排土,卵砾石大量滞留在土层内或无法进入土舱向盾构四周移动,使得盾构姿态控制变得困难。同时,由于土体塑性流动性差,造成盾构无法正常掘进,掘进速度非常缓慢,经常出现掘进速度为零的情况,如图 3-4-4 所示。

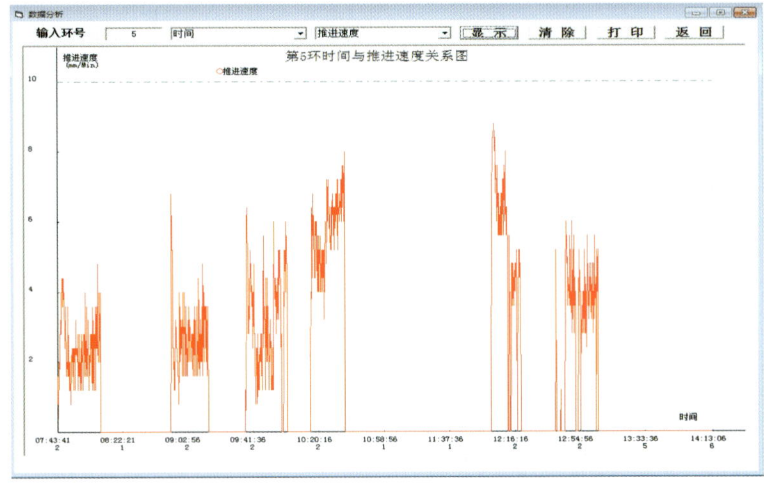

图 3-4-4　掘进速度控制情况

(5)刀盘及刀具磨损严重

卵石粒径大,大粒径卵砾石无法有效、快速进入土舱,对刀盘及刀具磨损严重。

(6)地表沉降难以控制

由于土压平衡无法建立,超挖现象难以控制,导致地表隆沉幅度大,无法保证地表沉降处于可控范围。

4.1.2　土体改良的目的及意义

(1)使渣土具有较好的土压平衡效果,稳定开挖面,较好地控制地表沉降。

(2)使得渣土具有良好的止水性,以控制地下水流失。

(3)使得切削下来的渣土快速进入土舱,并顺利通过螺旋输送机排出。

(4)可以有效防止土舱结饼现象发生。

(5)可以防止或减轻螺旋输送机排土时的喷涌现象。

(6)可以有效降低刀盘扭矩及螺旋输送机扭矩,降低地层中卵砾石对刀具及螺旋输送机的磨损,有效提高盾构掘进效率。

4.2　土体改良剂与土体的匹配关系

4.2.1　常用的土体改良剂

土压平衡盾构施工中遇到不易形成“理想塑性流动状态”的地层时,为了避免土体流塑性不佳而发生一系列施工问题,影响盾构的正常掘进,通常的办法就是向开挖面及土舱内注入一定比例的土体改良剂来改变土体的状态,使其达到盾构正常掘进的要求。应用于土压平衡盾构施工的土体改良材料多种多样,较为常用的大致可以分为以下四类。这些材料有时各自单独使用,有时则相互组合使用,如图 3-4-5 所示。

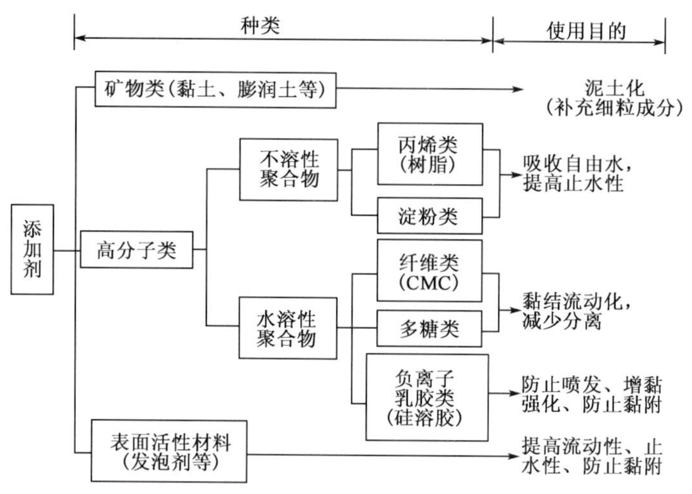

图 3-4-5　土体改良剂的种类及目的

4.2.1.1　矿物类

矿物类添加材料其主材多使用膨润土、黏土、陶土等天然矿物。注入该类材料的目的是补充微、细成分,使压力舱内土体的内摩擦角减小,促使其在土压作用下发生变形和破坏,即流动性、止水性均有一定提高。

矿物类土体改良材料的浓度和注入量,可根据颗粒级配算出。矿物类改良材料的使用地层范围较广,故在土压平衡式盾构施工早期被广泛应用。然而,由于矿物类土体改良剂需要采用制泥装置和储泥槽等大规模的设备,另外有时渣土由于呈泥状而要将其作为工业废弃物进行处理,因此限制了其广泛的使用。

4.2.1.2　高吸水性树脂

高吸水性树脂的用料主要为高分子类、不溶性聚合物的高吸水性树脂(可吸收自重几百倍的水的胶状材料)。这种材料吸水但不溶于水,所以不会被地下水稀释劣化,故在高水压的地层中使用这种材料可以防止地下水的喷出。

由于树脂填充土体颗粒间隙,减小了颗粒之间的摩擦,故提高了开挖土体的流动性。

但是,对于含盐浓度高的海水以及富含金属离子的地层,或是强碱(如化学注浆区)和强酸性地层而言,吸水性能大为降低。另外,高分子树脂的自然分解需要很长一段时间,所以有必要讨论盐类扩散的强制脱水和固化处理。

4.2.1.3　纤维类、多糖类和负离子类

添加材料是水中溶解的黏稠性的高分子类水溶性聚合物。首先是 CMC(钠羧甲基纤维素)为代表的纤维类,此类改良材料可把土体颗粒间隙中的自由水挤走,使土颗粒间发生黏结。

负离子类乳胶添加材料可在土体颗粒和水之间形成絮状凝聚物,使其发生黏结,从而减小内摩擦角,提高流动性。

4.2.1.4　表面活性材料(气泡剂等)

表面活性材料指的是特殊气泡剂,以及在气泡剂中添加的高分子水溶性聚合物,即气泡添加剂。另外还应注意消泡剂的使用。

气泡剂与压缩空气产生的气泡和切削土经搅拌混合后,气泡挤走土体中的自由水,并依靠气泡的支承作用,可以提高开挖土体的流塑性和止水性。同时,还可以防止泥土的压密黏附。

到目前为止,所有解决土压平衡式盾构施工中遇到因土性不良产生的工程问题的技术中,应该说最先进和发展最快的是采用表面活性材料,即气泡土体改良技术。从1980年问世以来截至1999年,气泡盾构法的施工业绩超过370例,施工总延长达380km。这些工程中包括在长距离、大断面、薄覆土层、近接施工等各种艰难条件下的施工实例。

4.2.2　常用土体改良剂与土体的匹配关系

4.2.2.1　泡沫改良土体的机理研究

土压平衡盾构用泡沫剂一般由发泡剂、稳泡剂和助剂组成。目前盾构使用的泡沫剂绝大部分是由阴离子表面活性剂和非离子表面活性剂复配构成主发泡剂,再配以稳泡剂,有的产品还需添加与表面活性剂对应复配能产生协同效应的助剂、增溶剂等。所有成分按照适当的比例,以适当的方式混合形成泡沫剂产品。

(1)泡沫微观结构

典型的泡沫既有非常小的泡沫,也有许多被液膜分隔起来的较大的泡沫。泡沫可以看成一种二维平面结构,在这个二维平面结构中,气相与薄层液膜之间由一个二维界面隔开,薄层液膜及其两侧的界面称作“薄片”。泡沫的结构可以参见图3-4-6。

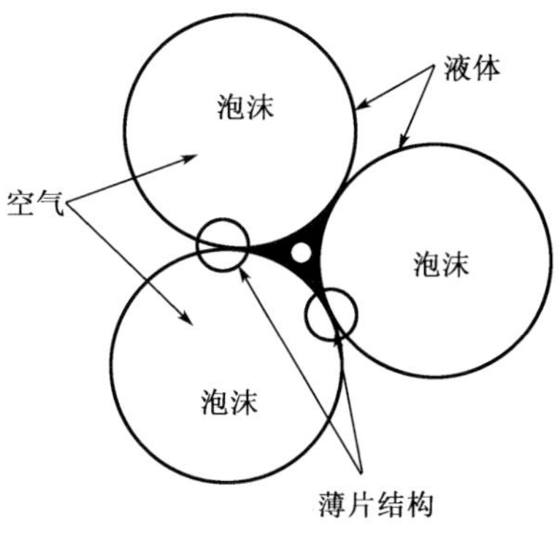

图3-4-6　泡沫结构示意图

泡沫的稳定性及液膜的稀释,以及结合过程密切相关。英国学者Bikeman在1973年曾经撰文指出:液膜的重力排水、毛细管吸力、表面张力、双电层排斥力、分散吸引力等作用都会影响到泡沫的稳定性。

(2)泡沫破灭与消散机理

泡沫经发泡装置产生后,液膜中的液体在重力的作用下会顺着已经产生的液膜自然下流,在流动点泡沫将不再呈球形,此时毛细吸力将比重力作用更加突出。压力的不均将使得液体朝向稳定区域流动,从而造成液膜的稀释,液膜的稀释就会导致液膜的破裂和泡沫整体的坍塌。

另外,如果泡沫掺入量提高以后,可能有一些多余的泡沫未能进入土体与土体发生均匀的混合,这样过量的泡沫就会存在于混合土体的表面,这就是为什么当加入的泡沫越来越多的时候,经过充分的搅拌,仍然可以看见混合土体的表面有大量独立的泡沫存在的。所以,当泡沫的掺入比提高时,效果不一定很理想。这主要是因为很多泡沫聚集在一起,消泡的可能性会更大,正如多面体的稳定性不如球体一样,在许多小泡连在一起形成大泡后,形状会由单个泡沫的球形转化为多个泡沫互相连通的多面体,而且大量的泡沫堆积后,单个泡沫和泡沫之间很容易彼此互相连通和进行气体交换,使原本彼此之间相互封闭的空间被打通。大泡形成后,由于自身的不稳定，很容易破灭。

表面张力也是影响泡沫稳定性的重要因素之一。垂直作用于液体表面单位长度上的表面紧缩力被称作为液体的表面张力。表面张力是液体的物理属性之一，泡沫表层液膜表面张力的大小影响着泡沫的形成及其稳定性，从能量的观点来看，低的液膜表面张力有利于泡沫的形成，以及增强泡沫的稳定性。也就是说，降低泡沫的表面张力也对提高泡沫的稳定性起着至关重要的作用。

局部的表面张力增加时，泡沫表层的液膜会从较厚的层流向较薄的层，此时泡沫也容易破灭，为此通常向泡沫中加入表面活性剂，其实就是提高泡沫表面液膜的强度，并降低泡沫的表面张力。

适用于泡沫剂进行土体改良的地层：

(1)颗粒级配相对良好的土体

对于颗粒级配良好的土体，其粒径分布范围较广，而泡沫本身的尺寸也不均一，这样更容易落到土粒间的空隙中，与土颗粒接触更紧密。相关文献指出，泡沫在单纯的两项(水＋气)中消散的速度远远高于它在三项(水＋土＋气)中消散的速度。这是因为在土体中，泡沫和土颗粒的充分接触可以使液膜的流动受阻，减少液膜脱水、泡沫破灭的可能性。在级配相对良好的土体中，因为泡沫会与土体颗粒结合得更完整和致密，能更充分地置换土体中的空隙水进而填充原来的空隙，所以容易形成更多封闭的泡沫。正是由于大量封闭泡沫的存在，才使得土体的渗透系数降低，止水性增强。

(2)平均粒径较大的土体

土体的颗粒越细，越接近于黏性，矿物的亲水性越强，它们的吸力就越大。显然，颗粒越细的粉黏性土会对泡沫表面内所含的自由水分产生吸附，导致液膜脱水后泡沫就会破灭，降低混合土体的止水性能。

(3)水量较高的土体

相对于干燥的土体具有较大的基质势，它与自由水接触时会将自由水吸引到干土中来。显然，含水量很低的粉砂或黏土也会对泡沫表面液膜所含的自由水分产生吸附，吸附力导致液膜表面压力不均使得液膜表层的水流动，从而造成液膜的稀释，也会导致泡沫的破灭，混合土体的渗透系数增大。

4.2.2.2 膨润土改良土体的机理研究

(1)膨润土的组成及结构构造

膨润土是以蒙脱石($Al_2O_3 \cdot 4SiO_2 \cdot H_2O$)为主要成分的非金属黏土类矿物，蒙脱石含量占到30%～80%。蒙脱石是含水的层状铝硅酸盐，其晶体结构由两层硅氧四面体晶片中间夹一层铝氢氧八面体晶片组成，属2∶1型层状硅酸盐矿物，其微观结构可以参见图3-4-7。八面体中存在的阳离子数为2，四面体中存在的阳离子数为4，一般硅氧四面体和铝氢氧八面体(如图3-4-8)中存在如Fe^{2+}、Fe^{3+}、Mg^{2+}、Al^{3+}等阳离子的同像置换。当置换阳离子为低价时，使结构增加等当量的负电荷，由层间吸附的阳离子和四面体、八面体的类质同像置换可能很大不同，因而蒙脱石的化学成分变化也较大，蒙脱石晶层之间的结合力较弱，能吸附极性水分子，根据阳离子种类及相对湿度，层间能吸附一层或两层水分子，如图3-4-9所示。另外，在蒙脱石晶粒表面也吸附了一定的水分子，结构水以OH基形式存在于晶格中。

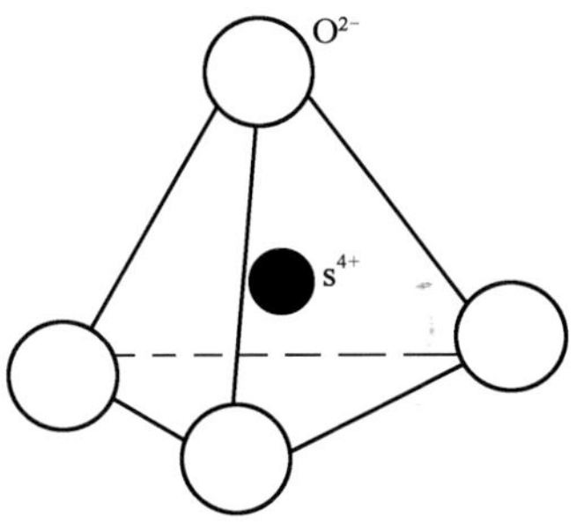

图 3-4-7 硅氧四面体机构

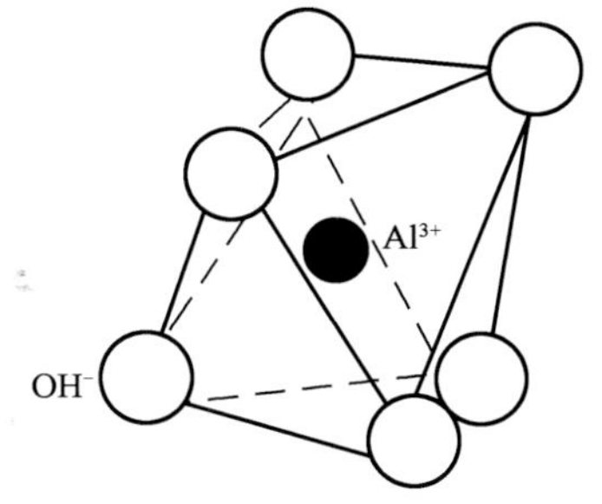

图 3-4-8 铝氢氧八面体机构

(2)膨润土的膨胀及防渗机理

盾构掘进过程中使用的膨润土是黏土的一种，其主要成分是蒙脱石。蒙脱石是 2∶1 型层状铝硅酸盐，其四面体中的硅可被铝随机置换，八面体中的铝可被同价或低价离子如 Ca^{2+}、Na^+、Mg^{2+} 等类质同象置换，这种类质同象置换过程使蒙脱石晶层有过剩的负电荷，在层间产生一静电场，因此蒙脱石可吸附 Ca^{2+}、Na^+、Mg^{2+} 等阳离子和水(H_3O^+)、氨(NH_4^+)等极性分子。正是蒙脱石这种特有的吸附功能使得膨润土具有很强的膨胀能力。

膨润土一般分为钠基和钙基膨润土，在工程中多使用钠基膨润土，其颗粒的单位晶层中存在极弱的键，Na^+ 本身半径小，离子价低，水很容易进入单位晶层间，引起晶格膨胀，颗粒的体积膨胀为原来颗粒体积的 10～40 倍，吸水后形成一道不透水的防渗层。若再经过较长一段时间，则膨润土颗粒会变成膏脂状，渗透系数可以降到 1×10^{-7} m/s 以下，几乎不透水。膨润土自身吸水结构发生变化的过程如图 3-4-10 所示。

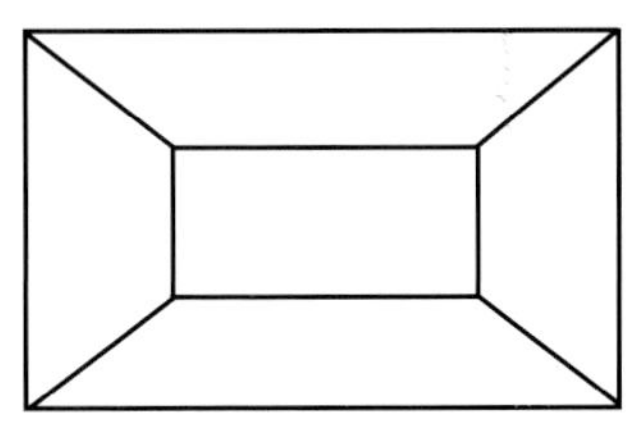
图 3-4-9 蒙脱石结构格架

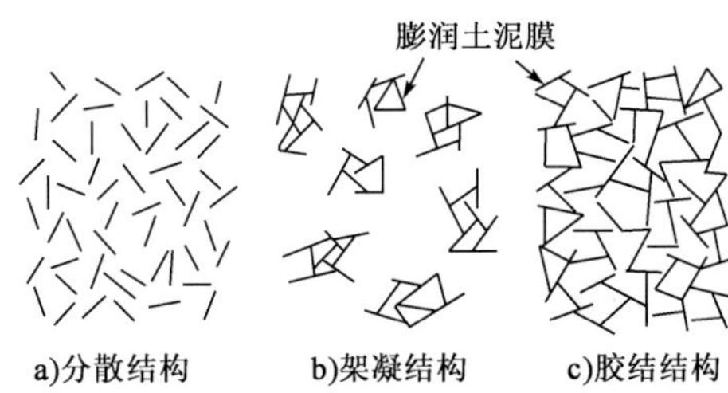

图 3-4-10 膨润土水化后与土体作用形成不透水层的过程

从微观结构来看，膨润土颗粒是粒径小于 2μm 的无机质，主要结构体系为 Si-Al-Si，是由云母状薄片堆垒而形成的单个颗粒。这些薄片层的上下表面带负电，因而膨润土的构成单位是相互排斥的。膨润土在水化时，水分子沿着 Si-Al-Si 结构单位的硅层表面被吸附，使得相邻的结构单位层之间的距离加大。钠基膨润土单位结构层间吸附大量的水，层间距离大，膨胀率高，Na^+ 连接各层薄片。膨润土水化后，形成不透水的可塑状胶体，同时挤占与之接触的土颗粒之间的孔隙，形成致密的不透水的防水层，从而达到防水的目的。膨润土泥浆和土体相互作用后形成的混合结构如图 3-4-11 所示。

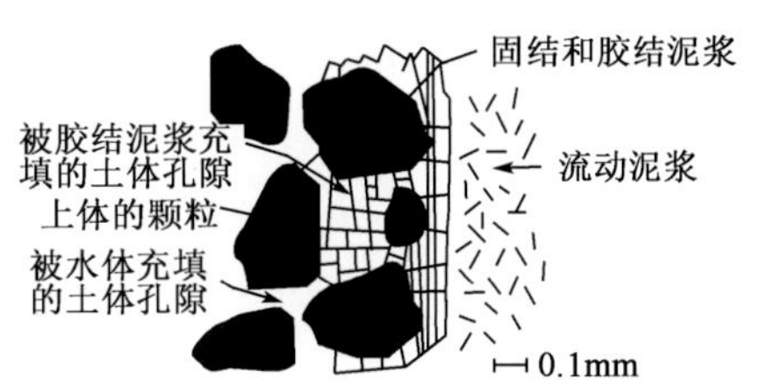

图 3-4-11 膨润土泥浆与土体作用形成混合土体的结构

膨润土由于具有吸湿膨胀性、低渗性、高吸附性及良好的自封闭性能，国外从20世纪60年代就已经开始将膨润土作为防渗材料。土压平衡盾构施工对加入的膨润土泥浆的一个基本要求就是它能够形成“滤饼”，可以形成于土粒内部和土粒之间，由胶结和固结的膨润土组成。这个滤饼可以衍化为一个低渗透性的薄膜，从而可以将过量的地下水压力中的液体压力转化为土颗粒与土颗粒之间的有效应力，这对稳定地层防止推进中的地面塌陷至关重要。

不同压实密度的膨润土的主要差别在其土体颗粒间空隙的大小，当密度大时，单位空间中的土体颗粒及吸附水层所占的体积就大，渗透液体通过的通道就窄。由于膨润土的高吸湿膨胀性和自封闭性，遇水时会极度膨胀，其密度越大，膨胀倍数就越大，同样的渗流空间留给过流液体的通道就越窄，其渗透系数也就降低了。

适用于膨润土进行土体改良的地层：

(1)细粒含量少的土体

根据国内外众多的施工经验，在土压平衡盾构施工中，为了使开挖下来的渣土具有一定的流动性和止水性，保证盾构的正常推进，盾构压力舱内土体必须保证一定含量的微细颗粒，相关资料显示这种微细颗粒的含量应该在35%以上。所以膨润土泥浆适用于颗粒含量少的中粗砂土、砂砾土、卵石漂石地层等，主要原因就在于膨润土泥浆能够补充砂砾土中相对缺乏的微细粒含量，提高和易性、调整级配，从而可以提高其止水性。

(2)透水性高的土体

膨润土泥浆这种添加材料适用于高透水性的土体，这主要是因为在透水性较低的地层中，膨润土泥浆较难掺入土体并填充空隙，渗入的距离短，因此难以和土体大范围结合从而包裹土体颗粒。土体的低透水性最终导致土颗粒周围的低渗透性的膨润土泥膜非常难以形成。

4.3 土体改良前后的相关评判指标体系

4.3.1 土体流塑状态的评判

土舱内土体的理想状态前文已经提到，压力舱土体的性质对盾构设备的掘进性能有着至关重要的影响。“塑性流动状态”是一个比较模糊的概念，也有人称之为“果酱状态”，根据施工中土性不良所导致的施工难题，压力舱内土体的“塑性流动状态”主要从土压平衡式盾构的工作原理出发，主要包括以下四个方面的基本性质：流动性、渗透性、剪切强度和压缩性。

(1)流动性

压力舱内土体的流动性直接决定了螺旋输送机的排土状态。如果土体的流动性较好，螺旋输送机器的排土量就容易控制，从而可以较好地控制开挖面的稳定。一般对于压力舱土体的流动性可以用塌落度试验来衡量，土体的塌落度在10～15cm的范围内，认为其状态满足塑性流动状态的要求。在渗透性方面，土体的渗透系数要满足$k<10^{-5}$m/s，工程上渗透系数达到$k=10^{-5}$m/s是一个上限。用坍落度在10～15cm之间，渗透系数小于10^{-5}m/s的气泡混合砂土做固结压缩试验，得到混合土体的压缩系数$a_{1\text{-}2}>0.1\text{MPa}^{-1}$，土体属于中等压缩性土，强度试验得到其强度参数内摩擦角小于27°，土体与刀盘、强制搅拌装置和隔板之间的摩擦力都得到了一定程度的降低。

(2)渗透性

压力舱内砂土渗透性的降低可以大大降低由于地下水的渗入导致开挖面坍塌的可能性;而且,当将压力舱内砂土的渗透性控制在一个较低的范围内的时候,也可以防止开挖面上的地下水穿越压力舱和螺旋排土器并在排土器的出口形成喷涌。所以土体具有较低的渗透性主要就是为了防止喷涌的发生。当然,砂土本身并不具有较低的渗透性,因此要依靠加入土体添加材料后才可以达到这种性能,比如气泡的加入,目的就是堵塞、减少渗流通道,从而降低自身的渗透性。

(3)抗剪强度

改良土体的抗剪强度对盾构内的开挖装置和排土机械的损耗有着直接影响。关键的是通过减小开挖下来的渣土的内摩擦角可以减少土体与侧壁的摩擦力,从而有效地防止土体成拱并减小发生闭塞的可能;减小开挖下来的渣土的内摩擦角可以减少开挖刀盘和刀头所受的土体的抗力,从而大大降低对开挖刀盘和刀头的磨损。降低开挖土体的强度可以有效地减小刀盘的扭矩,减少能量的消耗;更重要的是在较高地抗剪强度下,扭矩的上升将导致盾构无法继续施工。从安全性和经济性两方面来考虑,降低开挖土体的强度都是必要的。

(4)压缩性

通过向开挖下来的土体中加入添加材料可以增加土体的可压缩性,同时也会使得砂土的均质性和工作性得到提高。在土压平衡式盾构施工中,隔板上传递来的压力经常会有或大或小的波动,当压力舱内的土体的可压缩性较大时,就可以对压力的忽然变化作出有利的响应,从而可以更好地对开挖面的稳定进行控制。一般情况下,压力舱内的砂土压缩性很小或者不可压缩的话,那么盾构的推进和螺旋排土器排土的速度即使有一点小的变化也会引起较大的压力变动。当然,过大的压缩也容易造成排水固结,形成泥饼,发生所谓的结饼现象。

综合以上特点可以看出,经过添加材料改良后的土体必须具有较小的抗剪强度,相对适中的可压缩性、较低的渗透性和一定的流动性。

4.3.2 土体改良对刀盘、刀具磨损的影响

4.3.2.1 泡沫剂对刀盘、刀具磨损的改良作用

泡沫剂主要由空气、水、活性剂、聚合物等组成。其中活性剂有助于形成大量泡沫,在工程中起到改良土质、轮滑冷却和减少磨损的作用。

泡沫加注系统由控制系统、泡沫剂浓缩液、水、储存罐、空气压缩机和各种管道、泵等所组成。通过控制系统将泡沫剂浓缩液和水混合并送到储存罐,打入压缩空气,形成泡沫并加注到工作区域。泡沫剂用量、泡沫膨胀率、泡沫注入比是泡沫的单个重要参数。在实际施工中,泡沫在渣土改良中主要从以下几个方面降低刀盘、刀具的磨损:

(1)降低砂卵石地层的内摩擦角,减少刀盘、刀具与土体的摩擦。

(2)对刀盘及刀具起一定的润滑和冷却作用。盾构隧道施工过程中,刀盘在一定转速和压

力条件下进行地下挖掘，刀具承受非常高的工作压力和温度，恶劣的工作条件会大大降低刀具的使用寿命。因此，注入泡沫剂对刀盘面板及刀具起到一定的冷却作用，防止切削下来的砂卵石和碎石对刀盘的堵塞，可以减少刀盘面板和刀具的磨损。

（3）调整土舱内土体的塑性流动性。土舱内土体的性质直接影响盾构的顺利掘进，切削后渣土具有良好的塑性流动性，不仅可以使得开挖面维持较好的支护压力，使得开挖面土体快速进入土舱，而且保证排土顺利，连续的工作程序可以有效降低土体与刀盘面板、刀具的二次或多次接触摩擦，避免“泥饼”、“堵塞”等问题的发生，提高盾构掘进效率。

4.3.2.2 膨润土对刀盘、刀具磨损的改良作用

加入膨润土是土体改良的另外一种重要有效的方法，主要以向土舱内添加为主，向刀盘及螺旋输送机上添加为辅。特别是砂卵石地层，加入膨润土后土体改良效果更加明显。加入膨润土进行土体改良，有效改善了砂卵石的颗粒级配，使土舱内土体塑性流动性大大提高，提高了渣土排出的效率；同时，加入膨润土后，可以在卵石表面形成泥浆保护层，降低了渣土的透水性和对刀盘、刀具、螺旋输送机的磨损，增加了盾构掘进长度，减少了换刀次数，既保证了施工顺利进行，又节约了成本。

砂卵石地层中，通常将膨润土与泡沫一起使用，通过向掌子面及土舱内注入优质泡沫、优质膨润土及水（适当加入）的综合措施进行全断面大粒径砂卵石地层土体改良。

4.3.3 土体改良的对开挖面稳定性的影响

北京地铁 9 号线砂卵石地层结构松散、无胶结、颗粒之间的传力方式主要为点对点，通过泡沫及膨润土对掌子面及土舱内土体进行改良后，泥浆包围在颗粒周围，形成一层泥膜，增加了砂卵石颗粒之间的黏聚力，使得颗粒之间的传力范围得到有效的扩大，改善了土体的受力状况，增强了开挖面土体的强度和刚度，有利于开挖面的稳定。利用加入的泡沫剂可以改善卵石颗粒构造，同时吸附在颗粒之间的气泡可以减少土体颗粒与刀盘、刀具的直接摩擦，降低土体的渗透性，又因其相对密度小，搅拌负荷轻，容易将土体搅拌均匀，不仅可以有效平衡开挖面，还能连续向外顺畅出土。

4.3.4 土体改良对盾构施工参数的影响

砂卵石地层，土体改良对盾构的正常掘进有着重大的影响，特别对于土压平衡盾构而言，在砂卵石地层中开挖隧道，土体改良效果的好坏直接影响盾构施工的成败，并严重影响施工质量、施工进度及施工成本控制。土体改良不仅影响刀盘、刀具磨损、开挖面稳定，土体改良的效果好坏还对盾构施工参数控制有着重大的影响。在大粒径砂卵石地层中开挖隧道，土体改良不好，容易出现土压平衡无法建立，刀盘扭矩、推力异常的现象，如图 3-4-12～图 3-4-14 所示为土体改良不佳给施工参数控制造成的影响，严重影响了盾构掘进效率。因此，为了确保盾构施工参数合理，提高盾构掘进效率，降低盾构隧道修建成本，选用优质的土体改良材料对土体进行流塑性改造是十分必要的。

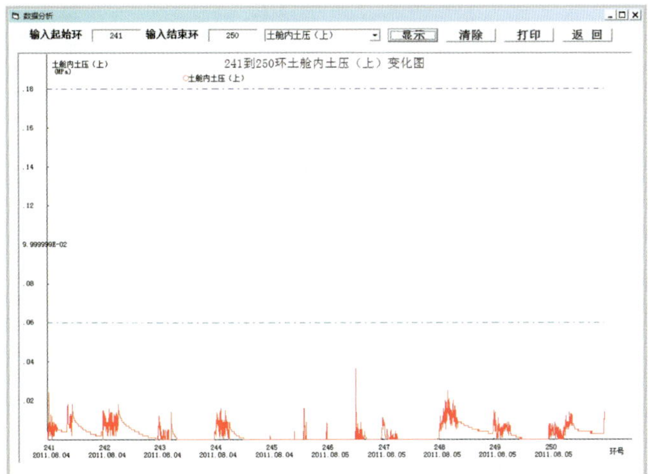

图 3-4-12 盾构施工无法建立土压平衡

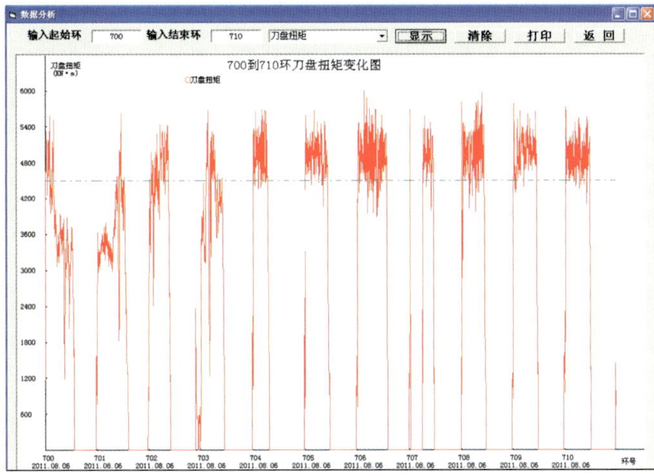

图 3-4-13 盾构施工扭矩异常

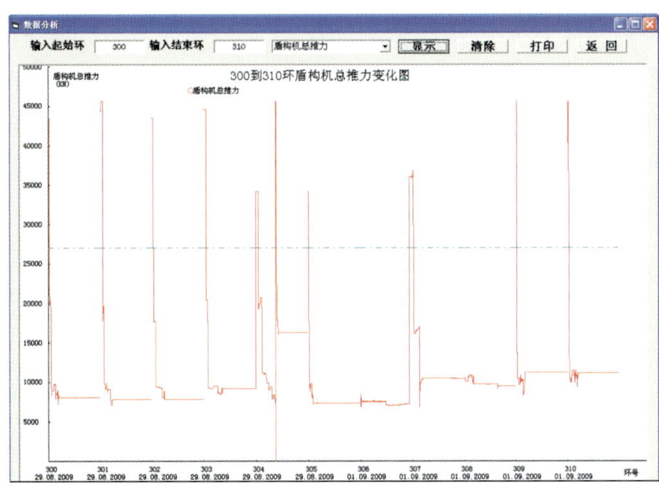

图 3-4-14 盾构施工推力控制异常

4.4 新型泥浆土体改良剂的研制及应用

4.4.1 泥浆改良剂存在的问题

目前，北京地铁盾构施工主要采用膨润土泥浆对土体进行改良，但是现行的改良材料都存在着自身的缺陷，比如泥浆成分组成简单，功能单一。为了获得较高的浆液的黏度，仅仅依靠增加膨润土的用量来实现性能的提高，不仅会占用大片的地方堆积膨润土，还会增加渣土对环境的污染，而且泥浆性能在遇到复杂地层时也难以满足要求。总体上，土体改良剂的使用缺乏相应的理论指导及必要的评价标准和评价方法，给盾构施工带来各种难题，可归纳为以下几点：

(1)对泥浆改良剂的基本性质、与土体的匹配关系、改良效果以及与盾构施工参数的关系等缺乏相关的理论研究，造成盾构施工中泥浆使用的盲目性：一种情况是泥浆的选择与地层物性不匹配或地层变化时没有及时更换，造成土体改良效果不好，导致盾构施工过程中出土困难、刀具磨损严重；其次是遇到不良地质条件时，无针对性的加大改良剂注入的各项参数，造成改良剂的浪费；第三种是在盾构施工中为节约建设成本，不恰当地减少泥浆注入的参数，降低使用量，造成土体改良效果的降低，导致出土困难、刀具磨损等严重问题，通常这种改良效果的降低以至出土困难的出现，有一定的滞后效应，在施工过程中易被操作人员忽视。

(2)目前常采用的由自然黏土、膨润土、水和外加剂(CMC)组成的分散泥水体系，存在着废弃泥浆排放量大、浆液指标难控制、泥水处理占地多、新浆材料用量大及污染环境等方面的问题。因此，研究和开发不分散泥水体系对节约材料、保护环境以及泥水盾构的推广应用均具有重要意义。

(3)目前土体改良技术的研究与应用缺乏相应的规范标准，改良剂种类的选择、浆液配比、性能参数与指标的确定以及控制方法、注入参数的选定与合理控制等均依靠现场试验或工程经验来制定，造成了人力、物力和财力的极大浪费，甚至还有可能造成重大工程事故。

综上分析，土体改良技术作为盾构法施工的一个重要组成部分对盾构法隧道建设的发展有着深远的影响，纵观目前国内各台盾构机的使用工况，不难发现土体改良技术应用的好坏，对降低工程造价，提高工程施工进度都有着决定性的作用。因此，研制一种性能优越、价格合理、施工方便、安全环保的土体改良材料，并形成相应的理论指导及必要的评价标准和评价方法，必然会对解决盾构施工带来的各种难题提供有力的帮助。

4.4.2 泥浆的指标参数

4.4.2.1 相对密度

泥浆的相对密度是浆液质量与同体积水的质量比，它的大小取决于泥浆中黏土的密度和含量。从稳定掘削面的角度出发，泥浆相对密度越大，成膜性越好；另外泥浆相对密度大，对掘削土砂的浮力作用也大，运送排放掘削土砂的效果也好。但泥浆相对密度过大，会导致流动摩阻力增加，流动性变差，易使泥浆运送泵超负荷运转。

4.4.2.2　黏度

黏度是指泥浆组分在做相对运动时的内摩擦阻力。泥浆的黏度包括表观黏度、塑性黏度和结构黏度。表观黏度又称为有效黏度(或视黏度),是指在某一剪切速率下,剪切应力与剪切速率的比值,是塑性黏度与结构黏度之和。塑性黏度,是浆液流动时固相颗粒之间、固相颗粒与周围液相以及液相分子间的内摩擦作用的总反映,它反映了液体黏滞力的大小。结构黏度是动切力和剪切速率的比值,反映了泥浆在运动过程中形成结构的能力。对于盾构施工来说,泥浆的黏度比钻井液要高,一是可以避免出现逸泥现象,利于成膜,保证掘削面的稳定;二是地层中如含大粒径砾石较多时,黏度较大的泥浆可以防止砾石在泥水舱中的沉积,利于输送渣土。但泥浆黏度过大,不利于配制和输送,成本相对提高。所以,找到一个合适的黏度范围是非常重要的。

4.4.2.3　动切力、静切力

动切力微观上是浆液流动时黏土颗粒间形成空间网架结构力的反应。动切力在一定程度上反映了浆液携带砂卵石的能力。对于盾构来说,保证泥浆具有一定的动切力,可以改善改良渣土的塑流性,有利于渣土的排出,避免小粒径渣土在压力舱内的沉积,但动切力过大可能增大机械消耗的功率。静切力是泥浆静止时单位面积上所形成的连续空间网架结构强度的量度,也是使泥浆开始流动所需的最低切应力,反映了泥浆触变性的好坏。静切力随泥浆静置时间的增长而增大。对于盾构施工而言,合理的泥浆静切力不但可以提高渣土的内聚力,还能够保证开挖面的稳定。

4.4.2.4　动塑比、流性指数和稠度系数

动塑比是指泥浆的动切力与塑性黏度的比值,是衡量泥浆剪切稀释特性的重要指标。所谓剪切稀释性是指泥浆表观黏度随着剪切速率的增加而降低的特性。在钻井工程中,动塑比过小,则导致尖峰型层流,影响携岩效果;动塑比过大,则因为动切力的增加,致使泵压的显著升高,因此钻井施工中泥浆的动塑比一般保持在0.36～0.48之间。

流性指数是泥浆流动性的表示。对于钻井工程,泥浆流性指数一般在0.5左右最好,一般小于1为宜。稠度系数为流体在$1s^{-1}$流速梯度下的黏度,是流体黏稠度的反映,稠度系数越大,流体愈黏稠。稠度系数的大小反映了泥浆的可泵性,过大将造成重新开泵困难,过小则对携岩不利。

4.4.2.5　含砂量

含砂量是指泥浆内所含砂及黏土颗粒的质量与泥浆体积的百分比。在土压平衡盾构中,含砂量大会加速泥浆泵的磨损,泥浆因失水形成的泥皮厚而松散,难以维持开挖面的水压平衡,且在泥浆运输过程中容易造成砂粒沉淀,影响泥浆性能。

4.4.2.6　滤失量

滤失量是泥浆在一定温度、一定压差和一定时间内通过一定渗滤面积所得到的滤液体积。滤失量对土的切削工作影响较大,滤失量少的泥浆一般可在渗滤面上形成薄而韧、结构致密、耐冲刷和低摩擦系数的滤饼,对抵抗开挖面水土压力,维持开挖面稳定具有重要作用。滤失量较大,则会形成厚泥皮,会加大对刀盘的吸附,使摩阻力增大,回转阻力增加,因此要采取措施来降低滤失量,同时也要满足注入要求。

4.4.2.7 胶体率

胶体率用来表征泥浆的悬浮能力，是当泥浆静置24h后，下层泥浆体积与原泥浆体积的百分比。胶体率越大，泥浆稳定性能越好。在土压平衡盾构中，胶体率也是衡量泥浆离析情况的指标。

4.4.2.8 酸碱度

酸碱度是影响泥浆性能的重要指标。泥浆在碱性范围内较稳定，一般要求泥浆的pH值在8～10之间。

通过理论分析、大量泥浆配比测试和土体改良试验，我们提出了土压平衡盾构泥浆改良剂性能室内评价指标及标准，具体见表3-4-1。

土压平衡盾构泥浆改良剂性能室内评价指标　　表3-4-1

指示名称	数　值	指标名称	数　值
密度(g/cm³)	＜1.08	pH值	9～10
马氏漏斗黏度(″)	60～85	静滤失量(mL/30min)	小于12.5
表观黏度 η_A(mPa·s)	35～45	塑性黏度(mPa·s)	20～30
动切力 τ_d(Pa)	15～25	动塑比	0.5～1.0
初静切力(Pa)	3～4	终静切力(Pa)	5～6
流性指数	0.50	稠度系数(Pa·S^n)	小于2

4.4.3 新型泥浆改良剂的研制

本课题要研制的新型土压平衡盾构土体改良材料有以下的创新点：

(1)本课题研制的是兼具矿物类改良材料和水溶性高分子类改良材料特性的新型土体改良剂，属低固相聚合物新型盾构泥浆。

(2)针对地铁施工对泥浆环保性要求高的特点，采用了瓜尔胶和羟丙基瓜尔胶来提高泥浆的性能。瓜尔胶是一种天然的半乳甘露聚糖类植物胶，是从瓜尔豆种子的胚乳中提取得到的，是目前已知的水溶性最好的天然高分子化合物之一，黏度高，性能优越，无毒无害，自行降解。

(3)针对砂卵石地层特性，在泥浆中添加了黏土颗粒。黏土颗粒遇水后，表面形成一定厚度的水化层，未水化的内核仍坚硬。这些颗粒充填在砂卵石颗粒中间，可以弥补卵石地层缺失的细颗粒，类似一个滚动轴承，起到减阻润滑效果。在泥浆携带功能的共同作用下，土体塑流性得到增强，在减轻刀具及螺旋输送机具的磨损，降低刀盘和螺旋输送机的驱动力矩，减少电力消耗等方面可以发挥重要作用。

4.4.3.1 泥浆配比试验

目前土压平衡盾构土体改良常用的泥浆为10％～20％膨润土净浆，特殊情况下采用30％的膨润土净浆。以北京地铁9号线科—怡区间项目为例，工地使用的是15％～20％的膨润土净浆。课题组对现场泥浆进行取样并测试了泥浆的性能指标，见表3-4-2。

科—怡区间盾构施工泥浆指标 表 3-4-2

指标名称	数值	指标名称	数值
密度(g/cm^3)	1.03	pH 值	9
马氏漏斗黏度(″)	240	静滤失量(mL/30min)	25
表观粘度 η_A(mPa·s)	42	塑性黏度 η_p(mPa·s)	20
动切力 τ_d(Pa)	22.5	动塑比 τ_d/η_p	1.1
初静切力(Pa)	12.8	终静切力(Pa)	13.8
流性指数	0.39	稠度系数($Pa·S^n$)	2.9

由表 3-4-2 可以看出，工程中使用的泥浆黏度较高，稠度较大，流动性不好，失水量大，形成的泥皮疏松、厚度大。从泥浆评价指标体系来看，目前工地采用的泥浆体系虽然不理想，但基本满足了工程实践的要求并得到了具体应用。其主要存在的问题是膨润土加量过大，从泥浆理论可知，单纯地增加膨润土量只能增加泥浆的表观黏度，不能增加塑性黏度，不能降低泥浆的失水量，因而形成的泥皮疏松不利于开挖面的稳定。过高的膨润土含量也使得泥浆的切力提高，泵送阻力增加。过分地增加膨润土量也导致渣土量加大、浪费材料，也给渣土清运带来负担。

为了找出膨润土合适的添加量，对 30%、20%、15%、10%、5%、3%、2.5%的膨润土净浆进行配制试验，发现 30%、20%、15%的膨润土净浆溶液太稠，明显不适合工程使用，且静置24h 后出现明显的离析现象；10%、5%、3%、2.5%的膨润土净浆黏度低、失水量大，基本性能达不到盾构要求。为此，选择添加瓜尔胶 8000、羧甲基纤维素钠和纯碱，进行配伍试验，表 3-4-3是 4 组不同膨润土加量泥浆配方。

不同膨润土加量泥浆制备方案 表 3-4-3

编号＼组成	水	钠土	瓜尔胶	CMC	纯碱
1号	1	10%	0.20%	0.20%	0.40%
2号	1	5%	0.20%	0.20%	0.40%
3号	1	3%	0.20%	0.15%	0.40%
4号	1	2.5%	0.20%	0.15%	0.30%

从表 3-4-4 可以看出，经过添加处理剂，把膨润土加量降低是可行的。比较前面提出的泥浆实验室性能评价标准，1 号配方和 2 号配方的黏稠度太大，动塑比过高，增加泵送压力，不适宜工程施工使用。3 号配方和 4 号配方的黏稠度适宜，其他指标也接近泥浆实验室性能评价标准，因此膨润土加量可以控制在 5%以下。

不同方案泥浆的试验参数 表 3-4-4

编号＼性能	表观黏度(mPa·s)	塑性黏度(mPa·s)	动切力(Pa)	动塑比	流性指数	稠度系数	静切力(Pa)		失水量(mL)
							初切力	终切力	
1号	77.50	35	43.44	1.24	0.37	6.10	13.80	14.82	9.0
2号	43.00	23	19.93	0.87	0.46	1.80	5.11	5.62	11.0
3号	33.50	18	15.84	0.88	0.45	1.51	3.01	3.58	13.0
4号	22.00	14	8.81	0.63	0.55	0.55	1.53	2.56	13.8

4.4.3.2 黏土颗粒

黏土颗粒是膨润土矿开采的副产品，经烘干、破碎、筛分制成的一种粒状产品，青灰色，价格便宜、内核坚硬(见图 3-4-15)。

图 3-4-15 黏土粒形貌

本试验试用了黏土大粒(6～12mm)、中粒(4～6mm)和细粒(1～4mm)三种。试验中发现，大颗粒加入后浆液性能下降，不溶物含量多，虽然稠度增加但黏度降低明显、滤失量上升，胶体率几乎不合格，静置 12h 后浆液性能降低更明显，溶后剩余颗粒体积仍较大，可能会引起工程施工中的淤积，影响泵送效果。使用适量膨润土中粒时，浆液黏度有小量增加，搅拌均匀不会影响泵送效果，但添加量过大，将造成浆液黏度降低，滤失量上升，影响浆液性能。使用黏土细粒时，遇水搅拌后基本溶解完全，不能起到预期的润滑、减阻作用，浆液稠度增加，黏度有所增长，滤失量增加，浆液性能不佳。本次研究最终采用粒度在 4～6mm 的黏土中粒，加量控制在 2%以下。

4.4.3.3 植物胶泥浆配方优选

通过基本试验，对植物胶与泥浆组分的配伍性进行了验证。试验中发现，瓜尔胶 8000、瓜尔胶 7000、瓜尔胶 6000、瓜尔胶 5000B 和田菁胶在加量小于 0.3%时与泥浆组分的配伍性较好，当加量大于 0.3%时容易结块，在泥浆中易形成“鱼眼”状的悬浮物，限制了植物胶性能的发挥，浆液的性能变得极不稳定；羟丙基瓜尔胶与泥浆组分的配伍性较好，只要搅拌工艺合理不会存在结块现象。表 3-4-5 是 14 组配伍性较好的植物胶泥浆配方，表 3-4-6 是 14 组植物胶泥浆的性能参数。

从表 3-4-5 可以看出，黏土加量 2%～3%、植物胶加量 0.2%～0.4%、CMC 加量 0.2%～0.4%、纯碱加量 0.1%～0.2%复配的泥浆，其性能基本能达到盾构对泥浆性能的要求，黏土颗粒添加量小于 2%也不会影响泥浆。考虑现场使用条件，本课题推荐使用羟丙基瓜尔胶，因为其溶解性最好，配制的泥浆不会结块，泥浆性能更稳定。从添加羟丙基瓜尔胶的 4 组配方的泥浆性能来看，16 号、17 号配方的性能更接近前面提出的盾构泥浆性能实验室评价标准，因此推荐植物胶泥浆配比为：黏土加量 2%～3%、植物胶加量 0.2%～0.3%、CMC 加量 0.2%～0.3%、纯碱加量 0.1%、黏土颗粒添加量 1%～2%。其中黏土加量与其造浆率有直接关系，本次研究采用的膨润土造浆率达到 $20m^3/t$，如现场采用造浆率低的黏土可适当提高黏土加量，一般加量控制在 5%以下即可。

14 组植物胶泥浆配方 表 3-4-5

编号 \ 组成	植物胶		水	膨润土	纯碱	CMC	黏土粒
	种类	添加量					
C1	瓜尔胶 5000B	0.3%	1	3%	0.15%	0.2%	—
C4	瓜尔胶 8000	0.2%	1	3%	0.15%	0.2%	—
C5	田菁胶	0.2%	1	3%	0.15%	0.2%	—

续上表

编号＼组成	植物胶		水	膨润土	纯碱	CMC	黏土粒
	种类	添加量					
C2	瓜尔胶 8000	0.2%	1	2%	0.2%	0.3%	1%
C3	瓜尔胶 8000	0.2%	1	1.5%	0.2%	0.4%	1.5%
C6	瓜尔胶 8000	0.2%	1	2%	0.15%	0.2%	2%
C7	瓜尔胶 7000	0.2%	1	2%	0.15%	0.2%	2%
C8	瓜尔胶 6000	0.2%	1	2%	0.15%	0.2%	2%
C9	瓜尔胶 5000B	0.2%	1	2%	0.15%	0.2%	2%
C10	瓜尔胶 8000	0.2%	1	2%	0.15%	0.2%	2%
G1	羟丙基瓜尔胶	0.2%	1	2%	0.1%	0.2%	2%
G2	羟丙基瓜尔胶	0.25%	1	2%	0.1%	0.2%	2%
G3	羟丙基瓜尔胶	0.3%	1	2%	0.1%	0.2%	2%
G4	羟丙基瓜尔胶	0.4%	1	2%	0.1%	0.2%	2%

14 组植物胶泥浆的性能参数　　表 3-4-6

编号＼性能	表观黏度(MPa·s)	塑性黏度(MPa·s)	动切力(Pa)	动塑比	流性指数	稠度系数	静切力(Pa)		失水量(mL)
							初切力	终切力	
5 号	43.00	23	20.44	0.89	0.45	1.95	4.60	6.13	12.5
6 号	41.50	24	17.89	0.75	0.49	1.42	3.58	4.6	14
7 号	50.00	24	26.57	1.1	0.4	3.21	5.11	6.64	14.5
8 号	37.50	22	15.84	0.72	0.5	1.20	3.07	4.6	12
9 号	30.00	18	12.26	0.68	0.51	0.89	2.04	2.56	13.5
10 号	38.50	20	18.91	0.95	0.43	2.00	3.58	5.11	11
11 号	40.50	23	17.89	0.78	0.48	1.49	4.09	5.62	12.5
12 号	37.50	20	17.89	0.89	0.45	1.70	3.58	5.11	13
13 号	39.00	23	16.35	0.71	0.5	1.24	3.58	5.62	12.5
14 号	40.50	21	19.93	0.95	0.43	2.10	4.09	5.11	10.5
15 号	35.00	20	15.33	0.77	0.49	1.20	1.53	3.58	13
16 号	36.50	20	16.86	0.84	0.48	1.54	2.04	4.09	12.5
17 号	42.50	23	19.90	0.87	0.46	1.86	3.07	4.60	12.5
18 号	48.00	23	25.55	1.11	0.40	3.18	5.11	6.64	13.5

4.4.3.4 植物胶泥浆的配制方法

泥浆材料的选取直接决定了泥浆的性能，而配制方法对泥浆的性能有着同样重要的影响。新型泥浆研制是在实验室条件下完成的，其配制特点是泥浆方量小、配浆材料少、搅拌速率高，但工程施工中需要的泥浆方量大，搅拌条件差，因此有必要对现场泥浆配制方法进行研究。

目前盾构施工现场配制泥浆的方法有两种：一种是现场用储浆罐使膨润土预水化，使用时稀释至要求稠度，这种方法要求有足够的施工场地放置储浆罐，投入也比较大；另一种是现场配浆直接使用，膨润土没有预水化，在施工场地紧张条件下使用这种方法配浆是合理的。一般来说，膨润土预水化可提高其造浆率，使得泥浆性能更稳定。根据钻井泥浆经验，膨润土的水化时间一般在 6～12h。

预水化膨润土配浆时遇到的问题是：如果全部将膨润土水化，在添加羟丙基瓜尔胶和 CMC 时将会出现结块严重、溶解困难、浆液质量下降等问题，甚至影响正常使用。通过试验，我们把泥浆分为基浆和添加剂两部分分别进行配制，使用时再混合搅拌，基本解决了羟丙基瓜尔胶和 CMC 结块问题。具体配制方法如下：

①配制基浆：膨润土、纯碱、水按设计比例配制，搅拌均匀，静置预水化 6h，形成基浆。

②配制添加剂：将羟丙基瓜尔胶、CMC、黏土粒按设计比例与适量的膨润土进行混合，拌合均匀，适量的膨润土可按 CMC 的比例确定。

③泥浆配制：先搅拌基浆 10～15min，然后缓缓加入添加剂，继续搅拌 10～15min 即可。

表 3-4-7 是膨润土水化与不水化条件下配制的植物胶泥浆性能比较。

膨润土水化条件下植物胶泥浆的性能参数　　表 3-4-7

性能 方法	表观黏度（mPa・s）	塑性黏度（mPa・s）	动切力（Pa）	动塑比	流性指数	稠度系数	静切力（Pa）		失水量（mL）
							初切力	终切力	
不预水化	35.00	18	17.37	0.965	0.43	1.82	2.04	3.58	12
预水化	38.5	23	15.80	0.687	0.51	1.15	3.07	4.09	10.5

通过表 3-4-7 可知，膨润土预水化配制泥浆的黏度、静切力增加的同时，流性指数也有所增长，动切力、动塑比和失水量降低，说明预先水化可以使膨润土溶解膨胀充分，降低了羟丙基瓜尔胶、CMC 附着包裹在未溶解的膨润土颗粒表面，形成结块的可能性，从而改善了泥浆的性能。考虑到经过预水化方案制备的泥浆性能更加稳定，建议工程中尽量采用预水化膨润土法配制泥浆。

4.4.4 土体改良现场试验

本次试验是在北京地铁 9 号线 02 标丰台科技园站—科怡路站区间进行，盾构开挖隧道断面穿越的地层主要是砂卵石地层。为了保障施工安全，泥浆试验只进行了 10 环，从第

598 环开始到第 607 环结束。对砂卵石地层土体的改良总体来讲比较顺利，推进速度大概 2～3h 一环，白天略快，晚上稍慢。由于盾构施工时还使用了泡沫，所以泥浆用量较少，大约 3～5 方/环。尽管试验过程中土层条件变得更加复杂，大于 80mm 的块石突然开始增多，但整个试验过程盾构掘进顺利，根据现场反映和出渣的情况来看，改良效果比较好，能满足施工需要。

图 3-4-16～图 3-4-19 为盾构主要施工参数变化情况，为了进一步对比新型盾构泥浆的改良效果，把工地用膨润土泥浆施工的第 594～第 597 环作为参照。总体上新型盾构泥浆有效地降低了盾构推力、刀盘扭矩，提高了盾构推进速度和盾构贯入度。

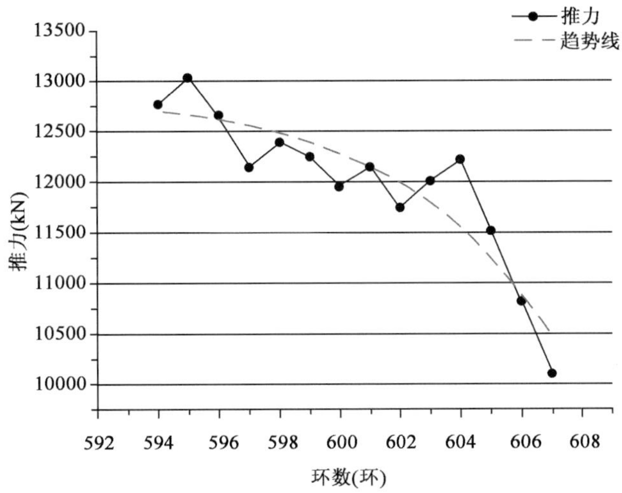

图 3-4-16 盾构推力变化图

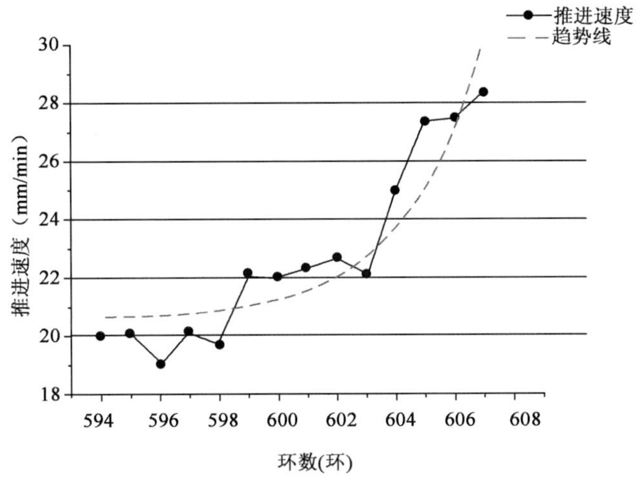

图 3-4-17 盾构推进速度变化图

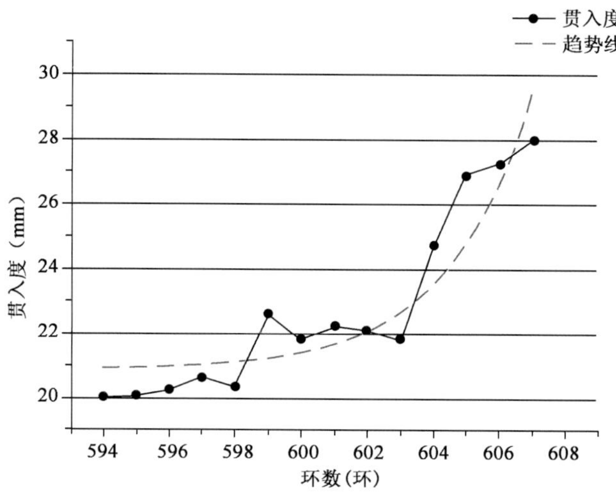

图 3-4-18　盾构贯入度变化图

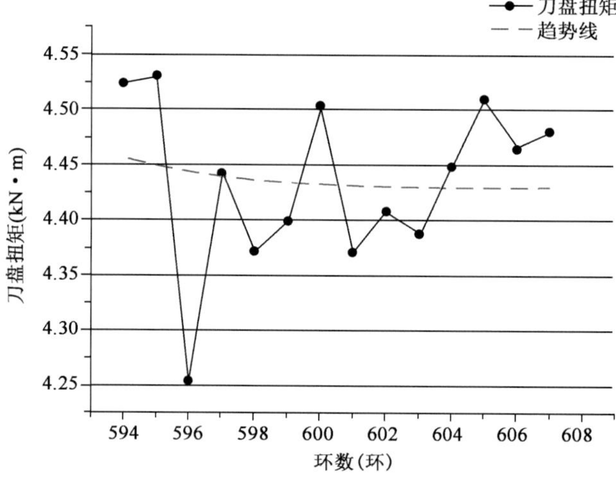

图 3-4-19　盾构刀盘扭矩变化图

第5章　开挖面稳定性及盾构姿态控制技术

5.1　盾构施工开挖面稳定性控制技术

5.1.1　砂卵石地层盾构施工开挖面失稳机理

5.1.1.1　砂卵石地层开挖的力学特征

北京地铁9号线砂卵石地层是一种典型的力学不稳定地层，其基本特征是结构松散、无胶结、卵石含量多，粒径大，呈大小不等的颗粒状。这种地层一旦被开挖，就很容易破坏地层原有的相对稳定或平衡状态，使得开挖面和洞壁失稳。砂卵石地层颗粒之间的孔隙大，颗粒之间的黏聚力为零。刀盘切削时，地层非常容易坍塌，围岩容易发生扰动，当切削刀具的开挖力传递到开挖部位周围，扰动的围岩范围就更大。围岩中的大块卵石、砾石越多，粒径越大，这种扰动程度就越大。特别是隧道顶部大块卵石剥落会引起上覆地层的突然沉陷，严重时可能造成地表大范围沉降，甚至发生塌方。

5.1.1.2　盾构始发与到达阶段开挖面失稳机理

盾构始发施工时，破除洞门围护结构后掌子面土体完全暴露至刀盘顶上围护结构之前有一定的时间间隔，此时端头土体在地面超载、隧道上覆土体和侧向水土压力的共同作用下，可能沿着某个滑移面从开挖面向盾构工作井内滑动，发生滑移失稳破坏。同样原因，盾构到达也会出现类似的事故。目前，黏土地层盾构始发与到达端头通常按滑移失稳理论进行失稳模式的计算，假定滑动面是以顶点 O 为圆心，洞径 D 为半径的圆弧面，如图3-5-1所示。

砂卵石地层端头土体的破坏模式不同于黏性土体，室内及室外试验的研究结果表明该类型土坡的破坏过程表现出偶然性、突发性、平面及直线型的特征，端头土体的破坏特征如图3-5-2所示。

5.1.1.3　盾构正常掘进阶段开挖面失稳机理

盾构在整个掘进过程中，所穿越的地层基本可以分为两种情况：一种是全断面砂卵石地层；另一种是部分断面砂卵石地层。

(1)全断面砂卵石地层

根据前述的地层特性可知，砂卵石地层颗粒之间为点对点传力模式。若开挖面支撑压力不足，或螺旋输送机的排土量大于刀盘切削土量时，在刀盘前上方会产生较大的空洞区域，卵石或砾石将相继松动，在开挖面上方将会产生较大的塌落区，继而使得上覆土层产生较大的松动范围。若盾构隧道覆土较浅，将引起较大的地表沉降。如果上覆土体抗剪强度较低，稳定性较差，还会引起冒落、塌方的危险，如图 3-5-3 所示。

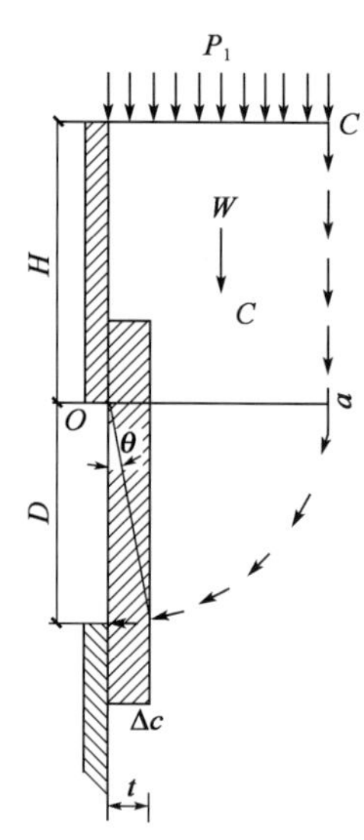

图 3-5-1　黏土地层端头破坏模式

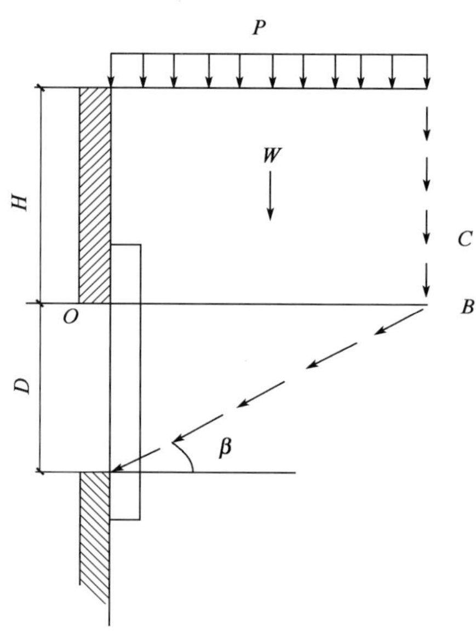

图 3-5-2　砂卵石地层端头破坏模式

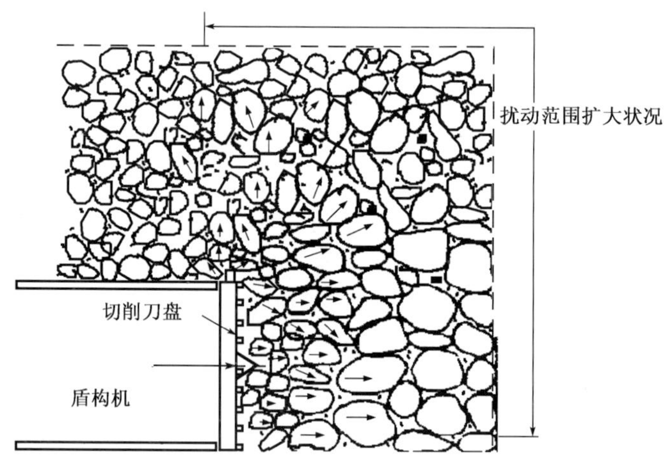

图 3-5-3　砂卵石地层开挖状况

(2)部分断面为砂卵石地层

盾构穿越部分断面砂卵石地层时，开挖面的稳定性与开挖面土体的强度与稳定性、上覆土体的强度及稳定性，以及开挖范围内砂卵石的分布状况都有密切的关系。当砂卵石位于盾构开挖面的下半部，上部为细砂、中粗砂层时，开挖面上方土体也会发生塌落和松动的情况，相比全断面砂卵石地层，影响范围相对较小。

5.1.2 盾构施工开挖面稳定性控制技术

5.1.2.1 盾构始发与到达阶段开挖面稳定性控制技术

盾构始发与到达端头区域是盾构施工过程的事故多发地方，施工控制不当极易引发工程事故。北京地铁9号线大粒径砂卵石地层力学性质极其不稳定，自稳能力差。因此，在该地层范围内进行始发与到达施工，开挖面稳定性的控制至关重要，重点应注意以下几点：

(1)必须根据端头区域工程地质条件、水文地质条件制定详细的端头加固方案。端头加固范围的确定、端头加固方法的选定必须确保端头土体加固后能满足强度、稳定性、渗透性及盾构几何构造尺寸的要求。

(2)端头加固完以后必须对加固质量进行检验，确保安全后方可进行始发或到达施工。

(3)严格控制盾构掘进参数，确保土压、推力、扭矩、推进速度等关键参数满足施工要求。

(4)严格控制同步注浆量、同步注浆压力，适时根据需要进行二次补浆。

(5)严格控制盾构出土量与盾构姿态。

5.1.2.2 盾构正常掘进阶段开挖面稳定性控制技术

由前述可知，砂卵石地层力学性质极其不稳定，盾构掘进过程中，如果控制不当或者未及时采取有效措施，将引起开挖面失稳，引起地表较大的塌落和松动，严重时可能危及地表建(构)筑物的健康。因此，在盾构正常掘进阶段，必须采用以下有效措施进行开挖面稳定性的控制：

(1)实时监控盾构施工常数，并对关键参数作出实时有效的调整，使得刀盘扭矩、推进油缸的推力、刀盘转速、推进速度、土压力等参数控制在正常的范围内，使得盾构土舱内的泥土压力足以与地层土压力相互平衡。

(2)时刻保持开挖面切削土量与螺旋输送机排土量的平衡，以使得泥土压力与地层水土压力保持动态平衡。

(3)向土舱及开挖前方注入优质泡沫及膨润土等土体改良剂，对开挖面及土舱内土体进行塑流化改造，在改善开挖面砂卵石地层的力学性质的同时，使得土舱内土体保持一种"塑流性状态"，同时有利于改善盾构刀盘和螺旋输送机的工作环境。

但是，盾构在卵砾层中推进时对加泥量的要求比较高，切削下来的土体中砂与卵石的体积差异较大，而卵石不吸水，所加入的泥浆大部分被砂吸收，加泥量无形中加大，一旦加泥量过大会在刀盘土舱内造成砂与卵石分离，而螺旋输送机一时无法把卵石排出，当聚集到一定程度时，刀盘扭矩过高，导致推进的速度减慢，使砂与卵石分离的程度更大，如此形成了恶性循环。一旦大直径的卵石进入到螺旋输送机内时，就会使得它的扭矩增大，最后导致螺旋输送机的油压超过核定载荷。在施工中可适当采取如下控制措施：

①根据实际情况适当降低对土压的控制。

②将掘进速度控制在一定的范围内，稳定每环的加泥量。控制好各个掘进工艺参数尤其是推进速度的稳定，使螺旋输送机的转速与推进速度相匹配，使刀盘的切削量与螺旋输送机的排土量相一致，以此来最大限度地控制刀盘内的土压保持稳定。同时控制好加泥及加入的泡沫的质量和数量。

③定期、定量、均匀的压注盾尾油脂，确保尾封密封严密，钢丝刷密封油脂饱满。开挖中尽

量减少超挖量，管片居中拼装，以防止盾构与管片之间的空隙太大，从而影响盾尾的密封。

（4）对于存在不良地质的地层，预先采用辅助工法对不良地质进行加固、改良处理，使其满足盾构正常掘进的需要。

5.2 砂卵石地层盾构姿态控制技术

5.2.1 基本概述

由于地层土质变化、隧道曲线和坡度变化以及操作等因素的影响，盾构推进会产生一定的偏差。当这种偏差超过一定限界时就会使隧道衬砌倾斜、错台、盾尾间隙变小使管片局部受力恶化，并造成地应力损失增大而使地表沉降加大，因此盾构施工中必须采取有效技术措施控制掘进方向，及时有效纠正盾构掘进偏差。

5.2.2 影响盾构姿态控制的主要原因

影响砂卵石地层盾构姿态控制的主要原因有：

（1）地层变化引起姿态变化。砂卵石地层力学性质不稳定，卵石含量高，且空间分布不均匀，容易发生叩头事故，导致姿态偏差。

（2）地下水位及地层含水量变化，引起盾构姿态的偏差。地下水含量丰富时，造成土质疏松，易造成盾构向松软一侧偏移。

（3）同步注浆效果的好坏，会引起盾构姿态的偏差。盾尾间隙浆液的分布情况、凝结时间、注浆压力等都会对盾构姿态的控制产生不同程度的影响。

（4）土压力的设定。土压力的设定值是根据覆土厚度、土体内摩擦角、土体来确定的。一般在纠偏时，土压力的设定值比较大，这样有利于土体对机头的反作用力将机头托起或横移。

（5）推进速度的控制。推进速度过快，盾构姿态不易控制。一般在调整姿态时，推进速度不大于 20mm/min。

（6）转弯管片的合理使用。管片自身转弯半径为 300m，随着盾构掘进，通过调整相邻管环之间的转角拟合出一条光滑曲线，尽量使其与盾构掘进半径相同，保证必要的盾尾间隙量。否则，管片与盾尾相制约，推力增大。

（7）拼装管片的环面平整度。如果环面平整度太差，会造成盾构掘进困难，影响盾构姿态。

（8）施工连续性。盾构在土质比较松软、稳定性较差的地层中掘进时，如果停机时间过长，容易造成盾构下沉，因而影响盾构掘进姿态。

（9）测量误差。由于后背管片的位移或人的操作等问题，易引起测量误差，操作管理人员应根据前后环测量报表推断判定。

5.2.3 砂卵石盾构姿态控制方法及技术分析

5.2.3.1 盾构姿态控制方法

结合盾构区间的特点，通常采取以下方法控制盾构掘进方向：

（1）采用自动导向系统和人工测量辅助进行盾构姿态监测

自动导向系统配置了导向、自动定位、掘进程序软件和显示器等，能够全天候在盾构主控室动态显示盾构当前位置与隧道设计轴线的偏差以及趋势。据此调整控制盾构掘进方向，使其始终保持在允许的偏差范围内。

随着盾构推进导向系统后视基准点需要前移，必须通过人工测量来进行精确定位。为保证推进方向的准确可靠，拟每周进行两次人工测量，以校核自动导向系统的测量数据并复核盾构的位置、姿态，确保盾构掘进方向的正确。

（2）采用分区操作盾构推进油缸控制盾构掘进方向

根据线路条件所做的分段轴线拟合控制计划、导向系统反映的盾构姿态信息，结合隧道地层情况，通过分区操作盾构的推进油缸来控制掘进方向。

推进油缸按上、下、左、右分成四个组，每组油缸都有一个带行程测量和推力计算的推进油缸，根据需要调节各组油缸的推进力，控制掘进方向。

在上坡段掘进时，适当加大盾构下部油缸的推力；在下坡段掘进时，则适当加大上部油缸的推力；在左转弯曲线段掘进时，则适当加大右侧油缸推力；在右转弯曲线掘进时，则适当加大左侧油缸的推力；在直线平坡段掘进时，则尽量使所有油缸的推力保持一致。

5.2.3.2　盾构掘进姿态调整与纠偏

在实际施工中，由于管片选型错误、盾构司机操作失误、地层土质条件等原因盾构推进方向可能会偏离设计轴线并超过管理警戒值；在稳定地层中掘进，因地层提供的滚动阻力小，可能会产生盾体滚动偏差；在线路变坡段或急弯段掘进过程中，有可能产生较大的偏差，这时就要及时调整盾构姿态、纠正偏差。

（1）参照上述方法分区操作推进油缸来调整盾构姿态，纠正偏差，将盾构的方向控制调整到符合要求的范围内。

（2）在曲线段和变坡段，必要时可利用盾构的仿形刀进行局部超挖和在轴线允许偏差范围内提前进入曲线段掘进来纠偏。

（3）当滚动超限时，就及时采用盾构刀盘反转的方法纠正滚动偏差。

5.2.3.3　盾构掘进姿态调整与纠偏注意事项

（1）在切换刀盘转动方向时，应保留适当的时间间隔，切换速度不宜过快，切换速度过快可能造成管片受力状态突变，而使管片损坏。

（2）根据掌子面地层情况应及时调整掘进参数，调整掘进方向时应设置警戒值与限制值。达到警戒值时及时执行纠偏程序。

（3）蛇行修正及纠偏时应缓慢进行，如修正过程过急，蛇行反而更加明显。在直线推进的情况下，应选取盾构当前所在位置点与设计线上远方的一点作一直线，然后再以这条线为新的基准进行线形管理。在曲线推进的情况下，使盾构当前所在位置点与远方点的连线同设计曲线相切。

（4）推进油缸油压的调整不宜过快、过大，否则可能造成管片局部破损甚至开裂。

（5）正确进行管片选型，确保拼装质量与精度，以使管片端面尽可能与计划的掘进方向垂直。

（6）盾构始发、到达时方向控制极其重要，应按照始发、到达掘进的有关技术要求，做好测量定位工作。

第6章　砂卵石地层盾构施工综合技术

6.1　盾构始发与到达

6.1.1　基本概述

盾构始发，是指在盾构始发工作竖井内利用反力架和临时组装的负环管片等设备或设施，将处于始发基座上的盾构推入端头加固土体，然后进入地层原状土区段，并沿着设计线路掘进的一系列作业过程。

盾构到达，是指盾构在掘进过程中由原状土进入到达竖井端头加固土体区域，然后将盾构推进至到达竖井的围护结构处后，从竖井外侧破除井壁进入竖井内接收台架上的一系列作业过程。

北京地铁9号线盾构施工区间砂卵石地层力学性质极其不稳定，无黏聚力，自稳时间短，盾构在该地层中进行始发与到达施工时容易引发涌沙、涌水，甚至出现端头塌陷事故，严重时可能会危及地表建(构)筑物的安全，造成巨大的经济损失。因此，砂卵石地层盾构始发与到达前，必须预先对端头地层进行加固，使得端头加固土体同时满足强度、稳定性、渗透性以及盾构几何构造尺寸的要求，确保盾构顺利始发与接收。

6.1.2　盾构始发与到达端头加固范围的确定

6.1.2.1　纵向加固范围的确定

1)强度理论

(1)简化理论模型

假设端头土体的纵向加固范围为 t，加固土体为洞门周边自由支撑的弹性圆形薄板，如图3-6-1所示。将加固土体侧向水土合力的梯形荷载简化为均布荷载，在均布荷载的作用下，加固土体中心处的弯曲应力最大，由拉应力理论求得强度验算公式：

$$\sigma_{\max} = \pm \frac{3(3+\mu)}{8} \cdot \frac{PD^2}{4t^2} \leqslant \frac{\sigma_t}{k} \tag{3-6-1}$$

式中：D——洞门直径；

t——纵向加固范围；

P——作用于洞门中心处的侧向水土合压力，等于 $(q_a+q_b)/2$ ；

μ——加固土体的泊松比；

σ_t——加固土体的极限抗拉强度；

k——安全系数。

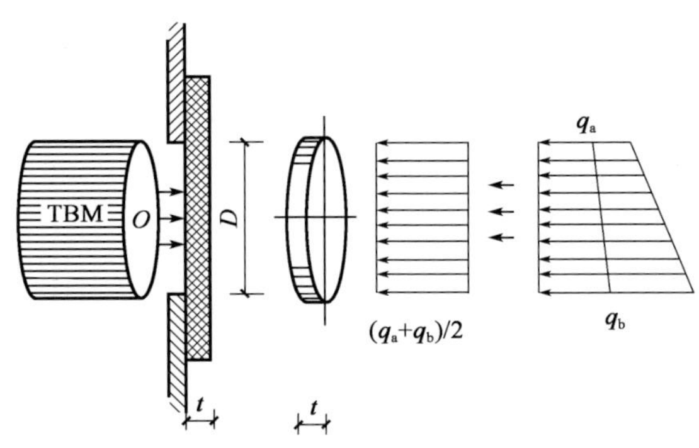

图 3-6-1 强度理论计算简图

由均布荷载的作用特征可知，周边自由支撑的圆形薄板一周支座处的剪应力最大，由剪应力理论可得抗剪切强度的验算公式：

$$\tau_{max}=\frac{PD}{4t}\leqslant\frac{\tau_c}{k} \tag{3-6-2}$$

式中：τ_c——加固土体的极限抗剪强度。

因此，根据静力学强度准则，端头土体加固后应同时满足抗拉和抗剪强度的要求，则端头土体的纵向加固范围应为：

$$t_1=\max\left\{\sqrt{\frac{3(3+\mu)PD^2}{32\sigma_t}},\frac{kPD}{4\tau_c}\right\} \tag{3-6-3}$$

(2)改进理论模型

在分析和总结了已有模型的局限性后，我们根据弹性理论知识，对已有理论模型进行改进，建立了梯形荷载的等效力学模型，将侧向梯形荷载等效为均布荷载和三角形反对称荷载的叠加，即将非对称问题等效为一个对称问题和一个反对称问题的叠加，为盾构始发与到达端头土体纵向加固范围的研究提供了一条新的思路，如图 3-6-2 所示。

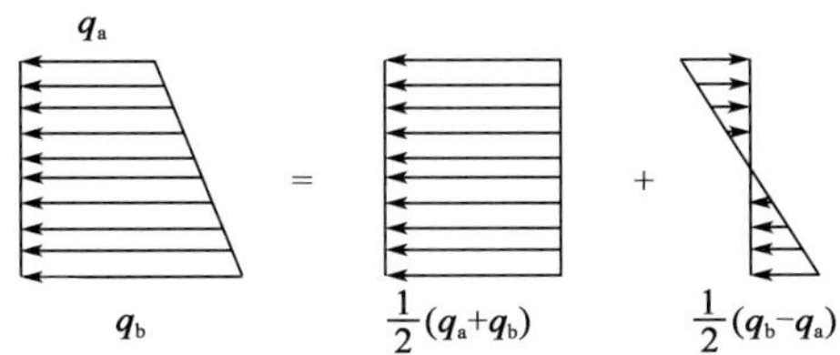

图 3-6-2 梯形荷载等效示意图

求解过程中首先对均布荷载和三角形反对称荷载作用下加固土体内力进行求解，然后通过内力叠加求出梯形荷载作用端头加固土体的受力特征和破坏形式，同时利用加固土体的几何特征，求得端头加固土体受到的最大拉应力和最大剪应力。最后，根据加固体的强度特征，利用最大拉应力及最大剪应力理论得出纵向加固范围。

①最大拉应力理论：

当$\begin{cases}\varphi=0\\ \rho=(-B_1+\sqrt{B_1^2-4A_1C_1})/2A_1\end{cases}$时，端头加固土体受到的径向拉应力最大，如图 3-6-3 所示，则满足径向抗拉要求的纵向加固范围：

$$t_a \geqslant \sqrt{\frac{\beta_1 k}{32\sigma_t}} \tag{3-6-4}$$

当$\begin{cases}\varphi=0\\ \rho=(-B_2+\sqrt{B_2^2-4A_2C_2})/2A_2\end{cases}$时，端头加固土体受到的环向拉应力最大，则满足环向抗拉要求的纵向加固范围：

$$t_b \geqslant \sqrt{\frac{\beta_2 k}{32\sigma_t}} \tag{3-6-5}$$

则满足抗拉要求的加固范围：

$$t_{拉} = \max\left\{\sqrt{\frac{\beta_1 k}{32\sigma_t}}, \sqrt{\frac{\beta_2 k}{32\sigma_t}}\right\} \tag{3-6-6}$$

式中：A_1、B_1、C_1、A_2、B_2、C_2、β_1、β_2 ——均为计算参数。

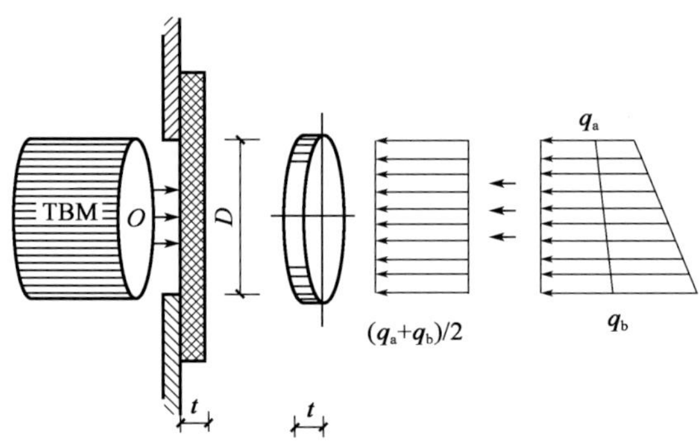

图 3-6-3　梯形荷载受力计算图

②最大剪应力理论：

当$\begin{cases}\varphi=0\\ \rho=D/2\end{cases}$时，加固土体的剪应力最大，根据最大剪应力理论：

$$t_{剪} \geqslant \frac{\beta_3 k}{\tau_c} \tag{3-6-7}$$

式中：τ_c——抗剪强度；

β_3——抗剪计算系数。

综上所述，同时满足抗拉和抗剪要求的纵向加固范围为：

$$t_{强度} = \max\left\{\sqrt{\frac{\beta_1 k}{32\sigma_t}}, \sqrt{\frac{\beta_2 k}{32\sigma_t}}, \frac{\beta_3 k}{\tau_c}\right\} \tag{3-6-8}$$

2)稳定性验算

(1)黏性土稳定性验算

盾构始发与到达施工时,破除洞门围护结构后掌子面土体完全暴露至刀盘顶上围护结构之前有一定的时间间隔,此时端头土体在地面超载、隧道上覆土体和侧向水土压力的共同作用下,可能沿着某个滑移面从开挖面向盾构工作井内滑动,发生滑移失稳破坏。目前,基于黏土的滑移失稳理论假定滑动面是以顶点 O 为圆心,洞径 D 为半径的圆弧面,如图 3-6-4 所示。

对于黏土地层,假设抗滑力矩完全由土体黏聚力提供,则由土体的平衡条件可知 $KM = M_{\mathrm{d}}$,则:

$$\theta = \frac{KM - M_{\mathrm{d}}}{\Delta c D^2} \tag{3-6-9}$$

式中:M——滑动力矩;

M_{d}——抗滑力矩;

Δc——改良后土体增加的黏聚力;

K——抗滑安全系数;

θ——加固土体与滑移面的夹角。

则由图 3-6-4 的几何条件可知,满足稳定性要求的纵向加固范围为:

$$t_2 = D \cdot \sin\theta \tag{3-6-10}$$

(2)无黏性土稳定性验算

无黏性土的破坏模式不同于黏性土体,内聚力为零,无黏性土坡的室内及室外试验的研究结果表明该类型土体土坡的破坏过程表现出偶然性、突发性、平面及直线型特征。太沙基的松动土压力原理以及离心试验显示隧道顶板上方无黏性土体的破坏面为近似的竖直滑动面,同时假设无黏性土地层洞门处破坏滑移面为斜直面,如图 3-6-5 所示。

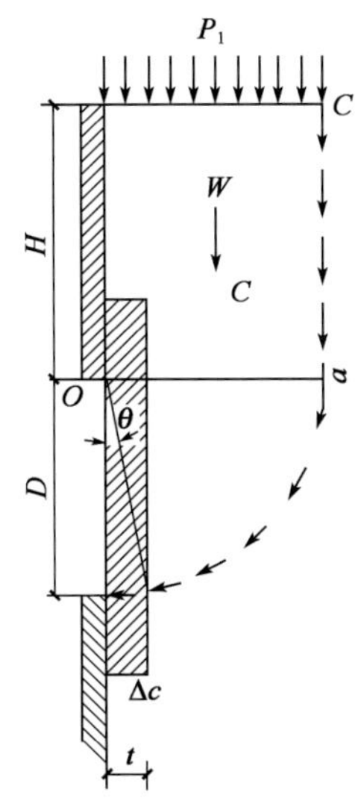

图 3-6-4 黏土的滑动模型

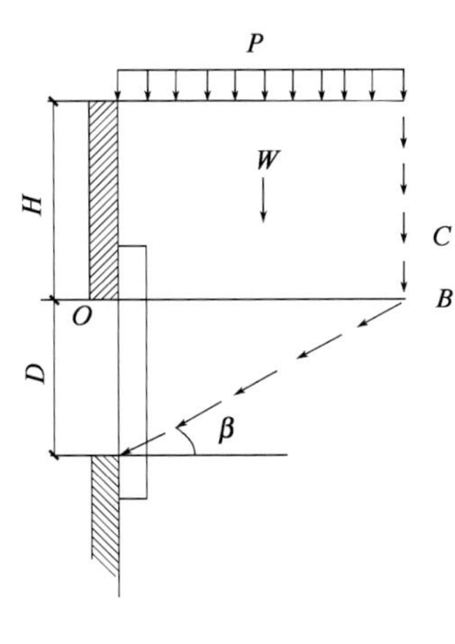

图 3-6-5 砂土的滑动模型

当竖直土坡处于极限平衡状态时,潜在的破坏滑移面上,滑动力与抗滑力处于静力平衡状态,求得稳定安全系数:

$$F_s = \tan\varphi / \tan\beta \tag{3-6-11}$$

当 $F_s = 1$ 时，$\beta = \varphi$，则端头土体滑移范围：$OB = D/\tan\beta = D/\tan\varphi$。根据抗滑要求，砂土的纵向加固范围：

$$t_{砂土} \geqslant OB = \frac{D}{\tan\varphi} \tag{3-6-12}$$

式中：D——隧道洞门直径；

φ——砂性土的内摩擦角。

3)有水始发与到达渗透性及几何尺寸验算

(1)基本概述

盾构到达施工基本与盾构始发类似，因此本文以始发为例进行叙述。

"有水始发"是指盾构始发端头地层中存在地下水，或者地层中本身没有地下水，但是存在污水管、雨水管等补水来源，则盾构始发必须重视水的存在对工程可能造成的影响。一方面，地下水的存在使得端头土体的强度和稳定性大大降低，在盾构始发施工的扰动下，可能会发生地表沉降过大，洞门塌陷等事故；另一方面，当端头地层地下水位丰富，且地下水压力较大时，端头地层可能会在地下水的作用下发生渗透破坏，严重时可能会发生涌水、涌沙，甚至淹井等工程事故。因此，在盾构始发施工的过程中，地下水是施工中不可忽略的影响因素，必须重视水的存在对工程可能造成的影响。

(2)有水始发端头加固

盾构有水始发可以分为以下两种情况：

①始发端头地层中本身存在地下水。

当盾构始发端头地层中有地下水，而且地下水埋深较浅，地下水位位于盾构隧道底板以上时(如果采用降水等措施可以将隧道一定长度范围内的地下水水位降至隧道底板以下时，可考虑按照盾构无水始发进行)，端头加固问题要比无水地层更加复杂，特别是当地层中同时有水有砂，而且水压力较大的情况，盾构始发端头加固范围必须同时满足强度准则、稳定性准则以及几何准则的要求。端头加固的具体要求如下：

a. 破除洞门后，盾构刀盘还没有顶上开挖面，或者刀盘顶上开挖面，但是还没有建立起足够的土压力来平衡地层中的水土侧压力时，端头加固的目的主要有两个：

第一，端头土体必须满足强度与稳定性的要求，保证端头土体在地层水土压力作用下不会发生拉破坏、剪破坏以及整体失稳的情况。

第二，端头土体加固后必须满足堵水的要求，即采用相应的加固方法对端头土体进行加固后，加固土体具有较好的堵水效果，地层中的水不会透过加固土体渗入或者涌入盾构始发工作井，即加固土体必须是完全隔水的，防止水土流失造成地层损失，引起地表沉降过大或地表塌陷。

b. 盾构刀盘已经进入盾构始发端头地层，盾尾尚未进入洞门圈。此时首先根据强度与稳定性准则求得端头土体的纵向加固范围。然后将纵向加固范围与盾构纵向长度进行对比，存在以下两种情况：

第一，纵向加固范围小于盾构主机的长度。即当盾尾尚未进入洞门圈，但盾构刀盘已经脱离加固区时，端头加固区前方地层中的地下水和土体(特别是松散砂土或粉土地层)可能沿着盾壳与围岩之间的空隙进入盾构工作井，引起透水、洞门塌方等工程事故，如图3-6-6a)所示。

因此，为了确保盾构始发与到达施工的安全，规避风险，端头土体的纵向加固范围除了必须满足强度与稳定性、自身渗透性的要求；同时从盾构自身的构造尺寸出发，满足几何准则的要求，确保端头土体加固后能够起到较好的堵水作用，如图3-6-6b)所示。

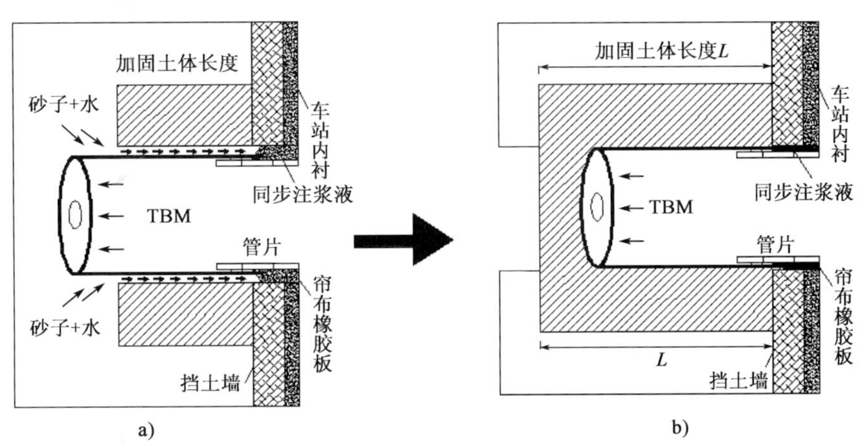

图3-6-6　有水始发端头向加固图

根据几何准则的要求，根据相关理论并总结长期盾构始发与到达成功与失败的工程实践经验，取纵向加固范围：

$$L = \text{盾构长度} + (2 \sim 3)B \tag{3-6-13}$$

式中：B——管片的宽度。

第二，端头土体的纵向加固范围大于盾构主机的长度，并有一定余度，大于2～3环盾构管片的宽度，如图3-6-6b)所示，此时纵向加固范围满足强度与稳定性的要求的同时也自然满足了几何准则的要求。

②始发端头地层中无地下水，但是存在补水来源。

盾构始发端头地层中，本身不存在地下水，或者地下水位于底板下以一定的安全距离之外，地下水不会影响端头的稳定性。但是当端头地层条件较为复杂时，比如存在补水来源(如地下市政管道错综复杂，特别是存在有压管线，如污水管、给水管等)，为了避免在盾构始发施工中，出现管线断裂的意外事故，市政管道中的水进入端头地层，出现透水、端头地层塌陷的工程事故，仍然必须按照有水始发的要求，对端头地层进行预先加固，加固后端头土体必须同时满足强度、稳定性意外、几何尺寸的要求。

6.1.2.2　横向加固范围的确定

盾构隧道开挖，打破了土体之间的三向应力平衡状态，隧道开挖对围岩产生了扰动，在洞壁周围产生应力集中，当最大剪应力超过土体的抗剪强度时，隧道周围土体产生破坏，破坏区由洞壁周围逐渐向土体深部扩散，形成一个塑性松动圈，如图3-6-7所示。塑性松动圈的出现使圈内一定范围内的应力因释放而明显降低，而最大应力集中由原来的洞壁移至塑性圈与弹性圈交界处。因此，为了确保盾构始发与到达过程中端头横向土体的稳定，必须提前对端头横向土体进行加固，加固示意图如图3-6-8所示。

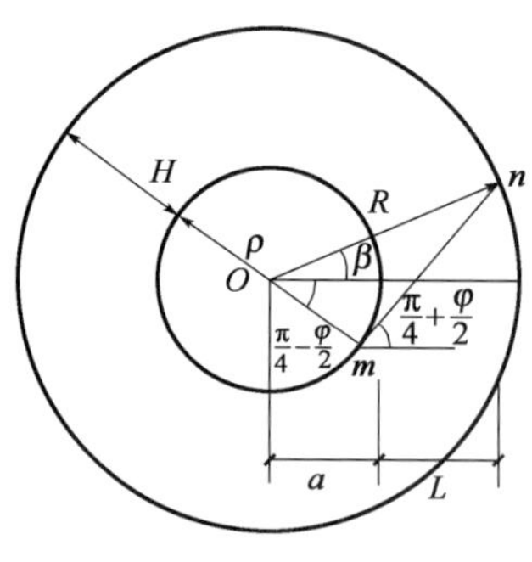

图 3-6-7　松动圈计算图

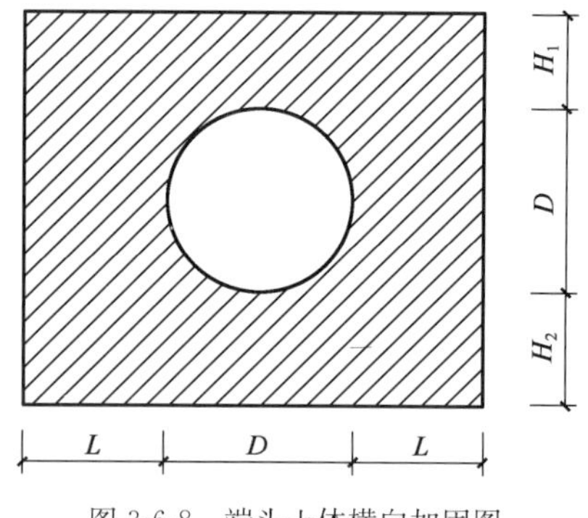

图 3-6-8　端头土体横向加固图

利用松动圈的基本理论及弹塑性力学的基本知识可求得，盾构隧道上部加固土体厚度应该为：

$$H_1 = H = k\left(R - \frac{D}{2}\right) \tag{3-6-14}$$

式中：k——加固安全系数，通常取 1～1.2；

R——开挖后土体扰动半径。

计算下部加固范围时，通常取盾构隧道下部土体的加固厚度 $H_2 = H_1$。

如图 3-6-8 所示，假设盾构隧道周围左右两侧土体需要加固的宽度为 L，根据朗肯土压力理论，剪切破坏面与最大主应力方向的夹角为 $45° - \varphi/2$，即与最大主应力作用面的夹角为 $45° + \varphi/2$；再根据塑性松动圈主应力的分布特点，如图 3-6-7 所示，$\triangle Omn$ 为直角三角形，所以可以求出 β 角的度数为：

$$\beta = \arccos\left(\frac{D}{D + 2H_1}\right) - \left(\frac{\pi}{4} - \frac{\varphi}{2}\right) \tag{3-6-15}$$

则由图 3-6-7 中的几何条件可知，盾构隧道两侧的加固范围为：

$$L = \left(\frac{D}{2} + H_1\right) \cdot \cos\beta - \frac{D}{2} \tag{3-6-16}$$

6.1.3　盾构始发与到达端头加固方法的选择

目前，盾构隧道的直径和埋深不断加大，盾构端头区域的地层条件与施工环境条件变得越来越复杂。在这种条件下，盾构隧道的始发与到达必须借助相关的辅助工法，且对辅助工法的依赖性越来越大，很多工程已经到了没有辅助工法就不能有效进行盾构始发与到达施工的状况。

盾构始发与到达施工中最常见的问题主要有：端头加固范围无法满足设计要求、端头加固效果不好、洞门密封失效、端头土体失稳破坏、工作井周围发生透水塌方等。将上述土工问题进行总结，得出端头加固的土工问题主要是：端头土体的强度问题、端头土体的整体稳定性问题、端头土体的止水与渗透性问题。

端头加固就是为了解决盾构始发与到达施工中出现的一系列土工问题，使得经过端头加固处理后的土体能够满足强度、稳定性以及渗透性（止水）的要求，保证盾构能够顺利的始发与到达。

为了解决盾构始发与到达施工过程中出现的一系列的土工问题，我们从合理端头加固范围（分别从强度、稳定性、几何尺寸与渗透性上对端头加固范围进行了详细的研究）的确定与端头加固方法两个大方向对端头加固的土工问题进行了研究。上一节，笔者已经详细介绍了端头加固范围的确定，本节将着重介绍目前地铁中常用的端头加固方法及地层适用性。

6.1.3.1　旋喷桩加固

（1）基本原理

高压喷射注浆法，就是将带有特殊喷嘴的注浆管，置入土层的预定深度，以 20～40MPa 压力的高压喷射流，通过冲切、劈裂、剪切、挤压、充填、渗变、搅拌、升扬、置换、固化灯作用，强制性破坏原地层，将地层颗粒在一定范围内重新排列组合，在其周边形成反滤层，使得浆液的扩散限制在有限范围内。同时，射流带入固化剂与地层颗粒就地搅拌，形成所需形状的防渗固结体，以达到加固端头土体的目的。

（2）适用地层

旋喷桩加固受土层、土的粒度、土的密度、硬化剂黏性、硬化剂硬化时间的影响较小，可广泛适用于淤泥、软弱黏性土、砂土甚至砂卵石等多种土质。目前在城市地铁盾构始发与到达端头加固工程中，旋喷桩加固技术已经成为最主要的端头加固方法，在短短的几年内，二重管旋喷法和三重管旋喷法相继达到了实用程度，已经逐步形成了一套体系并得到了广泛的应用。

6.1.3.2　深层搅拌桩加固

（1）基本原理

深层搅拌桩，又称为水泥土搅拌桩，是加固饱和软黏土地层的一种常用方法，是指通过钻孔将水泥、石灰等材料作为固化剂的主剂送入地层，依靠深层搅拌机在地层中将软土和固化剂（浆液和粉体）就地强制搅拌，利用固化剂或软土之间产生的一系列物理化学反应形成深层搅拌桩，使软土的物理力学性能得到改善的地层加固方法。

（2）适用范围

深层搅拌桩最适宜于加固各种成因的饱和软黏土。国内适用深层搅拌桩法加固的土质有新吹填的超软土、沼泽地带的泥炭土、沉淀的粉土和淤泥质土。目前国内常用于加固淤泥、淤泥质土、粉土和含水率较高且地基承载力标准值不大的黏性土等。对于砂卵石地层，深层搅拌桩工法加固效果不佳，因此在该类地层中使用较少。

6.1.3.3　压密注浆加固

（1）基本原理

注浆加固的实质是利用气压、液压或电化学原理，把某些能固化的浆液注入地层土体的裂隙和孔隙中，或挤压密实端头土体，以改善端头土体的物理力学性质。

（2）适用范围

压密注浆加固适用范围较广，且能适用于北京地区的各种地层，在卵石层、粉质黏土层加固效果较好。

6.1.3.4　水平深孔注浆技术

（1）基本原理

水平注浆法是用气压、液压或电化学原理，把某些能固化的浆液从盾构始发与到达工作井的洞门处水平地注入端头土体的裂隙和孔隙中，以改善端头土体的物理力学性质，提高土体的强度和稳定性，并起到止水的作用。由于盾构始发与到达工作井的结构特点以及盾构工法的施工特点，水平注浆法在深圳地铁、广州地铁、天津地铁、北京地铁的盾构始发与到达端头加固、盾构隧道的联络通道的加固中都得到了的应用，并取得了较好的效果。

(2)适用地层

由于该工法实时调节浆液配比及注浆压力的变化范围，因此该工法适用范围较广。粉土、粉质黏土、砂土、砂卵石、砂土复合地层等均有成功应用的案例，其中在砂土、砂卵石地层及砂土复合地层中效果较好。

6.1.4 盾构始发与到达端头加固效果的检测

6.1.4.1 端头加固检测的目的及必要性

盾构工法的优势和特点是非常明显的：生产过程相对安全、隧道内产生严重安全生产事故的可能性不大、生产过程比较容易控制、引起的地层移动和地面沉降的数量较小、控制也相对容易，尤其是其信息化的生产手段使得我们更加容易实现施工过程的信息化控制和实时管理，从而达到对盾构施工过程风险和环境安全的实时管理与控制。盾构工法施工的进步在于对地层进行很好的保护，减少了施工对地层的扰动，但是盾构始发与到达施工过程并没有得到简化，相反却使得施工方法变的更为复杂。

目前盾构施工中绝大多数的事故均与始发与到达有关，如何保证端头加固效果，如何保证盾构始发与到达的安全是当前急需解决的问题。

北京地铁 9 号线属于大粒径砂卵石地层，开挖面自稳能力差，受盾构施工扰动范围大，端头加固效果不佳，极易引发工程事故，为了避免端头事故的发生，在盾构始发与到达施工之前，对端头加固效果进行严格的检测是非常必要的。

6.1.4.2 端头加固检测的主要内容

根据盾构始发与到达的特点可知，端头加固的目的主要为了满足以下四个条件：

(1)端头加固土体满足强度的要求。

(2)端头加固土体能满足整体稳定性的要求，包括加固土体的静态稳定和加固土体的扰动影响，其中静态稳定包括施工期稳定性和长期稳定性，而扰动影响主要是指洞门破除时的扰动对端头加固土体的影响。

(3)端头加固土体的渗透性要求。特别是在富水砂土地层中，更少应该满足渗透性的要求。

(4)端头加固土体的变形特征的要求。主要是指土压建立前和土压消失后。

基于以上几点要求，为了保证盾构能够安全的始发与到达，端头加固实施后，施工单位必须委托有关的检测单位对端头加固效果进行检测，检测合格后，才能进行始发或到达施工。

端头效果检测的主要内容为：

(1)强度检测。对端头加固体进行水平抽芯，然后对芯样进行无侧限抗压强度试验。

(2)渗透性检测。进行原位渗透性试验——压水(浆)试验。

6.1.5 盾构始发与到达施工控制要点

6.1.5.1 盾构始发施工控制要点

(1)盾构始发前必须对工作井周围的端头土体进行提前加固处理,确保端头土体加固后能满足强度、稳定性和渗透性的要求。端头加固是盾构始发技术中最为重要的环节,必须加以重视。

(2)盾构始发掘进时的总推力应控制在反力架所能承受的范围内,同时确保在此推力下刀具切入地层所产生的扭矩小于始发基座所能提供的反扭矩。

(3)在盾构推进建立土压过程中应该注意洞门密封、始发基座、反力架及反力架支承的变形,对渣土状态等情况进行认真观察,严格控制盾构的施工参数。一旦发现异常,应该迅速调整土压力(泥水压力)、盾构推力、推进速度、刀盘扭矩等相关施工参数,或马上停止掘进,查清原因,寻找解决办法。

(4)由于始发基座轨道与管片存有一定空隙,为了避免负环管片全部脱离尾盾后下沉,可在始发基座导轨上焊接外径与理论间隙相当的圆钢,使圆钢将负环混凝土管片拖起。

(5)随着负环管片的拼装,应该不断用准备好的木楔填塞负环管片与始发基座轨道及三角支撑之间的间隙,待洞门围护结构拆除后,盾构应快速地通过洞门进行始发掘进施工。

(6)当盾构掘进至第 60～100 环时(视地层、设备总长度与同步注浆情况确定具体数值),可拆除反力架及负环管片。盾构施工中,始发掘进长度应尽可能缩短,但不短于以下两个长度中较长的一个:一是管片外表面与同步注浆浆液(凝固后)之间的摩擦力应大于盾构的推力,根据管片环的自重及管片与浆液之间的摩擦系数,计算出此长度;第二是盾构的始发长度应至少能容纳盾构及后配套台车。

(7)盾构始发过程中,严格控制同步注浆浆液的质量和严格进行渣土管理,防止由于浆液质量问题或者由于渣土管理控制不当造成地表沉降或隆起;盾构始发过程中必须加强监控量测,及时调整盾构掘进参数。

(8)盾尾完全进入洞门密封后,调整洞门密封,及时通过同步注浆系统对洞门进行注浆,封堵洞门圈,防止洞门密封处出现漏泥水和所注浆液外漏现象发生。

(9)盾构始发阶段也是盾构设备的磨合阶段,要注意推力、扭矩、土压力等参数的控制,同时要注意各部位油脂(特备是各种润滑油脂系统是否正常的检验)的有效使用。

(10)洞门破除以后,应该立即推进盾构。若采用泥水平衡盾构,由于临时洞门破除过程留下的混凝土残渣容易堵塞泥水循环管路,因此必须在确定障碍物已经完全清楚干净后才能继续掘进。

(11)盾构刀盘完全进入地层后,逐渐开始对掘削面加压,在监控洞门密封状况的同时缓慢提高土压力,直到达到预设压力值。盾构刀盘和尾部通过洞门密封装置时,易造成密封装置状态不正从而导致密封装置局部破坏,此时应更加密切注意监控,如有局部破坏,应立即采取相应处理措施,尤其是当泥水盾构或土压平衡盾构洞门处存在水沙情况时。同时盾构宜保持慢速推进,待整个盾构主机完全进入洞门后,及时进行壁后同步注浆封堵洞门,确保端头土体的稳定性。

6.1.5.2 盾构到达施工控制要点

(1)盾构到达前应检查端头土体加固效果,确保加固质量满足要求。

(2)做好贯通测量,并在盾构贯通之前100m、50m至少两次对盾构姿态进行人工复核,确保盾构顺利贯通。

(3)合理安排到达洞门凿除施工计划,确保洞门掌子面暴露时间不会过长,并针对洞门凿除施工制定专项施工方案。

(4)盾构接收基座定位要精确,定位后应固定牢靠。

(5)增加地表沉降监测的频率,并及时反馈监测结果指导施工。盾构到站前要加强对车站结构的观察和监测,并加强与盾构施工现场的沟通,确保信息畅通。

(6)为保证进洞管片稳定,盾构贯通时需对进洞口段至少10～15环管片进行纵向拉紧作业。

(7)帘布橡胶板内衬涂抹油脂,避免刀盘刮破影响密封效果。

(8)在盾构刀盘顶进到距围护结构前的2～3环管片长度隧道施工,一定要保证注浆及时、饱满,并确保注浆压力不因破坏土体而进入接收井,必要时进行二次补浆作业。隧道贯通后必要时对洞门进行注浆封堵处理。

6.1.6 9号线盾构始发与到达实例分析

6.1.6.1 丰—科区间盾构始发与到达端头加固

1)基本概述

北京地铁9号线02标共计两站三区间,其中包括科怡路站、丰台南路站两座车站,丰台科技园站—科怡路站、科怡路站—丰台南路站两个盾构区间,丰台南路站—丰台东大街站一个暗挖区间。

盾构区间的总体施工组织为:盾构由丰台科技园站左线始发向北掘进穿越南四环后到达科怡路站南端接收,盾构在站内调头始发掘进右线,到达丰台科技园站接收解体吊出,完成第一个区间的盾构施工;将盾构运至科怡路站北端西线下井组装、始发、掘进左线,到达丰台南路站南端接收、解体、吊出,转场至科怡路站北端右线下井组装、始发、掘进右线,到达丰台南路站南端接收、解体、吊出,完成第二个区间的盾构施工。由于本标段盾构始发与到达所用加固方案相同,所以本文以丰—科区间为例进行详细介绍。

2)盾构始发与到达端头加固范围的确定

根据设计图纸要求,盾构始发加固范围长度为围护结构外6m,宽度为隧道中心线两侧各6m,深度为隧道(含)上下各3m;盾构接收加固范围长度为围护结构外6m,宽度为隧道中心线两侧各6m,深度为隧道(含)上下各3m。

3)端头加固方法的选择及加固参数设定

根据本工程的地质特点和工程对注浆质量的要求,参照类似工程的施工经验,选用袖阀管后退式注浆,注浆浆液采用水泥浆+速凝剂,水泥选用普425(强度等级为32.5)水泥。

(1)袖阀管注浆设计

袖阀管注浆设计主要依据《建筑地基基础设计规范》(GB 50007—2002)、《建筑地基处理技术规范》(JGJ 79—2002),其中注浆孔距 1000mm,梅花形布置。

(2)浆液配合比设计

粗砂、砾砂、卵石层注浆的浆液配合比水灰比:第一轮注浆,水泥∶黏土∶水∶FDN=100∶20∶110∶3;第二轮注浆,水泥∶水∶FDN=100∶90∶3;第三轮注浆,水泥∶水=100∶90。

(3)注浆量

水泥用量按平均水灰比 0.9 计算。根据勘察报告,粗砂、砾砂、卵石层均为中密状,孔隙率为 0.35。经计算,注浆量为 423.4L/m,水泥用量为 346.3kg/m,浆液注入率为 29.4%

(4)注浆压力

本工程注浆以控制注浆量为主,注浆压力只作为参考。注浆压力以水泥浆液能顺利注入为原则,在注入率大于 10L/min 的情况下,尽可能采用较小的注浆压力,减小地面冒浆的可能性。因此,注浆压力按 0.5~0.8MPa 控制。

6.1.6.2 丰东—丰北区间盾构到达端头加固

1)基本概述

北京地铁 9 号线丰台北路站为双层岛式车站,位于丰台北路与万寿路南延道路交叉口以北,南北向布置。车站施工为铺盖法施工,车站围护桩为 1000@1500 形式。本站地面高程 46.500m,盾构接收洞门顶板高程 34.759m,底板高程 28.759m,根据现场实际情况盾构端头加固只能在围护桩侧面进行。

本工程左右线盾构到达端头(注浆加固平面图见图 3-6-9),采用注浆法加固。注浆加固纵剖面见图 3-6-10。

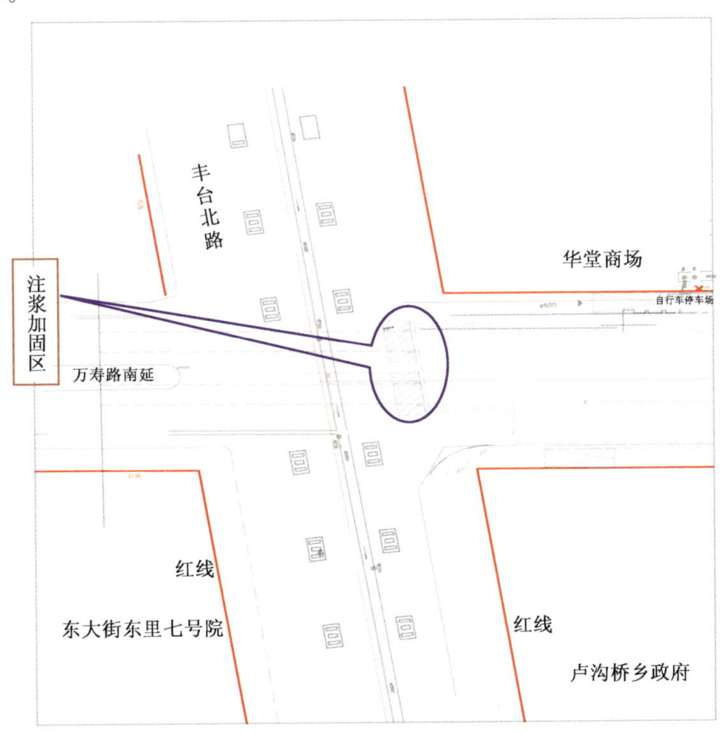

图 3-6-9 注浆加固区域平面图

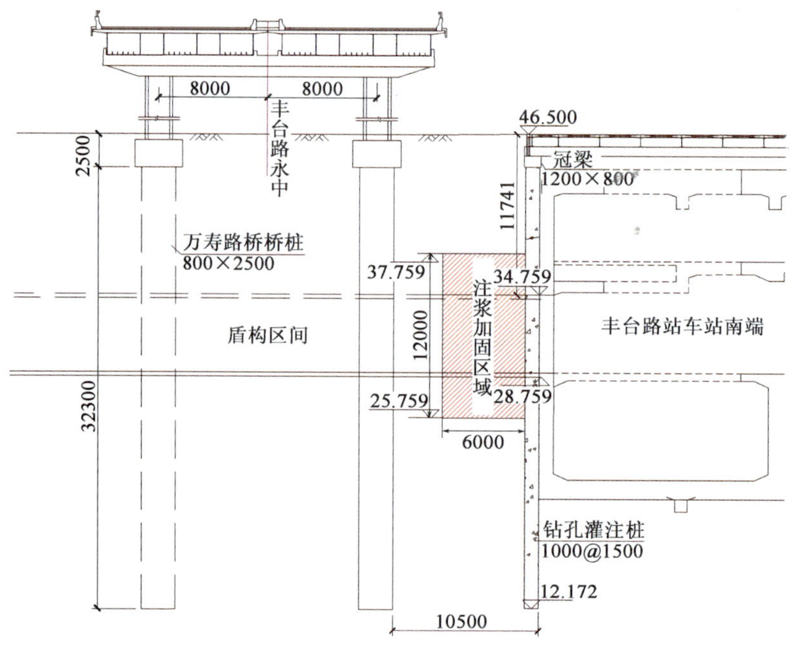

图 3-6-10　注浆加固纵剖面图(尺寸单位:mm)

2)端头加固范围的确定及加固方法的选定

(1)加固范围

按设计要求对盾构到达端头上、下高度各 3m,左、右宽度各 3m,纵向 6m 范围进行土体加固。

(2)加固方法

为了保证盾构到达端头土体的加固效果,保证盾构安全接收,采用注浆法对端头土体进行补强加固。钻孔使用 360°旋转地质钻机成孔,采用后退式分段钻孔注浆工艺,如图 3-6-11 所示。

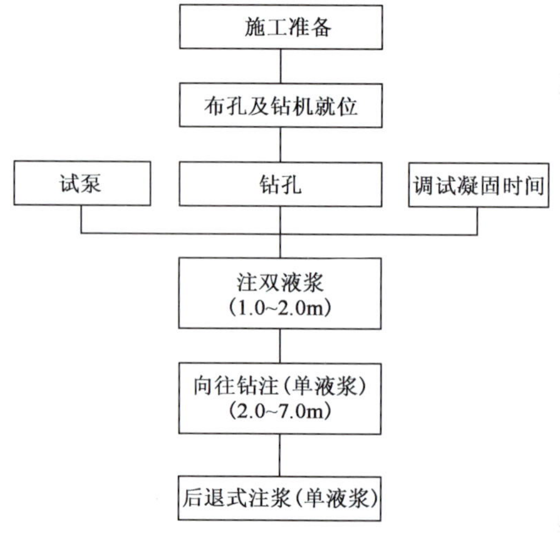

图 3-6-11　钻孔注浆流程示意图

后退式分段注浆工艺具体过程是：首先采用360°旋转地质钻机配ϕ42双重管成孔，开孔后前2m注双液浆，然后向前钻进到设计要求，再退式注浆施工，如图3-6-12所示。

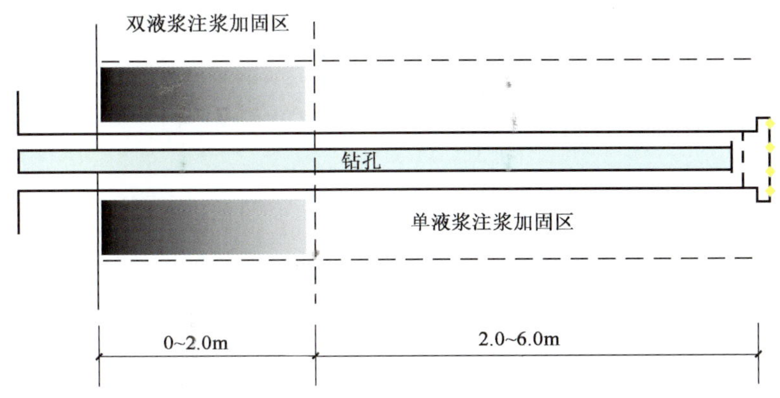

图3-6-12　后退式注浆示意图

3)注浆孔布设及注浆参数的设定

(1)注浆孔布设

注浆孔孔位布设在盾构隧道开挖范围内及隧道上下左右各3m，即隧道加固区全断面12m×12m范围内，左右孔间距0.25m，上下间距各为3.0m、3.5m，注浆孔深度满足6m的加固范围要求。钻孔角度分别为向上倾斜15°，水平，向下倾斜15°，向下倾斜30°四种，因上下间距比较大，隧道全断面内有盲区，所以在每两排钻孔之间添加一排左右间距为1.0m，孔深为3.0m的水平孔。

每个端头加固区全断面12m×12m范围内设注浆孔235个，分两种类型：第一种，孔深为6.0m，4个钻孔方向各布置49个孔；第二种，孔深为3.0m，钻孔39个，水平布置；235个钻孔总长度为1361.6m，见表3-6-1。两个端头总计470个注浆孔，注浆孔布设如图3-6-13及图3-6-14所示。

钻孔数量统计表　　表3-6-1

钻孔角	孔深(m)	孔数	总孔长(m)
上15°	6.2	49	303.8
水平	6.0	49	294.0
	3.0	39	117.0
下15°	6.2	49	303.8
下30°	7.0	49	343.0
总数		235	1361.6

如个别孔位与预埋钢环位置有冲突或因现场条件限制不能施工，则根据现场实际情况调整位置，错开钢结构，并且保证钻孔数量和质量。

(2)注浆参数设定

后退式注浆材料前2m采用水泥水玻璃双液浆，水泥浆水灰比为1∶1，水玻璃浓度为35°Bé，双液浆体积比为1∶1～1∶0.6，注浆压力控制在0.8MPa。2m后注浆材料采用普通硅酸

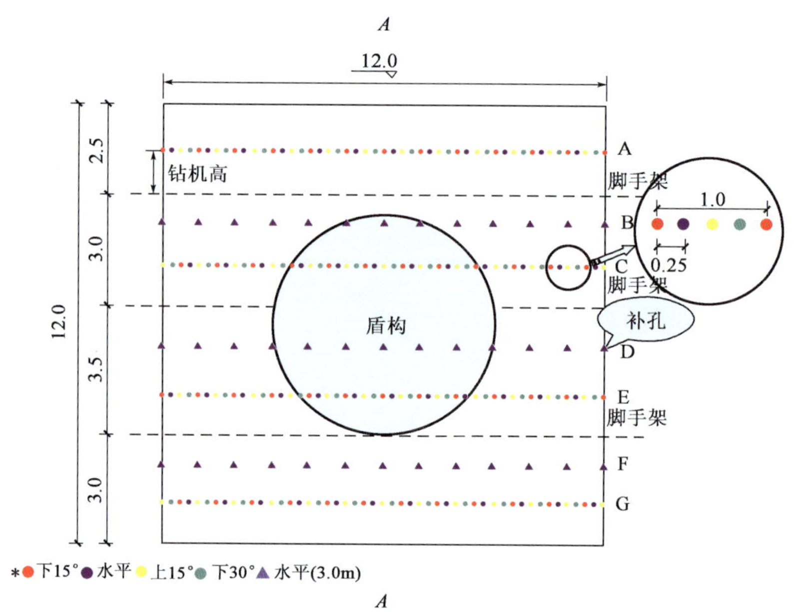

图 3-6-13　注浆孔孔位布置图(尺寸单位:m)

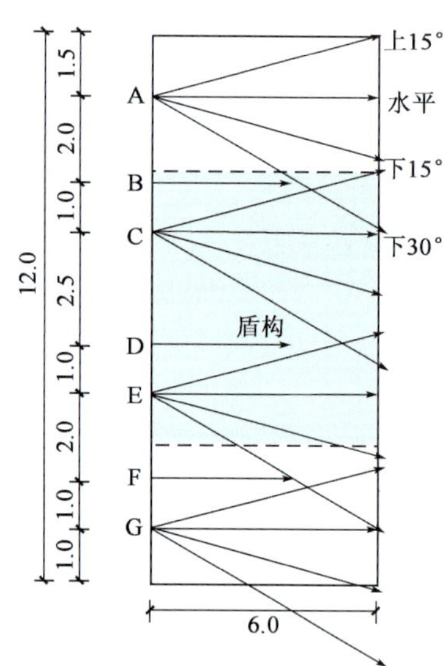

图 3-6-14　盾构接收处土体加固钻孔 A—A 布设(尺寸单位:m)

盐 P·O425 水泥,水泥浆水灰比为 1∶1,注浆压力控制在 0.8MPa。两种浆液在注入之前必须搅拌均匀,并经常检查混合后的浆液凝固时间是否适应现场施工环境。注浆施工时混合后浆液 pH 值为 7~7.5,注浆参数控制及施工要求如下:

①注浆终压:0.8MPa。

②凝固时间:1~2min,为速凝注浆。

③钻杆回抽幅度:15~20cm。

④注浆速度:与地层孔隙及连通情况、地层密实度有关,因此注浆速度暂定为每分钟不大于 10~20L。

⑤严格控制注浆量与注浆压力,每根导管注入规定浆液,压力达到注浆终压,即可结束注浆。如压力长时间不上升,流量不减少,可能为跑浆现象,采用间歇注浆。

⑥注入管直径为 42mm,在端点装有管内混合器,使注浆液充分混合。达到所定的深度,内管的喷气孔关闭,进行横喷射。

⑦当达到以下条件之一,即可结束注浆:第一,注浆压力达到注浆终压;第二,注浆压力上升缓慢,当注浆量达到设计要求,并确认未发生跑浆或漏浆。

⑧施工中及时形成注浆记录,通过对注浆记录的统计,认为注浆达到结束标准后,进行开挖,开挖过程中观察浆液的扩散情况,分析存在问题的原因,为下一循环注浆做准备。

⑨每个断面所有注浆管注浆完毕后,对注浆孔实行封密,恢复原状。

6.1.6.3 丰一六区间盾构始发与到达端头加固

1)端头加固方案

盾构进、出洞地基加固采用地面垂直注浆，加固区的范围为隧道上、下、左、右各3.0m，加固长度6.0m，加固后的地基应有良好的均匀性和自立性，其无侧限抗压强度应达到0.8MPa。

由于砂卵石地层中成孔难度较大，孔壁难以自稳，打设注浆孔时采用地质钻机引孔，用黏土+膨润土调成的高浓度泥浆护壁，成孔后在拔出钻杆时，从钻杆中再次注入水泥和膨润土混合料，以防止拔钻过程中塌孔。拔出钻杆后，迅速向孔内插入袖阀管并封闭地表段袖阀管与孔壁之间的缝隙，一个注浆管即告安装完成。

2)主要机械设备

端头加固施工中采用的主要设备见表3-6-2。

端头加固设备表 表3-6-2

序号	机械设备名称	型号规格	数量
1	地质钻机		1台
2	注浆机	XP-20	1台
3	拌浆系统		1套
4	挖掘机		1台
5	空压机		1台

3)注浆加固技术及控制标准

端头加固施工中，注浆加固主要技术参数及控制值见表3-6-3。

注浆技术参数表 表3-6-3

参数内容	控制值	备注
孔径(mm)	ϕ100	
布孔间距(mm)	1000×1000	梅花形布置
扩散直径(mm)	1000～1500	
注浆压力(MPa)	0.15～1.3	
注浆率	约30%	
初凝时间(min)	0.5～2	速凝浆液

注浆加固主要质量控制参数见表3-6-4。

主要质量控制参数表 表3-6-4

施工内容	控制标准	检验方法
孔位偏差(mm)	±20	钢尺检验
孔距偏差(mm)	±100	钢尺检验

4)端头加固效果检测

对加固的土体钻孔取芯进行土工试验，检测其无侧限抗压强度指标。本次设计三个取芯孔，其无侧限抗压强度达到0.8MPa，孔位如图3-6-15所示。

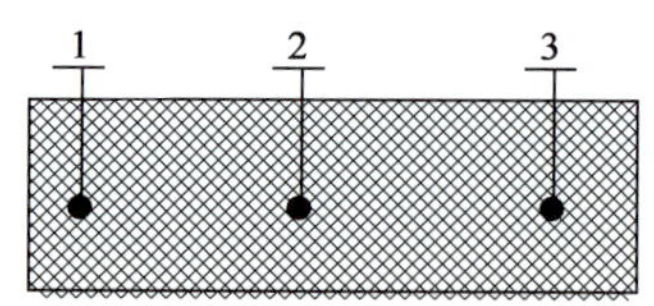

图 3-6-15 钻孔取芯平面示意图

6.1.6.4 军—东区间盾构始发端头加固

(1)工程概况

军—东区间盾构始发端头位于北京市海淀区世纪坛公园绿地内,隧道结构顶板埋深约21m,地层中地下水埋深 13.30～13.80m,含水层为卵石、圆砾⑤层。

盾构始发井开挖范围内地层从上至下依次为杂填土、粉土填土、粉土、粉细砂、卵石圆砾、砾岩、黏土岩等。盾构区间隧道位于砾岩、黏土岩层。

(2)端头加固方案

为了确保端头加固效果,采用地面垂直钻孔,二重管无收缩双液注浆工法对隧道端头土体进行注浆加固处理,通过注浆密实土体间隙,疏干过量水分,从而使浆液与土体形成复合地基,且有一定的抗压强度和支撑保护能力,确保盾构始发施工安全。

始发端头加固区域:隧道轴线方向(纵向)长 6m,宽 12m,厚度 12m,即拱顶以上 3m,洞底以下 3m,左右 3m,加固土体方量 864m^3。接收端头加固区域:隧道轴线方向(纵向)长 8m,宽12m,厚度 12m,即拱顶以上 3m,洞底以下 3m,左右 3m,加固土体方量 1152m^3。端头加固示意如图 3-6-16 和图 3-6-17 所示。

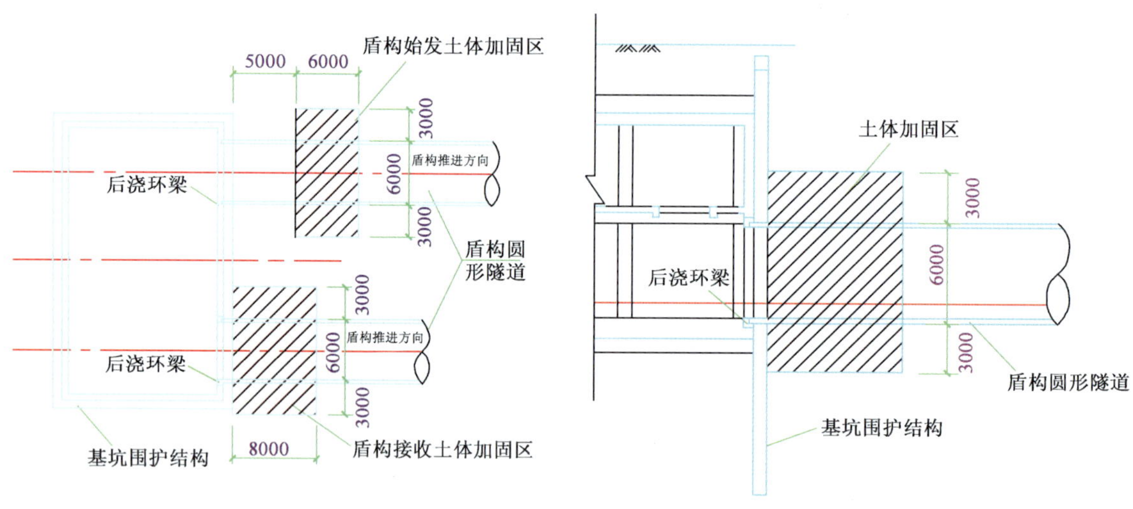

图 3-6-16 端头加固平面图(尺寸单位:mm)　　图 3-6-17 端头加固立面图(尺寸单位:mm)

(3)注浆孔的布置与及注入顺序

根据注浆区域岩土特征结合以往注浆加固施工经验,浆液灌注按 0.75m 扩散半径计算,本工程采用 1m 注浆孔距,平面布孔也采用交联等边三角形布置原则,并遵循布孔原则合理布置注浆孔位。

注入顺序:隧道加固区域将从外围到中心进行施工。

(4)注浆参数

①主要材料配比见表3-6-5。

注浆时，将根据现场实际地质情况选择不同的浆液类型及根据注浆部位不同的强度要求，选择不同的配合比，并适当加入特种材料以满足盾构施工的技术要求及甲方的特殊要求。

主要材料配比表　　表3-6-5

A 液	B 液	C 液
硅酸钠 100L 水　100L	Gs剂　8.5% P剂　4.5% H剂　6.7% C剂　7.1% 水	水泥　42% H剂　4.6% C剂　3.2% 水
200L	200L	200L

注：溶液由A、B液组成；悬浊液由A、C液组成。

②主要参数：

a. 注浆深度：18～30m。

b. 注浆孔直径：42mm。

c. 浆液扩散半径：0.5～0.75m。

d. 浆液凝结时间：20s～30min。

e. 注浆压力：0.3～1.2MPa。

f. 注入率：根据军—东区间岩土工程勘察报告得知注浆加固范围内土层孔隙比，并结合类似工程注浆数据，本工程空隙注填率预计为38%。

6.1.6.5　东—白区间盾构始发与到达端头加固

(1)工程概况

北京市地铁9号线06标东钓鱼台站—白石桥南站区间盾构始发与到达端头区域隧道顶板埋深约18m，地下水类型为潜水，水位高程约为24.00m(埋深16.00m)，含水层为卵石、圆砾⑤层和卵石、圆砾⑦层。端头盾构穿越地层主要为砂卵石，自稳性较差，自稳时间短且易于坍塌。

(2)端头加固方案

采用二重管无收缩双液注浆工法对端头进行加固，本工程盾构始发与接收端头土体注浆加固范围为：隧道轴线方向(纵向)始发、接收均为长6m，宽12m，厚度12m，即拱顶以上3m，洞底以下3m，左右3m。

(3)注浆孔的布置及注入顺序原则

根据注浆扩散半径计算，孔距一般为0.5～1.5m，本工程拟采用0.5～1.0m间距，平面布孔采用交联三角形布置原则，实施时以有关管线勘察部门提供并遵循布孔原则合理布置注浆孔位。

注入顺序：隧道加固区域将从外围到中心进行施工。

(4)注浆参数

注浆施工中主要注浆参数如下:

①钻孔深度:7m。

②注浆深度:从底回抽6m。

③注浆孔直径:42mm。

④浆液扩散半径:0.5m。

⑤浆液凝结时间:20s～5min。

⑥注浆压力:0.3～1MPa。

6.2 开舱检修、换刀关键技术

6.2.1 基本概述

随着地铁建设规模的不断加大,盾构施工技术得到越来越广泛的应用。由于受地层条件及刀具磨损的影响,盾构在掘进隧道施工到一定距离后,刀具及刀盘表面将会磨损,如果不及时进行换刀处理而继续掘进,轻则无法保证正常的掘进效率,重则使盾构无法掘进施工,甚至影响盾构的使用寿命。特别对砂卵石地层而言,由于卵石中石英含量高,盾构掘进过程中刀具磨损严重,因此盾构施工过程中,每隔一定距离必须进行刀盘、刀具的维修、更换。目前常用的换刀模式有带压开舱换刀与不带压开舱换刀两种。带压换刀适用范围广,但技术操作复杂,整个换刀过程必须经过精心的设计与准备。在常压情况下进行换刀,只能在地层比较稳定、无大量地下水涌出、无有毒气体存在的情况下才能进行,否则容易造成安全事故。

6.2.2 盾构停机位置选择原则

盾构在砂卵石地层中长时间掘进对刀具磨损严重,刀具磨损到一定程度,会损坏刀盘面板并且盾构掘进、姿态调整等变得愈发难以调整,甚至盾构无法推进。若盾构在重要建(构)筑物、管线下方进行开舱换刀,长时间的停机不但无法保证地面建(构)筑物及其管线的安全,而且也无法对开舱位置采取地层加固措施,难以保证开舱安全顺利地进行。为此参考盾构砂卵石地层中一次掘进距离的经验,结合现场地面、地下建(构)筑物情况,合理选择盾构停机位置进行主动开舱换刀,可以取得良好的经济效益和工期保障。

6.2.3 土体加固方法的选择

北京砂卵石地层大多卵石颗粒间隙较大,采用带压开舱难以维持土舱压力,无法保证开舱安全,通常采用常压开舱。常压开舱时要保证刀盘前方及上方砂卵石地层的稳定,确保进舱人员的安全,必须对刀盘周围土体进行预加固。

土体加固主要是对地层进行地质改良,使松散土体得到充分填充及密实,形成具有一定支撑保护能力的复合地基,达到加固之目的。确保开舱期间刀盘前方、上方土体稳定,土压力引起部分地层损失在允许范围内,进而保证拱顶上部管线及建筑物的安全。

土体加固技术是盾构法施工的辅助施工技术，常见的有旋喷加固、深层搅拌加固、冷冻法加固和注浆加固等。深层搅拌加固、冷冻法加固不适宜于大粒径无水砂卵石地层，注浆加固由于砂卵石间隙较大，压密注浆使得浆液在地层中漫无目的地扩散，土体加固不均匀，甚至难以形成加固体，故一般采用旋喷法。在砂卵石地层进行旋喷作业需克服成孔、孔壁稳定及旋喷过程中卡钻等困难，采用先机械成孔并安装 PVC 套管护壁再旋喷成桩的工艺效果比较好。

6.2.4　盾构开舱关键技术

6.2.4.1　开舱前准备

(1)盾构停机位置选择原则及土体加固方法选择。

(2)通风设备、照明设备、工器具准备。

(3)通信、水平运输、垂直运输保持畅通。

(4)应急抢险物资、设备准备齐全。

(5)对施工全体人员进行安全技术交底。

6.2.4.2　开舱步骤

(1)停机

盾构正常推进至刀盘进入土体加固区域内，转动螺旋排除舱内土体至舱门以下。

(2)开舱

使用有害气体检测仪检测舱内气体，确认舱内有害气体成分低于规范安全值后，打开舱门。否则，继续通风直至气体检测合格后方可打开舱门，开舱后不得再转动刀盘以避免对周围加固体的扰动，破坏前方掌子面的自稳性。

(3)观察掌子面

由具有丰富施工经验的工程师和工长在舱门口观察刀盘前方土体的自稳性(目测结合撬棍试探)，确认土体加固效果是否良好，自稳性是否达到开舱条件。确认舱内安全后施工人员方可进入舱内工作。

(4)清除舱内土体

转动螺旋出土，确保舱内土体在半舱位置，再次确认掌子面稳定后，在舱内上部搭设临时作业平台，将上半部分刀盘、土舱内泥饼、残留土体清理干净。

(5)检查刀盘、刀具磨损情况

用小铲子由刀盘开口处将刀具附近的土体清理干净，露出前方刀具，用手摸、目测、钢尺测量等手段判断刀具磨损程度。根据观察测量结果形成刀具磨损情况初步判断报告。

(6)判断是否需要更换刀具

根据刀具磨损情况初步判断报告，判定原有刀具能否确保盾构顺利抵达下一换刀预定地点，若能够确保后续段隧道的掘进，则仅对舱内、刀盘等的泥饼等进行清理后即恢复掘进。

若刀具磨损严重，则进行维修、更换刀具施工。

(7)维修、更换刀具

(8)继续出土、清理土舱下部泥饼

刀具检修完成后，继续转动螺旋出土至 1/3 舱内土体，向下搭设作业平台，清理刀盘、舱壁内残留土体等。再次启动螺旋出土直至螺旋不再出土后停止转动螺旋。观察舱内安全后施工人员进入土舱内下部，将下部刀盘、舱壁残留土体清理干净。

(9)关闭舱门、恢复掘进

拆除临时支护及操作平台，最后检查所有材料、机具运出舱外后关闭舱门，完成整个开舱任务。检查各系统的运转情况，恢复正常掘进。

6.2.4.3　开舱安全技术措施

(1)开舱施工期间，围绕开舱位置在地面设置警戒线，警戒线范围为20m×20m(刀盘前后各10m，垂直隧道轴线方向20m)，设专人24h值班，禁止车辆及人员穿行。开舱期间每两小时做一次地面沉降监测。

(2)针对可能出现的降雨情况，沿警戒线设置排水沟，做好降雨期间的排水工作，以减少雨水下渗。

(3)每次进舱前土建工程师确认开挖面的稳定性，确认安全后工作人员方可进入舱内工作。舱内作业过程中，禁止任何无关机械设备运转操作，并且安排专人对刀盘周围情况做密切监视。

(4)在刀盘旋转到位后，必须切断电源，作业人员才可以进入工作面进行刀具检查及更换，电源开关处必须由专人看守并悬挂“严禁合闸”标志。

(5)电气工程师必须在进舱之前检查通信设备是否正常，电线、管线接头部分是否严密、有无防水性，确认无误后方可起用。在舱内安装足够的照明设备，配备应急灯，并在正常照明有故障时能自动打开。应急灯能持续照明至少1h。

(6)人员入舱前，必须认真检查所需的工具、零部件是否带齐。

(7)工作通道要保持顺畅，电瓶车平时要在台车后面待命，始终保持舱内与地面通信、运输的畅通，以便有紧急情况时工作人员能迅速撤离现场。

(8)必须作好舱内的通风换气工作，以保证工作人员在舱内能够正常呼吸。

(9)开舱完成后关闭舱门，恢复掘进，盾构向前掘进6～7环后加强盾尾注浆，填补开舱期间水土流失造成地层的空隙。

6.2.5　盾构换刀关键技术

6.2.5.1　土体加固技术

(1)满足土体强度的要求。

(2)满足稳定性的要求。加固土体的静态稳定，包括施工期稳定性和长期稳定性。加固土体的扰动影响，开舱时振动过大对土体的扰动等。

(3)满足加固(土体)的渗透性要求(特别是水+沙+压力的情况)。

(4)满足加固土体的变形特征要求(土压建立前和土压消失后)。

(5)满足土体扰动极限平衡理论(横向加固)。

6.2.5.2　小竖井施工技术

(1)小竖井参数选择

根据换刀需要确定小竖井的工作尺寸，然后进行小竖井直径、配筋、壁厚、护壁模板选择及安全稳定性验算等。

(2)小竖井施工

首先,测量放线定位小竖井位置施作导台,小竖井开挖、绑扎护壁钢筋、安装模板、浇筑混凝土、养护拆模进行下一循环开挖直至开挖至设计高程。

6.2.5.3　小竖井换刀技术

(1)基本要求

①小竖井施工完成后,检查验收。

②井内通风、气体检测。

③工程师由小竖井进入刀盘前方检查掌子面稳定性。

④工作人员进入清除刀具附着泥土,拆除需要更换的刀具,换刀所需材料、机具由井口运至工作面,安装新的刀具,将废旧刀具、螺栓等装入袋内运出。

⑤值班工程师检查刀具安装质量,如螺栓拧紧、刀具焊接情况。

⑥所有人员撤出,转动刀盘到下一换刀位置,工程师由小竖井进入刀盘前方检查掌子面稳定性。

⑦按照此方法更换所有需要更换的刀具,检查所有机具、材料等运至井外,拆除刀盘前方护壁,刀盘上方回填2m厚黏土并夯实,分层回填级配沙石。

⑧建立土舱压力,恢复正常掘进。

(2)小竖井内换刀安全保证措施

①换刀期间,围绕小竖井位置为中心在地面设置警戒线,警戒线范围为20m×20m,设专人24h值班,禁止车辆及人员穿行。开舱期间每两小时做一次地面沉降监测。

②针对可能出现的降雨情况,井口设置防雨棚,沿警戒线设置排水沟,做好降雨期间的排水工作,以减少雨水下渗。

③每次下井前必须先由土建工程师确认开挖面的稳定性,确认安全后工作人员方可进入工作面工作。

④电气工程师必须在下井之前检查通信设备是否正常,电线、管线接头部分是否严密、有防水性,确认无误后方可起用。在井内安装足够的照明设备,配备应急灯,并在正常照明有故障时能自动打开。应急灯能持续照明至少1h。

⑤人员下井前,必须认真检查所需的工具、零部件是否带齐,换刀期间将拆下的螺栓及其附件放入随身携带的工具袋内,离井前运至井外。

⑥井内整个换刀期间,必须注意刀盘前方土体的变化,如有异常现象,马上停止作业退至井外。待重新建立稳定的支护后,方可进入刀盘前方继续进行换刀工作以确保施工安全。

⑦每换完一批刀具后,由值班机械工程师检查一遍安装质量,并检查是否有漏掉的或者没有固定好的。机械工程师确认无误后方可继续作业。

⑧井口设置护栏,安排专人看守,防止杂物等掉入井内砸伤工作人员,始终保持井口与井底通讯、运输的畅通,以便有紧急情况时工作人员能迅速撤离现场。

⑨必须作好井内的通风换气工作,以保证工作人员在井内能够正常呼吸。井内通风机不工作,作业人员不得使用焊机。

⑩检查更换完毕后,拆除刀盘前方临时护壁,先向小竖井内回填黏土至刀盘上方2m,再回填级配沙石至地面,盾构向前掘进6～7环后加强盾尾注浆。

6.2.6 9号线工程各标段换刀情况

9号线工程各盾构区间施工过程中，先后进行了多次主动与被动开舱换刀，详细情况如表3-6-6所示。

9号线工程盾构区间换刀情况　表3-6-6

序号	区间	线路	长度	换刀位置	换刀方式
1	丰—科	左线	480环	319环	主动
		右线	480环	422环	被动
2	科—南	左线	622环	475环	被动
		右线	622环	273环	主动
3	丰东—丰北	左线	859环	52环	被动
				136环	被动
				387环	主动
				588环	主动
				738环	主动
		右线	904环	56环	主动
				317环	被动
				517环	主动
				772环	主动
4	丰—六	左线	202环	116环	被动
5	军—东	右线	1008环	166环	主动
				315环	主动
				412环	被动
				577环	主动
				634环	主动
				741环	被动

第7章　地层及周边环境变形规律

7.1　地表变形规律理论概述

目前，对于盾构施工引起的地表沉降规律研究，已经取得了重大的研究成果。Peck(1969年)通过对大量地表沉降监测数据及工程资料分析后，首先提出地表沉降槽近似于概率论中的正态分布曲线，即Peck公式。之后经过一系列的修正，Peck公式应用于盾构法隧道施工地表沉降分析；Attewell&Woodwan(1982年)在纵轴方向上将隧道考虑为一系列的点源，叠加由各点所造成的沉降槽，得到纵向沉降曲线。国内专家也对国内地铁盾构施工过程的沉降规律进行了总结，得到了许多具有共性的认识。

7.1.1　横向地表变形理论

隧道开挖引起的横向地表沉降槽曲线(图3-7-1)可以用式(3-7-1)描述。之后一系列修正的Peck公式也可以应用于盾构法隧道施工地表沉降分析。

$$S(x)=S_{\max}\exp\left(-\frac{x^2}{2i^2}\right) \tag{3-7-1}$$

$$S_{\max}=\frac{V}{\sqrt{2\pi}i} \tag{3-7-2}$$

$$i=\frac{Z}{\sqrt{2\pi}\tan(45°-\varphi/2)} \tag{3-7-3}$$

式中：$S(x)$——沉降量(m)；

$S_{\max}$——最大沉降量(m)；

x——距隧道中心线的距离；

i——沉降槽宽度系数(m)，由公式求得或查图表；

V——盾构隧道单位长度地层损失(m^3/m)；

φ——隧道周围地层内摩擦角；

Z——地表至隧道中心深度(m)。

7.1.2　纵向地表变形理论

盾构施工过程中，地表变形经历大致可以分为五个阶段，如图3-7-2所示。

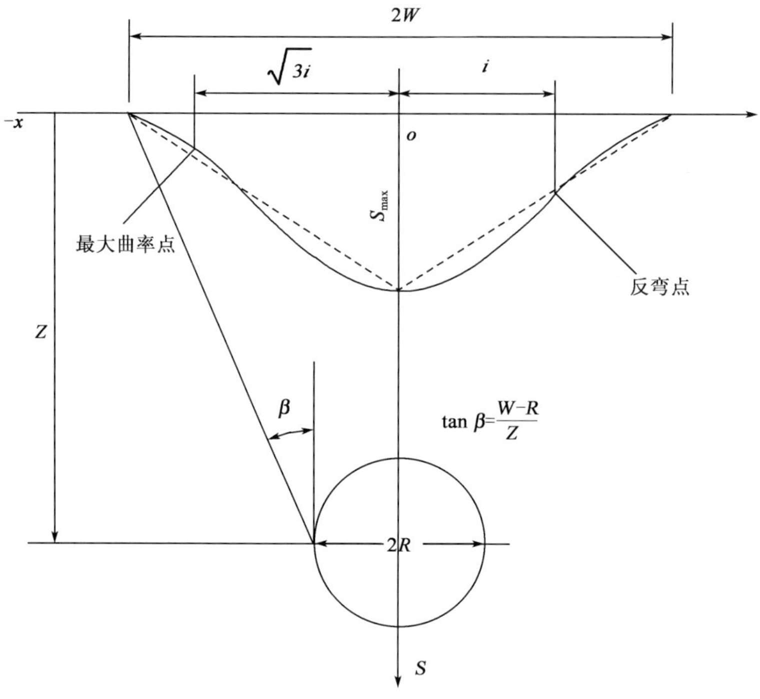

图 3-7-1 Peck 公式描述的地表沉降曲线图

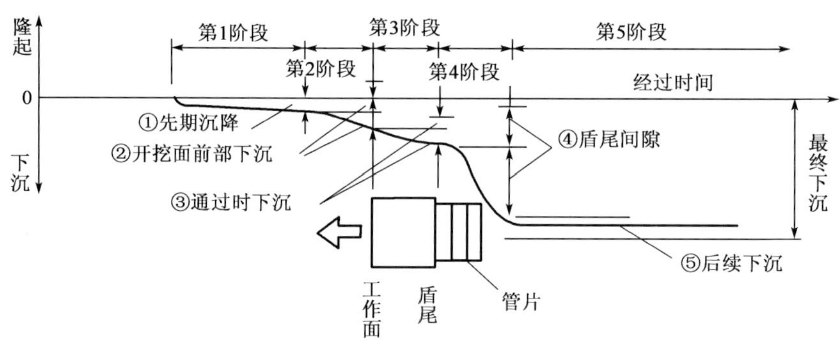

图 3-7-2 盾构施工引起的纵向地表沉降

(1)先期沉降:指自隧道开挖面距地面观测点还有相当距离(数十米)的时候开始,直到开挖面到达观测点之前所产生的沉降,是随着盾构掘进引起地下水位降低而产生的。因此,这种沉降可以说是由于孔隙水压降低、土体有效应力增加而产生的固结沉降。

(2)开挖面前方地表变形:指自开挖面距观测点极近(约几米)时起直至开挖面位于观测点正下方之间所产生的沉降或隆起现象。主要是由于盾构对开挖面土层施加的支护压力过大或过小,致使开挖面失去平衡状态,从而发生地表变形。

(3)盾构通过时地表变形:指从开挖面到达观测点的正下方之后直到盾构尾部通过观测点为止这一期间所产生的沉降,主要是土的扰动所致。

(4)盾构尾部脱离时变形:指盾构的尾部通过观测点正下方之后所产生的沉降或隆起。是盾尾间隙的土体应力释放或注浆加压而引起土体的弹塑性变形。

(5)后续沉降:指固结和蠕变残余变形沉降,主要是地基扰动和有效应力增大所致。

Attewell&Woodwan(1982 年)在纵轴方向上将隧道考虑为一系列的点源,叠加由各点所造成的沉降槽,得到纵向沉降曲线,如假设各点沉降符合正态分布,则纵向沉降可由公式给出:

$$S(y) = S_{\max} \frac{\phi(y)}{i} \tag{3-7-4}$$

式中:y——纵坐标,为累计概率曲线。

$$\phi(y) = \frac{1}{i}\int_{-\infty}^{y} e^{\frac{y^2}{2i^2}} \mathrm{d}y \tag{3-7-5}$$

7.1.3　沉降历时规律

通常对于盾构施工引起的地表沉降的历时关系,大多通过施工阶段的隧道中线地表位移来反映。国内外的理论或经验公式的地表沉降计算一般不考虑固结与蠕变产生的沉降。

目前,一般采用双曲线模型模拟隧道中线地表沉降的历时关系。土压平衡盾构隧道中线地表沉降历时关系式可以由式(3-7-6)表示。

$$S(t) = \frac{t}{a + bt} \tag{3-7-6}$$

式中:$S(t)$——t 时刻隧道中线上最大地表沉降值(mm);

a、b——回归参数,不同地层、不同隧道,取值不同;

t——历时时间(d),一般取盾构开始引起地表沉降开始计算,取管片脱出盾尾一周的时间,所得回归方程的计算值与实测值较接近。

由式(3-7-6)可知,当时 $t=0$ 时,$S=0$。所以,在建立地层沉降历时关系的双曲线模型方程时,数据统计值的起点在理论上应为地层隆起转为沉降的临界点。在盾构掘进过程中产生的沉降,由于注浆等施工对地层的扰动,地表初期沉降较为复杂,而且沉降变化波动较大,往往导致回归方程离散。根据有关资料分析,如果统计值的起点取为管片脱出盾尾一周的时间,所得回归方程的计算值与实测值较接近。同时通过计算分析发现,随着时间的推移,地层沉降趋于稳定,回归方程的计算值越来越接近实际观测值,说明地表沉降历时关系的双曲线模型表示地表的后续沉降更合适,即固结与次固结沉降,与盾构施工阶段的地表沉降历时曲线相结合,即可以较全面反映盾构施工引起的地表沉降历时关系的全过程。

7.2　地表变形规律分析

7.2.1　横向地表变形分析

根据监测结果,本节以 02 标丰—科区间、03 标丰东—丰北区间、06 标东—白区间典型横断面为分析对象,分析砂卵石地层地表横向变形规律,具体如下:

(1)02 标丰—科区间

丰—科区间主要风险工程为盾构下穿南四环路，该处地表监测点布置较多，也是地表沉降控制重点，选取左线里程 K2+349 横断面（左线 439 环）为分析对象，地表沉降监测点布置及沉降槽曲线如图 3-7-3 和图 3-7-4 所示。

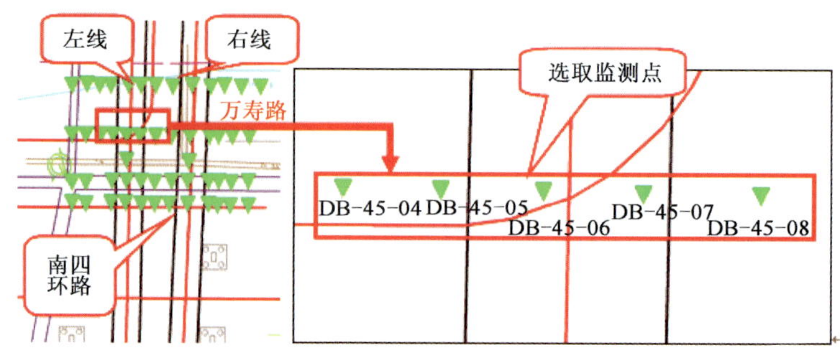

图 3-7-3　丰—科区间典型横截面监测点布置图

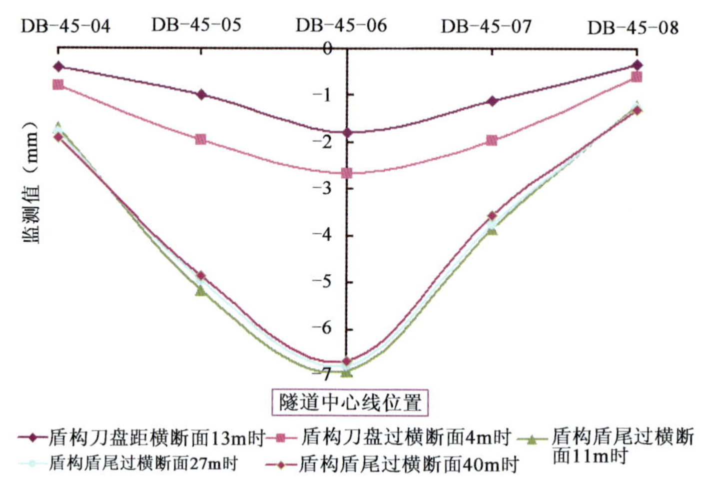

图 3-7-4　丰—科区间左线 K2+234 典型横断面沉降槽曲线

（2）03 标丰东—丰北区间

标丰东—丰北区间主要风险工程为盾构下穿丰台北路及高架桥，该处监测点布置较多，也是沉降控制重点，但是该区域地处交通要道，地表测点不容易布置，因此，该区域的地表和地层变形规律通过管线测点的变形规律来反映，选取左线里程 K6+267 横断面（左线 824 环）为分析对象，沉降监测点布置及沉降槽曲线如图 3-7-5 和图 3-7-6 所示。

（3）06 标东—白区间

东—白区间右线下穿首体南路过街天桥为重点风险工程，该处地表监测点布置较多，也是地表沉降控制重点，选取右线里程 K14+586 横断面（右线 268 环）为分析对象，地表沉降监测点布置及沉降槽曲线如图 3-7-7 和图 3-7-8 所示。

从上述典型断面横向沉降曲线及监测数据整理分析可得出如下结论：

（1）砂卵石地层中沉降量一般不大。通过监测数据整理及曲线形态拟合，正常情况下，盾构单次施工（不考虑二次沉降）引起最大沉降一般在 12mm 内。

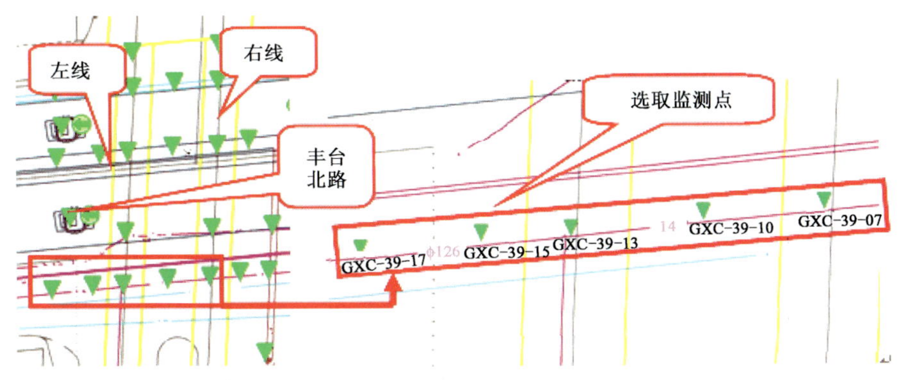

图 3-7-5 丰东—丰北区间典型横截面监测点布置图

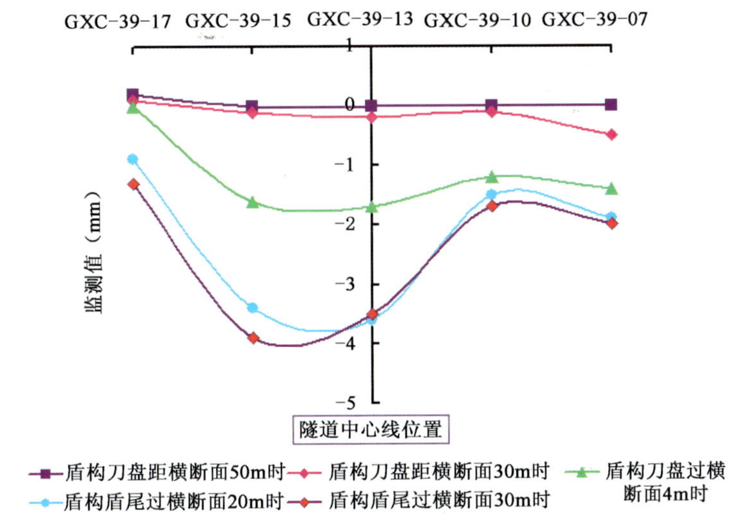

图 3-7-6 丰东—丰北区间左线 K6+267 典型横断面沉降槽曲线

(2)沉降最大值一般发生在线路中心，两侧沉降越来越小，根据实测数据及曲线形态拟合可以估算盾构法隧道影响范围为 1～1.5 倍隧道埋深。

(3)盾构刀盘未到达监测断面时的沉降较小，基本在 1mm 以内；盾构通过当天，发生突然沉降，沉降量在 2～4mm 之间；盾尾通过后发生沉降，沉降量在 2～5mm 之间，盾尾通过约 40m 后沉降量基本趋于稳定。因此在盾构通过测点时及盾尾拖出后沉降是沉降控制重点。

7.2.2 纵向地表变形分析

根据监测结果，本节以 02 标丰—科区间、02 标科—南区间、03 标丰东—丰北区间、04 标丰—六区间、06 标东—白区间典型测点为分析对象，分析砂卵石地层地表纵向变形规律，具体见图 3-7-9～图3-7-17。

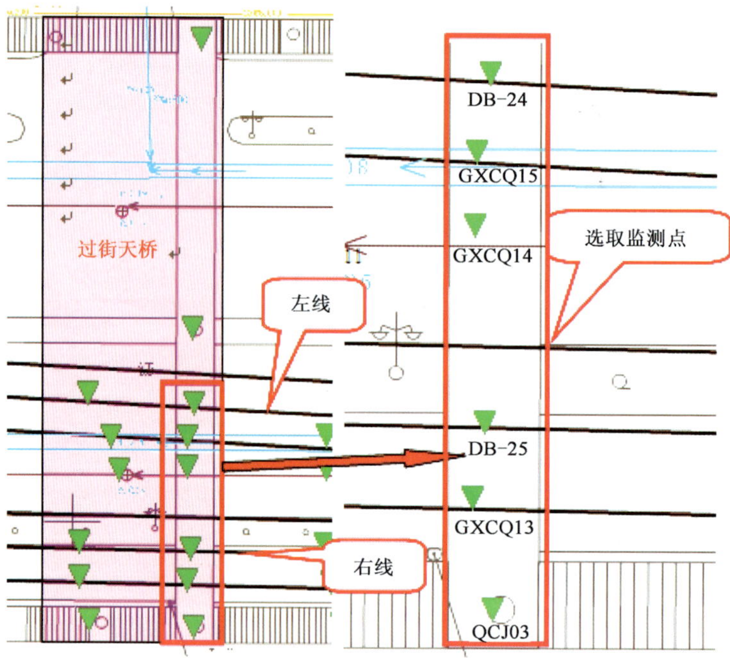

图 3-7-7　东一白区间典型横截面监测点布置图

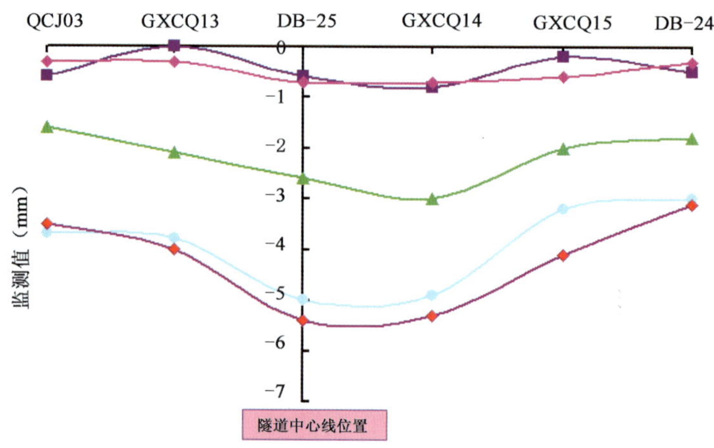

图 3-7-8　东一白区间右线 K14＋586 典型横断面沉降槽曲线

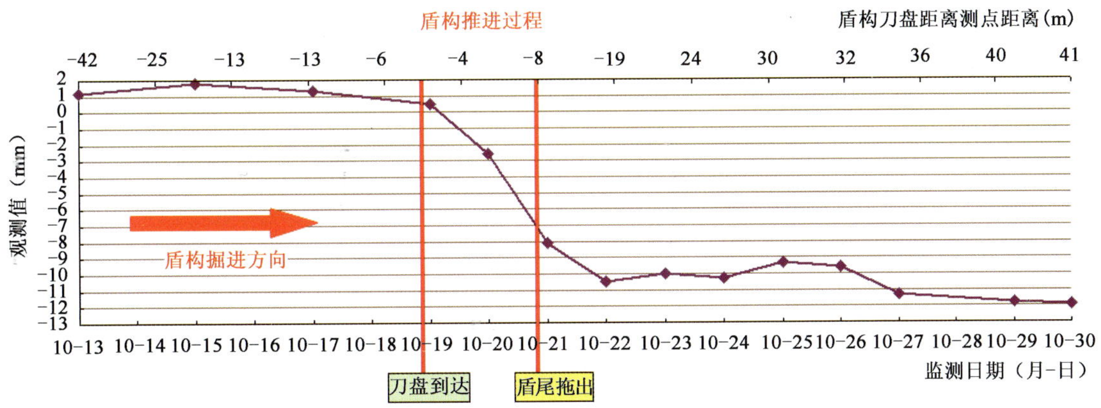

图 3-7-9 02 标丰—科区间右线典型监测点 DB-09-02 沉降曲线

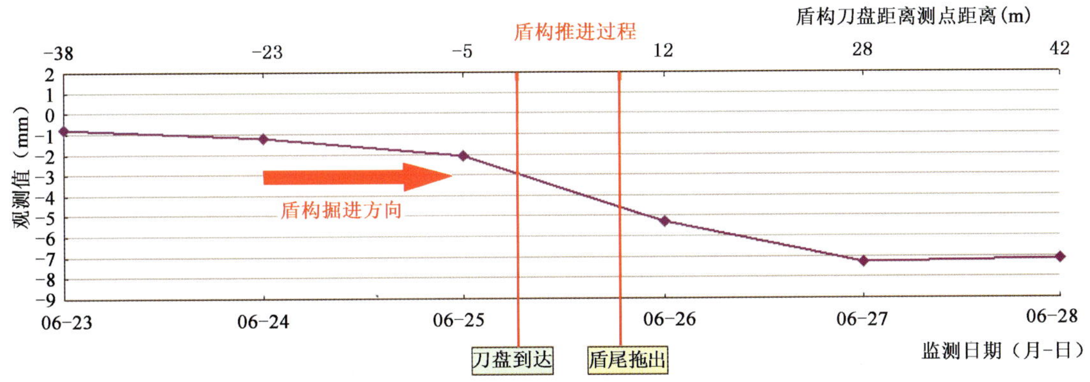

图 3-7-10 02 标丰—科区间左线典型监测点 DB-45-06 沉降曲线

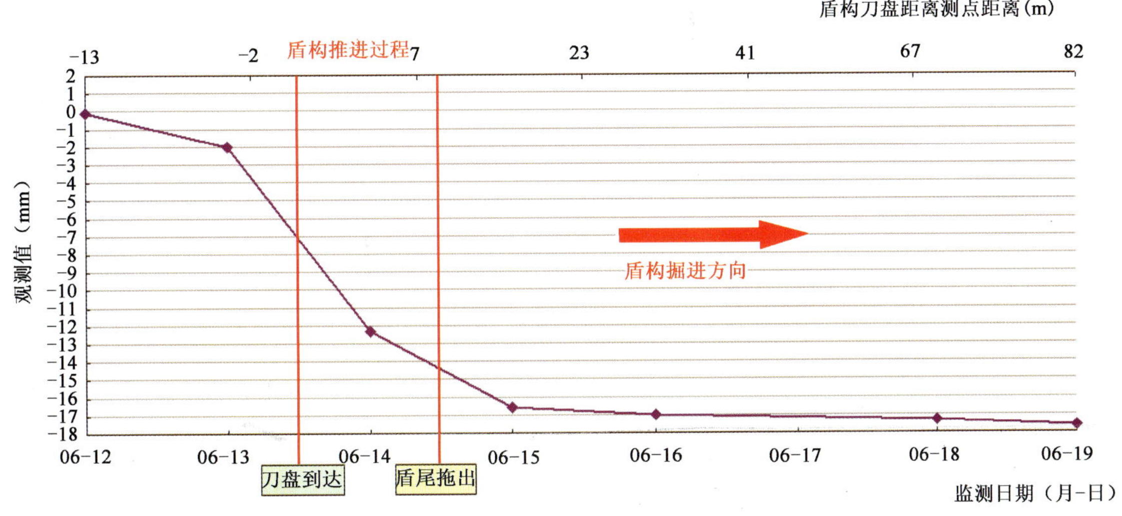

图 3-7-11 02 标科—南区间右线典型监测点 DB09 沉降曲线

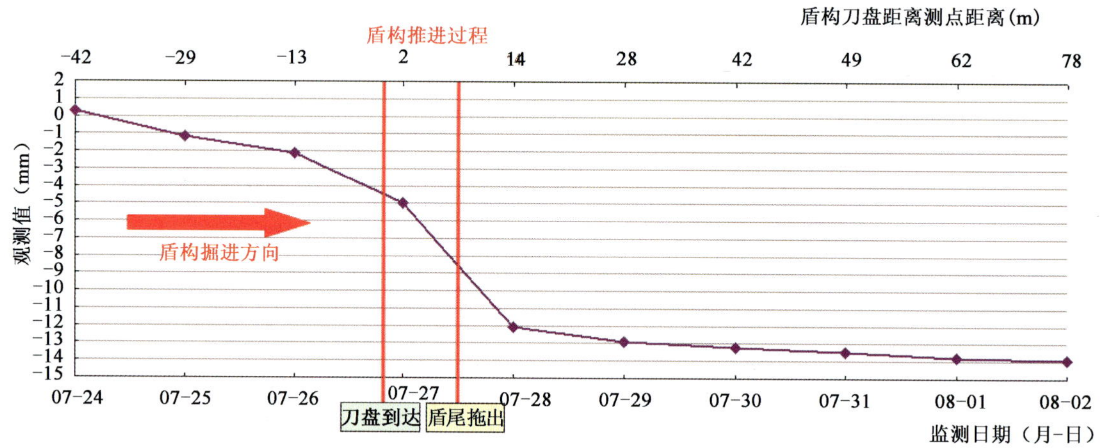

图 3-7-12 02 标科—南区间右线典型监测点 DB44 沉降曲线

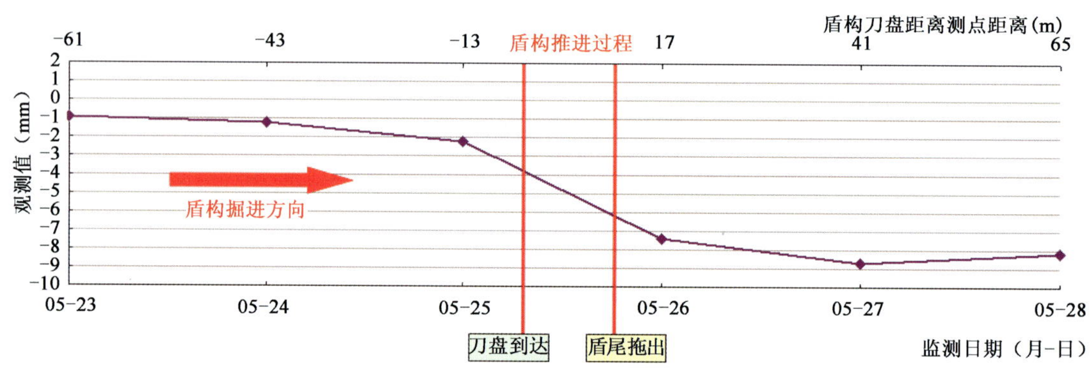

图 3-7-13 03 标丰东—丰北区间左线典型监测点 DB-24-13 沉降曲线

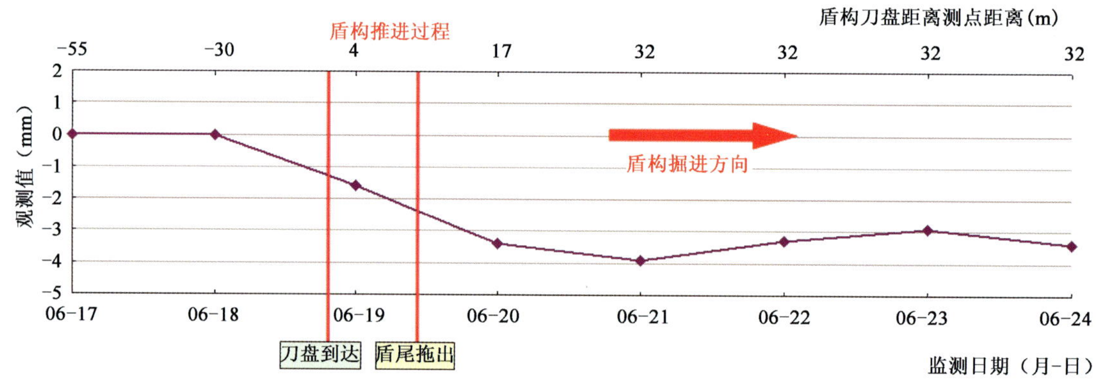

图 3-7-14 03 标丰东—丰北区间左线典型监测点 GXC-39-15 沉降曲线

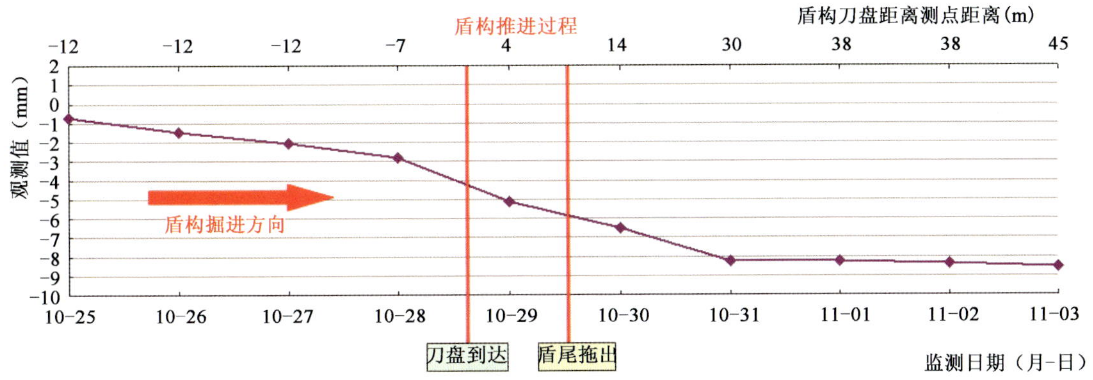

图 3-7-15 04 标丰—六区间右线典型监测点 JCJ-41 沉降曲线

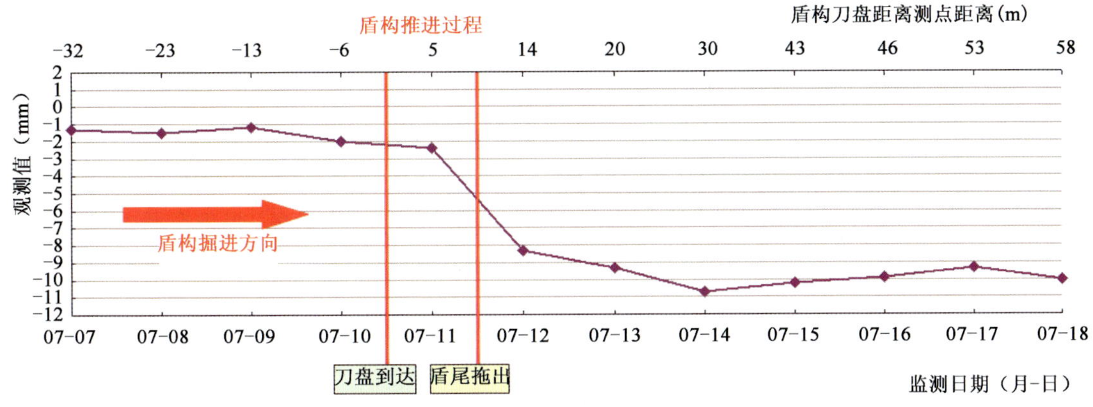

图 3-7-16 06 标东—白区间右线典型监测点 DB43 沉降曲线

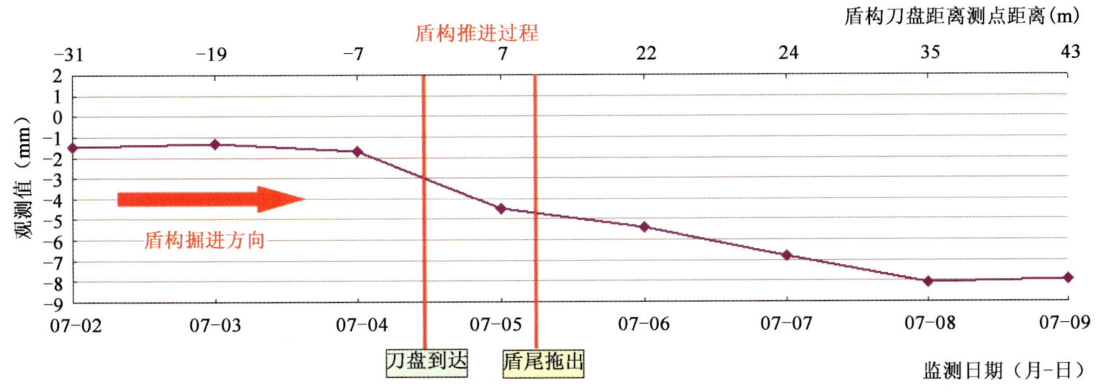

图 3-7-17 06 标东—白区间右线典型监测点 GXC20 沉降曲线

从上述图表分析可知，盾构推进过程中沉降测点变形规律显著。盾构通过当天，盾构上方测点下沉明显，达到沉降总量的 40%～70%，且单日速率较大；盾尾拖出后，仍有部分沉降，且部分测点沉降较大，可达到总沉降的 30%～60%；盾尾拖出测点 10～50m(即 1～3d)仍有部分后续沉降，但沉降较小，占沉降总量的 5%～20%；盾构盾尾拖出测点 50m(3～5d)，沉降基本趋于稳定。

第8章　施工进度对比分析

8.1　不同刀盘结构形式盾构施工进度对比分析

由盾构选型情况可知，北京地铁9号线02标丰—科区间和科—南区间采用新购德国海瑞克土压平衡盾构(S488，ϕ6.26m)进行施工，盾构配置面板式刀盘，开口率约为42%；9号线03标丰东—丰北区间采用由日本石川岛生产的加泥式土压平衡盾构，盾构配置辐条式刀盘，开口率约为54%。本文以两种不同刀盘结构形式土压平衡盾构为研究对象，着重分析其在北京地铁9号线砂卵石地层中掘进过程中的施工进度，为将来类似地层盾构选型及适用性分析提供参考。

8.1.1　面板式土压平衡盾构施工进度分析

8.1.1.1　丰—科区间施工进度概况

1)总进度控制情况

根据工程合同文件要求9号线02标开工日期为2007年4月1日，竣工日期为2010年10月31日，合同工期总日历天数为1310d。

由于拆迁、征地等前期工作未按原计划时间完成，根据项目管理公司下发的《地铁9号线整体工程筹划》等文件要求，对本合同段工程工期进行调整，调整后丰台科技园站—科怡路站区间关键点控制时间为：

(1)左线2009年2月15日开始盾构吊装，2009年3月17日盾构始发掘进，2009年6月12日左线隧道贯通。

(2)2009年6月15日至2009年7月29日，盾构掉头。

(3)右线2009年7月30日盾构开始始发掘进，2009年10月12日隧道贯通后，盾构解体退场。

实际施工过程中，盾构掘进进度控制情况如下：

(1)左线隧道：2009年3月15日盾构从丰台科技园站始发，2009年7月13日到达科怡路站，左线隧道贯通。

(2)右线隧道：盾构在科怡路站掉头以后，2009年8月25日从科怡路站始发，2009年12

月 13 日到达丰台科技园站后，实现双线贯通。整体掘进进度情况如图 3-8-1 所示。

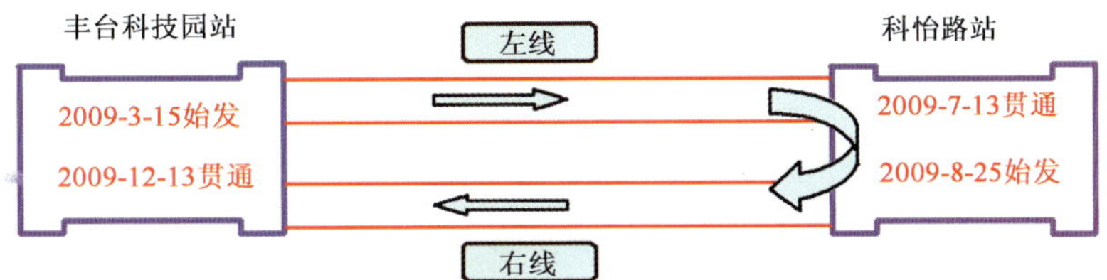

图 3-8-1 丰—科区区间盾构施工总体进度图

2)详细进度控制情况

丰—科区间左右两线均为 480 环，如图 3-8-2 所示，其中：

(1)左线隧道：盾构 2009 年 3 月 15 日正式始发，2009 年 7 月 12 日刀盘顶上接收井围护结构，盾构掘进历时 120d，平均速度 4 环/d、120 环/月，最大速度 14 环/d、173 环/月。

(2)右线隧道：盾构 2009 年 8 月 18 日正式始发，2009 年 12 月 7 日刀盘顶上接收井围护结构，历时 112d，平均速度 3.5 环/d、139 环/月，最大速度 13 环/d、232 环/月。

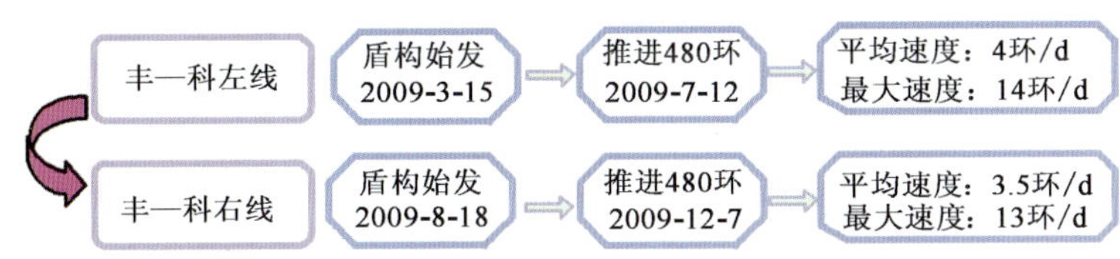

图 3-8-2 丰—科区间盾构详细推进图

9 号线 02 标盾构掘进进度统计见表 3-8-1。

9 号线 02 标盾构掘进进度统计表 表 3-8-1

标段	区间	线路	每日环数(环)		每月环数(环)		总时间(d)
			最大	平均	最大	平均	
02 标	丰—科	左线	14	4	173	120	120
		右线	13	3.5	232	139	112
	科—南	左线	14	5.9	267	163	105
		右线	14	8.6	278	271	64

3)盾构进度参数控制情况

盾构推进速度与贯入度不仅反映了盾构掘进效能的两个重要指标，而且能较好地反映盾构设备的地层适应性特征。图 3-8-3 和图 3-8-4 为丰—科区间面板式土压平衡盾构在砂卵石地层中掘进时推进速度及贯入度随时间的变化规律曲线。由图可知，盾构推进速度及贯入度随推进时间不断变化，数值波动较大，平均推进速度 10～30mm/min，平均贯入度为 15～35mm，且经常出现推进速度和贯入度为零的情况。

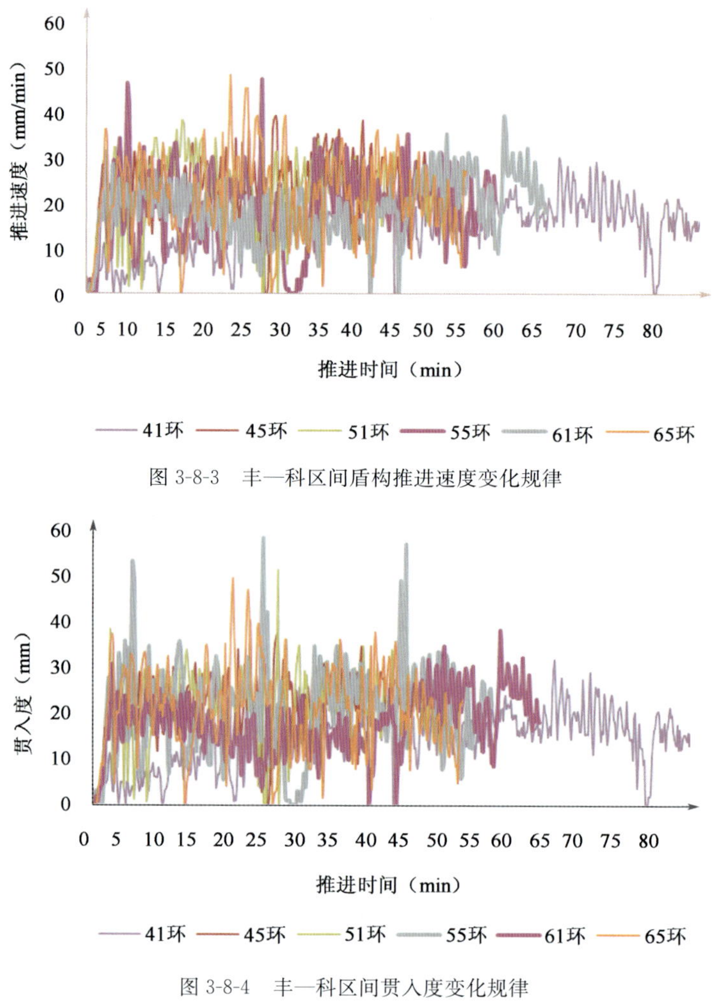

图 3-8-3 丰—科区间盾构推进速度变化规律

图 3-8-4 丰—科区间贯入度变化规律

8.1.1.2 科—南区间施工进度概况

1)总进度控制情况

丰—科区间盾构隧道双线贯通后,盾构将被运至科怡路站进行科—南区间盾构掘进,实际进度(图 3-8-5)如下:

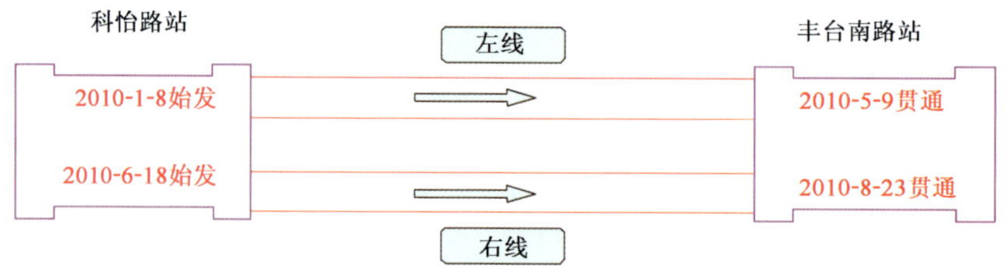

图 3-8-5 科—南区区间盾构施工总体进度图

(1)左线隧道:2010 年 1 月 8 日盾构从科怡路站始发,2010 年 5 月 9 日盾构到达丰台南路站,实现左线隧道贯通。

(2)右线隧道:左线隧道贯通后,将盾构转场运回科怡路站,进行右线掘进,2010 年 6 月 18 日盾构从科怡路站始发,2010 年 8 月 23 日到达丰台南路站,实现双线贯通。

2)详细进度控制情况

如图 3-8-6 和表 3-8-1 所示,科—南区间左右两线均为 622 环,其中:

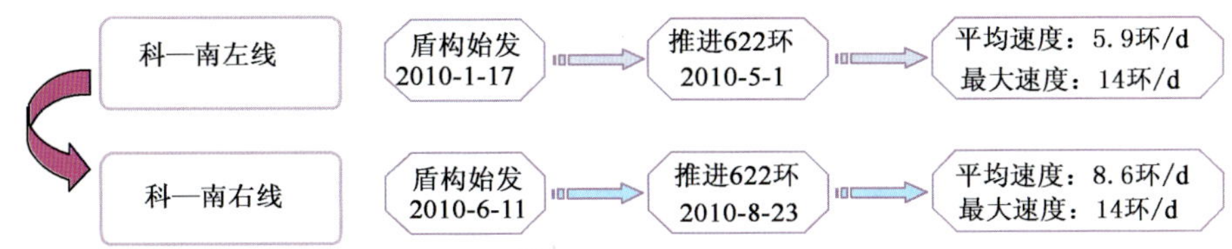

图 3-8-6　科—南区间盾构详细推进图

(1)左线隧道:盾构 2010 年 1 月 17 日正式始发,2010 年 5 月 1 日刀盘顶上接收井围护结构,历时 105d,平均速度 5.9 环/d、163 环/月,最大速度 14 环/d、267 环/月。

(2)右线隧道:盾构 2010 年 6 月 11 日正式始发,2009 年 8 月 23 日刀盘顶上接收井围护结构,历时 64d,平均速度 8.6 环/d、271 环/月,最大速度 14 环/d、278 环/月。

3)盾构进度参数控制情况

科—南区间盾构推进速度及刀具贯入度的变化规律与丰—科区间类似,推进速度在 0～45mm/min 之间波动,平均推进速度约 23mm/min;贯入度在 0～43mm 波动,平均贯入度约 22mm;整个推进过程中时有无推进速度和贯入度的情况发生,如图 3-8-7 和图 3-8-8所示。

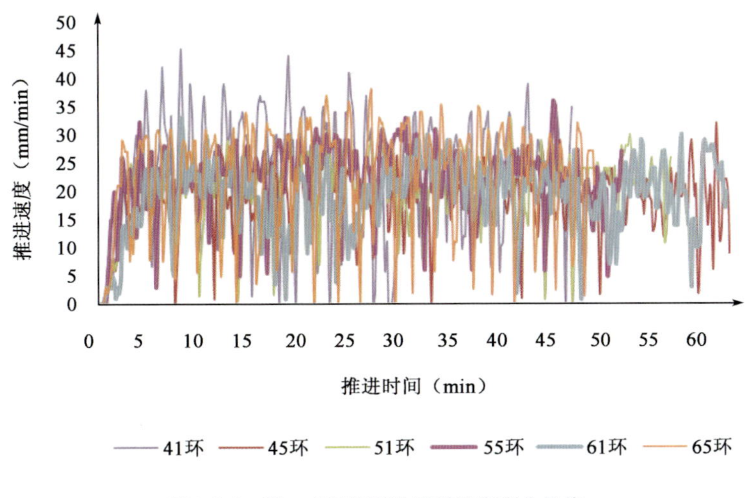

图 3-8-7　科—南区间盾构推进速度变化规律

8.1.2　辐条式土压平衡盾构施工进度分析

8.1.2.1　总进度控制情况

北京地铁 9 号线 03 标丰台东大街站—丰台北路站,左线隧道长 1020m,858 环,右线长 1070m,902 环,双线共计 2112m,1760 环。计划开工日期为 2011 年 1 月 26 日,计划竣工日期为 2011 年 6 月 1 日。

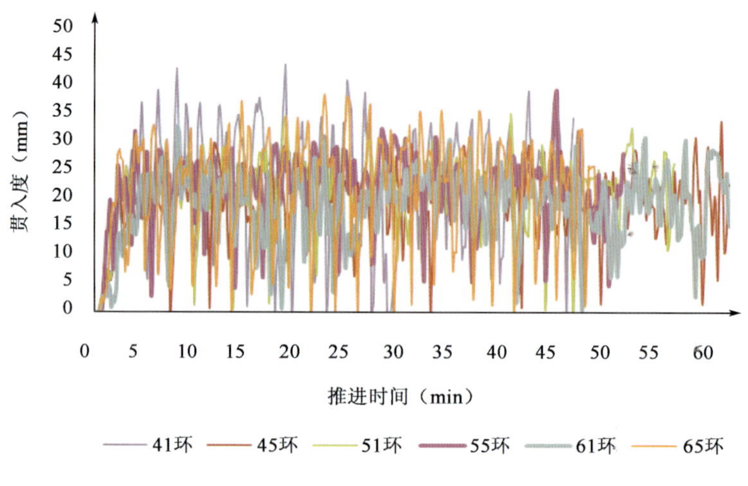

图 3-8-8　科—南区间贯入度变化规律

本工程的施工部署原则是“以盾构始发井为主要施工场地，围绕盾构掘进工作统筹安排，其他部位与盾构施工平行作业”。本工程一共分为六个施工阶段。

(1)第一阶段：2011 年 1 月 26 日至 2011 年 2 月 15 日，盾构进场组装，主要进行盾构井内设施安装、盾构下井组装调试。

(2)第二阶段：2011 年 2 月 16 日至 2011 年 4 月 16 日，盾构左线施工。

(3)第三阶段：2011 年 4 月 17 日至 2011 年 5 月 30 日，盾构解体吊出。

(4)第四阶段：2011 年 2 月 26 日至 2011 年 3 月 15 日，右线盾构组装，主要进行盾构井内设施安装、盾构下井组装、调试。

(5)第五阶段：2011 年 3 月 16 日至 2011 年 5 月 16 日，盾构右线施工，本阶段主要是盾构掘进施工。

(6)第六阶段：2011 年 5 月 17 日至 2011 年 6 月 1 日，盾构解体清理交验，本阶段主要进行现场清理、竣工验收。

实际施工进度控制情况如下：

(1)左线隧道：2011 年 2 月 21 日盾构从丰台东大街站始发，2011 年 6 月 20 日到达丰台北路站，左线隧道贯通。

(2)右线隧道：2011 年 3 月 23 日另一台盾构从丰台东大街站始发，2011 年 7 月 12 日到达丰台科技园站后，实现双线贯通。整体掘进进度情况如图 3-8-9 所示。

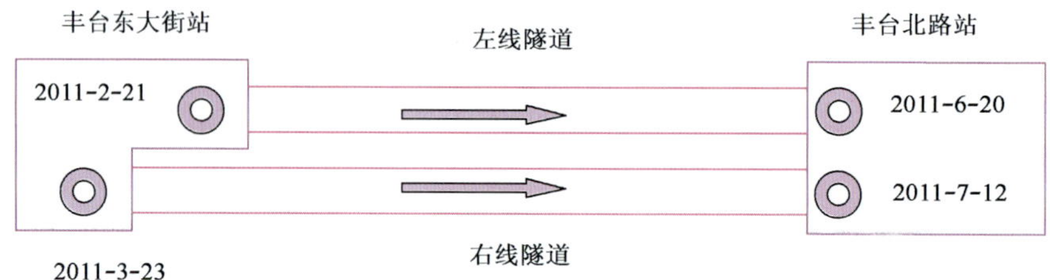

图 3-8-9　丰东—丰北区间盾构施工总体进度图

8.1.2.2 详细进度控制情况

1)区间进度分析

如图3-8-10与表3-8-2所示,丰东—丰北盾构区间左线850环,左线盾构2011年2月21日始发,2011年6月20日刀盘顶上接收井围护结构,历时121d,平均速度7.0环/d、214环/月,最大速度31环/d、451环/月。右线盾构2011年3月23日正式始发,2011年7月12日刀盘顶上接收井围护结构,历时112d,平均速度8.0环/d、239环/月,最大速度36环/d、367环/月。

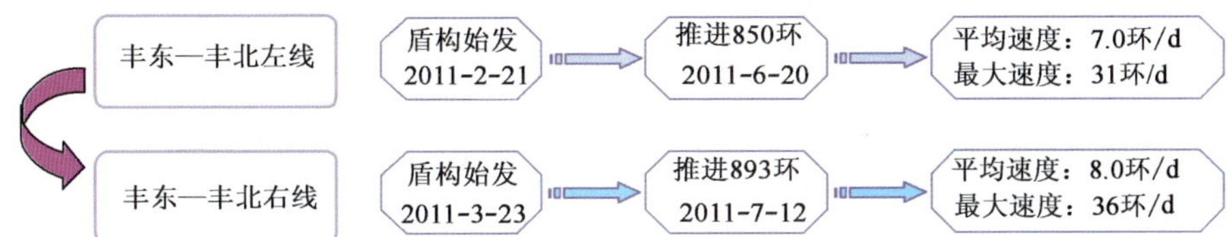

图3-8-10 丰东—丰北区间盾构进度图

9号线盾构区间盾构掘进进度统计表 表3-8-2

标 段	区 间	线 路	每日环数(环)		每月环数(环)		总时间(d)
			最 大	平 均	最 大	平 均	
03标	丰东—丰北	左线	31	7.0	451	214	121
		右线	36	8.0	367	239	112

2)某特定段进度分析

根据盾构施工进度情况,分别从左右线隧道取两区段进行详细进度分析:

(1)左线隧道:2011年2月21至2011年5月10日

2011年2月21日盾构始发,2011年5月10日盾构掘进至371环,平均速度4.7环/d,最大速度36环/d,详细施工进度情况如图3-8-11所示。从表3-8-3及图3-8-12可知,正常掘进时间只占了工期的32.9%,被动换刀占了工期的56.96%。因此,本阶段被动换刀所消耗的时间成为影响盾构工期的主要因素,施工过程中应有预见性地确定换刀地点,提前做好换刀竖井,适时地进行主动检修和换刀能够有效节省工期,加快工程进度。

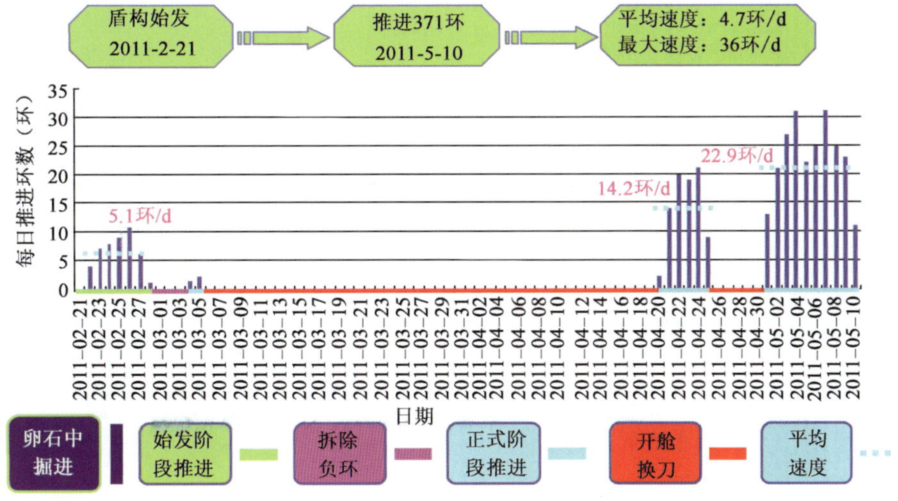

图3-8-11 丰东—丰北区间左线某区段详细进度情况

丰东—丰北区间左线某区段进度比例表　　表 3-8-3

施工阶段		天　数（d）	所占比例(%)
正常掘进		26	32.9
拆除负环		3	3.79
刀盘、刀具检修更换	第一次被动换刀(竖井)	45	56.96
	第二次主动换刀(竖井)	5	6.35

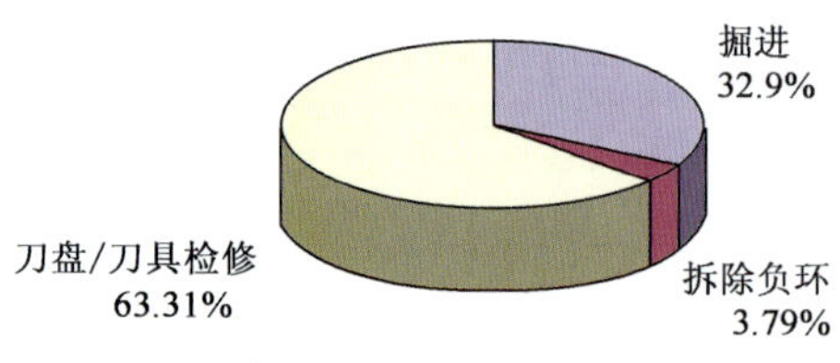

图 3-8-12　丰东—丰北区间左线某区段进度比例图

(2)右线隧道:2011 年 3 月 23 盾构始发到 2011 年 5 月 10 日

2011 年 3 月 23 日盾构始发,2011 年 5 月 10 日盾构掘进至 317 环,平均速度 6.47 环/d,最大速度 31 环/d,详细施工进度情况如图 3-8-13 所示。从表 3-8-4及图 3-8-14 可知,正常掘进时间占工期的 46.9%,第二次主动换刀占了工期的 46.94%。第二次主动换刀时间成为影响本区段盾构工期的主要原因,通过调查可知,第二次主动换刀的时间较长,主要源于现场施工安排不尽合理。由于施工场地条件的限制,很难满足两台盾构同时正常施工,实际上左右线盾构交替施工情况占多数。因此,对于左右两线盾构前后掘进时,应合理布置好施工场地,避免产生交替影响。

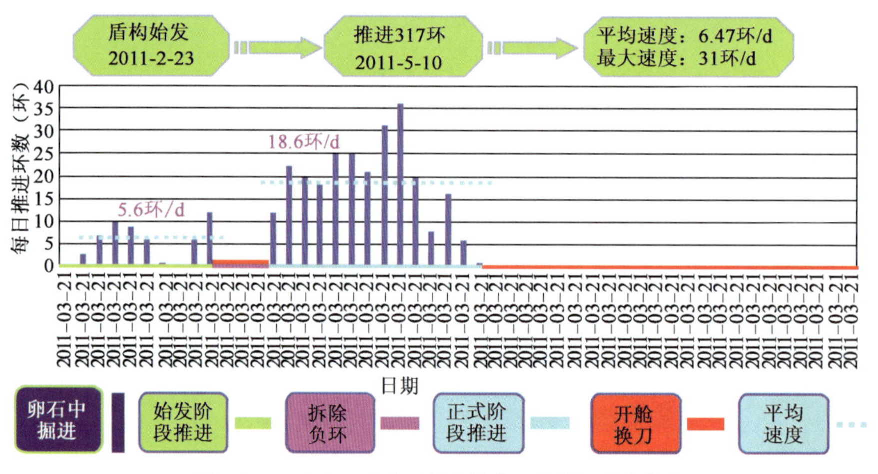

图 3-8-13　丰东—丰北区间右线某区段详细进度情况

丰东—丰北区间左线某区段进度比例表　　表 3-8-4

施工阶段		天　数（d）	所占比例(%)
正常掘进		26	46.9
拆除负环+第一次主动换刀		3	6.12
刀盘、刀具检修/更换	第二次主动换刀(竖井)	23	46.94

从盾构正常掘进阶段施工进度情况可知,见表 3-8-5及表 3-8-6,影响盾构在卵石地层中掘进速度的主要因素有刀盘、刀具检修、换刀、渣土改良等,净掘进速度并不慢,如果能够减少上述因素的影响,加快盾构速度,缩短工期是可能的。

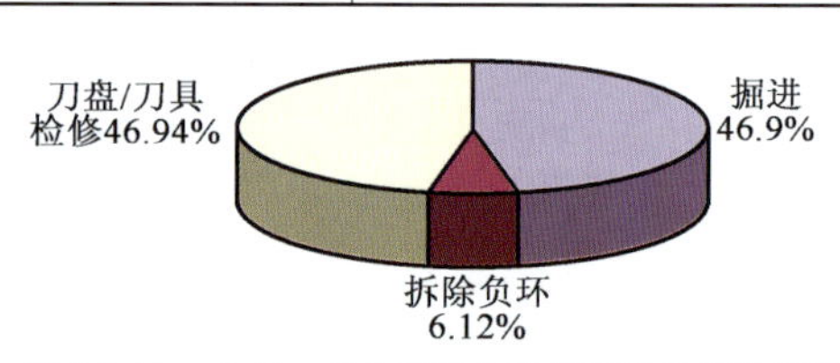

图 3-8-14　丰东—丰北区间右线某区段进度比例图

丰东—丰北区间左线某区段正常掘进阶段进度表　　表 3-8-5

穿越地层	环数	平均速度	最大速度	正常掘进速度	
卵石	1～365 环	4.6 环/d	31 环/d	第一次被动换刀前(45d)	5.1 环/d
				第一次被动换刀后(3d)	14.2 环/d
				第二次主动换刀后(5d)	22.9 环/d

丰东—丰北区间右线某区段正常掘进阶段进度表　　表 3-8-6

穿越地层	环数	平均速度	最大速度	正常掘进速度	
卵石	1～317 环	6.5 环/d	36 环/d	第一次被动换刀前(3d)	5.6 环/d
				第二次主动换刀后(23d)	18.6 环/d

3)盾构进度参数控制情况

相比面板式土压平衡盾构在砂卵石地层中掘进的情况，开口率较大的辐条式土压平衡盾构掘进效率明显高很多，盾构掘进效率约为面板式土压平衡盾构的 3 倍。丰东—丰北区间盾构现场掘进试验结果显示：盾构推进速度 18～78mm/min，平均值约 67mm/min；盾构贯入度 20～89mm，平均值约 75mm，如图 3-8-15 和图 3-8-16 所示。

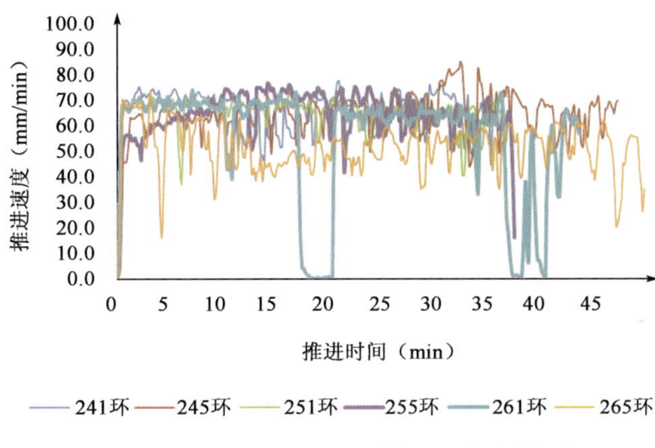

图 3-8-15　丰东—丰北区间盾构推进速度变化规律

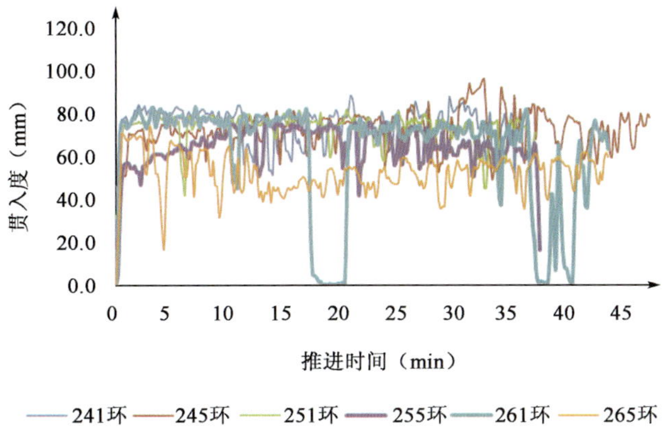

图 3-8-16　丰东—丰北区间盾构贯入度变化规律

8.1.3 总结

由上述面板式和辐条式两种典型土压平衡盾构在砂卵石地层的掘进进度分析情况可知，辐条式土压平衡盾构的施工效率明显要高于面板式土压平衡盾构，辐条式土压平衡盾构的掘进效率约为面板式土压平衡盾构的3倍，采用辐条式刀盘的土压平衡盾构对整体工期的控制更为有利。同时，在进度显著提高的同时，辐条式土压平衡盾构在盾构关键参数(土压、刀盘扭矩及盾构推力)和地表沉降的控制也明显要优于面板式盾构。综上所述，在北京地铁9号线大粒径砂卵石地层盾构施工表明：辐条式土压平衡盾构比面板式土压平衡盾构地层适应性更好，对工程施工更为有利。

8.2 土体改良对盾构施工进度的影响分析

8.2.1 丰—六区间工程进度概述

1)总进度控制情况

北京地铁9号线04标丰台北路站—六里桥站左线隧道采用盾构法与矿山法相结合的修建模式，盾构隧道长242m，约202环。

盾构法隧道计划工期如下：

(1)2010年5月28日至2010年5月31日，场地布置。

(2)2010年6月1日至2010年6月15日，盾构下井组装。

(3)2010年6月16日至2010年12月31日，盾构施工。

实际施工过程中，盾构隧道进度如下：

2010年6月15日盾构始发，2010年11月4日盾构到达接收井，如图3-8-17所示。

图3-8-17 丰—六区间盾构施工总体进度图

2)详细进度控制情况

(1)区间进度分析

如图3-8-18所示，丰—六区间左线盾构隧道202环，盾构2010年6月15日从丰台南大街站始发，2011年11月4日刀盘顶上接收井围护结构，历时141天，平均速度1.3环/d、37环/月，最大速度14环/d、59环/月。

图3-8-18 丰—六区间盾构进度图

(2)某特点区段进度分析

2010 年 6 月 15 日盾构始发，2010 年 9 月 28 日盾构掘进至 93 环，平均速度 0.9 环/d，最大速度 5 环/d，详细施工进度情况如图 3-8-19 所示。

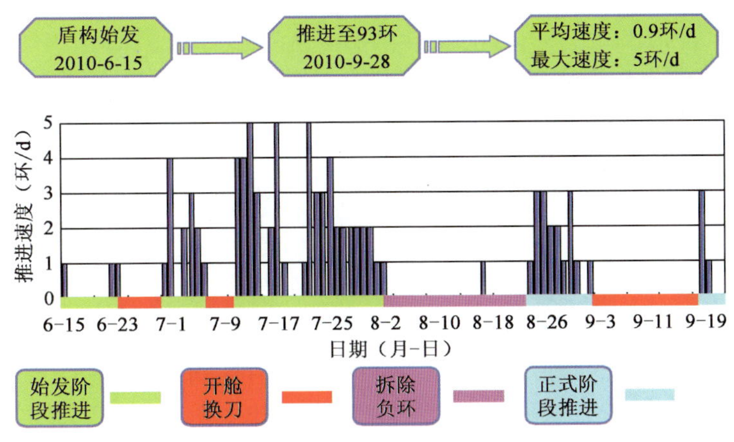

图 3-8-19 丰东—丰北区间右线某区段详细进度情况

8.2.2 丰—六区间土体改良方案

以往土体改良试验通常是在室内实验室内选取专门的土体和改良剂进行研究的。然而室内试验环境与土体性质往往与施工现场有较大的差别，只有将土体改良试验与盾构施工过程紧密的结合起来，才具有实际意义。为了找出最适合砂卵石地层盾构施工的土体改良剂，同时使试验段盾掘进能满足地表沉降和施工工期的要求，作者选择了两种常用的盾构施工掘进模式(满舱保压掘进和满舱欠压掘进)和四类土体改良剂进行盾构现场掘进的土体改良试验，详细的组合方式及参数控制情况见表 3-8-7。

(1)试验段掘进模式

A：满舱保压掘进，保持上部土舱压力 0.45～0.6bar(1bar=10^5Pa)。

B：满舱欠压掘进，保持上部土舱压力 0.1～0.25bar。

(2)土体改良措施

Ⅰ：使用泡沫剂进行渣土改良。

Ⅱ：使用泡沫剂和膨润土共同进行渣土改良。

Ⅲ：使用泡沫剂、膨润土及高分子聚合物进行渣土改良。

Ⅳ：使用经过 24h 膨化后的膨润土泥浆和泡沫的组合模式共同改良土体。

土体改良试验表 表 3-8-7

试验段	试验区域	掘进模式	上部土压(bar)	土体改良剂
第一组	0～4 环	满舱保压掘进	0.45～0.60	泡沫
第二组	5～31 环	满舱欠压掘进	0.1～0.25	泡沫+膨润土
第三组	32～88 环	满舱保压掘进	0.45～0.60	泡沫+膨润土+高分子聚合物
第四组	89～202 环	满舱欠压掘进	掘进：0.1～0.25 停机：0.5 以上	膨润土泥浆(24h 膨化)+泡沫

8.2.3 盾构进度参数对比分析

1)满舱保压掘进土体改良效果评价

满舱保压掘进模式条件下，采用不同的土体改良剂，盾构掘进过程中土体改良效果存在明显的差异。第一组试验采用泡沫进行土体改良；第三组试验采用泡沫＋膨润土＋高分子聚合物的土体改良模式。虽然第三组试验过程中也出现了土舱内土体被挤压密实，不得不进行开舱处理的情况，但是整个试验过程盾构关键参数相比第一组试验有所改善，整个推进过程中刀盘扭矩和盾构推力变化更为平稳，盾构推进速度和贯入度有明显提升。其中第一组土体改良试验中盾构的平均推进速度约 12mm/min，平均贯入度约 12.8mm；而第三组试验中盾构的平均推进速度为 22.6mm/min，平均贯入度约 15.6mm，如图 3-8-20 所示。对比上述两组数据可知，泡沫＋膨润土＋高分子聚合物的改良效果明显要优于单纯使用泡沫的土体改良方法，盾构掘效率明显提高。但是第三组试验土体改良效果仍然没有达到理想状态，土舱仍易结泥饼，盾构推进过程负荷较大。盾构推进速度与贯入度的变化规律如图 3-8-21 和图 3-8-22所示。

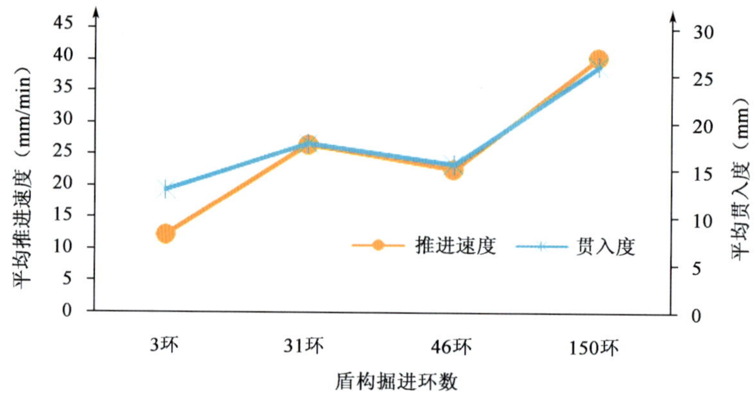

图 3-8-20 各组试验单环平均推进速度与贯入度

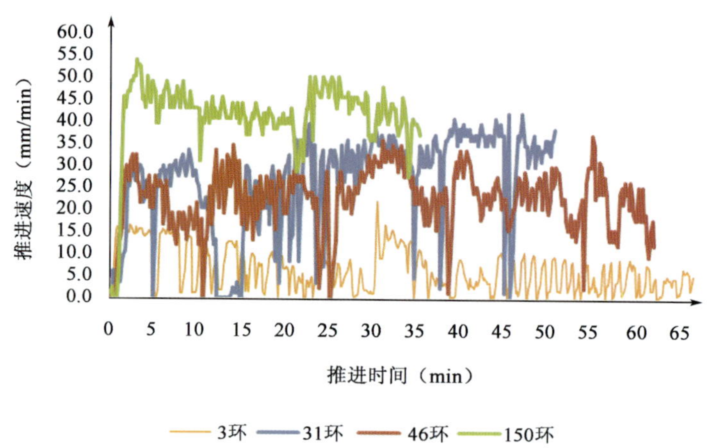

图 3-8-21 丰东—丰北区间推进速度历时曲线

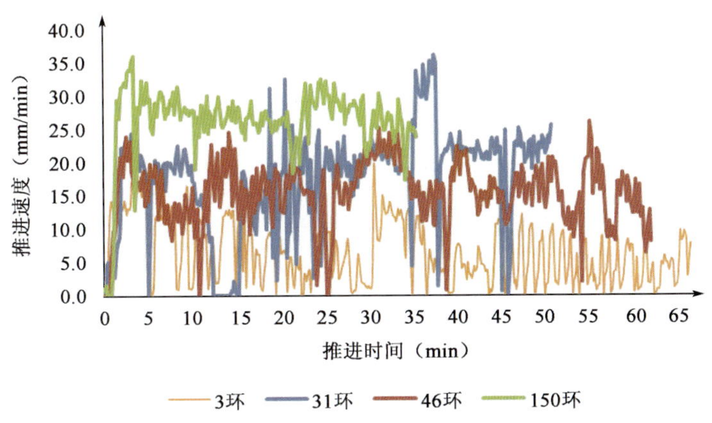

图 3-8-22　丰东—丰北区间贯入度历时曲线

2)满舱欠压掘土体改良效果评价

第二组和第四组试验均采用满舱欠压掘进模式，且主要土体改良剂均为膨润土＋泡沫的组合方式。但是由于土体改良剂性质、加入量及加入时机的不同，四组试验土体改良效果差异明显，第四组土体改良试验效果明显要好于第二组试验，刀盘扭矩、盾构推力降低明显，掘进过程关键施工参数较为稳定，尤其是土压波动较小，基本维持在 0.4bar 左右。盾构掘进速度和贯入度提高明显，其中第二组试验平均推进速度约为 26.5mm/min，平均贯入度约为17.7mm；第四组试验平均推进速度约为 40mm/min，平均贯入度约为 26mm，如图 3-8-20 所示。在土体改良效果的保证下，盾构施工效率明显改善。盾构掘进速度及贯入度的变化情况如图 3-8-21 和图 3-8-22 所示。

8.2.4　总结

丰—六盾构区间隧道一共 202 环，通过四组试验对比分析可知，在后期施工中(第四组试验)刀盘扭矩明显降低，掘进速度提高至 40～65mm/min，通过及时地进行补充注浆，地表沉降得到了控制，地面坍塌完全受到了控制。同时，开舱次数减少，加快了施工进度，降低了施工成本。表 3-8-8 是两个阶段的施工参数对比情况。

盾构掘进参数对比分析表　　表 3-8-8

项　　目	前期施工参数统计(前三组试验)	后期施工参数统计(第四组试验)
千斤顶推力(kN)	13500	8000
刀盘扭矩(kN·m)	4200	3150
推进速度(mm/min)	10	45
施工进度(班)	1	5
泡沫用量(L/环)	300	100
膨润土用量(t/环)	0.8	1.6
同步注浆和二次补浆(m^2/环)	5	7
地面坍塌次数	4	0
开舱次数	18.4 环/次	0
施工成本(万元/m)	4.2	3.1

第 9 章　9号线盾构施工典型案例

9.1　盾构下穿南四环综合控制技术

9.1.1　工程概况

9.1.1.1　工程简介

丰台科技园站—科怡路站区间起止里程为 K1＋822.316—K2＋396.414，左右线长度均为 574.098m，双线合计 1148.2m。本区间设置一处联络通道，位于 K2＋071 处。

本区间基本沿规划中的万寿路南延线下方设置，整体呈南北走向，隧道覆土 10.5～15m，现状地面主要为农田和苗圃，基本无建筑物。区间在 K2＋287.8—K2＋347.2 范围内下穿南四环路，路下有多条管线，本段隧道覆土 11.5m，主要近距离穿越 1350mm 污水沟，隧道顶距离沟底净距 5.7m；盾构隧道下穿 3000mm×1750mm 雨水沟，隧道顶距离沟底净距 5.1m；盾构隧道下穿 1150mm 污水管沟，隧道顶距离沟底净距 4.9m，以及下穿多条上水管线。盾构先从丰台科技园站北端头井西线始发，在科怡路站南端调头进行东线隧道掘进，到达丰台科技园站北端头井接收、解体、吊出。

9.1.1.2　地层条件

1)工程地质条件

盾构穿越区域土层特性：

(1)人工堆积层

粉质黏土填土①层：黄灰色～褐色，稍密～中密，含少量砖渣、石子。

杂填土①$_1$ 层：杂色，含砖渣、灰渣。

本层层底高程 44.30～46.28m。

(2)一般第四纪沉积层

粉土②层：黄褐色～褐黄色，中密，中压缩性，含云母、氧化铁。

中粗砂②$_4$ 层：黄褐色，中密，中压缩性，含云母、氧化铁及个别砾石。

圆砾②$_5$ 层：杂色，中密，中压缩性，最大粒径不小于 200mm，一般粒径 10～40mm，大于 2mm 颗粒占总质量的 60%～70%，亚圆形，细中砂填充。

本层层底高程 39.10～40.74m。

卵石⑤层：杂色，密实，湿低压缩性，高程 33.0～34.0m 以上卵石最大粒径不小于 260mm，高程 33.0～34.0m 以下卵石最大粒径不小于 420mm（依据探井资料），一般粒径 20～70mm，粒径大于 20mm 颗粒含量占总质量的 50%～80%，亚圆形，中粗砂充填。

中粗砂$⑤_1$层：褐黄色，密实，湿，低压缩性，含云母、氧化铁、少量砾石。

本层层底高程 27.79～30.48m。

卵石⑦层：杂色，密实，湿饱和低压缩性，最大粒径 650mm（依据探井资料），一般粒径 30～80mm，粒径大于 20mm 颗粒含量占总质量的 60%～70%。亚圆形，中粗砂充填。

中粗砂$⑦_1$层：褐黄色，密实，饱和低压缩性，含云母、氧化铁、少量砾石。

细砂$⑦_2$层：褐黄色，密实，低压缩性，含云母、氧化铁、少量砾石。

本层层底高程 18.59～20.55m。

2）水文地质条件

本次勘察钻孔最大深度 38m，在勘察深度范围内，实际测量到一层地下水为潜水，该层水补给来源主要为大气降水和侧向径流补给，以侧向径流方式排泄为主。本次勘察未发现上层滞水。潜水含水层主要为卵石⑦层，水位高程 18.54m（水位埋深 27.4m）。

根据历年最高水位，参考钻探时的实测地下水位，并考虑该场区的地层情况，建议抗浮验算设防水位按不低于高程 42.00m 考虑。本段区间结构主要位于第二层和第三层地下水中。

3）围岩稳定性评价

盾构隧道穿过的岩土层主要为卵石⑤层，局部为中粗砂$⑤_1$层。结构边墙以砂土和碎石土为主，围岩土体的自稳能力差，易发生坍塌现象，围岩分级属Ⅴ～Ⅵ级。

9.1.2 管线调查及保护措施

9.1.2.1 四环路下主要管线情况

根据《地铁 9 号线工程丰台科技园站—科怡路站区间管线调查报告》及施工单位现场调查情况可知，盾构隧道穿越四环路段主要管线分析情况如下：北辅路有 $\phi1050$ 污水管、3m×1.75m雨水管、$\phi600$ 中水管，电话线路；南辅路有 $\phi1350$ 污水管、$\phi1000$ 污水管、$\phi1600$ 上水管、电话线路。具体见表 3-9-1 和表 3-9-2。

盾构隧道穿越过程中影响较大的主要为雨水管线、污水管线、上水管线等有压关系，施工过程中必须把此类管线的保护作为重中之重，按照监测方案中的管线监测办法对管线进行严密监测，确保管线的正常运行，保证四环路隆陷量在允许范围之内。

四环路下管线情况　　表 3-9-1

序号	名　称	与隧道关系	与四环路关系
1	$\phi1050$ 污水管	双线隧道垂直横穿管线下方，净距 4.9m	沿北辅路下方布置，与路面净距 5.2m
2	$\phi1050$ 污水管	东线隧道在管线下方与其平行，净距 4.9m，与编号 1 污水管线在辅路下交汇	与北辅路垂直，与路面净距 5.2m，在北辅路中心位置与编号 1 污水管线交汇
3	3m×1.75m 雨水管	双线隧道垂直横穿管线下方，净距 5.1m	沿北辅路下方布置，距路面 4.3m
4	$\phi600$ 中水管	双线隧道垂直横穿管线下方，净距 9.3m	沿北辅路下方布置，距路面 1.8m

续上表

序号	名　　称	与隧道关系	与四环路关系
5	电话线	双线隧道垂直横穿管线下方,净距 9.0m	沿北辅路下方布置,沿东线隧道上方与四环路垂直布置,距路面 2.1m
6	ϕ1350 污水管	双线隧道垂直横穿管线下方,净距 5.7m	沿南辅路下方布置,距路面净距 5.4m
7	ϕ1000 污水管	东线隧道与管线平行,净距 6m	与南辅路垂直,与路面净距 5.7m,在南辅路中心位置与编号 5 污水管线交汇
8	ϕ1600 上水管	双线隧道垂直横穿管线下方,净距 9.2m	沿南辅路下方布置,距路面净距 1.8m
9	ϕ600 上水管	双线隧道垂直横穿管线下方,净距 9.3m	沿南辅路下方布置,距路面净距 1.8m
10	电话线	双线隧道垂直横穿管线下方,净距 9.0m	沿南辅路下方布置,沿东线隧道上方与四环路垂直布置,距路面 2.1m

四环路下雨污水、上水管线现状情况调查表　　表 3-9-2

管　　线	位　　置	材质	接头形式	流向	管节长度(m/节)	施工方法
ϕ600 水管	北辅路人行道下方	铸铁管	承插	西向东	6	明挖施作
ϕ600 中水管	北辅路机动车道下方	钢管	焊接	西向东	6	明挖施作
ϕ1600 水管	南辅路机动车道下方	钢管	焊接	西向东	6	明挖施作
ϕ600 水管	南辅路人行道下方	铸铁管	承插	西向东	6	明挖施作
ϕ1150 污水管	北辅路机动车道下方	钢筋混凝土管	企口管	西向东	3	顶管施作
ϕ1350 污水管	南辅路北面的绿化带上	钢筋混凝土管	企口管	西向东	3	顶管施作
3m×1.75m 雨水沟	北辅路机动车道下方	砖砌	—	西向东	—	明挖施作

9.1.2.2 管线保护措施

1)对管线实行风险管理

在施工前,对地下管线进行详细调查,分析管线的风险点并进行风险管理。对已存在问题的管线,会同管线产权单位对管线进行提前处理。对管线加强监测,对于紧邻的管线,施工时除要对污水管、雨水管,上水管等极易发生渗漏的位置进行严格施工外,还要在施工完成后指派专人进行观察、监控,密切注意渗漏的变化情况,并做好观测记录,做好各种管线的各项应急准备。

2)对管线进行严密监测

(1)测点布置。由于盾构隧道下穿南四环路,南四环路是北京市的交通要道,道路宽约 60m,路下有数条管线,其中近距离穿越的有 3 条。由于南四环路车流量较大,视现场情况分别在四环路中心隔离带、主路两侧地面,对隧道施工影响范围内地层不同程度的沉陷,可能会引起地下管线的变形、断裂而直接危及使用安全。因此要对地下管线进行严密监测、确保地下管线的安全和正常使用,保证地下工程顺利施工。对近距离穿越的 3 条管线沿管线纵向每 10m 设一个测点,管线接头处或位移变化敏感部位加设测点,测点布在两隧道中线外 15m 范围内。

(2)全站仪以线路沿线地面导线为依据精确定位地面监测点位,用冲击钻在所需埋设的点位上钻孔;孔径30～50mm,孔深钻至原土层,在孔中放入ϕ22mm钢筋,长度视钻孔深度而定,钢筋顶端为圆面微露地面5～10mm,钢筋周围用速凝砂浆或胶状物等填充物填实。

(3)监测频率及精度。掘进面距监测断面前后不大于20m时,1～2次/d;掘进面距监测断面前后不大于50m时,1次/2d;掘进面距监测断面前后大于50m时,1次/1周;根据数据分析确定沉降基本稳定后,1次/1月。

量测精度:±0.5mm。

使用仪器:精密水准仪、铟钢尺。

管线变形限值:15mm。

3)地下管线应急措施

(1)雨、污水管线

若施工过程中造成雨、污水管线破坏,应采取如下措施:

①立即与相关产权单位取得联系,并立即采用水泵进行疏导,使其进入其他市政污水管道,严禁污水四溢,对环境造成污染。

②疏散危险区域人员,对危险区域设置警戒线,并对抢险施工区域进行围蔽。

③有人员伤亡,应立即与急救医院取得联系,进行人员急救。

④现场负责人立即通知项目部领导,利用现场物资对险情进行预处理,防止险情进一步扩大。

⑤调动必要的材料、机具、设备等资源,对抢险进行可靠的物资保障。

⑥对管路破坏部位的地上地下障碍物进行清除,破土挖掘沟槽,对沟槽进行必要的防护和排水,亮出需抢修部位。

⑦配合抢修人员进行紧急抢修。

(2)上水管线

若施工过程中造成上水管线破坏,应采取如下措施:

①立即与相关产权单位取得联系,并立即关闭上游阀门,并对泄漏水采用水泵疏导进入排水管道。

②疏散危险区域人员,对危险区域设置警戒线,并对抢险施工区域进行封闭围挡。

③有人员伤亡,应立即与急救医院取得联系,进行人员急救。

④现场负责人立即通知项目部领导,利用现场物资对险情进行预处理,防止险情进一步扩大。

⑤调动必要的材料、机具、设备等资源,对抢险进行可靠的物资保障。

⑥对管路破坏部位的地上地下障碍物进行清除,破土挖掘沟槽,对沟槽进行必要的防护和排水,亮出需抢修部位。

⑦配合抢修人员进行紧急抢修。

4)管线保护安全保证措施

(1)在施工前,先了解沿线道路及地下管线情况,包括管线直径、埋深、走向等。然后根据管线情况制定相应的保护措施,经与管线单位、业主、监理单位协商后,采取各方都认可的保护措施。

(2)工程实施前,把施工现场地下管线的详细情况和制定的管线保护措施向现场施工班组长和每一位操作工人作层层安全交底,并建立"保护管线责任制",明确各级人员的责任。

(3)工程实施前,对受施工影响的地下管线设置若干数量的变形观测点,工程实施时,定期观测管线的沉降量,及时向建设单位和有关管线管理单位提供观测点布置图与沉降观测资料,并将数据及时反馈施工人员,调整施工方案。

(4)成立现场管线保护领导小组,定期开展活动,检查管线保护措施的落实情况及保护措施的可靠性,研究施工中出现的新情况、新问题,及时采取措施完善保护方案。

(5)工程实施时,严格按照经审定的《盾构穿越南四环专项施工方案》、《盾构穿越南四环专项监测方案》、《盾构穿越南四环保护方案》等方案中对地下管线保护技术措施的要求进行施工,各级管线保护负责人深入施工现场监护地下管线,督促操作(指挥)人员遵守操作规程,制止违章操作、违章指挥和违章施工。

(6)施工过程中对可能发生意外情况的地下管线,事先制订应急措施,配备好抢修器材,以便在管线出现险兆时及时抢修,做到防患于未然。

(7)一旦发生管线损坏事故,在24h内报上级部门和建设单位,特殊管线立即上报,并立即通知有关管线单位要求抢修,积极组织力量协助抢修工作。

9.1.3 空洞调查及处理措施

9.1.3.1 四环路下空洞情况

根据北京市地质工程勘察院提供的《地铁9号线工程丰台科技园站—科怡路站区间探地雷达空洞探测报告》,排除现场干扰异常、地下管道的异常,测线覆盖范围内发现土质疏松异常2处,其他地方土质密实,无明显土质疏松或空洞现象。

施工单位在雷达探测的基础上,对两处空洞与隧道、四环路的关系做了进一步的调查了解。调查发现:其中编号为A01的空洞在东线隧道上方,隧道里程点为K2+284.5,此位置正好在南四环外辅路车道下方,距地面5~7m,距下方隧道净距5m;编号为A02的空洞在西线隧道左上方,隧道里程点为K2+342.5,此位置正好在南四环内辅路两条机动车道下方,距地面4.5~6m,距下方隧道净距为5.7m,具体情况见表3-9-3。

空洞调查表　　表3-9-3

异常编号	位置	空洞面积	距地面深度	空洞与隧道关系	性质
A01	YK06测线26~33m右(K2+284.5)	6.7m×2.1m	5~7m	右线隧道正上方,隧道与空洞净距5m	土质轻度扰动
A02	YK17、18测线3~13m左(K2+342.5)	11.6m×4.2m	4.5~6m	左线隧道左上方,隧道与空洞垂直净距5.7m	土质轻度扰动

9.1.3.2 空洞处理措施

1)空洞处理原因

本区间穿越地层主要为砂卵石地层,砂卵石地层颗粒之间的空隙大,颗粒之间没有黏聚力，刀盘旋转切削时，地层非常容易坍塌，容易产生较大的围岩扰动，施工单位根据之前砂卵石地层掘进的经验结合实际情况制定相应措施，盾构可以安全通过南四环。但盾构穿越南四环时上方空洞、雨污水管线的存在更是加剧了刀盘上方土体的不稳定性，空洞的存在使得隧道上方土体塌陷的可能性大大增加，地面沉降一旦超过限值将造成南四环交通阻断，造成较大的社会影响。

2)空洞处理办法

通过注浆等办法填充空洞区域内疏松土质之间的空隙，浆液扩散、胶凝、固化后可以降低地层的透水性及提高地层的强度。空洞处理需要临时占用隧道上方南四环内外侧辅路机动车道并安装临时施工围挡，每处空洞处理需要占用道路 $450m^2$，每处空洞处理时间为 15d，加固前使用精密测量仪器对加固体附近的管线进行精确定位，以便加固时对管线进行保护。

3)注浆加固施工工艺

(1)空洞处理采用在地面钻孔注浆，目的是既保证填实加固的效果，又要保证其他管线等地下构筑物不被注浆影响损坏。

(2)布孔原则。沿空洞最长边方向布孔，按 4 序布孔，后一序孔布于前一序孔之间。第一序间距 12m，第二序间距 6m，第三序间距 3m，第四序间距 1.5m。压力控制在 1MPa 以内。浆液配比：0.5∶1(水灰比)当灌浆压力不变、耗浆量急剧下降达到 5L/min 时即可结束；当注浆压力急剧上升，超过设计压力值 0.5 倍，耗浆量下降时可结束。

一般情况下每序注浆量逐渐减少，尤其到最后一序的耗浆量应是最小的。另外，当下序钻孔时还可以了解上序注浆后地层中的浆液是否已填充到下序孔的范围内，进而可掌握修改注浆参数。

(3)注浆加固所需主要工程机械。钻孔时主要采用 XY-100 型工程钻机，距离管线附近的孔采用人工洛阳铲成孔，以避免机械钻孔可能造成地下管线破坏。注浆时需 1 台 75kW 发电机，1 台 $9m^3$ 空压机，1 台搅浆机，1 台注浆泵，具体见表 3-9-4。

注浆加固所需工程机械表　　表 3-9-4

设备名称	设备型号	数　量
工程钻机	XY-100	1
发电机	75kW	1
空压机	$9m^3$	1
搅浆机	LQ300	1
注浆泵	BW250	1

(4)A02 号空洞加固处理。根据目前工程的进展情况，计划先加固 A02 号空洞(11.6m×4.2m×1.5m)，A02 号空洞在西线隧道左上方，隧道里程点为 K2＋342.5，此位置正好在南四环北辅路两条机动车道下方，距地面 4.5～6m，距下方隧道净距为 5.7m。空洞处理需要占道施工并搭设临时施工围挡，占道时为尽量减少对社会交通的影响，适当调整加固施工场地，进行临时交通导改，保留 1 条机动车道供车辆通过。

(5)A01 号空洞加固处理。完成 A02 号空洞处理后，拆除清理施工现场，拆除施工围挡，按照原样恢复道路，最终恢复道路交通。然后进行 A01 空洞处理，A01 的空洞在东线隧道上方，隧道里程点为 K2＋284.5，此位置正好在南四环外辅路车道下方，距地面 5～7m，距下方隧道净距 5m。空洞处理需要占道施工并搭设临时施工围挡，占道时为尽量减少对社会交通的影响，适当调整加固施工场地，进行临时交通导改，保留 1 条机动车道供车辆通过。

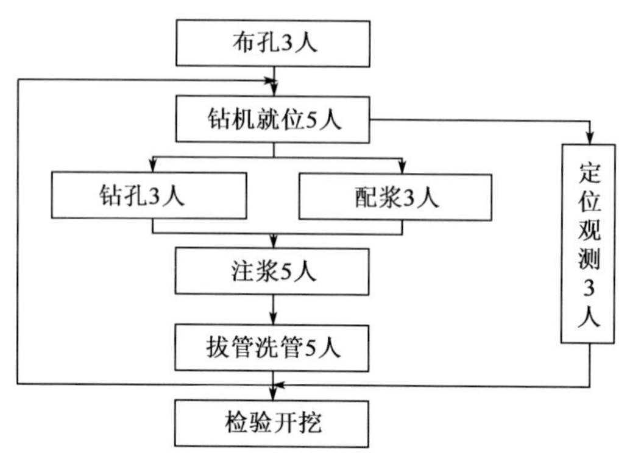

图 3-9-1　空洞处理人员安排示意图

(6)空洞处理人员安排。空洞处理人员安排如图 3-9-1 所示。

(7)质量控制要点

①钻孔施工：开钻前，严格按照施工布置图，布好孔位。钻机定位要准确，开钻前的钻头点位与布孔点之距相差不得大于 2cm，钻杆倾斜度不得大于 1°。

②配料：采用准确的计量工具，严格按照设计配方配料施工。

③注浆：注浆一定要按程序施工，每段进浆要准确，注浆压力一定要严格控制在 0.3～0.6 MPa，专人操作。当压力突然上升或从孔壁溢浆，应立即停止注浆，每段注浆量应严格按设计进行；跑浆时，应采取措施确保注浆量满足设计要求。

9.1.4　地表沉降监测

9.1.4.1　监测方法

主要监测盾构施工过程引起的地表变形情况，监测方法是在地表埋设测点，在隧道沿线，地表影响范围外布设监测基准点，基准点按照国家二等水准观测的技术要求实施，用精密水准仪进行地面沉降的量测。根据监测结果进行分析，判断盾构掘进对地表沉降的影响。

9.1.4.2　测点布置原则

测点布置在地面上，监测断面垂直于线路方向，由于区间是双线隧道，在两中线的两侧 15m 范围内布置测点，按照设计要求的在隧道的上方沿隧道方向布设 1 断面/20m，为了保证盾构施工时地面安全，采取加强地面沉降点监测。地面布置点位图见图 3-9-2。

埋设方法：用全站仪以线路沿线地面导线为依据精确定位地面监测点位，用冲击钻在所需埋设的点位上钻孔 ϕ30～50mm，在孔中放入 ϕ22mm、长约 500mm 的钢筋，钢筋顶端为圆面微露地面 5～10mm，钢筋周围用速凝砂浆或胶状物等填充物填实。

9.1.4.3　监测频率

掘进面距监测断面前后不大于 20m 时，1～2 次/1d；掘进面距监测断面前后不大于 50m 时，1 次/2d；掘进面距监测断面前后大于 50m 时，1 次/1 周；根据数据分析确定沉降基本稳定后，1 次/1 月。

量测精度：±0.5mm。

使用仪器：精密水准仪、铟钢尺。

地面变形的限值：20mm。

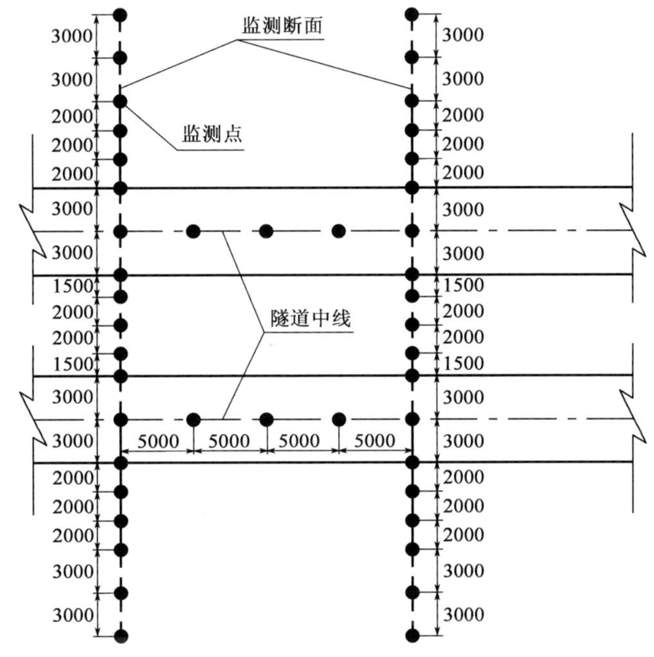

a)地面沉降监测布点平面图

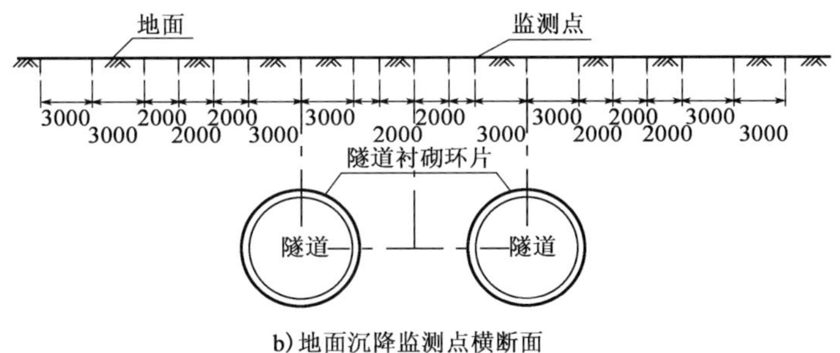

b)地面沉降监测点横断面

图 3-9-2 地面沉降监测布点图(尺寸单位:mm)

9.1.5 盾构下穿南四环段技术措施

(1)根据北京市地质工程勘察院提供的两份报告结合我单位的现场管线调查情况制订《盾构穿越南四环保护方案》。对空洞进行注浆加固处理,对管线严格按照第三方监测单位提供的监测方案进行监测,确保管线安全。

(2)根据始发阶段的掘进经验,始发结束后至正式进入南四环前有 300m 距离,将此段距离分为 3 段试验段,每段试验段掘进长度为 100m,在每段试验段掘进前对盾构及其配套设施、设备进行全面的检查维修保养,每一试验段掘进时正常连续施工,做好各项掘进参数、注浆参数、地面沉降等的数据的记录,分析其相互关系,找出最优掘进参数。盾构穿越南四环时按照最优掘进参数进行控制,以保证四环路及其管线的安全。

(3)过南四环段施工掘进过程中土压力设定值稍大于计算静止土压力值,以减少地层变形。(根据前一段时间的掘进经验,控制土压在 0.4～0.5bar 的情况下比较有利于盾构掘进及土体变形控制,地表变形一般小于 10mm)根据监测数据及时、平稳地调整盾构推进油缸压力和掘进速度,保持土舱压力的稳定;严格控制出土量,保证切削面稳定,确保地面沉降在允许范围内;平缓纠偏,严格控制盾构姿态,改善管片受力和防水质量;推力、扭矩和掘进速度保持平稳连续施工。

(4)严格控制盾构的掘进姿态,避免大幅度、长时间纠偏,避免盾构蛇行、扎头等不良姿态影响管片拼装和盾构掘进,保证连续、平稳掘进。

(5)严格控制膨润土液、泡沫等土体润滑材料的添加,确保推进过程中全程添加,不能以螺旋出土一时的稀稠任意改变膨润土液、泡沫等的加入量,确保开挖面稳定。

(6)掘进过程中定期、定量、均匀地注入盾尾密封油脂,确保盾尾密封和铰接处的密封效果,防止地下水和注浆浆液进入盾尾或铰接处,从而影响盾构掘进。

(7)严格控制管片拼装质量,每环管片拼装之前和拼装完成之后值班工程师必须测量盾尾间隙,推进过程中合理利用推进千斤顶和铰接千斤顶,根据盾构掘进姿态、盾尾间隙、千斤顶行程等综合考虑管片选型工作,保证拼装好的管片与盾壳之间的间隙;确保管片脱出盾尾后的防水效果和较好的隧道线型,从而保证平稳连续施工。

(8)穿越南四环段采用速凝型浆液,浆液凝结时间不大于 5h;适当提高同步注浆及二次补注浆压力,同步注浆压力比正常掘进段高 0.5～0.8bar,上部注浆压力不小于 1.5bar;严格控制注浆量,每环同步注浆量定为 4.9m^3,保证注浆充盈系数达到 1.5 以上,同时根据地面沉降监测情况确定是否进行二次补注浆,必要时凿穿盾构管片上的螺栓孔,利用二次注浆泵进行二次补注浆,注浆完成后拧好止浆塞,二次补注浆浆液采用 1∶1 水泥浆。

(9)机械负责人与当班机电工长,在盾构正常掘进过程中,对各种驱动电机、仪表、砂浆搅拌站、龙门吊、电瓶车、挖掘机等配套设备进行巡视,通过声音辨听、现场查看等形式对盾构及其配套设备进行检查,将故障消灭在萌芽之内。同时成立综合班,每天对轨道、轨枕、各种管线的连接进行检查。过四环路前必须查看高压电缆是否足够长,能够一次通过四环,否则必须提前进行电缆接长。

(10)生产经理根据现场情况准备充足的泡沫、油脂、膨润土、粉煤灰、水泥、砂、添加剂等耗材,准备好循环水管、轨道、轨枕、走道板、照明灯等周转材料,同时联系好渣土车队,准备充足的运输车辆,确保弃土坑内盾构土能够及时运出,不耽误龙门吊弃土。

(11)制订严密的应急措施,成立应急指挥小组;应急响应时间不超过 15min。

9.1.6 风险点、施工技术保证措施及应急措施

结合盾构施工本身的特点,在穿越南四环过程中对可能发生的施工风险点进行分析,针对不同的风险采取不同的措施。盾构穿越南四环段的风险源具体如下。

9.1.6.1 施工过程中突然停电

(1)可能原因

①供电局在本地区停电检修。

②附近电网遭到破坏。

③盾构设备本身供电设备损坏。

(2)产生的不利影响

盾构较长时间停机，盾构刀盘前土压降低，引起地面较大沉降。

(3)应急措施

①启用盾构设备本身具备的应急照明(自动)。

②关闭螺旋机出土口进行保压控制(自动)。

③关闭盾构设备顶镐的回油阀(自动)。

④开启项目部备用发电机及带压进舱作业空压机，向土舱内加注高密度膨润土，保证土舱内压力不下降，确保前方掌子面稳定，从而避免地面沉降。

9.1.6.2　地表沉降(隆起)达到预警值

四环路地面沉降预警值为 14mm。地面沉降(隆起)是指盾构施工过程中对土体破坏致使地面产生的位移变化。当盾构穿行于地下时，隧道周围土体在盾构推进作用下被扰动会形成沉降或隆起。在盾构穿越南四环时，土体扰动、超挖等使地面沉降、隆起超过限值以致地面破裂，影响四环路的正常运行，造成较大的安全事故。

(1)可能原因

①盾构掘进控制土压过低或过高。

②同步注浆量、注浆压力过大或过小。

③出土量过多。

④隧道上方、四环路下存在空洞，雨、污水管线渗漏造成土体流失。

(2)产生的不利影响

地表沉降量超过预警值，南四环路面变形较大，影响道路的正常使用。

(3)应急措施

①通过我公司委托北京城市勘察院对盾构穿越区段进行的雷达地质探测，探明四环辅路下方有两处土质疏松体，计划在盾构穿越南四环之前，对其采取注浆加固处理措施。

②启动应急预案，判明险情情况及时报告相关单位。

③调整盾构掘进控制土压，同步注浆量和二次补注浆量，严密、连续监测土体及地表变化，请相关专家判断土体沉降变化趋势，做好洞内深孔注浆准备。

④请专业单位评估确定地表沉降对通行能力的影响。如果需要采取加固处理、限制交通通行等相关措施，报请丰台公联公司协助实施。

⑤调集抢险物资和设备，运送到险情现场，组织抢险队到达现场。

⑥确定下一步方案。

9.1.6.3　地表沉降(隆起)达到报警值

四环路地面沉降报警值为 17mm。道路沉降达到设计要求的报警值以后，必须立即启动应急预案。

(1)可能原因

①盾构掘进控制土压过低或过高。

②同步注浆、二次补浆不饱满。

③出土量过多。

(2)产生的不利影响

道路沉降量超过报警值，造成道路地面变形较大，影响道路下方管线安全以及道路正常运行。

(3)应急措施

①启动应急预案，判明险情情况及时报告相关单位。

②停止盾构掘进，严密、连续监测道路及地下管线变化，请专家判断道路沉降变化趋势。

③必要时及时与交通管理部门联系，对道路采取相应的限行措施。

④马上启动应急预案，并调集抢险队伍及抢险物资，同时向上级部门反映情况；组织抢险队到达现场。

⑤召开专家论证会，确定下一步方案。

9.1.6.4 停机情况下的地表沉降控制措施

盾构穿越南四环期间必须保持平稳、连续施工，当由于各种不可见因素的影响而不得不停机时，为控制停机期间的地表沉降，采取以下措施：

(1)停机前的措施

盾构停机前，向土舱内加入高密度膨润土，将土舱内土压建立起来，在停机前建立的土舱压力比正常工作时的压力略高，以保证停机期间的土压力；在最后一环施工时保证同步注浆量和注浆效果。

(2)停机期间的措施

停机期间土舱压力随时间的推移而降低。停机期间对盾构前方的土压力值进行记录监控，保持土压力在控制值以上；当压力值低于控制值时，向土舱内注入一定量的高密度膨润土，直到土舱压力达到控制值并且稳定。

9.1.7 监测结果分析

选取南四环地下及附近区域的地表及雨、污水管线沉降监测点进行分析。由监测结果可知，盾构隧道施工过程中，地表及雨、污水管线的沉降控制较为合理，雨水管线的沉降量最大，最大累积沉降量约为 6.0mm，最大沉降速率为 2.5mm/d。地表及雨、污水管线沉降量及沉降速率时程曲线如图 3-9-3 和图 3-9-4 所示。

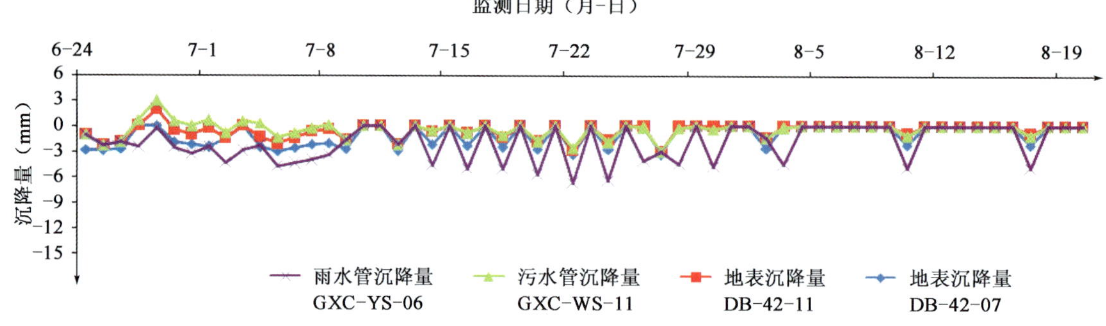

图 3-9-3 南四环附近地表及雨、污水管线累积沉降量时程曲线

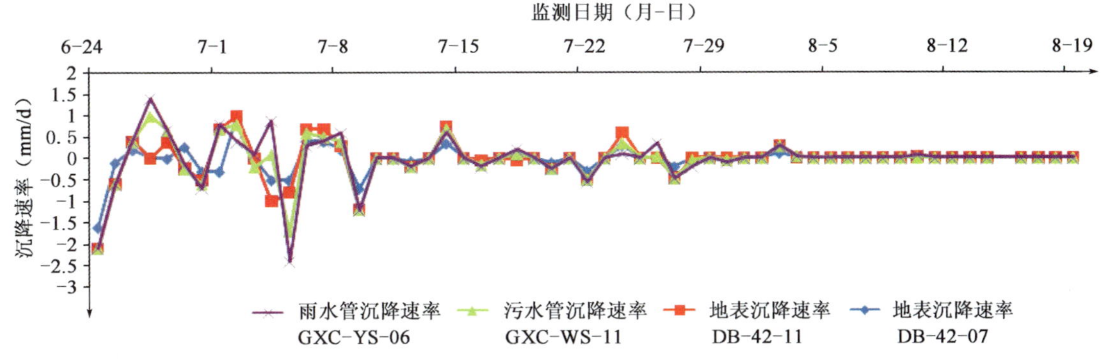

图 3-9-4　南四环附近地表及雨、污水管线沉降速率时程曲线

9.2　盾构下穿万丰桥综合控制技术

9.2.1　工程概况

9.2.1.1　工程简介

丰台东大街站—丰台北路站盾构区间由两台 ϕ6140mm 加泥式土压平衡盾构完成区间隧道施工，盾构丰台东大街站始发，丰台北路站接收，先进行左线施工，间隔一个月进行右线施工。盾构隧道在 K6＋275.5—K6＋299.5 下穿万丰桥。万丰桥主线为东西走向，上跨万丰路，全桥 12 孔，其中 11 孔简支 T 形梁，1 孔钢箱梁，桥梁基础为钢筋混凝土桩基，万丰桥桩基承台埋深 2.5m，桥桩深 37m，万丰桥桥桩距地铁隧道最小水平净距 3.63m，隧道覆土厚 11.8m。盾构隧道与万丰桥位置关系如图 3-9-5 和图 3-9-6 所示。

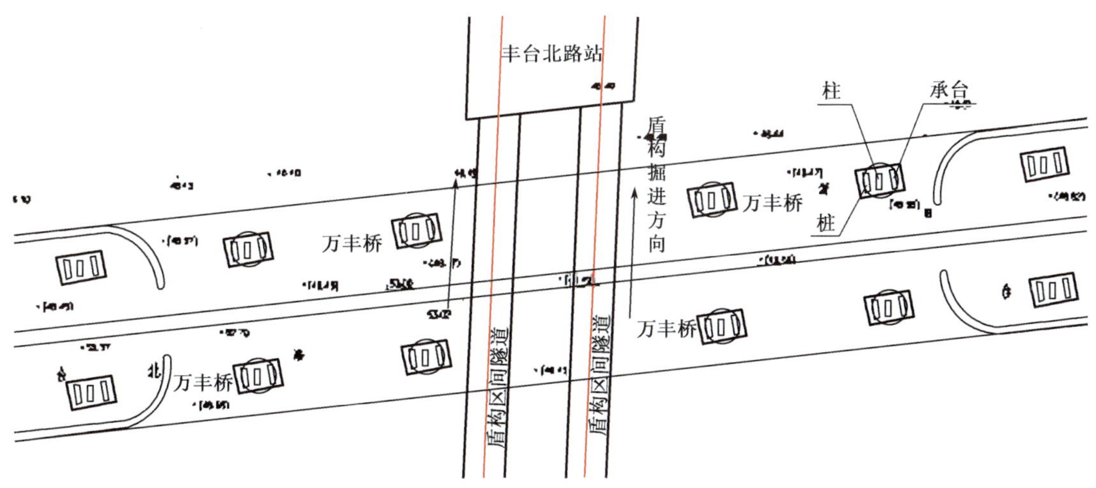

图 3-9-5　盾构隧道与万丰桥平面位置关系

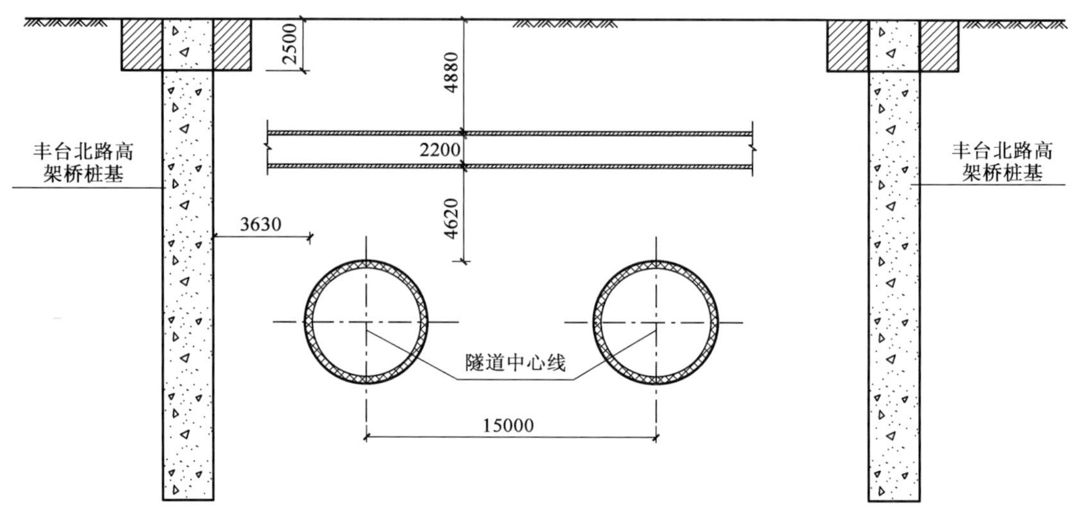

图 3-9-6　盾构隧道与污水管、万丰桥断面位置关系（尺寸单位：mm）

9.2.1.2　控制标准

依据万丰桥检测评估检测报告［京建质检 J3-G 字 2010 第（1034）号］，对万丰桥检测评估结果如下：

（1）桥梁外观检测结果，桥梁主体结构总体外观状况良好，未发现明显结构性开裂，桥梁受检跨技术状况评定结果为 B 级，处于良好状态。

（2）桥梁在地铁施工期间的沉降值控制采用绝对沉降、纵桥向差异沉降、横桥向差异沉降共同控制，控制建议值如下：

①单墩最大绝对沉降：20mm。

②纵向相邻桥墩差异沉降：20mm。

③横向相邻桥墩差异沉降：5mm。

9.2.1.3　工程地质与水文地质概况

盾构隧道下穿万丰桥区段土层自上而下依次为杂填土①、粉质黏土$②_5$、卵石圆砾⑤、卵石圆砾⑦。盾构隧道开挖面位于卵石圆砾⑤层。

圆砾卵石⑤层：杂色，密实，湿，地勘揭露最大粒径 420mm，一般粒径 20～80mm，亚圆形，中粗砂充填；中粗砂$⑤_1$ 层：褐黄色，密实，湿，含云母、氧化铁、少量砾石；粉细砂$⑤_2$ 层：褐黄色，中密～密实，湿，含云母、氧化铁；粉土$⑤_3$ 层：褐黄色，密实，中压缩性土，层底高程 25.62～33.20m。

沿线潜水水位高程在 19.03～24.00m 之间，水位埋深在 21.49～28.30m 之间。主要接受大气降水补给和侧向径流补给，隧道施工范围内无地下水。

9.2.2　加固技术应用

因盾构穿越桥区情况复杂、风险程度高，为确保盾构隧道穿越时的桥桩群的安全，需对隧道穿越桥桩的区域采取注浆预加固措施。以不扰动桥桩为原则，采用袖阀管注浆加固对万丰桥下空洞区域土体进行加固，并在盾构区间与桥桩之间增设钢管桩进行隔离，以提高被加固土体在盾构掘进机通过时的抗侧压力。

9.2.2.1　土质疏松区袖阀管加固

(1)注浆孔布置

加固区域内加固范围为 40m×22.7m×6.5m，注浆孔呈梅花状布置，孔径 110mm，孔间距 1.5m，孔深 9.5m，布孔 419 个。具体加固范围及注浆孔布置如图 3-9-7 所示。

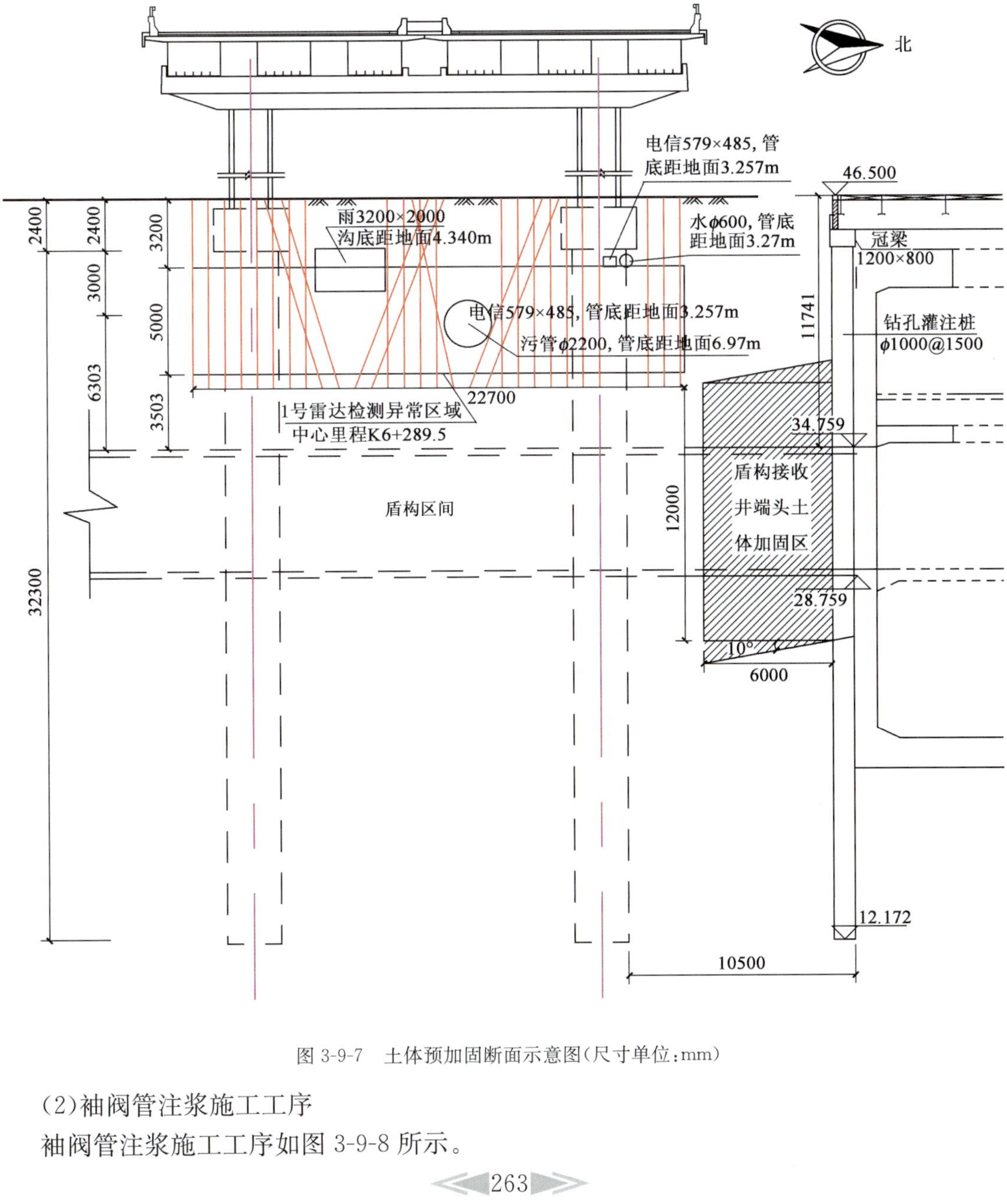

图 3-9-7　土体预加固断面示意图(尺寸单位：mm)

(2)袖阀管注浆施工工序

袖阀管注浆施工工序如图 3-9-8 所示。

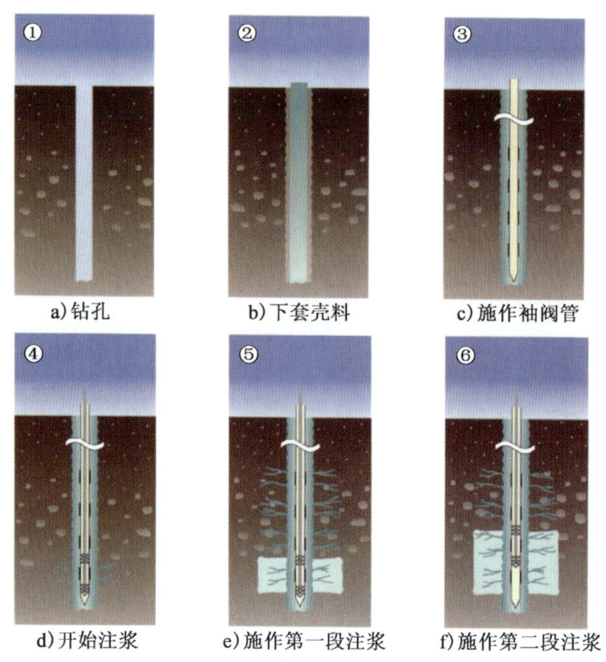

图 3-9-8　袖阀管注浆施工工序

(3)注浆材料及管材

根据现场地质条件,根据以往工程经验和本工程特点,为有效控制浆液的扩散范围,防止浆液扩散范围过大填塞方沟及浆液挤压管线,注浆材料采用普通水泥浆—水玻璃双液浆,普通水泥的水灰比 0.6∶1,双液浆的配比为 1∶1。注浆袖阀管采用柔性塑胶 ϕ50PVC 袖阀管。

(4)注浆参数

注浆压力控制在 0.2～0.3MPa 之间。如现场条件有变化,则根据现场实验确定注浆参数,具体的注浆参数控制情况如表 3-9-5 所示。

注浆参数表　　表 3-9-5

序　号	参数名称	设定参数
1	扩散半径(m)	0.8～1
2	注浆终压(MPa)	0.3
3	注浆速度(L/min)	10～100
4	浆液配比(水∶灰)	0.6∶1
5	套壳料配比(水∶灰∶土)	1.6∶1∶1
6	注浆孔间距(m)	1.5

(5)注浆施工常见问题及对策

在注浆过程中容易产生孔间串浆、注浆压力长时间不上升以及注浆引起地表隆起等问题,因此有必要采取措施避免出现这些问题。

①确定作业范围

根据方案的要求，确定钻孔注浆作业的范围，使用围挡沿场区四周将施工区域与马路上的行人和车辆隔离，保证车辆及行人的安全，同时也能保证施工正常进行。另外沿加固区外围用砖砌成高 200mm 的围堰封闭区，以防止泥浆四处流淌。

②确定孔位

专业测量技术人员根据方案的要求确定注浆孔孔位及角度，使用红漆喷涂作为标记，要求孔位误差不得大于 5cm，角度不超过 1°。当由于现场条件的限制，个别孔位不能正常确定时，应由专业技术人员根据方案的要求进行调整。

③成孔

使用地质钻机开孔，测量人员根据设计要求二次校正钻孔角度及孔深，开孔孔径为 50mm。要求成孔规则、无严重塌孔，钻孔要进行分序施工。

④管材选用及施作

注浆管选用钢性袖阀注浆管，材质为无缝钢管 $\phi42\times5$，注浆管每段长度 2～3m，每段之间采用丝箍连接。注浆管每根桥桩施作 3 根，每根长 25m。注浆管上部 20m 为非注浆段，注浆管设有溢浆孔，在注浆管顶部 5m 设 $\phi10$mm 的溢浆孔，溢浆孔间距 15cm，呈螺旋形布置。

⑤制浆

制浆应使用不小于 200r/min 的制浆机，搅拌时间不低于 5min，不宜大于 90min。出浆孔应设置 100 幕的过滤网。

⑥注浆

注浆过程中如果出现压力达不到设计要求，跑浆、串浆等严重的问题，可采取换孔作业，待浆液初凝后再补注。

注浆过程中应密切注意监测反馈及注浆部位地面的变化情况，若发现地层有串浆或加速形变迹象要及时停止注浆，分析原因。

⑦孔间串浆

串浆通常由于单孔注浆量过大、注浆压力过大、速度过快、孔间距过小引起，出现串浆问题时，首先采取调整注浆参数，适当减少注浆压力和速度，或者间歇注浆，后进行跳孔注浆，跳孔距离加大，采取定量注浆控制单孔注浆量等措施防止串浆发生。

⑧注浆压力长时间不上升

注浆压力长时间不上升，应立即采取措施，防止浆液的继续流失造成浪费。分析原因主要有浆液浓度过稀、浆液凝胶时间过长、注浆方式控制不合理等，采用定量注浆的原则加以控制。

⑨地表隆起

此次注浆施工位置邻近万丰桥，因此注浆过程首先要加强对其的监测和观察，防止发生因注浆压力过大、速度过快造成桥体及其周边地表的隆起变形，一旦出现隆起现象，应立即采取措施降低注浆压力、减少注浆速度，间歇注浆、分序跳孔注浆等。

(6)工期安排

为了保证注浆加固施工工程能顺利完成，该工程的计划工期为 25d，各阶段工期安排如表 3-9-6 所示。

工期安排计划表　　表 3-9-6

项　目	进　场　期	正常施工期	检查加强期	结　束　期
天数	2	18	3	2
合计	25d			

(7)设备投入

主要设备投入情况如表 3-9-7 所示。

拟投入设备表　　表 3-9-7

名　称	单　位	数　量	工作内容
Gj-150 钻机	台套	6	打孔
高速搅拌机	台套	2	制浆
高压注浆泵	台套	2	灌浆
HVB 型注浆泵	台	4	注浆
电焊机	台	2	焊接
DQY-1 地质罗盘仪	个	1	角度控制

(8)近接管线区域注浆施工

在注浆加固区存在着四条既有的管线，管线走向在平面上均正交于隧道走向。第一条管线为 3200mm×2000mm 雨水方沟，沟底距地面 4.34m；第二条管线为 ϕ2200 混凝土污水管线，管底距地面 6.97m；第三条管线为 579mm×485mm 电信管线，管底距地面 3.257m；第四条管线为 ϕ600 上水管线，管底距地面 3.27m。

注浆影响管线的区域划定在管线边缘左右各 2m 的区域，在该近接区域内注浆施工时采用低压力(小于 0.3MPa)、小流量(小于 20L/min)、缓慢注浆的方式注浆施工。

因管线的阻挡，注浆孔不能垂直向下施作时，要在管线周围采用斜孔注浆，注浆浆液的终孔扩散半径范围不大于 800mm。

9.2.2.2　钢管桩隔离

为提高被加固土体在盾构掘进通过时的抗侧压力，在隧道两侧各 1.5m 沿隧道走向布一排 ϕ108×8 的注浆钢管，以提高土体的抗侧压力强度。钢管桩间距 1.5m，桩长 19.7m，共计 44 根。具体的钢管桩布置如图 3-9-9 和图 3-9-10 所示。

9.2.3　盾构施工控制技术

强化盾构掘进施工管理，优化盾构施工参数，加强同步注浆和二次补浆，严格控制掘进速度，保持盾构掘进施工的连续性。

9.2.3.1　盾构下穿前准备

在穿越段前 100m 即按照下穿万丰桥进行管理，紧密依靠沉降监测数据，及时调整盾构掘进参数，不断完善施工工艺，及时总结出盾构穿越该类地层的最佳参数，为盾构穿越万丰桥提供参考。

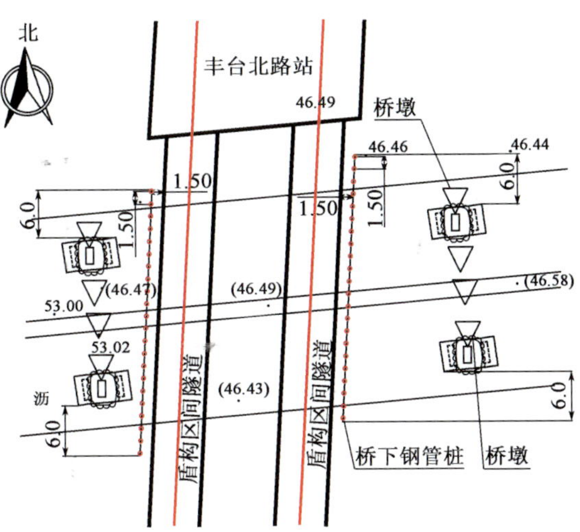

图 3-9-9 万丰桥下钢管桩平面布置图(尺寸单位:m)

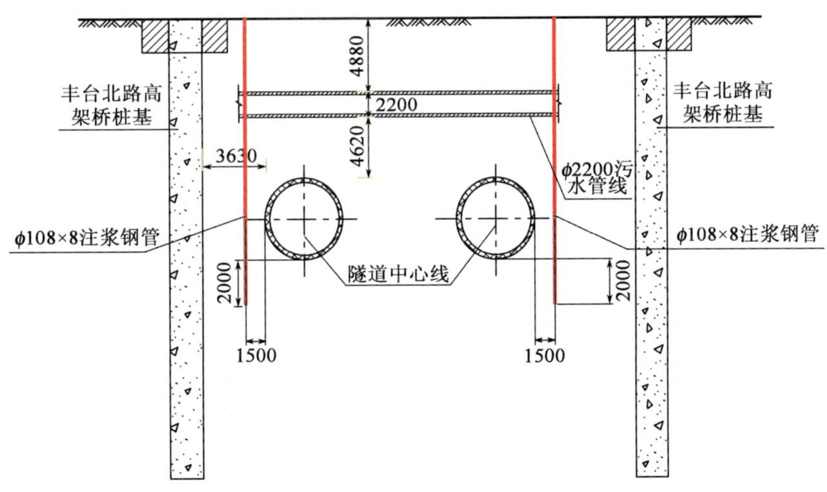

图 3-9-10 钢管桩断面图(尺寸单位:mm)

当盾构进入距离穿越范围 12m 前,对人员、机械、材料做好充分的准备,特别是对设备做一次彻底的检修,确保盾构施工的连续性。

9.2.3.2 下穿万丰桥盾构控制措施

对于盾构施工阶段产生地表沉降除考虑正常掘进工况下采取控制措施外,针对停机等特殊工况制定了针对性措施。

(1)严格控制土压力

制定严格的土压控制措施,根据盾构刀盘与万丰桥的间距,提出不同的土压控制指标,具体如表 3-9-8 所示。

穿越万丰桥土压力控制表 表 3-9-8

序号	刀盘与万丰桥间距(m)	控制土压力(MPa)	序号	与万丰桥间距(m)	控制土压力(MPa)
1	＞15(到达前)	0.06	4	0～15(通过后)	0.07
2	0～15(到达前)	0.07	5	＞15(通过后)	0.06
3	0(到达时)	0.07			

(2)严格控制同步注浆量

必须严格按“确保注浆压力，兼顾注浆量”的双重保障原则，紧密结合施工监控量测的反馈信息，不断优化注浆压力的设定，注浆量一定要保证超过理论计算值，在实际平均注浆量的合理范围内波动。

(3)严格控制盾构姿态

盾构姿态变化不可过大、过频，控制每环纠偏量不大于 10mm(高程、平面)，控制盾构变坡不大于 1‰，以减少盾构施工对地层的扰动影响，从而尽可能减少地表沉降。

(4)严密观察土质变化状况

施工中必须严格监控挖掘出土体的质量，杜绝水土分离的现象。出土中因地层含水量较大时，通过提高设定土压力，在形成土压平衡的同时，疏干开挖面的地下水，保证出土质量。

(5)减少盾构施工对地层的扰动。

盾构施工对地层的扰动主要是盾构的推力和刀盘旋转产生的，因而保证盾构正常运转，确保盾构的机械性能尤为重要。当土压力突变时，在分析原因的同时，采取填注泡沫的措施改良开挖土体，穿越铁路的过程中，加强土体的塑流化改造，使刀盘扭矩不超过 60%。

(6)保证管片拼装质量，减少管片变位/变形。

隧道管片的变形量与管片拼装的质量紧密联系，在施工过程中，必须强化施工管理，保证一次紧固结实。每环掘进过程中，应适时对螺栓进行二次紧固。

(7)盾构总推力控制

通过盾构外壳处预留的注浆孔进行减阻注浆，从而大大降低盾构的推力，减少盾构外壳对土体的位移，尽可能把推力降到最低。

(8)二次补浆

在管片脱出盾尾 5 环后，采取对管片后的建筑空隙进行二次注浆的方法来填充，浆液为水泥—水玻璃双液浆，注浆压力 0.3～0.5MPa。壁后二次注浆根据地面监测情况随时调整，从而使地层变形量减至最小。

9.2.4 关键技术参数的控制

在盾构穿越施工时，合理设定土压力，调节盾构推进速度与排土速度关系，保持开挖面稳定，使盾构保持均衡施工，控制同步注浆的压力和速度，及时实施二次补浆，必要时可以采取环箍注浆、深部注浆等措施，结合盾构穿越环境情况和覆土等条件，将施工引起的沉降控制在允许值范围内是可行的。

(1)依据分层沉降监测数据,合理调整盾构掘进参数,以“匀速,均衡、连续”的原则通过桥区。

根据实际调节推进千斤顶的推力,控制盾构的推速为45～55mm/min(一般推力控制为20000～30000kN),使得在盾构土压舱内建立起的泥土压力足以与地层土压力相抗衡;保持开挖面切削土量和螺旋输送机排土量的平衡,以使泥土压力与地层土压力保持动态平衡;土压力控制为0.05～0.08MPa;从刀盘向开挖面添加泥浆及泡沫,改善开挖面圆砾地层的力学性质,同时改善盾构刀盘和螺旋输送机的工作环境,泥浆及泡沫注入总量控制在开挖土方量的20%～40%之间,施工中根据实际的出土效果进行加泥与加泡沫的相应比例调整;对应同步注浆进行双控,从量和压力上控制,同步注浆量为200%～220%之间,注浆压力控制在0.35～0.4MPa,后续补注浆根据沉降监测值适当地选择注入量。

(2)增大触变泥浆减阻浆液的加入量,从而降低盾构总推力,降低对盾构外桩周土体的扰动。盾构机头、机尾外一共12个点注入减阻浆液(触变泥浆加入量一般为300～400L/环),盾构掘进过程中进行点注入。

(3)在盾构穿越桥区的过程中,加强塑流化改造,降低刀盘的扭矩,降低对周围土体的扰动。

(4)到达桥区12m前,调好盾构姿态,在穿越过程中“勤纠偏,小纠偏”,减少蛇行,严格控制盾尾间隙,选择使用好左右楔形环管片达到纠偏的目的,降低对周边土体的扰动。

9.2.5 停机保护及土体改良措施

9.2.5.1 停机保护措施

盾构穿越万丰桥期间必须保持施工连续,当由于各种不可见因素的影响而不得不停机施工时(这种停机应最大努力去避免),为控制停机期间的地表沉降,采取以下措施。

(1)停机前的措施

盾构停机前,为加强开挖面的密闭性,减少土舱漏压而造成的土压力降低,必须对开挖面进行改良处理,采取维持土压措施。在停机前建立的土压力应比正常工作时的压力高,以保证停机期间的土压力;在最后一环施工时必须保证同步注浆用量和注浆效果,在推进完成后,维持注浆压力在设定压力1h以上。

(2)停机期间的措施

停机期间土舱压力随时间的推移而降低。在对盾构前方土压力值进行记录监控,保证土压力在计算值以上;当压力值低于计算值时,将盾构微量推进,从而重新建立土压力,推进过程中保持注浆,且向土舱内注入膨润土。

9.2.5.2 土体塑流化改造措施

(1)开挖面土体塑流化改良方法

根据以往的施工经验,为适应圆砾这种地层施工,在加泥的基础上同时使用泡沫系统。利用加入泡沫改善土体粒状构造,吸附在颗粒之间的气泡可以减少土体颗粒与刀盘系统的直接摩擦,降低土体的渗透性。又因其比重小,搅拌负荷轻,容易将土体搅拌均匀,从而达到既能平衡开挖面土压,又能连续向外顺畅排土的目的。

另外,在盾构推进施工时,由于大部分地层为圆砾,当盾构刀盘切削土体时容易使刀盘过热，影响盾构的机械性能；另一方面，螺旋机也会因工作扭矩过大而发热，影响其性能，严重时甚至停转。因此，必须通过往泥舱内加注改良材料的方式来改善土质，起到减摩的作用，满足螺旋机运输的性能，并起到冷却刀盘的作用。

因此，加泥、加泡沫的功效主要表现为以下几个方面：

①保持开挖面的稳定。

②增加切削土体的塑性流动性。

③使开挖面土体及切削下的土体具有良好的止水性。

④防止切削土砂黏附在刀盘及螺旋输送机内，避免闭塞现象，减轻机械负荷，降低刀盘扭矩，同时也提高掘进速度。

⑤对刀盘、螺旋输送机起减磨冷却作用。

(2)合理选择塑流化改造材料

加泥材料主要由膨润土、润滑剂、流化剂以及水组成。

发泡剂属阴离子表面活性剂，由烷基磺酸盐发泡剂和羧甲基纤维素增黏剂以及其他助剂复配形成。

根据以往类似工程的施工经验，加泥与泡沫量的总和一般不超过土方开挖的35%，控制在20%～40%之间。

(3)加强塑流化改良的管理

随时把握土压舱内土砂的塑性流动性，以对盾构进行反馈控制。

9.2.6 实时监测技术的应用

9.2.6.1 监测内容

区间隧道在K6+275.5—K6+299.5下穿丰台北路高架桥，高架桥桩基承台埋深2.5m，桥桩深37m，高架桥距地铁隧道水平净距最小3.63m，隧道覆土11.8m。

万丰桥的监测主要分为外观观察和变形观察两项。外观观察较为直观的反映出桥的受损程度，对于在施工影响前已经产生裂缝的位置，应拍摄照片。除了对建筑物进行外观监测外，还应对其进行沉降观测。沿桥墩上应布设沉降观测点，以对其进行观测，确保万丰桥的安全。本方案拟采用天宝电子水准仪DINI03型进行监测。

9.2.6.2 测点布置

测点布置如图3-9-11所示。

9.2.6.3 桥墩监测

在万丰桥上选取适合观测的位置，用冲击钻在桥墩和盖梁钻孔，然后放入长200～300mm，直径20～30mm顶端磨圆的弯曲钢筋，四周用水泥砂浆填实。测点布设示意图见图3-9-12。

9.2.6.4 地表监测

地表点布置的时候，选择平整且易于保护的地段布置。采用钻孔ϕ150mm，考虑工期，钻孔深度应穿透冻土层下0.5m，灌注混凝土浇筑，中间埋设直径ϕ25mm左右的螺纹钢筋，端部

用红油漆标识，将测点号写于不易被破坏的位置，测点上部盖钢板或用其他方式进行保护。在量测工作结束后，应恢复路面平整。测点布设见图 3-9-13。

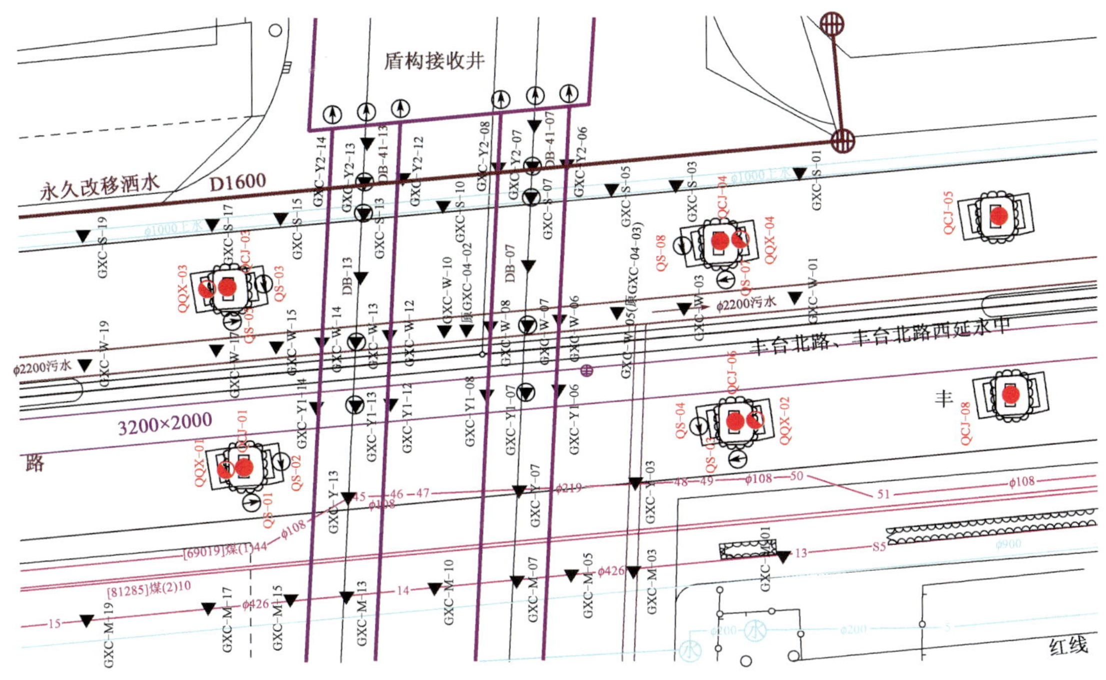

图 3-9-11　万丰桥测点布置平面示意图

9.2.6.5　管线监测

盾构穿越桥区范围处于十字路口，交通繁忙，布设测点时，开挖范围不能太大，不具备将测点直接布设到管线上的条件，只能通过地表监测反映。首先根据管线探测成果，确定管线位置，然后在管线上方钻孔埋设沉降点，沿管线纵向间距 5m 布设。埋设方法按地表沉降点方法埋设，测点布设见图 3-9-14。

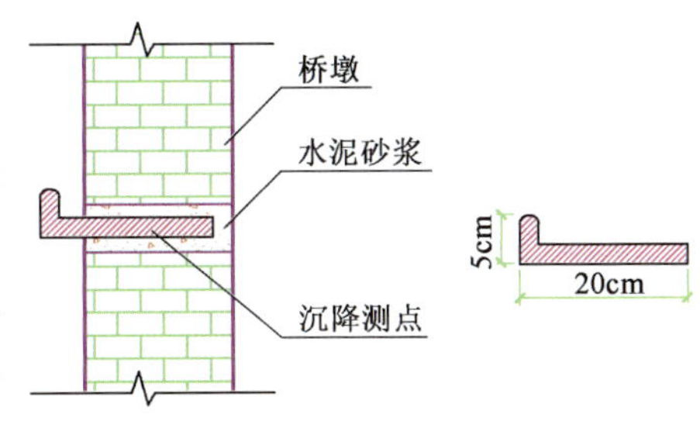

图 3-9-12　万丰桥沉降测点示意图

9.2.7　监测结果分析

由地表、雨水管线及污水管线监测结果可知，万丰桥附近雨、污水管线的沉降量较大，地表沉降量较小，其中雨水管线的沉降量最大，最大沉降量约为 14.5mm；沉降速率方面，雨水管线的沉降速率最大，最大沉降速率约为 3.0mm/d；污水管线和地表的沉降速率较小。地表及雨、污水管线的沉降量及沉降速率时程曲线如图 3-9-15 及图 3-9-16 所示。

盾构施工过程中，同时对万丰桥桥墩的累积沉降量及差异沉降量进行了检测，监测结果表明：万丰桥桥墩的最大累积沉降量约为 6.0mm，最大沉降速率为 1.8mm/d，桥墩的最大差异沉降为 2.0mm。累积沉降量及沉降速率的时程曲线如图 3-9-17 及图 3-9-18 所示。

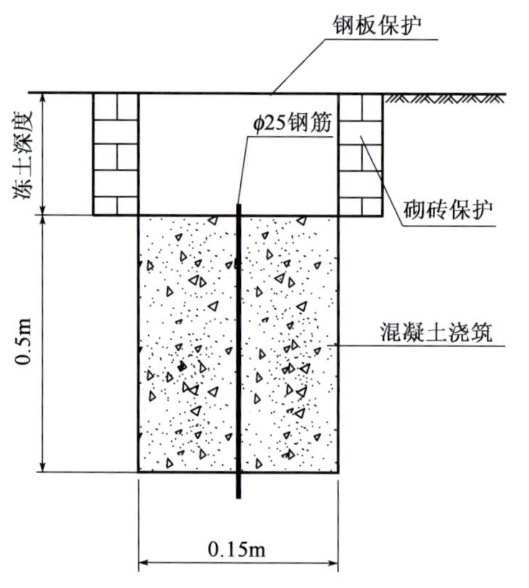

图 3-9-13　地表沉降点布置示意图

图 3-9-14　管线沉降点布置示意图

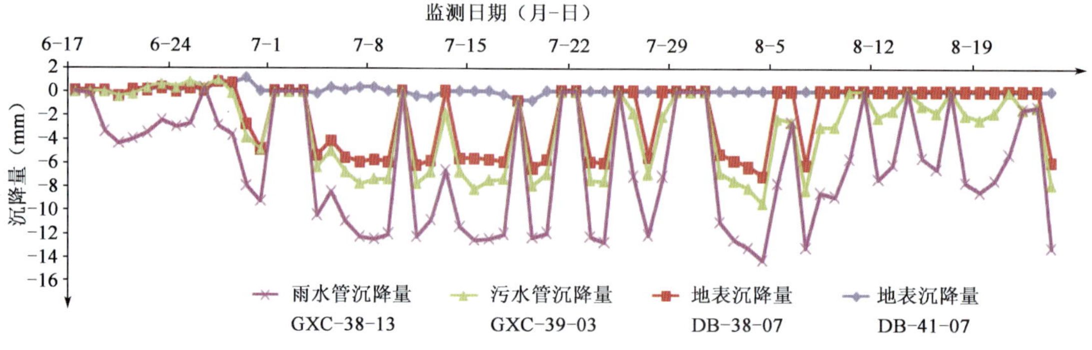

图 3-9-15　万丰桥附近地表及雨、污水管线累积沉降量时程曲线

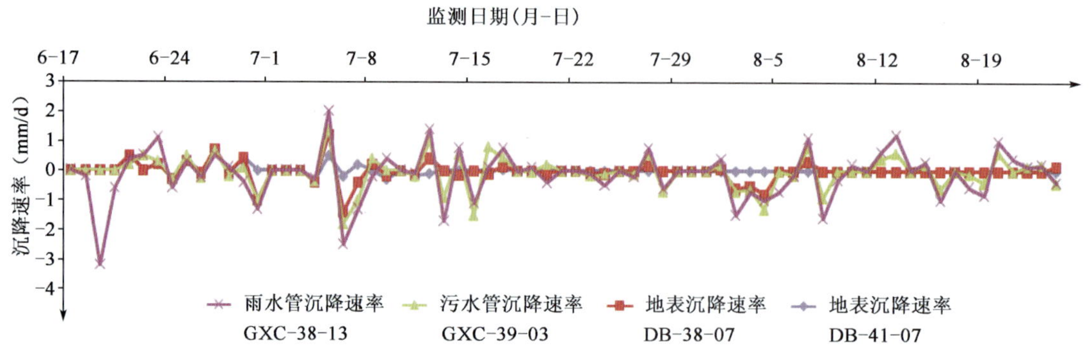

图 3-9-16　万丰桥附近地表及雨、污水管线沉降速率时程曲线

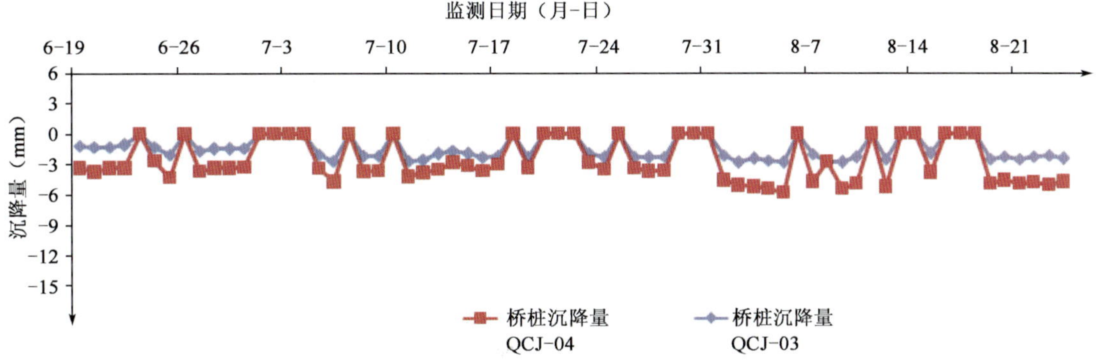

图 3-9-17　万丰桥桥墩累积沉降量时程曲线

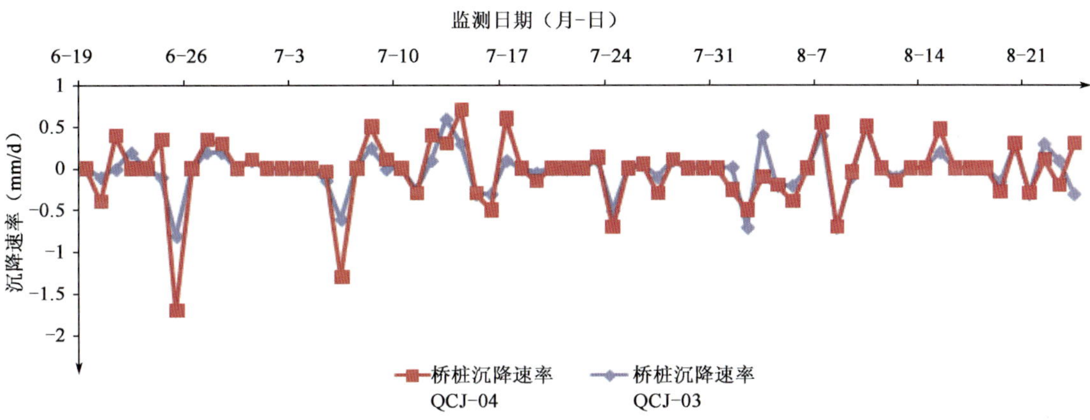

图 3-9-18　万丰桥桥墩沉降速率时程曲线

参 考 文 献

[1] 程骁,等.盾构施工技术[M].上海:上海科学技术文献出版社,1990.
[2] 刘建航,侯学渊.盾构法隧道[M].北京:中国铁道出版社,1991.
[3] 孙钧.地下结构(上、下)[M].北京:科学出版社,1991.
[4] 陶龙光,巴肇伦.城市地下工程[M].北京:科学出版社,1996.
[5] 施仲衡.地下铁道设计与施工[M].西安:陕西科学技术出版社,1997.
[6] 张凤祥,朱合华,傅德明.盾构隧道[M].北京:人民交通出版社,2004.
[7] 朱合华.地下建筑结构[M].北京:中国建筑工业出版社,2005.
[8] 王春河.深圳地铁盾构始发与到达端头加固理论研究与工程实践[D].北京:中国矿业大学(北京),2010.
[9] 江玉生,王春河,江华,等.盾构始发与到达——端头加固理论研究与工程应用[M].北京:人民交通出版社,2011.
[10] 傅德明.我国隧道盾构掘进机技术的发展现状[J].地下工程技术,2003.
[11] 周文波.盾构法隧道施工技术及应用[M].北京:中国建筑工业出版社,2004.
[12] 中国土木工程学会,同济大学.北京地铁及地下工程建设风险管理指南[M].北京:中国建筑工业出版社,2007.
[13] 日本土木学会.隧道标准规范(盾构篇)及解说[M].朱伟,译.北京:中国建筑工业出版社,2001.
[14] 崔玖江.隧道与地下工程修建技术[M].北京:科学出版社,2005.
[15] 夏明耀,等.地下工程设计施工手册[M].北京:中国建筑工业出版社,1999.
[16] 陈丹,袁大军,张弥.盾构技术的发展与应用[J].现代城市轨道交通,2005(5):25-29.
[17] 北京市轨道交通建设管理有限公司.安全风险技术管理体系(试行)[M].2008.
[18] 刘建航,侯学渊.盾构法隧道[M].北京:中国铁道出版社,1991.
[19] 竺维彬,鞠世健.复合地层中的盾构施工技术[M].北京:中国科学技术出版社,2005.
[20] 竺维彬,鞠世健,史海欧.广州地铁三号线盾构隧道工程施工技术研究[M].广州:暨南大学出版社,2007.
[21] 陈馈,洪开荣,吴学松.盾构施工技术[M].北京:人民交通出版社,2009.
[22] 乐贵平,江玉生.北京地区盾构施工技术[J].都市快轨交通,2006,19(2):18-23.
[23] 陈韶章,洪开荣,张弥.复合地层盾构设计概论.北京:人民交通出版社,2010.
[24] 江玉生,杨志勇,蔡永立.盾构/TBM 隧道施工实时管理信息系统[M].北京:人民交通出版社,2007.
[25] 张厚美.盾构隧道的理论研究与施工实践[M].北京:中国建筑工业出版社,2009.
[26] 地盘工学会,牛清山.盾构法的调查·设计·施工[M].北京:中国建筑工业出版社,2008.
[27] 于颖,徐宝富,奚鹰.软土地基土压平衡盾构切削刀盘扭矩的计算[J].岩石力学与工程学报,2004,2(3):314-317.
[28] 张厚美,吴秀国,等.土压平衡式盾构掘进试验及掘进数学模型研究[J].岩石力学与工程学报,2005,24(增刊2):5763-5764.

[29] 杨洪杰,傅德明,葛修润.盾构周围土压力的试验研究与数值模拟[J].岩石力学与工程学报,2006,25(8):1652-1657.

[30] 吕强,付德明.土压平衡盾构掘进刀盘扭矩模拟试验研究[J].岩石力学与工程学报,2006,25(增1):3138-3143.

[31] 管会生,高波.盾构切削刀具寿命的计算[J].工程机械,2006,26(1):45-51.

[32] 王洪新.土压平衡盾构刀盘扭矩计算及其与盾构施工参数关系研究[J].土木工程学报,2009,42(9):109-113.

[33] 徐前卫,朱合华,丁文其,等.均质地层中土压平衡盾构施工刀盘切削扭矩分析[J].岩土工程学报,2010,32(1):47-54.

[34] 曾晓星,余海东,张凯之,等.盾构机复合岩土层掘进刀盘弯矩特征分析[J].上海交通大学学报,2010,44(1):51-55.

[35] 徐前卫,朱合华,廖少明,等.均匀软质地层条件下土压平衡盾构施工的合理顶进推力分析[J].岩土工程学报,2008,30(1):79-85.

[36] 李强,曾德顺.盾构千斤顶推力变化对地面变形的影响[J].地下空间,2002,22(1):12-15.

[37] 朱合华,徐前卫,廖少明,等.土压平衡盾构顶级推力的模型试验研究[J].岩土力学,2007,28(8):1587-1593.

[38] 宋克志.泥岩砂岩交互地层越江隧道盾构掘进效能研究[D].北京:北京交通大学,2005.

[39] 宋克志,孙谋.复杂岩石地层盾构掘进效能影响因素分析[J].岩石力学与工程学报,2007,26(10):2093-2094.

[40] 宋克志,袁大军,王梦恕.基于盾构掘进参数分析的隧道围岩模糊判别[J].土木工程学报,2009,42(1):108-109.

[41] 陈仲颐,周景星,王洪瑾.土力学[M].北京:清华大学出版社,1994.

[42] 王毅才.隧道工程[M].北京:人民交通出版社,2004.

[43] 重庆交通科研设计院,等.公路隧道设计规范[M].北京:人民交通出版社,2004.

[44] 刘东亮.EPB 盾构掘进的土压控制[J].铁道工程学报,2005,86(2):45-51.

[45] 胡新朋,孙谋,李建华,等.地铁 EPB 盾构不同地层土舱压力设置问题研究[J].地下空间与工程学报,2006,8(2):1413-1417.

[46] 胡国良,龚国芳,杨华勇.盾构掘进机土压平衡的实现[J].浙江大学学报(工学版),2006,40(5):874-877.

[47] 武力,屈福政,孙伟,等.基于离散元的土压平衡盾构密封舱压力分析[J].岩土工程学报,2010,32(1):18-23.

[48] MHI. Manufacturing Record on Shield Machine. Mitsubishi Heavy Industry Ltd,1988.

[49] Mair R J. Centrifugal Modeling of Tunnel Construction in Soft Clay. Thesis (PhD). University of Cambridge,1979.

[50] Mair R J, Taylor R N. Prediction of Clay Behavior Around Tunnels Using Plasticity Solutions. In: Predictive Soil Mechnics: Predictive Soil Mechanics: Proc. Wroth Memorial Symposium, Oxford, 27—29 july 1992. London:Thomas Teford,449-463.

[51] Imamura S, Nommo T, Mito K,et al. Design and Development of Underground Construction Equipement in Centrifuge. In: Proc. International Symposium on Geotechni-

cal Aspects of Underground Construction in Soft Ground, London, April. Rotterdam Balkema, 531-536.

[52] Peck R B. Deep Excavations and Tunneling in Soft Ground[A]. In: Proceedings of the 7th International Conference on Soil Mechanics and Foundation Engineering [C]. Mexico City: Sociedad Mexicana de Mecanica de Suelos,1969:225-290.

[53] 周小文.盾构隧道土压力模型试验研究[D].北京:清华大学,1999.

[54] 张云.土质隧道土压力和地层位移的离心模型试验及数值模拟研究[D].南京:河海大学,2000.

[55] 唐益群,宋永峰,周念清,等.土压平衡盾构在砂性土中施工问题的试验研究[J].岩石力学与工程学报,2005,24(1):52-56.

[56] 李向红,傅德明.土压平衡模型盾构掘进试验研究[J].岩土工程学报,2006,28(9):1101-1105.

[57] 徐前卫,朱合华,等.砂土地层盾构法施工的地层适应性模型试验研究[J].岩石力学与工程学报,2006,25:2903-2905.

[58] 徐前卫.盾构施工参数的地层适应性模型试验及其理论研究[D].上海:同济大学,2006.

[59] 邢彤,龚国芳,杨华勇.盾构刀盘驱动扭矩计算模型及实验条件[J].浙江大学学报(工学版),2009,43(10):1794-1800.

[60] Robert Marrit, Xavier Borghi. Soil Conditioning for Clay Soil [J]. Tunnels and Tunnling Inernational,2003,(4):29-32.

[61] Miguel Pena. Soil Conditioning for Sand, Tunnels and Tunnelling Inernational[J]. 2003,(7):40-42.

[62] Guy Houlsby, Robert Marrit. Easing the Way Soil conditioning, Tunnels and Tunnelling Inernational,2003,(6):48-50.

[63] 魏纲.盾构施工中土体损失引起的地面沉降预测[J].岩土力学,2007,28(11):2375-2379.

[64] 朱合华,丁文其,李晓军.盾构隧道施工力学形态模拟及工程应用[J].土木工程学报,2000,33(3):98-103.

[65] 丁春林,朱世友,周顺华.地应力释放对盾构隧道围岩稳定性和地表沉降变形的影响[J].岩石力学与工程学报,2002,21(11):1633-1635.

[66] Antao A, Gomes C A. Comparison of Numerical Predictions of Tunnel Using Finite Element Method and Limit Analysis with Centrifugal Tests[A]. In: Fernandes. Application of computational Mechanics in Geotechnical Engineering[M]. Lisse:Swets & Zeitlinger,2001:157-1664.

[67] 王敏强,陈宏胜.盾构推进隧道结构三维非线性有限元仿真[J].岩石力学与工程学报,2002,21(2):228-232.

[68] 秦建设.盾构施工开挖面变形与破坏机理研究[D].南京:河海大学,2005.

[69] 朱伟,秦建设,卢廷浩.砂土中盾构开挖面变形与破坏数值模拟研究[J].岩土工程学报,2005,27(8):897-902.

[70] 韦良文.泥水盾构隧道施工土体稳定性分析与实验研究[D].上海:同济大学,2007.

第四篇

砂卵石及砾岩地层矿山法施工关键技术

第1章　概　述

矿山法又称浅埋暗挖法，是在距离地表较近的地下进行各种类型地下洞室暗挖施工的一种方法，该法首次于1984年在军都山隧道黄土段试验成功。1986年，浅埋暗挖法在具有开拓性、风险性、复杂性的北京复兴门地铁折返线工程中应用，在拆迁少、不扰民、不破坏环境的条件下获得成功。在研究和工程实施过程中，创造了小导管超前支护技术、8字形网构钢拱架设计及制造技术、正台阶环形开挖留核心土施工技术和基于变形监测的反分析计算的方法，提出了"管超前、严注浆、短开挖、强支护、快封闭、勤量测"的18字方针，突出时空效应对防塌的重要作用，提出在软弱地层快速施工的理念。由此在我国北京地区形成了适用于软弱地层的地下工程设计、施工的浅埋暗挖方法体系。

矿山法沿用新奥法(New Austrian Tunneling Method)的基本原理，初次支护按承担全部基本荷载设计，二次模筑衬砌作为安全储备；初次支护和二次衬砌共同承担特殊荷载。应用浅埋暗挖法设计、施工时，同时采用多种辅助工法进行超前支护，加固围岩，提高围岩的承载能力；并采用不同的开挖方法及时支护、封闭成环，使其与围岩共同作用形成联合支护体系；在施工过程中实施监控量测，及时反馈信息，优化调整设计参数及施工措施，实现不塌方、少沉降和安全施工。

由于造价低、拆迁少、灵活多变、无需太多专用设备及不干扰地面交通和周围环境等特点，浅埋暗挖法在全国类似地层和各种地下工程中得到广泛应用。在北京地铁复西区间、西单车站、国家计委地下停车场、首钢地下运输廊道、城市地下热力隧道及电力隧道、长安街地下过街通道及地铁复八线中推广应用，在广州地铁、深圳地铁等地下工程中也得到了推广应用，并已形成了一套完整的综合配套技术。

随着信息化技术的实施，浅埋暗挖技术实现了全过程控制，有效地减少了由于地层损失而引起的地表移动变形等环境问题，施工对周边环境的影响降低到最低程度。通过信息反馈，及时调整、优化支护参数，提高了施工质量和速度，使浅埋暗挖法的优势得到更进一步的发挥，为城市地下工程设计、施工提供了一种非常好的方法。

1.1　北京地铁9号线工程矿山法应用概况

北京地铁9号线工程主要采用矿山法施工的车站有一座，即军事博物馆站，区间有八段，分别为丰台南路站—丰台东大街站(简称"丰—丰区间")、丰台北路站—六里桥站(简称"丰—

六区间”)、六里桥站—太平桥站区间(简称“六—太区间”)、太平桥站—北京西站区间(简称“太—北区间”)、北京西站—军事博物馆站区间(简称“北—军区间”)、军事博物馆站—东钓鱼台站区间(简称“军—东区间”)、东钓鱼台站～白石桥南站区间(简称“东—白区间”)和白石桥南站—国家图书馆站区间(简称“白—国区间”)。车站及各区间在 9 号线的平面位置参见图 4-1-1。

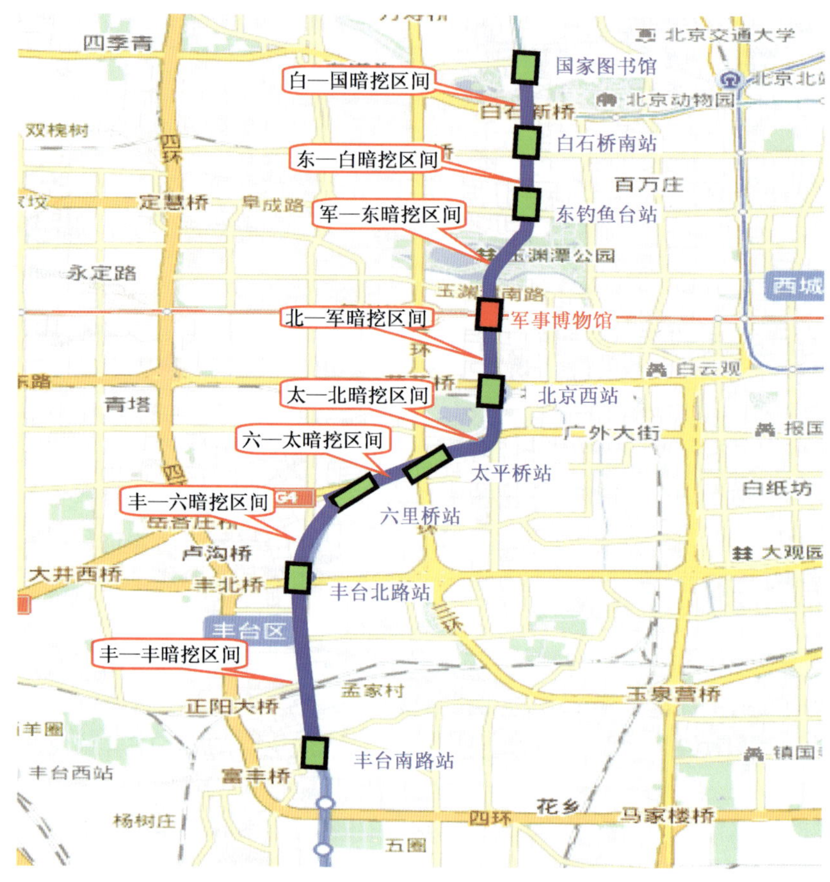

图 4-1-1 车站及各区间在 9 号线的平面位置

1.1.1 车站工程概况

军事博物馆站位于中华世纪坛东南侧,斜跨复兴路与羊坊店路路口布置。路口东约 120m 处为既有地铁 1 号线军事博物馆站,车站主体下穿既有 1 号线军事博物馆站西端区间结构。本站共设置 5 个乘客出入口,2 座风亭,2 个综合换乘厅及换乘通道。车站平面图如图 4-1-2 所示。

车站总长度为 200.8m,标准段宽度 23.0m,高度 17.445m,采用 PBA 工法施工,为双层三跨结构,车站标准段横剖面图见图 4-1-3。下穿既有地铁 1 号线区间采用两个分离的单层单跨结构,采用 CRD 工法施工,每个单跨结构宽度 9.55m,结构高度 10.5m,与既有区间竖向净距为 10.8m,分离的单层单跨结构横剖面图见图 4-1-4。车站有效站台中心里程为 K12+055.965,有效站台中心里程处轨面高程为 19.098m,车站主体结构底板平均埋深 32.1m。

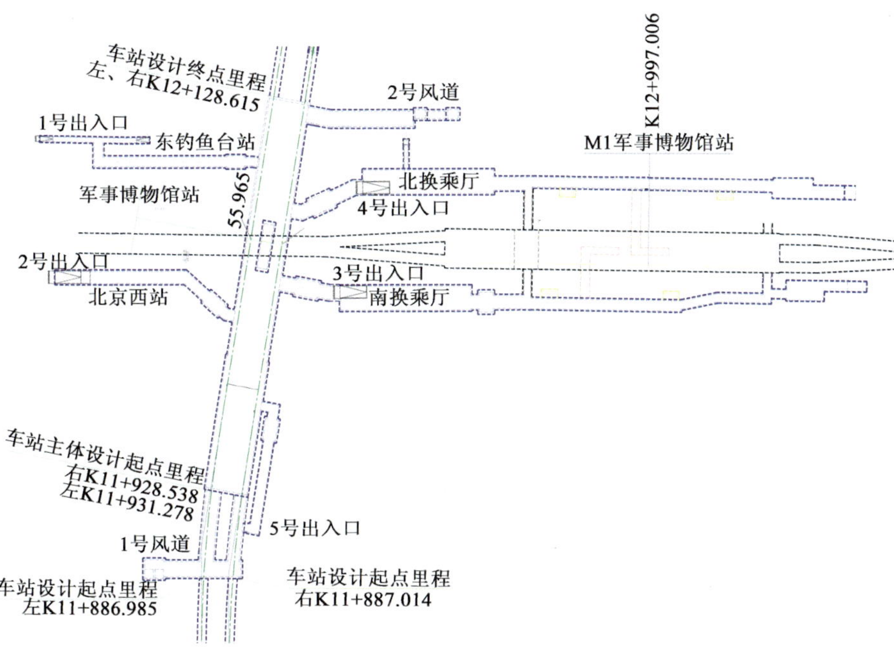

图 4-1-2 地铁 9 号线军事博物馆站平面图

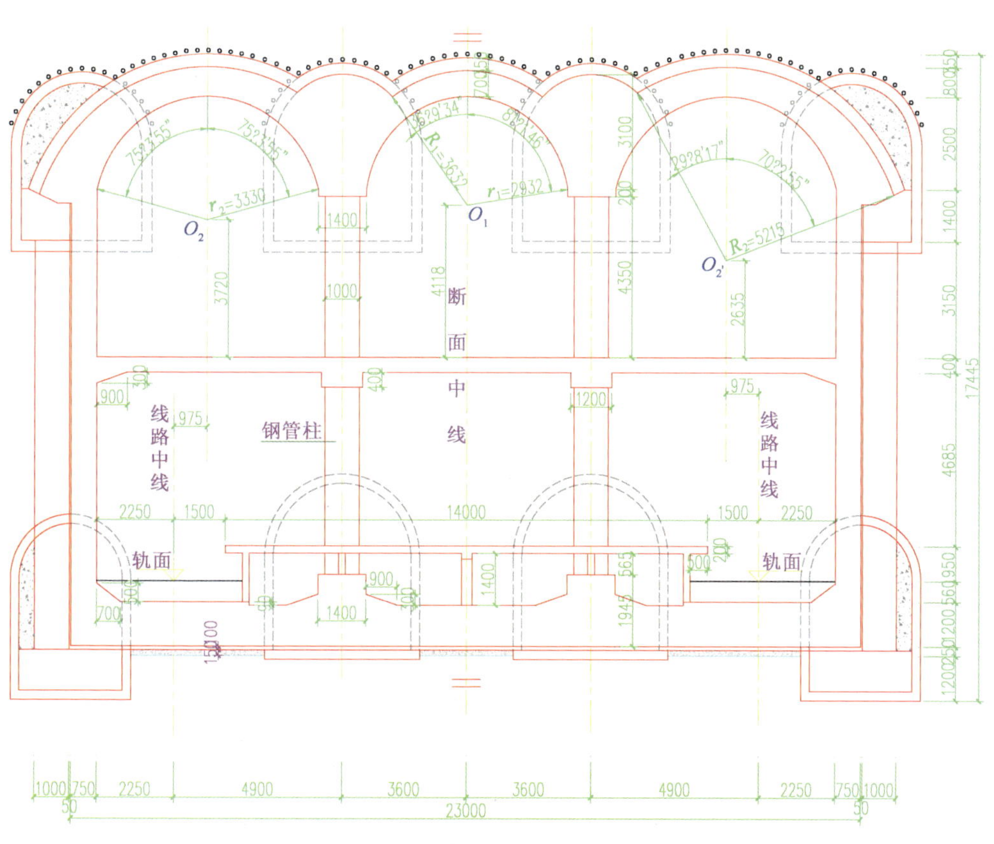

图 4-1-3 地铁 9 号线军事博物馆站双层三跨结构横剖面图

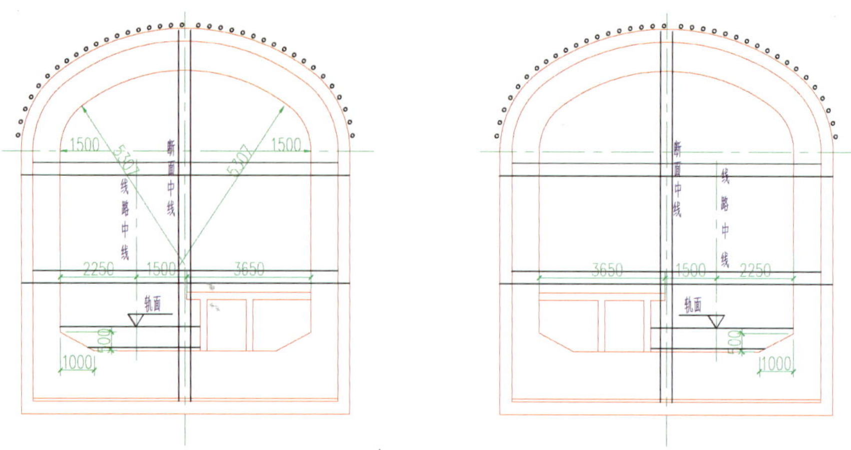

图 4-1-4　地铁 9 号线军事博物馆站分离的单层单跨结构横剖面图

1.1.2　区间工程概况

9 号线暗挖区间左线长度共计 3.561km，右线长度共计 3.81km，暗挖区间多位于交通要道下方，暗挖断面除北—军区间折返线和东—白区间停车线段外，其余均为标准马蹄形断面，马蹄形断面如图 4-1-5 所示。

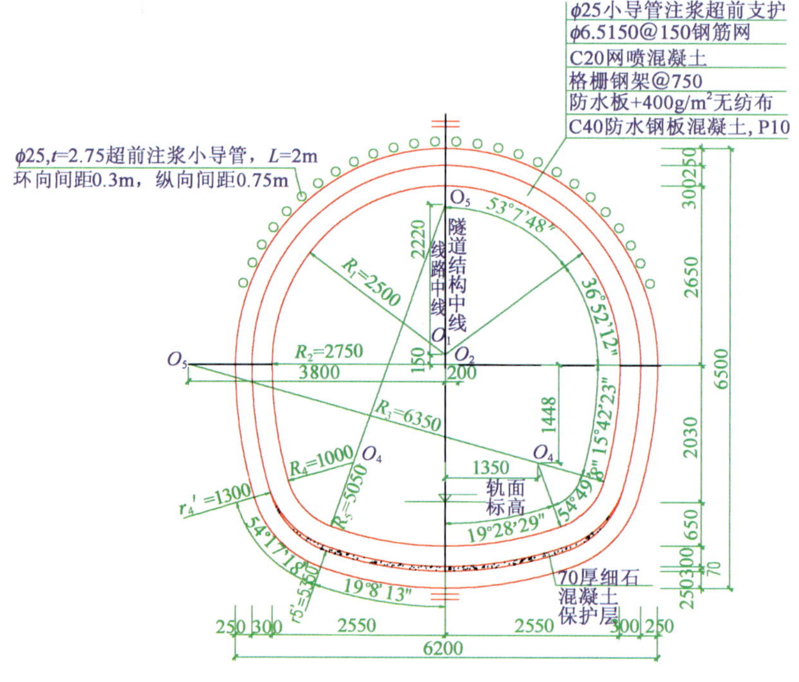

图 4-1-5　地铁九号线暗挖马蹄形区间标准断面隧道横剖面图

(1)丰台南路站—丰台东大街站区间

丰台南路站—丰台东大街站区间沿造甲街和丰台东大街下方设置,整体呈南北走向,造甲街和丰台东大街现状为双向双车道道路,规划为万寿路南延,规划红线宽度为50m。区间右线起点里程为K3+582.820,终点里程为K4+975.405,全长约1392.585m,区间隧道结构为马蹄形断面,全部采用矿山法施工。

(2)丰台北路站—六里桥站区间

丰台北路站—六里桥站区间线路基本呈西南～东北走向,线路以曲线出丰台北路后,转为东北向到达六里桥站。区间隧道埋深10余米,穿越的地层大部分为卵石层,地下水在隧道底板以下。区间沿线地势平缓,略有起伏。区间隧道正上方及邻近区域,地面有较多的低层建筑物。隧道断面全部为标准马蹄形断面,采用矿山法施工。

(3)六里桥站—太平桥站区间

六里桥站—太平桥站区间线路基本呈东西走向,西起六里桥综合客运枢纽北侧的六里桥站,出站后沿京石高速公路南侧规划中的百米绿化隔离带向东敷设,线路向东从西三环六里桥立交桥南侧匝道下穿过,然后斜穿广安路到达广安路北侧、莲花池长途客运站东侧的太平桥站。该区间暗挖段单线单洞段长713.4m,结构覆土9.8～14.8m,区间隧道断面全部为标准马蹄形断面,采用矿山法施工。

(4)太平桥站—北京西站区间

太平桥站—北京西客站区间线路基本呈西南～东北走向,出太平桥站后,区间隧道与两广路近似平行,然后调整线路与西客站南侧预留段相接。区间埋深在13～16m之间。区间隧道穿越地层大部分为卵石层,地下水在隧道底板以下。沿线主要建筑有中盐大厦、中色建设大厦等。区间右线起讫里程为K9+563.365～K10+209.134,左线起讫里程为K9+563.365～K10+203.240。区间K9+921.964处设置施工竖井和施工横通道兼泵房。区间隧道断面全部为标准马蹄形断面,采用矿山法施工。

(5)北京西站—军事博物馆站区间

北京西站—军事博物馆站区间隧道穿越羊坊店路下方,隧道中线与规划道路永中路基本平行。该路段现状路面狭窄,交通繁忙,沿线道路两旁多为高层建筑,主要有海天中心、铁路总医院、京门大厦、中国建设银行、中国铝业等。区间左线全长966.954m,右线全长965.539m,区间采用明挖+暗挖法施工,其中,明挖段长度均为76.25m,位于羊坊店路与莲花池东路交叉路口北侧,设计里程范围为K10+948.750～K11+025.000,为单层四跨大断面框架结构。明挖段以南,为区间暗挖大跨段,设计里程为右K10+922.634～右K10+948.750,全长26.116m。采用暗挖四联拱形式与既有结构相接,区间大跨段隧道横剖面见图4-1-6所示。明挖段以北,为区间隧道标准马蹄形断面,区间标准暗挖段隧道主要位于羊坊店路下方,区间标准矿山法段右线设计里程K11+025.000～K11+888.162,长度为863.162m,左线设计里程为K11+025.000～K11+888.074,长度为863.074m。线路纵向呈单向坡,隧道结构埋深约15.4～22.9m,里程K11+526.69处为区间泵房结构中心。

(6)军事博物馆站—东钓鱼台站区间

军事博物馆站—东钓鱼台站矿山法区间线路穿越军博西路下方,线路出军事博物馆站后,沿军博西路向北,区间隧道位于世纪坛和军博博兴大厦中间,在永定河引水渠南岸与盾构井相接。

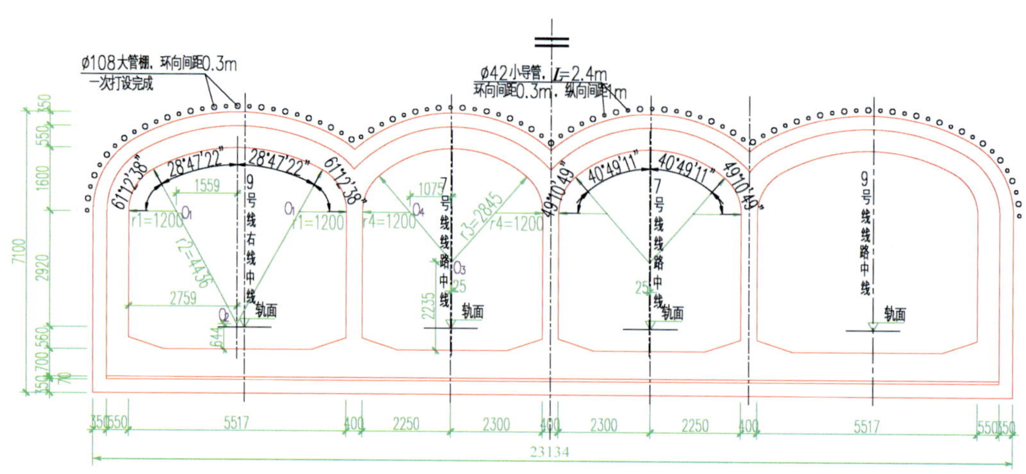

图 4-1-6 北京西站—军事博物馆站矿山法区间大跨段隧道横剖面图

在线路平面上，区间隧道左线以半径 450m 和 612m、右线以半径 500m 和 600m 的平曲线与盾构段相接，直线段线路线间距为 12m。在线路纵断面上，线路出军事博物馆后，以 0.3%纵坡向下与盾构段相接。区间隧道结构底埋深在 27～33m 之间。区间隧道穿越地层主要为砾岩层，地下水类型主要为潜水，水位位于隧道结构以上。区间沿线地势平缓，略有起伏，地面高程为 49.98～51.93m。沿线主要建筑有中华世纪坛、军事博物馆、博兴大厦等。区间平面如图 4-1-7 所示。区间右线设计里程范围为 K12＋128.265～K12＋637.200，长度为 508.935m。区间左线设计里程为 K12＋128.265～K12＋639.483，长度为 511.218m。区间全部为标准马蹄形断面。

(7)东钓鱼台站—白石桥南站区间

东钓鱼台站—白石桥南站停车线段区间位于首体南路主路下方，南北向布置。道路两侧重要的建筑物包括人行过街天桥一座、5 层北京市立新学校、6 层彩电宿舍楼、6 层北沙沟 10 号居民楼。东钓鱼台站—白石桥南站停车线段区间总平面详见图 4-1-8 所示。

停车线段区间右线设计起点里程为 K14＋037.127，终点里程为 K14＋491.200；左线设计起点里程为 K14＋037.127，终点里程为 K14＋244.740。右线区间长 454.073m，左线区间长 207.613m。区间覆土厚度 15.7～17.4m。其中在盾构始发井设计一条施工横通道，联系区间左线和右线隧道。施工横通道在区间隧道的里程为 K14＋246，横通道宽 3.85m，高 7.34～11.092m，全长 23.3m，从上至下共分三层导洞进行开挖。

区间线路出东钓鱼台后，沿首体南路正下方穿行，线路走向基本为南北向，后线路设 $R=1500\text{m}$ 的半径逐渐向东偏移，接着向北行进。线路在出白碓子站后左、右线中间设置联络线及存车线各一条，右线隧道与左线隧道最薄处间距仅为 0.9m，左右线线间距为 15.00m。

本段停车线区间隧道结构形式比较复杂，隧道洞室断面主要分为单孔单线、单孔双线、单孔三线等形式，具体共有区间标准断面、射流风机断面以及停车线 A、B、C、D、E、F、G、H、J 等 11 种结构断面，断面变化点 14 处；结构开挖宽度最大达 14.3m，如断面 G；最小开挖宽度为 6m，区间隧道横断面 G 如图 4-1-9 所示。

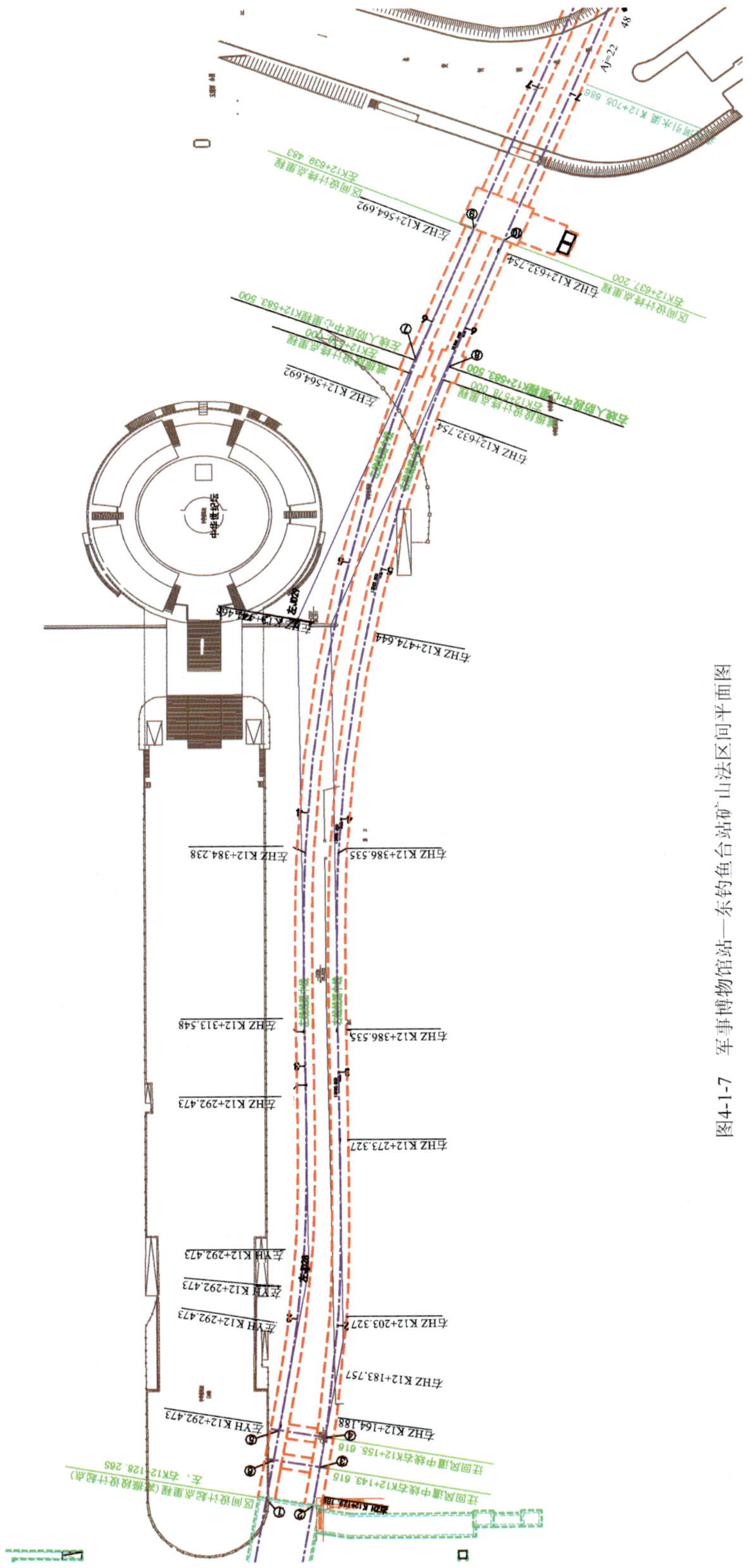

图4-1-7 军事博物馆站—东钓鱼台站矿山法区间平面图

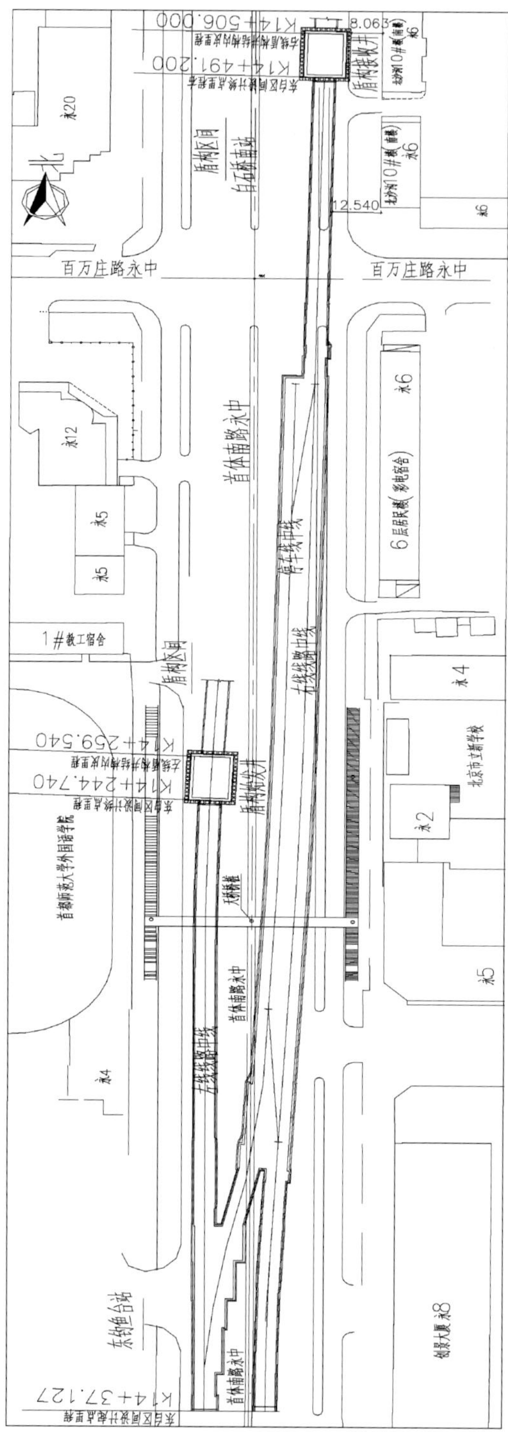

图4-1-8 东钓鱼台站—白石桥南站停车线段区间总平面图

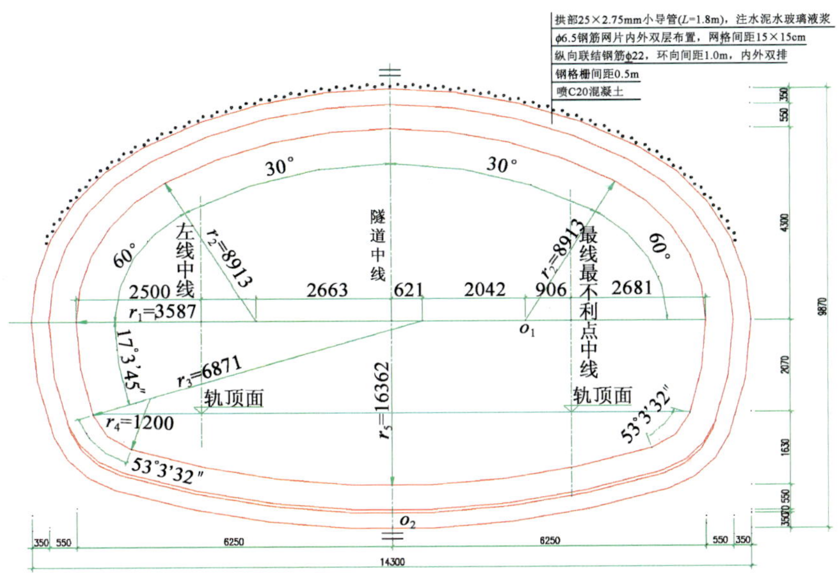

图 4-1-9 东钓鱼台站—白石桥南站停车线段区间横剖面图

(8)白石桥南站—国家图书馆站区间

白石桥南站—国家图书馆站区间为单线单洞矿山法区间，位于首都体育馆南路下方，区间起点为白石桥南站，终点为与四号线预留节点相接处，区间在左线里程 K15＋500.000 及右线里程 K15＋500.000 处均设有人防段，人防段长度为 11m。区间右线设计里程范围为 K15＋140.264～K15＋663.582，全长为 523.318m，左线设计里程范围为 K15＋140.264～K15＋662.593，全长为 522.329m。区间覆土厚度约为 10～18m。该区间隧道全部为标准马蹄形断面。

1.2 砂卵石及砾岩地层的地质特征及工程特性

1.2.1 地质特征

(1)总体特征

北京城区处于平原与山区相连接的地带，地势和地下水位为西/北部高，东/南部低；地层主要为第四系永定河山前冲洪积层和河流相的沉积层，由砂、砂砾石、砂卵石、圆砾以及黏土、粉土、黏质粉土和粉质黏土等互层组成。地层的特点是西/北部颗粒粗，东/南部颗粒细；东部是黏性土、砂层和砂砾石互层的多层状态(见图 4-1-10)，西/北部很快渐变为砂砾石/卵石、圆砾与粉土互层状态(见图 4-1-11)；东部砂砾石层中的砾石粒径较小(一般小于 100mm)，西/北部砂砾石/卵石、圆砾层中的砾石/卵石的粒径相对较大，同时西/北部的砂卵石/卵石层中能见到超大粒径的漂石(见图 4-1-12)，个别漂石的粒径达 1500mm 以上；各层的层位、层厚分布不稳定，时厚、时薄，有的地方尖灭，也有的呈透镜体夹层。

图 4-1-10 砂与砂砾石互层

图 4-1-11 砂卵石与砂砾石互层

图 4-1-12 砂砾石层中超大粒径的漂石

(2)砂卵石地层

地铁 9 号线的砂卵石地层可分为以下几类：

①最大粒径小于 100mm 砂砾石/砂卵石地层。

②粒径为 20～30mm 的卵石占有较大的含量，个别卵石的粒径达到 50～60mm 的砂卵石地层；9 号线的南段主要为该类地层。

③含超大粒径(粒径大于 100mm)的漂石/孤石的砂卵石地层，9 号线的北段有这类地层。

④砂卵石地层的最大含砂率 25%～40%不等。

⑤砂卵石地层的透水性强，9 号线穿越的砂卵石地层基本位于地下水以上，为无水砂卵石地层。

(3)砾岩地层

第三系砾岩系砂卵石地层经一定的成岩作用而形成，下伏于未经受成岩作用的砂卵石地层之下。第三系砾岩形成后遭受了一定程度的风化作用，岩体中发育有一定程度的风化裂隙，且处于地下水的环境中，强度和稳定性有所降低。地铁 9 号线军事博物馆段因线路纵断面下调而遇到第三系砾岩地层。

1.2.2 工程特性

(1)砂卵石地层

砂卵石地层的主要工程特性可以归结为：

①级配较好的砂卵石地层自稳性较好，级配单一的砂卵石地层自稳性差。

②自稳性较好的砂卵石层对施工扰动的敏感性相对不强，变形传递有一定的滞后性。

③隧道的开挖轮廓难以达到设计要求，超挖不可避免。

④地层注浆的可注性好，浆液扩散快、扩散半径大，注浆范围不易控制。

⑤超前小导管打设困难、打入的长度短，打设过程对地层的扰动较大；对于大粒径卵石或含漂石/孤石的地层，小导管根本不能打设。

(2)砾岩地层

砾岩地层的主要工程特性可以归结为：

①与北京城区的土层比较，砾岩地层的自稳性好，支护的时机具有一定的灵活性。

②砾岩中的裂隙水分布不均匀，地下水的处治，如降水或注浆堵水较困难，将在一定程度上影响开挖、支护和衬砌的效果和质量。

(3)砂卵石与砾岩组合地层

砂卵石与砾岩组合地层的主要工程特性可以归结为：

①兼具上述砂卵石地层和砾岩地层的工程特性。

②因地层界面的存在，而使得地层的预加固/预支护、地下水的处治、地层的可开挖性和开挖轮廓的控制等，变得更加复杂和困难。

1.3　北京地铁9号线工程矿山法施工的主要技术难题

北京地铁9号线工程矿山法施工中，需要解决的主要技术难题包括：

砂卵石地层的预注浆技术与工艺；

砂卵石地层隧道开挖轮廓控制与超挖控制技术与工艺；

砾岩地层的地下水处治技术与工艺；

砂卵石与砾岩组合地层界面处治的综合技术与工艺。

第2章　砂卵石及砾岩地层的地下水控制

在地铁施工中，地下水的控制一直以来是一个重点。地下水对地铁施工影响较大，如果处理不当会影响隧道的安全施工，甚至造成隧道管涌和坍塌，尤其是在砂卵石和砂层中，地下水对施工安全的影响更为明显。因此，处理好地下水是地铁施工的一个首要条件。

2.1　降水技术

地铁工程中比较常见的降水方式有管井降水和辐射井降水两种。

(1)管井降水

管井降水是指沿隧道周围按照一定间距布置降水井，经过同时抽水，将隧道施工范围内的地下水位降至结构底板以下的降水方式。其原理是地下水在周围介质中渗透至管井部位，通过管井抽排降水，在管井封闭范围内形成一定深度的水位降落漏斗，从而到达降低地下水的目的。常见的管井直径一般为400～600mm。

管井降水有以下特点：

①施工工艺简单，易于操作，成功率高。

②对渗透系数较大的砂卵石、砂层等地层降水效果明显，对渗透系数较小的黏土、粉质黏土等地层降水效果不好。

③通过管井可以串通不同的含水层，通过越流补给的方式将上层含水层中的地下水汇集至下层含水层中，达到疏干上层地下水的目的。

④对层间滞水效果不明显，主要是因为由于滞水以下为隔水层，抽排难以形成降水漏斗，无法降低地下水水位。

(2)辐射井降水

辐射井是指在地面施工较大孔径的集中井，然后根据勘察报告和现场集中井的挖探，在含水层底部布置水平孔，并在水平孔内布置透水管，通过水平透水孔将地层内地下水引至集中井内，通过集中井抽排地下水。

辐射井降水有以下特点：

①降水控制区域相对较大，一般可以达到60～100m。

②在地面复杂的地方，能够解决管井无法封闭布置的降水难题。

③由于水平引水孔是以集中井为中心的条形辐射布置，因此在距离集中井较远处降水效果相对较差。

④施工工艺相对复杂，尤其是水平引水孔，施工要求较高，且成本相对管井要高。

综合分析以上两种降水方式，一般在地面条件允许的情况下，采用管井降水，对于地面条件不允许的情况下，可采用辐射井降水。北京地铁9号线工程全部采用管井进行降水，没有采用辐射井降水。

2.1.1 砂卵石地层的降水

对于砂卵石地层的降水，比较典型的是六里桥站—太平桥站区间，这里以此区间的地铁9号线和10号线联络线大跨段为例来说明。该段结构位于卵石⑦层与卵石⑨层分界面，两个地层的渗透系数分别为220m/d及280m/d，隧道仰拱最低处位于潜水水位线以下3m。联络线大跨段的平面如图4-2-1所示、纵断面如图4-2-2所示。

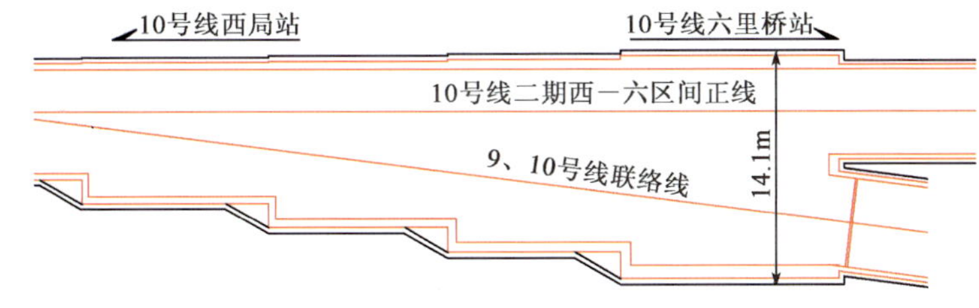

图4-2-1 地铁9号线和10号线联络线大跨段平面图

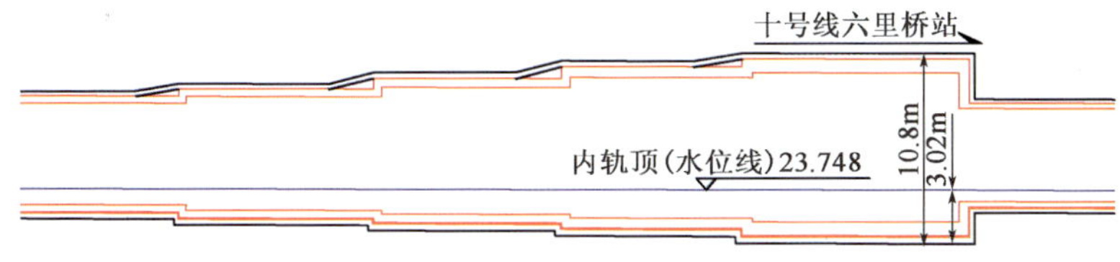

图4-2-2 地铁9号线和10号线联络线大跨段纵断面图

该段隧道施工降水的总体安排如下：

(1)采用管井降水，水井类型为无压非完整井，以抽降卵石⑦层的浅层水为主，降水井深度34m，底部深入卵石⑨层。

(2)管井成孔直径为600mm，井管的水上部分采用直径273mm、壁厚6mm的无孔焊管，水下部分采用钢质桥式滤水管。

(3)降水井成孔设备采用全套管冲抓锥，该设备能克服大粒径卵石地层成孔困难，且不使用泥浆，可以避免因泥浆封堵地层孔隙后减弱降水效果。

(4)降水井成孔直径为1m，井管外壁水下部分包滤网后，填充直径为5～8mm豆石，水上部分直接回填黄土或原状土。

(5)降水井间距6～8m，井管安装好后，先用污水泵洗井直至变成清水，然后用排量

140m³/h 的大功率多级泵组织降水，排水管采用 φ200mm 无缝钢管，法兰连接。

(6)降水施工至少需在土方开挖之前一个月开始实施。

9 号线、10 号线联络线降水井平面布置如图 4-2-3 所示。

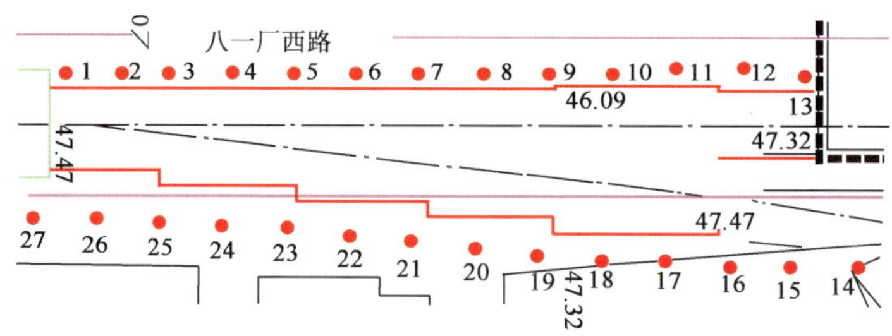

图 4-2-3 地铁 9 号线和 10 号线联络线降水井平面布置图

在联络线大跨段施工期间，地下水降水效果良好，地下水位基本降到结构最低处开挖轮廓线以下，保证了暗挖施工的无水作业环境。但因为降水井较深、多级泵连续使用的寿命约 2 个月，更换较为困难。为保证施工安全，施工中配备了多台 250m³/h 的大功率抽水机进行轮流抽水，保证有充分的时间更换损坏的抽水机。

2.1.2 卵石与砾岩交接地层的降水

对于卵石与砾岩交接地层的地下水控制，比较典型的是军事博物馆站。

军事博物馆站区域潜水层存在于第三系砾岩面上的卵石地层中，水位沿基岩面起伏不定。本站降水难度很大，主要表现在：含水层渗透系数大，地下水丰富，降水排水量大，依据地质勘查资料及周边环境条件布设降水井，难以形成封闭降水；该地区第三系基岩隆起，且微地形变化较大，不能通过完整的单井漏斗叠加来控制潜水断面；该地区的地下水补给条件复杂。通过对已实施的降水井抽水情况分析，结合理论分析及羊坊店地区的施工经验来看，单纯依靠降水的方法来完全控制地下水非常困难，暗挖施工有很大风险，必须采取综合措施有针对性的控制地下水。

实际施工中主要采取了 3 种地下水控制方法：为降低车站施工及周边环境安全风险，车站主体结构整体下压 8.5m，进入第三系砾岩施工，较好地规避了地下水；在具备降水井施工条件的场区布设降水井降低地下水位；注浆堵水。具体安排如下：

(1)对于车站主体结构及 1 号风井风道，鉴于军事博物馆站所处环境的复杂性，主体结构采取以地铁 1 号线为界分段进行封闭式降水的方式：以 1 号线为隔水边界，1 号线以南车站主体结构及 1 号风井风道利用 7 号～67 号和 1 号临时竖井处 S1 号～S18 号降水井，对该段区域基本实现封闭式降水；1 号线以北车站主体结构利用 1 号～6 号、68 号～85 号及借用 2 号风道临时竖井处的 F1 号～F7 号以及 F22 号～F26 号降水井，基本可实现对北段除位于中华世纪坛以下的车站主体区域进行地下水控制。

(2)对于先行施工的 1 号临时施工竖井及 3 号出入口通道，利用 S1 号～S18 号降水井基本可实现地下水控制。南侧的明挖换乘厅利用先行施工的 S6 号～S15 号降水井及 M1 号～M7 号降水井，结合注浆堵水的方式进行地下水控制。对于影响换乘通道结构施工的卵石、圆砾⑤层内地下水，采取利用 M5 号～M12 号降水井进行单侧降水结合注浆堵水的方式，对该层内的地下水进行控制。

(3)北侧换乘厅、换乘通道、4 号出入口通道及无障碍出入口：明挖换乘厅及 4 号出入口通道利用 M13 号～M27 号降水井进行单边降水，并结合注浆堵水的方式进行地下水控制；换乘通道除局部不具备降水井布设条件，需结合注浆堵水外，其余部位基本可实现封闭式降水；无障碍出入口借用 2 号风道 F19 号、F20 号降水井结合注浆堵水的方式进行地下水控制。

(4)2 号风井、风道利用 F1 号～F26 号降水井可基本实现封闭式降水。对于先行施工的临时竖井及通道可利用 F1 号～F7 号、F22 号～F26 号降水井进行地下水控制。

(5)1 号出入口通道可利用 C1 号～C22 号降水井，及借用车站主体的 72 号～78 号降水井实现小区域封闭式降水；2 号出入口通道利用 C23 号～C35 号及借用车站主体的 63 号～65 号降水井可基本实现封闭式降水。5 号出入口通道周围不具备管井布设条件，采取洞内注浆堵水的方式来实现地下水的控制。

由于军事博物馆站施工场地复杂，降水井难以按照设计要求完全布设到位，仅能够根据现场实际条件见缝插针的实施，卵石、圆砾层内潜水难以疏干，车站附属结构开挖时根据实际情况还采取了洞内水平井导水及其他排、堵水的处理措施。

军事博物馆站降水设计参数见表 4-2-1。

军事博物馆站降水设计参数　　表 4-2-1

井型	井径(mm)	管径(mm)	井管类型	井深(m)	井间距(m)	滤料(mm)	纱网(目)	井数
管井	600	400/50	无砂水泥管	—	6～8	3～7	80	194
管井	600	273/6	桥式滤水管	—	6～8	3～7	80	13

注：①管井井深以进入砾岩层 3.0m 进行控制；
②管径为：外径/壁厚；
③抽水管井内安装潜水泵，泵型分配见表 4-2-2，并应根据现场抽水情况适当调整泵量。

军事博物馆站潜水泵泵型分配　　表 4-2-2

井　　号	泵量(m^3/h)	备　　注
1～74、F1～F26、C1～C35、M28～M41	8	为保证降水效果和减少地下水资源浪费，应根据施工时地下水实际情况，以及降水维护期水位变化情况适当调整泵量
S1～S18、M1～M27、SG1～SG2	10	
75～85	15	

2.1.3　粉质黏土与砾岩组合地层的降水

在北京西站—军事博物馆站区间遇到的是粉质黏土与砾岩组合地层的地下水控制问题。

场区内地下水主要为潜水，水位高程为 40.15～41.92m，含水层为细砂、粉砂④层，卵石、圆砾⑤层；潜水～微承压水，水位高程为 38.57～38.92m，含水层为细砂⑤$_2$ 层。本段线路区间自起点开始隧道结构顶板逐渐深入至隔水层粉质黏土⑥层(高程为 33.52～37.56m)，在线路里程 K10＋831.729～K11＋350 范围内，上覆隔水层厚度小于 3m，地下水对结构施工会产生影响，因此线路里程 K10＋831.729～K11＋350 段进行降水。K11＋350 以北结构顶板以上虽还存在含水层，但结构顶板以上隔水层厚度已大于 3m，地下水对结构施工已不会产生影响，施工中没有降水。区间施工竖井由于穿越含水层，均进行了降水。图 4-2-4 是北京西站—军事博物馆站区间地质纵剖面。

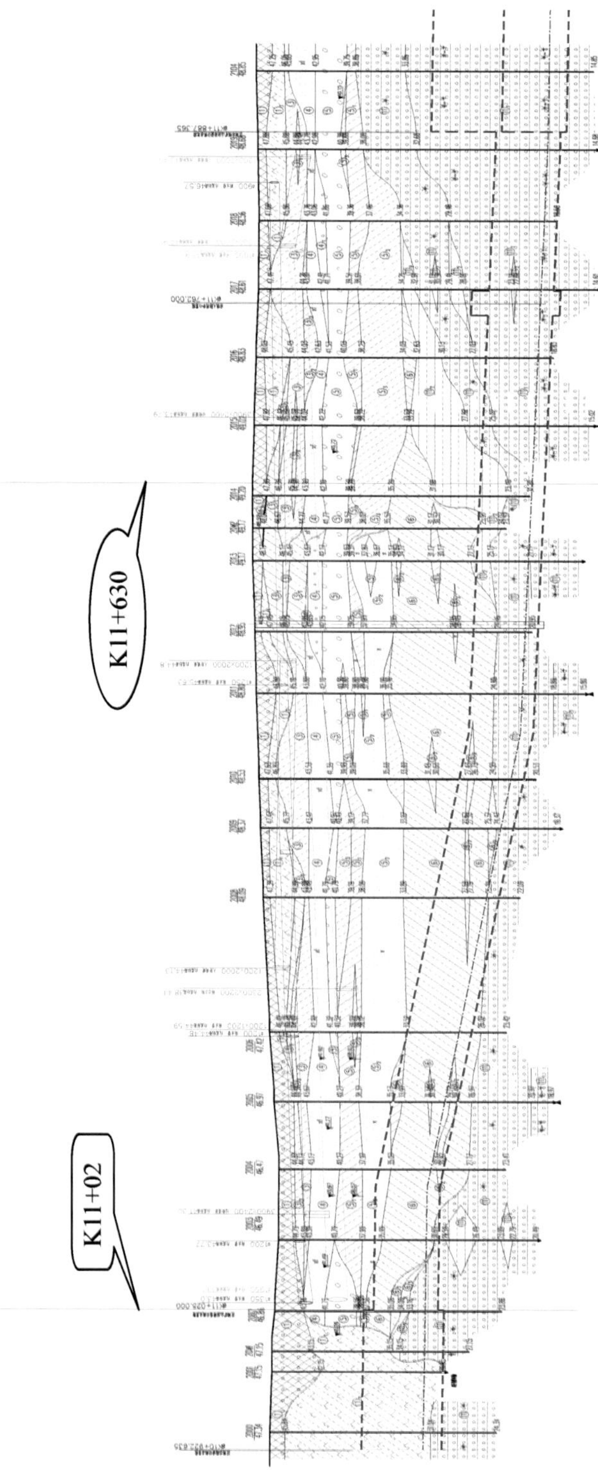

图4-2-4 北京西站—军事博物馆站区间地质纵剖面图

本段线路由于为地铁 7 号线北延预留条件，线间距加大，为保证粉细砂地层的降水效果，主要采用单线双排管井降水，施工竖井采用封闭式管井降水方案，区间大跨段南端受地下构筑物影响，不能进行地面管井降水，故采取注浆堵水的方式。区间降水设计参数见表 4-2-3，管井结构见图 4-2-5 所示。

北京西站—军事博物馆站区间降水设计参数 表 4-2-3

井型	井径(mm)	管径(mm)	井管类型	井深(m)	井间距(m)	滤料(mm)	纱网(目)	井数
管井	600	400/50	无砂水泥管	—	6～8	2～4	100	213

注：①管井井深以井底进入底部隔水层不小于 3.0m 为准；
②管径为：外径/壁厚；
③管井内安装潜水泵，泵型分配见表 4-2-4，并应根据现场抽水情况适当调整泵量。

北京西站—军事博物馆站区间抽水井泵型分配一览表 表 4-2-4

井 号	泵量(m^3/h)	备 注
1～213	5	为保证降水效果和减少地下水资源浪费，应根据施工时地下水实际情况，以及降水维护期水位变化情况适当调整泵量

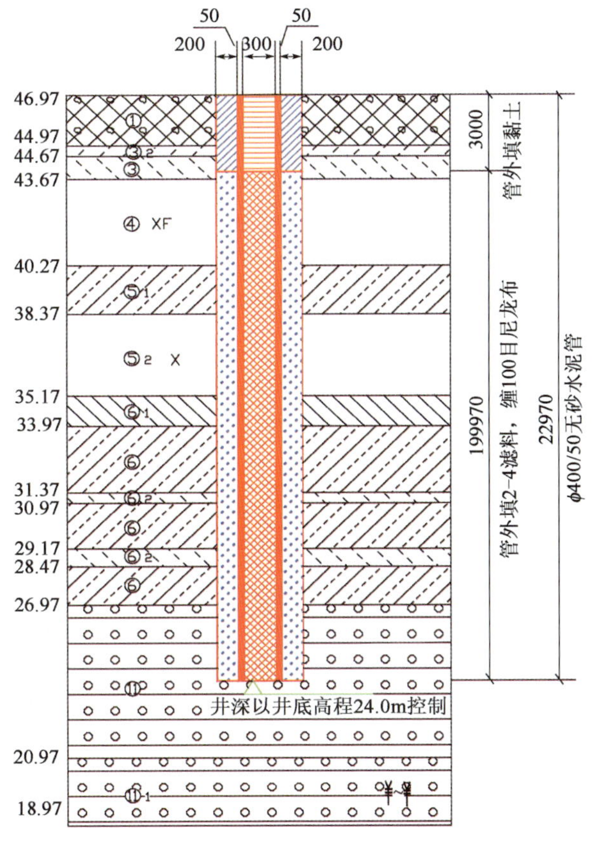

图 4-2-5 北京西站—军事博物馆站区间管井结构(尺寸单位：mm)

2.1.4 小结

根据区间和车站降水效果比对,可以看出降水效果在不同地层中达到的效果也不尽相同,主要有以下特点:

(1)砂卵石地层渗透系数较好,在封闭降水条件下,能够达到通过降水控制地下水的目的。

(2)对于上层滞水或层间水,降水管井难以形成有效的降水漏斗,且易受隔水层层面起伏的影响,地下水难以疏干,施工中需辅以其他措施进一步控制。

(3)降水井布置必须达到封闭条件,对于受条件限制难以达到封闭的降水区域,施工中需辅以其他措施进一步控制地下水。

2.2 其他地下水控制措施

9 号线除了采用管井降水外,还采取了深孔注浆堵水、水平旋喷止水、帷幕注浆止水等其他的地下水控制措施,其中在北京西站—军事博物馆站区间及东钓鱼台站—白石桥南站区间,对难以采用降水控制地下水的地段,就分别采用了深孔注浆和水平旋喷两种注浆止水方式。

2.2.1 深孔注浆

北京西站—军事博物馆站区间横通道及东钓鱼台站—白石桥南站区间正线均采用深孔注浆进行地下水控制,其中东钓鱼台站—白石桥南站区间正线为砂卵石及砾岩组合地层,北京西站—军事博物馆站区间横通道为粉质黏土及砾岩组合地层。下面分别对两种地层进行介绍。

(1)砂卵石及砾岩组合地层

在东钓鱼台站—白石桥南站区间,超前深孔注浆要穿透砾岩层加固拱顶 2~3m 范围内的富水大粒径卵砾石及漂石层,在开挖前于隧道拱顶形成一个坚硬壳体结构,达到止水和改善地层的效果。

注浆采用水泥—水玻璃双液浆液,该浆液的特点是:其特性对地下水而言,不易溶解;对不同地层,凝结时间可调节;强度高,止水效果好。水泥水玻璃双液浆液在北京地铁施工中得到广泛的应用。

表 4-2-5 为浆液的一般配比,注浆时根据现场实际情况选择不同的浆液类型,适当调整配合比,并适当加入特种材料以增加可灌性和堵水性能,以提高止水效果及浆液耐久性。

注浆的浆液配比　　表 4-2-5

A　液	B　液	C　液
硅酸钠 100L 水　100L	Gs 剂　8.5% P 剂　4.5% H 剂　6.7% C 剂　7.1% 水	水泥　42% H 剂　4.6% C 剂　3.2% 水
200L	200L	200L

注:溶液由 A、B 液组成;悬浊液由 A、C 液组成。

区间隧道加固长度左线为K14+113～K14+081、右线为K14+118～K14+165、渡线段为左K14+100.053～右K14+119.531。加固断面有射流风机断面、G断面、H断面、J断面、渡线隧道等，注浆加固范围为隧道拱部外围3m厚度的扇形区域，如图4-2-6所示。

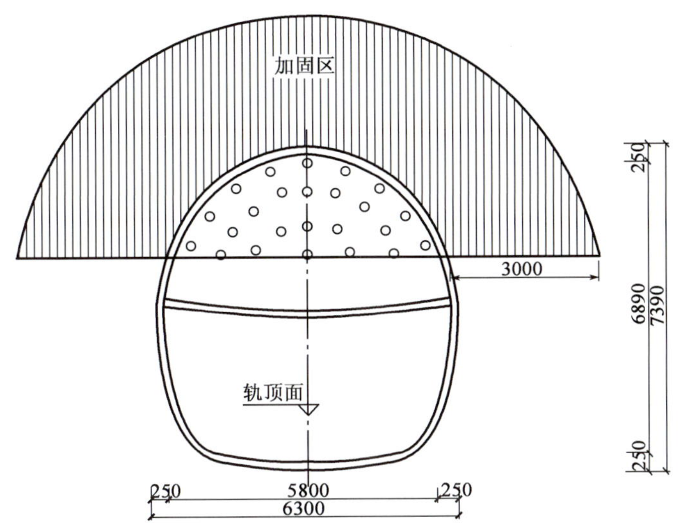

图4-2-6 深孔注浆拱顶加固范围示意(尺寸单位:mm)

根据注浆扩散半径计算，孔距一般为0.8～1.2m，此区段考虑到卵石含量较大，成孔困难，同时考虑到大粒径卵、漂石地层浆液扩散不均匀，为保证止水效果，采用1.0m排距，平面布孔为交联等边三角形布置。以射流风机断面为例：采用间距1.0m双排孔布置，对拱顶140°范围隧道外3.0m范围土体进行加固，共布设24个孔。深孔注浆每12m为1个注浆循环，其中端头2.5m为下一循环的止浆盘。图4-2-7是深孔注浆布置示意图，图4-2-8是隧道内放射型注浆加固立体示意图。

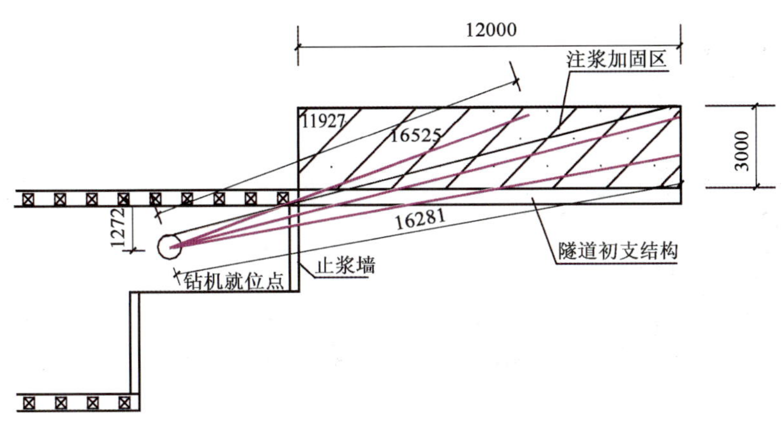

图4-2-7 超前深孔注浆布置示意图(尺寸单位:mm)

超前深孔注浆的具体施工流程如图4-2-9。

现场采用了二重管钻机后退式注浆和小导管注浆相结合的浆液注入方式，保证了注浆效

果。二重管注浆可以随时注浆,浆液在端头混合,其浆液扩散范围很大,注浆压力可灵活调整,浆液渗透性与扩散性都比较好,主要用于12m的深孔注浆。而小导管注浆主要用于二次补强注浆及开挖过程对深孔注浆效果不佳地层的补充注浆。注浆按照从两侧依次向中间、从下层向上层、由远及近的原则依次交替顺序进行的。图4-2-10是现场深孔注浆情况。

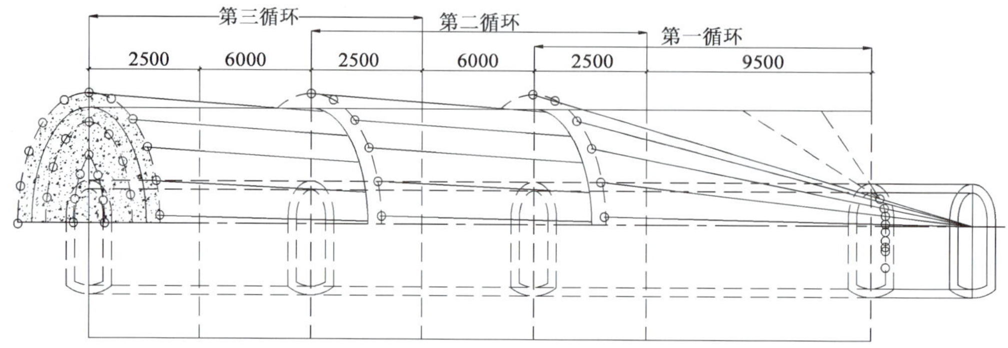

图4-2-8　隧道内放射型注浆加固立体示意图

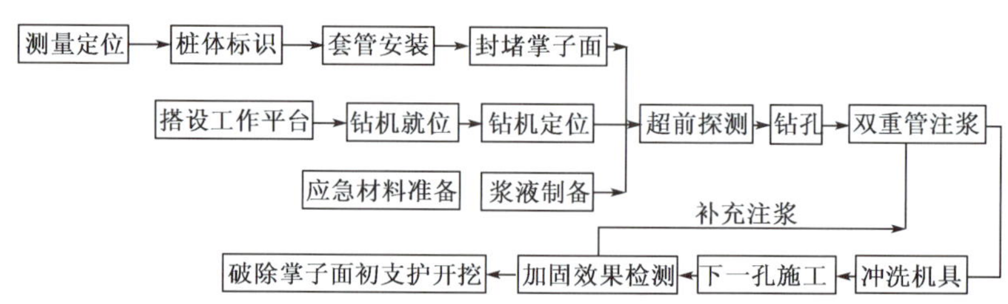

图4-2-9　注浆施工流程图

图4-2-10　深孔注浆现场情况

(2)黏土与砾岩组合地层

粉质黏土与砾岩组合地层的深孔注浆堵水及地层预加固技术,最为典型的应用是北京西站—军事博物馆区间横通道施工。

2009 年 8 月 1 日，北京西站—军事博物馆站区间横通道开始破马头门的施工，揭示了拱部地层为粉质黏土，与勘察地层基本吻合，但实际粉质黏土层粗颗粒含量较多，裂隙发育，存在富水粉细砂透镜体。横通道开挖过程中，拱顶及掌子面渗水量较大，且粉质黏土层遇水后膨胀、渗水，造成裂隙进一步发育导致拱顶土体塌落乃至坍塌，给施工带来很大的安全隐患。同时通道初支完成后，拱顶有水渗漏，恶化了施工环境，对施工生产造成了较大影响。

针对上述问题，采用深孔注浆工艺对粉土地层及粉砂透镜体进行止水与加固。施工采用双重管后退式注浆工艺，具体是：①掌子面采用 20cm 厚网喷混凝土封闭；②注浆孔沿拱部 180°布置，环向间距 0.50m；③每循环注浆长度 16m，纵向搭接 4m；④浆液采用水泥水玻璃双液浆，注浆压力控制在 1.5～3MPa。图 4-2-11 是施工通道及联络通道注浆加固纵剖示意，图 4-2-12 是施工通道及联络通道注浆加固平剖示意。

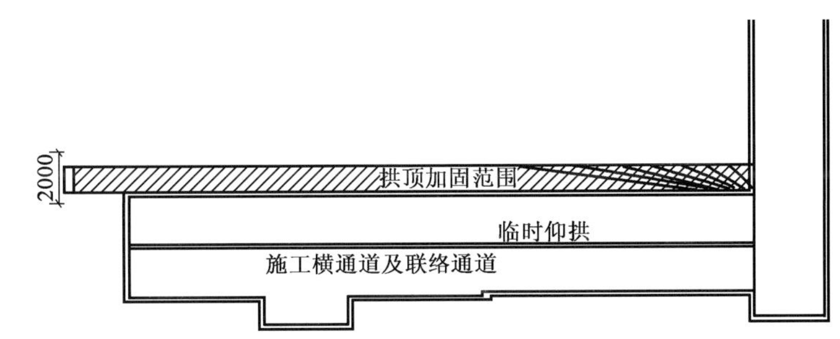

图 4-2-11 施工通道及联络通道注浆加固纵剖示意图(尺寸单位：mm)

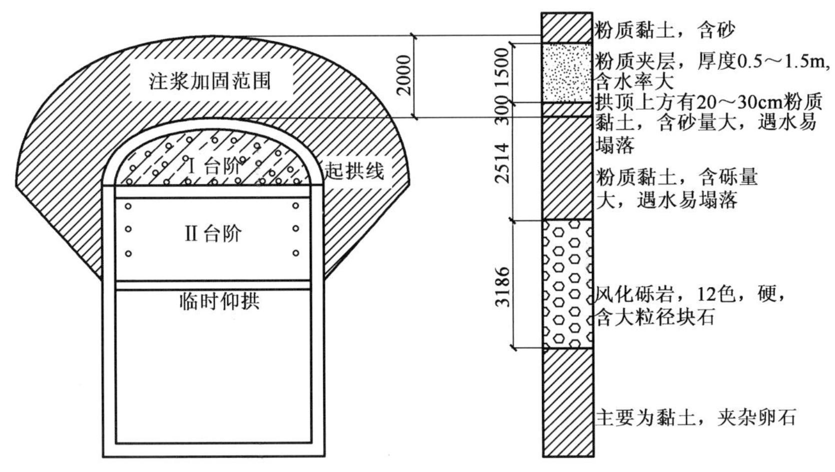

图 4-2-12 施工横通道及联络通道注浆加固平剖示意图(尺寸单位：mm)

由于深孔注浆存在浆液扩散范围不可控的缺点，在北—军区间地层复杂的条件下(拱部粉砂透镜体的存在)，不能保证止水和预加固效果，难以根本解决拱部渗水、塌落问题，同时成孔过程中多次发生钻孔涌水，给施工带来了极大难度。在 41.3m 的横通道施工过程中，共进行了 6 个循环的深孔注浆，开挖历时 105 天，对工程的施工安全、施工环境、施工进度造成了严重影响。

2.2.2 水平旋喷桩止水

鉴于北京西站—军事博物馆站区间横通道施工采用深孔注浆止水的效果不佳,经多方论证、补充地质勘查和现场试验后,区间隧道采用水平旋喷桩进行地下水的控制及地层的预加固。

(1)水平旋喷桩原理

①导向原理 预导孔施工采用水平定向钻钻进打设,利用导向定位系统跟踪监测预导孔打设角度和方位变化,发现钻进角度偏差后及时进行纠偏。图 4-2-13 是导向定位系统结构示意,包括导向钻头及导向定位探棒。

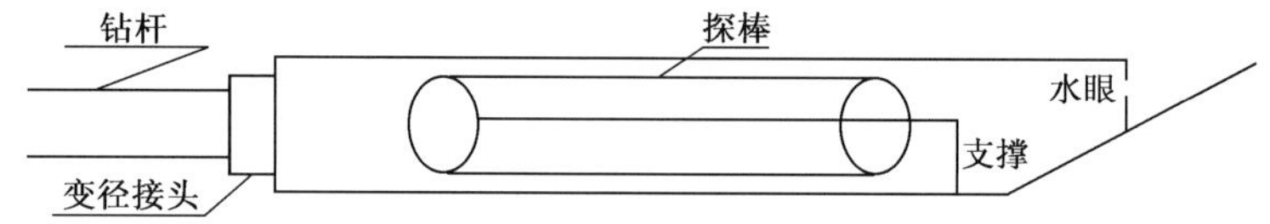

图 4-2-13 导向定位系统结构示意图

导向钻头内装有特制的传感器,传感器直接由 15V 直流电源供电。地表显示屏显示钻头的倾角(水平角度)、面向角(导向板的方向:导向板朝上即为 12 点方向,如同钟面),打设角度如果偏下,可以把钻头调到 12 点方向,即导向板朝上,直接顶进,此时由于导向板底板斜面面积大,受到一个向上的力,钻头轨迹就会朝上运动。同理在 6 点方向纠偏可以使钻头轨迹朝下,9 点方向、3 点方向分别为左、右纠偏方向。如果角度合适,钻机会匀速旋转钻进,此时钻杆轨迹一般是平直的。所以导向钻头是上下纠偏的关键。至于左右偏差,根据传感器尾端的发光装置来定,通过仪器测量参数来纠偏。

②施工原理 采用水平定向钻机打设水平孔,钻进至设计深度后,拨出钻杆,且同时通过水平钻机、钻杆、喷嘴以大于 35MPa 的压力把配制好的浆液喷射到土体内,借助流体的冲击力切削土层,使喷流射程内土体遭受破坏,与此同时钻杆一面以一定的速度(20r/min)旋转,一面低速(15~30cm/min)徐徐外拔,使土体与水泥浆充分搅拌混合,胶结硬化后形成直径比较均匀,具有一定强度(0.5~8.0MPa)的桩体,从而使地层得到加固。当旋喷桩相互咬接后,便以同心圆形式在隧道拱顶及周边形成封闭的水平旋喷帷幕体。水平旋喷桩具有梁效应和土体改良加强效应,能够起到防流沙、抗滑移、防渗透的作用,从而保证了隧道掘进过程的安全。

(2)水平旋喷桩的特点

①桩体强度较高。在高压旋喷过程中,土体与水泥浆充分混合,从而形成一种类似混凝土的固结体。在砂卵石地层中,水平旋喷桩桩体强度要比一般的水泥浆体强度高。

②桩体水泥土混合均匀。在成桩过程中,高压水泥浆喷射流,可以将较大的块状土体破碎,使其充分与水泥浆液混合,形成水泥浆液与土体较均匀的混合体。

③加固范围可控。水平旋喷的浆液主要局限在土体破坏范围内,浆液注入部位和范围可以控制,可通过调节注入参数(切削土体压力、固化材料注入速度与配比、注入量等)获得满足设计要求的固结体。

(3)水平旋喷桩施工工艺流程

施工工艺流程如图 4-2-14 所示。

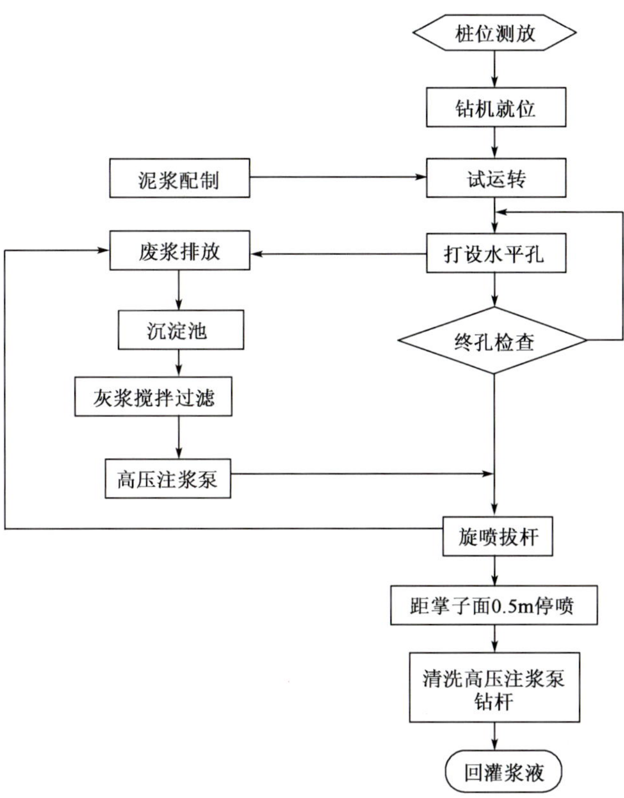

图 4-2-14 水平旋喷工艺流程图

(4)水平旋喷桩的技术参数

水平旋喷桩布置如图 4-2-15 所示。

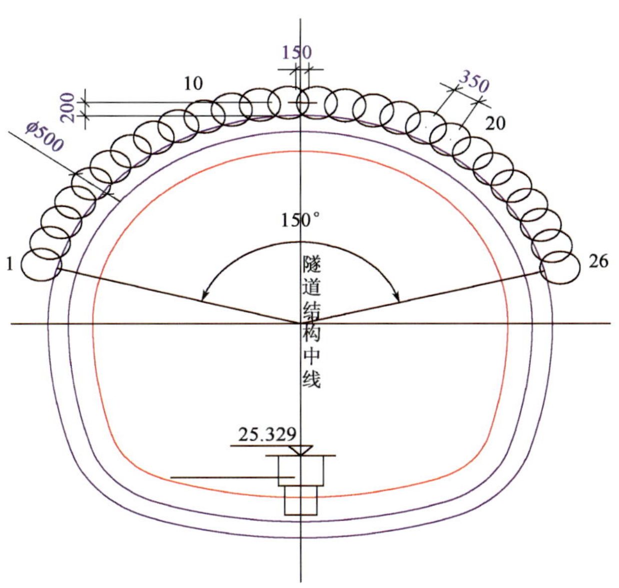

图 4-2-15 水平旋喷桩桩位布置图(尺寸单位:mm)

施工中的主要参数及要求如下：

①水平旋喷孔布置在区间隧道拱部150°范围内(需根据地质条件变化布置到粉质黏土与砾岩交界面)，并根据地层变化视情况在拱脚设置；注浆孔布置在开挖轮廓外250mm位置上，环向间距400mm，旋喷扩散直径为500mm，桩咬合量控制在150mm左右。

②单次水平旋喷长度为30m(含工作室)，上挑角度控制在1.5%～2%(现有线路坡度基础上)。每循环标准隧道开挖长度为21m，旋喷工作室长度6m，考虑3m的搭接长度。

③旋喷工作室长度6m，拱部和边墙外扩60cm，底板位置不变，下边墙实现顺接；初期支护加厚至300mm，格栅主筋由ϕ22调整为ϕ25；保持原隧道衬砌轮廓不变，采用衬砌台车浇筑，外扩部分采用C20混凝土回填。旋喷工作室示意见图4-2-16。

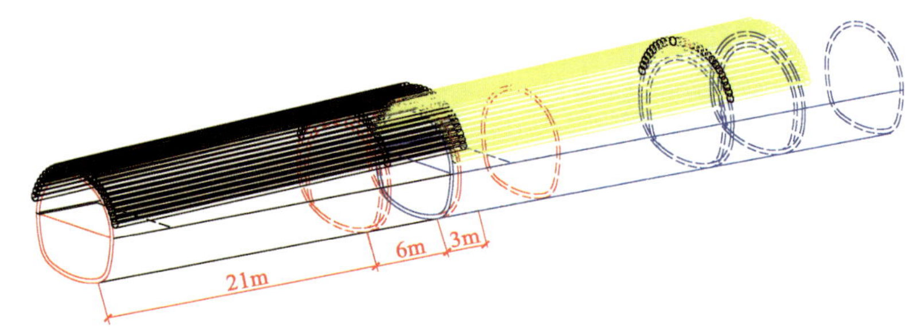

图4-2-16 旋喷工作室示意图

④旋喷工作面端墙采用60cm厚C20混凝土封闭，并挂ϕ6.5@150×150网片。上、下台阶临时仰拱处采用10cm厚混凝土封闭，挂ϕ6.5@150×150网片。

⑤浆液采用水泥浆，水灰比为0.8，孔口增加封口器，减少泥浆的排放，节省水泥。

⑥旋喷压力控制在35MPa左右。

⑦采用泥水分离器，在隧道内对产生的泥浆进行分析，减少施工排放污染。

⑧为确保水平旋喷施工精度，钻进过程中采用水平导向定位系统。

⑨每工作面保证两台钻机同时作业，减少旋喷作业时间，提高综合工效。

(5)施工技术要求

①水平旋喷桩位置偏差为±3cm。

②水平旋喷桩打设角度偏差2‰以内。

③水平旋喷桩长不小于设计桩长。

④成桩后桩体必须满足强度要求，桩体应确保连续、均匀、相互咬合，达到止水效果。

⑤水平旋喷桩应严格按照设计桩位、桩径、桩长和桩数施工。

⑥对每根桩从钻孔至成桩做以下记录：施工日期、开钻时间、结束时间、旋喷压力、旋喷提升速度、桩长、注浆量、排泥量等。

⑦施工前，现场应先进行两根成桩试验，通过试验桩掌握钻进速度、拔钻速度、旋喷速度、喷浆压力、单位时间喷浆量等技术参数，确定旋喷的均匀性，确定最佳施工参数和最佳施工工艺。

⑧桩体施工过程要连续，不能间断，防止断桩、短桩现象的发生。如因机械故障或其他原因停机在30～120min的，应重复旋喷1m；超过2h的，按断桩处理，应重新钻桩。

(6)止水及预加固效果

根据北京西站—军事博物馆站区间现场施工情况来看，水平旋喷桩止水及预加固的效果可概括为以下几点：

①预导孔施工过程中严格控制好钻孔仰角和方位角，能够实现相邻桩体的相互咬合，进而在隧道拱顶形成一个连续的旋喷桩帷幕体，实现止水目的。

②水平旋喷桩施工后，能够达到改良和加固土层的效果，使土体与水泥浆液混合形成均匀的桩体，并在隧道开挖施工时起到梁拱效应，有防流沙、抗滑移的功能。

③水平旋喷桩在旋喷过程中，水泥浆液能沿着地层的缝隙渗透扩散，尤其在含水率较大的地层中，水泥浆液扩散填充缝隙后也能起到止水的效果。

④水平旋喷桩施工过程中，控制退杆速度、钻杆旋转速度及注浆压力，就能使旋喷注入的水泥浆液与切割的土体混合后的体积远远大于原土体的体积，并完全充填原有土体的空隙，凝固后形成一个与未被切割的土体保持紧密接触的圆柱桩体，从而有利于控制开挖过程中掌子面前方土体的较大变形和初期支护形成强度前的土体变形，减小地表沉降。

2.3　特殊部位地下水控制技术

北京地铁 9 号线部分地段地质及水文情况特殊，地表环境复杂，因此在部分地段也相应采取了一些非常规地下水控制技术，其中军事博物馆站附属工程和东钓鱼台站—白石桥南站区间具有代表性。

军事博物馆站位于复兴路与羊坊店路交叉路口，临近中央电视台、军事博物馆、京西宾馆等重要建筑，且附属工程暗挖通道上方密布雨水、上水、污水、电信、电力、热力等主干道管线，对沉降及变形要求极为严格。鉴于以上特点，周边降水井难以实施，深孔注浆会对管线造成变形，因此施工中采取了水平导洞结合注浆止水的方案。

东钓鱼台站—白石桥南站区间全部位于砾岩层内，但拱顶砾岩层覆土较薄，在开挖的过程中有裂隙水顺掌子面流下，而砾岩层与砂卵石层中的上层滞水降水难以疏干，注浆在砾岩层中效果不好，所以现场采取了盲管导排的措施。

2.3.1　水平导洞结合注浆止水

军事博物馆站周边环境复杂，地理位置重要，地质水文条件复杂，车站纵断面高程整体下沉 8.5m 后，主体结构受地下水影响的施工风险大大降低，但出入口结构出地面不可避免的需穿越富水砂卵石地层。根据车站 1、2 号临时竖井及 1 号风井开挖揭示情况及现场降水观测数据，表明含水层补给速度快，水量较大，且近年北京地下水水位回升，施工中地下水处理难度加大。

出入口爬坡过水段受现场条件限制，无法采取封闭的井点降水措施，在有条件的位置施做的降水井仅能作为一种降低地下水影响的一种辅助手段，难以起到有效控制地下水风险的作用。为有效控制过水段地下水影响，采取了在过水段增设水平导洞，在导洞内进行注浆控制地下水的优化方案。

现场出入口过水段施工顺序是：①从车站方向进行的出入口暗挖施工，开挖至拱顶距上方砾岩隔水层厚度 3m 时停止施工，临时封闭掌子面；②出入口明挖段施工完毕后，由明挖段进行暗挖过水段水平导洞施工；③水平导洞施工完成后，从车站主体方向向上进行出入口断面格栅初支结构的对接施工。出入口暗挖段施工顺序如图 4-2-17～图 4-2-19 所示。

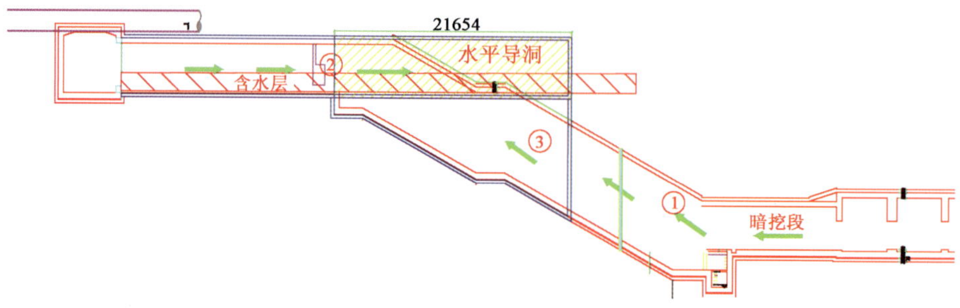

图 4-2-17　1 号出入口暗挖段施工顺序示意图(尺寸单位：mm)

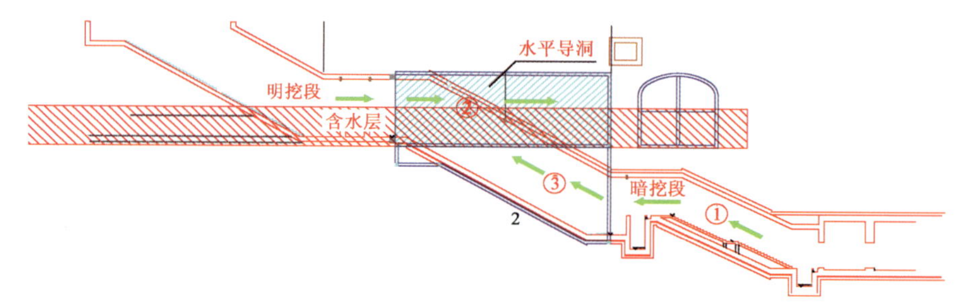

图 4-2-18　2 号出入口暗挖段施工顺序示意图(尺寸单位：mm)

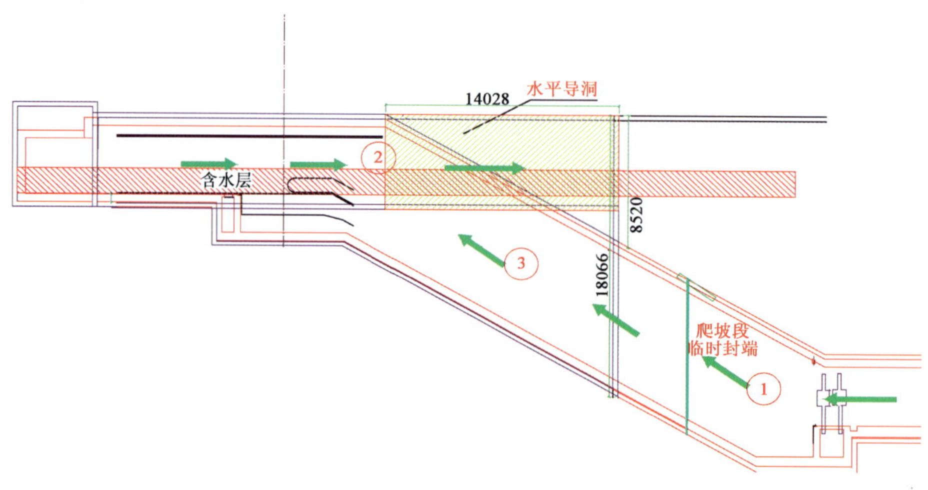

图 4-2-19　5 号出入口暗挖段施工顺序示意图(尺寸单位：mm)

水平导洞采用“CRD”法 4 步施工。1、2 步位于无水粉土粉砂层中，开挖完毕后作为止水作业空间，垂直向下进行全断面注浆止水。注浆孔按间距 1m×1m 梅花形布置，加固范围为开挖断面轮廓外 2m，注浆采用水泥—水玻璃双液浆，注浆压力严格控制在 1.0MPa 以内。注浆结束后，检验注浆止水效果达到要求后，进行水平导洞下断面 3、4 步的开挖。水平导洞开挖

步骤及注浆止水示意分别见图 4-2-20 和图 4-2-21 所示。

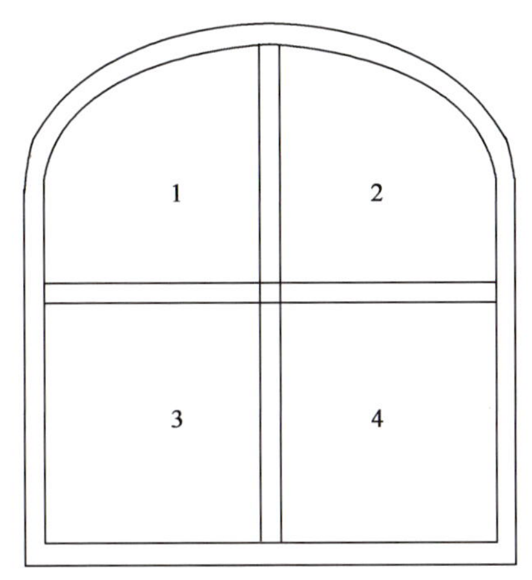

图 4-2-20　水平导洞开挖步骤图

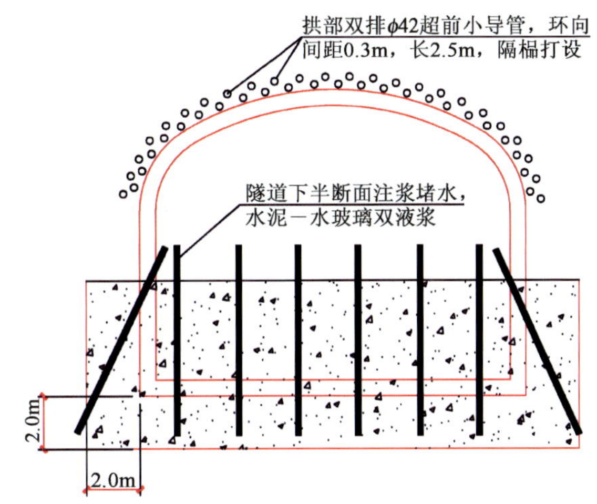

图 4-2-21　水平导洞注浆止水示意图

2.3.2　盲管导排引水

东钓鱼台站—白石桥南站区间全断面处于砾岩层，地下水从开挖面流出，为保证施工的作业环境，采用在区间隧道全线的仰拱底部设置排水盲管的措施来有序疏排地下水。

盲管设在隧道初期支护仰拱正下方，沿隧道方向每隔 15～20m 设置一个集水检查井，盲管与集水井相连。集水井有三个作用：①收集盲管内的水，安置水泵将水提升至排水管道中；②作为检查井，盲管堵塞时便于疏通；③作为完工后盲管回填处理的施工口。

隧道初支贯通后，在二次衬砌仰拱施工前，将盲管回填。盲管回填方法是向盲管内灌砂，用水冲实，最后注水泥粉煤灰浆填充剩余空隙。

第3章 砂卵石及砾岩地层的超前支护技术

3.1 概　　述

城市隧道施工超前支护主要采用管棚和小导管来提高围岩的承载力及抗变形能力。

管棚方案一般在开挖洞门、结构受力转换、大断面、过重要管线等部位采用，主要起棚护作用，防止在开挖过程中的较大塌方，但对地层变形的控制作用不明显。

小导管是暗挖隧道的必备技术措施，一般设置在隧道拱部位置，环向间距0.3m，为注浆加固提供条件，根据不同的地层采用不同的浆液。小导管作用：一是改良工作面前方的地层，通过注浆在开挖工作面以外(尤其是顶部)形成厚度为0.5～1m的加固圈；二是超前小导管与地层形成超前支护结构，保证开挖工作面的稳定，防止工作面坍塌，控制地表沉降。

管棚结合小导管一起施工，能够形成一个以管棚为骨架、小导管注浆固结地层的防坍塌保护壳。一般来讲，对松软地层，围岩变形的40%以上由管棚及超前小导管来控制。

北京地铁9号线暗挖多为区间工程，车站只有军事博物馆站采用暗挖工法。军事博物馆站车站主体全部位于砾岩层中，地层条件相对较好，未采用管棚支护措施。在下穿既有地铁1号线区间范围因地铁运营对变形控制严格(沉降不大于3mm，上浮不大于2mm)，采取了双排管棚结合小导管的措施。

3.2 超前管棚支护技术

军事博物馆站下穿既有线段采用两个独立的单洞结构，每个单洞采用CRD法6步施工，为有效阻止开挖沉降，减少开挖应力损失，采用了管棚超前支护。

3.2.1 管棚参数

管棚采用双排R76S自进式锚杆，分上下两排布置，排距0.8m，间距0.4m，距导洞开挖拱顶0.4m，锚杆预留注浆孔，通过注浆形成板梁，将上下两排对应锚杆露出部分焊接锁定，稳定板梁体系。为保证浆液在砾岩层中的扩散效果，增加梁板的刚度，采用了超细水泥+水玻璃双液浆。浆液具体配合比为：水∶超细水泥∶水玻璃=2∶1∶1，超细水泥为5～20μm，水玻璃浓度

为 35Bé 以上。此外，浆液中还掺入了 3%的外加剂 XPM，以调节浆液凝结时间，提高浆液的可灌性和结石体强度。

自两端双层段端墙相向施作 R76S 自进式管棚，管棚留 φ8 注浆孔，注浆孔间距 0.3m，管棚施工完毕后及时注浆。根据现场实际情况及类似工程经验，注浆压力控制在 1.0MPa，浆液扩散半径为 0.5m 时，可形成 1.5m 厚的板梁。管棚施工完毕后，两端头施作环梁形成整体板梁结构。管棚位置如图 4-3-1 所示。

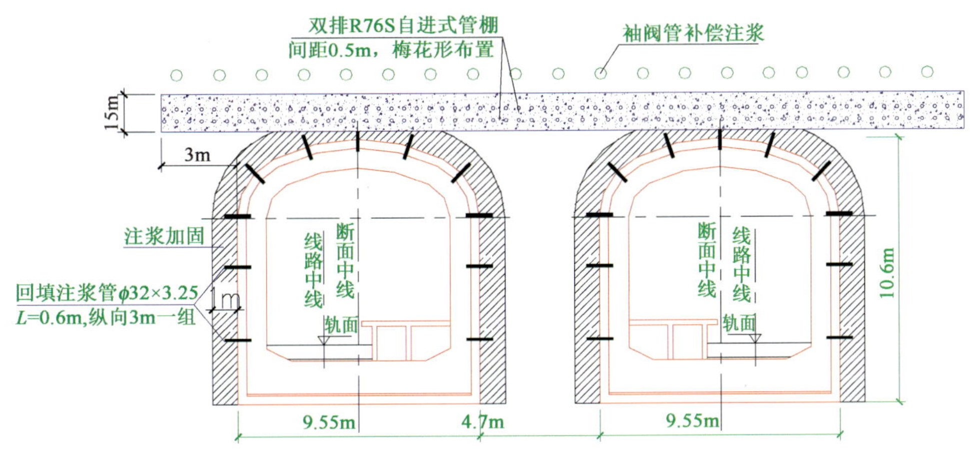

图 4-3-1 超前管棚位置图

3.2.2 管棚施工顺序

为了减少管棚施工对地层的扰动，管棚采用“跳做”法施工，每排管棚为每隔 2 根施做一根，上下两排交替施工，共分 3 轮完成，具体施工顺序详见图 4-3-2。每根管棚施工完毕后及时注浆，待注浆完毕后方可进行下一根的施工。

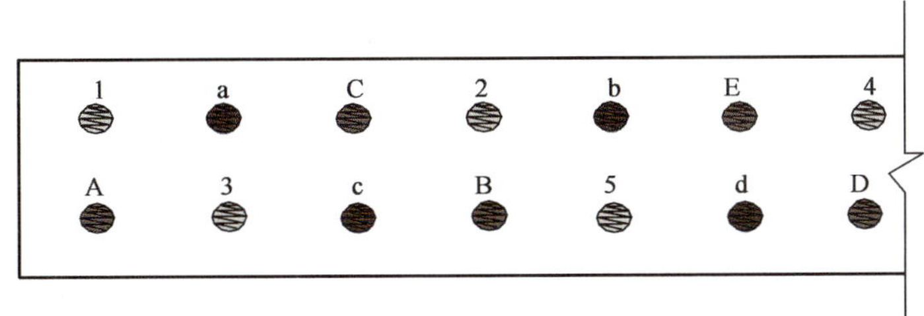

图 4-3-2 管棚施工顺序图

3.2.3 管棚施工工艺

(1)工艺流程

管棚施工工艺流程如图 4-3-3 所示。

(2)钻进施工

①测量放出管棚位置，同时指导钻机就位。

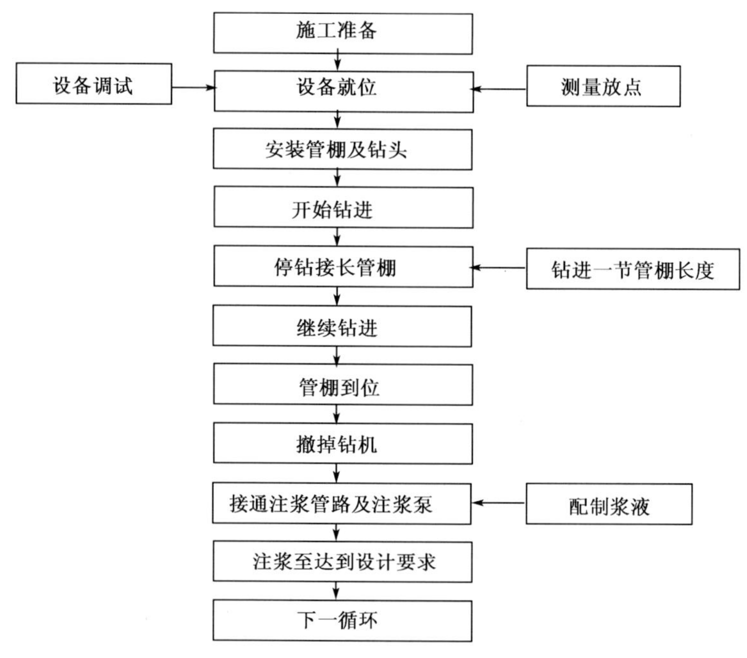

图 4-3-3 管棚施工工艺流程图

②根据自进式管棚直径和长度，采用 SP50 型钻机钻进。依据每根管棚的中心线、高程及管棚的角度，安装导轨及钻机。

③钻机定位完成后，将专用钻头和管棚连接好，并连接好钻机上的风水管。

④为了确保管棚的方向、坡度和精度，在进行钻进前，测量人员对管棚位置进行放样，放样完成后，调整好钻机角度开始钻进。

⑤根据洞内作业空间，管棚单节长度为 2m、3m 两种。在第一节管棚钻到位后，使用迈式管棚专用连接套连接第二节管棚，继续钻进到位后，用连接套连接第三节管棚，直至钻孔完成。

⑥管棚钻进到位后，锁紧卡钎器，反转钻机，将管棚从钻机连接套卸下，移开钻机。继续钻进安装下根管棚。

(3)注浆施工

①在管棚尾部旋转上注浆接头，连接注浆管路及注浆泵。

②配制浆液，开始注浆。

③注浆结束标准。单孔注浆达到下列标准之一均可结束注浆：进浆量达到设计量；在设计最大泵压下进浆量达到设计量 80%；在设计最大泵压下维持 20～30min，进浆量很小或仍不进浆。

④注浆检查方法：在注浆施工阶段设检查孔，根据注浆可注性和岩芯的充填进行判断，必要时进行抗压强度检验；正式开挖前开挖小洞察看岩体充填情况。

(4)管棚施工注意事项

①管棚杆钻进时严格控制管棚的点位、仰角、钻深，确保施工精度。

②管棚钻进过程中，随时注意观察前方地层情况，做好地质超前探测，为后续施工提供真实资料。

③钻机工作平台搭设要牢固，管棚钻进过程中加大仰角测量频度，如超出允许范围及时纠正，保证管棚施工精度。

④严格控制注浆工艺，根据地层情况及时调整浆液配比。

⑤管棚施工中做好对既有线的监测，并根据监测信息及时调整施工参数。

3.3 超前小导管支护现场试验

在砂卵石含量高的地层中，小导管的材质、刚度、管径、长度、成孔方式、角度等对成功打设小导管具有重要影响。为了优化砂卵石地层超前支护技术，保证超前支护的效果，9 号线丰台南路站—丰台东大街站区间在竖井及横通道施工中进行了现场试验。

3.3.1 试验段概况

矿山法试验段平面及剖面见图 4-3-4、图 4-3-5。

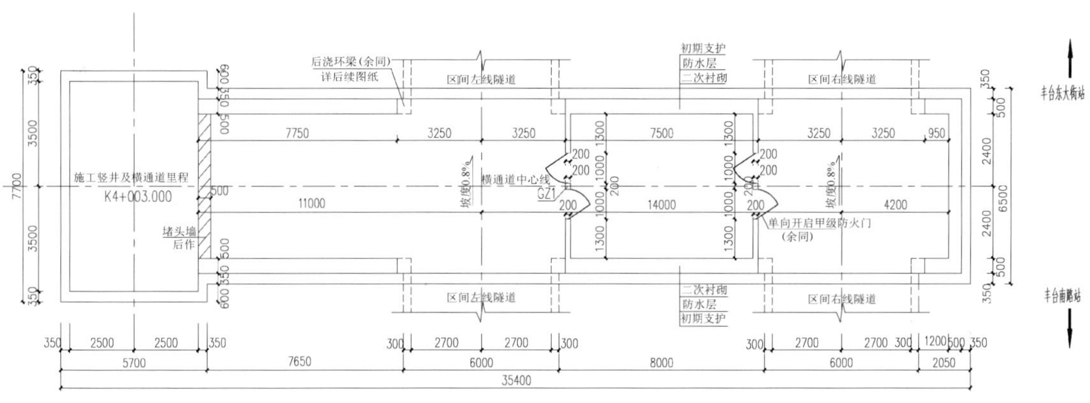

图 4-3-4 试验段竖井及横通道平面图

施工竖井设置在横通道同一施工里程上，竖井采用倒挂井壁式结构，竖井开挖尺寸为 7.7m×5.7m，深 27.282m。上部设置钢筋混凝土锁口圈梁，锁口圈梁呈倒台阶形，上部宽 1.55m，下部宽 0.35m，深 1.8m，C25 钢筋混凝土结构，锁口圈梁上部设置环向挡水墙一道，高 0.3m，宽 0.35m。锁口圈梁下采用初支混凝土格栅支护，竖井初支结构厚 0.35m，格栅间距 0.5m，两层钢筋网加 C20 喷射混凝土。竖井至地面高程以下 13.772m 开始四周环向设置地层注浆加固锚管，锚管采用 $\phi25\times3.0$ 无缝钢管，长 1.5m，环向间距 2m，竖向间距 1m，梅花形布置，打设倾角为向下 15°，注浆压力 0.4～0.6MPa，注浆加固半径 0.5m。沿竖井竖向每 2 榀格栅设置一道斜撑，斜撑采用 I22a 工字钢，在竖井开洞高度范围内根据施工情况适当加密。竖井永久封底采用 C20 喷射混凝土加 I25a 工字钢，间距 0.5m，厚 0.3m。

施工横通道全长 29.7m，结构形式为上部拱形下部直墙平底的复合式衬砌结构，初期支护开挖断面宽×高为 6.5m×9.735m，分三层开挖。横通道三导洞开挖如图 4-3-6 所示。初期支护厚 0.35m，临时仰拱厚 0.30m，钢格栅间距均为 0.5m，初支喷射混凝土为 C20。超前小导管环向间距 0.30m，沿拱部开挖轮廓线 180°布置，其他参数同竖井。二衬内净空宽×高为 4.8m×8.035m，分上下两层，中隔板厚 0.3m，混凝土强度等级为 C40、抗渗等级为 P10。

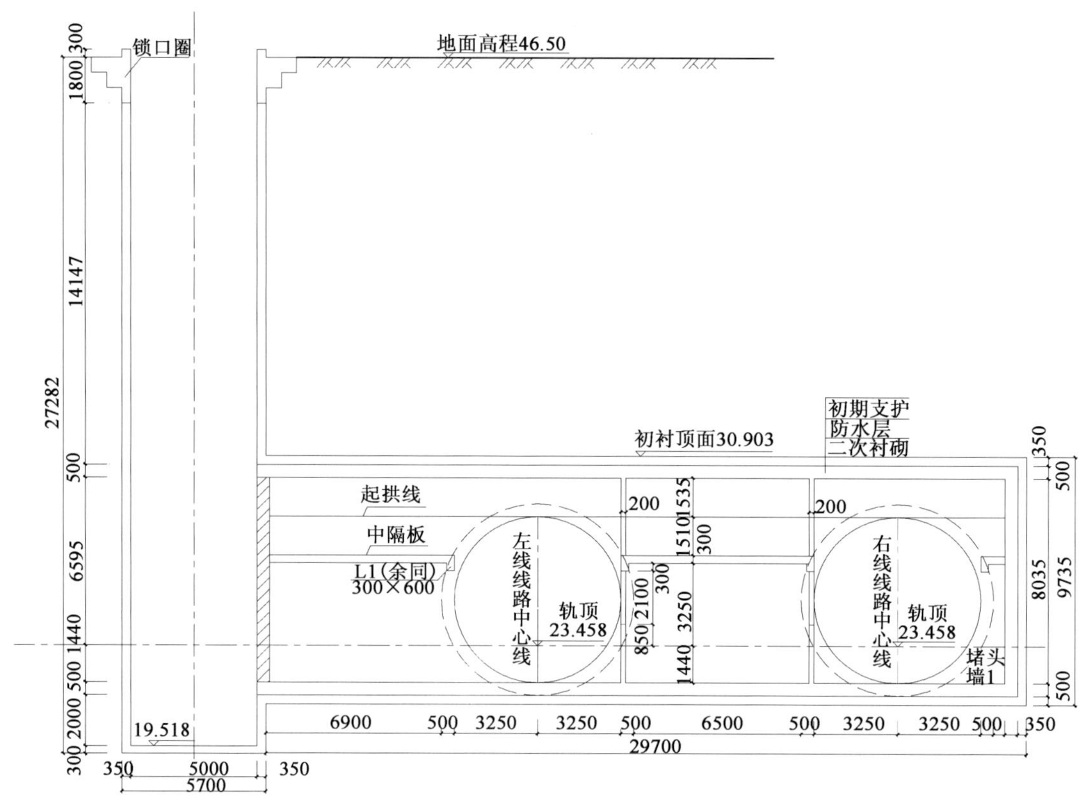

图 4-3-5　试验段竖井及横通道剖面图

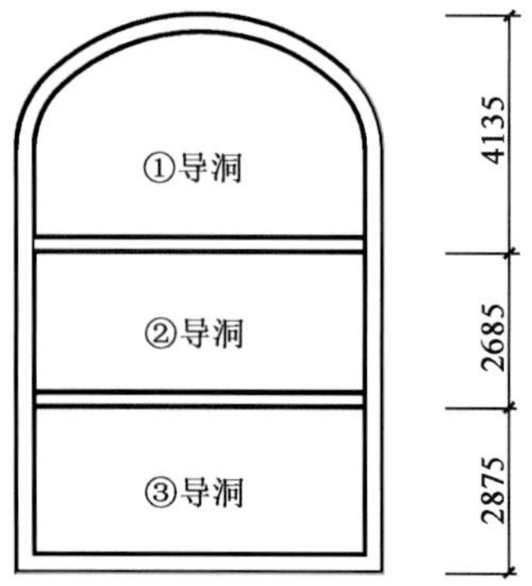

竖井及横通道总体施工步骤序如图 4-3-7 所示。

现场试验是在设计的基础上，结合实际情况主要对小导管管材、管径、成孔工艺等相关项目进行了试验。

图 4-3-6　横通道三导洞开挖示意图

3.3.2　小导管管径选择试验

在砂卵石含量高的地层中打设小导管，管体要承受较高的冲击荷载，因此需要小导管有足够的刚度。虽然增大小导管管径可以提高其刚度，但也增大了小导管与卵石(漂石)的接触面积，难以做到“见缝插针”的效果，故需要慎重选择小导管的管径。

竖井开挖到第 16～18 榀格栅(深度 12.275m～13.275m)处，采用垂直打设小导管的方式，对不同管径的小导管进行了成孔试验比对。试验用小导管为无缝钢管，规格分别为 ϕ18×3.0mm、ϕ25×3.0mm、ϕ32×3.0mm 和 ϕ42×3.0mm，采用风镐顶入、大锤砸入、风钻钻入等方式打设。表 4-3-1 是不同管径的小导管成孔效果统计，表 4-3-2 是小导管损坏情况及最大成孔深度和平均成孔深度，图 4-3-8 是小导管成孔率和成孔深度与管径的关系曲线。

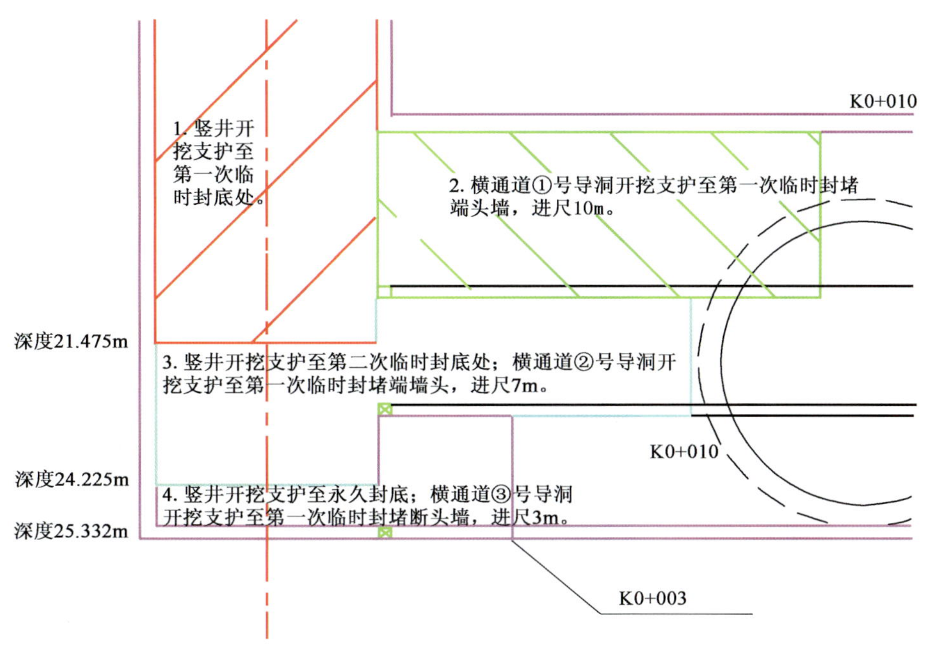

图 4-3-7　总体施工步骤图

不同管径小导管垂直打入成孔效果统计　　表 4-3-1

序号	开挖深度(m)	导管型号	加工长度(m)	单根成孔深度(m)	试验总量(根)	成孔数量(根)	平均成孔深度(m)	卵石粒径(mm)	备注
1	12.275	42×3	1.5	0.24～0.45	3	3	0.35	20～430	
2	12.275	32×3	1.5	0.32～0.79	5	4	0.62	20～430	损坏 1 根
3	12.275	25×3	1.5	0.45～1.0	10	10	0.83	20～430	
4	12.275	18×3	1.5	0.31～0.87	12	8	0.61	20～430	损坏 4 根
5	12.775	42×3	1.5	0.25～0.36	4	4	0.31	20～530	
6	12.775	32×3	1.5	0.3～0.54	12	10	0.42	20～530	损坏 2 根
7	12.775	25×3	1.5	0.4～1.0	15	12	0.73	20～530	损坏 3 根
8	12.775	18×3	1.5	0.33～0.65	12	6	0.55	20～530	损坏 6 根
9	13.275	42×3	1.5	0.27～0.53	3	2	0.40	20～450	损坏 1 根
10	13.275	32×3	1.5	0.2～0.6	13	10	0.45	20～450	损坏 3 根
11	13.275	25×3	1.5	0.4～1.13	20	18	0.98	20～450	损坏 2 根
12	13.275	18×3	1.5	0.34～0.75	16	8	0.52	20～450	损坏 8 根

试验小导管损坏情况及成孔深度统计　　表 4-3-2

序号	管径（mm）	试验总量（根）	损坏数量（根）	损坏百分比（%）	成孔最大深度（m）	成孔平均深度（m）
1	18×3	40	18	45%	0.87	0.56
2	25×3	45	5	11%	1.13	0.87
3	32×3	30	6	20%	0.79	0.5
4	42×3	10	1	10%	0.53	0.35

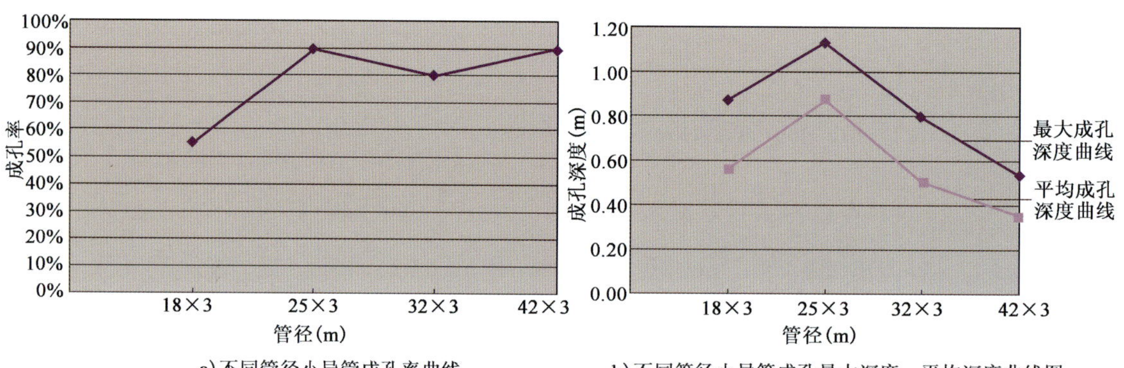

a)不同管径小导管成孔率曲线　　b)不同管径小导管成孔最大深度、平均深度曲线图

图 4-3-8　不同管径小导管成孔情况曲线图

综合分析小导管打设成功率、成孔最大深度及成孔平均深度 3 项指标可以看出，ϕ25×3.0mm无缝钢管要优于其他管径的小导管。因此在实际施工过程中，宜优先选用 ϕ25×3.0mm无缝钢管，其次可考虑使用 ϕ32×3.0mm 无缝钢管，过去普遍使用的 ϕ42×3.0mm 无缝钢管制作的小导管不宜在卵石地层中使用。

图 4-3-9 是现场试验情况。

a)垂直打入小导管(风镐击入)成孔图

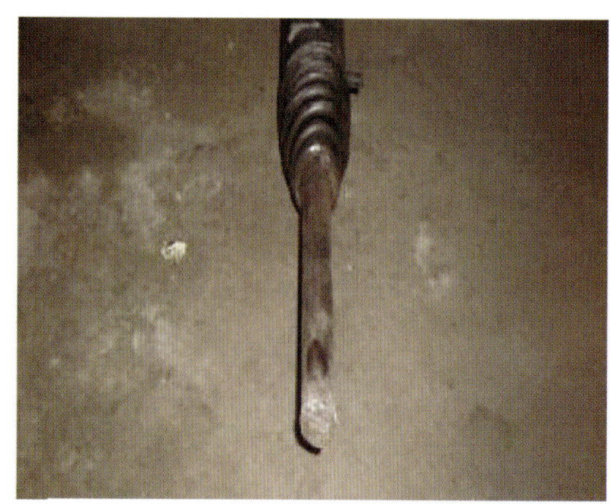

b)风镐钎断

图　4-3-9

c)风钻钻入成孔

d)风镐击入小导管成孔

图 4-3-9 小导管管径选择试验现场实施情况

3.3.3 小导管成孔试验

本次共进行了风钻成孔、风镐冲击成孔和风镐冲击＋高压风辅助成孔三种方法的成孔试验，包括竖井锁脚锚管成孔方式试验和横通道1号导洞超前小导管成孔试验两部分，试验成孔设备见表4-3-3。

小导管成孔试验设备 表4-3-3

设备名称	型号规格	数量
电动空压机	20m^3	1台
风镐	—	2台
风钻	YT-28	2台
电焊机	BX1-500-2	3台
切割机	J3G-400	1台
氧气、乙炔		2套

(1)竖井锁脚锚管成孔方式试验

竖井开挖至第19榀格栅(深度13.775m)处开始打设锁脚锚管，锁脚锚管采用$\phi25\times3.0$mm无缝钢管，局部密排打设共54根。第20榀、21榀环向间距2.0m，每环打设14根，倾角15度，第21榀下0.5m处打设14根。采用风镐冲击辅助高压风吹孔施工小导管73根，采用风钻冲击旋转成孔施工13根，采用风镐冲击成孔施工10根。图4-3-10是成孔试验现场，图4-3-11是锁脚锚管成孔效果。

表4-3-4为锁脚锚管成孔试验结果统计情况。综合比较成孔率、最大入土深度、平均入土深度、平均成孔时间等指标，风镐冲击小导管辅助高压风吹孔的成孔效果相对最好。

a) 风钻冲击旋转成孔

b) 风镐冲击成孔

图 4-3-10 成孔试验现场

图 4-3-11 锁脚锚管成孔效果

锁脚锚管成孔试验结果统计 表 4-3-4

序号	开挖深度（m）	导管长度（m）	试验总量（根）	成孔数量（根）	成孔率（%）	单根入土深度（m）	平均入土深度（m）	平均成孔时间（min）	卵石粒径（mm）	备注
1	13.775	1.6	31	29	93.5	1.1～1.3	1.2	8	20～520	风镐＋辅助
2	13.775	1.7	13	8	61.5	1.2～1.37	1.33	18	20～520	风钻

续上表

序号	开挖深度(m)	导管长度(m)	试验总量(根)	成孔数量(根)	成孔率(%)	单根入土深度(m)	平均入土深度(m)	平均成孔时间(min)	卵石粒径(mm)	备注
3	13.775	1.6	10	5	50.0	0.9～1.1	1.02	15	20～520	风镐
3	14.275	1.7	14	13	92.9	1.1～1.25	1.18	6	20～510	风镐+辅助
4	14.775	1.7	14	14	100	1.2～1.3	1.25	6	20～500	风镐+辅助
5	14.775	1.7	8	7	87.5	1.3～1.4	1.36	8	20～920	风镐+辅助
6	14.775	2.0	6	6	100	1.3～1.5	1.42	9	20～920	风镐+辅助

(2)横通道1号导洞超前小导管成孔试验

小导管超前支护试验从横通道1号导洞上台阶第2榀格栅位置开始,进行了17榀,累计打设小导管572根。原设计小导管长度为1.5m,打设角度10°～15°,根据竖井阶段小导管成孔试验深度统计结果,本次试验选取长度为1.7m、ϕ25×3.0mm无缝钢管进行超前支护,每榀打设数量31根,环向间距0.30m。图4-3-12是小导管结构示意图。小导管前端加固区为一字形锥头,长度5cm,距小导管前端10cm处钻溢浆孔,溢浆孔孔径为5mm,间距10cm,垂直交叉梅花形布置,总计24个溢浆孔,溢浆孔部位用橡胶套密封。小导管前端采用"一"字形,有助于冲击对漂石形成偏心扭力作用;尾端采用套管,有助于小导管管头承受较高的重复冲击力。

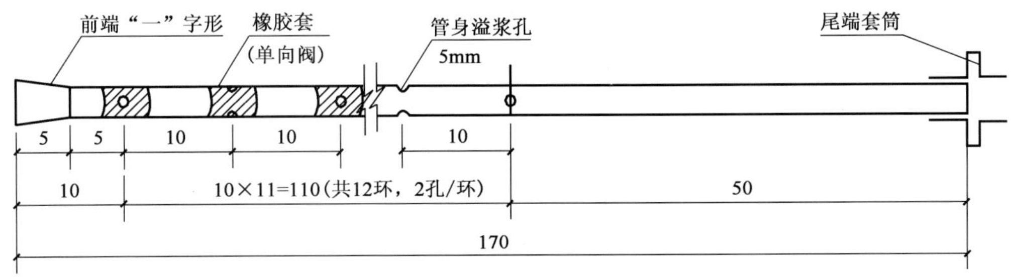

图4-3-12 小导管构造(尺寸单位:mm)

根据竖井第一阶段试验成果,先用风钻钻透加固土体至原状土面,然后风镐辅助高压风击入小导管至设计深度。为减少高压风吹孔成孔过程中对土体的扰动,现场采用ϕ70钢管作为套管定向措施。套管定向可防止成孔过程中的塌孔、扩孔等现象。但套管一旦定位,超前小导管孔位、角度会受到限制,碰到卵石时无法有效的调整其孔位及角度,可采用补孔措施弥补。超前小导管沿套管成孔安装后,已按设计要求成孔的小导管先进行注浆,之后根据现场实际情况对未成孔的套管周围进行补孔、注浆。小导管成孔及防塌措施的现场实施情况如图4-3-13所示。

为防止浆液泄漏,注浆前在掌子面范围内施作止浆墙。止浆墙采用ϕ8@150×150钢筋网,喷射混凝土厚度10cm。小导管成孔安装完毕后,用规格为100mm×100mm×10mm的钢板,中间钻孔,孔径不小于ϕ25mm,钢板套入小导管并将钢板密贴至套管后端部位,钢板、套管和小导管接触部位焊接严密,防止浆液从管口位置溢漏。

a)高压风吹孔

b)定向套管

c)风镐击入小导管

图 4-3-13　小导管成孔现场

表 4-3-5 是小导管超前支护成孔试验统计。其中第 5 榀格栅位置，根据已打设超前小导管情况判断拱部部位为大卵石密集分布区域，超前加固效果较差，采取了小导管补孔措施。在已打设的 31 根超前小导管的基础上，用风钻补孔，打设超前小导管，共补孔 30 根，小导管成孔深度均达到了 0.9m 以上，加固效果有较大改善。

横通道小导管超前支护成孔试验统计表　　表 4-3-5

榀位	小导管加工长度(m)	小导管打设数量(根)	最大成孔深度(m)	最小成孔深度(m)	平均成孔深度(m)	备　注
第 2 榀	1.7	31	1.50	0.95	1.31	
第 3 榀	1.7	31	1.62	0.98	1.29	
第 4 榀	1.7	31	1.43	0.95	1.27	
第 5 榀	1.7	61	1.44	0.68	0.96	大卵石密集地层，成孔效果较差，遂补孔加固
第 6 榀	1.7	31	1.32	0.95	1.24	
第 7 榀	1.7	31	1.50	0.97	1.22	
第 8 榀	1.7	46	1.54	0.68	1.02	遇大卵石密集地层，成孔效果较差，遂补孔加固

续上表

榀位	小导管加工长度(m)	小导管打设数量(根)	最大成孔深度(m)	最小成孔深度(m)	平均成孔深度(m)	备　注
第 9 榀	1.7	31	1.53	1.0	1.36	
第 10 榀	1.7	31	1.49	0.97	1.28	
第 11 榀	1.7	31	1.46	0.96	1.31	
第 12 榀	1.7	31	1.42	0.99	1.34	
第 13 榀	1.7	31	1.43	1.01	1.36	
第 14 榀	1.7	31	1.52	1.03	1.30	
第 15 榀	1.7	31	1.46	0.99	1.32	
第 16 榀	1.7	31	1.42	1.03	1.35	
第 17 榀	1.7	31	1.48	0.99	1.32	
第 18 榀	1.7	31	1.49	0.98	1.27	
合计	972.4	572	—	—	—	

3.3.4 小导管注浆试验

地铁 9 号线工程砂卵石地层孔隙率大，浆液漏失量大，且普通水泥浆初凝、终凝时间长，强度上升缓慢，施工组织间歇时间长，不利于进度目标实现，为此在竖井阶段进行了锁脚锚管注浆试验，在横通道 1 号导洞进行了超前小导管注浆试验，为后期开挖支护积累参数和经验。试验选择了 3 种浆液进行比较，表 4-3-6～表 4-3-8 是 3 种浆液配比及试验室测定的性能参数。

水泥—水玻璃浆液性能指标　　表 4-3-6

水灰比	相对密度	1h 析水率(%)	初凝时间(min)	12h 抗压强度(MPa)	漏斗黏度(s)	备　注
1∶1	1.53	95.5	221	0.32	36	掺 5%的 40Bé 水玻璃

水泥—水玻璃双液浆性能指标　　表 4-3-7

水泥浆水灰比	水玻璃浓度	水泥浆与水玻璃体积比	凝胶时间	12h 抗压强度(MPa)
1∶1	35Bé	1∶0.5	47s	0.3～0.4

改性水玻璃浆液性能指标　　表 4-3-8

配　比	相对密度	pH 值	凝胶时间(min)	12h 抗压强度(MPa)
20Bé 水玻璃∶20%硫酸(体积比)=7∶1	1.07～1.11	3～4	5～30	0.3～0.5

(1)锁脚锚管注浆试验

锁脚锚管注浆试验分两阶段进行：第一阶段为第 19 榀至第 21 榀格栅部位锁脚锚管注浆，第二阶段为第 22 榀至第 35 榀格栅锁脚锚管注浆。锁脚锚管安装设计参数如图 4-3-14 所示，单根锁脚锚管设计注浆半径为 0.5m，注浆量为 590L，注浆压力为 0.5MPa。注浆设备包括

SYB50/50-Ⅱ注浆泵和高速制浆机，注入方式分为单液单系统注入（水泥水玻璃浆液、改性水玻璃浆液）和双液双系统注入（水泥—水玻璃双液浆）。为防止注浆过程中浆液渗漏，采取了多孔并联一次注入、设置止浆墙和间歇多次注浆等措施。

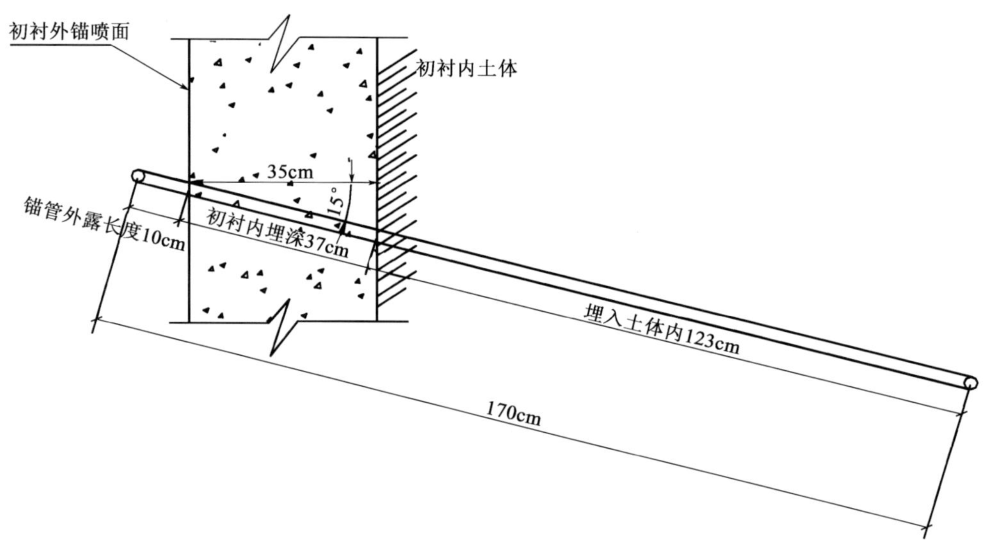

图 4-3-14 锁脚锚管安装设计示意图

图 4-3-15 是各榀格栅锁脚锚管孔位布置，为避免注浆时浆液大量的渗漏到下一循环的工作面，每榀格栅先注四根，其余集中注入。

表 4-3-9 是单根锚管注浆试验结果。由表 4-3-10 可以看出，单根最大注浆量为 989L，是设计注浆量的 1.68 倍，但平均注浆压力低于设计值。

单根锚管注浆试验结果 表 4-3-9

格栅编号	数量（根）	单根最大注浆量(L)	单根平均注浆量(L)	总注浆量(L)	单根最大注浆压力(MPa)	单根平均注浆压力(MPa)
No. 19	31	989	617.5	19143	0.832	0.332
No. 20	14	780	693.5	9709	0.532	0.332
No. 21	14	940	705	9870	0.832	0.232

在单管注浆过程中发现，因地层孔隙率较大，浆液扩散半径较大，临近的锁脚锚管中进入浆液堵塞了溢浆孔，造成后续注浆困难。为此，现场还进行了多孔并联注入浆液和带单向阀小导管注浆的试验。

①多孔并联注浆。在第 21 榀格栅底面下，打设 4 根小导管，间距 2.0m，长度为 2 根 1.7m、2 根 2m，15°打入。试验的注浆锚管布置如图 4-3-16 所示。设计①、③孔位单根注浆量为 590L，②、④孔位单根注浆量为 693L。图 4-3-17 是多孔并联管路布设。注浆开始至结束历时 124min，有效注浆时间为 91min，处理漏浆时间为 33min。注浆流量为 30L/min，注浆量总计 2730L，浆液损耗约 170L，最大注浆压力为 0.442MPa。漏浆主要出现在止浆墙底边缘与土体面结合部、初支面与止浆墙结合部和止浆墙与锁脚锚管结合部，现场采取棉丝＋水玻璃堵塞和干水泥＋水玻璃封闭堵漏方式效果良好。

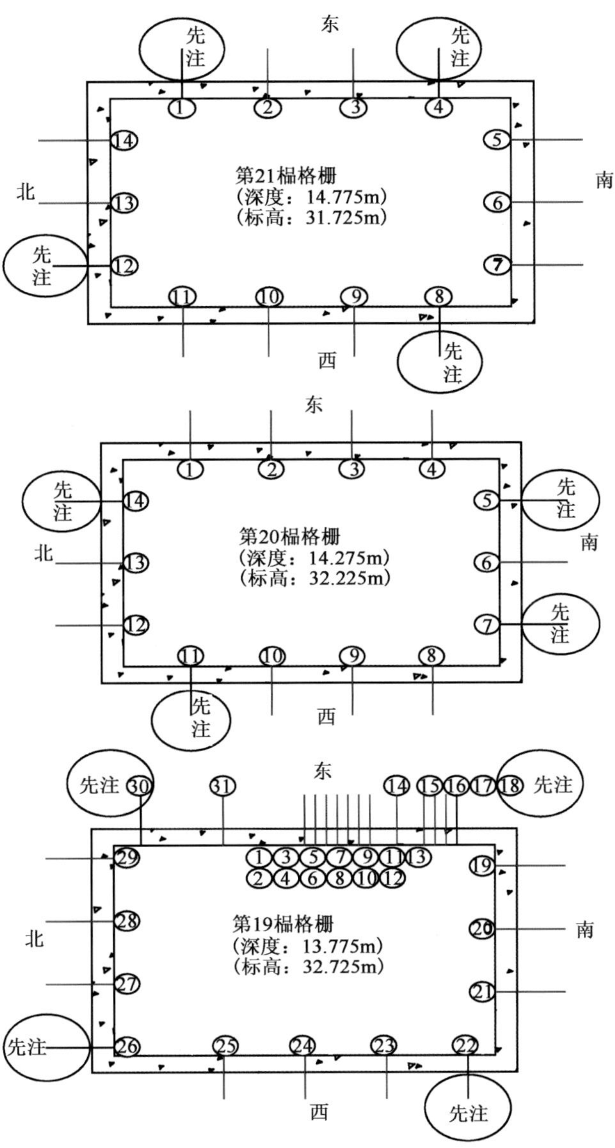

图 4-3-15　各榀格栅锁脚锚管孔位布置

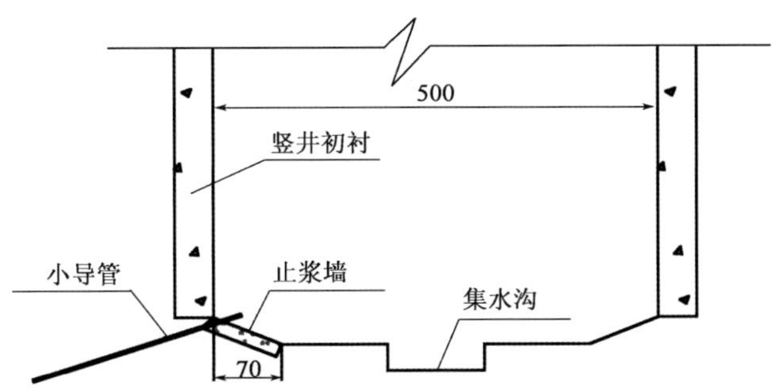

图 4-3-16　多孔并联注浆试验锚管布置图(尺寸单位:cm)

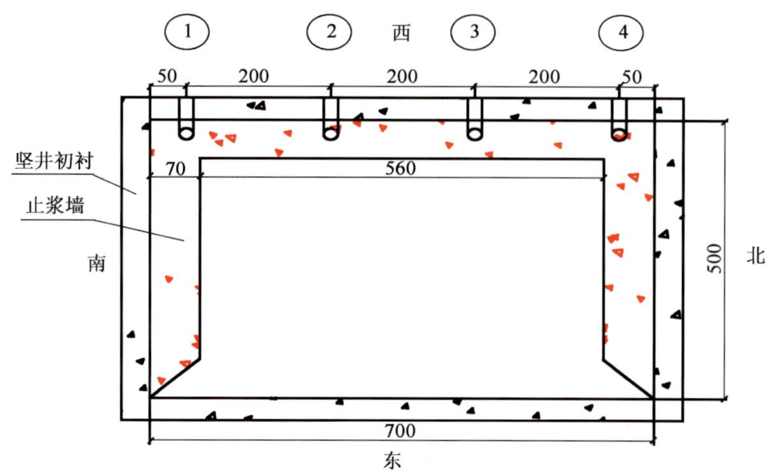

图 4-3-17　多孔并联管路布设图(尺寸单位:cm)

②带单向阀的小导管注浆试验。在竖井 21 榀格栅(深度 14.775m)面下,在北侧墙部位进行了 2 根锁脚锚管打设、注浆试验。锚管采用带单向阀的小导管,锚管间距 1.8m,长度 1.7m,打设角度 15°。图 4-3-18 是锁脚锚管布设参数,图 4-3-19 是注浆管路连接示意。

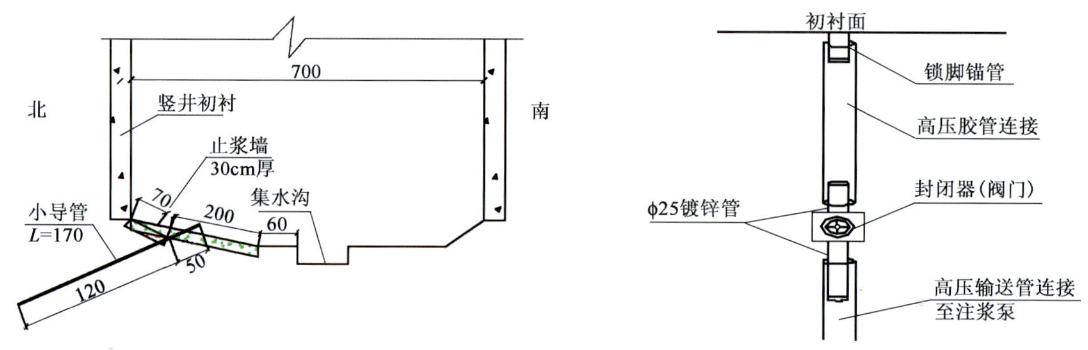

图 4-3-18　带单向阀的锁脚锚管布设(尺寸单位:cm)　　图 4-3-19　带单向阀的小导管管路连接

单管设计注浆量为 590L。1 号孔位注浆历时 49min,有效注浆时间为 23min,处理漏浆 26min,注浆总量 575L;2 号孔位第一阶段注浆压力最高值达到 0.332MPa,注浆量 325L,第二阶段注浆压力最高值达到 1.732MPa,注浆量 320L,稳压 1.432MPa,停止注浆,稳压 5min,实际注入的浆液量 595L。

经现场开挖揭示,注浆效果不均匀,注浆后形成块状不连续分布结石体,结石体强度能够满足要求,但与周围围岩的胶结整体性较差,如图 4-3-20 所示。

(2)横通道 1 号导洞超前小导管注浆试验

本试验与小导管成孔试验同步进行,从横通道 1 号导洞上台阶第 2 榀格栅位置开始,进行了 17 榀,每榀打设数量 31 根,累计打设小导管 572 根,其中 2～10 榀采用水泥—水玻璃双液浆,11～18 榀采用改性水玻璃—水泥浆液,注浆方式为多管并联注入,注浆设备包括 SYB 50/50-Ⅱ注浆泵和高速制浆机,采用注浆压力与注浆量双控标准。图 4-3-21 是横通道 1 号导洞结构,图 4-3-22 是注浆现场,表 4-3-10 是小导管注浆试验结果统计。

a)

b)

图 4-3-20　注浆后形成不连续胶结体

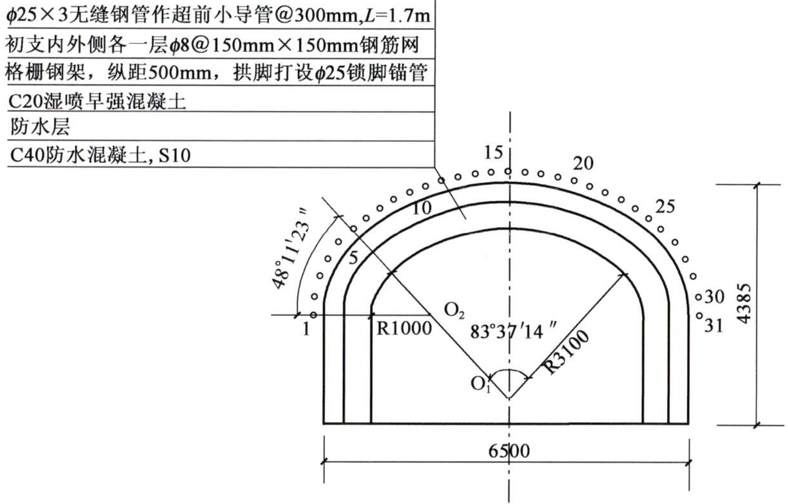

图 4-3-21　横通道 1 号导洞结构(尺寸单位：mm)

图 4-3-22　多管并联注浆现场

通过开挖查看浆液渗透情况、浆液凝固强度和风钻取芯等方法来评价注浆效果，检查显示掌子面内浆液渗透量大，浆液损失量较大，注浆效果不均匀，浆液呈浆脉或块状固结体，固结体具有一定强度，破除需用风镐。但注浆加固后的围岩整体性较差，开挖后局部有掉块现象，图 4-3-23是注浆效果较好的情况。

横通道 1 号导洞小导管注浆试验结果统计 表 4-3-10

格栅编号	浆液选择	浆液配比	注入方式	每榀注浆量(L)	平均注浆压力(MPa)
第 2 榀	水泥—水玻璃双液浆	水灰比 1∶1 水玻璃:35Bé 水泥浆∶水玻璃(体积比)＝1∶1	多孔并联一次注入辅以单孔注入	6890	0.21
第 3 榀				7200	0.32
第 4 榀				6700	0.18
第 5 榀				9630	0.17
第 6 榀				6950	0.24
第 7 榀				6880	0.25
第 8 榀				8380	0.19
第 9 榀				7150	0.23
第 10 榀				6890	0.16
第 11 榀	改性水玻璃浆＋水泥浆	水玻璃(20Bé)∶硫酸(20%)＝6∶1 水泥∶水＝1∶1	多孔并联一次注入，先注入改性水玻璃浆，再注入水泥浆	6920	0.26
第 12 榀				7050	0.30
第 13 榀				6500	0.25
第 14 榀				7250	0.28
第 15 榀				6800	0.27
第 16 榀				6990	0.30
第 17 榀				7030	0.28
第 18 榀				6520	0.27

a)

b)

图 4-3-23 开挖掌子面注浆效果图

3.4 自进式锚杆超前支护技术

自进式中空注浆锚杆是一种将钻进、注浆、锚固功能合而为一的锚杆，能够保证在复杂地层(软岩，土层，断裂带等)条件下的锚固效果，适用于难于成孔的地层：如遇比较松软、破碎的围岩，一般成孔较困难，即便成孔，也容易塌孔，在孔内难以穿入其他锚杆或锚索，而自进式中空锚杆技术正好弥补了常规方法的不足。钻孔完成后，杆体留在孔内不用退出来，所以不怕塌孔，节省了穿进其他杆体的时间，降低了施工难度。此外，自进式锚杆锚杆管壁厚、刚度大，施工时主要靠旋转和顶推方式打入地层，对地层的扰动相对较小。图 4-3-24 是自进式中空注浆锚杆结构示意图。

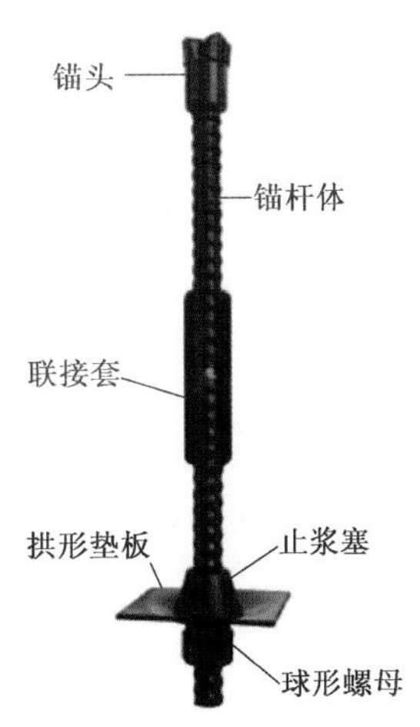

图 4-3-24　自进式中空注浆锚杆结构示意图

3.4.1　卵石地层自进式锚杆超前支护技术

六里桥站—太平桥站区间下穿莲花池长途客运站办公楼，为确保施工过程的安全，在下穿段施工前首先进行了 25m 长的试验段施工。传统超前小导管的管壁薄，在砂卵石地层中打设时易发生弯曲、折断而无法打入地层，且超前小导管的打设动力主要为冲击钻进，对地层扰动非常大，造成地层坍塌而增加施工风险和成本。基于砂卵石地层中超前小导管难以打设的实际情况，试验段分别进行了深孔前进式注浆及后退式注浆、套管跟进钻孔注浆、自进式中空注浆锚杆成孔注浆三种工艺的试验，主要是为了验证成孔工艺与注浆对地层加固的效果。

试验结果表明，采用深孔注浆工艺时，受地层和作业空间的影响，成孔时间太长、难以实施注浆；采用套管跟进成孔工艺时，套管外壁磨损严重，管壁磨薄后降低承载力而无法拔出，因而无法实施注浆；$\phi 25$ 的自进式中空注浆锚杆能达到的成孔长度为 1.5m，成孔难度相对较小，但施工成本较高且只能实现本榀钢格栅的加固功能，当小导管成孔困难时可采用自进式锚杆代替。

(1)自进式锚杆的改进与布设

为保证加固效果，对锚杆改造如下：锚杆长度 1.7m，前端安装合金钻头，距钻头 300mm 处的管壁上钻 3 个 $\phi 10$mm 注浆孔以扩大注浆范围，尾端通过“圆端—六棱”转换连接器连接风钻。

锚杆外插角度以锚杆施工完成后不影响下一榀格栅架设为原则，利用锚杆自身刚度形成支撑体系，对下一榀钢格栅范围的拱顶卵石地层起到一定支撑作用。浆液选择水泥—水玻璃双液浆，浆液配比为水∶水泥∶水玻璃＝1∶0.5∶1，注浆压力 0.3～0.5MPa，每孔注浆量 0.1m^3，注浆完成后立即开挖下一榀。中空自进式锚杆布置如图 4-3-25 所示。

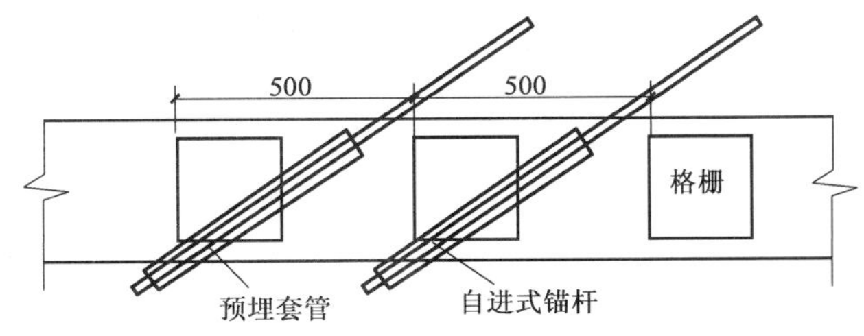

图 4-3-25　自进式锚杆布置示意图(尺寸单位：mm)

(2)自进式锚杆的打设程序

为充分发挥自进式锚杆成孔效率并提高注浆效果，现场施工过程中对自进式锚杆的打设程序进行了适当改进。具体施工流程是：前一榀格栅安装完成后，在上台阶 180°范围内环向间隔 300mm 将 1 根长 500mm 的 ϕ40PVC 套管按照锚杆打设角度预埋到格栅内，保证下榀锚杆打设时能够顺利避开格栅和网片的钢筋，同时对锚杆打设角度有较好的控制作用。套管固定牢固、初支混凝土喷射完成后用 Y28 型风钻从套管内打设自进式锚杆，锚杆打设到位后，用掺有速凝剂的水泥砂浆封堵套管与锚杆之间的孔隙以防漏浆，砂浆凝固后通过中空锚杆注浆加固地层。图 4-3-26 是自进式锚杆施工情况。

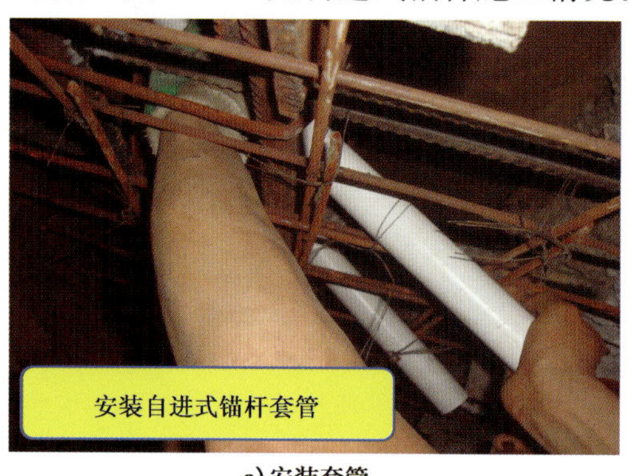

a) 安装套管

b) 打设锚杆

图 4-3-26　自进式锚杆施工

(3) 自进式锚杆施工技术

①钻进工艺流程。a. 沿拱部设计开挖轮廓线按设计环向间距标出锚杆位置；b. 检查锚杆、钻头的水孔是否有异物堵塞，并清理干净；c. 连接钻头和锚杆，将风钻与连接套连接，连接锚杆和连接套；d. 锚杆对准设计的锚孔位置，凿岩机先供风，然后钻进；e. 达设计深度后，用高压风洗孔，检查孔是否畅通，然后卸下锚杆连接套，锚杆外露孔口长为 10cm～15cm；f. 将孔口帽即止浆塞通过锚杆外露端打入孔口 30cm 左右。如锚杆需加长，用锚杆连接套连接孔中的锚杆和另一根锚杆，然后继续钻进至设计深度。

②注浆。a. 检查注浆泵及其零件是否齐备和正常，检查水泥、砂的粒径、比例、湿度是否符合规定；b. 将锚杆、注浆管及泵用快速接头连接好；c. 开泵注浆，整个过程应连续灌注，不停顿，必须一次完成；d. 观察浆液从孔口帽边缘流出或压力表达到设计值，即可停泵；e. 完成一根锚杆的注浆后，应迅速卸下注浆软管与锚杆的接头，清洗并安装至另一根锚杆，然后注浆。若停泵时间较长，在对下根锚杆注浆前应放掉管中剩余的浆液，以及免堵管。

锚杆打设过程中注意保持风钻与锚杆的角度一致，避免钻孔过程中连接器承受偏载而折断。注浆过程中严格控制注浆压力和注浆量，压力急剧上升时应停止注浆，防止浆液反流和爆管伤人。

自进式锚杆代替锁脚锚杆的打设方式与施工工艺大致相同。为避免塌方，将先打设锁脚锚管后喷射初支混凝土的工序进行了置换，即先网喷初支混凝土封闭开挖面，然后在混凝土表面钻孔并埋设锁脚锚管及注浆。为防止格栅下沉，在安装格栅时，将格栅拱脚部位用方木等材料垫实。

3.4.2　砾石地层自进式锚杆超前支护技术

9 号线军事博物馆站主体结构位于砾岩层中，采用"PBA"工法施工，上、下两层共八个小导洞进行开挖，各小导洞均采用台阶法开挖，车站主体南端和北端上下两层导洞施工顺序如图 4-3-27 及图 4-3-28 所示。施工过程中根据各施工部位需要，分别采取了 R25N、R51N 自进式锚杆进行超前支护，具体是下层导洞采用 R25N 自进式锚杆进行超前注浆加固地层，上层导洞马头门开口位置采用 R51N 自进式锚杆注浆加固地层，进洞后采用 R25N 自进式锚杆进行超前加固。

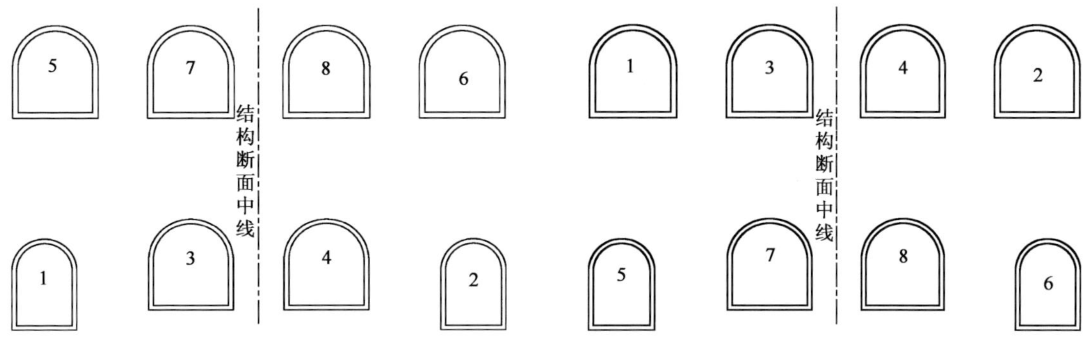

图 4-3-27 车站主体南端导洞开挖顺序　　图 4-3-28 车站主体北端导洞开挖顺序

车站主体上层导洞马头门开口采用 R51N 自进式锚杆作为管棚进行超前注浆预加固地层，长度为 20m，锚杆沿车站主体上层小导洞拱部 150°范围轮廓线以外 0.3m 布置，打设角度 2°～3°，环向间距为 0.3m，浆液采用水灰比 1∶1的水泥浆，注浆压力 0.2～0.5MPa。导洞普通段采用 R25N 中空注浆锚杆进行地层预注浆，锚杆长度为 2.5m，锚杆沿小导洞拱部 150°范围轮廓线以外 0.2m 布置，打设角度 15°，环向间距为 0.3m，注浆浆液采用水灰比 1∶1的水泥浆，注浆压力为 0.2～0.5MPa。锚杆布置形式如图 4-3-29 所示。

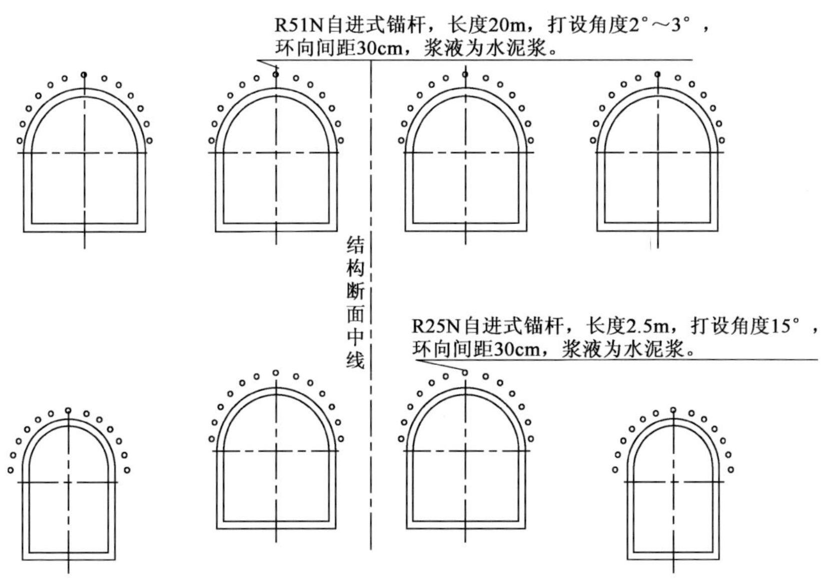

图 4-3-29 超前锚杆布置示意图

第4章　砂卵石及砾岩地层的开挖与超挖控制技术

4.1　砂卵石地层(超前支护条件下)的开挖与超挖控制技术

9号线砂卵石地层中区间隧道多采用台阶法施工，对于开挖与超挖控制技术，这里以白石桥南站—国家图书馆站区间为例予以说明。

为保证暗挖区间隧道掌子面的稳定，土方分上下台阶开挖，结合岩土工程详勘报告提供的资料数据，上、下台阶步距控制在5～6m，并在上台阶开挖时预留核心土，防止掌子面土体坍塌，在环境风险较大时，还加设临时仰拱，使上台阶的初支及时成环，以控制拱顶沉降。上台阶土方开挖时，严格控制开挖量，并及时将土方通过溜槽卸到运土车内，防止堆积大量土方导致下台阶坍塌。

图4-4-1　上台阶土方开挖

4.1.1　上台阶土方开挖及支护

如图4-4-1～图4-4-4所示，正台阶法施工时，先开挖上拱土方，留置核心土。开挖完成后即初喷5cm厚混凝土，然后架立格栅钢架，挂钢筋网，喷射混凝土至设计厚度。

图4-4-2　上台阶预留核心土

图 4-4-3 上拱架安装

图 4-4-4 临时仰拱

开挖时遵循"注浆一段,开挖一段,封闭一段"的施工原则。拱部开挖后尽早封闭,尽量减少顶部土方悬空时间,最前一步未封闭的上拱格栅与最前一步已全断面封闭的格栅间距控制在5m左右,核心土按1∶3～1∶5放坡,防止土方坍塌。核心土除保证掌子面的稳定外,还作为临时工作平台进行格栅安装、喷射混凝土的操作。

上台阶施工顺序:封闭掌子面→超前小导管打入→超前小导管注浆加固地层→留核心土开挖上台阶土方→测量开挖断面轮廓→初喷5cm厚混凝土→安装格栅钢架→挂钢筋网→复喷混凝土至设计厚度。

4.1.2 下台阶开挖及支护

如图4-4-5和图4-4-6所示,下台阶采用边墙单侧交错方式开挖,先开挖一侧的边墙,开挖步距为一个格栅间距,挖至设计轮廓后,立即安装格栅钢架、喷射混凝土;该侧的边墙支护完毕后再进行另一侧边墙的开挖及支护。两边墙均支护完毕后,开挖仰拱土方,安装仰拱格栅,喷射仰拱混凝土,封闭成环,之后再进行下一循环的施工。

图 4-4-5 隧道单侧边墙的开挖及钢格栅架设

图 4-4-6　仰拱开挖及钢格栅架设

下台阶施工顺序（为便于叙述以隧道左侧、右侧表示）：左侧边墙土方开挖→测量开挖断面轮廓→初喷 5cm 厚混凝土→安装格栅钢架→挂钢筋网→复喷混凝土至设计厚度→右侧边墙土方开挖→测量开挖断面轮廓→初喷 5cm 厚混凝土→安装格栅钢架→挂钢筋网→复喷混凝土至设计厚度→仰拱土方开挖→测量开挖断面轮廓→初喷 5cm 厚混凝土→安装格栅钢架→挂钢筋网→复喷混凝土至设计厚度。

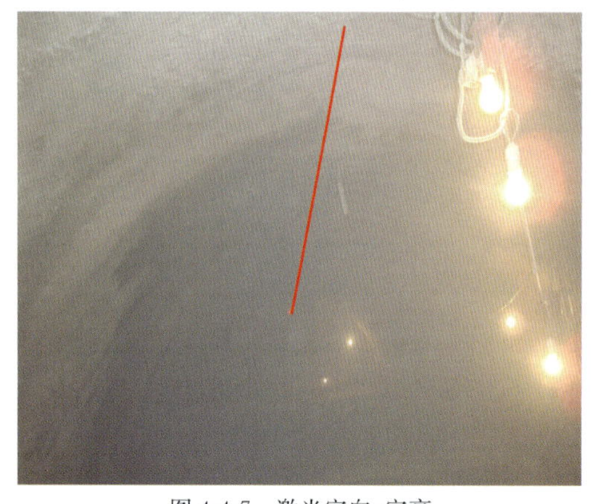

图 4-4-7　激光定向、定高

4.1.3　格栅架设

施工前技术人员进行测量放样，利用激光导向仪控制格栅的偏移与高程，如图 4-4-7 所示。格栅定位后进行焊接，在节点板位置焊接 4 根与主筋同直径的帮焊筋，单面焊接长度为 $10d$；纵向连接筋内、外侧双层布置，间距 0.5m，搭接长度为 $10d$，并且保证焊缝饱满，无夹渣、气泡等质量缺陷。拱墙部位外侧单层挂 ϕ6.5mm，100mm×100mm 钢筋网片，搭接时不少于一个网格。

每榀拱架在拱脚位置打设两根锁脚锚管，锁脚锚管为 ϕ25mm×2.75mm 钢管，单根长1.5m，压注单液水泥浆。钢格栅架设时，在拱脚位置垫设方木增大拱脚受力面积，以有效控制拱顶沉降。

4.1.4　超挖控制技术

根据现场实际调查，超挖主要是由于拱顶 90°范围内的土体开挖及暴露时间过长而塌方所致。拱顶平均塌落高度在 30cm 左右，上断面拱腰及下断面超挖很少。为减少拱顶塌方，除了按照要求做好超前加固外，开挖过程中，应按照先开挖两侧、后突击开挖拱顶、迅速架设格栅并网喷的工序组织施工，以缩短拱顶土体暴露时间，实现敏感部位的快速封闭。

超挖部位在初支混凝土喷射施工中尽量多喷填实，并及时进行注浆回填密实。初支为 C25 早强混凝土，喷射前认真检查隧道断面尺寸，对欠挖部分进行清除和处理，清除浮石和墙

脚虚碴。喷射时，先注水（注意喷嘴要朝下，避免水流入输料管），后送风，然后上料。根据受喷面和喷出的拌合物情况调整注水量，使喷射混凝土颗粒易黏着、回弹小。喷射顺序为：先墙后拱、自下而上。自喷射面的下部开始，水平旋转喷射，喷射时如有个别受喷面凹凸不平应先喷该处，大致找平。为保证喷射混凝土的密实度，减少回弹量，对于风压、水压及喷头的喷射距离、喷射角度都应合理调整。喷嘴至受喷面距离以 0.6～1.0m 为宜，采用垂直于喷射面方式进行喷射。

4.2　砾岩地层（无超前支护条件）的开挖与超挖控制技术

4.2.1　概述

在台阶法开挖砾岩层的过程中，由于砾岩层的强度较大，人工开挖困难，隧道上台阶采用人工风镐辅助破除开挖（见图 4-4-8），下台阶采用的是带破碎锤的挖掘机开挖（见图 4-4-9）。

图 4-4-8　风镐破除施工

图 4-4-9　下台阶放坡开挖

使用机械开挖时，应注意不能超挖，防止破坏已经完成的初支结构，挖掘机周围不能站人，防止开挖过程中掉落的石头伤人。在人工开挖时，必须做好安全防护措施，防止开挖时有卵石掉落。对处于特殊部位(格栅部位、拱脚或拱肩等)的大粒径漂石,应采取特殊的处理办法。

开挖过程中应注意以下事项:

①砾岩及漂石地层开挖时应遵循"管细短、快封闭、少扰动、中拉槽、固拱脚"的施工原则。

②砾岩及漂石地层开挖时,上台阶长度要保持不小于 5m,核心土长度不小于 3m,且上台阶核心土外中部放坡拉槽。

③下台阶开挖时要放坡开挖,整个下台阶开挖时先挖中间,后挖拱脚下方,靠近拱脚部位采用人工开挖,减少下台阶开挖时对上台阶的扰动,保证结构施工安全。

4.2.2 大漂石的处理

根据现场开挖揭示,大粒径漂石出现的比例较大,且在隧道的各个部位均有出现,施工作业遇到会有较大风险。现场针对不同的大粒径漂石情况,采取相应的方法进行了处理,如图 4-4-10及图 4-4-11 所示。通过对砾岩层中大粒径漂石的一系列的处理,在施工过程中收到了很好的效果,通过试验、分析及总结,解决了北京典型富含大粒径漂石的砾岩层隧道开挖难题,在北京既有地层隧道开挖中引用无声爆破技术,解决了在狭小空间下大粒径漂石的外运问题,既确保了施工安全,又保证了施工进度。

图 4-4-10 区间右线标准断面工人搬运挖出的大漂石

(1)一般大漂石处理措施

针对大漂石地层,应准备一些特制工具。在开挖面遇到粒径 50~80cm 的大漂石,先使用风镐沿漂石边缘打入,连续钻打至漂石有稍许的松动后,在漂石正下方安装好钢丝网兜,网兜安装必须牢固,可以将网兜固定在格栅主筋上。然后由工人使用长度不小于 1.5m 的撬棍在

图 4-4-11　大漂石破除处理

漂石远端对漂石进行撬动，使撬落后的漂石落入网兜，人工就近搬至小推车中。漂石较大时可辅以撬板搬运，然后由小推车运至龙门架下方土兜中，外运至堆土场。处理大漂石的整个过程费时费力，且危险性相当大，是降低暗挖功效的主要因素。表 4-4-1 是普通土方开挖、外运与漂石开挖、外运的各项指标比较。

普通土方开挖、外运与漂石开挖、外运各项指标比较　　表 4-4-1

	人员安排	消耗时间	其他
普通土方开挖	一个班组土方开挖安排 5 人	开挖一步 50cm，用时 3.0h	
漂石开挖	一个班组开挖安排 7 人	开挖一步 50cm，用时 7.0h，其中上台阶处理一个漂石需要 4h	漂石出现在拱顶时特别危险，需增加措施处理
普通土方外运	往小推车装土 2 人，推车 1 人，卸土 1 人，整个过程共需 3 人	从装车到卸至土兜内用时 7min	
漂石外运	搬运 4～6 人，推车 3 人，卸石头 4～6 人，整个过程共需 8 人	从装车到卸至土兜内用时 20min	漂石外运过程中增加了工人作业的危险性，需格外注意安全

(2)侵结构大漂石处理措施

开挖时，如遇到个别大漂石（漂石粒径＞40cm）侵入区间结构，一般可以按照先隧道施工，后处理漂石的原则进行施工。

①漂石位于拱顶及边墙处。a. 当漂石未位于格栅安装位置时，如漂石外露长度小于在土中埋深，且不大于初支厚度时，可采取安装格栅，漂石部位内侧挂单层网片，喷射混凝土进行封闭处理。如果外露长度大于土中埋深或外露长度大于初支厚度时，先进行初支施工，漂石部位钢筋网片及纵向连接筋断开，漂石两侧各加强一根纵向连接筋，待初支施工至过漂石位置 2m 后，再用风镐将漂石凿除，将纵向连接筋连接，挂网喷射混凝土。b. 当漂石位于格栅安装位置时，当漂石粒径在 40～60cm 之间时，缩小格栅间距，在漂石两侧各布置一榀钢格栅，挂网喷射混凝土，漂石部位钢筋网片及纵向连接筋断开，漂石两侧各加强两根纵向连接筋。若漂石不侵入二衬结构，则直接封闭在初支内；若侵入二衬结构，则待初支施工至过漂石位置 2m 后，用风镐将漂石凿除，将纵向连接筋焊接连接，挂网喷射混凝土。当漂石粒径在 60cm 以上时，缩小格栅间距，除在漂石两侧各布置一榀格栅外，在漂石中间部位也布置一榀格栅，该格栅在漂石部位断开，纵向连接筋加密，待初支施工至过漂石位置两榀格栅位置时，用风镐将漂石凿除，将格栅主筋焊接连接，挂网喷射混凝土，如图 4-4-12 所示。

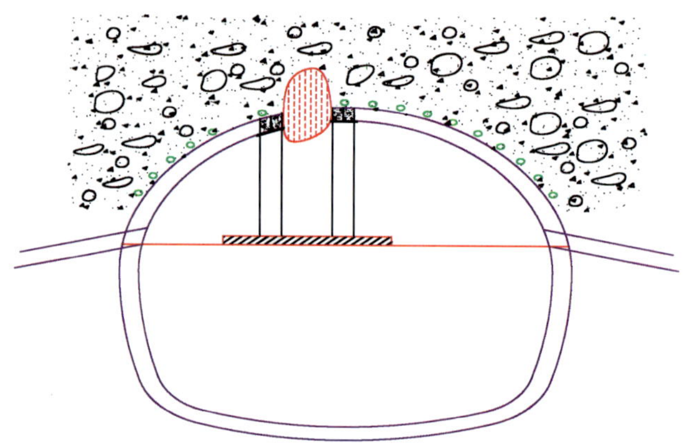

图 4-4-12　漂石位于格栅安装位置时的处理方式

②漂石位于仰拱时，需将漂石挖出，并回填密实，然后进行初支施工。

③大漂石正好位于上下台阶钢格栅连接板位置，影响至下台阶格栅连接时，必须将漂石从土体中挖掘出来，采用在漂石四周打设钢花管对漂石四周土体进行加固处理，待加固完成后将漂石从土体中挖掘出来。

④对于受砾岩层影响的仰拱施工，当仰拱格栅部位大粒径漂石较多时，采用两步开挖的方法。

⑤遇到漂石在拱顶部位集中分布时，若大量断开格栅会降低结构强度，危及隧道安全；若要保持格栅完整，则必须先对漂石进行处理，但处理漂石也会遇到较大的施工风险。在小导管打不进去的情况下，直接剔除漂石，势必会引起隧道塌方；采取超前深孔前进式注浆的方式对地层进行预加固，但漂石自身的强度比加固体的强度大得多，剔除漂石时会整体掉落，不仅可能砸伤人，而且超挖量也很大，甚至会引起塌方。在此情况下，应该加高隧道断面，采用深孔注浆的办法对漂石群地层进行超前预加固，待地层加固完成后再处理漂石群。

⑥对于开挖大漂石导致的超挖及空洞，先挂网喷射混凝土封口并预留打料管，封闭完成后通过料管向孔洞内喷射干料回填，最后采用料管进行背后注浆回填密实。

4.2.3 无声爆破施工

大粒径漂石处理主要采用无声爆破施工，无声爆破是一种新型的爆破方法。无声爆破剂是一种粉状的快速、定时、耐低温的静态破碎材料，又称为碎石粉、静裂剂、无声破碎剂、静态膨胀剂、无声裂石剂、无声炸药、静态爆破剂等。因具有无震动、无飞石、无毒气、无污染的安全破裂功能，而广泛使用于钢筋混凝土建筑物的安全拆除，特别适用于不宜采用炸药爆破的场合。

（1）使用范围

对于粒径大于 80cm 的大漂石，人工外运非常困难，需采用无声爆破剂先将其炸成若干小块后外运。

（2）工艺参数

①无声爆破剂与水搅拌后发生化学反应，产生体积膨胀而发生效力，膨胀压力为 30～180MPa，施加给孔壁，经过一段时间后达到最大值，将介质破碎。

②无声爆破剂的效力与施工环境温度直接相关，见表 4-4-2。

无声爆破剂的膨胀压与环境温度的相互关系 表 4-4-2

温度范围	6h 膨胀压（MPa）
25～40℃	≥130
10～25℃	≥120
－15～10℃	≥110

③无声爆破剂的致裂时间大约在 2～48h；也可能受温度等条件影响，在几分钟内致裂。

（3）无声爆破操作要点

①钻孔。采用风钻打孔（见图 4-4-13），打好的孔内最好没有水和杂物。被爆破的物体必须有 1～2 个以上的自由面，打孔时应在自由面的一面打孔，使物体开裂不受外力阻碍。被爆破对象的材质、结构、形状和破碎要求等不同，设计的孔径、孔距、孔深等也不同，具体参见表 4-4-3。

图 4-4-13 膨胀剂和打孔

无声爆破技术参数　　表 4-4-3

爆破对象	孔径(mm)	孔距(cm)	孔深(m)	使　用　量
大理石	35～50	10～50	0.9H	①直径 35～50mm 单孔装药量 2kg/m 左右； ②一面切割 8～10kg/m^3，二面切割 10～20kg/m^3，三面切割 20～30kg/m^3
花岗岩	35～90	10～150	0.9H	
混凝土	35～50	15～60	0.8H	
钢筋混凝土	35～45	10～35	0.9H	

②搅拌与充填。将无声爆破剂重量比约为 25%～30%的水倒入容器中，然后加入无声爆破剂进行搅拌，搅成稀泥膏药状，能流动而不是太稀，按照少拌快装的原则，搅拌均匀后灌入预先打好的孔内。一般情况要求从搅拌到把无声爆破剂倒入孔内不能超过 10min，否则影响开裂时间。水平钻孔装药和快速破碎时，按 100kg 无声爆破剂加水 10～15kg 在容器内拌成稠泥状，能捏成团，搓成条塞入预先打好的孔内，并层层捣实，中间不能留空隙，要求从搅拌到装入孔内不能超过 5min，时间过长将影响开裂时间，已发热烫手膨胀的不能再装，否则不能使被爆破对象开裂。无声爆破剂拌和均采用凉水，最好不用热水，否则会降低爆破效力。待被爆体出现裂纹后，可向钻孔上喷洒少量开水以使裂缝增大。垂直孔口灌满不必堵塞，水平或倾斜度小的孔要堵塞孔口，以免浆体流出。

图 4-4-14 是填充爆破剂和漂石破碎后的效果。

图 4-4-14　填充膨胀剂和破碎后的效果

(4)注意事项

①施工时操作人员必须戴防护眼镜，头要偏离孔口，不能用眼睛直视孔口，以防喷浆，伤害眼睛。刚打好的孔或气温高时装药最易喷浆，更要注意安全。操作完毕，人员和设施应立即撤离现场。

②因操作不当发生喷浆，溅入未戴防护镜的眼睛内，应用清水立即反复冲洗，直到冲洗干净为止，最好滴入几滴醋酸或硼酸于水中(含酸量 0.1%)，并立即到医院就医。

③无声爆破剂对皮肤有轻度腐蚀性，施工时应戴乳胶防护手套。

④无声爆破剂应轻装轻卸，防潮保存。

4.2.4　超挖控制技术

①开挖过程中，如遇卵石无法躲避，可根据地层状况并在监理工程师允许的情况下，采取相应加固措施适当地调整格栅间距，绕过卵石位置。

②若卵石粒径过大，可采用静态破碎剂进行破除，施工中合理调整温度，保证破碎剂最短时间内发挥作用。

③当卵石无法破除或躲避时，可根据卵石情况在格栅适当位置烧断钢筋，架设半榀格栅并喷射混凝土封闭，继续向前开挖后将卵石取出，架设本榀格栅及上一榀剩余格栅，烧断位置两侧 50cm 范围内加密连接筋，连接筋间距为 10cm，并在烧断后的主筋位置帮焊拐筋，拐筋与连接筋焊接牢固。

④遇到卵石后，应立即处理，避免掌子面暴露时间过长，影响施工安全。

⑤凿除大粒径漂石将引起大面积超挖量，开挖面难控制，使得初支喷射混凝土的厚度加大，按设计单层网片不能满足喷射工艺要求，应根据超挖量的大小，挂设多层钢筋网片。

第5章　军事博物馆站下穿既有线施工技术

5.1　工 程 概 况

5.1.1　工程简介

军事博物馆车站位于中华世纪坛南侧，斜跨复兴路与羊坊店路路口布置。路口东北角为中国人民革命军事博物馆，西北角为中央电视台及梅地亚宾馆，西南角为京西宾馆及新华社宿舍区，东南角为中国铝业大厦、恩菲科技大厦及有色冶金设计院。路口东约120m为地铁1号线军事博物馆站，车站主体下穿既有1号线军博站西端区间结构，本站与地铁1号线军事博物馆站呈"T"字形换乘关系。车站总平面如图4-5-1所示。

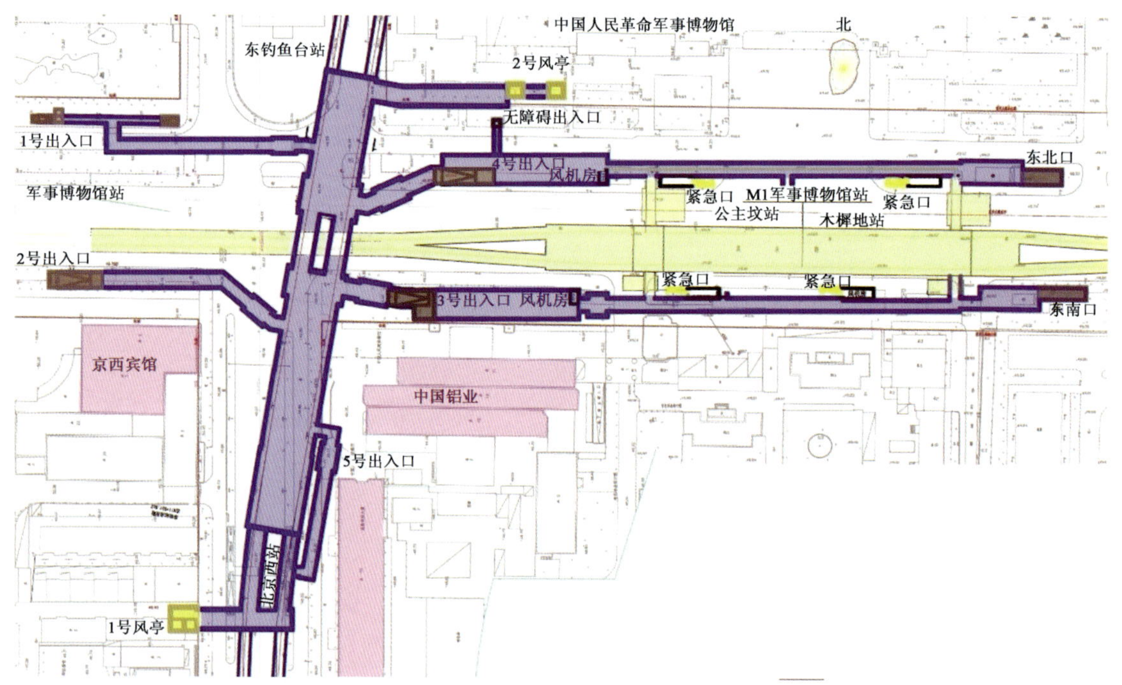

图4-5-1　军事博物馆站总平面图

车站总长度为200.8m,标准段宽度23.0m,高度17.445m,为双层三跨结构,“PBA”工法施工。车站主体下穿既有地铁1号线军博站西侧区间,与既有线区间结构呈81°夹角,为保证既有线的运营安全,将下穿施工对既有线的影响降低到最小,设计采用分离式单层单洞形式,单洞断面高10.505m,宽9.55m,“CRD”法施工,两洞相距4.7m。单层段结构拱顶与既有1号线区间底板垂直距离为10.8m。车站标准段断面及下穿既有线断面如图4-5-2和图4-5-3所示。

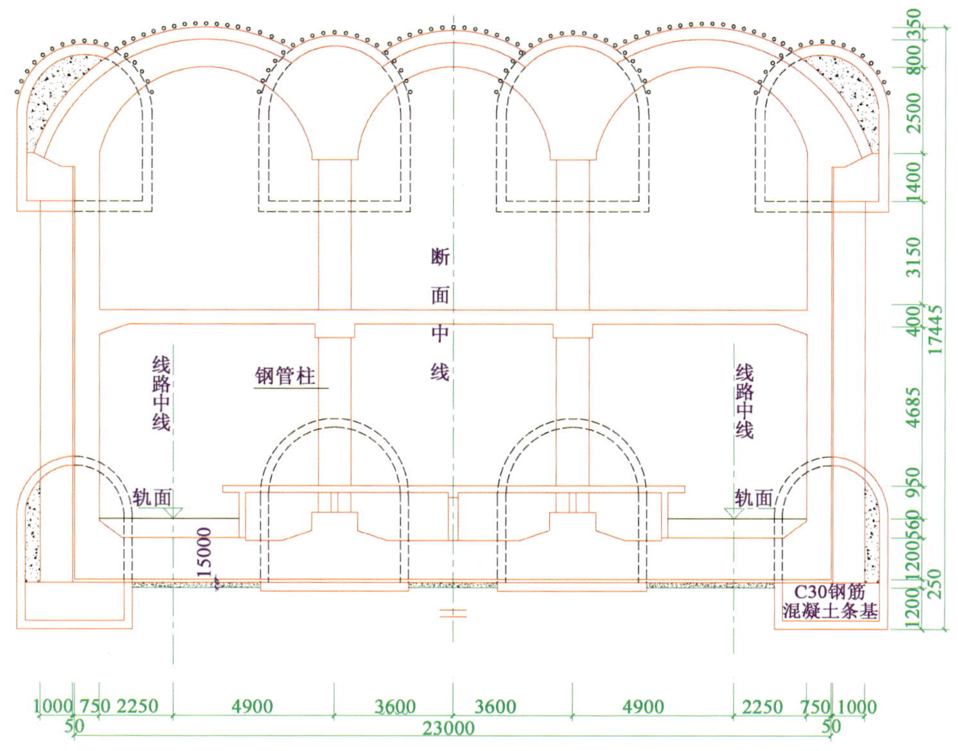

图4-5-2 军事博物馆站双层段断面(尺寸单位:mm)

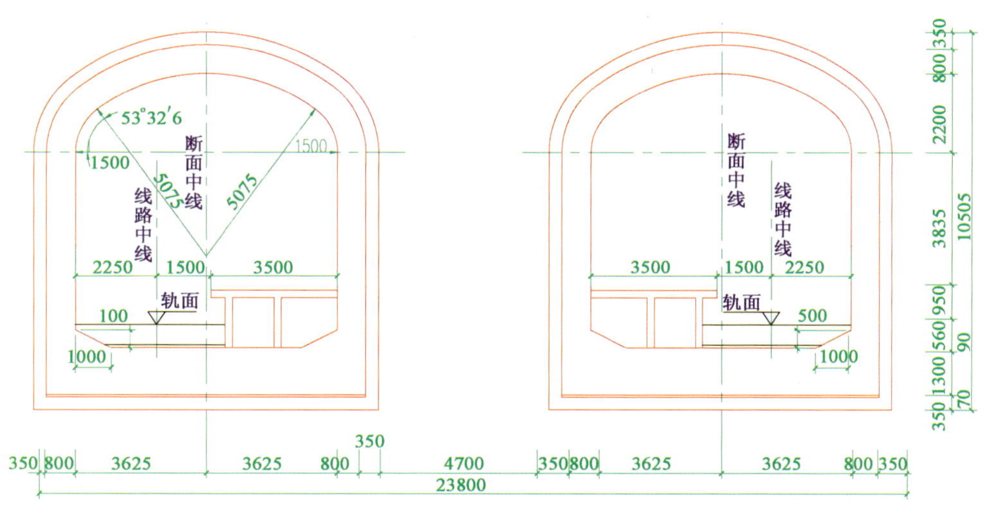

图4-5-3 军事博物馆站过既有线段断面(尺寸单位:mm)

5.1.2 工程地质条件

(1)地层条件

军事博物馆站工程范围内地形略有起伏,地面标高 48.66~50.12m。车站范围内地层由上至下依次为:

车站结构上覆土以杂填土①、粉土填土①$_1$、粉土③、粉土③$_2$ 层、细砂、粉砂④层、圆砾⑤层为主,主体位于砾岩⑪层、砾岩⑪$_1$ 层。该段地层无不良地质作用,围岩缺少自稳性和防水性,土体易发生坍塌,应对软弱区围岩施作预加固和临时支撑措施。

砾岩⑪层:棕红色~灰棕色,为半胶结~弱胶结的极软岩,成岩性较差,强风化,胶结物以黏粒组为主,局部为细砂,易掰碎,砾石粒径一般(2mm×2.5mm)~(6cm×8cm),局部可达20cm 以上,磨圆度中等;砾岩⑪$_1$ 层:紫灰色~杂色,为弱胶结极软岩,成岩性较差,强~中等风化。胶结物以强风化的砂泥质物为主,砾石粒径一般(2mm×3mm)~(9cm×12cm),局部可达 20cm 以上;黏土岩⑪$_2$ 层:棕红色,为极软岩,胶结中等~差,强风化,含少量云母及中粗砂粒,局部含少量砾石;黏土岩⑪$_3$ 层:为极软岩,胶结中等,强~中等风化,含少量云母及中粗砂粒,局部含少量砾石。

(2)水文地质条件

本车站处于工程水文地质分区Ⅲb 亚区。本场区勘探期间(2007 年 1 月上旬~3 月下旬),于勘察深度范围内测到 1 层地下水,地下水类型为潜水,水位标高为 40.15~41.77m(埋深 8.00~8.70m),含水层为卵石、圆砾⑤层。下穿既有线地质水文条件如图 4-5-4 所示。

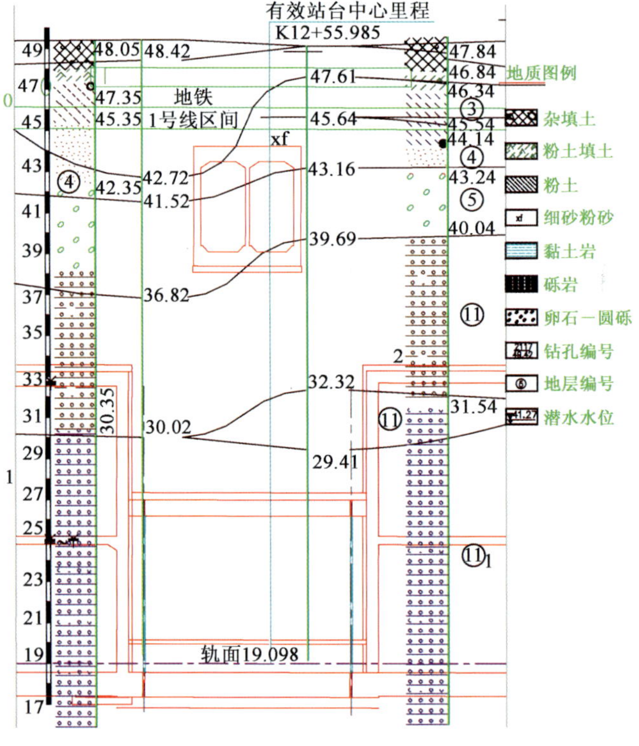

图 4-5-4 下穿既有线段地质水文条件

5.2　下穿施工主要技术措施

5.2.1　总体思路

施工前机具人员准备到位，做好施工筹划。开挖前先对既有线进行测点并取得初始值。提前施作补偿注浆袖阀管，每根袖阀施工完毕及时注浆；袖阀管补偿注浆施工完成后，施工双排 R76S 超前自进式管棚，管棚每根施工完毕后及时注浆。

待车站主体南北双层段扣拱结束稳定后，破除马头门进入下穿既有线单层段的开挖。先开挖右线单洞，开挖中严格按照 CRD 法施工，每部间距严格控制在 5m 左右，开挖过程中及时跟随掌子面进行应力损失补偿注浆，随开挖预埋回填注浆管，并及时进行回填注浆。右洞开挖完毕后进行一次全面系统回填注浆，开始施作底板衬砌。为最大限度减小沉降变形，临时中隔壁工字钢不割除直接与底板浇筑在一起，做好节点处的防水，拱墙衬砌临时仰拱分段拆除，间隔 5m 跳段施工，拱部临时中隔壁同样不拆除，直接与拱部衬砌浇筑在一起。右线单洞施工完毕后，及时进行衬砌背后回填注浆。同样方法进行左线单洞的开挖、支护与衬砌，最后进行站台板及设备装修的施工。

5.2.2　施工步骤

过既有线段主要施工步骤见表 4-5-1。

过既有线段主要施工步骤　　表 4-5-1

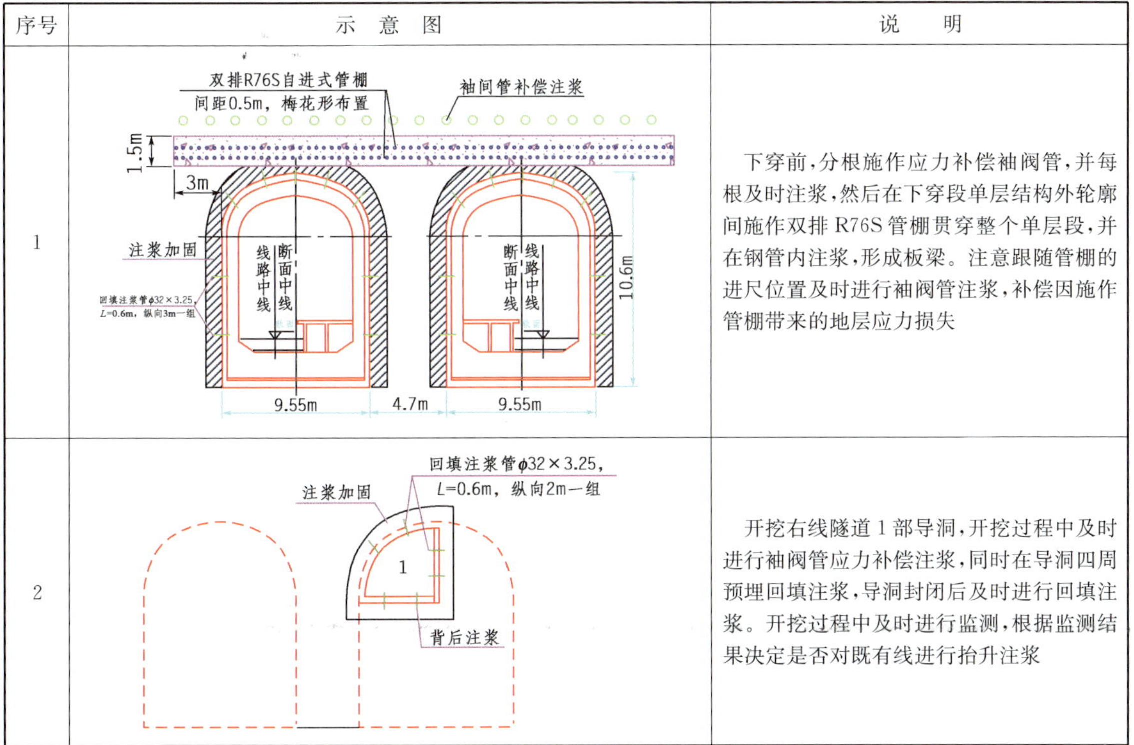

序号	示意图	说明
1		下穿前，分根施作应力补偿袖阀管，并每根及时注浆，然后在下穿段单层结构外轮廓间施作双排 R76S 管棚贯穿整个单层段，并在钢管内注浆，形成板梁。注意跟随管棚的进尺位置及时进行袖阀管注浆，补偿因施作管棚带来的地层应力损失
2		开挖右线隧道 1 部导洞，开挖过程中及时进行袖阀管应力补偿注浆，同时在导洞四周预埋回填注浆，导洞封闭后及时进行回填注浆。开挖过程中及时进行监测，根据监测结果决定是否对既有线进行抬升注浆

续上表

序号	示意图	说明
3	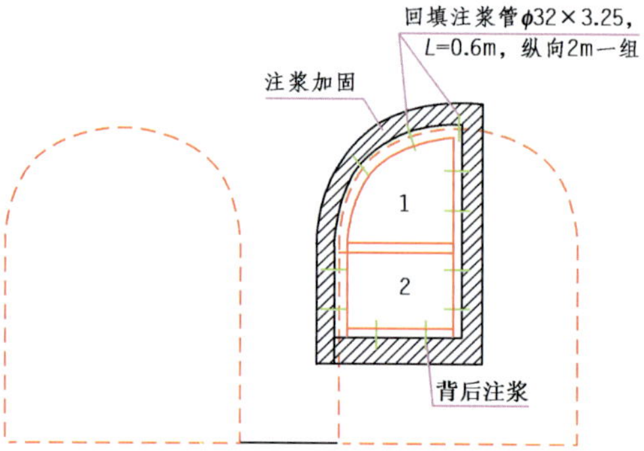	在1部导洞进洞一倍洞径后，进行右线隧道2部导洞开挖，开挖过程中及时进行袖阀管应力补偿注浆，同时在导洞四周预埋回填注浆管，导洞封闭后及时进行回填注浆。注意同时对1部导洞进行回填注浆
4	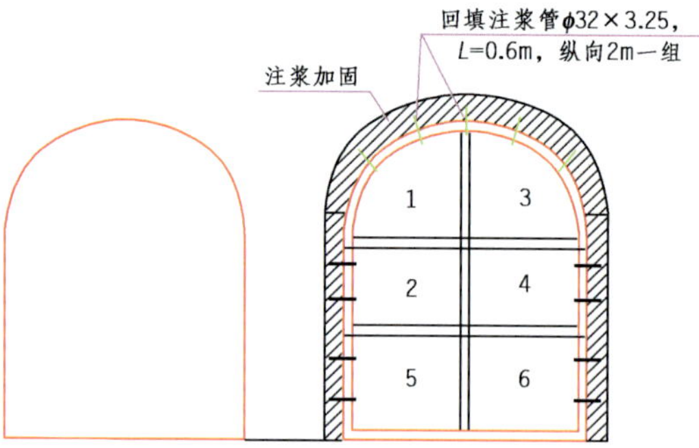	按照施工步骤，一次进行右线隧道3、4、5、6部导洞的开挖，注意各导洞错开步距，并及时进行袖阀管应力补偿注浆，根据各掌子面的进展，及时对各导洞进行反复回填注浆
5	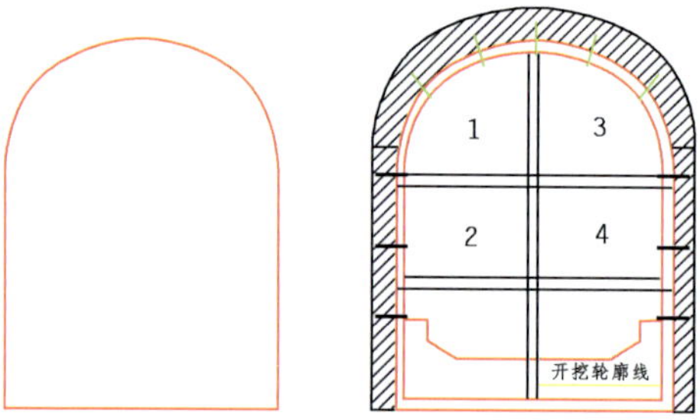	右线隧道开挖完成后，进行一次系统的回填注浆，然后进行底板衬砌施工，为了减少沉降，隧道中间中隔壁不拆除，做好防水的处理后，浇注在底板中
6	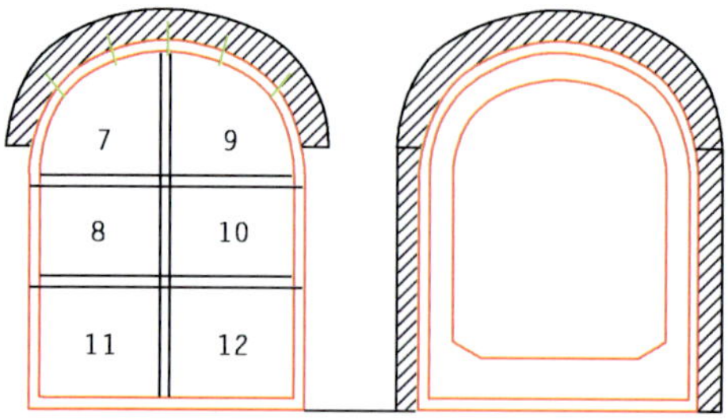	右线隧道底板衬砌完成后，分段破除临时仰拱，施作边墙及拱部衬砌，中隔壁上部不拆除，做好防水处理，浇注在拱部衬砌内。 右线衬砌完成后，同样的方法开挖左线隧道，开挖中注意应力损失补偿注浆及回填注浆

续上表

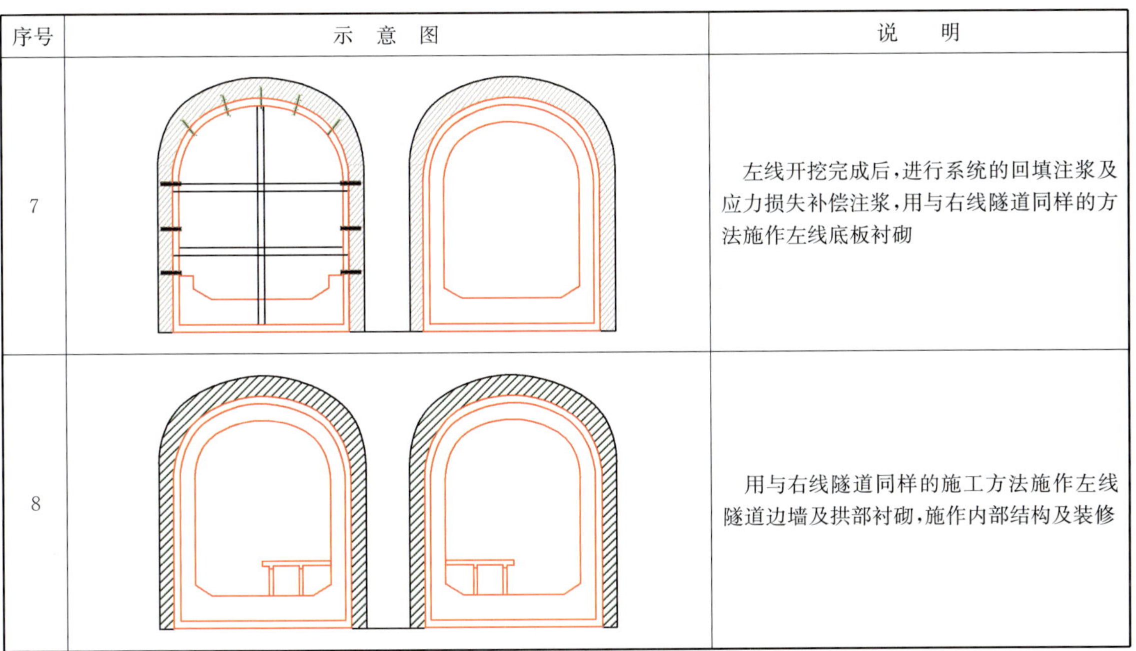

序号	示 意 图	说 明
7		左线开挖完成后，进行系统的回填注浆及应力损失补偿注浆，用与右线隧道同样的方法施作左线底板衬砌
8		用与右线隧道同样的施工方法施作左线隧道边墙及拱部衬砌，施作内部结构及装修

5.2.3 超前支护体系

下穿既有线施工超前支护体系为双排超前管棚，具体见本篇第 3.2 节。

5.2.4 应力损失补偿注浆

车站主体下穿既有线段全部位于砾岩层中，围岩条件较好，但施工导洞断面较大，且采用 CRD 法施工，每步开挖都会对地层反复扰动，现场选择袖阀管注浆法，在施工过程中反复及时地对开挖上方土体进行补偿注浆，以减少地层应力损失，保证土体的整体性、连续性及密实性，减小对既有线的沉降变形影响。

(1)袖阀管注浆法的特点

图 4-5-5 是袖阀管工作原理示意图。袖阀管主要由袖阀注浆管、管外套壳料、注浆内套管组成。

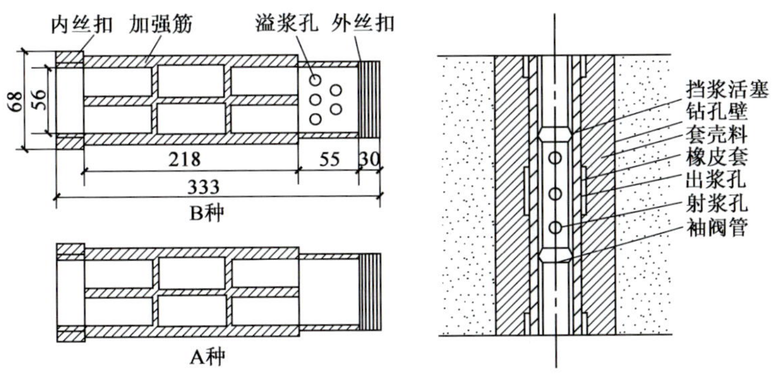

图 4-5-5 袖阀管工作原理示意图(尺寸单位:mm)

袖阀管注浆主要有以下特点：

①袖阀管内套管具有两个阻塞器，能将浆液限定在注浆区域的任一段范围内进行注浆，达到分段注浆的目的。

②阻塞器在光滑的袖阀管内可以自由移动，可根据需要在注浆区域内自由移至各个注浆段进行注浆，也可对某一注浆段进行反复注浆。

③注浆前不必设较厚止浆墙，采取较大的注浆压力时，发生冒浆和串浆的可能性小。

(2)注浆管的选择

①袖阀注浆管每节长 333mm、内径 56mm、外径 68mm，硬质塑料管，由钙塑聚丙烯制造而成。注浆管的内壁光滑，接头有螺纹，端头有斜口，外壁有加强筋以提高其抗折强度。注浆管分为 A、B 两种，A 种注浆管未设溢浆孔，B 种注浆管设有 ϕ8mm 溢浆孔 6 个，在溢浆孔部位外面紧套抗爆破压力 4.3kPa 的橡胶套，橡胶套覆盖着溢浆孔，注浆时浆液可以通过溢浆孔进入地层，而地层中的水和颗粒难以进入注浆管中，从而达到注浆管的单向阀作用。

②注浆内套管采用 ϕ22mm 焊接钢管加工，长 0.6～1m，其四周均匀地布设 12～18 个 ϕ8mm 泄浆孔。花管两端各加上 3～4 个止浆橡胶皮碗，以形成阻浆塞，起到止浆作用。图 4-5-6是止浆塞结构示意图。

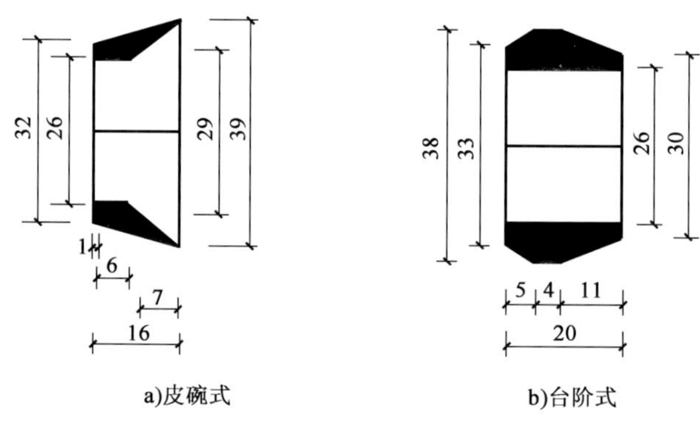

图 4-5-6 止浆塞结构示意图(尺寸单位：mm)

③管外套壳料主要由黏土和水泥混合而成，套壳料配比为水泥∶黏土∶水＝1∶1.5∶2。根据本工程特点，成孔后采用 PW-120 泥浆泵，向孔内注入套壳料，孔口处采用止浆盘止浆，套壳料注满稍加压力即可。根据现场浆液状态，待套壳料稍具强度不再为流塑状态时，插入袖阀注浆管。

(3)浆液的选择

结合地层情况，浆液采用超细水泥＋水玻璃双液浆，具体配比参见 3.2 节管棚浆液。

(4)袖阀管施工方法

管棚完成后进行上排袖阀管的施工，单排袖阀管间距 1.0m，袖阀管距上层管棚高度为 0.4m，袖阀管自车站双层段南端向北施作，打设至双层段北端端墙，袖阀管南端 0.5m 范围内不留注浆孔。

为了减少袖阀管施工对地层的影响，先期施工右线导洞影响范围内部分，待右线施工完毕后进行左线导洞范围内袖阀管施工。施工采用“跳做”方式，如图 4-5-7 所示，即采用隔 2 做 1

方式。第一轮首先施工1号管,施工完毕后施工4号管,然后是7号管;第二轮一次施工2号、5号、8号管;第三轮依次施工3号、6号管。

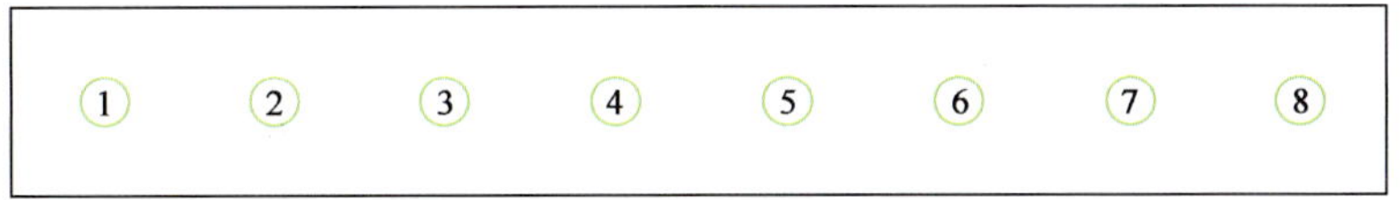

图4-5-7 袖阀管施工顺序图

根据开挖掌子面进展情况,及时对开挖影响范围内进行注浆,注浆范围为掌子面前后左右各3m范围内,注浆不是单点注浆,是将整个影响范围内的袖阀管同时进行注浆,保证应力损失及时得到补偿。

(5)袖阀管施工注意事项

①袖阀管注浆前,首先注入适量的粉煤灰浆液,填充套壳料及附近空隙,以利于反复注浆。

②应力损失补偿注浆要在整个影响范围内同时注浆,不能单点注浆。

③袖阀管施工完成后,不注浆期间要封闭袖阀管,防止袖阀管内进入异物而导致内管移动时止浆塞卡管。

④由于注浆内管采用丝扣连接,一旦发生卡管或止浆塞较紧时,因提升力大容易将丝扣提断而导致整个袖阀管报废,因此将原来皮碗式止浆塞改良为台阶式止浆塞,可以有效地防治卡管及降低提升内管的提升力。

⑤施工中一旦有袖阀管出现卡管或注浆管报废情况,及时在注浆管旁边20cm左右处补设一根。

5.2.5 开挖步距及核心土设置

下穿既有线段两个分离单洞的高、宽为10.5m、9.7m,分上下3层6导洞开挖,第一层高3.7m,第二层高3.5m,第三层高3.3m,各导洞均采用台阶法施工;其中1、3部核心土长度留1.5m,其余各部上下台阶错步4m;各导洞之间错步7m,如图4-5-8所示。

5.2.6 回填注浆

开挖过程中背后回填注浆至关重要,是能否下穿成功的重要保证,施工中有3套回填注浆设备,同时使用2套,备用1套,包括注浆机、搅浆机、注浆管等。

(1)注浆管布设

注浆管纵向间距2m,环向间距2m,1、3部环向布3根,拱顶1根,拱脚1根,下台阶1根,1部竖壁上在拱脚处布置1根,其余各部均在上下台阶拱脚处各布置1根。注浆管采用ϕ32钢管,长度0.6m,注浆管外侧端头紧顶开挖土体,与格栅焊接牢固,内侧端头用纱布封堵,喷锚后外露20cm左右。

(2)注浆

在施工过程中要及时跟进注浆,在距掌子面1m后及时进行回填注浆。第1次注浆压力控制在0.1MPa,或以掌子面冒浆为止;第2次在下台阶封闭后进行,压力控制在0.3~0.5MPa。回填注浆浆液均采用水泥浆液。

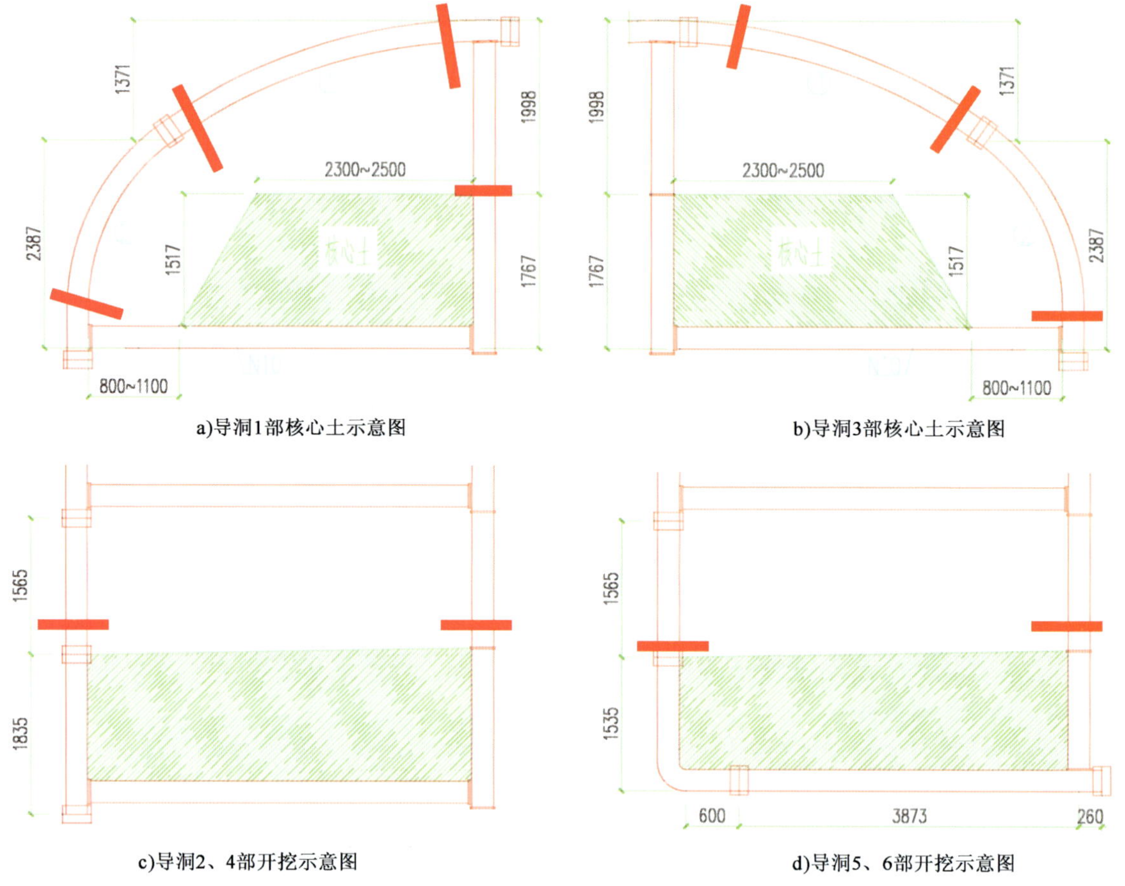

图 4-5-8 导洞开挖及核心土示意图(尺寸单位:mm)

(3)重复注浆

上层 1、3 部导洞回填注浆对控制沉降起关键作用,在每部开挖至对应里程时,对 1、3 部进行重复回填注浆,回填注浆压力控制在 0.5～0.6MPa。

(4)注浆管保护

为了提高施工效率,保证回填注浆效果,注浆管在注浆完成后,及时用钢筋通透,以便下次使用。

5.3 下穿施工对既有线影响的三维数值模拟与分析

5.3.1 数值建模

(1)几何建模

过既有线段采用分离式单层单洞形式。几何模型以隧道轴线方向为 y 轴,地表为模型上表面,横向×高×纵向为 100m×50m×50m。围岩、管棚和小导管注浆加固层、隧道二衬采用实体单元(93285 个),初支和既有线衬砌采用壳单元(8123 个)。模型网格划分如图 4-5-9 和图 4-5-10 所示,图 4-5-11 为左右线隧道和既有线区间隧道网格俯视图。

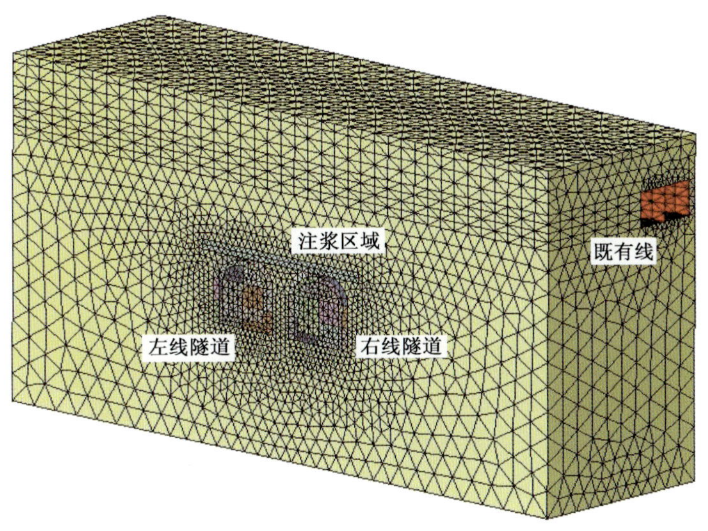

图 4-5-9　模型整体网格划分图

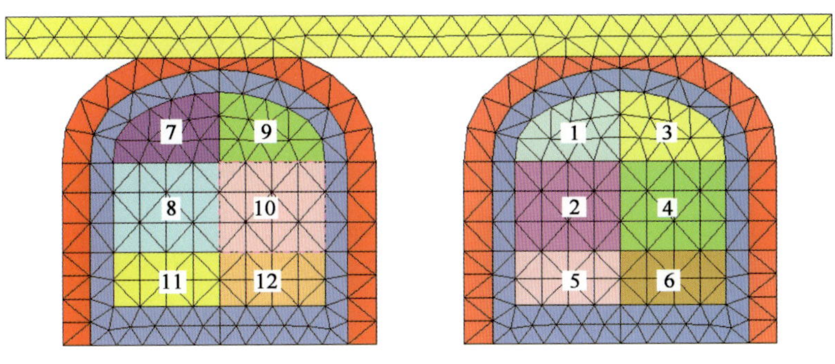

图 4-5-10　局部模型网格划分图

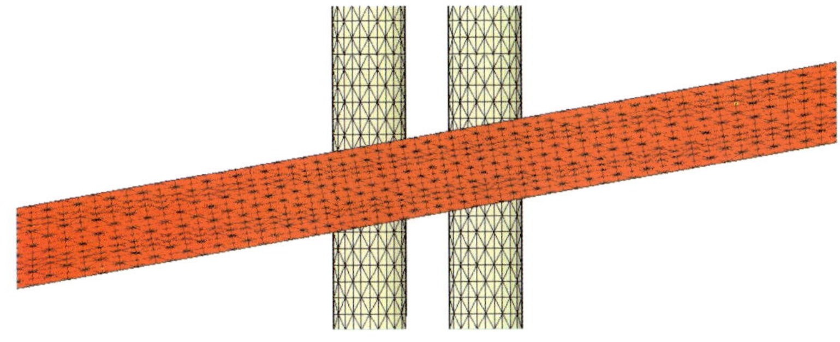

图 4-5-11　下穿左、右线隧道与既有线区间网格俯视图

(2)边界条件

选取模型上表面为地面，为自由边界，允许其自由变形；左、右侧面及前、后侧面为相应垂直该面的水平约束。

上表面：自由边界，无约束。

左、右边界：x 方向水平约束，即 $u_x=0$。

前、后边界：y 方向水平约束，即 $u_y=0$。

模型底面：z 方向竖直方向约束，即 $u_z=0$。

模型边界条件如图 4-5-12 所示。

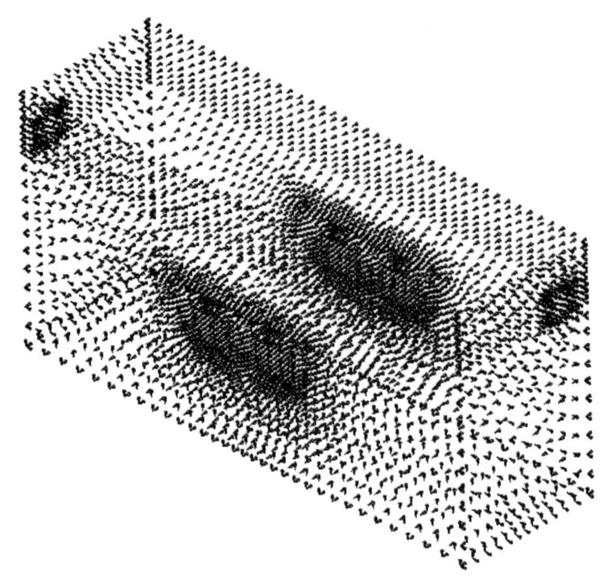

图 4-5-12　模型边界条件示意图

(3)参数取值

军事博物馆站工程范围内地形略有起伏，地面标高为 48.66～50.12m。车站范围内地层自上而下依次为：车站结构上覆土以杂填土、粉土填土、粉土层、细砂、粉砂层、圆砾层为主，车站主体位于砾岩层，该段地层无不良地质作用。数值计算中围岩物理力学性质指标由工程地质勘察报告提供，表 4-5-2 是围岩物理力学参数。小导管注浆和管棚注浆通过加强土体参数的方式实现，围岩的力学模型采用 Mohr-Coulomb 弹塑性本构模型，喷射混凝土和二衬采用弹性模型，表 4-5-3 是支护结构力学参数。

围岩物理力学参数　　表 4-5-2

地　　层	弹性模量(GPa)	泊　松　比	黏聚力(MPa)	内摩擦角(°)	重度($kN \cdot m^{-3}$)
填土层	0.8	0.35	0.005	20	17
粉质黏土	1.6	0.32	0.02	23	20
粉细砂层	1.2	0.28	0.01	21	18
卵石层	2.0	0.3	0.01	27	20
砾岩层	2.5	0.32	0.04	35	22

支护结构力学参数　　表 4-5-3

支　　护	弹性模量(GPa)	泊松比	重度($kN \cdot m^{-3}$)	厚度(m)
初期支护	25	0.25	24.0	0.25
二次衬砌	30	0.20	26.0	0.30

5.3.2 计算结果分析

图 4-5-13 是右线隧道施工完成后地层整体沉降云图，图 4-5-14 是左线隧道施工完成后地层整体沉降云图。图 4-5-15 是右线隧道施工完成后地表沉降云图，图 4-5-16 是左线隧道施工完成后地表沉降云图。图 4-5-17 为地表沉降曲线。

右线隧道开挖施工后，地表沉降最大值为 1.60mm，地表最大沉降区域位于右线隧道正上方。左线隧道开挖施工后，地表沉降最大值为 2.86mm，地表最大沉降区域位于两条隧道中心正上方。从地表沉降云图可以看出，既有 1 号线区间正上方地表的沉降要比两侧的稍小，既有线的存在类似管棚的作用。

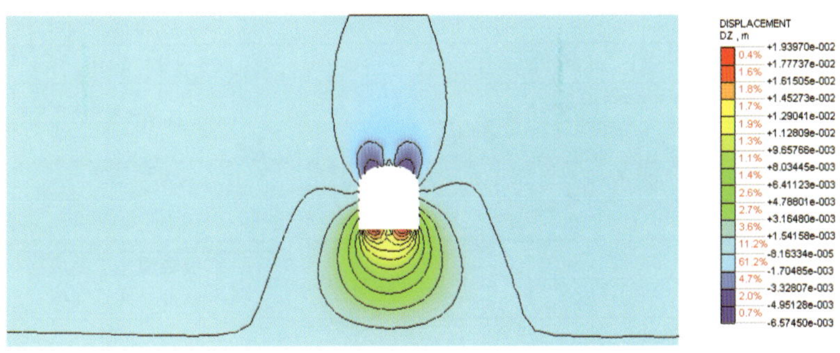

图 4-5-13 右线隧道施工完成后地层整体沉降云图

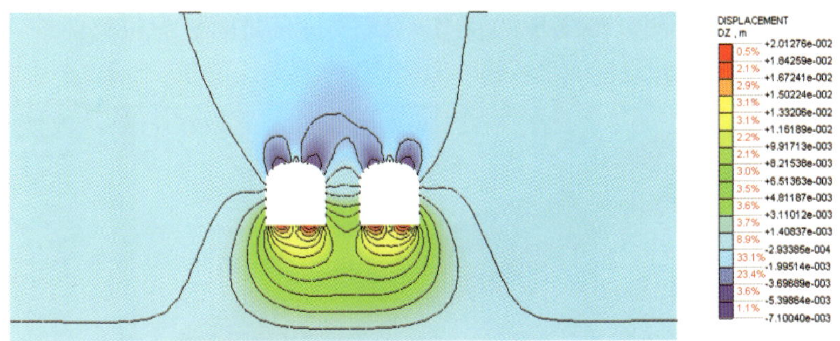

图 4-5-14 左线隧道施工完成后地层整体沉降云图

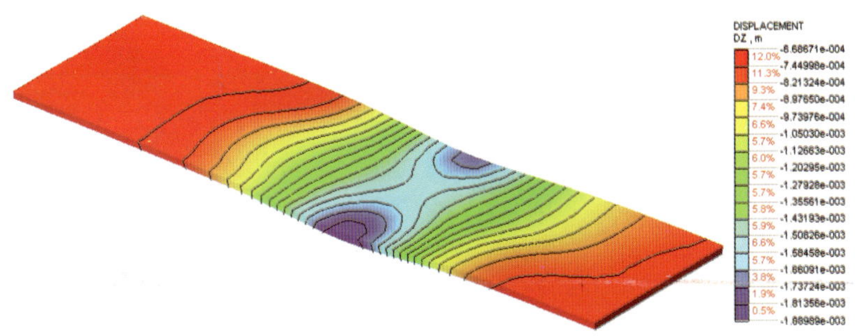

图 4-5-15 右线隧道施工完成后地表沉降云图

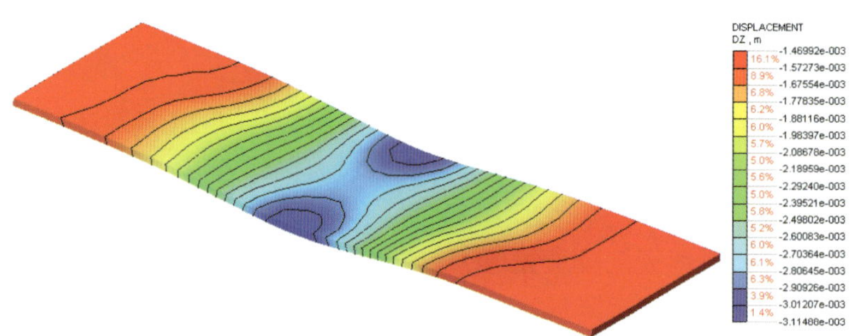

图 4-5-16　左线隧道施工完成后地表沉降云图

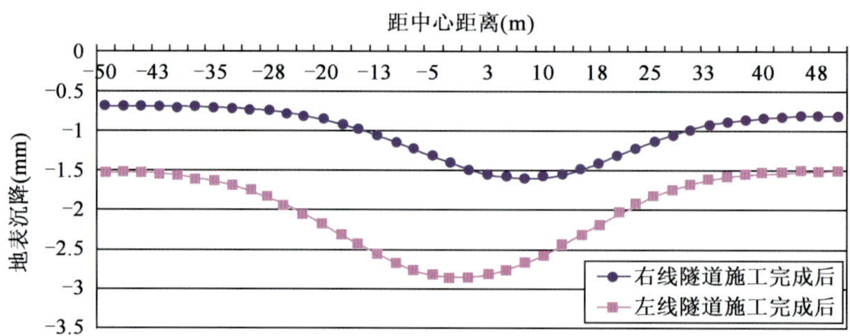

图 4-5-17　左线隧道施工完成后地表沉降云图

图 4-5-18 为右线隧道施工完成后 1 号线区间竖向位移云图，图 4-5-19 为左线隧道施工完成后 1 号线区间竖向位移云图。图 4-5-20 为 1 号线区间纵断面竖向位移曲线。

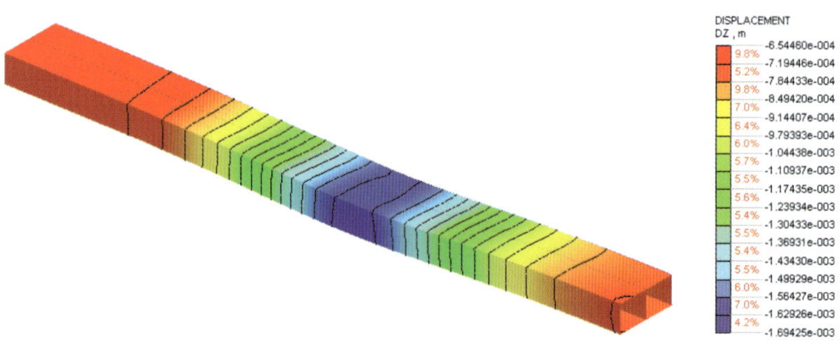

图 4-5-18　右线隧道施工完成后 1 号线区间竖向位移云图

图 4-5-19　左线隧道施工完成后 1 号线区间竖向位移云图

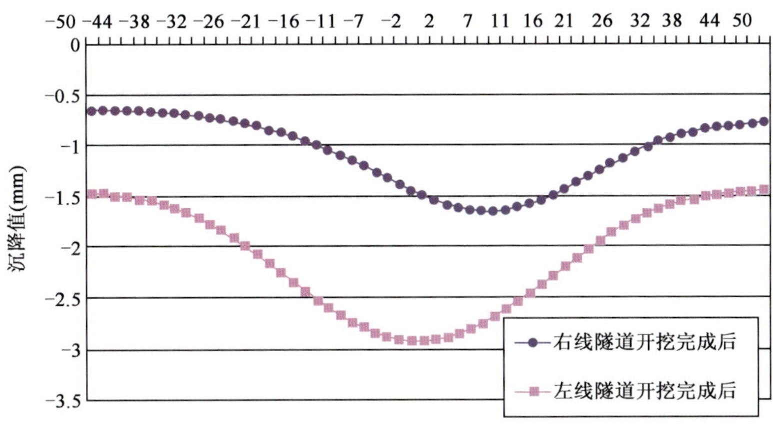

图 4-5-20 1 号线区间纵断面竖向位移曲线

从沉降云图等值线分布可以看出 1 号线区间横断面变形是一致的，结构整体产生位移，结构自身基本没有发生变形，故两条轨道之间不会产生差异沉降。右线隧道施工完成后 1 号线区间位于右线隧道正上方的结构竖向位移最大，为 1.65mm，结构的纵向变形坡率为 0.003%。左线隧道施工完成后 1 号线区间位于两条隧道中心正上方的结构竖向位移最大，为 2.92mm，结构纵向变形坡率为 0.004%。

军事博物馆站下穿既有线施工后的地层位移矢量如图 4-5-21 所示，施工各阶段地表沉降统计见表 4-5-4。

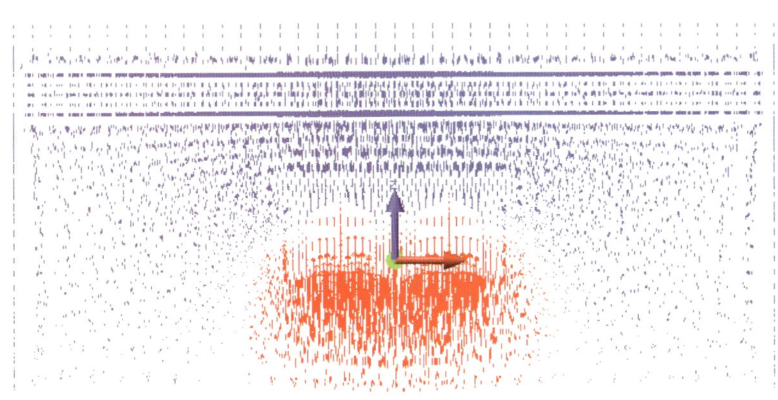

图 4-5-21 地层位移矢量图

下穿施工对既有线影响的主要指标统计 表 4-5-4

序号	阶 段	地 表	1 号线区间	
		最大沉降(mm)	最大沉降(mm)	纵向变形坡率(%)
1	右线施工完成	1.60	1.65	0.003
2	左线施工完成	2.86	2.92	0.004

5.4 既有线沉降变形情况

军事博物馆站下穿既有线在施工中严格按照制定的方案施工，施工中与第三方监测密切配合，根据第三方监测提供的监测数据实时指导施工，取得了明显的效果，达到了预期的控制目标。整个下穿既有线施工各阶段沉降情况见表 4-5-5，典型测点随时间变化曲线图如图 4-5-22所示。

监测情况统计表 表 4-5-5

序号	各施工阶段	隧道结构		轨道结构	
		最大沉降(mm)	平均沉降(mm)	最大沉降(mm)	平均沉降(mm)
1	右线开挖施工	0.63	0.09	0.64	−0.21
2	右线衬砌施工	2.42	0.42	1.11	−0.45
3	左线开挖施工	3.57	0.05	−1.92	−0.22
4	左线衬砌施工	3.55	0.40	1.73	0.18
5	工程结束	3.18	−0.29	−1.35	−0.29

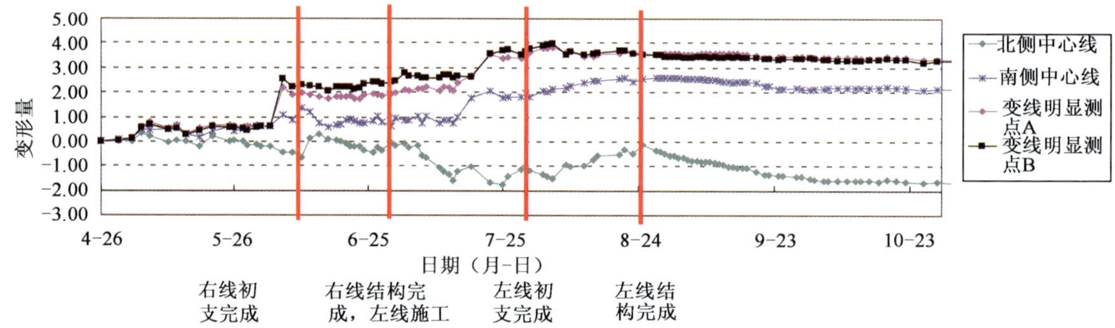

图 4-5-22 隧道结构典型测点沉降时程曲线

第6章　军—东区间旁穿中华世纪坛施工技术

6.1　工程概况

6.1.1　工程简介

军事博物馆站—东钓鱼台站矿山法区间线路穿越军博西路下方。线路出军事博物馆站后，沿军博西路向北，区间隧道位于中华世纪坛和军博博兴大厦中间，在永定河引水渠南岸与盾构井相接。在线路平面上，区间隧道左线以半径450m和612m、右线以半径500m和600m的平曲线与盾构段相接，直线段线路线间距为12m；区间隧道结构底埋深在25～32m之间。区间沿线地势平缓，略有起伏，地面高程范围为49.98～51.93m。

区间右线里程为K12+128.265～K12+637.200，长度为508.935m。区间左线里程为K12+128.265～K12+639.483，长度为511.218m。其中左线在K12+516处，距离中华世纪坛的坛体最近，最近处平面距离为9.63m。

6.1.2　工程地质条件

(1)地层条件

该段线路地面高程范围为49.98～51.93m，本段线路地层分布较为稳定，自上而下依次为人工填土、第四系冲洪积层和第三系岩层。根据岩土工程勘察报告，本次勘察揭露地层最大深度为36m。区间隧道主要位于第三系的砾岩⑪、砾岩$⑪_1$、黏土岩$⑪_2$中，形成时间较晚，成岩程度低，加之新构造隆起使埋藏深度变浅和沉积后的古风化作用，其强度很低。

砾岩⑪为半胶结～弱胶结的极软岩，成岩性较差，强风化，胶结物以黏粒组为主，局部为细砂，易掰碎，砾石粒径一般在2mm×2.5mm～6cm×8cm，局部可达到20cm以上，磨圆度中等。砾岩$⑪_1$为弱胶结的极软岩，成岩性较差，强～中等风化，胶结物以强风化的砂泥质物为主，砾石粒径一般在2mm×3mm～9cm×12cm，局部可达到20cm以上。黏土岩$⑪_2$为极软岩，胶结中等～差，强风化，含少量云母及中粗砂，局部含少量砾石。

(2)水文地质条件

本区间地下水类型主要为潜水，据勘察单位所提供资料，区间潜水远期最高水位高程为45.17～44.69m(自南向北降低)，在区间结构以上。含水层卵石层的渗透系数可按照350m/d考虑，并宜通过施工降水阶段的现场抽水试验优化水文地质设计参数。

综合地下水水位影响数据和地表水水量渗漏计算结果，玉渊潭东湖水体对地下水的补给作用较明显。

6.2 中华世纪坛现状情况

中华世纪坛是北京市标志性建筑物，具有重要的纪念意义和历史意义。世纪坛主体建筑坛体的设计独特，采用了动、静结构(乾、坤转动)相结合，为了使转动的乾体结构平稳运行，必须保证世纪坛坛体结构、运动旋转机构在隧道施工的扰动下不产生明显的变形，使其正常转动。另外还需要保证展品及其他设施的安全。

中华世纪坛建成于1999年，以横跨玉渊潭南路的过街桥连接而分为南、北两区。北区由主体建筑坛体及环形广场、东侧中华世纪钟厅、西侧国歌广场及绿地组成；南区地上为街心花园广场，地下共两层，街心花园广场由下沉广场、圣火、叠泉、青铜甬道、喷泉绿化及道路广场等组成。

中华世纪坛主体地面以上高为28m左右，地面以下有两层地下室，底板埋深12m左右。隧道旁穿世纪坛的平面及剖面如图4-6-1和图4-6-2所示。

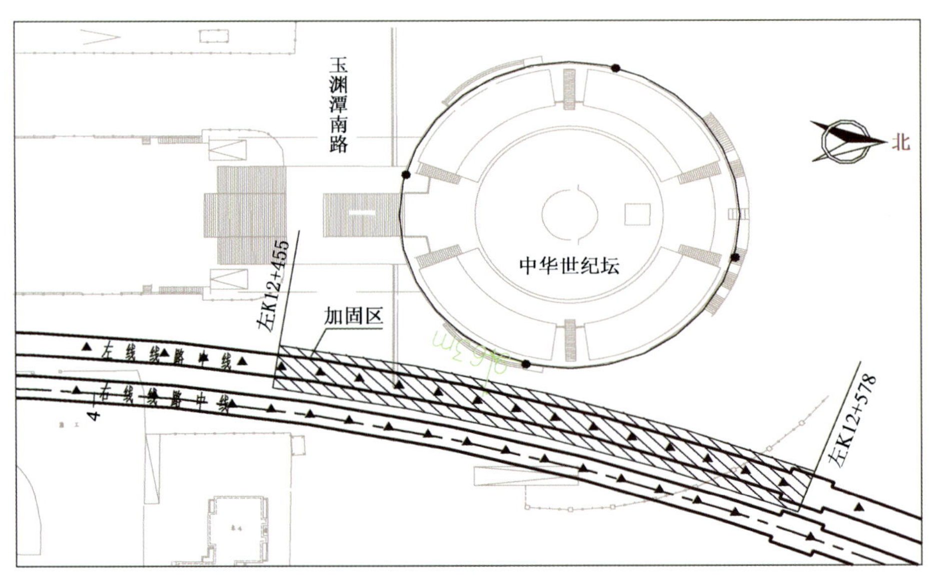

图4-6-1 区间隧道旁穿世纪坛平面图

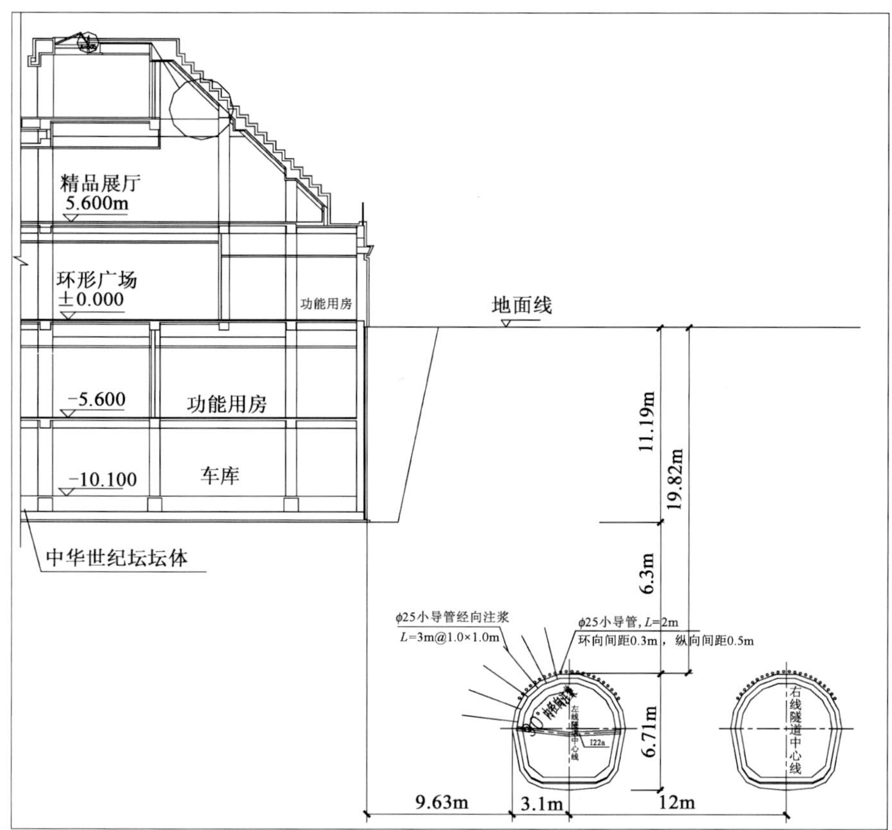

图 4-6-2 区间隧道旁穿世纪坛剖面图

6.3 旁穿中华世纪坛主要技术措施

6.3.1 总体思路

区间左线在 K12＋516 处距世纪坛坛体最近，对世纪坛的影响范围为区间左线 K12＋455～K12＋578 段，在该范围内区间增设临时仰拱、超前土体加固及径向注浆措施。

施工过程中严格按照“管超前、严注浆、短开挖、早封闭、强支护、勤量测”的十八字方针进行开挖，开挖结束后及时进行回填注浆，保证初支背后密实，尽可能及时补偿施工对地层造成的扰动。

6.3.2 超前支护及径向注浆

径向注浆导管采用 ϕ25mm×2.75mm 焊管，长度 3.0m，沿拱部西侧 90°范围打设，间距 1.0×1.0m，梅花形布置。同时进行超前注浆，超前注浆采用 ϕ25mm 小导管，长度 2.0m，环向间距 0.3m，纵向间距 0.5m，沿拱部 150°范围打设。具体形式如图 4-6-3 所示。

超前注浆及径向注浆浆液均采用水灰比 1:1的水泥浆，注浆压力 0.2～0.5MPa。注浆时应在导管接头部位设置止浆环，以保证每根导管注浆饱满。注浆压力和注浆量达到下列条件之一即可判定注浆达到饱满:①注浆压力达到终压,且注浆量达到设计注浆量的80%;②注浆压力虽未达到设计注浆压力,但注浆量已达到设计注浆量。

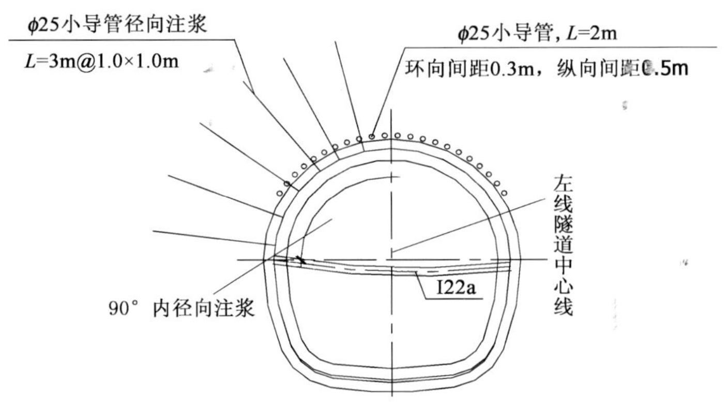

图 4-6-3 区间左线加固形式详图

6.3.3 导洞土方开挖

区间正洞标准段及马蹄形减振段隧道开挖断面为6.2m×6.5m,分上、下台阶分别掘进。上台阶高度为3.2m,上、下台阶间最小步距不小于5m;相邻导洞间步距不小于15m。开挖时首先环形开挖上台阶,并预留核心土,核心土尺寸不小于2.0m×2.0m。上台阶开挖完成后,快速安装上台阶格栅拱架及架设I22a工字钢临时仰拱,及时喷射混凝土,完成初期支护,再环形开挖下台阶,施作下台阶初期支护,使隧道初期支护封闭成环。区间地层主要为强风化砾岩层和黏土岩,现场采用人工风镐与小型挖掘机配合施工,每次开挖长度控制在0.5m左右。施工过程中严格控制开挖轮廓,拱部允许最大超挖量为250mm,允许平均超挖量为150mm;边墙及底板允许最大超挖量为150mm,允许平均超挖量为100mm;不允许欠挖。

6.3.4 背后回填注浆

在钢筋格栅安装时,预先埋设背后回填注浆管,采用ϕ32焊接钢管,长度为0.8m。注浆管沿拱部及边墙布置,起拱线以上环向间距为2.0m,边墙环向间距为3.0m;注浆管纵向间距为3.0m,梅花型布置,隧道背后回填注浆布置如图4-6-4所示。注浆管预留后,孔口采用棉纱封堵,防止喷射混凝土时造成堵塞。

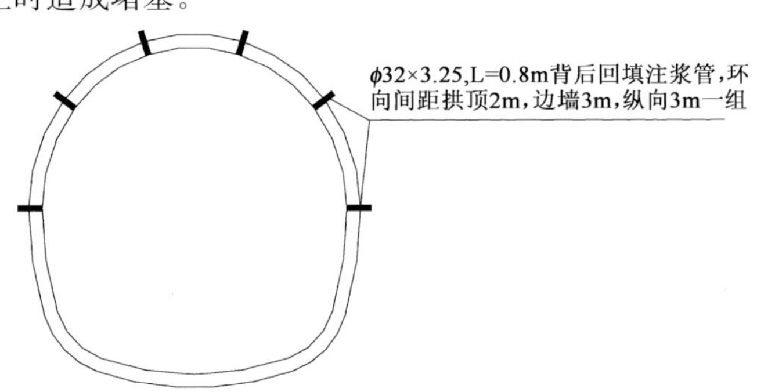

图 4-6-4 初期支护背后回填注浆管布置示意图

预留注浆管距掌子面 5.0m 位置时进行注浆施工，浆液采用水泥单液浆，水灰比为 1∶0.8。注浆时按照沿隧道轴线自下而上、从水少处到水多处的原则顺序施工。背后回填注浆采用 HJB-2 型挤压式注浆机，注浆控制压力为 0.3～0.5MPa。注浆过程中要随时观察压力和流量变化，当注浆压力上升，流量逐渐减少时，注浆压力达到设计终压再稳定 3min 后即可结束本孔注浆。每根注浆管注浆结束后封堵注浆口，以免浆液回流。

6.4 军—东区间旁穿对中华世纪坛影响的三维数值模拟与分析

6.4.1 数值建模

(1)几何建模

几何模型以隧道轴线方向为 y 轴，地表为模型上表面，横向×高×纵向＝70m×45m×36m。围岩、注浆加固层、二次衬砌采用实体单元(78470 个)，初期支护采用壳单元(7840 个)，锁脚锚管采用梁单元(1112 个)。模型网格划分如图 4-6-5 和图 4-6-6 所示。

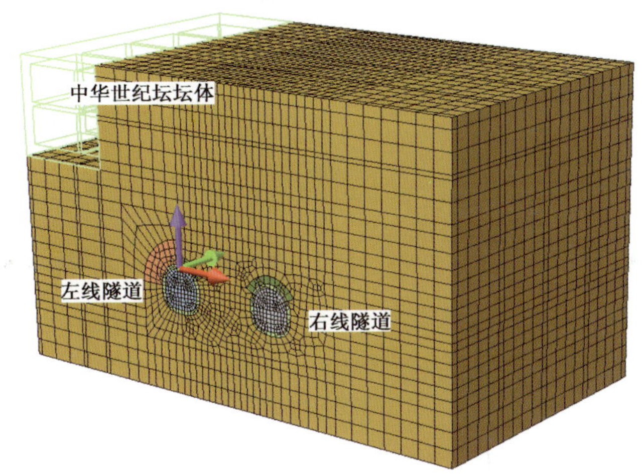

图 4-6-5 模型网格划分图

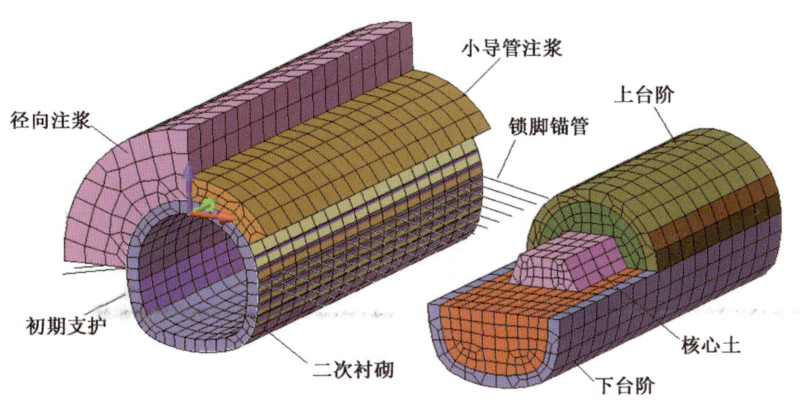

图 4-6-6 模型局部网格划分图

(2)边界条件

选取模型上表面为地面,为自由边界,允许其自由变形;左、右侧面及前、后侧面为相应垂直该面的水平约束。上表面:自由边界,无约束;左、右边界:x 方向水平约束,即 $u_x=0$;前、后边界:y 方向水平约束,即 $u_y=0$;模型底面:z 方向竖直方向约束,即 $u_z=0$。模型边界条件如图 4-6-7 所示。

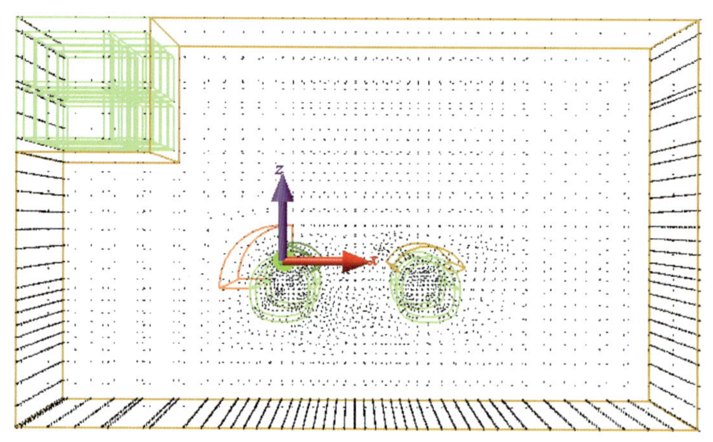

图 4-6-7 模型边界条件

(3)参数取值

本段线路土层分布较为稳定,自上而下依次为人工填土、第四系冲洪积层、第三系岩层。区间隧道主要位于第三系的砾岩和黏土岩中。数值计算中围岩物理力学性质指标由工程地质勘察报告提供,表 4-6-1 是围岩物理力学参数。径向注浆和超前注浆通过加强土体力学参数的方式实现,围岩的力学模型采用 Mohr-Coulomb 弹塑性本构模型。根据施工实际情况,开挖后立即进行初期支护(C25 混凝土),并隔段施作二次衬砌(C40 混凝土),喷射混凝土和二次衬砌采用弹性模型,表 4-6-2 是支护结构力学参数。

围岩物理力学参数 表 4-6-1

地　　层	弹性模量(GPa)	泊　松　比	黏聚力(MPa)	内摩擦角(°)	重度(kN/m³)
填土层	0.8	0.35	0.005	20	17
粉质黏土	1.6	0.32	0.02	23	20
粉细砂层	1.2	0.28	0.01	21	18
卵石层	2.0	0.3	0.01	27	20
砾岩层	2.5	0.32	0.04	35	22

支护结构力学参数 表 4-6-2

支　　护	弹性模量(GPa)	泊　松　比	重度(kN/m³)	厚度(m)
初期支护	25	0.25	24.0	0.25
二次衬砌	30	0.20	26.0	0.30

6.4.2 计算结果分析

随着隧道的施工，洞周围岩必定受到反复扰动，地层竖向位移逐渐增加。图 4-6-8 是左线隧道施工后地层沉降云图，图 4-6-9 是左线施工后地表沉降槽曲线。左线隧道施工后，地表沉降最大值为 1.63mm，地表最大沉降区域位于隧道拱顶上方。沿着模型中轴线，地层变形呈不均匀分布，受隧道施工的影响，模型左侧地层变形较大，中华世纪坛坛体的沉降值在 0.8～1.1mm之间，模型范围内坛体整体倾斜率约 0.002%。

图 4-6-8 左线隧道施工后地层沉降云图

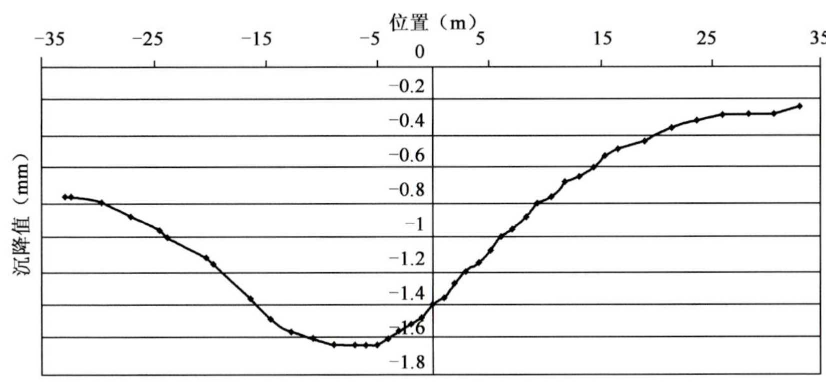

图 4-6-9 左线隧道施工后地表沉降槽曲线

右线隧道施工对已经施工完结的左线隧道的上方地表沉降仍有较大影响，左线隧道上方地表沉降值增加 1.1mm，地表最大沉降值增加 1.49m。图 4-6-10 是右线隧道施工后地层沉降云图，图 4-6-11 是右线施工后地表沉降槽曲线。右线隧道施工后，地表最大沉降值为 3.12mm，地表最大沉降区域位于模型中轴线上方略偏右地表。地层沉降基本呈对称分布，右侧沉降稍偏大，原因是左线隧道的径向注浆对地层变形起到明显的控制作用，并且中华世纪坛坛体整体稳定状态较好，坛体的沉降值在 1.0～1.8mm 之间，模型范围内坛体整体倾斜率约 0.004%。

军—东区间旁穿中华世纪坛施工后的地层位移矢量如图 4-6-12 所示，施工各阶段地表沉降统计见表 4-6-3。

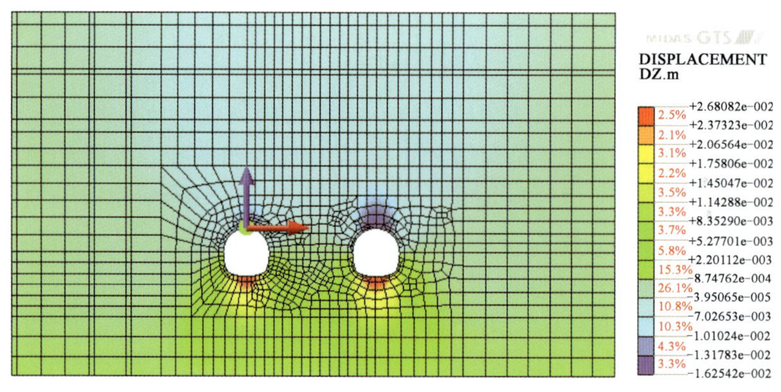

图 4-6-10　右线隧道施工后地层沉降云图

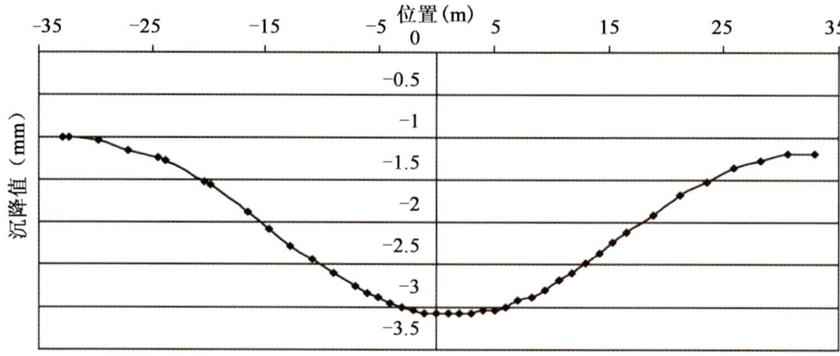

图 4-6-11　右线隧道施工后地表沉降槽曲线

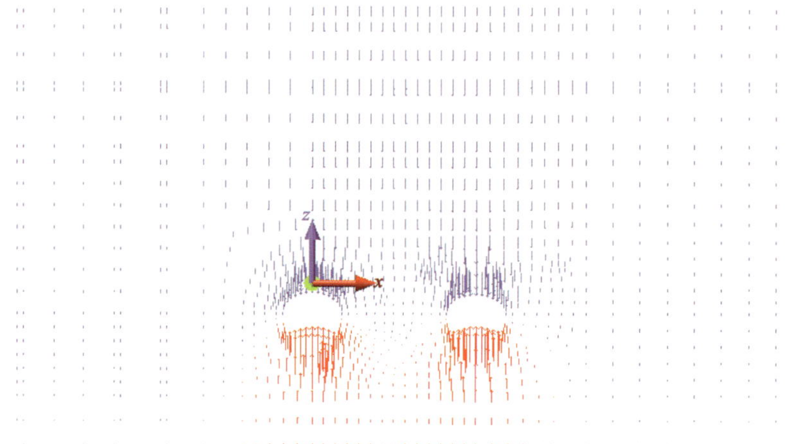

图 4-6-12　地层位移矢量图

施工后地表沉降值统计表　　表 4-6-3

序　号	各施工阶段	地表最大沉降(mm)	最大沉降位置
1	左线开挖施工	−1.63	左线上方地表
2	右线开挖施工	−3.12	模型中轴线略偏右

6.5 中华世纪坛沉降变形情况

军事博物馆站—东钓鱼台站区间旁穿中华世纪坛在施工中严格按照制订的方案施工，在施工中施工单位与第三方监测单位密切配合，根据第三方监测单位提供的监测数据指导施工，取得了明显的效果，达到了预期的控制目标。整个旁穿中华世纪坛施工各阶段沉降情况见表 4-6-4，典型测点随时间变化曲线图如图 4-6-13 所示。

监测情况统计表 表 4-6-4

序号	各施工阶段	最大沉降(mm)	平均沉降(mm)
1	左线开挖施工	−2.5	−1.0
2	右线开挖施工	−3.0	−1.4
3	工程结束	−2.8	−1.1

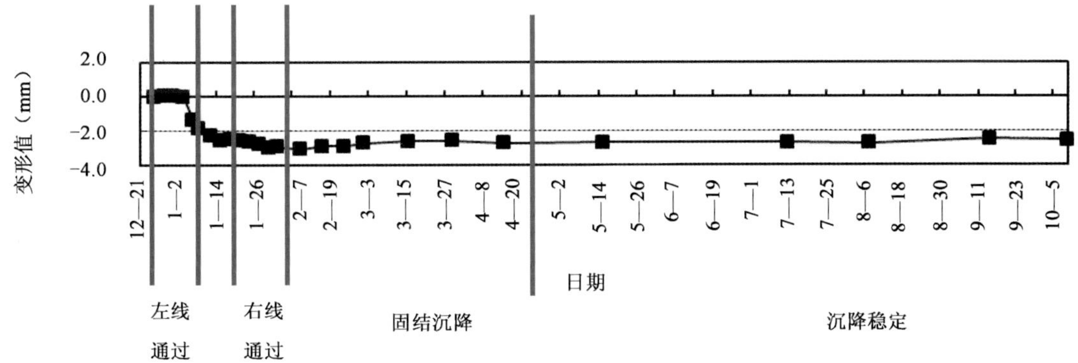

图 4-6-13 世纪坛典型测点沉降时程曲线

第7章　丰—丰区间下穿铁路段施工技术

7.1　工 程 概 况

7.1.1　工程简介

北京地铁9号线丰台南路站—丰台东大街站区间沿造甲街和丰台东大街下方设置,整体呈南北走向,造甲街和丰台东大街现状为双向双车道道路,规划为万寿路南延,规划红线宽度为50m,目前尚未实现规划。区间右线起点里程为K3+582.820,终点里程为K4+975.405,区间全长约1392.585m。

本区间在右K4+355～右K4+540,左K4+320～左K4+534里程范围内下穿丰台站东货场咽喉区,区间结构顶板埋深约19.3m。由于隧道施工时会对该线路地基产生不均匀沉降,从而影响铁路行车安全,为此在隧道施工前需要对线路路基采取帷幕注浆加固的防护措施。区间下穿铁路加固范围为地铁区间线路中线外25m内区域,沿铁路线路方向加固长度为70m。下穿铁路段区间采用矿山法施工,结构形式为单洞单线马蹄形复合式衬砌。隧道初期支护结构采用喷射C25混凝土,厚度为0.25m,二次衬砌结构采用C40P10模筑混凝土,厚度为0.3m。区间结构顶距铁路路基约19.3m。

7.1.2　工程地质条件

(1)地层条件

本场区按地层岩性为9层,具体如下。

粉土填土①层:黄灰色～黄褐色,稍密～中密,含少量砖渣、石子;杂填土$①_1$层:杂色,以建筑垃圾为主,含砖渣、灰渣。本层层底高程40.11～45.70m。

粉土②层:黄褐色,中密,中压缩性,含云母、氧化铁;粉细沙$②_3$层:黄褐色,中密,中压缩性,含云母、氧化铁,局部夹粉土透镜体;中粗砂$②_4$层:黄褐色,中密,中压缩性,含云母、氧化铁及个别砾石;圆砾$②_5$层:杂色,中密,中压缩性,最大粒径200mm,一般粒径10～40mm,大于2mm颗粒约占总质量的60%～80%,亚圆形,细中砂填充。本层层底高程37.70～40.78m。

卵石⑤层：杂色，密实，湿，低压缩性，最大粒径 420mm，一般粒径 30～70mm，粒径大于 20mm颗粒含量约为总质量 55%～80%，亚圆形，中粗砂填充；中粗砂$⑤_1$层：褐黄色，密实，湿，低压缩性，含云母，氧化铁，少量砾石。本层层底高程 26.2～29.40m。

粉质黏土⑥层：褐黄色，密实，湿，低压缩性，含氧化铁。

卵石⑦层：杂色，密实，湿—饱和，低压缩性，最大粒径 650mm，一般粒径 30～80mm，粒径大于 20mm 颗粒含量约为总质量的 60%～70%，亚圆形，中粗砂填充。本层层底高程 15.44～20.24m。

丰台南路站—丰台东大街站区间地质纵剖面如图 4-7-1 所示。

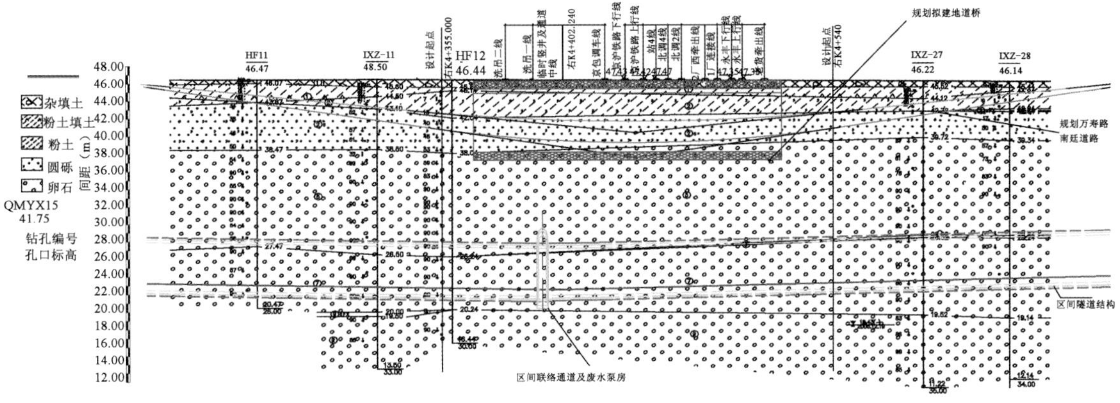

图 4-7-1　丰台南路站—丰台东大街站区间地质纵剖面图

(2)水文地质条件

在勘察深度范围内，实际测量到一层潜水，该层水补给来源主要为大气降水和侧向径流补给，以侧向径流方式排泄为主。本次勘察未发现上层滞水。潜水含水层主要为卵石⑦、⑨层，水位高程为 18.09～19.84m，水位埋深 26.50～28.80m。潜水对混凝土结构无腐蚀性，对钢筋混凝土中的钢筋无腐蚀性，对钢结构具弱腐蚀性。

(3)围岩稳定性评价

隧道穿过的地层主要为卵石⑤层，局部为卵石⑦层，围岩分级属Ⅴ～Ⅵ级。

7.2　下穿铁路段主要技术措施

7.2.1　总体思路

区间隧道在右 K4＋355～右 K4＋540，左 K4＋320～左 K4＋534 里程范围内下穿丰台站东货场咽喉区，下穿铁路加固范围为地铁区间隧道线路中线外 25m 内区域，沿铁路线路方向加固长度为 70m，在该范围内区间增设临时仰拱，并增加超前土体加固及深孔注浆措施。

施工过程中严格按照“管超前、严注浆、短开挖、早封闭、强支护、勤量测”的十八字方针进行开挖，开挖结束后及时进行回填注浆，保证初期支护背后密实，尽快补偿对地层的扰动。

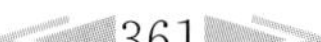

7.2.2 小导管超前支护

采用现场加工钢花管，喷射混凝土封闭掌子面，用手持风镐将小导管打入，采用单液注浆泵压注水泥浆的施工方法。

(1)小导管施工参数

采用 ϕ25 钢管，管长 2m。管头加工成 30°锥体，管段中间部分(头部 0.2m，尾部 0.8m 范围除外)，钻 ϕ8 的溢浆孔，孔距 0.15m，梅花型布置。小导管沿拱部 120°开挖轮廓线布置，外插角 15°，环向间距 0.3m，纵向间距每榀一环。

(2)注浆参数

水泥浆水灰比为 0.8:1～1:1，掺加 3%～5%水玻璃，注浆压力 0.3MPa，扩散半径不小于 0.25m。

(3)注浆注意事项

①发生串浆现象，采用多台泵同时注浆或堵塞串浆孔隔孔注浆。

②注浆压力突然升高，换注清水，待泵压正常时，再进行单液注浆。

③进浆量很大，压力长时间不升高，则应调整浆液浓度及配合比，缩短凝胶时间；进行小量低压力注浆或间歇式注浆，使浆液在孔隙中有相对停留时间并凝胶，但停留时间不能超过浆液的凝胶时间。

7.2.3 深孔注浆

(1)加固范围

右线 K4＋406.84～K4＋499.4、左线 K4＋405.417～K4＋497.445 段为下穿铁路段，为保证铁路路基的稳定及运营安全，此段采用全断面深孔注浆对开挖断面及开挖断面外 2.5m 范围内的土层进行预注浆固结。每段注浆长度为 10.0m，搭接长度为 2.0m。当区间隧道开挖到加固里程时停止进尺，封闭掌子面进行第一段注浆加固，加固完成后继续开挖，开挖到 8.0m 后再次封闭掌子面进行第二段注浆加固，以此类推。图 4-7-2 为帷幕注浆剖面图，图 4-7-3 为帷幕注浆加固范围。

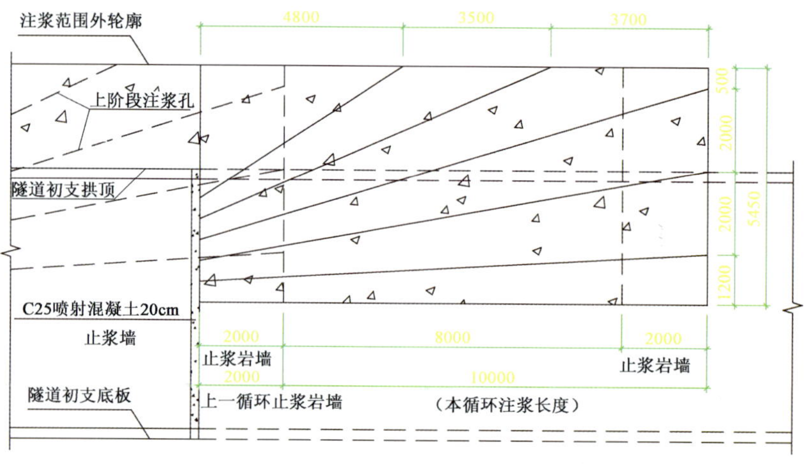

图 4-7-2 帷幕注浆剖面图(尺寸单位：mm)

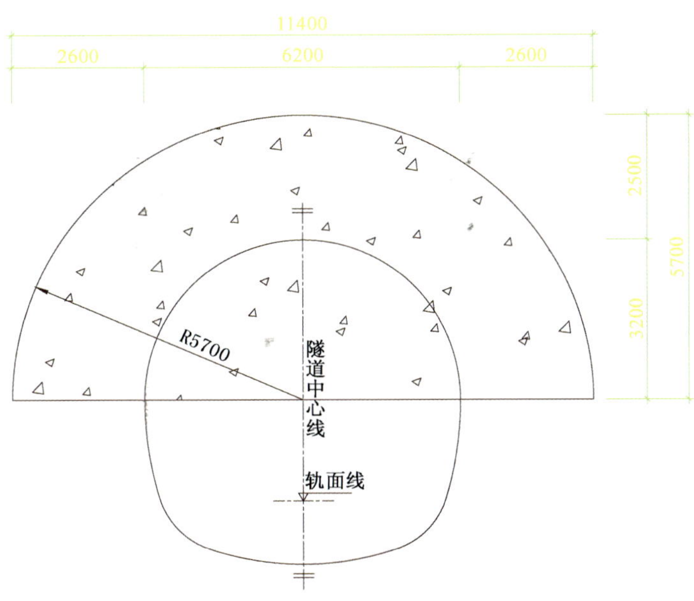

图 4-7-3 帷幕注浆加固范围(尺寸单位:mm)

(2)孔位布置

注浆孔由工作面向开挖方向呈辐射状布置,钻孔均匀布置成圆形圈,保证注浆充分,不留死角,浆液扩散半径 1.5m。注浆孔开孔直径为 ϕ89mm,每循环共布置 26 个注浆孔,第一环孔深 5.8m,第二环孔深 9.1m,第三、四、五环孔深为 12~12.5m。图 4-7-4 为帷幕注浆的注浆孔布置图。

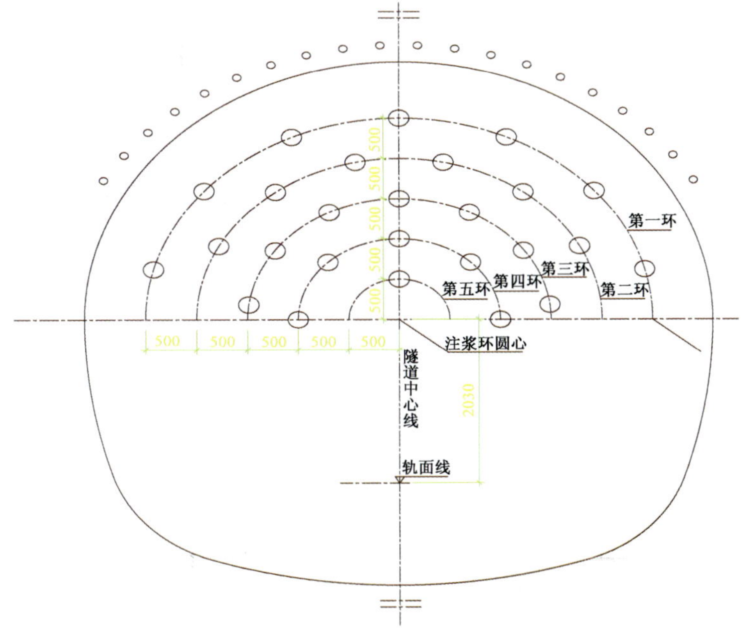

图 4-7-4 帷幕注浆的注浆孔布置(尺寸单位:mm)

(3)注浆材料

注浆材料为单液水泥浆,水泥采用强度等级不低于 32.5 普通硅酸盐水泥。水灰比为0.8∶1~1∶1,掺加 3%~5%的水玻璃。

(4)注浆工艺

采取先上后下,先外后内,后退式分段注浆,单孔注浆分段长度 2~3m,止浆封堵采用喷射 C25 混凝土 20cm 厚止浆墙。施工时要严格控制注浆压力,若注浆压力不足就达不到填充的目的,若压力过高就有可能发生掌子面向隧道内鼓起。施工中先采用 0.5MPa 压力施作外圈注浆孔,再采用 1.0MPa 压力施作内圈注浆孔,达到设计终压 10min,且注浆量小于 20~30L/min钟即可结束单孔注浆。

7.3 丰—丰区间下穿施工对铁路影响的三维数值模拟与分析

7.3.1 数值建模

(1)几何建模

几何模型以隧道轴线方向为 y 轴,地表为模型上表面,横向×高×纵向=75m×35m×90m。围岩、注浆加固层、二次衬砌采用实体单元(86320 个),初期支护采用壳单元(2631 个),锁脚锚管采用梁单元(1812 个)。模型网格划分如图 4-7-5 和图 4-7-6 所示。

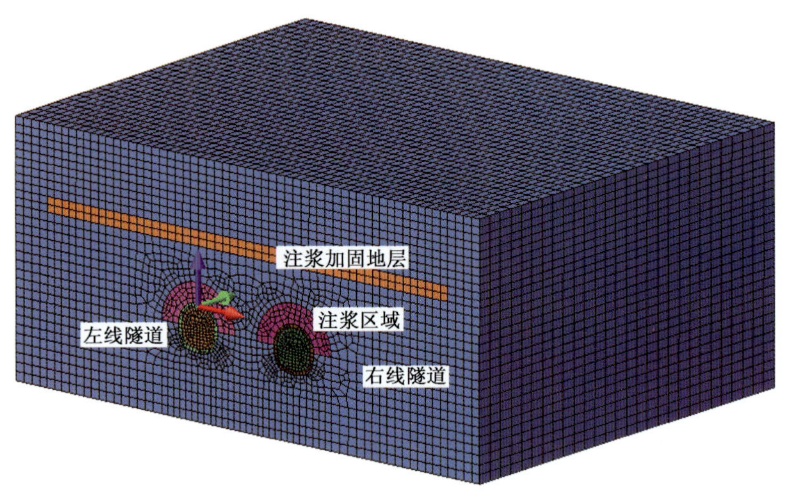

图 4-7-5 模型网格划分图

(2)边界条件

选取模型上表面为地面,为自由边界,允许其自由变形;左、右侧面及前、后侧面为相应垂直该面的水平约束。上表面:自由边界,无约束;左、右边界:x 方向水平约束,即 $u_x=0$;前、后边界:y 方向水平约束,即 $u_y=0$;模型底面:z 方向竖直方向约束,即 $u_z=0$。模型边界条件如图 4-7-7 所示。

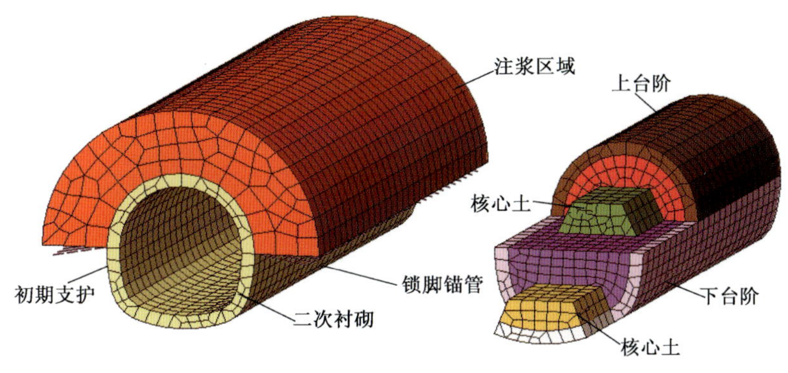

图 4-7-6　模型局部网格划分图

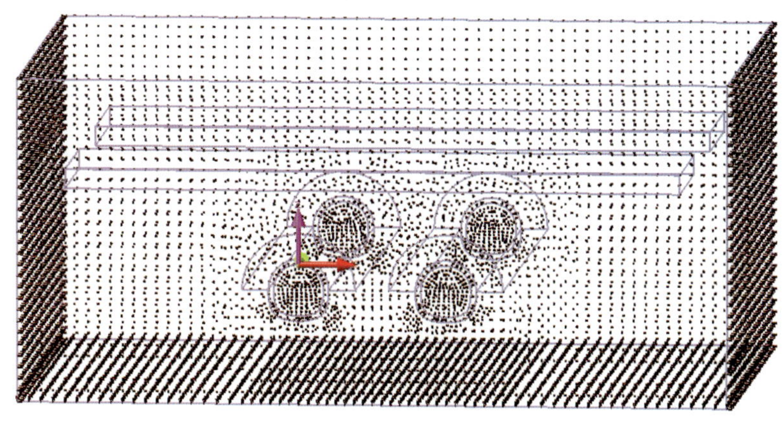

图 4-7-7　模型边界条件

(3)参数取值

数值计算中围岩物理力学性质指标由工程地质勘察报告提供，表 4-7-1 是围岩物理力学参数。帷幕注浆和超前注浆通过加强土体力学参数的方式实现，围岩的力学模型采用 Mohr-Coulomb 弹塑性本构模型。根据施工实际情况，开挖后立即进行初期支护(C25 混凝土)，并隔段施作二次衬砌(C40 混凝土)，喷射混凝土和二次衬砌采用弹性模型，支护结构力学参数见表 4-6-2。

围岩物理力学参数　　表 4-7-1

地　　层	弹性模量(GPa)	泊　松　比	黏聚力(MPa)	内摩擦角(°)	重度(kN/m³)
填土层	0.8	0.35	0.005	20	17
粉土	0.9	0.35	0.01	21	18
粉质黏土	1.6	0.32	0.02	23	20
圆砾	1.5	0.32	0.01	25	19
卵石层	2.0	0.3	0.01	27	20

7.3.2 计算结果分析

图 4-7-8 是左线隧道施工后地层沉降云图，图 4-7-9 是左线隧道施工后地表沉降槽曲线。左线隧道施工后，地表沉降最大值为 0.48mm，地表最大沉降区域位于隧道拱顶上方。沿着模型中轴线，地层变形呈不均匀分布，受隧道施工的影响，模型左侧地层变形较大，由于施工前对线路路基地层采取帷幕注浆加固的防护措施，模型范围内线路地基的沉降控制在 0.33～0.48mm之间。注浆加固地层上表面和下表面沉降差值明显，注浆加固地层起到比较好的隔断效果。京沪线上行最大沉降 0.33mm，下行最大沉降 0.41mm，永丰线上行最大沉降 0.41mm，下行最大沉降 0.43mm，电气化杆最大沉降 0.48mm。

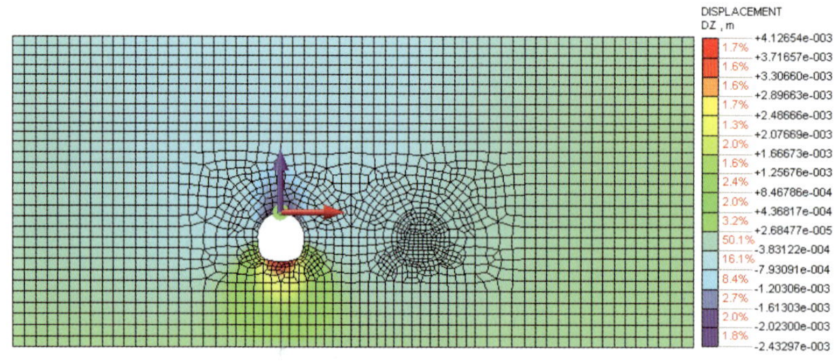

图 4-7-8　左线隧道施工后地层沉降云图

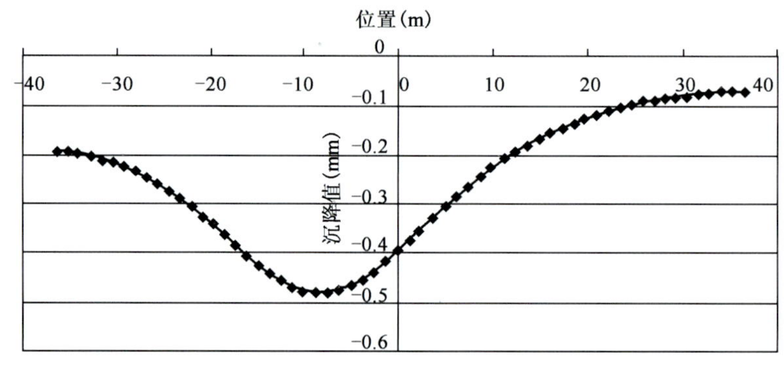

图 4-7-9　左线隧道施工后地表沉降槽曲线

图 4-7-10 是右线隧道施工后地层沉降云图，图 4-7-11 是右线施工后地表沉降槽曲线。右线隧道施工后，地表最大沉降值为 0.83mm，最大沉降区域位于模型中轴线上方地表，地层沉降云图基本呈对称分布。右线隧道施工对地表沉降有明显影响，地表最大沉降增加 0.35m，占最终沉降的 42.2%。数值计算结果表明，路基及附近地层沉降稳定在 0.66～0.83mm。京沪线上行最大沉降 0.69mm，下行最大沉降 0.66mm，永丰线上行最大沉降 0.72mm，下行最大沉降 0.73mm，电气化杆最大沉降 0.83mm。

丰—丰区间下穿铁路段施工后的地层位移矢量如图 4-7-12 所示，施工各阶段地表沉降统计见表 4-7-2。

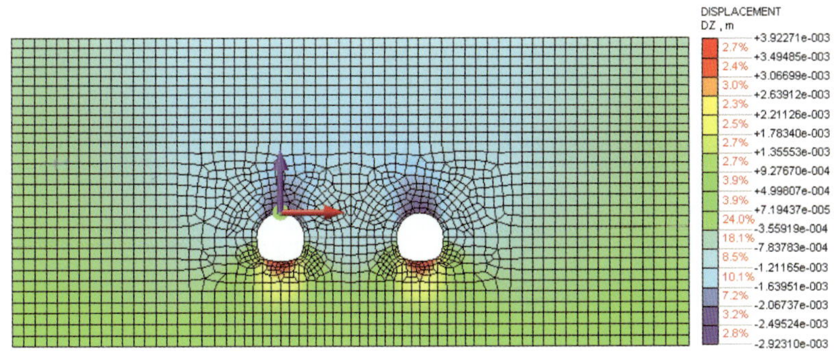

图 4-7-10 右线隧道施工后地层沉降云图

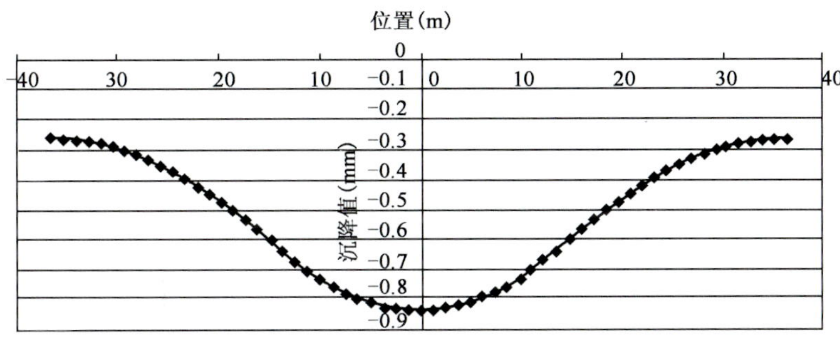

图 4-7-11 右线隧道施工后地表沉降槽曲线

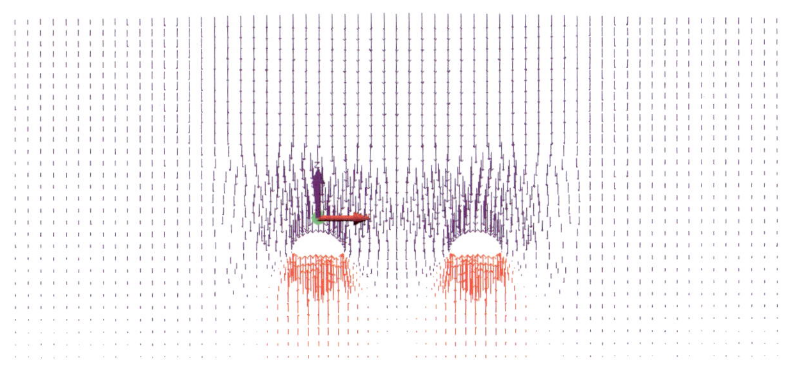

图 4-7-12 地层位移矢量图

施工后地表沉降值统计表 表 4-7-2

序号	测点位置		上行最大沉降(mm)	下行最大沉降(mm)
1	京沪线	左线开挖施工	−0.33	−0.41
		右线开挖施工	−0.69	−0.66
2	永丰线	左线开挖施工	−0.41	−0.43
		右线开挖施工	−0.72	−0.73
3	电气化杆	左线开挖施工	−0.48	
		右线开挖施工	−0.83	

7.4 既有铁路沉降变形情况

施工完成,沉降稳定后,既有铁路各部位最终变形情况见表 4-7-3。

各部位最终变形情况统计 表 4-7-3

序　　号	监 测 对 象	上行最大沉降(mm)	下行最大沉降(mm)
1	京沪线	−0.95	−1.09
2	永丰线	−1.01	−1.09
3	电气化杆	−1.37	
4	路基	−2.94	

参考文献

[1] Tong L Y, Liu S Y, Shen C H, Liu L M. Deformation Behavior of West Mao Mountain Highway Tunnel in Gravel Deposits Layers During Excavation[J]. Proceedings of the 33rd ITA-AITES World Tunnel Congress-Underground Space. The 4th Dimension of Metropolises, 2007, 2:889-894.

[2] Powell David; Field David; Hulsen Richard. Design of A NATM Tunnel for Mission Valley Light Rail-East Extension[J]. Proceedings-Rapid Excavation and Tunneling Conference, 2001:3-14.

[3] 郭景伟,张利娜. 砂卵石地层暗挖地铁渡线隧道超前支护施工技术[J]. 隧道与地下工程,2010,28(4):85-87.

[4] 刘明. 砂卵石地层浅埋暗挖地铁隧道施工关键技术[J]. 隧道与地下工程,2011,29(2):82-86.

[5] 刘魁刚,王文正,裴书锋. 砂卵石地层浅埋暗挖法快速施工技术[J]. 现代隧道技术,2011,48(5):115-120.

[6] 张永军. 西单—灵境胡同区间砂卵石地层暗挖施工风险分析及控制[J]. 隧道建设,2012,32(4):544-551.

[7] 张保亮,许景昭,董弘铂. 浅埋暗挖法通过铁路砂卵石地层施工技术[J]. 施工技术,2009,38:498-499.

[8] 肖中平,何川,晏启祥,李祖伟,汪洋. 城市富水砂卵石地层浅埋暗挖电力隧道的设计技术[J]. 铁道建筑,2007(4):46-48.

[9] 哈吉章,黄威望,邵大鹏. 砂卵石地层出水隧道施工综合技术[J]. 现代隧道技术,2011,48(2):128-136.

[10] 张强,詹光文,甄耀祖. 砂卵石层特殊地质段管棚施工技术应用[J]. 四川水力发电,2008,27(5):104-107.

[11] 郭鸿昌. 自进式中空注浆锚杆在大粒径砂卵石地层中的应用[J]. 施工技术,2012,41:75-76.

第五篇

大直径环形板半盖挖逆作法修建换乘车站设计、施工关键技术

第1章　项目综述

六里桥站为北京地铁 9 号线第 7 座车站，车站位于八一厂西路与京石高速公路的交叉口处。八一厂西路与京石高速公路相交的"T"形路口东侧，是六里桥综合客运交通枢纽（以下简称六里桥客运枢纽）和待建的枢纽二期商业楼，其中六里桥客运枢纽与京石高速公路之间有宽约 100m 的绿化隔离带；路口西侧是待开发商业用地（现状是六里桥村平房）；京石高速路的北侧多为成熟的住宅小区。

1.1　便捷换乘方案

1.1.1　工程总平面

北京地铁 9 号线线路横跨规划八一厂西路，呈东西走向；北京地铁 10 号线线路沿规划八一厂西路道路下设置，南北走向，两线相交，夹角 64°31′31″，在节点实现换乘。9 号线六里桥站为双层侧式站台，10 号线六里桥站为三层岛式站台，9 号线线位在上，10 号线线位在下，两站相交的"十"字换乘节点处设置直径 80m 的地下二层多功能综合换乘圆厅，两线通过多功能综合换乘圆厅实现"十"字岛一侧换乘。

9 号线六里桥站总长 337m，为双层单柱侧式，标准段结构宽 21.3m，结构高度为15.3m。10 号线六里桥站总长 188m，为三层双柱岛式，标准段结构宽 23.1m，结构高度为 21.95m。

六里桥站共设 7 个出入口，其中 2 号、3 号、5 号出入口与换乘圆厅相连接，9 号线东段设置 6 号出入口，10 号线北端设置 1 号、7 号出入口，10 号线南端设置 4 号出入口；9 号线、10 号线车站分别在其两端各设一个风道；车站共设置 5 个疏散口及 2 部无障碍垂直电梯。

两站总平面关系见图 5-1-1。

1.1.2　车站建筑及换乘方案

车站地下一层由公共区、设备管理用房组成，两线乘客通过中间设置的多功能综合换乘圆厅实现换乘，换乘圆厅上侧和右端为 9 号线设备用房。

车站地下二层由 9 号线站台、多功能综合换乘圆厅和设备用房区组成，9 号线侧站台宽度为 5.75m，有效站台长度为 118m。

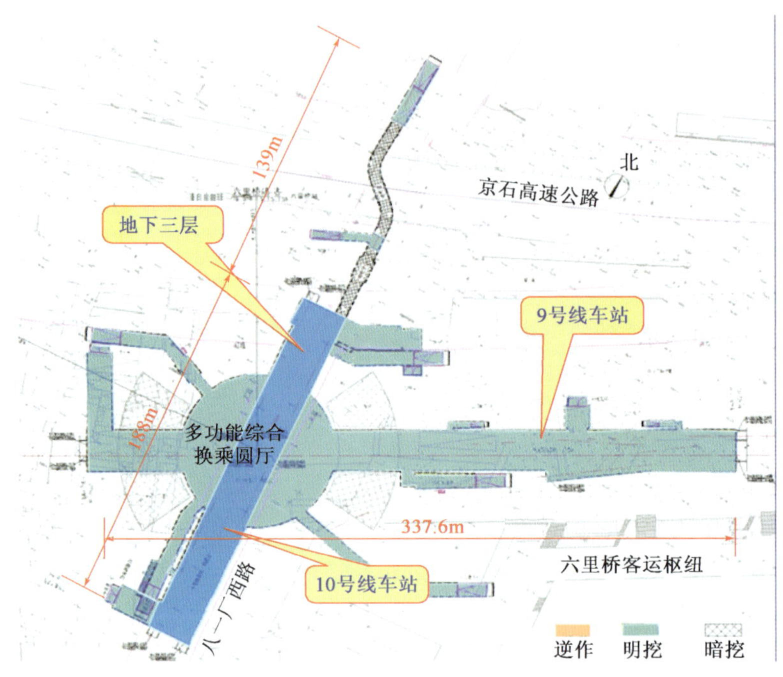

图 5-1-1　北京地铁 9 号线、10 号线六里桥站总平面图

车站地下三层为 10 号线站台层，站台宽度为 14m，有效站台长度为 118m，设置 6 组扶梯和 4 组楼梯与地下二层相连，部分设备用房分设在车站两端。

六里桥站为“十”字岛—侧换乘车站，且中间设置了直径 80m 的多功能综合换乘圆厅。因此，楼、扶梯的设计必然成为两条线乘客便捷地进、出站与换乘的一个关键点。对直达梯、多组平行布置梯、剪刀梯等多种布置方式的综合分析表明，本站可采用直达梯、正八字转换梯和倒八字转换梯三种方案。设计方进行专题研究后确定本站楼、扶梯采用正八字转换梯方案，详见图 5-1-2。

图 5-1-2　车站换乘效果图

1.2 与规划高层的共建预留

根据北京市规划委员会组织的《北京地铁9号线、10号线六里桥站及周边用地规划》的国际招标成果(图5-1-3)要求，结合六里桥站的建设，在车站的上方——八一厂西路两侧地块，规划两栋上盖高层建筑及其附属裙房。地铁建设如能与其上盖高层建筑同期实施，各方面均比较有利，但由于地铁工期紧、任务重，而上盖高层建筑工程由于各种原因相对滞后，经综合研究后确定了按照先期预留、分期实施执行，地铁车站设计按上盖180m高层建筑预留条件。

图5-1-3 六里桥站周边用地规划效果图

从平面上，车站与高层建筑地下室充分连通，创造良好的过渡空间。在剖面上，考虑减少高层建筑对地铁车站的影响，结构分离。上盖高层建筑采用结构转换层方式为板凳式上跨9号线车站主体结构，基础拟采用桩筏基础，车站与上盖高层互留相应的设计和施工条件，预留上盖高层建筑与车站关系及效果见图5-1-4、图5-1-5。

图5-1-4 预留上盖高层建筑与车站关系示意图

图 5-1-5 六里桥站预留上盖高层建筑效果图(国际招标单位成果)

1.3 大直径卵石地层对工程的影响

1.3.1 工程地质

根据勘察报告揭示，按地层沉积年代、成因类型，将本工程场地勘探范围内的土层划分为人工堆积层(Q^{ml})、新近沉积层(Q_4^{2+3al})、第四纪晚更新世冲洪积层(Q_3^{al+pl})和第三纪始新世长辛店组 E_{2C} 四大类，本场区第四系沉积以晚更新世冲洪积层为主，表 5-1-1 是典型土层物理力学参数。

代表性钻孔地层物理力学性质参数　　表 5-1-1

土层编号	土层名称	土层厚度(m)	重度(kN/m³)	c (kPa)	φ (°)	K_0	基床系数(MPa/m)	
							垂直	水平
①$_1$	杂填土	1.2	16.0	0	8			
①	粉土填土	1.0	16.5	10	8			
②$_4$	中粗砂	1.5	19.6	0	20	0.40	30	35
②$_5$	圆砾	2.2	20.0	0	30	0.38	40	50
⑤	卵石	9.9	21.0	0	40	0.28	80	90
⑦	卵石	12.1	21.1	0	45	0.18	100	120

1.3.2 水文地质

在勘察深度范围内，实际测量到一层地下水为潜水，该层水补给来源主要为大气降水和侧

向径流补给，主要以侧向径流方式排泄。潜水(二)水位的确定主要根据场地内的水位长观孔资料，具体见表 5-1-2。

地下水位状况特征表　　表 5-1-2

钻孔编号	地下水性质	水位埋深(m)	水位高程(m)	观测时间	含水层及其特征	
					含水层	渗透系数(m/d)
LX07	潜水(二)	25.50	21.16	2008.4.25	卵石⑦层	220
LX14		25.00	21.30	2007.10		
XL-D03		25.20	21.88	2008.5.15	卵石⑨层	280
XX-L23		26.10	21.45	2007.12.28		

1.3.3 不良地质作用与特殊岩土情况

本工程涉及的巨厚卵石层有：卵石$②_5$、卵石⑤、卵石⑦层。场区内大直径砾石层取样见图 5-1-6。

图 5-1-6　场区内大直径砾石层取样

1.3.4 对卵石层岩土工程的评价

(1)各直接持力层和下卧层承载力标准值均不小于 350kPa，对于 10 号线车站主体结构、多功能综合换乘圆厅、出入口和风道均建议采用天然地基方案。

(2)本场地存在粒径大于 200mm 的漂石，其分布随机性较强，主要分布于卵石⑤层、卵石⑦层及卵石⑨层中，漂石最大粒径不小于 400mm。卵石⑤层砾石颗粒最大天然抗压强度达到 152.68MPa，卵石⑦层砾石颗粒最大天然抗压强度达到 142.54MPa，漂石含量为 15%～45%。

(3)大粒径漂石对围护结构的施工产生较大影响，钻孔灌注桩成孔及土钉墙成孔难度较大。

因此，在大粒径卵石及漂石地层中，对于直径 80m，深度达到 25.6m 的深基坑采用合理、可靠的支护方案是本次工程的重点及难点。

1.4 多功能综合换乘圆厅结构方案

1.4.1 顶板结构体系

多功能综合换乘圆厅顶板采用环梁体系，由环梁和侧墙围合成三个封闭环形，顶板直径80m，外环跨度 11.0m，内环跨度 10.6m；顶板厚 0.9m；顶环梁截面尺寸（宽×高）为1.3m×1.9m。

1.4.2 中板结构体系

由于中板存在大量的楼、扶梯开洞，多功能综合换乘圆厅中部区域无法形成规则环梁体系。因此，在保证 11m 跨度外环的条件下，中部区域采用放射性梁体系，中板厚 0.5m，中板梁截面尺寸（宽×高）为 1.2m×1.0m。

1.4.3 底板结构体系

多功能综合换乘圆厅底板被地下三层的 10 号线车站切为两个半圆形结构。利用 10 号线地下三层侧墙和两个半圆形环梁，将半圆形多功能综合换乘圆厅底板划割成为三跨的单向板体系，受力特点明确，底板厚 1.0m，底板梁截面尺寸（宽×高）为 1.4m×2.1m。

1.4.4 基坑支护方案及设计标准

（1）环形支撑体系调研情况

目前，在软土地区深大基坑或城市改造密集建设区的基坑工程中，采用环形内支撑体系（主要是钢筋混凝土环形支撑）的情况越来越多。环形支撑体系已由单层发展为双层或多层，环梁直径由几十米发展到超过百米，平面上可适应任何平面形状；水平支撑由单圆发展到多圆相连，环梁有圆形、椭圆形、边桁架等类型，断面由宽腹式向窄腹式发展。

对于平面近似正方形、圆形的基坑，基坑尺寸较小时，可直接采用内切圆环梁支撑，对于圆形中超出基坑的部分可做拱形水平桁架突出基坑，或将围护桩沿环梁轴线布置；对于环梁以外的不规则平面，可采用边桁架或局部成拱板。当围护桩轴线与环梁轴线相重合时支护，结构受力最为合理，但环梁刚度较小。

对于平面近似矩形的基坑，可采用椭圆形环梁支撑。若椭圆环梁在中部超出基坑，可在桩外形成拱形桁架或做成桩梁合一突出基坑；若环梁突出基坑受场地限制，也可做成两端半圆环，中部为加长平直段，做成类似椭圆，但需对平直段的支护结构进行加固。

对于平面不规则的多变形基坑，可尽量采用大圆环梁或用大小环梁相连来处理，环梁外不规则部分做成桁架。

超大环形基坑支撑体系的应用实例详见图 5-1-7、图 5-1-8。

（2）基坑支护设计方案的确定

通过调研分析，掌握了环形支撑体系在大型深基坑工程中应用的优缺点，借鉴盖挖逆作结构可较好地控制深基坑变形的特点，并考虑大粒径卵石地层施作锚索困难，车站工期紧张，结构施工需要提供良好的作业空间等因素，确定多功能综合换乘圆厅深基坑采用“大直径环形板半盖挖逆作”

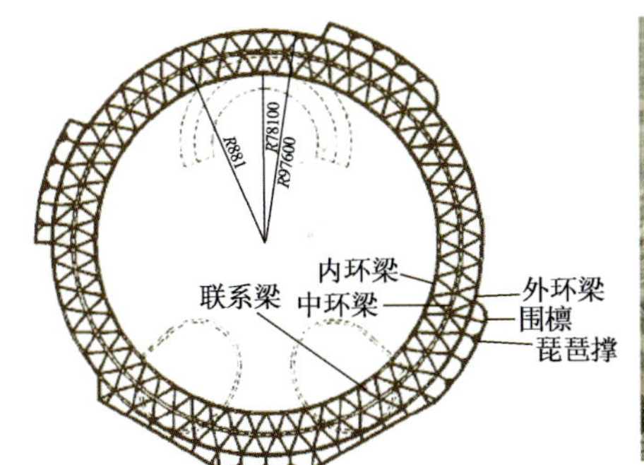

图 5-1-7 上海绿洲中环中心基坑工程平面(外径约 210m)

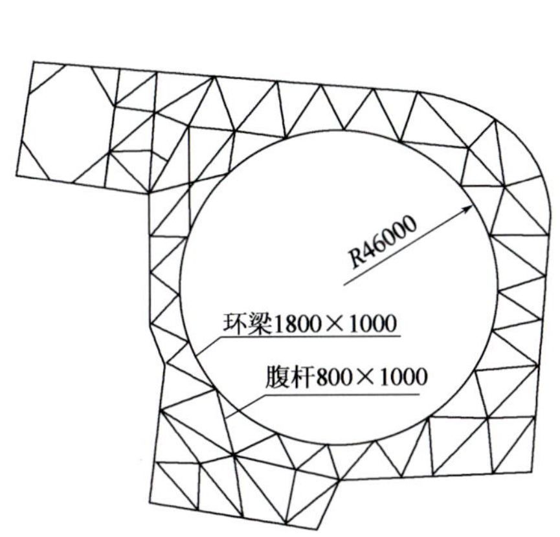

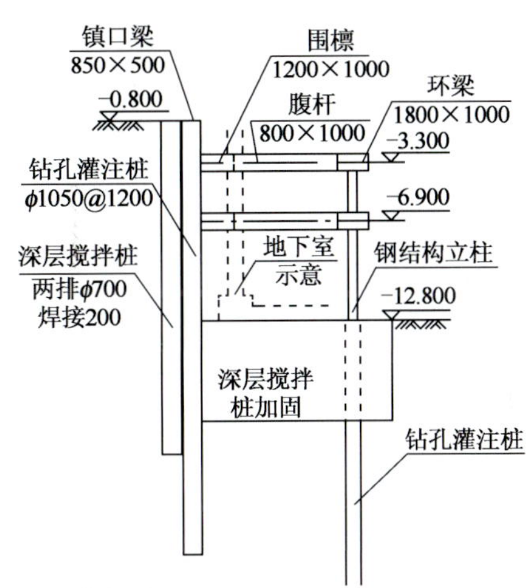

图 5-1-8 上海万都大厦基坑工程(外径约 100m)

支撑方案。先施作换乘圆厅内一圈直径 0.8m 钢管混凝土柱和侧墙外直径 0.8m 的钻孔灌注桩中的边桩为竖向支撑体系，再施作车站顶板中 15m 范围的环形板带替代临时的环梁作为水平内支撑体系(图 5-1-9)，临时结构和永久结构合二为一。竖向支撑体系和水平支撑体系间相互连接，共同形成环形整体，保证了深基坑的稳定；再盖挖顶板下土方至中板底面，同样施作环形侧墙及中板 17m 范围环形板，环形中板兼作第二道水平支撑。多功能综合换乘圆厅深基坑支护结构剖面如图 5-1-10 所示，外环顶板施工完成现场照片如图 5-1-11 所示。

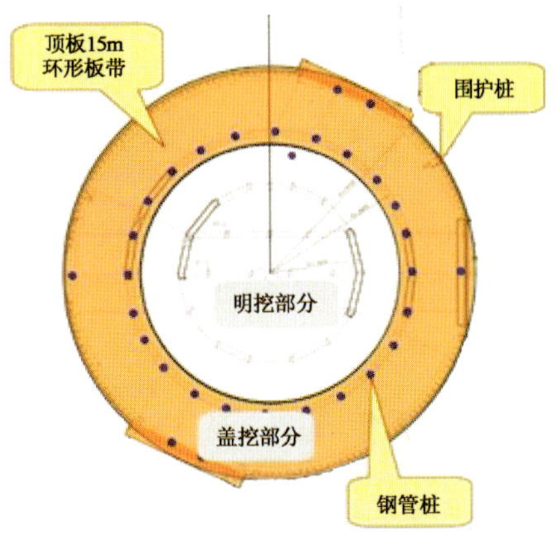

图 5-1-9 换乘圆厅半盖挖逆作环形板体系基坑平面图

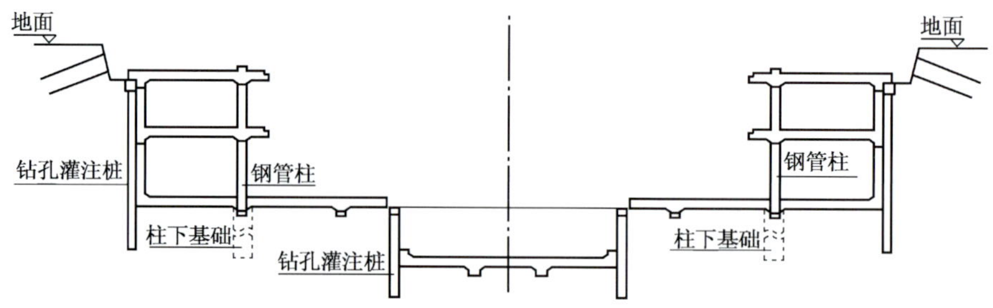

图 5-1-10 换乘圆厅半盖挖逆作环形板体系基坑剖面图

图 5-1-11 换乘圆厅外环顶板施工完成现场照片

(3)深基坑支护设计标准

①多功能综合换乘圆厅基坑安全等级为一级,其围护结构重要性系数为 1.1。

②多功能综合换乘圆厅基坑的变形控制等级为一级。

③围护桩按实际工序进行计算分析,确保其强度与稳定性。

④围护结构不进行裂缝宽度验算。

1.5 车站施工工法

1.5.1 施工工法

9 号线、10 号线车站主体采用明挖法施工,多功能综合换乘圆厅采用“大直径环形板半盖挖逆作法”施工,车站下穿京石高速公路的出入口通道采用暗挖法施工,剩余车站主体及附属结构均采用明挖法施工。

1.5.2 多功能综合换乘圆厅施工步骤图

施工步骤一:放坡开挖土体至顶板底面高程处,施作换乘圆厅侧墙周边围护桩及桩顶冠梁,如图 5-1-12 所示。

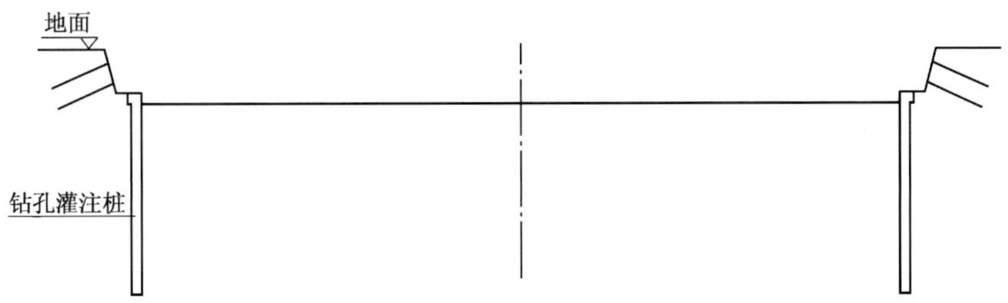

图 5-1-12 施工步骤一

施工步骤二：地面钻孔，施作钢管柱基础及安装钢管柱，采用细砂对钻孔和钢管柱间回填密实，对顶板底面封底，施作地模，如图 5-1-13 所示。

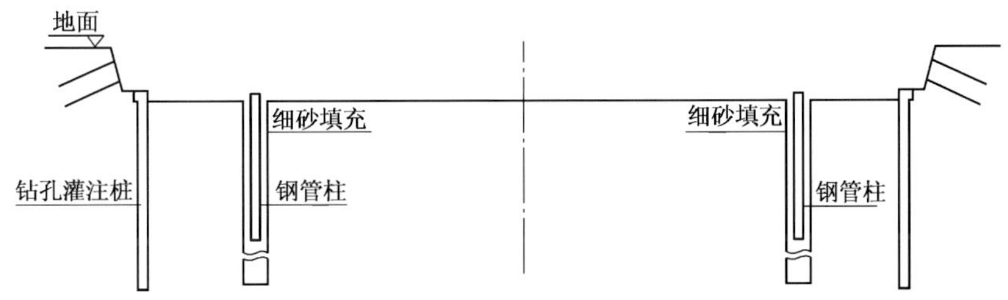

图 5-1-13 施工步骤二

施工步骤三：施作多功能综合换乘圆厅外环 15m 范围内的顶板结构，向下预留边墙钢筋及预留侧墙防水层，如图 5-1-14 所示。

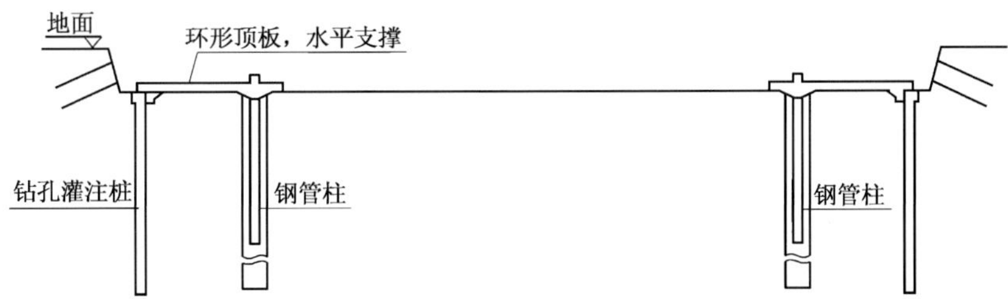

图 5-1-14 施工步骤三

施工步骤四：明挖法开挖多功能综合换乘圆厅内环中部土方及盖挖已施工的顶板下土方至中板底设计高程，铺设地下一层侧墙防水，逆作法施工多功能综合换乘圆厅外环 15m 范围内地下一层中板结构，施作地下一层边墙结构并预留地下二层侧墙钢筋和防水层，如图 5-1-15 所示。

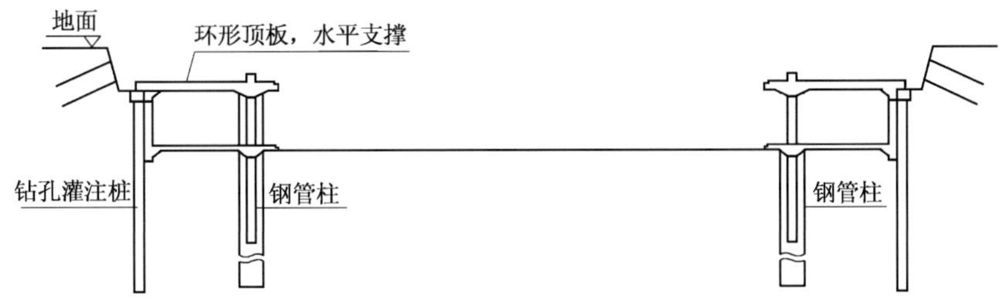

图 5-1-15 施工步骤四

施工步骤五：开挖土方至多功能综合换乘圆厅底板底高程，铺设地下二层侧墙防水，施作地下二层侧墙和底板结构；施做地下三层基坑围护结构，开挖地下三层土方至底板设计高程，施做抗拔桩及地下三层底板，如图 5-1-16 所示。

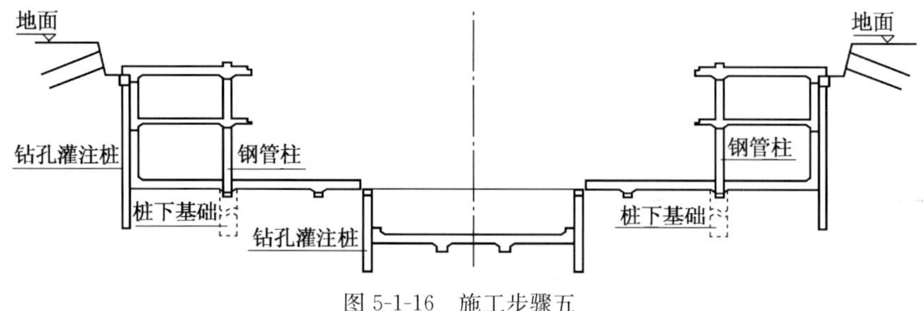

图 5-1-16　施工步骤五

施工步骤六：铺设地下三层侧墙防水，施作 10 号线地下三层边墙、柱和楼板结构，如图 5-1-17所示。

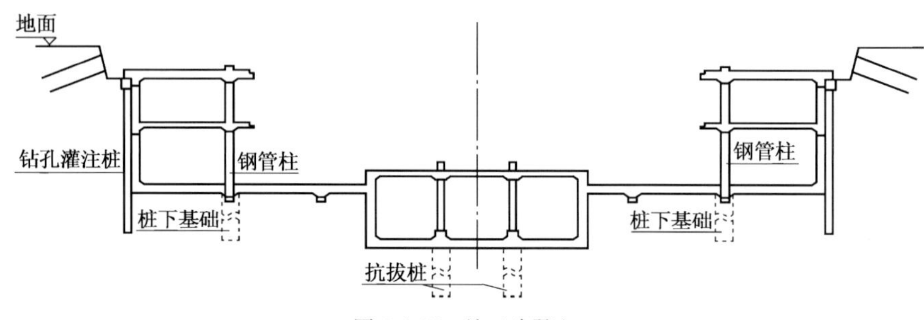

图 5-1-17　施工步骤六

施工步骤七：顺作施工多功能综合换乘圆厅内环楼板及梁柱体系，如图 5-1-18 所示。

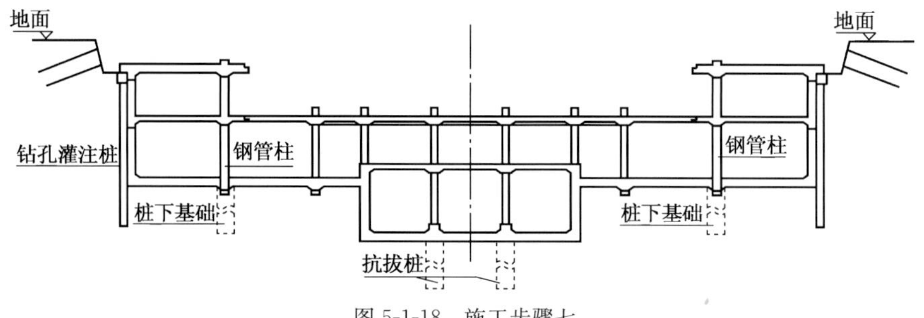

图 5-1-18　施工步骤七

施工步骤八：顺作施工内环顶板结构、防水层，回填土方，如图 5-1-19所示。

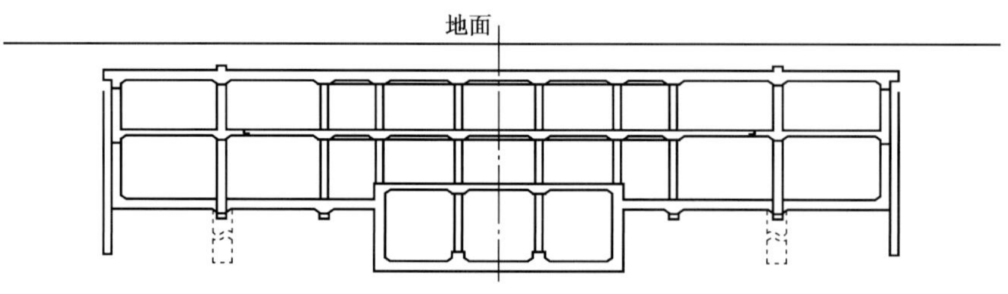

图 5-1-19　施工步骤八

1.6 设计、施工关键技术

1.6.1 多元化新型地铁车站设计

六里桥站为北京首座设置直径80m多功能综合换乘圆厅实现“十”字侧岛换乘的车站，其最大优点是乘客可在舒适的环境中，以最短距离实现换乘。六里桥站作为北京地铁9号线、10号线的换乘站，10号线位于地下三层，9号线位于地下二层，两条线路呈“十”字形，乘客可以通过多组楼、扶梯实现换乘。直径80m的多功能综合换乘圆厅，空间开阔、视觉效果好，乘客在高峰期间也不会感觉十分拥挤。站台对站台换乘更加方便，任何一条地铁线的乘客下车后，直接通过扶梯上一层或下一层就可进入另一条线的站台，并通过环形通道快捷换乘。图5-1-20为六里桥站与上盖开发高层建筑地下室相接示意图。

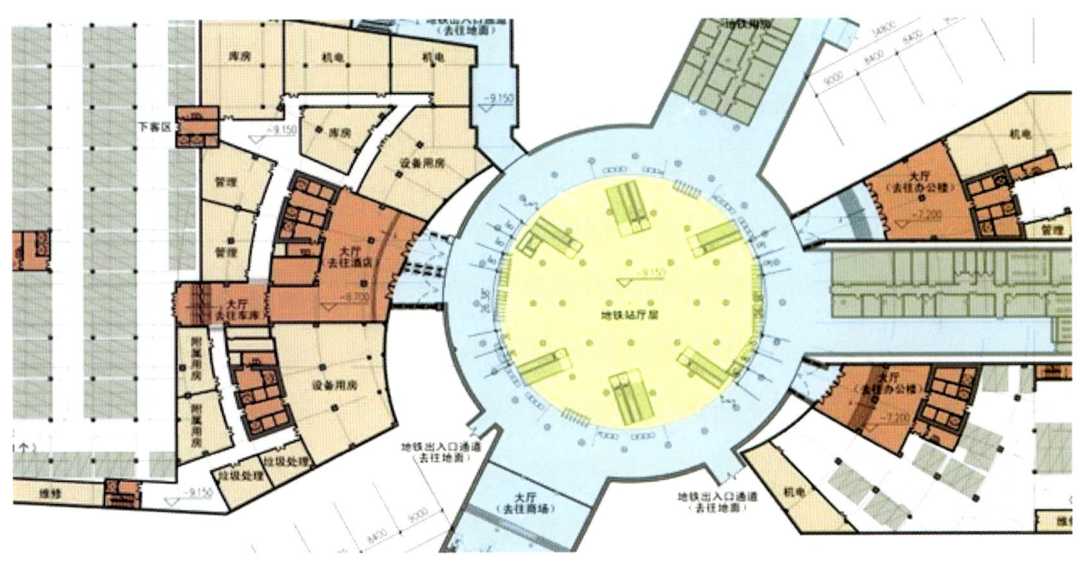

图5-1-20 六里桥站与上盖开发高层建筑地下室相接示意图

车站出入口与六里桥客运枢纽在地下实现连接，乘客可从地下进入该枢纽的半地下公交站台，再转地上乘坐公交车，如图5-1-21所示。同时，在车站的东南象限设置了9号线、10号线的联络线，使两条线的车辆可以在此通行调配。

1.6.2 充分考虑车站与周边地块一体化设计

六里桥站地处丰台区卢沟桥乡的六里桥村和小井村，京石高速公路南侧，西三环西侧，毗邻正在建设的六里桥客运枢纽，为京西南的重要门户。同时，六里桥站也是集上盖开发建筑以及轨道交通、地面公交、出租车、自行车、步行等多种交通方式相互衔接的综合开发体。六里桥站上盖综合开发建筑定位于以酒店、酒店式公寓及办公为主的复合综合体。

六里桥站上盖高层建筑开发项目是北京市城市建设项目中第一个跨越地下车站的重点地

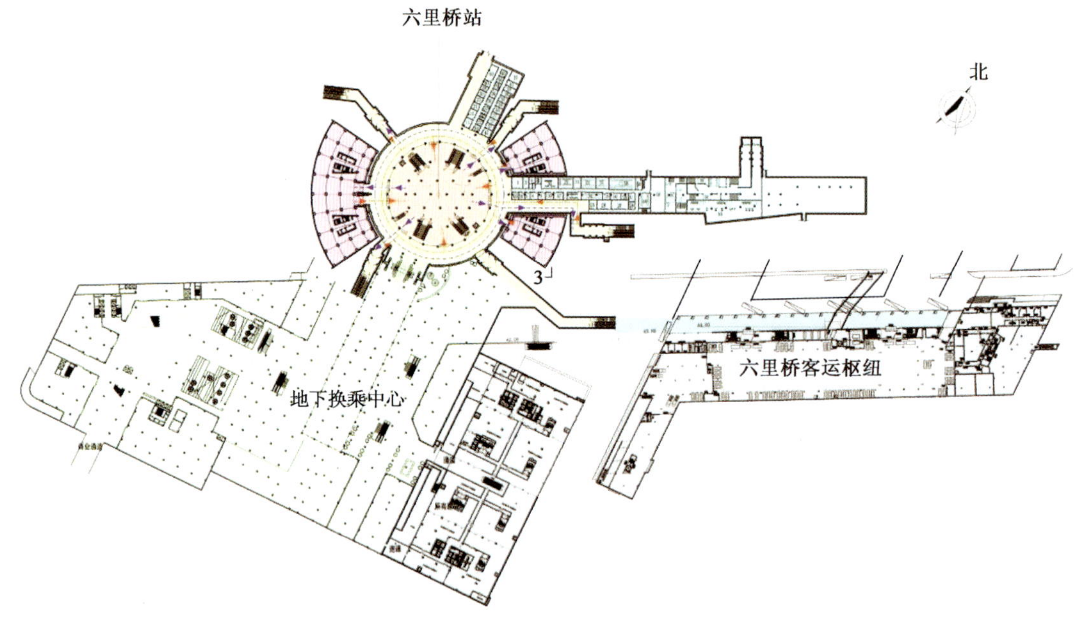

图 5-1-21　车站出入口与六里桥客运枢纽换乘示意图

标性建筑，它的建成将对未来民用地产开发与轨道交通部门的合作起到重要的指导性意义。合理确定上盖高层开发建筑与地铁车站之间的关系至关重要，以科学合理的方式研究地下结构的可行性是顺利完成此次项目建设的关键。由于开发建筑建设时间的不确定性以及地铁工程建设的紧迫性，车站考虑与周边开发建筑的建设时序时，按照既可同期实施又可分期实施的原则开展设计。换乘圆厅预留了 4 处节点，可与上盖开发建筑的地下室直接相连，实现无缝连接和零距离换乘，且车站出入口、风亭以及冷却塔等地面建筑与上盖开发建筑的裙房及广场有机结合。

同时，根据北京市规划委员会国际招标成果，站位南侧两端地块为商业开发用地，将来其能与地下商业连成一体，提升该地块的商业价值，也使地铁更好地服务周边。车站南端地下一层作为地铁的商业开发区域，采用梁柱结构体系，边墙为可拆墙体，为将来商业的一体化预留更好的条件，见图 5-1-22。

地铁车站与周边一体化设计的难点为消防分区和人防分区设计。

消防分区一般可通过设置防火墙、防火卷帘或者防火门来进行分隔，如车站多功能综合换乘圆厅与上盖开发建筑地下室连接的短通道将来设置防火卷帘来进行分隔，车站和南端的商业开发区域通过防火墙和防火卷帘来进行分隔。

若采用常规的三段式人防门进行分隔，人防分区明确且容易实施，但车站与周边区域的连接只能是 5m 左右的通道，空间被分割，效果不理想。经多次专题研究确定采用非常规的 180°平开人防门来进行人防分隔，平时用装修包裹起来，这样方可使空间具有连续性，也让地铁车站和周边建筑融为一体，更具人性化。

1.6.3　成功应用“大直径环形板半盖挖逆作法”

目前地铁常用的基坑开挖方法有明挖法和盖挖法，明挖法是基坑工程的传统开挖施工方

法。由于敞开施工，工期相对较短，但是明挖法会长期干扰交通，影响市容环境，在繁华的闹市区往往不可取。

盖挖法采用结构本身来支撑，支撑刚度大，可减小围护结构变形，节省临时支撑工程量，提高基坑工程可靠性。由于能在短时间内恢复交通，对周围环境影响小，但也存在着如下问题：

(1)土方开挖和结构施工在顶板覆盖下进行，因此大型施工机械难以展开，降低了施工效率。

(2)作业环境差，结构施工质量易受影响。

(3)需增加照明和通风设施。

本工程采用"大直径环形板半盖挖逆作法"施工的创新点在于融合了盖挖法和明挖法的优点，摒弃其不足，主要特点如下：

(1)无需临时内支撑，减少工程投资。

(2)支撑体系刚度大，基坑变形及安全等级提高。

(3)逆作拱型侧墙支撑效果好。

(4)土方开挖近似全明挖，费用低，速度快。

(5)环形支撑中间直径 50m 范围为空旷场地，无横向支撑，便于施工组织。

具体施工流程见图 5-1-22。

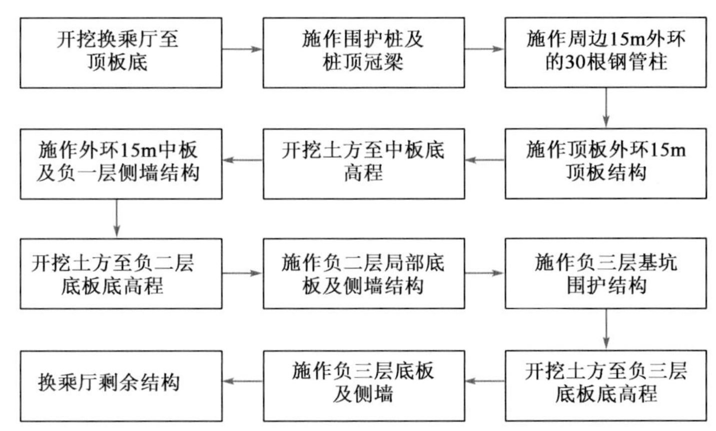

图 5-1-22　多功能综合换乘圆厅施工流程

由于北京地铁车站深基坑工程中首次应用"大直径环形板半盖挖逆作法"，缺乏经验指导，采用 FLAC^{3D}有限元软件建立三维地层—结构模型对整体施工过程进行数值模拟分析是必要的。本工程重点研究了环形板支撑体系的自身内力变化特点，基坑开挖对周边环境的影响，边桩和钢管混凝土柱的差异沉降等。通过数值分析计算，验证了"大直径环形板半盖挖逆作法"中环形板支撑体系设计的合理性和可靠性以及深基坑整体稳定性。同时也采用增量法对基坑施工进行计算分析，研究了支撑刚度对基坑水平变形及围护结构内力的影响，并对差异沉降引起结构的附加应力进行了分析，为工程顺利实施提供了理论依据。

1.6.4　精确进行了多功能综合换乘圆厅复杂结构受力分析

北京地铁 9 号线、10 号线六里桥站多功能综合换乘圆厅采用"大直径环形板半盖挖逆作法”施工。车站多功能综合换乘圆厅部分为地下两层，直径 80m 圆形结构形式，其中 10 号线部分为地下三层结构。受线路、限界等因素控制，换乘圆厅内柱网布置不规则，换乘圆厅单层建筑面积达 $5000m^2$，故无法采用简单的平面应变结构模型进行结构计算分析。钢管混凝土柱一般外部包裹钢管材料，管柱内部充填高强混凝土，依靠钢管对柱内混凝土环向约束作用，大幅提高了中柱承载，减小了中柱截面尺寸和自重，加快了施工速度。但由于地铁车站钢管柱与梁节点一般采用牛腿配合法兰板来承受梁传递的剪力，因此该节点的细部受力特征采用常规的地铁工程闭合框架简化计算模型难以模拟计算分析，但该区域通常是结构的应力集中区域，受力复杂，设计及施工过程中需高度重视。由于换乘圆厅采用“大直径环形板半盖挖逆作法”施工，钢管柱与梁之间的节点是横向支撑体系与竖向支撑体系的关键，甚至关系到整个工程的成败。因此，本工程采用 SAP84 大型有限元软件对多功能综合换乘圆厅结构建立合理的计算模型，精确计算分析了各个构件受力及变形情况，在此基础上完善了设计方案。

1.6.5 关键施工技术的改进与提高

六里桥站多功能综合换乘圆厅采用“大直径环形板半盖挖逆作法”施工过程中，为提高工程质量，加快施工速度，解决工序交叉干扰施工的问题，不但需要克服大粒径卵石地层中钻孔灌注桩成孔困难，确定适宜的土方开挖方法及运输途径，改进混凝土浇筑与振捣工艺等，更需结合本工程特点抓住关键施工技术，不断改进与提高，合理有序推进整体工程建设。

水下钢管柱的精确定位及其与抗拔桩的精确对接是整个工程成败的关键。本工程因地制宜设计了钢管柱安装定位装置，完善了相关施工工艺，成功控制了钢管柱的定位及对接精度；功能综合换乘圆厅外环 15m 受结构净空限制，在有限的空间内改进了地下三层围护桩成桩机械和工艺；在无法架设大型吊车及龙门架的情况下，发明了钢支撑架设及拆除的方法；采取独特门架体系成功解决了结构与铺轨交叉施工干扰严重的问题，保证了工期。

第2章 深基坑支护结构计算分析

2.1 施工过程的三维数值模拟计算分析

2.1.1 数值模拟计算方法及特点

自 R. W. Clough 于 1965 年首次将有限元引入土石坝的稳定性分析以来，数值模拟技术在岩土工程领域获得了巨大的进步，并成功解决了许多重大工程问题。特别是个人计算机的出现及其计算性能的不断提高，使得分析人员在室内进行岩土工程数值模拟成为可能，也使得数值模拟技术逐渐成为岩土工程研究和设计的主流方法之一。

数值模拟技术的优势在于有效延伸和扩展了分析人员的认知范围，为分析人员洞悉岩土体内部的破坏机理提供了强有力的可视化手段。因此，优秀的岩土工程数值模拟软件须在专业性、可视化及信息输出等方面做到相对完备，方能使分析人员专注于工程实际问题的研究、分析和解决。

(1)FLAC^{3D}的特点

FLAC^{3D}是连续介质快速拉格朗日分析(Fast Lagrangian Analysis of Continua)的英文缩写，拉格朗日元法是一种分析非线性大变形的数值方法，这种方法遵照连续介质的假设，利用差分格式，按时步积分求解，随着模型的变化不断更新坐标，允许介质有大的变形，是目前世界上最优秀的岩土力学数值计算软件之一，可用于求解有关深基坑、边坡、基础、坝体、隧道、地下采场及洞室开挖的模拟，也能很好地进行动力分析。这套软件在模拟支护体方面提供了实体(zone)单元梁(beam)单元、桩(pile)单元、锚索(cable)单元、衬砌(shell)单元等多种结构单元，非常适合于研究基坑开挖等岩土工程问题。

FLAC^{3D}中提供了 10 种内嵌的材料本构模型：1 种“空”模型 (NULL 模型)、3 种弹性模型和 6 种塑性模型。被设定为 NULL 模型的单元表示从模型中删除的单元，但是在计算过程中，它可以随时被激活，NULL 单元的应力将被自动设置为 0，使用 NULL 单元可以很好地模拟开挖和回填，本计算对基坑开挖部分的模拟就是使用 NULL 模型。

因为本工程是城市土质地铁基坑工程，因此围岩的计算力学模型选用 Mohr-Coulomb 弹塑性模型，Mohr-Coulomb 弹塑性模型的破坏准则采用 Mohr-Coulomb 破坏准则。

(2)桩单元

围护结构的重点是围护桩的模拟。桩结构单元要通过几何参数、材料参数和耦合弹簧参数来定义。两个结构节点之间的直线段表示为一个桩单元构件,两节点之间的构件具有相同的对称横截面参数。任意曲线的桩可以由多个桩构件组合而成。

(3)桩体与土体的接触面的耦合问题

单元之间的相互作用是通过耦合弹簧来实现的。耦合弹簧为非线性、可滑动的连接体,能够在桩身节点和实体节点之间传递力和弯矩。切向弹簧的作用同灌浆锚杆的切向作用机理是相同的。法向弹簧可以模拟法向荷载的作用以及桩身与实体单元节点之间缝隙的形成,还可以模拟桩周土对桩身的挤压作用。

①切向耦合弹簧的作用。桩土接触面的剪应力作用主要考虑黏聚力和摩擦力。其机理同灌浆锚索是相同的(图 5-2-1),只需要将切向耦合弹簧的性质代替灌浆的性质就可以了。切向耦合弹簧的特性包括刚度 k_s、黏聚力 c_s、内摩擦角以及桩外边界半径。桩周切向弹簧的作用通过以上几个参数和桩周有效应力进行反应。

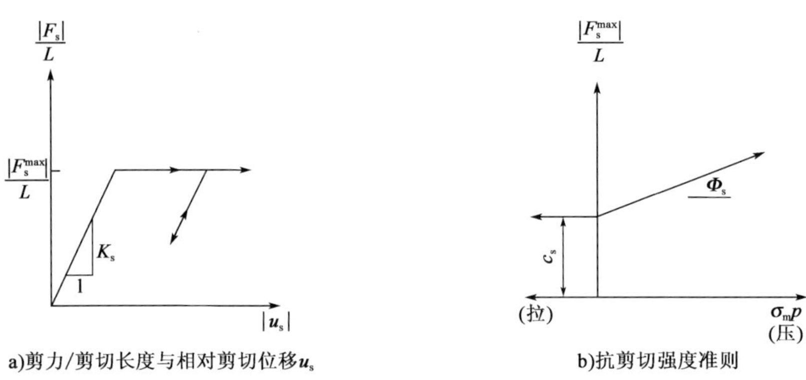

图 5-2-1　切向弹簧的力学性质

②法向耦合弹簧的力学作用。桩土接触面的法向作用主要考虑黏聚力和摩擦角,法向耦合弹簧的特点包括刚度 k_n、黏聚力 c_n、内摩擦角、缝隙及有效应力,通过这些参数来反映桩土之间发生相对法向移动时,桩土界面之间的法向力学作用。当桩承受横向荷载时,桩土之间就会产生缝隙。如果荷载反向,缝隙必须首先闭合,然后才能承受反方向的力。将 gap 的参数设置为 on 就可以考虑缝隙对侧向加载桩的影响(图 5-2-2)。

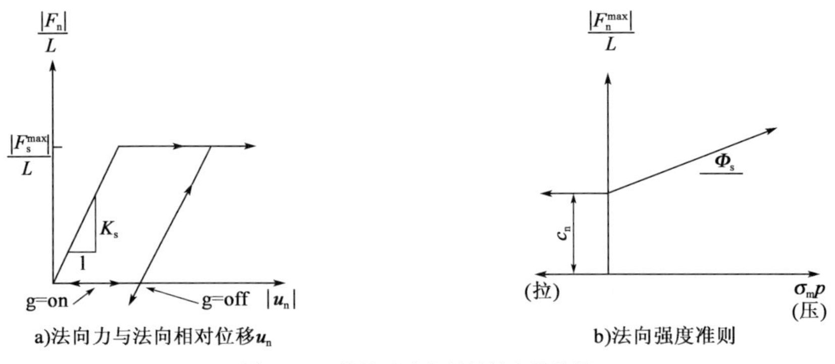

图 5-2-2　桩单元法向材料的力学特性

2.1.2 土层及参数

本场地地层情况自上而下依次为杂填土①$_1$层、粉土填土①层、中粗砂②$_4$层、卵石⑤层、卵石⑦层等，施工地层的物理力学参数见表 5-2-1。

场地各土层的物理力学参数 表 5-2-1

层次	岩土名称	层厚 (m)	重度 γ (kN·m^{-3})	黏聚力 c (kPa)	内摩擦角 φ(°)	压缩模量 E_s(MPa)	地基承载力特征值 f_k(kPa)	侧阻力特征值 q_{sa}(kPa)	端阻力特征值 q_{pa}(kPa)
1	杂填土	1.2	16.0	0	8	9.9			
2	粉土填土	1.0	16.5	10	8	9.9			
3	中粗砂	1.5	19.6	0	20	35	300	75	
4	圆砾	2.2	20.0	0	30	20	260	120	
5	卵石⑤	9.9	21.0	0	40	50	350	120	
6	卵石⑦	35.9	21.1	0	45	80	500	130	2800

2.1.3 计算模型的建立

多功能综合换乘圆厅单层主体建筑占地面积约 5000m^2，平面″直径 80m 的圆，模型边长取 3 倍直径长度，厚度近似取开挖深度的 2 倍。开挖部分位于整个几何模型的中央，结构尺寸为：d=80m，h=25.35m，模型尺寸为 240m× 240m ×50.7m，建立该模型的主要技术难点有：

①地铁 9 号线、10 号线线路夹角为 50°46′6″，10 号线车站为地下三层，整个结构形状不对称，依靠 FLAC^{3D}直接建模非常困难。

②由于结构存在各种开洞，需分析结构非对称性对结构模型的影响，并适当简化。

③准确合理地模拟桩体与土体的耦合关系是模型建立的重点。

④钢管混凝土柱与混凝土梁系节点的有效模拟。

⑤不对称圆形基坑最不利工况的模拟。

针对上述技术难点，我们采用间接建模法，即利用其他软件的前处理功能建立有限元模型，得到节点(包括节点编号、节点坐标)和单元(包括单元编号、构成节点)信息，然后再利用 FLAC^{3D}有限差分技术进行施工过程的模拟求解。本工程采用大型通用有限元软件 ANSYS 的/PROP7 模块建立几何模型，并进行有限元映射网格划分，得到有限单元模型。然后将节点信息和单元信息录入 FLAC^{3D}中，从而利用 FLAC^{3D}环境进行深基坑开挖施工过程模拟。

在 ANSYS 中对平面单元(图 5-2-3)进行拉伸，形成六面体单元的空间网格(1/4 模型)，如图 5-2-4 所示。

模型简化未考虑 9 号线车站开口的影响，采取这种假设，对计算结果的影响不会很大，主要简化在于，9 号线部分传给环形支撑的集中荷载转化为均匀荷载考虑，两荷载的总量在数值上保持一致。

利用 FLAC^{3D}中的镜像功能形成整体三维模型，如图 5-2-5、图 5-2-6 所示，图 5-2-7 为开挖区域的网格划分。

本工程采用 FLAC^{3D}对基坑开挖过程中土与结构的相互作用进行了分析，分析中考虑了土层的分层情况，以模拟实际的施工过程。本工程土体采用 Mohr-Colulomb 弹塑性模型。

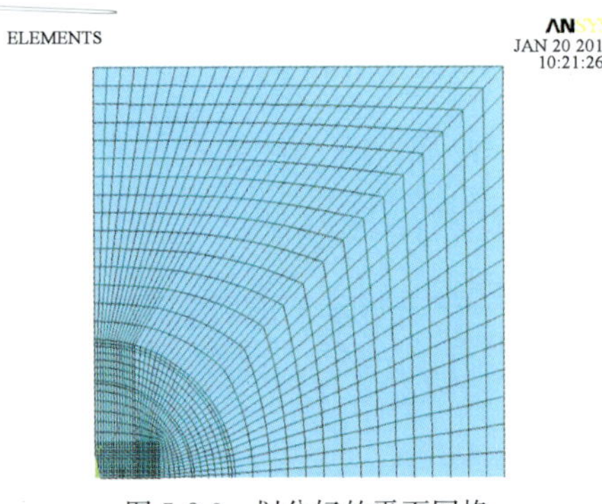

图 5-2-3　划分好的平面网格

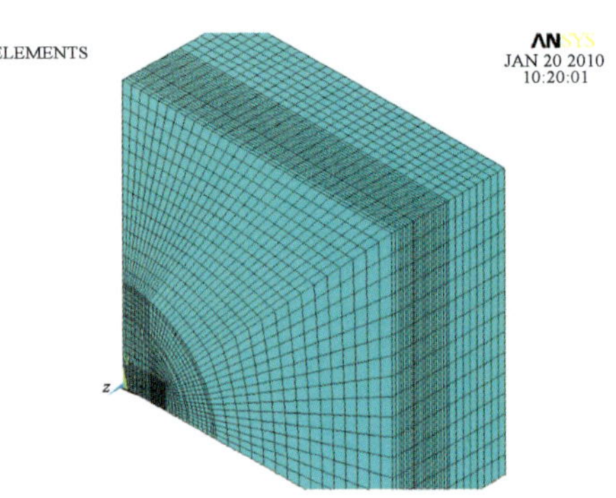

图 5-2-4　拉伸后的实体网格

Mohr-Coulomb 准则的最大优点是它能反映岩土类材料的特性与对静水压力的敏感性，且简单实用，材料参数 C 和 Φ 可采用勘察报告提供的数值。因此，Mohr-Coulomb 准则在岩土力学和塑性理论中得到广泛应用，并且积累了丰富的试验资料与应用经验。按照北京地区有关工程资料及工程经验，土体的弹性模量为侧限压缩模量(E_s)的 3 倍左右。

岩土材料及钢管柱采用 zone 单元模拟，钻孔灌注桩采用 pile 单元模拟，桩间喷射混凝土采用 shell 单元模拟，土钉采用 cable 单元模拟。土体本构模型采用 Mohr-Coulomb 模型。

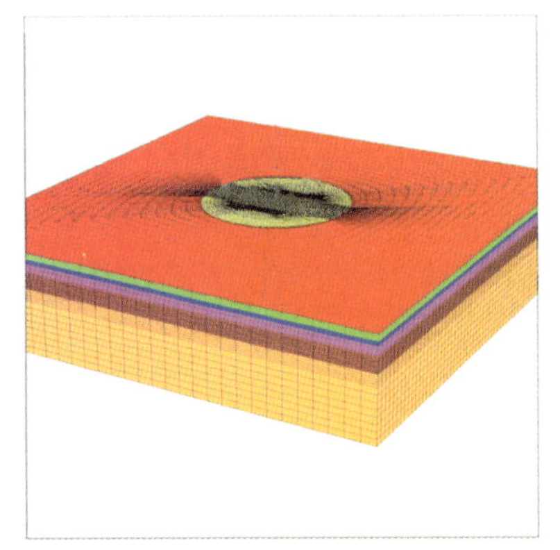

图 5-2-5　建模完成后的材料分组情况(整体模型)

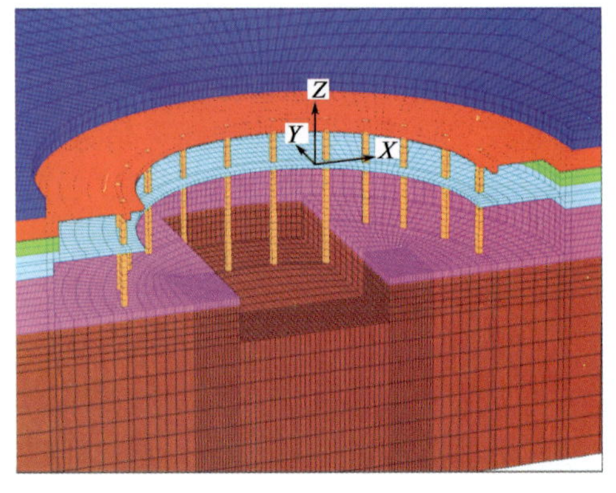

图 5-2-6　换乘圆厅计算模型(1/2 模型)

从图 5-2-5 中可以看出，开挖区域网格划分的比较密，而开挖侧以外网格比较稀疏，这是由于在计算中要考虑大量的结构单元(pile、cable 单元等)，这些结构单元的建立需要对其周围实体网格的密度有一定的要求，通俗地说就是在每个 zone 单元中最多只能有一个结构单元节点，否则就会违反结构单元建模的要求。因此，在本次计算中，模型共有 224640 个 zone 单元，4688 个结构单元节点，计算量十分庞大，因此未考虑流体的作用及流固耦合作用。

边界条件为：模型底部 x、y、z 三个方向的位移约束，其他面的外法向位移限制，上面为自由面。

2.1.4　初始应力场计算

分析过程包括初始应力计算、围护结构的施作以及土体开挖等，利用 FLAC^{3D}进行基坑仿真分析时，按照实际工况进行模拟。

在土木工程领域中，初始地应力场的存在和影响不容忽视，它既是岩体力学性质的重要控

制因素，也是岩体所处环境条件下发生改变时引起变形和破坏的重要力源之一。因此，要想较真实地进行工程模拟仿真，必须保证初始地应力场的可靠性。初始地应力场生成的主要目的是为了模拟所关注分析阶段之前岩、土体已存在的应力状态。

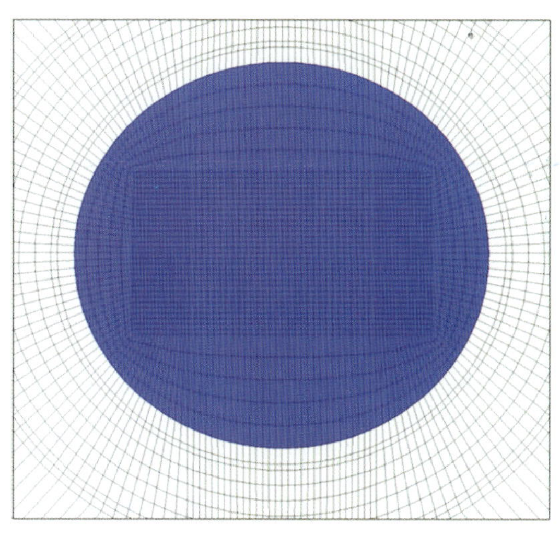

图 5-2-7 开挖区域的网格划分

初始应力场常用的求解方法主要有以下三种：

(1)弹性求解生成初始应力场。

(2)更改强度参数的弹塑性求解。

(3)分阶段弹塑性求解法。

本工程采用分阶段弹塑性法求解开挖前的初始应力，这种求解方法只适合于所有采用材料均为 Mohr-Coulomb 模型的情况。竖向应力云图如图 5-2-8 所示，计算过程中的最大不平衡力曲线如图 5-2-9 所示。

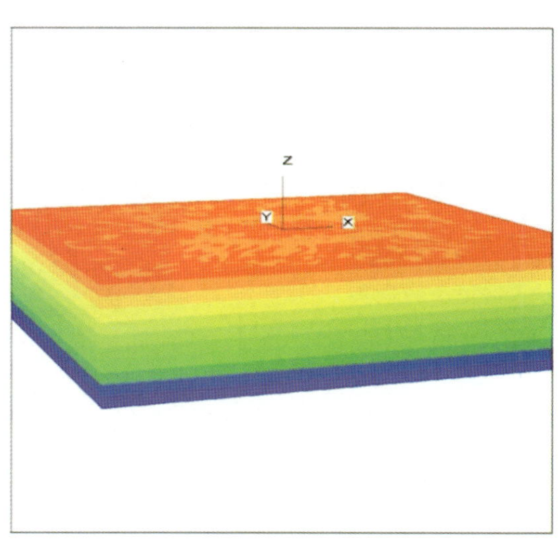

图 5-2-8 初始应力计算完成时的竖向应力云图

从图 5-2-8 中可以看出，Z 向应力场的层次比较均匀，最大值在－0.9MPa～－1.0 MPa，与理论值－1.0MPa 较为接近。

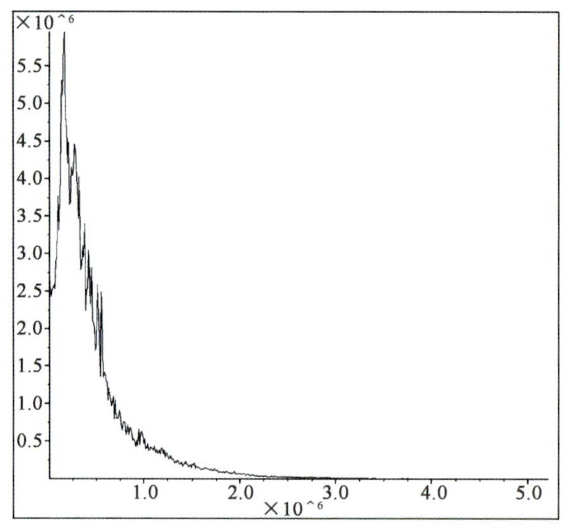

图 5-2-9 最大不平衡力曲线

由于施加了初始应力场，土体内各点处于不平衡状态，随着计算时步的增加，最大不平衡力逐渐减小，当迭代 5210 步时，最大不平衡力趋于零，土体内各点基本达到平衡，将位移清零后可进行下一工况的计算。

2.1.5 顶板上土方开挖及竖向支撑结构施作

在初始应力完成并将位移清零后，首先开挖到顶板底面高程以下 0.5m，开挖完成后的竖向变形云图如图 5-2-10 所示。

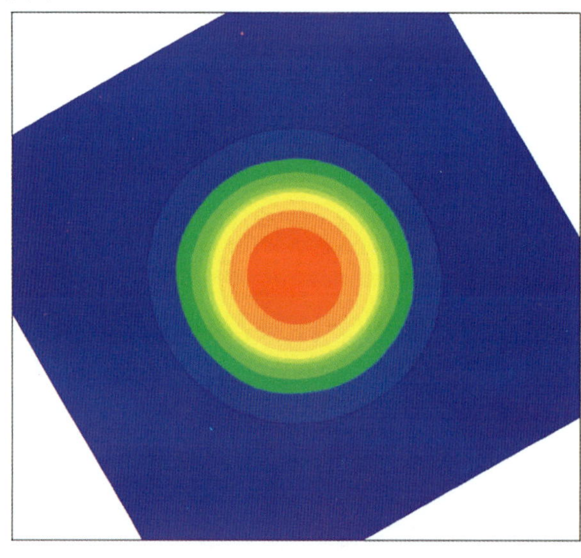

图 5-2-10 顶板上土方开挖后的竖向变形云图

从图 5-2-10 中可以看出，基坑开挖部分的土体由于卸载的作用发生了隆起变形。基坑周围一定范围内的土体则发生了一定量的沉降。

(1)钻孔灌注桩施作

钻孔桩有两种形式，分别为桩 A：ϕ800@1400，桩长 20.4m。桩 B：ϕ1000@1400，桩长 27.55m。在 FLAC^{3D}中，桩采用 pile 单元模拟，由于桩是均匀地布置在环形定位轴线上，所以用 FLAC^{3D}中自带的 FISH 语言快速生成这些围护桩，图 5-2-11 为 pile 单元模型完成后的情况，而 pile 单元的参数见表 5-2-2。

桩 A 及桩 B 计算参数 表 5-2-2

参数 桩型	弹性模量(MPa)	泊松比	横截面积(m^2)	极惯性矩(m^4)	Y 轴二次惯性矩(m^4)	Z 轴二次惯性矩(m^4)
桩 A	28000	0.2	0.5027	0.04	0.02	0.02
桩 B	28000	0.2	0.7855	0.098	0.049	0.049

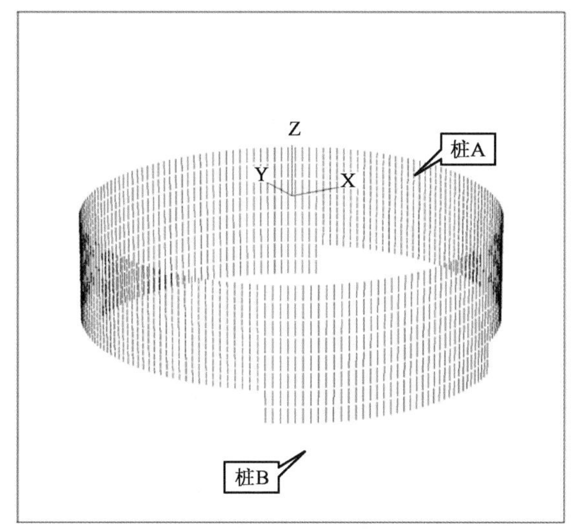

图 5-2-11 地下一层开挖前打设的钻孔灌注桩

(2)钢管柱施作

在顶板上方土方开挖完成后将钢管柱所在单元的土体材料置换为钢管柱的材料，赋予相应的属性即可，钢管柱的模型如图 5-2-12 所示。

(3)车站顶板施工

钻孔灌注桩和钢管柱施工完毕后进行顶梁、环形顶板施工，模拟方法采用置换材料法，将土体材料置换为环形顶板的混凝土材料，参数见表 5-2-3。

混凝土及钢管柱计算参数 表 5-2-3

参数 材料	体积模量(MPa)	剪切模量(MPa)	密度(kg/m^3)	内聚力(kPa)	内摩擦角(°)
C40 混凝土	18000	13000	2500	550	30
钢管柱	88000	20000	3000	550	30

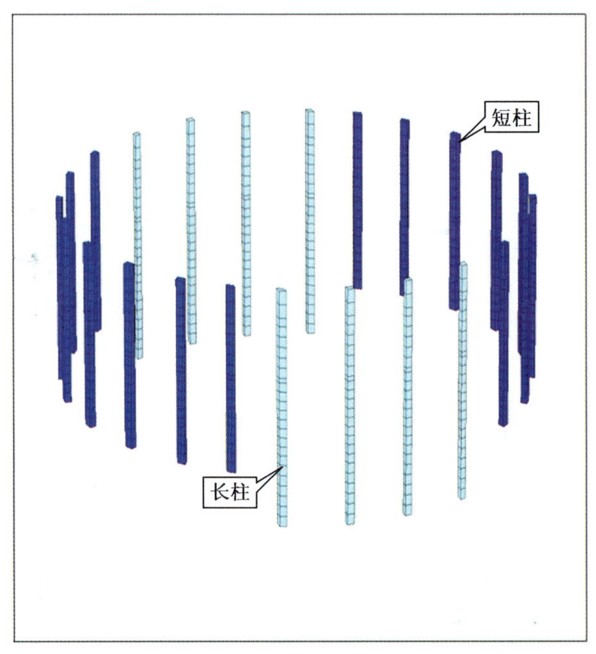

图 5-2-12 钢管混凝土柱

2.1.6 各层结构土方开挖及结构应力、变形情况

(1)地下一层土方开挖

环形顶板混凝土达到 28d 龄期后,进一步开挖土方,达到中板底面高程以下 0.5m 处,施作环形中板及地下一层侧墙。

(2)地下二层土方开挖

环形中板混凝土达到 28d 龄期后,进一步开挖土方,达到地下二层底板底面高程以下 0.5m处,施作防水、环形底板及地下二层侧墙。

(3)地下三层土方开挖

环形底板混凝土达到 28d 龄期后,进一步开挖土方,采用围护短桩达到地下三层 10 号线底板底面高程以下 0.5m 处。

(4)施工过程中环形顶板、环形楼板的内力变化情况

因为混凝土主要是承受压应力的构件,环形中板内力(尤其是拉应力)是判断结构安全可否的一个重要控制指标,每一步开挖,结构产生的应力如图 5-2-13～图 5-2-16 所示。

开挖至地下三层底板位置后环板结构的最大主应力分布图中板内最大主应力$[\sigma_1]=(1.75\times10^5\sim2.0\times10^5)<[\sigma_0]=1.71\times10^6$(C40 混凝土的抗拉强度),满足设计要求。

通过计算分析可知,开挖至地下三层底板位置后,作为逆筑部分的顶板、中板及钢管柱等二次结构应力分布较有规律,符合结构的受力特征。环形顶板及环形中板的最大主应力在钢管柱、围护桩等位置应力较为集中,环形板内应力呈环向分布,单向板特性十分明显,特别是在 10 号线地下三层开挖范围内环形顶板及环形中板的应力明显偏大。

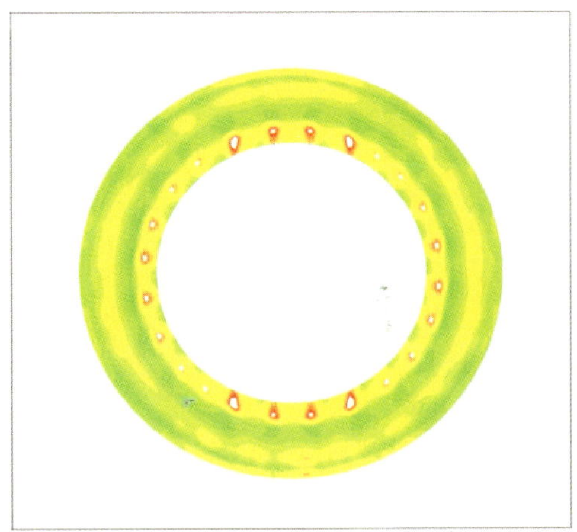

图 5-2-13 开挖到地下二层底板时环形顶板最大主应力

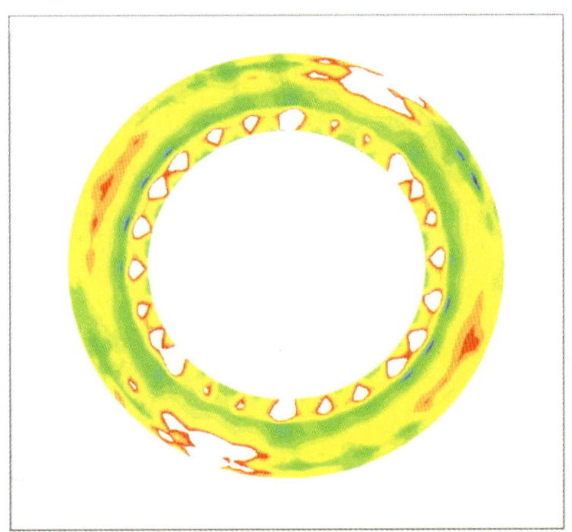

图 5-2-14 开挖到地下三层底板时环形顶板最大主应力

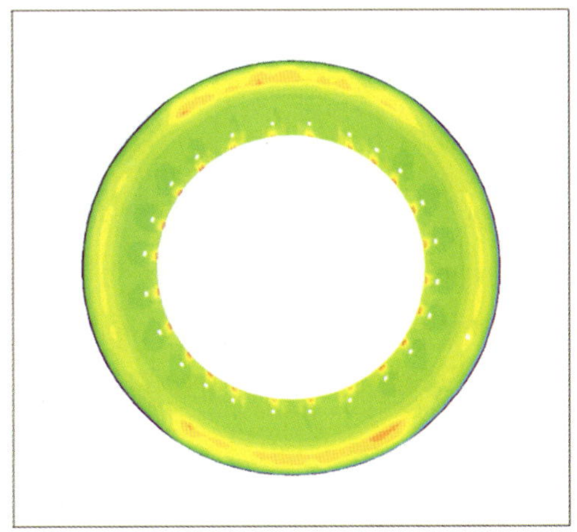

图 5-2-15 开挖到地下二层底板时环形中板最大主应力

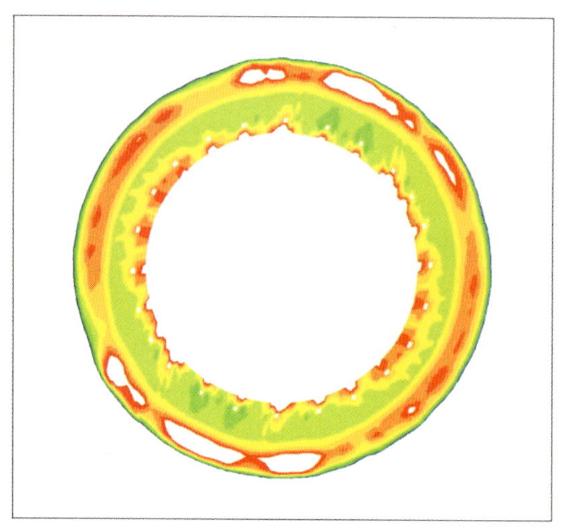

图 5-2-16　开挖到地下三层底板时环形中板最大主应力

(5)环形中板水平变形

环形中板的水平变形是控制基坑稳定的重要指标，也是"大直径环形板半盖挖逆作法"围护桩受力分析的重要参数。所以在围护桩计算之前，需确定环形中板水平压缩变形值。从图 5-2-17 中可以看出：环形中板在基坑开挖至地下二层时，圆形基坑在 X 方向上的最大变形值不大于 10mm。因此在实际施工时，考虑一定的施工误差，沿圆形基坑各向的最大变形值可按 15mm 来控制，满足一级基坑的变形等级要求。

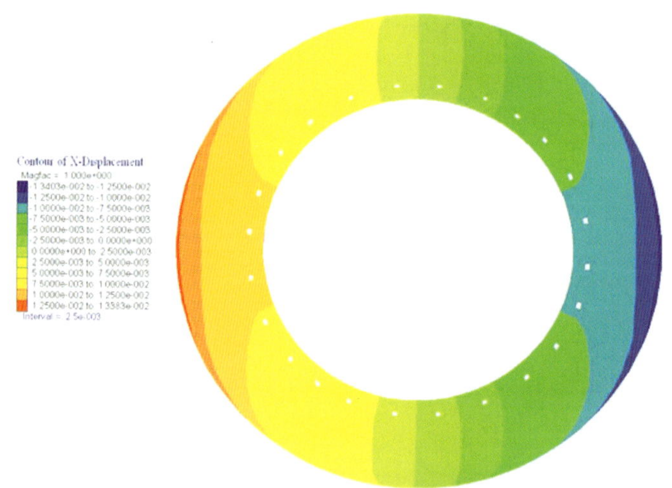

图 5-2-17　环形中板水平位移

由上述分析，通过环形中楼的环形变形控制值确定环形中板水平抗压刚度值，使得本工程中所采用"增量法"反算围护桩体变形和内力成为可能。

2.1.7　周边地表沉降模拟计算分析

从图 5-2-18 可以看出，第一次开挖周边一定范围的土体发生了沉降，最大值 4.5mm，主要由于浅基坑采用土钉放坡支护，刚度较小，因此土体发生了微小变形。而第二次、第三次、第四

次开挖的深度较大，开挖深度达 6m 以上，坑内土体发生了回弹，由于环形顶板、环形中板的刚度非常大，限制了土体向坑内变形，从而土体带动围护桩及周边土体上浮，最大上浮值为 10.19mm，但满足一级基坑变形要求，此规律类似于国家大剧院工程的监测数据。

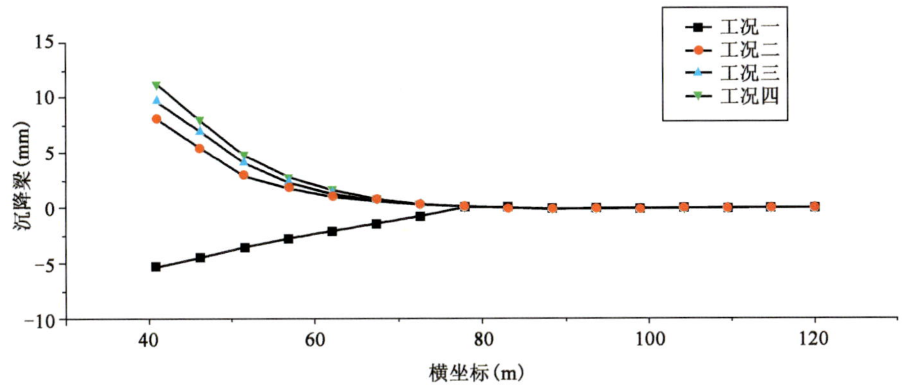

图 5-2-18 地表沉降曲线

注：工况一：开挖土方到顶板底面；工况二：开挖土方到地下一层中板底面；
工况三：开挖土方到地下二层底板底面；工况四：开挖土方到地下三层底板底面。

2.1.8 环形中板及钢管柱的差异沉降计算分析

从图 5-2-19 可以看出，环形中板最内侧位置也即钢管混凝土柱位置发生了 17.6mm 的竖向位移（上浮），而围护桩位置发生了 7.9mm 竖向位移（上浮），二者差异沉降为 9.7mm，结合北京地区盖挖逆筑经验，差异沉降允许值为 20mm，本工程的变形符合要求。

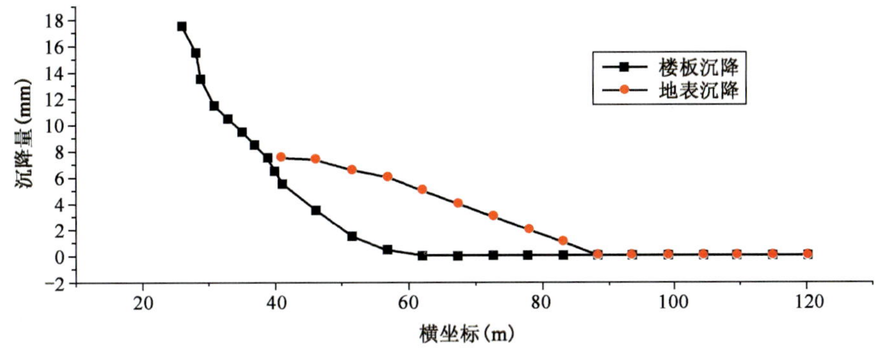

图 5-2-19 环形中板及钢管柱竖向位移

2.1.9 围护桩的位移及内力包络图

图 5-2-20、图 5-2-21 是采用 $FLAC^{3D}$ 三维模拟计算的围护桩体变形及内力图（开挖至地下三层底板工况）。

从图 5-2-20 和图 5-2-21 中可以看出，钻孔灌注桩最大水平位移约 10mm，最大弯矩约500kN·m。

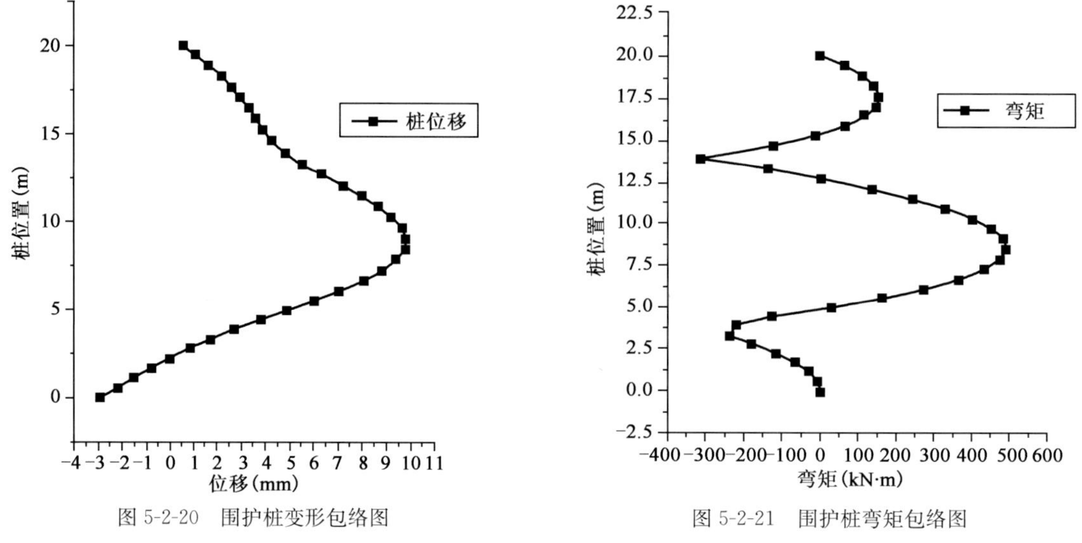

图 5-2-20　围护桩变形包络图

图 5-2-21　围护桩弯矩包络图

2.2　增量法计算分析

2.2.1　土压力

为保证结构施工及使用期间的安全,本工程采用朗肯土压力理论中的静止土压力进行计算。

2.2.2　增量法原理

增量法是一种先计算出各个施工工况下由增量荷载引起的内力及位移,并与之前各阶段结构已产生的内力及位移进行线性叠加,就可以得出当前阶段结构的实际受力及位移。增量法计算简图如图 5-2-22 所示。

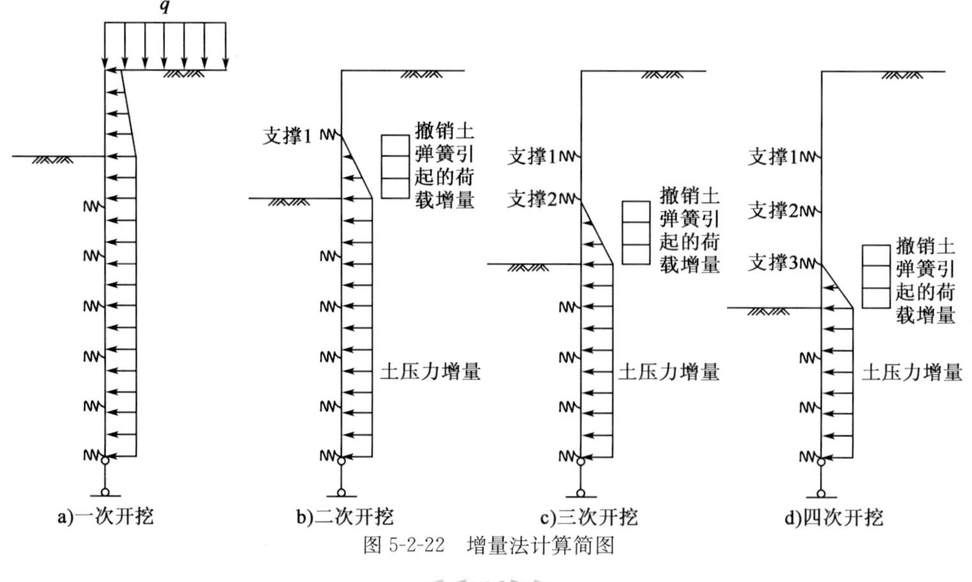

图 5-2-22　增量法计算简图

2.2.3 SAP84二维计算模型及内力图

增量法分析要求计算得到结构在施工阶段和使用阶段等不同阶段的受力状态。为恰当地模拟施工过程及使用阶段不同的受力状况，要将结构受力划分为若干个相对独立的工况进行计算，划分工况的依据是结构组成、支承状况有较大变化或结构受力有比较大的变化。由于结构的环向对称性质，将结构的空间抗压刚度简化为平面问题，建立二维模型进行分析。

(1)空间抗压抗度的平面简化

作为横向支撑的环形板带的直径达到15m，而且厚度0.9m，板在自重荷载下的变形不可忽略，这对板的横向刚度是不利的，因此计算板的横向抗压刚度时不可忽略。采用SAP84整体建模，用壳单元模拟板，侧向加上单位荷载，结构自重通过程序自行考虑，边界条件采用如图5-2-23所示。

取换乘圆厅逆筑部分的顶板建立平面壳单元模型(环形板带，外径80m，内径50m)，根据围护桩的位置情况，在布置围护桩的范围内施加单位荷载(1kPa)的均布荷载，10号线开口部分没有加荷载及边界约束。

图5-2-24、图5-2-25分别是顶板和中板环形板带X方向位移图。

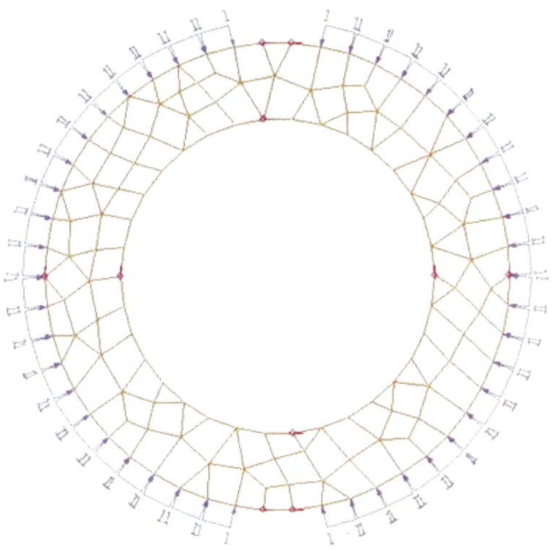

图5-2-23 环形板带等效刚度计算简图(1kPa均布荷载)

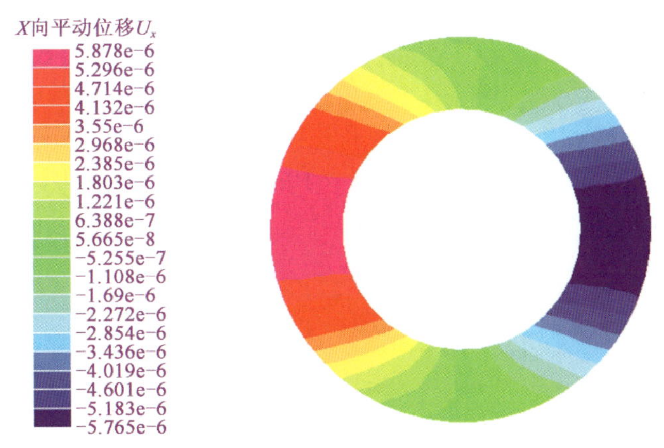

图5-2-24 顶板环形板带X方向位移图(0.9m板厚)

顶板抗压刚度：$k=N/s=1/(5.878E-6)=170MN/m^2$。

中板抗压刚度：$k=N/s=1/(1.058E-5)=94.5MN/m^2$。

将求得的顶板和中板的抗压刚度以弹簧的形式作为计算的边界条件。

(2)施工阶段荷载计算

第一步：开挖到顶板底面高程以下0.5m处(−4.3m)，施作钻孔灌注桩、钢管柱作为竖向支撑体系，浇筑顶梁、顶板。结构及荷载计算简图如图5-2-26、图5-2-27所示。

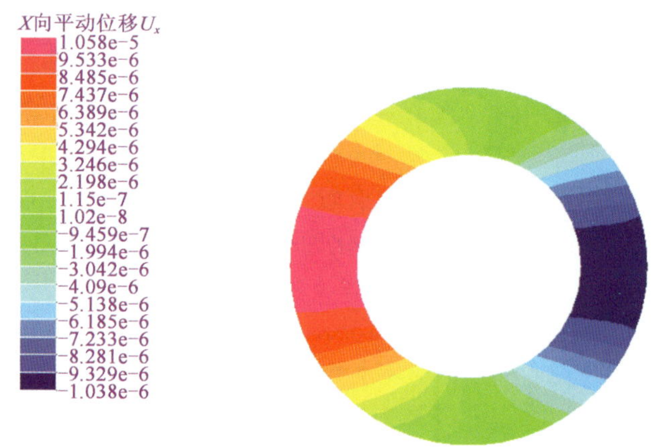

图 5-2-25　中板环形板带 X 方向位移图(0.5m 板厚)

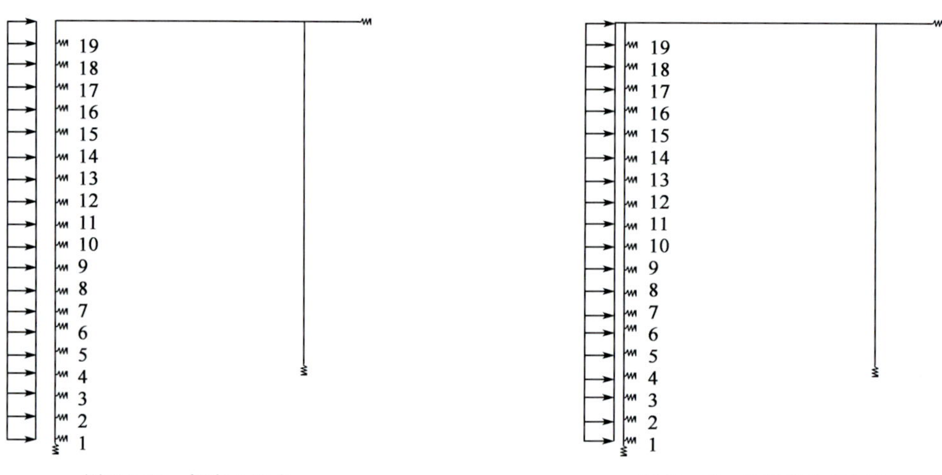

图 5-2-26　侧向土压力　　　图 5-2-27　地面超载侧压力

第二步:开挖到楼板底面高程以下 0.5m 处(−10.1m),施作楼板、侧墙,这一开挖步产生的荷载增量计算简图如图 5-2-28、图 5-2-29 所示。

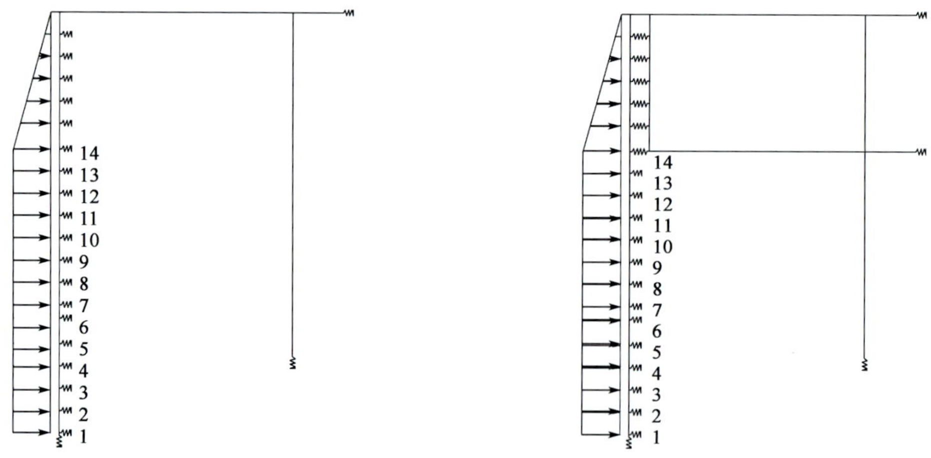

图 5-2-28　开挖到楼板底面高程引起的荷载增量　　　图 5-2-29　施作楼板侧墙引起的荷载增量

第三步：施作楼板、侧墙，并开挖土方至结构底板高程以下 0.5m 处，本工况的荷载增量计算简图如图 5-2-30 所示。

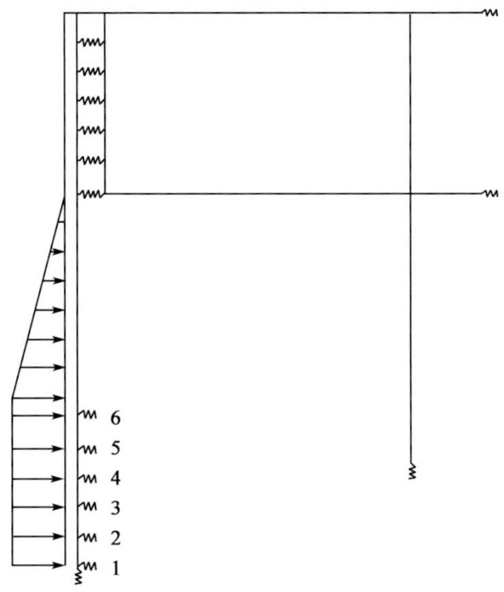

图 5-2-30 开挖到底板底面高程引起的荷载增量

(3)增量计算结果

用 SAP84 有限元分析软件按上面计算简图对施工过程进行模拟，并将每一步的增量荷载的计算结果与上一步计算的结果进行叠加，得到本阶段的位移、弯矩以及剪力，具体每一步的计算结果如图 5-2-31～图 5-2-50 所示。

(4)围护桩变形及内力包络图

图 5-2-51～图 5-2-54 是围护桩变形及内力包络图。

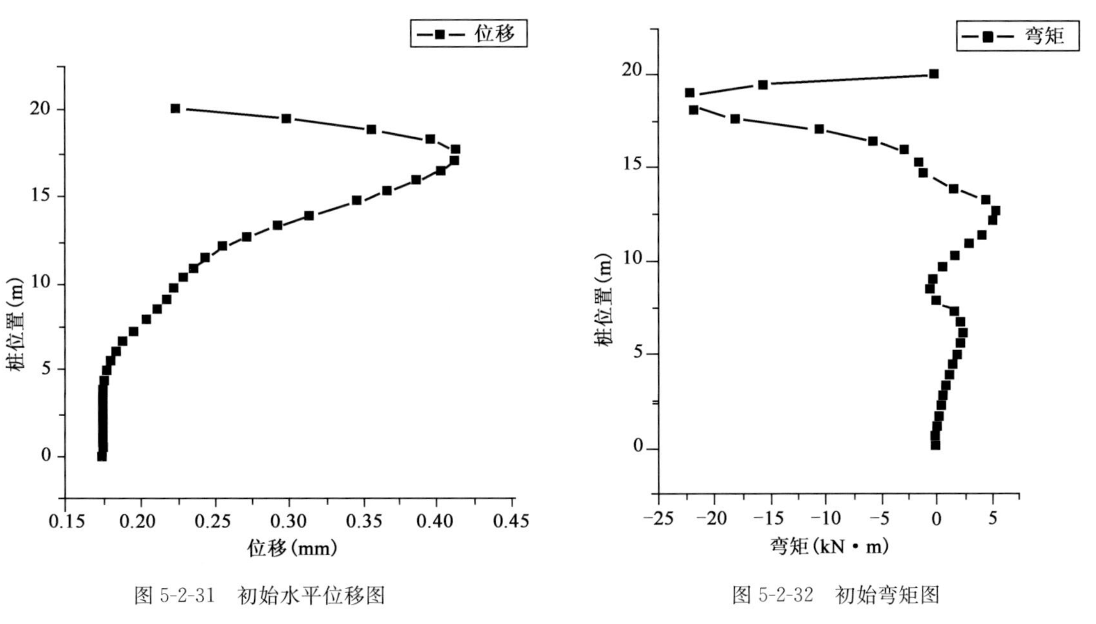

图 5-2-31 初始水平位移图

图 5-2-32 初始弯矩图

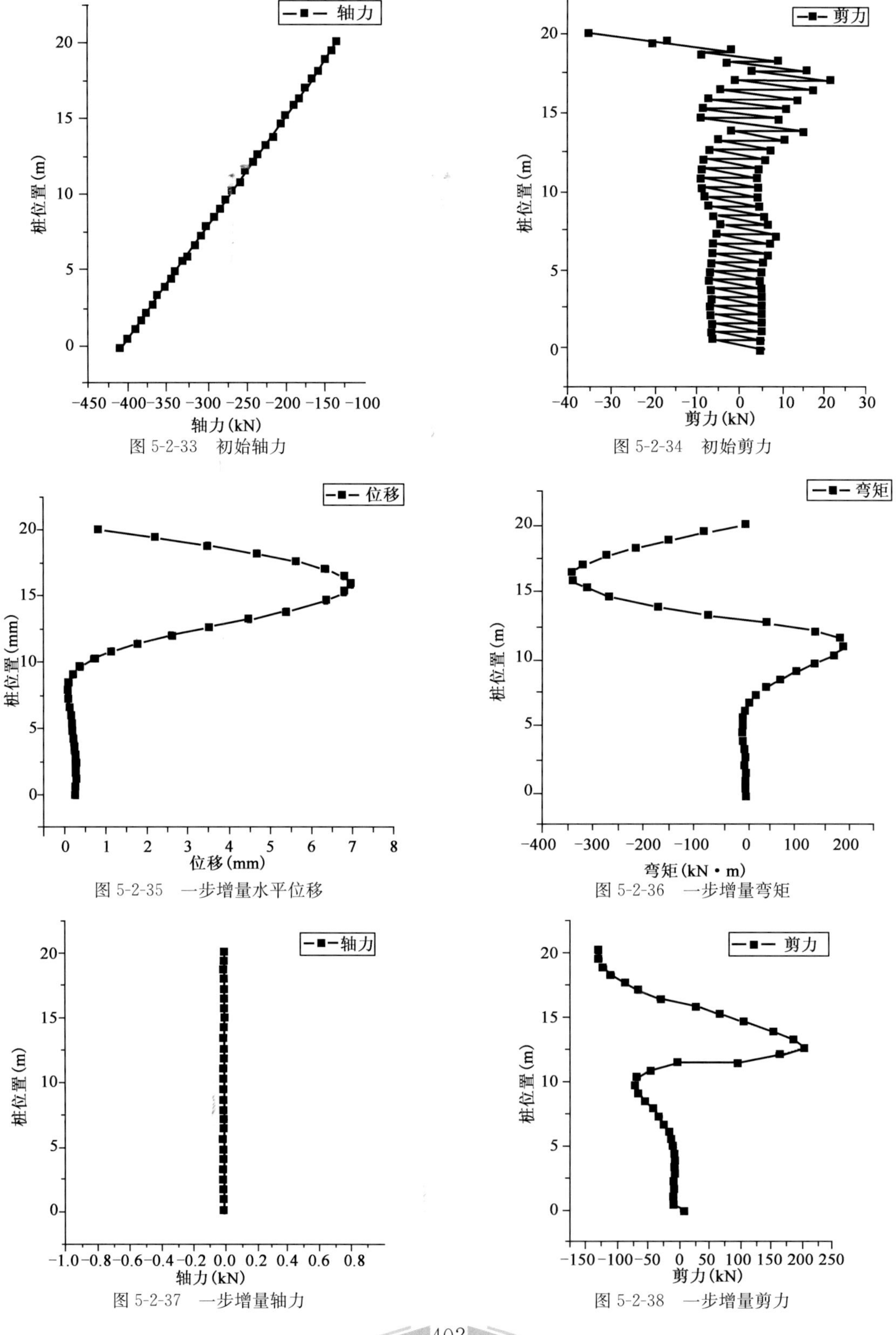

图 5-2-33 初始轴力

图 5-2-34 初始剪力

图 5-2-35 一步增量水平位移

图 5-2-36 一步增量弯矩

图 5-2-37 一步增量轴力

图 5-2-38 一步增量剪力

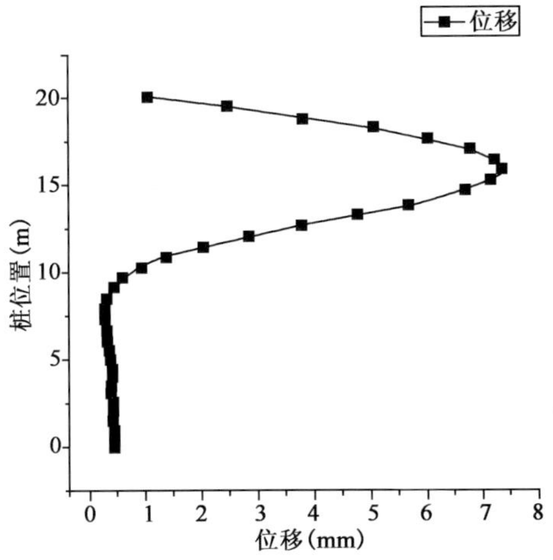

图 5-2-39 一步叠加位移

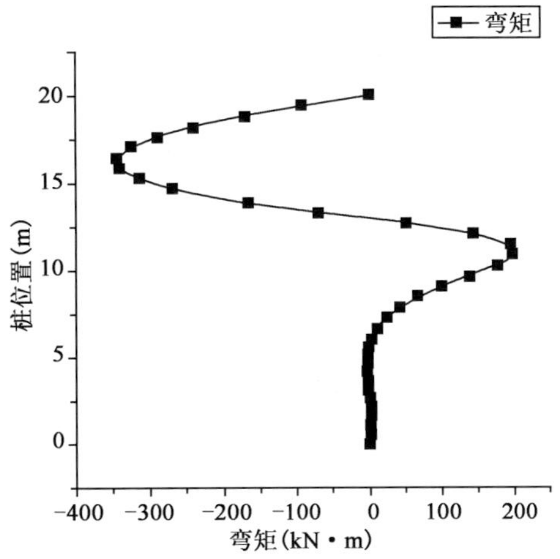

图 5-2-40 一步叠加弯矩

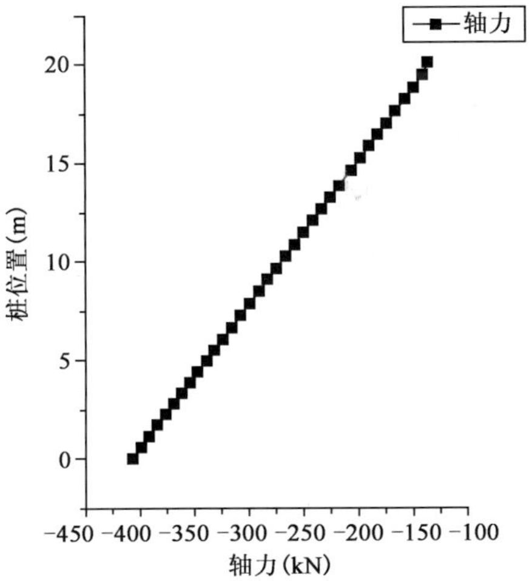

图 5-2-41 一步叠加轴力

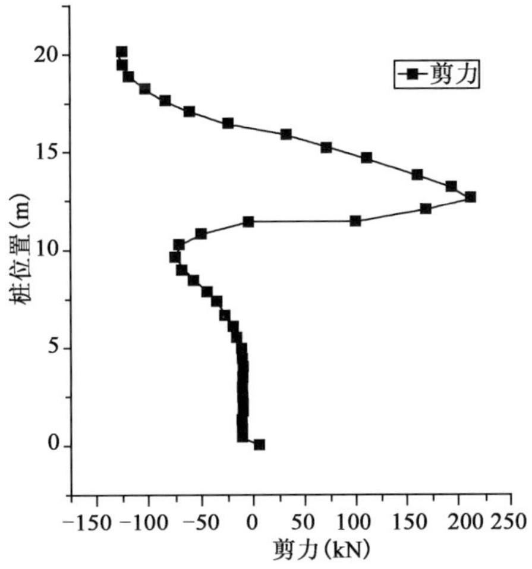

图 5-2-42 一步叠加剪力

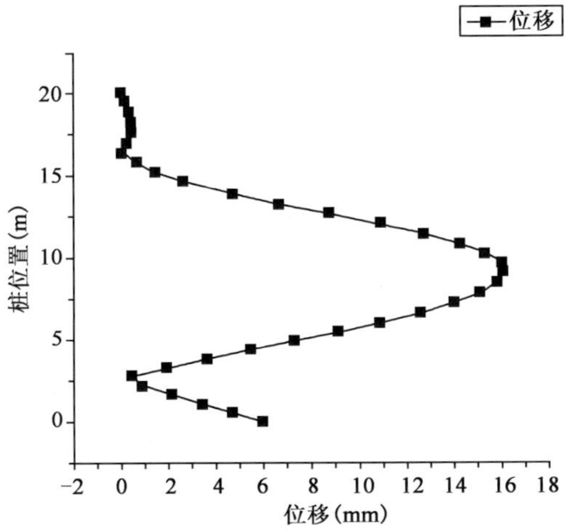

图 5-2-43 二步增量位移

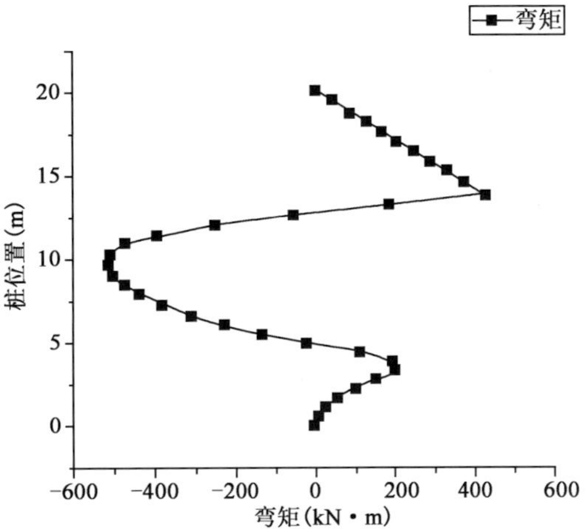

图 5-2-44 二步增量弯矩

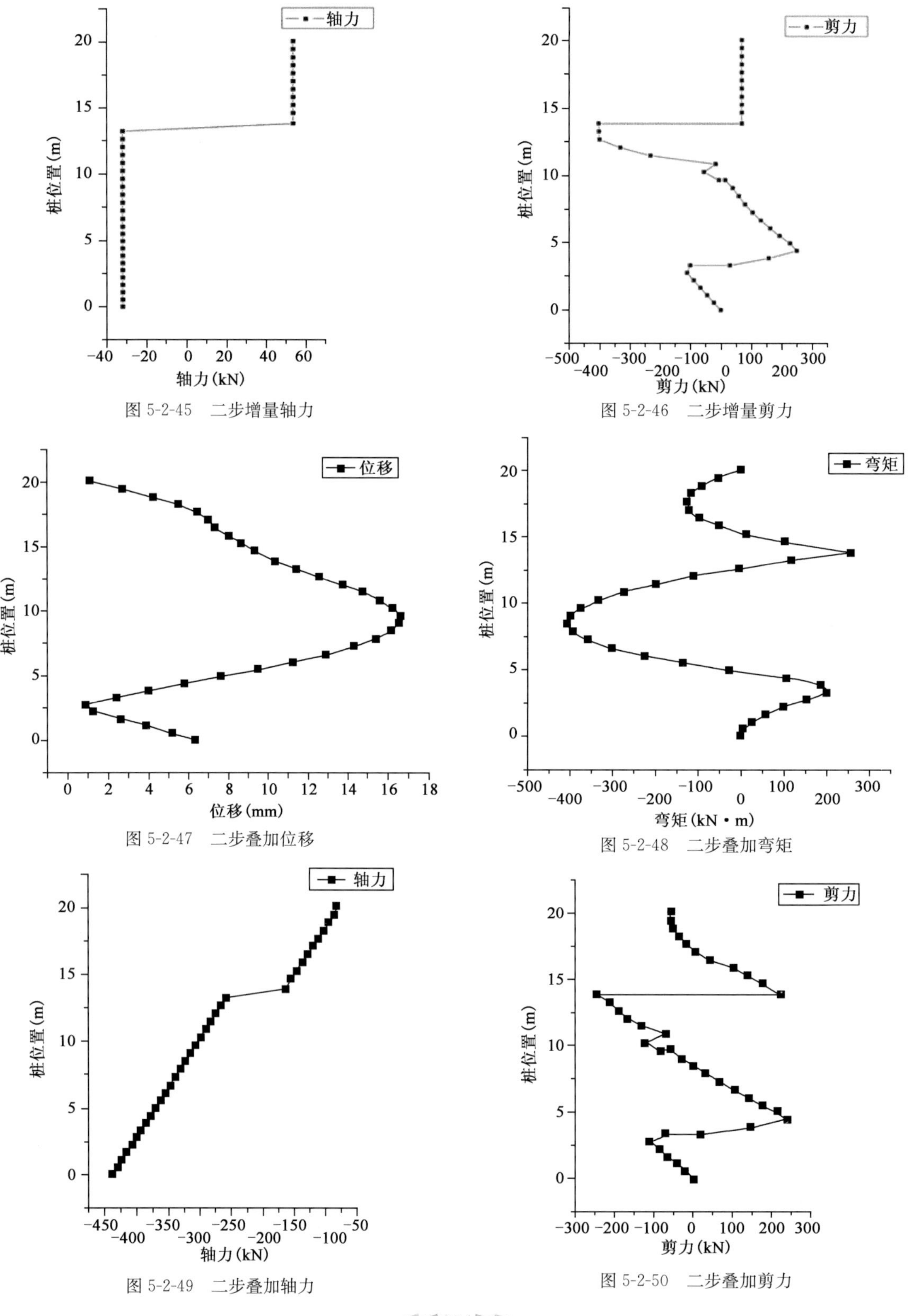

图 5-2-45　二步增量轴力

图 5-2-46　二步增量剪力

图 5-2-47　二步叠加位移

图 5-2-48　二步叠加弯矩

图 5-2-49　二步叠加轴力

图 5-2-50　二步叠加剪力

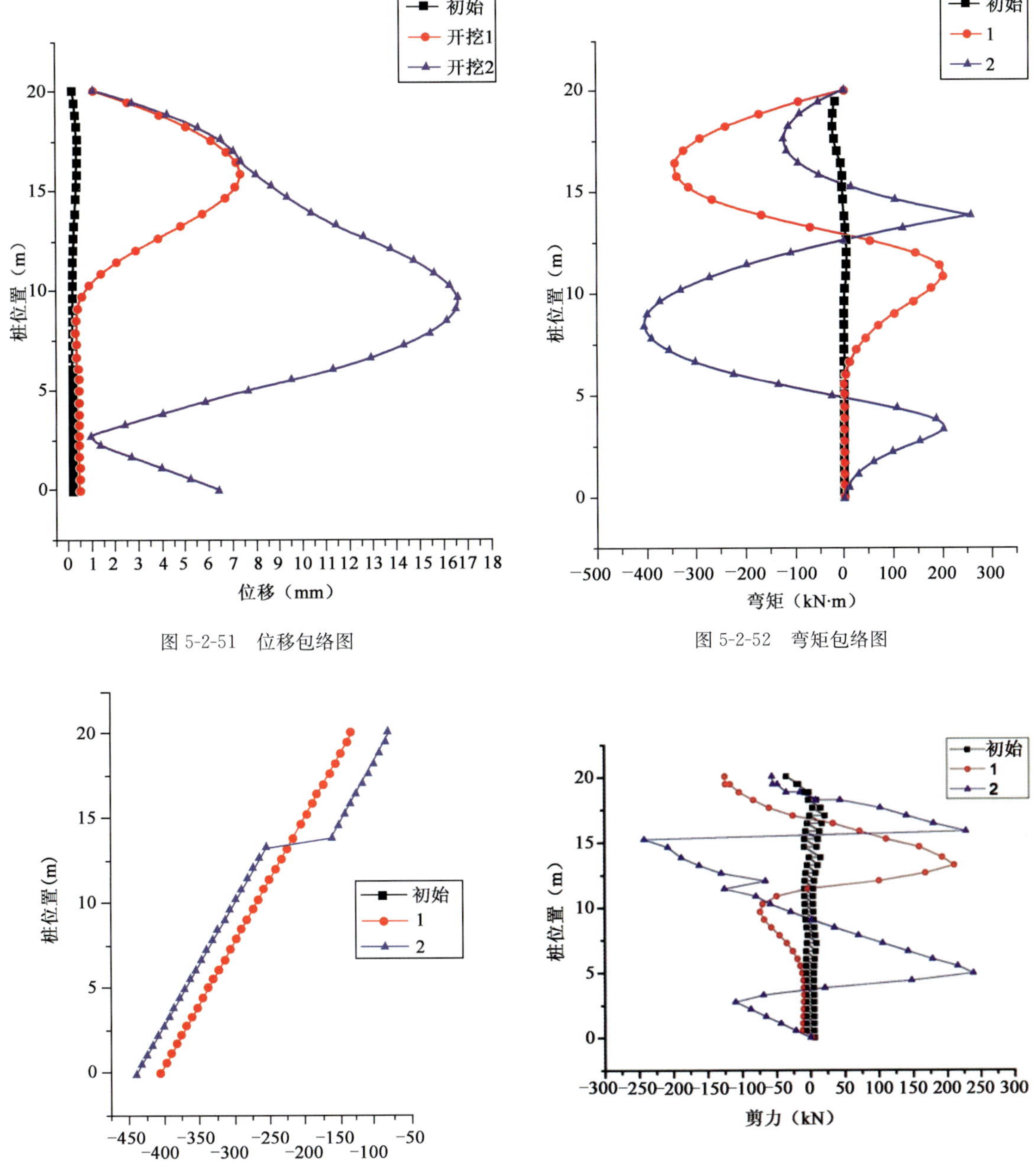

图 5-2-51　位移包络图

图 5-2-52　弯矩包络图

图 5-2-53　轴力包络图

图 5-2-54　剪力包络图

2.2.4　采用“启明星 FRWS 4.0 网络版”验算

(1)工况简图

计算工况简图如图 5-2-55 所示。

(2)计算简图

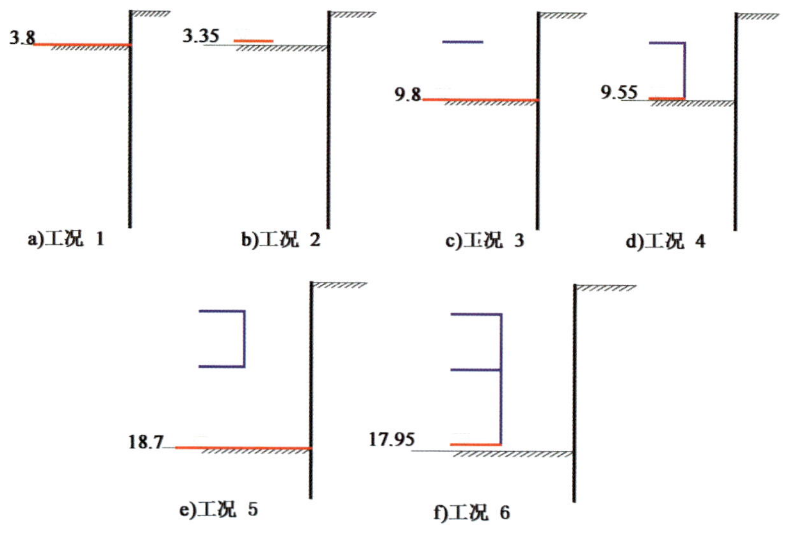

图 5-2-55　计算工况

围护桩 A 计算简图如图 5-2-56 所示。

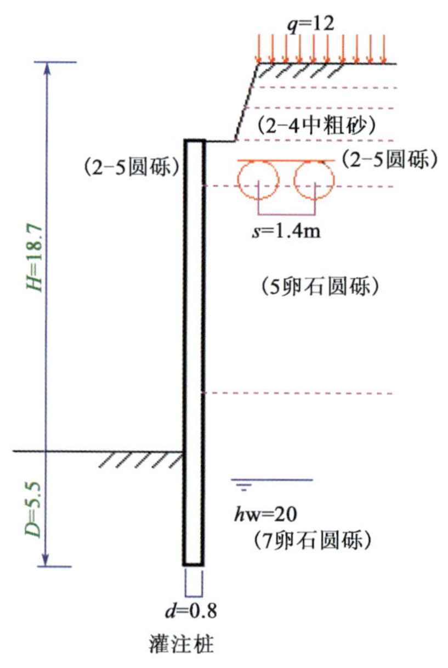

图 5-2-56　围护桩 A 计算简图

(3)内力图

内力及变形包络图如图 5-2-57 所示。

2.2.5　采用"理正深基坑 5.3 网络版"验算

内力及变形包络图如图 5-2-58 所示。

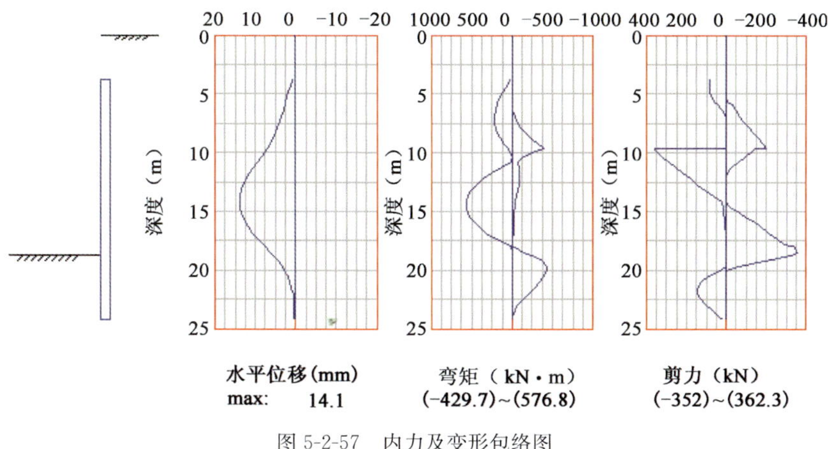

图 5-2-57　内力及变形包络图

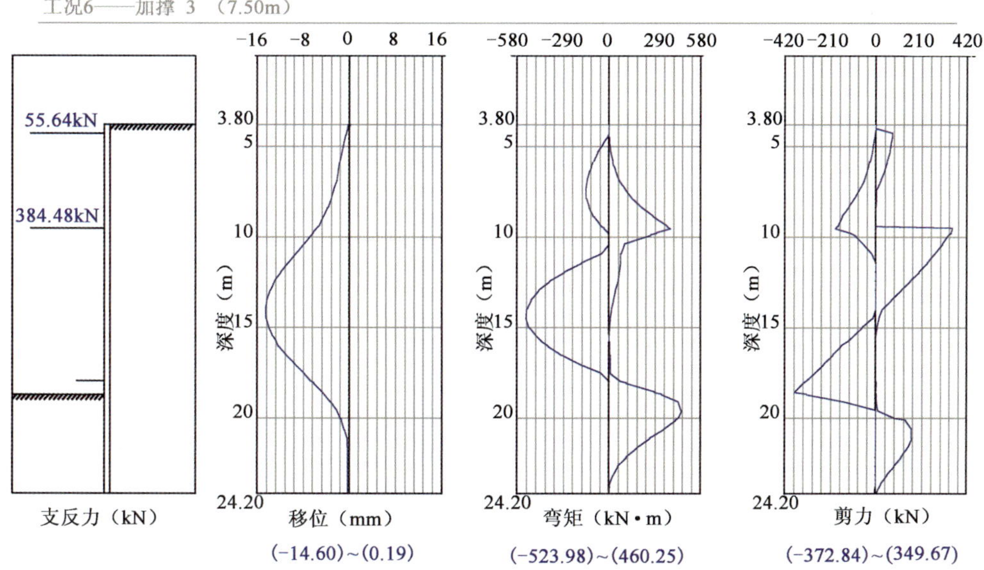

图 5-2-58　内力及变形包络图

2.2.6　计算结果对比分析

SAP84 增量法、同济启明星、理正深基坑软件计算内力的结果比较见表 5-2-4。

SAP84 增量法、同济启明星、理正深基坑软件计算内力比较　　表 5-2-4

计算方法	最大位移 (mm)	单桩最大弯矩(+/−) (kN·m)	单桩最大剪力(+/−) (kN)
$FLAC^{3D}$	10	500	
SAP84 增量法	16	360	330
同济启明星	14	577/430	382/352
理正深基坑	14.6	523/460	373/350

由表5-2-4中的计算结果分析比较，可认为SAP84增量法计算结果可靠。可以看出，基坑的变形满足规范中一级基坑的变形要求，因此可以得出结论：用环形中板代替传统的支撑是满足工程要求的。

第3章 多功能综合换乘圆厅结构受力计算分析

北京地铁9号线、10号线六里桥站多功能综合换乘圆厅采用“大直径环形板半盖挖逆作法”施工。车站多功能综合换乘圆厅为地下两层，直径80m的圆形结构形式，其中10号线部分为地下三层结构。由于多功能综合换乘圆厅形状为圆形，受线路、限界等因素影响，内部柱网布置较不规则(图5-3-1、图5-3-2)，整个结构单层建筑面积达到5000m²，故无法采用平面应变问题解决该结构的计算问题。

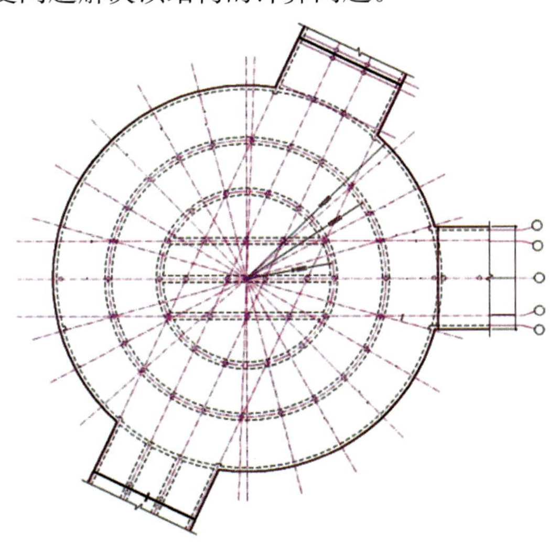

图5-3-1 多功能综合换乘圆厅顶板柱网布置图

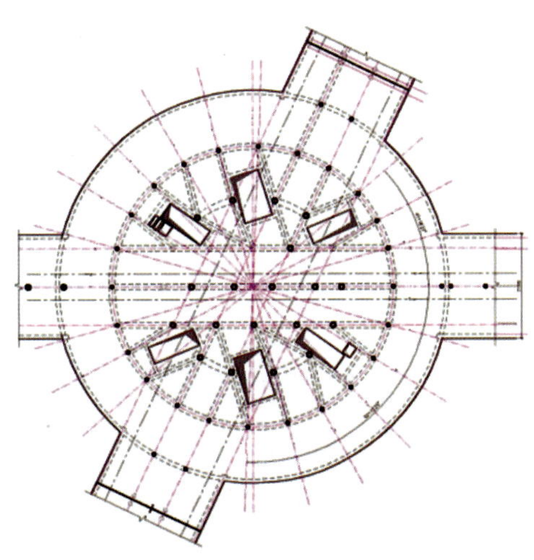

图5-3-2 多功能综合换乘圆厅中板柱网布置图

3.1 计算模型和计算方法

考虑到换乘圆厅直径为80m，采用SAP84结构分析通用程序5.4版，对顶板及中板单独建立模型，模拟其受力情况。

3.1.1 模型的建立

顶板结构按板单元考虑，支撑体系的侧墙也采用板单元模拟，考虑6m高度的侧墙对顶板弯矩影响(主要是侧墙刚度对顶板负弯距的影响会改变顶板内力分配),取整个多功能综合换乘圆厅区域进行模拟计算。多功能综合换乘圆厅梁系采用杆(梁)单元模拟,考虑与板的协同受力。结构柱采用杆(梁)单元模拟,释放其端部弯矩,不考虑其受弯情况,只起支撑作用。

3.1.2 侧向土(水)压力

模型中暂不考虑侧墙处土压力对顶板结构的影响。主要原因是:首先侧墙方向传来的土压力对顶板第一跨处正弯矩是有利荷载,其对第二跨正负弯矩的影响可忽略;其次,侧墙土压力相对较小,对顶板在墙支撑处的负弯矩作用是有限的,顶板在侧墙处负弯矩可参考标准矩形断面的数值并适当加强。

3.1.3 荷载取值

荷载取值按照现行《建筑结构荷载规范》(GB 50009—2012)执行,断面尺寸配筋及相关验算按现行《混凝土结构设计规范》(GB 50010—2010)相关规定执行。正常使用阶段按基本荷载组合工况计算结构极限承载力,案标准荷载组合验算结构最大裂缝,具体荷载组合见表 5-3-1。

荷载组合　　表 5-3-1

基本荷载组合	1.35×永久荷载标准值+1.4×0.7×活载标准值
标准荷载组合	永久荷载标准值+活载标准值

3.2 结构计算结果

顶板和中板结构计算模型如图 5-3-3、图 5-3-4 所示。

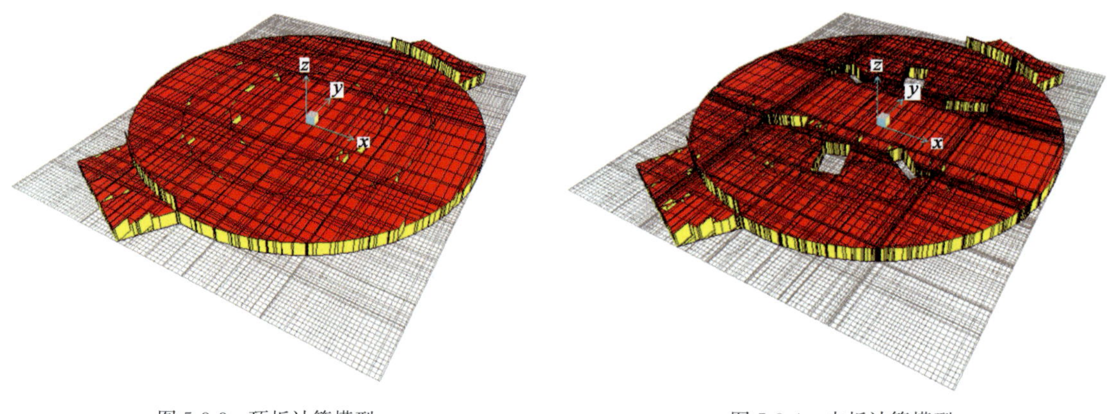

图 5-3-3　顶板计算模型　　图 5-3-4　中板计算模型

3.2.1 顶板内力图

图 5-3-5～图 5-3-7 分别为顶板的最大弯矩图、最大剪力图和变形图,图 5-3-8 为顶板梁内力图。

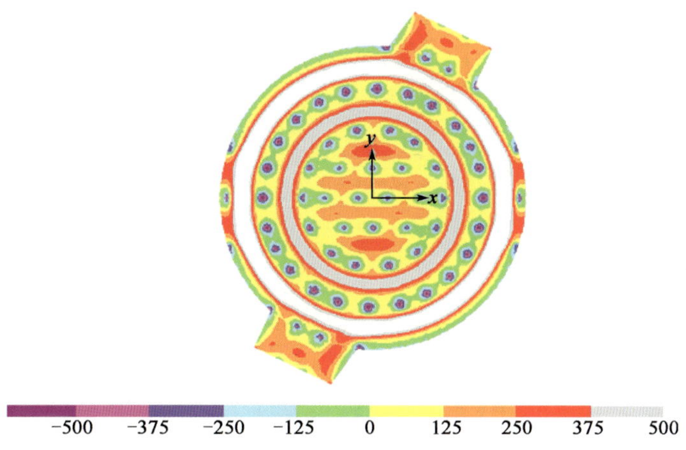

图 5-3-5 最大弯矩图(M_{max})(kN·m)

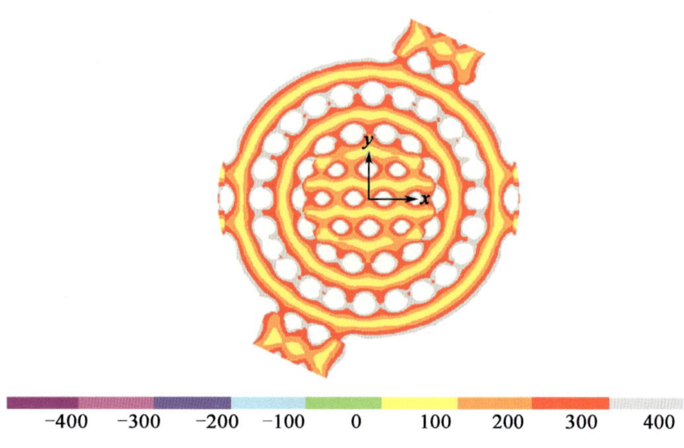

图 5-3-6 最大剪力图(V_{max})(kN)

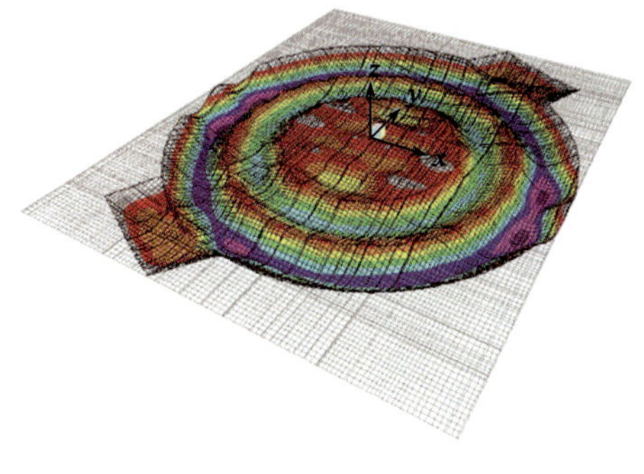

图 5-3-7 顶板变形图(S)(m)

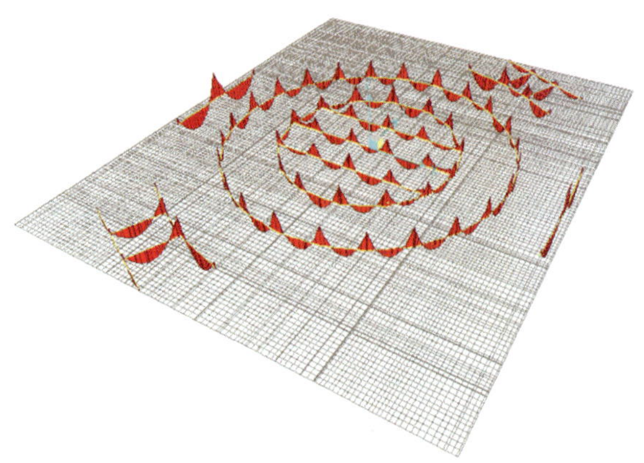

图 5-3-8　顶板梁内力图(M)(kN·m)

3.2.2　中板内力图

图 5-3-9～图 5-3-11 分别为中板的最大弯矩图、最大剪力图和中板变形图，图 5-3-12 为中板梁的内力图。

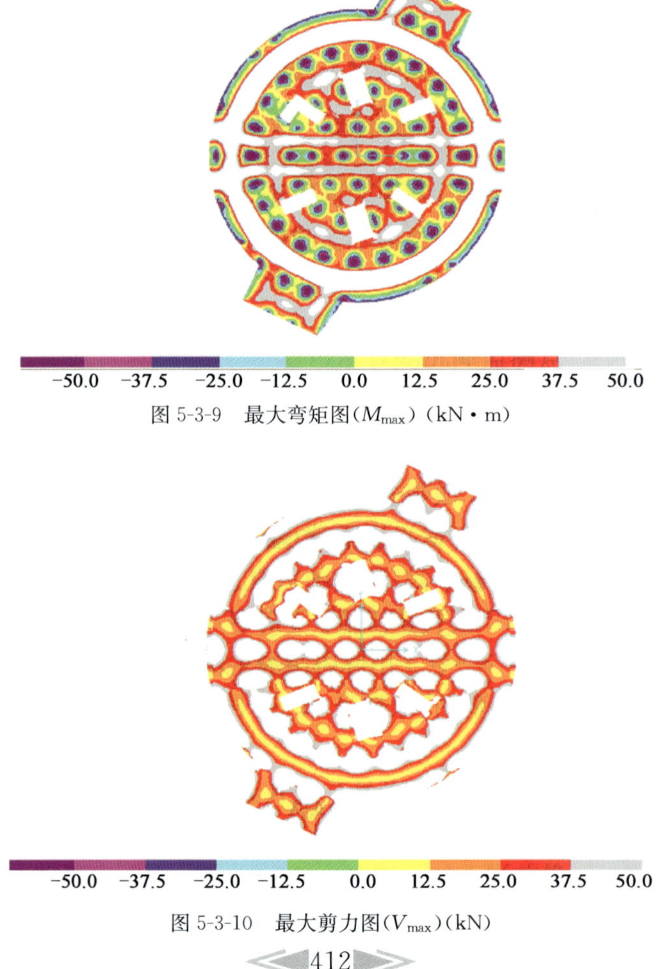

图 5-3-9　最大弯矩图(M_{max})(kN·m)

图 5-3-10　最大剪力图(V_{max})(kN)

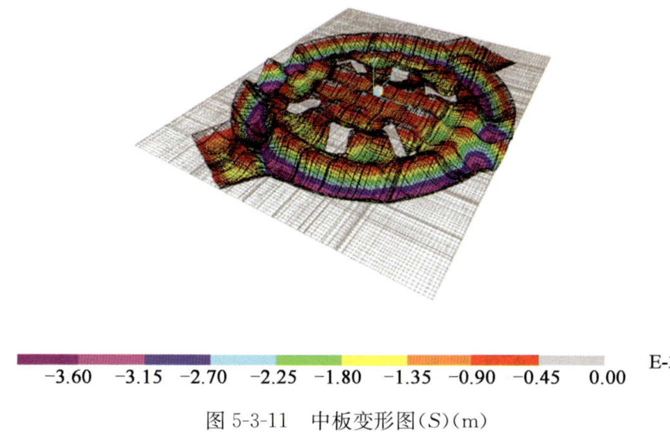

图 5-3-11 中板变形图(S)(m)

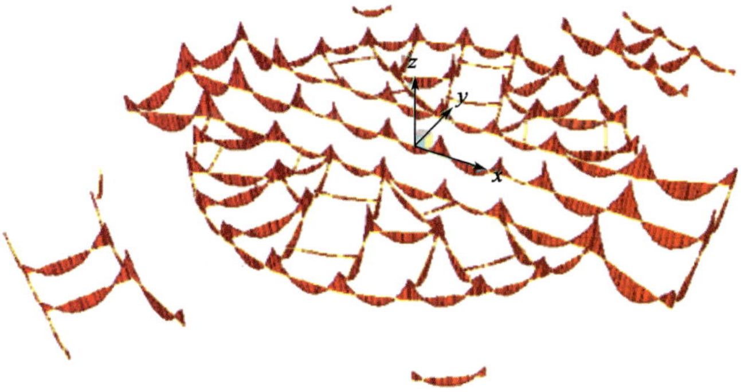

图 5-3-12 中板梁内力图(M) (kN·m)

3.2.3 梁柱节点的受力分析

从上述计算结果可以看出，板的受力形成了明显的分区，在柱子及环形梁范围形成了负弯矩区域，环形板的中部形成了正弯矩区域。特别是梁柱节点，负弯矩达到最大。梁柱节点的受力比较复杂，特别是钢管柱和混凝土两种材料的结合部位。作为横向支撑系统时，环形板环向受力及变形均匀是非常重要的，节点的受力性可能决定了整个工程的成败。

经计算，顶梁与钢管柱节点钢管最大拉应力 177MPa，中板梁柱节点钢管柱最大拉应力 63.7MPa，均小于 HPB235 级钢的抗拉强度，说明所选用的材料及截面尺寸是合理的。

第4章　关键施工技术的改进与提高

4.1　施工重点、难点分析

(1)由于多功能综合换乘圆厅本身结构的特点,基坑围护结构采用"钻孔灌注桩+15m外环结构"作为支撑体系,如何确保该基坑的稳定性是决定本工程成败的关键。

(2)克服大粒径卵石地层中钻孔灌注桩的机械成孔、土方开挖的影响,保证施工进度。

(3)保证钢管柱的施工精度以及水下钢管柱与抗拔桩的对接,是整个工序顺利进行的重中之重。

(4)正确选用施工机械和施工方法,克服有限净空限的限制,保证多功能综合换乘圆厅中10号线方向盖挖逆作地下二层中板下围护桩的施工。

(5)由于空间限制,在不使用大型起吊设备的前提下安全地架设地下三层的钢支撑。

(6)地下二层顺作部分中板施工与9号线车站铺轨工序交叉,合理调整脚手架方案,减少因交叉施工带来的不利影响。

4.2　关键施工技术

4.2.1　钢管柱安装定位

钢管柱是"大直径环形板半盖挖逆作法"环部的重要工程构件,施工阶段其为临时支柱,使用阶段则为车站永久性竖向承重与传力构件。钢管柱由两部分组成:钢管和抗拔桩基础。本站钢管柱的外径为800mm,钢管壁厚20mm,核心混凝土为C50微膨胀混凝土,共计30颗钢管柱,柱群在平面上呈圆形布置。基础抗拔桩为C30钢筋混凝土钻孔灌注桩,直径1.5m。钢管柱下端锚入柱基2m左右,钢管柱锚固段上设抗剪栓钉。钢管柱上部有效部位采用人工挖孔桩施工,人工成孔段采用钢筋混凝土护壁,护壁有效厚度200mm,护壁形式采用内齿式护壁,上下搭接50mm,混凝土强度等级为C20。护壁钢筋主筋采用ϕ12@300mm(Ⅱ级),箍筋ϕ6.5@150mm(Ⅰ级),主筋上下层之间采用弯钩搭接,搭接长度不小于$10d$(d为钢筋直径),以使上下两节形成整体。下部抗拔桩采用机械成孔,为防止钻孔灌注桩沉降,成孔下钢筋笼后

预埋三根 ϕ50 钢管作为注浆管，混凝土灌注后注浆。

钢管柱的位置（平面位置、高程、垂直度），护壁的受力、防水性能（强度、刚度和抗渗性能），混凝土的浇筑质量等都直接影响钢管柱的承载能力及整个车站的稳定性。其中钢管柱的安装精度最难控制，一旦工作有闪失则难以补救。

（1）自动定位器的设计

自动定位器是用钢板焊接而成的"十"字形锥体，加工时要求其与钢管柱底端配对，以便钢管柱吊装时直接嵌套就位。依据每根钢管柱的平面位置、高程、垂直度，将定位器上端固定于钢套筒的底部，下端用混凝土锚固于基础桩顶部。

自动定位器由型钢组焊接而成，呈"十"字锥形，锥底宽度比钢管内径小 5mm，主要包括锥形引渡板、定位十字板等构件。其中锥形引渡板实现对钢管柱的引渡功能，并控制钢管柱的垂直度，限定钢管柱的水平位移。定位十字板承托钢管柱，并控制钢管柱的水平位置及高程。定位器的制作质量必须严格控制，保证其具有足够的强度、刚度及精确度，以确保钢管柱安装时，定位器不发生破坏、变形、移位现象，并提供所要求的精度，如图 5-4-1 所示。

（2）自动定位器安装定位

常规定位器安装方法是在钢管柱的柱下桩基施工完成后，钻眼安装螺栓及定位板，再将定位器安装固定。但由于钢管柱有效桩身部分均采用挖孔桩施工，且挖孔桩内还有柱下桩基钢筋笼，在挖孔桩内打眼安装操作不便，不安全因素多，施工进度也较缓慢。

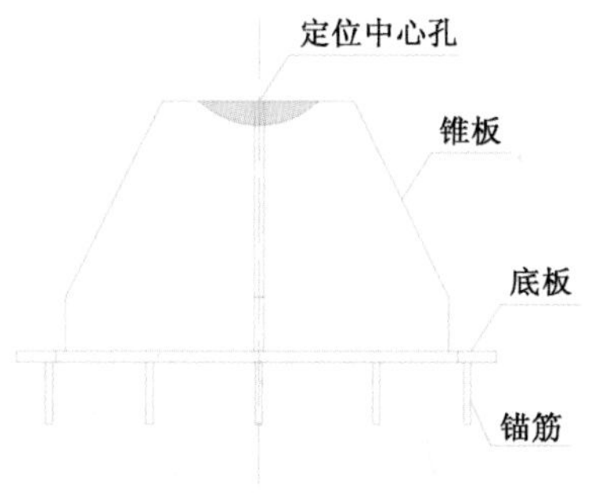

图 5-4-1 定位器部件图

本车站利用钢筋笼主筋作为安装定位器的支架，将两根角钢焊接在钢筋笼主筋上作为定位器安放平台。在桩顶浮浆破除后，先将桩头清理干净，然后将定位器（或角钢基座）高程导入孔内，精确测出定位器高程后，将两根 10cm×10cm 角钢焊接在桩基主筋上作为定位器的固定基座，在角钢的多个方向加焊支撑钢筋将基座顶紧在护壁上。利用投点仪将钢管柱中心投入孔内校准定位器的中心位置后，将定位器焊接在角钢基座上，用 5kg 线坠复核定位器中心无误后浇筑混凝土，使定位系统及连接钢筋牢固。

利用车站控制网中的导线点，经过全站仪和配套使用的激光锤准仪确定钢管柱的中心，进行钢管柱定位器精确定位，误差小于 3mm。

定位器精确定位后，即可对定位器下混凝土进行浇筑，使定位器固定牢固。浇筑混凝土时，应注意不对定位器造成扰动，混凝土浇筑完成后应立即对定位器进行再次复测精确定位（图 5-4-2），确保钢管柱定位器安装位置的准确。

（3）钢管柱上口调平固定

钢管柱顶部定位一般采用在孔口浇筑混凝土平台，安装定位支架，对钢管柱进行顶部定位。传统形式的平台占地面积较大、造价高且施工时间长。本次施工根据现场实际情况，对钢管柱上部定位平台进行了简化改良，实现了钢管柱上部的快速定位，而且大幅度降低平台造价。

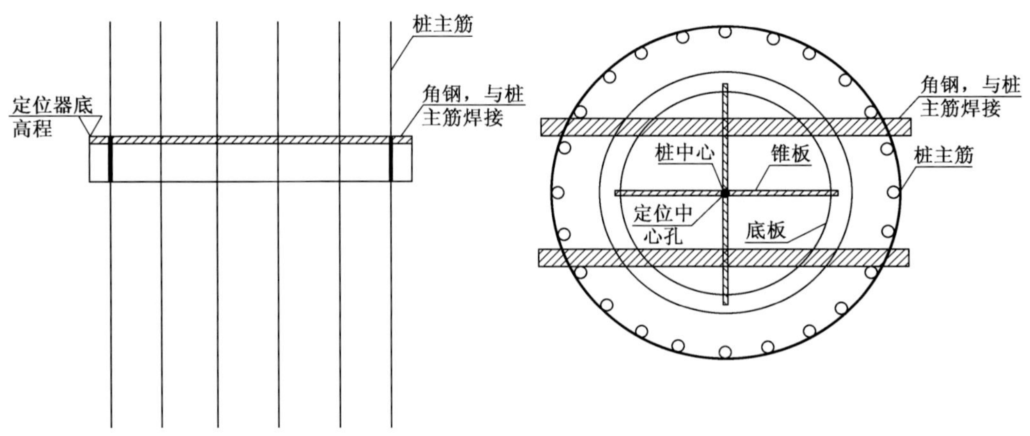

图 5-4-2 定位器的精确定位图

图 5-4-3 是简化改良后钢管柱上部定位原理示意图。具体做法是:钢管柱吊装到孔内,底部自动就位后,随即用激光垂准仪确定孔口中心线,用手动千斤顶一端顶住护壁,一端顶住钢管柱的顶托牛腿,微调到钢管柱重心与十字线焦点重合后,在钢管柱顶面及顶面下端的环形牛腿上各焊接 6 根 ϕ32 钢筋,6 根钢筋均匀分布,一端顶在挖孔桩护壁上,另一端焊接在钢管柱顶面,焊接长度 10d,焊缝应饱满,并与挖孔桩护壁顶实。

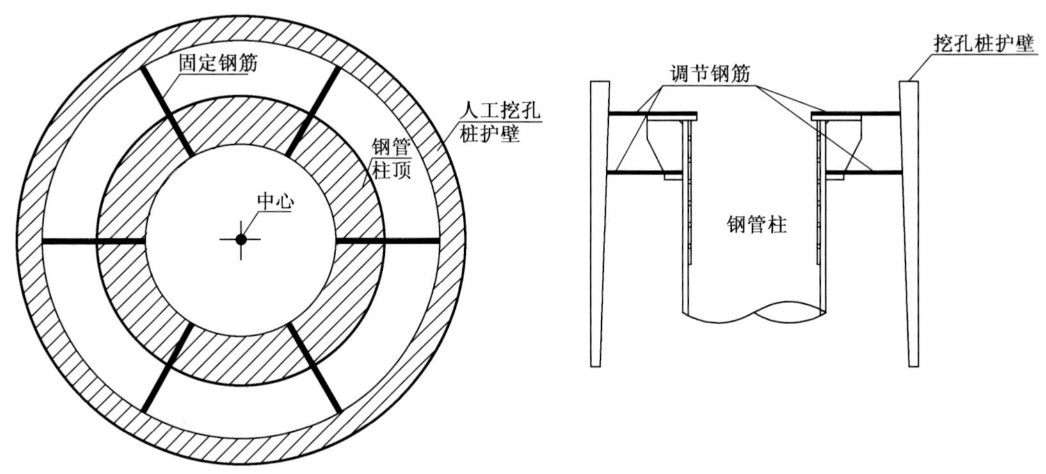

图 5-4-3 钢管柱上口定位原理示意图

4.2.2 围护桩施工,钢支撑安装及拆除

(1)半盖挖逆作部分中板下围护桩施工

地下三层围护桩为 ϕ800@1400mm,桩长 10.4m,沿着 10 号线车站地下三层方向两侧布置。地下二层土方开挖完成后,开始地下三层围护桩施工。明挖顺作部分采用机械成孔施工工艺,钻机及吊车由 9 号线预留马道驶入多功能综合换乘圆厅圆心部分,进行围护桩施工。盖挖逆作部分围护桩位于地下一层中板下,受地下二层层高(净空为 8.9m)限制无法采用大型机

械施工，受地下水位影响无法采用人工挖孔施工。

为了解决盖挖逆作部分围护桩的施工难题，对 CZ-6 型冲击钻机进行了改造，降低桅杆高度 2m，满足净空要求，对钻头中部和尾部加焊铁块，增加冲锤重量以保证冲击能力。改造后的 CZ-6 型冲击钻机可很好地满足现场施工要求，顺利完成了围护桩的施工。

(2)地下三层钢支撑安装及拆除

为保证施工进度，在地下三层钢支撑架设时，地下二层盖挖逆作部分底板已开始施工，9 号线相邻马道土方也基本上吊运完毕，吊车已无法进入大厅进行作业。在顶板上支设吊车，由于吊距过远，吊车无法将拼装完成的整根钢支撑吊起，钢支撑架设成为制约施工的难点。为解决这一难题，设计、施工技术人员根据现场实际条件，设计了简易支架架设钢支撑，成功解决了钢支撑架设和拆除的难题。

①支架设计。在冠梁施工时，除按设计要求在钢支撑端头位置预埋钢板外，在钢板位置冠梁顶部预埋两块长条形钢板，作为后续支架预埋钢板使用。采用 1.4m 长 18 工字钢作为立杆焊接在冠梁预埋钢板上，在立杆顶部上顶头焊接 1.1m 长 18 工字钢作为水平杆，水平杆向结构内伸出 40cm，在水平杆中部下方采用 L14 工字钢焊接成支架作为支腿，支撑住水平工字钢。采用 10t 电动葫芦，将在基坑内拼装完成的钢支撑起吊安装就位。各部位节点均应满焊，焊接质量满足施工规范要求。支架设计图如图 5-4-4 所示。

②钢支撑安装及拆除。采用吊车将分节的钢支撑、活络头吊入基坑内，利用基坑内挖掘机将钢支撑拼装完成，开始对钢支撑进行安装。具体安装步骤如下：

第一步：利用挖掘机在基坑内将钢支撑拼装完成(图 5-4-5)，在钢支撑两端冠梁顶支架上个安装一个 10t 起吊重量的电动葫芦，慢慢将钢支撑起吊，起吊时必须派专人指挥，两端同时起吊缓慢提升，在提升过程中随时注意两端起吊高度，发现异常情况及时调整。

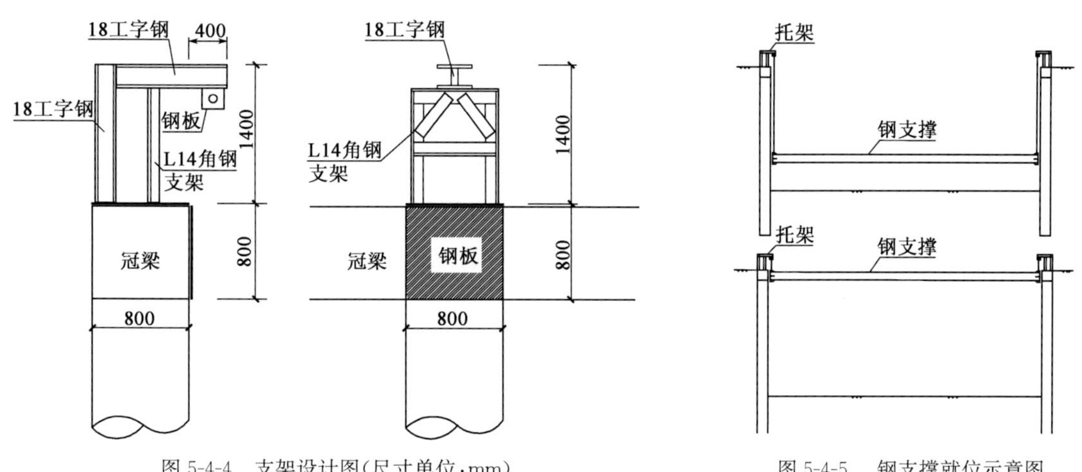

图 5-4-4 支架设计图(尺寸单位：mm)

图 5-4-5 钢支撑就位示意图

第二步：将钢支撑起吊至安装高度后，将电动葫芦停稳并采取固定措施，防止导链发生滑动导致钢支撑下沉。

第三步：在钢支撑固定端和活动端钢板上焊接托板和三角托架，焊接必须采用双面焊，焊接牢固。

第四步：将钢支撑稳稳放到托板和支架上，立即按照设计轴力对钢支撑进行加压。

由于钢支撑端头与基坑侧壁距离较小，如先焊接托板，钢支撑会被托板阻挡无法提升到位，所以在施工时必须是先吊钢支撑后焊托板，地下三层钢支撑现场安装情况如图 5-4-6 所示。

在结构底板浇筑完成并达到设计强度后，利用支架对钢支撑进行拆除，拆除顺序与安装顺序相反，先用电动葫芦吊住钢支撑，然后拆除托板，将钢支撑下放到底板上，分节解体后，由吊车吊出，最后将支架进行拆除。

4.2.3 采取独特门架体系进行结构与铺轨交叉施工

为了保证 9 号线六里桥站铺轨作业与土建工程同步施工，在多功能综合换乘圆厅的负二层(9 号线站台层)顺做范围的左、右线沿线路方向搭设门架，门架上部施工结构楼板，下部满足铺轨机械设备和人员通行，净空尺寸宽 4.2m，高 5.6m，搭设于已完换乘厅底板结构上，门架上部施工楼板厚 0.5m。搭设平面位置如图 5-4-7 所示。

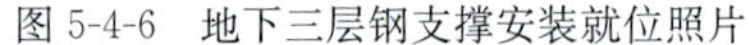

图 5-4-6 地下三层钢支撑安装就位照片

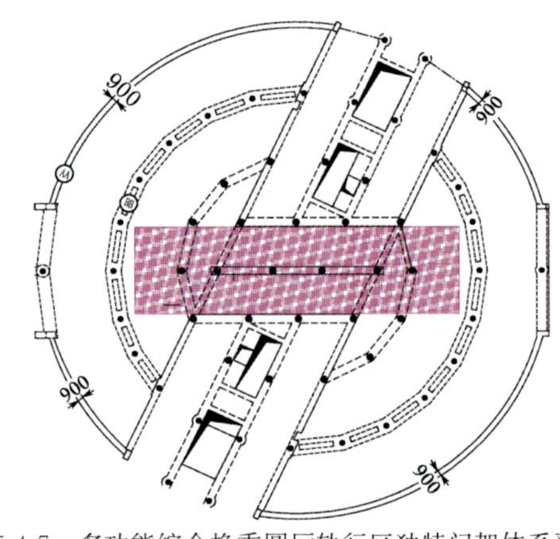

图 5-4-7 多功能综合换乘圆厅轨行区独特门架体系平面图

为保证与逆作结构顺接，门架总长 52m，净空尺寸为宽 4.2m、高 5.6m。用碗扣式脚手架作为门架两侧的柱子，立杆间距 300mm×300mm，横杆步距 600mm，在脚手架顶部安装可调型 U 托调节顶部高度，U 托上布置 100mm×100mm 的方木作为纵向联系梁，方木上方安装 400 号 H 型钢主梁，主梁间距 1200mm，翼板宽度 400mm，立杆间距 300mm，故每根型钢支设在两排立杆上，具体方案如图 5-4-8、图 5-4-9 所示。

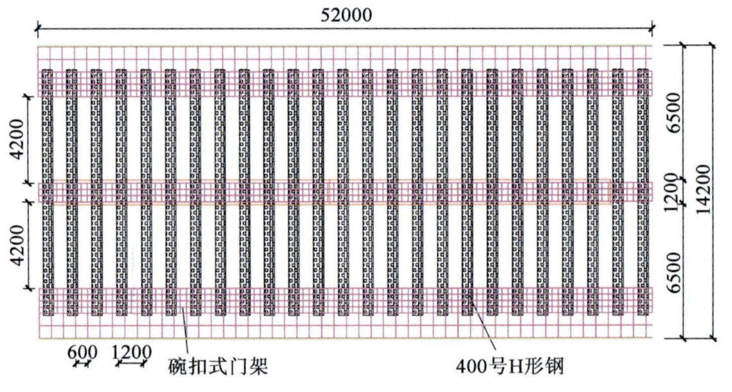

图 5-4-8 多功能综合换乘圆厅门架平面图(尺寸单位：mm)

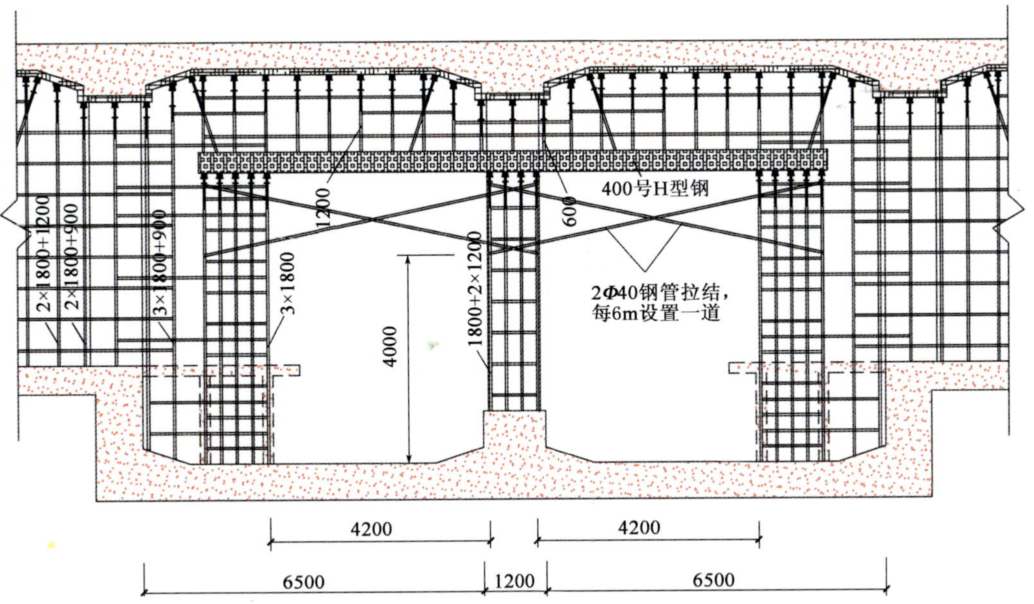

图 5-4-9 多功能综合换乘圆厅门架剖面图(尺寸单位:mm)

第5章　工程监控量分析

5.1　监控量测方案及实施

在多功能综合换乘圆厅基坑施工过程中，对基坑自身结构及周边地表分别由第三方监测单位和施工单位开展了监控量测工作。

5.1.1　监测重难点分析

(1)监测重点

多功能综合换乘圆厅全部监测内容可以分为对钢管柱和围护桩的监测以及周边地表的监测两类，监测重点分析如下：

①对钢管柱的受力监测旨在了解钢管柱的受力稳定性。

②基坑围(支)护结构的变形监测内容包含围护桩桩体变形、桩顶沉降、钢管柱的沉降及水平位移。旨在通过监测了解基坑围(支)护结构的整体变形，重点关注的半盖挖逆作结构的纵向稳定情况(重点关注围护桩和钢管柱的沉降及差异沉降)和横向稳定情况(重点关注围护桩桩体水平位移和钢管柱位移)，确保整体结构的稳定。因此，桩体变形、桩顶及柱顶沉降及差异沉降、钢管柱水平位移是本监测工程的一大重点。

③基坑顶板以上放坡开挖，基坑周边车辆往来频繁，因此对地表变形监测也为本监测工程的一个重点。

④针对基坑开挖规范化施工以及周边环境的日常巡视检查工作，可有效在工程措施上消除风险隐患，也是本监测工程的一个重点。

(2)监测难点

①半盖挖逆作部分顶板施作时，围护桩的测斜孔需引入底板以上，可能对测斜孔造成破坏，影响监测连续性。

②换乘圆厅直径较大，水平位移监测中，如何布设控制点，并保证监测精度有一定难度。

5.1.2　监测点布设

(1)围护桩桩体变形监测

根据工程筹划安排，换乘圆厅基坑与9号线六里桥站基坑同步开挖。因此，换乘圆厅与9号线车站基坑相接部位的围护桩是桩体位移监测的重点部位。监测过程中，需重点了解向9号线车站基坑内部和向换乘圆厅基坑内部两个方向桩体变形，测斜管埋设过程中，重点控制测线方向。

换乘圆厅基坑与10号线六里桥站基坑相接部位围护桩受换乘圆厅基坑和10号线车站基坑双重影响。因此，该部位桩体变形也是监测的重点部位，在中部布设了桩体位移监测点。

换乘圆厅西北、东南侧各加密了1个桩体位移监测点。

(2)围护桩桩顶、钢管柱柱顶沉降监测以及钢管柱位移监测

每个桩体变形监测点部位均布设桩顶沉降监测点，除换乘圆厅与9号线车站相接部位外，其余桩体变形监测点中部加密1个桩顶沉降监测点。

对应桩顶沉降监测点，在钢管柱上布设钢管柱柱顶沉降及位移监测点。

(3)地表沉降监测

对应桩顶沉降监测点，布设地表沉降测点，并布设4个监测断面，每个断面4个监测点。

(4)换乘圆厅中部10号线基坑地下三层部位

因基坑较浅，按照常规基坑进行桩顶位移和支撑轴力进行监测，在此不再详述。

第三方监测布点平面布置如图5-5-1所示。

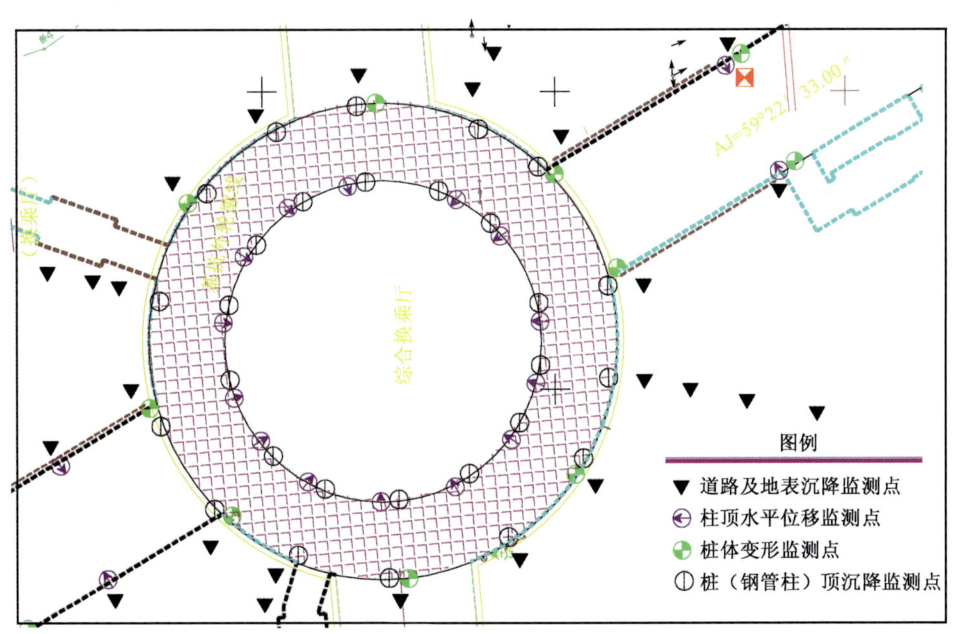

图5-5-1 第三方监测布点平面图

依据设计及规范要求，经专家评审共布设8个桩体位移，14个桩顶沉降，14个钢管柱顶水平位移及沉降，25个地表沉降测点。

5.1.3 监测周期及频率

监测周期自土建施工前(2010年5月)开始监测，至结构完成后停止监测(2011年3月)。

监测频率依照工程进度、测点变形情况等进行调整，开挖期间由每周一次，逐渐加密为每天一次，结构施工过程中，由每天一次逐渐调整为每周一次。

5.2 监测成果总结

5.2.1 总体变形情况

换乘圆厅基坑监测约 10 个月，桩体水平位移最大偏移 6.3mm，桩顶最大沉降 3.2mm，钢管柱顶沉降最大沉降 2.0mm，钢管柱顶最大水平位移 5.0mm，地表最大变形 8.2mm。各测项变形均小于控制指标，处于正常范围之内。

5.2.2 桩顶和桩顶沉降及差异沉降变形分析

针对桩顶和桩顶沉降及差异沉降，对 14 个断面的桩顶和柱顶最终沉降及差异沉降进行统计，结果见表 5-5-1。

桩顶和柱顶最终沉降及差异沉降统计　表 5-5-1

	断面1	断面2	断面3	断面4	断面5	断面6	断面7	断面8	断面9	断面10	断面11	断面12	断面13	断面14
桩顶沉降（mm）	−3.2	−2.2	+0.3	+0.6	−1.0	−1.6	−2.3	−2.0	−0.8	−1.2	−0.2	−1.0	−1.4	−2.4
柱顶沉降（mm）	−2.0	−0.6	+1.1	+0.2	−0.5	−1.3	−1.6	−1.0	+0.6	−0.2	0.3	−0.3	−0.9	−1.3
差异沉降（mm）	−1.2	−1.6	−0.8	+0.4	−0.5	−0.3	−0.8	−1.0	−1.4	−1.0	−0.5	−0.7	−0.5	−0.9

注：表中“+”表示上浮，“−”表示下沉；差异沉降＝桩顶沉降−柱顶沉降。

由表 5-5-1 可以看出：

①桩顶沉降普遍表现为下沉，最大下沉量为 3.2mm，14 个监测点中有 2 个监测点变形为上浮，分别上浮 0.6mm、0.3mm。

②柱顶沉降下沉多于上浮，最大下沉量为 2.0mm，14 个监测点中有 4 个监测点变形为上浮，分别上浮 1.1mm、0.2mm、0.6mm、0.3mm。

③桩顶沉降普遍较柱顶沉降下沉明显，两者差异沉降最大 1.6mm，14 个断面中仅 1 个桩顶沉降小于柱顶沉降下沉。

对桩顶及柱顶典型沉降点随时间变形情况做时程曲线图，如图 5-5-2 所示。

通过对图 5-5-2 进行分析，可得出结论如下：

①随着基坑−1 层土方开挖，基底应力释放，钢管柱及围护桩均表现一定量的上浮，且钢管柱上浮较围护桩上浮明显。通过对比分析钢管柱与围护桩变形曲线可知，钢管柱较围护桩先变形，主要由先开挖换乘圆厅圆中部及盖挖逆作外部土方，后清理围护桩周边土方造成的。

②中板及−1 层侧墙施工过程中，围护桩及钢管柱基本无变形；−2 层土方开挖引起钢管柱明显上浮，但上浮幅度较−1 层土方开挖引起的幅度小；−2 层土方开挖对围护桩未引起明显变形。

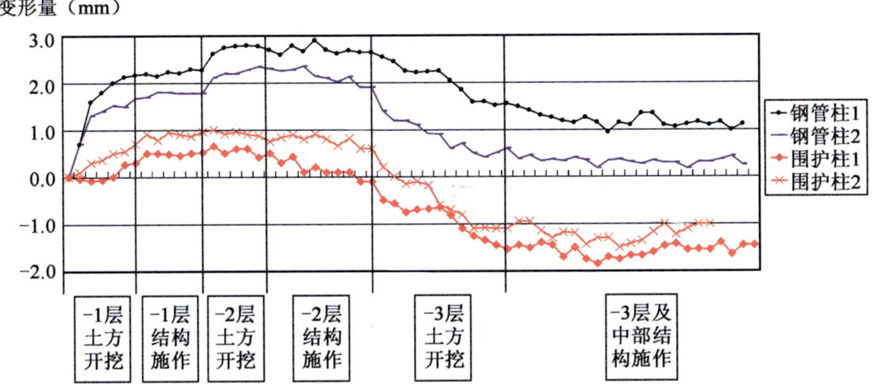

图 5-5-2 典型桩顶及柱顶测点沉降时程曲线图

③−2 层底板及−2 层侧墙施工引起围护桩及钢管柱略有下沉，但幅度较小。

④−3 层土方开挖引起围护桩及钢管柱下沉较明显，分析原因，主要由于−3 层土方局部开挖（现场施工照片见图 5-5-3），引起基坑内应力重新分布，且−3 层土方开挖过程中，地下水渗出较多，现场抽排地下水可能引起少量沉降。

⑤−3 层结构及换乘圆厅中部结构施工过程未引起围护桩明显变形，但钢管柱发生轻微变形，主要由结构施工过程引起基底荷载增加所致。

图 5-5-3 换乘圆厅现场监测情况

5.2.3 柱顶水平位移变形分析

针对桩顶水平位移，对所监测的 14 个断面进行统计，结果见表 5-5-2。

桩顶和柱顶最终沉降及差异沉降统计 表 5-5-2

	断面 1	断面 2	断面 3	断面 4	断面 5	断面 6	断面 7	断面 8	断面 9	断面 10	断面 11	断面 12	断面 13	断面 14
变形量（mm）	+2.3	+2.1	+4.3	+1.6	+5.0	+3.6	+2.0	+2.3	+0.5	+4.9	+3.8	+3.0	+1.4	+2.7

注：表中“+”表示上浮。

由表 5-5-2 可以看出，桩顶位移变形在 0.5mm 至 5.0mm 之间。选择典型柱顶位移点，绘制其随时间变形情况的时程曲线图，如图 5-5-4 所示。

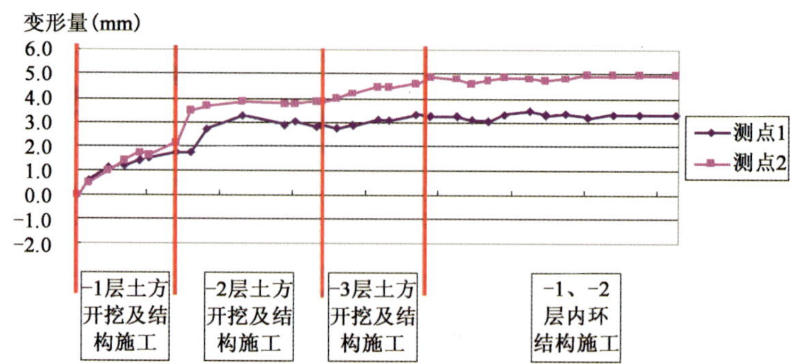

图 5-5-4　典型柱顶位移变形时程曲线图

典型测点变形规律分析如下：

①－1 层外环土方开挖及结构施工，造成钢管柱柱顶向基坑内偏移，此阶段偏移量约占最终偏移量的 40%。

②－2 层外环土方开挖及结构施工，引起钢管柱向基坑内叠加偏移，此阶段偏移量约占最终偏移量的 40%。

③－3 外环层土方开挖及结构施工，引起钢管柱顶向内叠加偏移量约占总偏移量的 20%。

④－1、－2 层内环结构施工，未引起钢管柱明显偏移。

参 考 文 献

[1] 施仲衡. 地下铁道设计与施工[M]. 陕西:陕西科学技术出版社,2006.

[2] 中华人民共和国国家标准. GB 50157—2003　地铁设计规范[S]. 北京:中国计划出版社,2003.

[3] 孙立柱. 半逆筑法施工超大地铁深基坑工程支护方案研究[D]. 北京:中国矿业大学,2010.

[4] 金人杰. 超大深基坑坑边逆作法施工技术的应用研究[D]. 上海:同济大学,2007.

[5] 陈鹤,孙立柱. 超深大基坑"半逆作"环板支撑体系的应用及力学分析[J]. 工业建筑,2010,1.

[6] 孙立柱,陈鹤,刘寒迁,等. 半逆筑法施工超大地铁深基坑工程设计方法[J]. 都市快轨交通,2011,4.

[7] 张鹏,丁晓弟. 浅谈地铁九号线六里桥站人工挖孔桩钢管柱水下施工定位[J]. 城市建设理论研究,2012,25.

后　记

之所以写就本书，参与北京地铁建设的工作，给予了我们得天独厚的条件，感谢北京市轨道交通建设管理有限公司的领导和同事们的支持！

大量科学研究、工程设计、工程实践、建设管理的第一手资料，是我们完成这部著作的根基所在。枯燥的数据和抽象的论述，实际上印记着无数默默无闻奉献者的艰辛。尤其参与北京地铁9号线工程勘察、设计、施工的单位，他们为本书的写作提供了大量的基础性数据和宝贵资料。在本书出版之际，向他们表示衷心的感谢！

北京市市政设计研究总院

中铁十四局集团有限公司

北京建工集团

北京市政集团

中铁一局集团有限公司

北京城建集团

中铁十九局集团有限公司

中铁二局集团有限公司

中铁四局集团有限公司